D1729890

Frieka Happel

Der Einfluss des Vaters auf die Tochter

Zur Psychoanalyse weiblicher
Identitätsbildung

Mit einem Vorwort von
Prof. Dr. Peter Kutter

Verlag Dietmar Klotz

Bibliografische Information Der Deutschen Bibliothek
Die Deutsche Bibliothek verzeichnet diese Publikation in der
Deutschen Nationalbibliographie; detaillierte bibliographische Daten
sind im Internet über http:dnb.ddb.de abrufbar.

ISBN 3-88074-261-8

3. Auflage 2009

© **Verlag Dietmar Klotz GmbH**
Sulzbacher Str. 45
65760 Eschborn bei Frankfurt am Main

ISBN 3-88074-261-8

Vorwort

Der Prozeß der Emanzipation der Frau hat seine feministische Phase überschritten. Das Bild der Frau, das in den Köpfen der Männer spukt, wurde hinreichend entlarvt: Frauen wollen nicht mehr länger Objekt der Begierde der Männer sein, sondern, ungestört durch Männer, entdecken, wie es ist, selbst Subjekt des Begehrens zu sein. Sie sind endlich auf der Suche zu ihrem wahren Selbst.

Wie aber sieht dieses Bild der Frau aus? Sind Frauen wirklich von den Bildern, die sich die Männer über Frauen machten und die die Frauen ihrerseits allzu bereitwillig übernommen und verinnerlicht haben, befreit? Sind die Schwierigkeiten weiblicher Selbstbestimmung möglicherweise gar nicht ein Problem der Frauen selbst, sondern Folge einer gestörten Beziehung zum Vater? Sind Frauen trotz bewußter Fortschritte im Erkennen ihrer Stärken und Schwächen immer noch, ohne es zu wissen, an ihre Mütter gebunden, durch eine unverarbeitet gebliebene unbewußte Haßliebe, durch Schuldkomplexe und Schamkonflikte? Wiederholen sie selbst in ihren zuweilen verzweifelt anmutenden feministischen Aktivitäten womöglich ihre nicht gelungenen Bemühungen um Abgrenzung von einer innerlich immer noch mächtigen Mutterimago? Hier harrt der dunkle Kontinent der weiblichen Seele immer noch der wissenschaftlichen Erforschung durch Psychologie, Psychoanalyse, Kulturanthropologie und Soziologie.

Da ist es ein seltener Glücksfall, wenn eine Frau, von Haus aus Sozialpädagogin, gleichermaßen mit viel Erfahrung in der praktischen Sozialarbeit und in ständigem Kontakt mit der Universität, nach der Fülle an Publikationen über die Beziehung zwischen Müttern und Töchtern, eine Bresche schlägt in den unbekannten Kontinent und einen besonders vernachlässigten Bereich der Frauenforschung aufgreift, nämlich den der schwierigen Beziehung zwischen Vater und Tochter.

Dadurch werden schlaglichtartig Aspekte deutlich, die vorher unsichtbar waren, weil kollektiv verdrängt oder überhaupt noch nicht entdeckt:
Frieka Happel befragt nicht etwa ihre Klientinnen mit Hilfe von Fragebögen, um die schon vorhandenen statistischen Daten quantitativ zu vermehren, sie befragt vielmehr qualitativ die durchaus schon vorhandene, aber sehr verstreut veröffentliche Literatur: vorzugsweise aus der Psychoanalyse, aber auch aus Psychologie und Soziologie; und setzt dabei neue Akzente.

Um ihr Ziel zu erreichen, geht sie genuin entwicklungspsychologisch vor, und zwar dadurch, daß sie die einzelnen Phasen nachzeichnet, die das Mädchen von der geschlechtsspezifisch besonders schwierigen Ausgangssituation einer homosexuellen Urbeziehung zwischen Mutter und Tochter, über die ebenso geschlechtspezifischen triangulären Besonderheiten der präödipalen und ödipalen Konstellation zwischen Mädchen, Mutter und Vater, über unvermeidliche Identifizierungsprozesse mit Mutter und Vater durchmachen muß, die erst die Voraussetzungen dafür schaffen, daß es, auf der Grundlage eines stabilen Ich, zur Entwicklung eines gesunden weiblichen Selbstwertgefühls und zur Entfaltung einer klaren weiblichen Eigenständigkeit kommt.

Die zwangsläufig schicksalhafte heterosexuelle Beziehung der Tochter zum Vater und des Vaters zur Tochter wird dabei besonders gründlich beleuchtet und auf ihre Folgen für die weibliche Entwicklung einer fundierten Persönlichkeit als Mensch und für die Ausbildung eines ganz besonderen geschlechtsspezifischen Frauseins untersucht. Das faktische Verhalten der oft nur ausschließlich im Beruf Erfüllung suchenden und die Familie grob vernachlässigenden Väter wird dabei ebensowenig ausgeklammert wie die unbewußten Ängste vieler Väter, ihrerseits eine taktvolle Beziehung zu ihrer Tochter aufzubauen, die die wachsende Eigenständigkeit der Tochter einerseits in optimaler Distanz respektiert, andererseits ihre spätestens in der Adoleszenz nicht mehr zu übersehende erotische Ausstrahlung in optimaler Nähe wahrnimmt und anerkennend darauf reagiert.

Im Ergebnis wird deutlich, wie groß die Macht der Väter über die Entwicklung der Tochter ist und welch hohe Verantwortung damit unweigerlich verbunden ist!

Für die Töchter wird klar, daß sie grundsätzlich die Chance haben, alle die ihnen von der Anlage her zur Verfügung stehenden Potentiale (Talente, Begabungen, Fähigkeiten, Fertigkeiten) zu nutzen, um sie - ungestört durch gesellschaftlich vermittelte Stereotype von „weiblich" und „männlich" und ohne vorzeitige Festlegungen durch bewußt oder unbewußt traditionell gebundene Eltern und Verwandte, durch Pädagogen und Sozialarbeiter - in ihre wachsende Persönlichkeit zu integrieren. Dabei können vielleicht gerade die oft als traditionell „weiblich" abgewerteten Eigenschaften, wie die stärkere Emotionalität und die größere Nähe zum Unbewußten, eine allzu rationale und technokratische „Gesellschaft ohne Leidenschaften" um Dimensionen bereichern, die wir zur Lösung der vielen heute noch ungelösten Fragen in Politik, Wirtschaft und Geistesleben in der Zukunft mehr denn je brauchen.

Peter Kutter, Stuttgart, im September 1995.

INHALT

1.   Einführung

War in den vergangenen Jahrzehnten die Mutter das Hauptthema psychologischer und soziologischer Forschungen, die sich mit der Persönlichkeitsentwicklung des Kindes beschäftigten, rückt seit den späten 70er Jahren in stärkerem Maße der Vater ins Blickfeld des allgemeinen Interesses. Die Gründe hierfür sind vielfältig: Zum einen hat ganz sicher die Frauenbewegung durch die Entmythologisierung der Mutterideologie dazu beigetragen, daß die Rollen von Vater[1] und Mutter inzwischen weniger starr gesehen werden, zum anderen nimmt aber auch die Vaterabwesenheit in den Familien zu. Berufliche Verpflichtungen der Väter, Scheidung der Eltern oder die Entscheidung mancher Frauen, mit ihrem Kind alleine zu leben, mögen hierzu beitragen. Die sich hieraus ergebenden Probleme der Betreuung und Erziehung der Kinder und die Fragen nach Lösungsmöglichkeiten bestimmen in hohem Maße die derzeitige entwicklungspsychologische Diskussion (siehe Fthenakis, 1985; Lamb, 1976, 1986).

1.1.   Das Vater-Tochter-Verhältnis als dialektische Beziehung

Persönliche Gespräche mit Frauen machen im allgemeinen deutlich, daß sie sich mit ihrer Beziehung zum Vater weniger bewußt auseinandersetzen als mit der Beziehung zur Mutter. Häufig bleiben sie in ihren Aussagen über ihren Vater eher diffus. Dahinter werden Gefühle von Sehnsucht, Schmerz, Enttäuschung, Wut und Liebe erkennbar, und Nachdenklichkeit läßt sie dann unweigerlich auf Fragen wie die folgenden stoßen: Wer war der Vater für das kleine Mädchen, für die heranwachsende Jugendliche, für die junge Frau, die dabei war, ihr eigenes Leben zu entdecken? In welcher Beziehung standen Vater und Tochter in der Vergangenheit und stehen sie vielleicht noch heute? In welcher Weise haben die Erlebnisse mit dem Vater das Bild von ihm und das eigene Selbstbild geprägt?

Die Frage nach dem Vater kann aber auch Schweigen auslösen, wenn Frauen es für sich selbst nicht einfach hinnehmen können, daß Väter für die Persönlichkeitsentwicklung von Töchtern - zum Guten wie zum Schlechten - bedeutsam sein sollen. Resultiert ihre abwehrende Haltung aus einem Mangel an Erfahrungen väterlicher Liebe und Führung, den diese Frauen in ihrer Kindheit erleben mußten, und möchten sie enttäuschende Erfahrungen mit dem Vater lieber in der Verdrängung halten?

Wie auch die Reaktionen von Frauen auf die Frage nach dem Vater ihrer Kindheit ausfallen mögen, meist wird spürbar, daß sie der Beziehung zu ihm eine besondere Bedeutung beimessen, die sie gar nicht näher benennen können, während sie den Bezug zur Mutter als sehr viel eindeutiger und selbstverständlicher empfinden.

---

[1] Der Begriff „Vaterrolle" ist in dieser Arbeit nicht zu verstehen im engeren Sinn der Rollentheorie sondern in seiner umgangssprachlichen Bedeutung. Fthenakis (1985) weist darauf hin, daß es gegenwärtig eine allgemeine Sozialisations- oder Entwicklungstheorie, in die der Begriff „Vaterrolle" eingebunden sein müßte, noch nicht gibt (S. 24).

Die dialektische Theorie der Beziehungen von Boszormenyi-Nagy (1975) bietet zum Verständnis dieses Besonderen, auch Fremdartigen, das Töchtern in der Beziehung zum Vater spürbar wird, gute Ansätze. Hierzu gehören u. a. die folgenden Überlegungen:

> Sich auf Hegel beziehend führt Boszormenyi-Nagy aus, daß die Existenz des Selbst (Ich)[2] auf der Antithese (Dialektik) beruht, die durch den anderen (Nichtich) repräsentiert wird (S. 56). Der andere (das Nichtselbst) wird in der zwischenmenschlichen Beziehung zum Gegensatz des Selbst, das sich in der Begegnung konstituiert. D. h.: Unter dem Beziehungsaspekt ist Individuation zu verstehen als ein dialektischer Prozeß, in dem im Austausch mit dem anderen das Gefühl für das Selbst entsteht. Boszormenyi-Nagy vermutet, daß das Streben nach Individuation auf der Grundlage der Bildung von Subjekt-Objekt-Grenzen in den zwischenmenschlichen Interaktionen jeder anderen „psychologischen" Motivation vorausgeht (S. 57). Er betont, daß diese Interaktionen, indem sie das Bedürfnis nach einer Beziehung befriedigen, in der sich das Selbst als abgegrenzt erleben kann, auf die Abhängigkeit der Individuen von wechselseitiger Anerkennung verweisen (S. 56). D. h.: Beziehung ist nötig, um das grundlegende Bedürfnis des Menschen nach Selbstabgrenzung durch stabile und kontinuierliche Erfahrungen mit anderen befriedigen zu können (S. 61-62). Weiter führt Boszormenyi-Nagy hierzu aus: Da unsere Interaktionen einer unbewußten Strukturierung unterliegen, die auf dem dialektischen Prinzip beruht, erfolgt auch die Wahl von Beziehungsobjekten auf der Grundlage ihrer antithetischen und ergänzenden Eigenschaften (S. 56). Er schreibt hierzu:
> „Die Erfahrungen des Selbst als einer symbolischen Einheit hängt ab von der selektiven Verfügbarkeit eines passenden Nichtselbst".(S.57)
> Als geeignete Beziehungsform für eine befriedigende Selbstabgrenzung betrachtet Boszormenyi-Nagy den Dialog. Ein echter Dialog ist ein dialektischer Prozeß, der es den Partnern möglich macht, sich dem anderen wechselseitig als Objekt zur Verfügung zu stellen und auf diese Weise die eigene Selbstabgrenzung zu erreichen. Mit der Dialogfähigkeit wird die Freiheit erworben, die eigenen Bedürfnisse äußern und gleichzeitig vertrauensvoll abwarten zu können, daß der eigene Einsatz vom anderen anerkannt und zur gegebenen Zeit belohnt wird (S. 99).

Diese Ausführungen von Boszormenyi-Nagy (1975) ergänzt Stierlin (1981) mit seinem besonderen Hinweis auf die Bedeutung der Andersartigkeit in der Dynamik zwischenmenschlicher Beziehungen:

> Stierlin betont, daß das passende Nichtselbst durch einen Partner repräsentiert wird, in dem wir Vertrautes wiederfinden, der uns ähnlich ist, der uns

---

[2]Die Psychoanalyse unterscheidet zwischen Ich und Selbst (siehe Hartmann, 1974, Abschnitt 1.3.3.). Danach bedeutet das Selbst die eigene Person im Gegensatz zum Objekt (Nichtselbst); in der Interaktion wird das handelnde Selbst zum Subjekt, das auf ein Objekt einwirkt.

aber vor allem in seiner Asymmetrie und Andersartigkeit die Ergänzung unseres Selbst verspricht (S. 47). Und an anderer Stelle hebt er nochmals hervor:

Es ist die Andersartigkeit des Partners, die unser Bedürfnis nach Anerkennung durch den anderen am umfassendsten befriedigt und die gegenseitige existentielle Bestätigung garantiert, die uns hilft, das Gefühl des Selbstverlustes und der Isolation des Selbst zu überwinden. Eine besondere Möglichkeit zur Selbstabgrenzung sieht Stierlin in der Beziehung zwischen Mann und Frau aufgrund der geschlechtsspezifischen Verschiedenheit (S. 50).[3]

Mit anderen Worten: Boszormeny-Nagy (1975) und Stierlin (1981) gehen davon aus, daß die zwischenmenschlichen Interaktionen einerseits eine notwendige Voraussetzung bilden für das Bedürfnis des Menschen nach Selbstabgrenzung und Individuation und andererseits eine Bereicherung darstellen für das Selbst in seinem Bestreben, die Verschiedenheit des anderen in sich aufzunehmen und dadurch an Beziehungsfähigkeit und Bewußtheit zu gewinnen. Ihre Erkenntnisse einer dynamisch-dialektischen Wechselwirkung in den zwischenmenschlichen Beziehungen sind in besonderer Weise anwendbar auf die Vater-Tochter-Beziehung, und zwar im Hinblick auf die Entwicklung zur Individuation wie im Hinblick auf die geschlechtsspezifische Identitätsbildung. Es ergeben sich daraus bedeutsame Fragen wie die folgenden:

Läßt sich anhand dieser Beziehungsdialektik zumindest teilweise verstehen, warum Väter im allgemeinen eine spezifische Anziehung auf ihre Töchter ausüben, warum sie von ihnen häufig idealisiert oder in der Gegenreaktion heftig abgewehrt werden, während Mütter von ihren Töchtern meist eine sehr viel nüchternere und realistischere Beurteilung erfahren? Wirkt die Beziehung zwischen Vater und Tochter - wie die zwischen Mutter und Sohn - in spezifischer Weise auf die Persönlichkeitsentwicklung des Kindes wie die des Elternteils, weil in ihr für beide Partner der jeweils andere, das Nichtselbst in seiner geschlechtlichen Andersartigkeit, gegenwärtig ist? Ist davon auszugehen, daß der Vater als Beziehungsobjekt aufgrund seiner männlichen Eigenschaften bei den Bestrebungen des Mädchens nach Individuation eine zentrale Rolle spielt? Welche spezifischen Entwicklungsimpulse kann er seiner Tochter vermitteln, die für sie mit anders gearteten Entwicklungschancen und -gefahren verbunden sind, als sie in der Mutter-Tochter-Konstellation wirksam werden können?

---

3 Interessant sind in diesem Zusammenhang die Ergebnisse einer Studie von Silverman et al. (1982), die herausfanden, daß durch die Phantasie einer sehr nahen Beziehung zu einem männlichen Partner bei Frauen das Gefühl für das eigene Selbst gestärkt wird, während die Vorstellung einer symbiotischen Beziehung zur Mutter als Bedrohung empfunden wird. Diese Ergebnisse von Silverman et al. zitierend schreibt Bernstein (1983):

„The subliminal stimulus 'Mommy and I are one', provided a relief from anxiety and an increase in adaptive behaviour for men. However, 'My lover and I are one' (with a picture of a male and a female) provided positive results for women. Silverman concluded that the sense of self is more susceptible to threat from symbiotic stimuli in women, and that it is enhanced by the fantasy of oneness with a male." (S. 197)

Nach der Theorie von Boszormenyi-Nagy (1975) und Stierlin (1981) ermöglicht ein Vater, der in verantwortlicher Erziehungshaltung im Dialog mit seiner Tochter wechselweise die Rolle des Subjekts und Objekts übernimmt, dem Mädchen aufgrund seiner Andersartigkeit eine spezifische Erfahrung der Selbstabgrenzung und die Bildung von Vertrauen in die Gegenseitigkeit einer Beziehung mit dem anderen. In dieser Fähigkeit zum Dialog sieht Boszormenyi-Nagy eine Voraussetzung für die Entwicklung von Ich-Stärke und Autonomie (S. 78).

Fragestellung dieser Arbeit

Die Frage nach dem Einfluß des Vaters auf die Entwicklung des Mädchens muß im Hinblick auf die pädagogische und therapeutische Arbeit mit Mädchen und Frauen aller Altersstufen als eine zentrale angesehen werden. Für die vorliegende Arbeit lautet die Hypothese, daß der Vater eine entscheidende Rolle spielt bei der Ichentwicklung und Identitätsbildung des Mädchens. Es wird versucht, mit Hilfe psychoanalytischer Texte zur weiblichen Entwicklung und zu allgemeinen entwicklungspsychologischen Fragen herauszufinden, in welchem Ausmaß und in welcher Weise der Vater hier Bedeutung hat.

D.h.: Die zitierten Beiträge, die auf verschiedenen psychoanalytischen Konzepten basieren, werden jeweils nur auf diese Frage hin ausgewertet. Natürlich ließen sich daraus weitere interessante Überlegungen ableiten, die wertvolle Aufschlüsse über Teilbereiche in der weiblichen Entwicklung geben könnten, z. B. im Hinblick auf die Bedeutung der Aggression in der Persönlichkeitsstrukturierung, den hohen Stellenwert der Realitätsanpassung, die Notwendigkeit eines gesunden Narzißmus, den Einfluß der Sublimierungsfähigkeit auf die libidinösen und aggressiven Bindungen in den Objektbeziehungen. Dies würde aber den Rahmen dieser umfangreichen Arbeit sprengen. In den Stellungnahmen und Kommentaren zu den referierten Texten kann daher immer nur gezielt auf die Frage nach der Funktion des Vaters in der weiblichen Ichentwicklung und Identitätsbildung Bezug genommen werden.

Bei dem Bemühen der Strukturierung dieser Arbeit in den inhaltlichen Aussagen wurde mir bewußt, daß die gemachten Ausführungen durch meine Person mit beeinflußt sind und ich nicht frei bin von blinden Flecken. Selbstverständlich ist man immer mitbeteiligt, mit angesprochen in seiner Rolle und seinem Verständnis als Tochter bzw. Vater, wenn es um Vater-Tochter-Schicksale geht. Ich hoffe, daß es mir trotzdem gelingt, durch die Berücksichtigung unterschiedlicher Konzepte innerhalb der psychoanalytischen Theorie und durch die Darlegung sehr verschiedenartiger Vater-Tochter-Konstellationen einen gewissen Ausgleich für dieses subjektive Moment zu schaffen. Mein inneres Beteiligtsein und meine Übertragungsreaktionen auf das empirische Material, das in dieser Arbeit zur Darstellung kommt, habe ich auch als eine Orientierungshilfe erlebt bei dem Bemühen, objektivierbare Sachverhalte darzustellen.

Abschließend ist darauf hinzuweisen, daß bei der Betrachtung der Entwicklung des Mädchens in seinem Bezug zum Vater immer mitberücksichtigt werden muß, daß menschliches Leben mehrfach determiniert ist und daß sich die Ursachen für die Persönlichkeitsentfaltung des Kindes nicht ausschließlich auf die Erfahrungen mit einem Elternteil zurückführen lassen, da entscheidende Einflüsse aus dem familialen und weiteren Umfeld auf die Vater-Tochter-Beziehung einwirken. Dies gilt in besonderem Maße für den Einfluß der Mutter. Die überragende Bedeutung der Mutter für die weibliche Entwicklung kann hier nicht behandelt werden. Sie klingt aber in allen Themen, die sich mit der Vater-Tochter-Konstellation befassen, gleichzeitig an. Während der gesamten Entwicklung des Mädchens bleibt die Mutter meist eine wichtige Mittlerin zwischen Vater und Tocher, die durch ihr ausgleichendes oder die Situation noch komplizierendes Verhalten diese Beziehung wesentlich mitbestimmt.

1.2. Theorien weiblicher Entwicklung in der Psychoanalyse

Die größte Beachtung findet in den psychoanalytischen Theorien die Entwicklung des Mädchens zur Weiblichkeit unter Betonung der sexuellen Komponente.

In den frühen Konzepten hierzu vertrat Freud die Auffassung, daß das Mädchen in seinen ersten Lebensjahren eine männliche Entwicklung durchmacht und erst in der ödipalen Phase mit dem Objektwechsel die weibliche Entwicklung beginnt. Ausgehend von Horney (1923, 1926) und Jones (1932) entstand in den 20er und 30er Jahren eine heftige Debatte darüber, ob die Entwickung weiblicher Sexualität als primär oder sekundär, d.h. von der männlichen Entwicklung abgeleitet, anzusehen ist (siehe hierzu die Ausführungen im Abschnitt 3.2.). Nach dem Krieg wurde dieser Streitpunkt von Chasseguet-Smirgel (1981) in den 60er Jahren wieder aufgenommen, denn ein großer Teil der psychoanalytischen Bewegung hielt an Freuds Weiblichkeitstheorie fest (siehe Reinke-Köberer, 1978).

Inzwischen belegen zahlreiche Untersuchungen, daß das Mädchen eine primär weibliche Entwicklung durchläuft (siehe u. a. Parens et al., 1976). Aber noch heute bildet das Freudsche Konzept zur weiblichen Entwicklung, obwohl es in wesentlichen Teilen als überholt angesehen wird, das Fundament für moderne psychoanalytische Überlegungen. (Wichtige Punkte der Theorie Freuds werden im Abschnitt 3.2.1. gesondert referiert.) In den modernen Arbeiten geht es vornehmlich um Fragen weiblicher Geschlechtsidentitätsbildung und die Entstehung eines weiblichen Körperbildes. (Die Arbeiten von Benjamin, 1992, und Bernstein, 1993, sind hierfür Beispiele.)

Freud betrachtete die psychosexuelle Entwicklung des Mädchens zur Weiblichkeit als verhinderte Entwicklung zur Männlichkeit. Die Annahme weiblicher Passivität und des Gefühls weiblicher Inferiorität bei Frauen waren nach seiner Auffassung die Voraussetzung für die Ausbildung weiblicher Heterosexualität. Fragen zur Entwicklung des weiblichen Ich wurden als unergiebig und wenig verstehbar abgetan. Die Probleme, die sich aus der gesellschaftlich vorgegebenen einengenden, stereotypen weiblichen Entwicklung für Mädchen ergaben und die Freud als Penisneid und Kastrationskomplex diagnostizierte, wurden als normale Reaktionen auf den Geschlechtsunterschied und als entwicklungsmäßige Notwendigkeit, um zu einer weiblichen Einstellung zu kommen, mißdeutet (siehe Abschnitt 3.2.1.).

Dementsprechend hatte der Vater in der frühen Psychoanalyse für das Mädchen die Rolle des heterosexuellen Liebesobjektes und war die Instanz, die dem Mädchen in der Überichbildung die patriarchalen Normen und Wertvorstellungen von Weiblichkeit vermittelte. Die Schwierigkeiten von Frauen, zu weiblicher Eigenständigkeit zu kommen, bezeichnete Freud als biologische Gegebenheit, die hinzunehmen sei. In Überlegungen hierzu verglich er die Persönlichkeitsstruktur von Männern und Frauen im Alter von etwa 30 Jahren miteinander. Während er dem Mann geistige Beweglichkeit und die Möglichkeit fortschreitender Reifung in seinem Ich zusprach, schrieb er über die Unflexibilität des weiblichen Ich:

„Eine Frau um die gleiche Lebenszeit aber erschreckt uns häufig durch ihre psychische Starrheit und Unveränderlichkeit. Ihre Libido hat endgültige Positionen eingenommen und scheint unfähig, sie gegen andere zu verlassen. Wege zu weiterer Entwicklung ergeben sich nicht; es ist, als wäre der ganze Prozeß bereits abgelaufen, bliebe von nun an unbeeinflußbar, ja als hätte die schwierige Entwicklung zur Weiblichkeit die Möglichkeiten der Person erschöpft." (*Die Weiblichkeit,* 1932, S. 144-145*).*

Als Einzige brachte Helene Deutsch (1988) in den frühen Jahren der Psychoanalyse den Aktivitätsdrang des Mädchens und seine Bedeutung für die Ichentwicklung und Realitätsanpassung in Zusammenhang mit der Haltung des Vaters. Sie kam zu der Erkenntnis, daß der Vater diese Strebungen bei seiner Tochter im allgemeinen hemmt, um sie an die vorgegebene weibliche Rolle anzupassen (siehe Abschnitt 4.2.3.).

In der Gegenwart finden Fragen der frühen Ichentwicklung des Mädchens besonderes Interesse (siehe u.a. Schwartz, 1986). Man ist zu der Erkenntnis gekommen, daß eine ausreichende Differenzierung des Ich im präödipalen Prozeß der Trennung-Individuation für eine günstige Lösung des Ödipuskomplexes Voraussetzung ist. Die Betonung liegt aber auch hier auf der Geschlechtsidentitätsbildung (siehe u. a. Stoller, 1978, 1980; Person & Ovesey, 1993). Besonders Benjamin (1986, 1992) hebt bei diesen Fragen den Einfluß des Vaters als Identifikationsobjekt auf die frühe Ichentwicklung des Mädchens mit dem Ziel der Konsolidierung der Geschlechtsidentität und der Entwicklung eines stabilen Selbstgefühls als „Subjekt des Begehrens" (1992, S. 830) ausdrücklich hervor. Nach wie vor stehen aber in den psychoanalytischen Überlegungen - wenn es um den Bezug des Mädchens zum Vater geht - die ödipale Entwicklung und die weibliche Überichbildung im Vordergrund (siehe u.a. Bernstein, 1983). Eine in sich geschlossene psychoanalytische Theorie weiblicher Entwicklung gibt es nicht.

Widersprüchlich wirkt, daß einzelne Autoren gleichlautende Beobachtungen unterschiedlich interpretieren. (Hierzu gehört z. B. eine Kontroverse zwischen Galenson & Roiphe, 1978, und Kleeman, 1976, über den primären Einfluß, den Triebentwicklung und Objektbeziehungen auf die frühe Bildung der Geschlechtsidentität haben; siehe Abschnitt 3.3.) Auch das Konzept einer phallischen Phase wird von einigen Autoren/innen zum Ausgangspunkt ihrer Überlegungen gemacht, obwohl sie Freuds primär männlicher Entwicklung für das Mädchen nicht zustimmen (siehe Luquet-Parat, 1981, Abschnitt 3.4.2.). Edgcumbe (1976) ersetzt den frühen Begriff einer negativen ödipalen Phase des Mädchens vor dem Eintritt in den Ödipuskomplex durch ihren Begriff einer „phallisch-narzißtischen Phase" (siehe Abschnitt 3.2.2). Auch die Begriffe des Penisneides und der Kastrationsreaktionen erhalten in den psychoanalytischen Überlegungen sehr unterschiedliche Bedeutungsgehalte, die nur aus dem Kontext der jeweiligen Arbeiten zu verstehen sind (siehe Galenson & Roiphe, 1978; Blum, 1976; Jacobson, 1978b). Ebenso bleiben die Ausführungen über grundlegende Faktoren zur Geschlechtsidentitätsbildung, wie sie von Stoller (1978) und Kleeman (1976) in der Gegenüberstellung von konstitutionellen Bedingungen und Einflüssen aus der Umwelt vorgetragen werden, letztlich unbestimmt.

Trotz dieser verwirrenden Momente in den einzelnen psychoanalytischen Beiträgen ist als zufriedenstellend zu vermerken, daß die aus unterschiedlichen Perspektiven gewonnenen Erkenntnisse in sich schlüssig sind und letztlich zu gleichlautenden Aussagen kommen. Auch wenn sie - bezogen auf die individuellen Schicksale von Frauen - keine Generalisierung zulassen, sind sie für das Verständnis der Entwicklungsaufgaben und -probleme des Mädchens doch hilfreich.

1.3. Theoretische Grundlagen und Aufbau der Arbeit

In der gegenwärtigen entwicklungspsychologischen Diskussion werden vornehmlich objektbeziehungstheoretische und triebtheoretische Überlegungen angestellt. Hierbei wird den Vorgängen der Identifikation und der Fähigkeit zur Unterscheidung zwischen Selbst und Objekt besondere Beachtung geschenkt. Auf die Wechselwirkung zwischen Triebentwicklung, Ichentwicklung und Objektbeziehungsfähigkeit wird ausdrücklich hingewiesen.

So gehen moderne Psychoanalytiker im allgemeinen davon aus, daß die Entwicklung des Individuums von den zwischenmenschlichen Bezügen abhängt, in denen es lebt, und daß sich die Erfahrungen in den Objektbeziehungen auf seine Triebentwicklung wie seine sozialen und intellektuellen Fähigkeiten auswirken. Kernberg (1988) bezeichnet die Objektbeziehungstheorie, die die Verlaufsgeschichte verinnerlichter Objektbeziehungen erforscht, als integralen Bestandteil der heutigen Ich-Psychologie (S. 19).

Entsprechend dem gegenwärtigen Trend beziehen sich die Ausführungen in dieser Arbeit auf psychoanalytische Beiträge, in denen neben Theorien der klassischen Psychoanalyse zur Triebentwicklung Erkenntnisse der Ich-Psychologie und der Objektbeziehungstheorie verwandt werden. Die in den nachfolgenden Abschnitten gemachten Erläuterungen zu zentralen psychoanalytischen Begriffen sollen als Basisinformation dienen für das Verständnis der komplexen Vorgänge in der weiblichen Entwicklung.

1.3.1.   Identifikationsprozesse als Bausteine psychischer Strukturierung

Die Prozesse der Verinnerlichung werden in der Psychoanalyse detailliert beschrieben. Nach Laplanche & Pontalis (1973) ist hierbei zu unterscheiden zwischen den Begriffen Einverleibung (Inkorporation), Introjektion, Verinnerlichung (Internalisierung) und Identifizierung (S. 222).

Einverleibung und Introjektion gelten als primitive Vorbilder der Identifizierung. Bei der Einverleibung wird der seelische Vorgang als ein körperlicher erlebt oder symbolisiert. Mit dem Begriff der Introjektion soll hingegen die Aufnahme in den psychischen Apparat bezeichnet werden. Introjektion ist der Projektion gegenübergestellt. In ihrer grundlegenden Bedeutung meinen Introjektion und Projektion die Hereinnahme des „guten" bzw. die Ausstoßung des „schlechten" Objektes oder Teilobjektes bezogen auf den psychischen Apparat, auf eine psychische Instanz, z. B. als Vorgang der Introjektion in das Ich. Sekundär werden Introjektion und Projektion als Abwehrmechanismen benutzt. Verinnerlichung bezeichnet in diesem Zusammenhang den Prozeß, in dem im Außen erlebte Beziehungen mit Objekten in innerpsychische Beziehungen umgewandelt werden, wie z. B. bei der Verinnerlichung eines Konflikts (Laplanche & Pontalis, S. 592). Identifizierung vollzieht sich hingegen an Objekten, mit denen das Subjekt in Beziehung steht (Laplanche & Pontalis, S. 223). Identifizierung findet im Unbewußten statt (Simenauer, 1985, S. 172), sie ist immer nur Teilidentifizierung, indem man sich wünscht, in bestimmten Zügen wie eine andere Person zu sein. Diese Eigenschaften des Objektes werden in das eigene Selbstbild übernommen, das dadurch dem Objekt ähnlich wird. Dies führt zu einer gewissen Unabhängigkeit vom äußeren Objekt. Identifizierungen bilden eine komplexe Struktur, insofern als z. B. Vater und Mutter als früheste Identifikationsobjekte gleichzeitig zu Objekten der Liebe und der Rivalität werden. Diese Ambivalenz dem Objekt gegenüber ist für die Bildung jeder Identifizierung wesentlich (Laplanche & Pontalis, S. 221).

Freud beschreibt drei Formen von Identifizierung:

1. Eine prädipale Identifizierung als früheste ursprünglichste Form einer affektiven Bindung an ein Objekt (primäre Identifizierung, vor jeder Objektbesetzung).
2. Identifizierung als Ersatz für eine aufgegebene Objektwahl (sekundäre Identifizierung, der eine Objektbesetzung vorausging).
3. Identifizierung mit einer anderen Person, mit der man eine bestimmte Gemeinsamkeit empfindet (Laplanche & Pontalis, S. 222 und Etchegoyen, 1985, S. 66).

Introjektion und Identifizierung gelten als frühe Prozesse, durch welche sich die psychische Struktur bildet (Benedek, 1959, S. 389). Nach Andresen (1980) sind die Prozesse der Identifizierung wesentlich beteiligt an der Entwicklung zu psychischer Reife mit der Fähigkeit zur Anpassung an die realen Erfordernisse des Lebens (S. 40). In ihrer spezifischen Einwirkung auf die psychische Strukturierung unterscheiden sie sich im Heranwachsen des Kindes gemäß dem jeweiligen Entwicklungsgrad des Ich. In einer ungünstigen Konstellation bewirken sie die Etablierung pathologischer Verhaltensweisen, d.h. sie werden zu Abwehrzwecken benutzt.

Persönliche und positionale Identifikation

Slater (1961) unterscheidet zwei Typen von Identifikationen, die er als persönliche und positionale Identifikation bezeichnet (S. 113). Mit dieser Unterscheidung möchte er deutlich machen, daß Identifizierungen aus sehr verschiedenen Grundhaltungen dem Objekt gegenüber entstehen können, wodurch die psychische Struktur in ihren Grundzügen entscheidend bestimmt wird in Richtung einer stabilen gesunden oder pathologischen Entwicklung.

Mit persönlicher Identifikation meint Slater die Identifikation des Ich mit bestimmten Eigenschaften und Werthaltungen einer Person, die das Kind liebt. Es möchte z. B. wie der bewunderte Elternteil sein und dessen Fähigkeiten besitzen. Es beurteilt sich selbst nach den Maßstäben des geliebten Elternteils und übernimmt dessen Ansichten über das eigene Ich. Dabei entwickelt es die Vorstellung, daß es sich selbst so lieben kann wie den bewunderten Elternteil, wenn es dessen Eigenschaften für sich übernimmt. Persönliche Identifikation basiert auf positiver Besetzung des Objekts (S. 113).

Positionale Identifikation meint dagegen die Identifikation des Ich mit der Situation oder der Rolle des anderen. Es geht dabei um den Versuch, die Rolle des anderen in der Phantasie zu übernehmen. Diese Identifikation ist nicht motiviert durch Liebe, durch das Bemühen um empirisches Verstehen des anderen, sie beruht vielmehr auf Neid und auf Furcht. In seinem negativen Erleben möchte das Kind aus der eigenen ohnmächtigen Position herauskommen und die Macht des Elternteils, seinen günstigeren Status erreichen (S. 114).

Die positionale Identifikation beinhaltet zwei Tendenzen, die Slater (1961) umschreibt als „Identifikation mit dem Aggressor" (siehe Anna Freud, 1973) - nach dem Motto: Ich möchte lieber wie du stark und mächtig sein als ohnmächtig und hilflos - und als „ödipale Rivalität" - nach dem Motto: Mutter (oder Vater) liebt mich mehr als dich - (S. 114). Beide Wünsche haben eine Entweder-Oder-Qualität, die auf unbewußten Konflikten beruht. Slater betont hier, daß die positionale Identifikation in der Phantasie die Destruktion und die Ersetzung des anderen einschließt, da sie auf negativer Besetzung des Objektes basiert (S. 114-115). Eine positive Beziehung zum Objekt und eine echte Internalisierung der elterlichen Werte kann daraus nicht entstehen.

Nach Anna Freud (1973) findet bei der Identifikation mit dem Aggressor nicht in erster Linie eine Identifikation mit der Person des Aggressors statt, sondern mit seiner Aggression. Slater (1961) ergänzt, daß eine Identifikation nur mit den Zügen des Aggressors erfolgt, durch die der Aggressor in seiner Position direkt oder symbolisch bestimmt ist (S. 116), d. h. es findet nicht eine Identifikation mit der Feindseligkeit als einer Eigenschaft des Aggressors statt, aber mit seiner Fähigkeit, Feindseligkeit zum Ausdruck zu bringen (S. 118).

Weiter führt Slater (1961) aus, daß persönliche Identifikation aus der Erfahrung elterlicher Wärme und Unterstützung entsteht, während positionale Identifikation eher aus der Abwesenheit dieser Qualitäten im Verhalten der Eltern resultiert, d. h. es kommt zu positionaler Identifikation, wenn die persönliche Identifikation nicht möglich ist. Darüberhinaus scheint positionale Identifikation auch einen Versuch der Abwehr elterlicher Ansprüche darzustellen, durch die das Kind sich in seinem Selbst bedroht fühlt - ein Sachverhalt, der mit den mäßigen Enttäuschungen, die entwicklungsbedingt sind und die zu persönlicher Identifikation führen, nicht vergleichbar ist. Positionale Identifikation entsteht vielmehr aus dem Gefühl des Kindes, von seinen strengen Eltern abgelehnt zu werden, egal was es auch tut, solange es versucht, es selbst zu sein, wie Slater schreibt (1961, S. 118).

Dabei wird ein Kind vor allem dann in innerpsychische Schwierigkeiten geraten, wenn es aus Mangel an Wärme und Unterstützung in der Familie bei beiden Eltern vergeblich nach Geborgenheit sucht und auf beide wütend ist, da es von ihnen übermäßig frustriert wird in seinen Bedürfnissen. Es entstehen hieraus nach Slater (1961) tiefe Widersprüche im Unbewußten des Kindes, weil es abwechselnd mit beiden Elternteilen in eine liebevolle Beziehung kommen möchte und gleichzeitig beide aufgrund seiner Verletzungen innerlich ablehnen muß (S. 121). Demgegenüber kommt ein Kind, das sich von seinen Eltern geliebt fühlt, aufgrund seiner persönlichen Identifikation mit ihnen mit zunehmender Ausbildung seines Ich in die Lage, Forderungen der Eltern annehmen oder ablehnen zu können, ohne sich durch unangenehme Reaktionen von ihrer Seite in seinem Selbst bedroht fühlen zu müssen (S. 118).

Abschließend stellt Slater (1961) fest, daß in den von ihm herangezogenen empirischen Untersuchungen die persönlichen Identifikationen mit Vater und Mutter stark und positiv korrelierten. Da beide Identifikationen außerdem mit der allgemeinen Fähigkeit des Kindes zu realitätsangemessener Anpassung in einem positiven Zusammenhang standen, vermutet er, daß persönliche Identifikationen mit beiden Eltern einen notwendigen Schritt im Prozeß normaler Entwicklung darstellen (S. 120). Zur Frage des Einflusses persönlicher Identifikation auf die Übernahme der Geschlechtsrolle schreibt er, daß es für die Entwicklung zur Anpassung sehr wenig Unterschied macht, mit welchem Elternteil sich das Kind mehr identifiziert. Die persönliche Identifikation mit einem Elternteil schließt die Übernahme der Geschlechtsrolle dieses Elternteils nicht ein (S. 119).

Slaters Ausführungen belegen, daß das Kind für das Erlernen eines differenzierteren Umgangs mit den Ambivalenzen gegenüber den elterlichen Objekten eine warmherzige Beziehung zu ihnen braucht, und daß persönliche Identifikationen mit ihnen zu einem wichtigen Fundament werden für eine gesunde Ich- und Identitätsentwicklung.

1.3.2.   Zur Wirksamkeit innerer Objekte

Metapsychologisch ist mit dem Begriff der Objektbeziehung beides gemeint: die Beziehung zu anderen in der äußeren Realität sowie deren innerpsychisches Abbild. Demzufolge macht die Objektbeziehungstheorie eine Unterscheidung zwischen den realen Interaktionen des Individuums mit anderen und der Existenz innerpsychischer Strukturen, die auf Erfahrungen in realen Interaktionen zurückgehen. Sie versucht, die Dynamik der Wechselwirkung zwischen verinnerlichten Objektbeziehungen und dem Verhalten in der äußeren Realität zu erfassen (Greenberg & Mitchell, 1983, S. 11-12). In diesem Bemühen geht man davon aus, daß die unbewußte innere Welt der Objekte, die die psychische Struktur formt, zur Entwicklung des Ich entscheidend beiträgt. Schon Freud schreibt,

„... daß der Charakter des Ichs ein Niederschlag der aufgegebenen Objektbesetzungen ist, die Geschichte dieser Objektwahlen enthält."
(*Das Ich und Das Es*, 1923, S. 267)

Nach Stierlin (1980) sind innere Objekte zum einen Repräsentationen äußerer Objekte und äußerer Erlebnisse mit Objekten und zum anderen wirksame Faktoren in einem innerpsychischen Drama, in dem sie eine Bedeutung als intrapsychische Vektoren erlangen (S. 112-113). Er unterscheidet drei Funktionen innerer Objekte : die referierende Funktion, die sich relativ unabhängig von der Qualität früher Identifikationen und Introjektionen aufgrund entwicklungsmäßiger Reifung bildet (Stierlin spricht hier von Objektrepräsentanzen); die gyroskopische Funktion, die stark geformt ist durch die Erfahrungen in frühen Objektbeziehungen (die zu inneren Leitbildern werden für das Verhalten gegenüber anderen); und die autonomie-fördernde Funktion, die es dem Individuum möglich macht, sich mit einem Teil seines Selbst in Beziehung zu setzen und in einen inneren Dialog einzutreten. Für die beiden letztgenannten Funktionen verwendet Stierlin den Begriff der Objektimagines (S. 102-103).

Jacobson (1978*b*) definiert Objektimagines als intrapsychische Bildungen, die zu einem Teil der inneren Welt, d. h. des Selbst geworden sind, die aber als Objekte von den Selbstimagines unterschieden und abgetrennt gehalten werden. Allerdings können im Mechanismus der Introjektion und Projektion Selbstimagines Züge von Objektimagines annehmen und umgekehrt Objektimagines Eigenschaften der Selbstimagines erhalten (S. 58-59).

In diesen Vorgängen kommt es zu Störungen, wenn keine ausreichende Strukturierung und Differenzierung in der Ich- und Überichbildung erfolgt. Dies ist nach Jacobson (1978*b*) dann der Fall, wenn zu frühe und schwere Verletzungen und narzißtische Kränkungen, ebenso wie übermäßige Verwöhnung, einen ungünstigen Einfluß auf das Selbstwert- und Identitätsgefühl haben (S. 119). Hierdurch werden regressive Phantasien von Verschmelzung zwischen Selbst und Liebesobjekt hervorgerufen, die die Bildung fester Grenzen zwischen den Objekten und dem Selbst behindern und die normale Ich- und Überichentwicklung stören (S. 67).

Ausschlaggebend für ein Gelingen dieser Entwicklungsprozesse im Ich ist das richtige Gleichgewicht von Libido und Aggression. Kommt es zu einem Abbruch der Objektbeziehung aufgrund von Konflikten, in denen aggressive Tendenzen die Oberhand gewinnen, führt dies zur Introjektion des Objektes und zur unbewußten Identifizierung mit ihm - ein Vorgang, der für die persönliche Identitätsbildung weitreichende Folgen hat. Jacobson (1978*b)* schreibt:

„Sowohl normale wie pathologische Identifizierungen können von der Angst hervorgerufen sein, ein Liebesobjekt zu verlieren, das als Quelle narzißtischer Zufuhr dient, und beide können darauf abzielen, dieses Objekt durch Introjektionsvorgänge festzuhalten." (S. 129)

Jacobson betont, daß bei übermäßiger Enttäuschung am Liebesobjekt dieses dem kindlichen Ich nicht als Quelle narzißtischer Zufuhr dienen kann. Darüberhinaus muß die narzißtische Kränkung ins Unbewußte verdrängt werden und es kommt zu einer unbewußten Identifikation mit dem Liebesobjekt, um den „inneren" Objektverlust zu vermeiden (S. 127). D.h.: Frustration und mangelnde Liebe erhöhen aufgrund gefährlicher Ambivalenzkonflikte die Bereitschaft zur Introjektion mit negativer Auswirkung auf die Bildung der Objektbeziehungen und der Identifizierungen (S. 116)[4].

Auch Greenson (1954) befaßt sich ausführlich mit den Verinnerlichungsprozessen der Identifikation und Introjektion und der Wirksamkeit innerer Objekte. Er beschreibt den Mechanismus der Identifikation als einen Vorgang, bei dem als Resultat der Introjektion eine Transformation des Selbst stattfindet, wobei das Selbst dem äußeren Objekt ähnlich wird, d. h. Identifikationen verändern nicht nur das Ich, sondern das ganze Selbst (S. 201). In diesem Sinne unterscheidet Greenson zwischen Introjektion als einem triebhaften, auf das Objekt gerichteten Streben und Identifikation als einem weiterführenden Prozeß, der über den triebhaften Wunsch gegenüber dem Objekt hinausgeht (S. 201). Greenson (1954) versteht Identifikationen wie Introjektionen als unbewußt ablaufende Vorgänge, wobei eine nachträgliche Bewußtwerdung dieser Prozesse möglich ist (S. 20). Auch er ist der Ansicht, daß Enttäuschungen und Deprivationen die Bereitschaft zu Introjektion und nachfolgender Identifikation erhöhen, wodurch die Identifikation Abwehrcharakter erhält (S. 218).

Etchegoyen (1985) hebt den Unterschied zwischen Identifikation und Introjektion im Prozeß der Verinnerlichung der elterlichen Objekte besonders hervor. Er verweist auf die psychoanalytische Erkenntnis, daß Introjektion zur Etablierung einer innerpsychischen Objektbeziehung führt und nur unter bestimmten Umständen zur Identifikation. Zwar wird das introjizierte Objekt immer zu einem Teil des Subjektes und bestimmt daher dessen Funktionieren und Identität mit, indem zwischen dem Subjekt und dem Introjekt sehr komplizierte Beziehungen entstehen können - dies hängt u. a. davon ab, welche Position und Bedeutung das Introjekt hat und welche Funktionen es im Hinblick auf das Ich und das Überich erfüllt - aber daraus folgt nicht notwendigerweise, daß sich das Subjekt mit dem verinnerlichten Objekt identifiziert. Es wird allerdings in seinem Ich durch dieses bestimmt (S. 14).

---

4 Freud schreibt zu diesen Vorgängen in *Massenpsychologie und Ich-Analyse*: „Das (...) Gelernte können wir dahin zusammenfassen, daß erstens die Identifizierung die ursprünglichste Form der Gefühlsbindung an ein Objekt ist, zweitens, daß sie auf regressivem Wege zum Ersatz für eine libidinöse Objektbindung wird, gleichsam durch Introjektion des Objektes ins Ich ... ." (1921, S. 118).
Andresen (1980) erwähnt R. Schafers Hinweis (1968), daß Objekte zu Introjekten werden, wenn sie nicht verfügbar sind oder der Fokus von Ambivalenz (S.34).

Stierlin (1980) beruft sich bei diesen schwierigen Fragen, deren Berücksichtigung für das Verständnis der Wirksamkeit verinnerlichter Objektbeziehungen in der Entwicklung des Kindes außerordentlich wichtig ist, auf Fairbairns (1952) Konzept der Verinnerlichung ambivalenter Objekte. Er weist zunächst darauf hin, daß in der psychoanalytischen Entwicklungstheorie allgemein die Identifizierung mit guten Objekten - über deren Abwehrfunktion hinaus - für eine normale Entwicklung als notwendig angesehen wird, da sie als innere Objekte zu positiven Leitbildern in der Kommunikation mit äußeren Objekten wie mit dem eigenen Selbst werden und der Ichentwicklung dienen (Stierlin, 1980, S.116; siehe u.a. Jacobson,1978b).

Im Unterschied zu dieser Auffassung hat die Verinnerlichung von Objekten nach Fairbairn (1952) im wesentlichen Abwehrfunktion und führt zu Ich-Spaltung, die die psychische Entwicklung beeinträchtigt. Gute Objekte bieten hingegen zu einer Verinnerlichung keinen Anlaß und löschen sich gleichsam als innere Objekte aus - es sei denn, sie dienen zur Abwehr verinnerlichter böser Objekte. Sie werden in die psychische Struktur integriert und zu einem Teil der Persönlichkeit. Auf diese Weise fördern sie die Ichentwicklung (Stierlin, 1980, S. 116).

Diese Integration von Objekten in ein gesundes Selbst kann dann nicht stattfinden, wenn psychische Erlebnisse zu schmerzhaft und angsterregend erfahren werden. Stattdessen verinnerlicht das Kind die traumatisierenden Erlebnisse, weil es sie aufgrund seiner Ich-Schwäche nicht zurückweisen kann und weil es hofft, das schlechte Objekt auf diese Weise zu meistern. Nach Fairbairn (1952) liegt das Ich mit schlechten Objekten innerpsychisch im Kampf und verdrängt die leidvollen Erfahrungen, wenn sie unerträglich scheinen (Stierlin, 1980, S. 116).

Diese abgewehrten und verdrängten Beziehungserfahrungen schließen nach Ogden (1983), der sich auf Fairbairns Theorie bezieht, nicht nur das Objekt in seinem als frustrierend erlebten Aspekt ein, sondern auch den Anteil des Selbst, der in die Beziehung verwickelt ist. Und da ihre Problematik nicht in einer bewußten Auseinandersetzung gelöst werden kann, wirken sie als quasi autonome Komplexe aus dem Unbewußten, meist entgegen der bewußten Absicht des Individuums. Ogden macht sehr differenzierte Ausführungen zu den Behinderungen in der psychischen Strukturierung von Ich und Überich durch die Verinnerlichung ungünstiger Objektbeziehungen, die wiederum auf die Erfahrungen mit Objekten in der äußeren Realität störenden Einfluß nehmen (S. 230).

Aus den Überlegungen der vorgenannten Autoren wird deutlich: Verinnerlichte Objektbeziehungen können der Persönlichkeitsentwicklung förderlich oder hinderlich sein. Dies hängt davon ab, inwieweit innerpsychische Konflikte vom Kind im Laufe seiner Entwicklung überwunden werden können oder verdrängt werden müssen; die Qualität seiner Objektbeziehungen ist hierfür entscheidend. Je gravierender die Hemmungen in der Entwicklung zu persönlicher Reife sind, desto zwanghaft verzerrter müssen auch im späteren Leben reale Situationen erlebt werden.

Wie die kindlichen Äußerungen und Verhaltensweisen unmißverständlich belegen, spielt der Vater im allgemeinen in der Phantasie wie im realen Erleben des Kindes eine sehr bedeutsame Rolle. D. h.: Auch die Erfahrungen mit ihm werden verinnerlicht und erlangen zum Guten oder zum Schlechten Einfluß auf die Strukturierung der kindlichen Psyche.

1.3.3. Zur Ichentwicklung und Konstituierung von Identität

Innerhalb seiner Strukturtheorie definiert Freud (1923) das Ich als eine der Instanzen des seelischen Apparates neben Es und Überich. Das Ich gilt als Mittler der Interessen der ganzen Person (Laplanche & Pontalis, 1973, S. 184) und hat in dieser Funktion zwischen den Trieben aus dem Es, den Geboten aus dem Überich und den Forderungen aus der realen Umwelt des Individuums zu vermitteln.

Die Genese des Ich in der psychoanalytischen Theorie wird aus zwei relativ heterogenen Ursprüngen erklärt:

Zum einen postuliert Hartmann (1974), eine „unabhängige Variable" in der Ich-Entwicklung im Sinne angeborener Ich-Anlagen, denen er eine „primäre Autonomie" zuspricht. Aufgrund von Reifungsprozessen, die noch nicht vom Ich organisiert werden, sondern sich autonom vollziehen, kommt es zur allmählichen Herausbildung von Es und Ich aus einer „undifferenzierten Phase", in der Es und Ich anfänglich zusammen existieren, ohne voneinander differenziert zu sein. Apparate wie Wahrnehmung, Gedächtnis und Motilität gehören zum Kern der Ichentwicklung (S. 191-192). Unter diesem Aspekt meint Ichentwicklung funktionelle Differenzierung im Kontakt mit der äußeren Realität (Laplanche & Pontalis, 1973, S. 184, 199).

Zum anderen wird das Ich als Produkt von Identifizierungen betrachtet, die zur Bildung eines vom Es besetzten Liebesobjekts im Inneren der Person führen (Laplanche & Pontalis, S. 184). Die Beziehung des Ich zur Wahrnehmung und zur Außenwelt erhält damit eine neue Bedeutung, ohne daß die alte dadurch aufgehoben würde. Laplanche & Pontalis (1973) schreiben zu diesem zweiten Entstehungsfaktor des Ich:

„Das Ich ist ein Apparat, der sich vom System Wahrnehmung - Bewußtsein aus entwickelt, als eine innere Bildung, die ihren Ursprung in *bestimmten* bevorzugten Wahrnehmungen hat, die nicht von der Außenwelt im allgemeinen, sondern von der Welt der zwischenmenschlichen Beziehungen ausgehen." (S. 199)

Unter dieser Betrachtungsweise entsteht das Ich aus besonderen psychischen Operationen, wie Identifizierung, Introjektion usw., die auf im Außen erfahrene Objektbeziehungen zurückgehen und sich innerpsychisch niederschlagen (Laplanche & Pontalis, S. 199). Zu Freuds Hinweis, daß das Ich und seine Abwehrmechanismen zu einem großen Teil unbewußt sind, machen Laplanche & Pontalis die folgende Bemerkung:

„Man beschrieb Abwehrtechniken des Ichs, die unbewußt nicht nur in dem Sinne sind, daß das Subjekt deren Motive und den Mechanismus nicht kennt, sondern weil sie mit einem zwanghaften, repetitiven, irrealen Verhalten einhergehen, das sie mit dem Verdrängten, gegen das sie kämpfen, verbindet." (S.195)

Hartmann (1974) unterscheidet zwischen Ich, Selbst und Persönlichkeit: Danach ist das Ich ein Teilgebiet der Persönlichkeit, das durch seine Funktionen bestimmt wird, wobei die Funktionen, die besonders in der Beziehung zur Außenwelt, zur Realität zum Tragen kommen, als die für das Ich entscheidenden angesehen werden; hierzu gehören das Denken und Handeln, die Wahrnehmung und die Realitätsprüfung. In diesem Sinne gilt das Ich als Vertreter des Realitätsprinzips. Demgegenüber ist das Selbst ein ganzheitlicher, deskriptiver Begriff für die Person, das Subjekt des Ganzen in Unterscheidung zum Objekt in der äußeren Welt. Analog zum Begriff der Objektrepräsentanz meint Selbstrepräsentanz ein innerpsychisches Bild des Selbst. Selbstrepräsentanzen finden sich nach Hartmann (1974) in allen drei psychologischen Systemen, dem Ich, Es und Überich. Innerpsychisch repräsentiert das Gesamt der Selbstrepräsentanzen das Selbst (S. 200, S. 186).

Zur Bedeutung der Selbst- und Objektrepräsentanzen

Für das Verständnis der Ichentwicklung und Identitätsbildung liefern die psychoanalytischen Entwicklungsmodelle von Jacobson (1978b) und Erikson (1981) gute Erklärungsansätze. Jacobson (1978b) mißt den Objektbeziehungen des Individuums eine verursachende funktionelle Bedeutung bei beim Aufbau einer psychischen Struktur (Greenberg & Mitchell, 1983, S. 310). Sie betont die Wechselwirkungen zwischen den Schicksalen der Objektbeziehungen und Identifizierungen,der Bildung des Ich-Überich-Systems und der Identitätsentwicklung (Jacobson, S. l0).

Dabei geht sie davon aus, daß die psychische Entwicklung auf der Entstehung von Selbst- und Objektrepräsentanzen basiert (Jacobson, S. 30). Sie sind das Medium, durch das die Beziehungen mit den Objekten assimiliert und für den strukturellen Aufbau der Psyche verwendbar werden (Greenberg & Mitchell, S. 310). Auch Kernberg (1988) betrachtet die Selbst- und Objektrepräsentanzen als elementare Bausteine, auf denen die Herausbildung der psychischen Struktur mit den Instanzen Ich, Es und Überich beruht (S. 20). Die Ursachen für Störungen im Selbst und in den Objektrepräsentanzen werden in fehlgelaufenen Objektbeziehungen gesehen (Greenberg & Mitchell, S. 310).

Aus Vorstehendem wird deutlich, daß nach der Konzeption der Objektbeziehungstheorie das System Ich mit der Entdeckung und wachsenden Unterscheidung von Selbst und Objektwelt entsteht (Greenberg & Mitchell, S. 309). Die Etablierung klarer Grenzen zwischen den Repräsentanzen des Selbst und der Objekte ist die Grundlage für ein gesundes Ich. D.h.: Aufgrund der Wechselwirkung zwischen der Formung der Selbst- und Objektrepräsentanzen und der Strukturierung von Ich und Überich erhalten Selbst- und Objektrepräsentanzen Einfluß auf die Ichentwicklung und tragen in der weiteren Entwicklung zur Differenzierung der Ich- und Überich-Strukturen bei (Kernberg, 1988, S. 101), während sie gleichzeitig in ihrer Ausdifferenzierung von den Aktivitäten des Ich abhängen. So nimmt mit der Reifung der Wahrnehmungsfunktionen des Ich und seiner Fähigkeit zur Realitätsprüfung die Bildung realistischer Objekt- und Selbstrepräsentanzen auf Kosten primitiverer, introjektiver und projektiver Mechanismen zu, während gleichzeitig reifere Prozesse der Introjektion und Projektion dazu führen, daß Selbstimagines Züge von Objektimagines annehmen und umgekehrt. Die Qualität dieser Imagines, wie solide, stabil, realistisch und getrennt sie voneinander sind, entscheidet über die Fähigkeit des Kindes, entwicklungsbedingte Enttäuschungen zu überwinden, d. h. über seine Fähigkeit, Ich-Stärke zu entwickeln (Jacobson, 1978*b*, S. 57)[5].

Jacobson betont die wichtige Rolle, die die Aggression und der Wunsch nach individueller Selbstbehauptung des Menschen in seinen Beziehungen zur Umwelt in diesem Entwicklungsprozeß hat (S. 41). Sie schreibt, daß eine normale Identitätsbildung auf jeder Stufe der Entwicklung die Notwendigkeit einer „doppelten Ausstattung" erforderlich macht, d. h. zur Herstellung einer Identität muß der Mensch mit Beginn der Ichentwicklung seine Selbst- und Objektrepräsentanzen nicht nur libidinös, sondern auch aggressiv besetzen (S. 28). Erst dadurch wird das Kind befähigt,

„einerseits mit seiner Umwelt in einem Zustand persönlicher und sozialer Beziehungen, wechselseitiger Anpassung und wechselseitiger Bedürfnisbefriedigung zu leben"

und sich selbst in seiner Umwelt zu behaupten (Jacobson, 1978*b*, S. 42).

Kernberg (1988) führt hierzu weiter aus, daß es die Aufgabe des frühen Ich ist, libidinös und aggressiv determinierte Selbst- und Objektrepräsentanzen zu integrieren (S. 13; siehe hierzu auch die Ausführungen von Hendrick, 1936, 1951, und Jacobson, 1978*b*, in den Abschnitten 2.1. und 2.2.2.) Wenn es hingegen nicht zu einer ausreichenden Synthese libidinös und aggressiv determinierter Selbst- und Objektrepräsentanzen kommt, ist die Integration des Selbstkonzeptes und die Herstellung von Objektkonstanz oder „Ganz"- Objektbeziehungen beeinträchtigt (siehe Abschnitt 2.2.5.). Dies führt zu Störungen in der Ichentwicklung. Kernberg betont, daß erst das integrierte Selbstkonzept und die dazugehörigen integrierten Objektrepräsentanzen zusammen die Ichidentität im weitesten Sinne bilden (S. 13).

Zur Bildung einer persönlichen Identität

Auf der Grundlage ihrer phänomenologischen Betrachtungsweise beschreibt Jacobson (1978*b*), wie sich aus den primitiven narzißtischen Identifizierungen der frühen Kindheit, die auf Verschmelzung von Selbst- und Objektimagines beruhen, im Verlauf normaler psychischer Entwicklung partielle, selektive Ich- und Überichidentifizierungen entwickeln (S. 49), die den differenzierteren Aufbau der psychischen Struktur ermöglichen (siehe hierzu weitere Ausführungen im Abschnitt 3.1.2.). Sie zitiert Greenacres (1958) Aussage , daß

„'Identität eng mit Identifizierungen zusammenhängt, sei es als innerer Vorgang der psychischen Entwicklung, sei es als ein Akt der Anerkennung von

---

[5] Jacobson (1978*b*) gibt keine ausdrückliche Erklärung für ihren Gebrauch der Begriffe Objekt-Selbst-Repräsentanz und Objekt-Selbst-Imago. Es ist zu vermuten, daß mit dem Begriff Imago dem inneren Objekt oder Selbstbild eine gewisse Eigenständigkeit zugesprochen werden soll. (Siehe Stierlins, 1980, Verwendung der Begriffe Objektrepräsentanz und Objektimago, Abschnitt 1.3.2.)

seiten eines menschlichen Wesens gegenüber dem belebten oder unbelebten äußeren Objekt.'" (Jacobson, 1978*b*, S. 39)

In Anlehnung an Greenacre betont Jacobson die duale Bedeutung des Konzeptes der Identität, das nicht nur Ähnlichkeit oder Gleichheit, sondern im Akt der Gegenüberstellung ebenso Ungleichheit beinhaltet. Die subjektive Erfahrung von Identität muß neben dem Gefühl der Ähnlichkeit auch ein Getrenntsein und damit Ungleichheit zu anderen einschließen, denn das Ringen des Kindes um Identität richtet sich in einer gesunden Entwicklung darauf , den bewunderten Eltern zwar ähnlich, aber nicht mit ihnen identisch zu sein (S. 37, 71).

Unter Identitätsbildung versteht Jacobson (1978*b*) einen Prozeß,
„in dem sich die Fähigkeit bildet, die gesamte psychische Organisation - trotz ihrer wachsenden Strukturierung, Differenzierung und Komplexität - als eine hochindividualisierte, aber kohärente Einheit zu erhalten, die auf jeder Stufe der menschlichen Entwicklung Gerichtetheit und Kontinuität besitzt." (S. 38)

Im Prozeß der normalen Identitätsbildung ist nach Jacobson neben der Effektivität der synthetisierenden, organisierenden Ich-Funktionen auch die Reife in den Überich-Funktionen ausschlaggebend dafür, inwieweit Ich und Überich eine relative Autonomie gegenüber den Forderungen der Realität, den eigenen Triebwünschen und innerpsychischen Konflikten und Spannungen erlangen (S. 38).

Der entscheidende Anteil, den die Beziehungen und Identifizierungen des Kindes mit seinen Eltern an seinem Persönlichkeitsaufbau haben, erklärt sich nach Jacobson aus der Tatsache, daß sich die Autonomie des Kindes in seiner Ich und Überich-Entwicklung und seine Fähigkeit zu modifizierter Trieb- und Gefühlsbeherrschung erst allmählich herausbilden. Erst nach der Adoleszenz erlangt der Mensch seine volle physische und psychische Reife. Bis zu diesem Zeitpunkt braucht er die Führung und Vermittlung reifer Erwachsener, die ihm beim Umgang mit sich selbst und der realen Außenwelt Orientierung geben. Das bedeutet, daß der Individuationsprozeß in der Kindheit und Jugend wesentliche Prägungen durch essentielle Objektbeziehungen und Identifizierungen mit erwachsenen Vorbildern erhält (S. 43). Mit der Herausbildung einer persönlichen Identität erreicht das Individuum eine realitätsgerechte Einstellung, die Jacobson (1978*b*) als „Selbstrealisierung" bezeichnet, insofern als der Mensch durch sie dazu befähigt wird, seine eigenen Möglichkeiten wie die Gegebenheiten seiner Umwelt realistisch wahrzunehmen (S. 38).

Zur sozialen Komponente der Identitätsbildung

Während das Bemühen von Jacobson (1978*b*) auf die Erkundung der Entwicklung persönlicher Identitätsbildung abzielt und sie gemäß psychoanalytischer Vorgehensweise die hierfür bestimmenden ontogenetischen Faktoren untersucht (S. 37), lenkt Erikson (1981) seine Aufmerksamkeit auf die Entstehung sozialer Identität, die er in ihrer individuellen Ausprägung durch zwei ineinanderlaufende Hauptströmungen beeinflußt sieht: Dies sind zum einen die Verinnerlichungsprozesse wichtiger persönlicher Erfahrungen mit den elterlichen Beziehungsobjekten und zum anderen die historisch-gesellschaftlichen Gegebenheiten (S. 8), die das Kind auf dem Wege entsprechender Identifikationen mit den sozialen Identitäten der Eltern übernimmt und die konkrete Auswirkungen auf seine Ich-Entwicklung haben (S. 11).

Damit betont Erikson (1981) die Auswirkungen sozialer Faktoren auf das individuelle Ich (S. 13), die es nach seiner Ansicht erforderlich machen, persönliche Identität und Gruppenidentität (die dem Gefühl entspringt, Mitglied einer bestimmten sozialen Gruppe zu sein) zueinander in Beziehung zu setzen (S. 18, 124). Er schreibt:
„Der Begriff 'Identität' drückt also insofern eine wechselseitige Beziehung aus, als er sowohl ein dauerndes Sich-Selbst-Gleichsein wie ein dauerndes Teilhaben an bestimmten gruppenspezifischen Charakterzügen umfaßt." (S. 124)

In diesen Überlegungen bezieht sich Erikson (1981) auf Freud (1938), der den elterlichen Einfluß auf die Persönlichkeitsentwicklung über das persönliche Wesen der Eltern hinaus durch die von ihnen vertretenen Traditionen und Anforderungen des jeweiligen sozialen Milieus hervorhebt (S. 14). Erikson ist der Meinung, daß die psychoanalytische Ich-Psychologie den Auswirkungen sozialer Faktoren auf das individuelle Ich bisher nicht mit genügend spezifischer Theoriebildung begegnet ist (S. 11), auch wenn Hartmann, Kris & Löwenstein (1951) auf diesen Zusammenhang bereits hingewiesen haben, indem sie schreiben:
„Man könnte und sollte die kulturellen Bedingungen auch daraufhin betrachten, welche Weisen der Ich-Funktion in einer konfliktfreien Sphäre sie anregen und hemmen. „ (zit. nach Erikson, 1981, S. 195)

In der Konzeption von Erikson (1981) unterliegt die Ichentwicklung im Prozeß der Verinnerlichung von Objektbeziehungen einer gestuften Folge der drei Mechanismen: Introjektion-Projektion, Identifikation und Identitätsbildung (S. 165 f.): Als früheste und primitivste Mechanismen der Verinnerlichung bilden Introjektion-Projektion die Basis für die Identifikationen in den darauffolgenden Entwicklungsphasen. Ihre Integration, die eine befriedigende Beziehung zwischen Mutter und Kind während der symbiotischen Phase zur Voraussetzung hat, läßt im Kind ein sicheres Selbstgefühl entstehen (S. 140). Während mit fortschreitender Entwicklung des Ich aufgrund der Reifung seiner Wahrnehmungsfunktionen die Identifikationen zur wesentlichen Grundlage psychischer Strukturbildung werden, erfahren die Selbst- und Objektrepräsentanzen allmählich eine deutliche Differenzierung und Unterscheidung voneinander. Die Identitätsbildung stellt nach Erikson den reifsten Umgang des Ich mit den Erfahrungen aus bedeutsamen Objektbeziehungen während der Kindheit und Jugend dar. Sie geschieht mit Hilfe der synthetischen Funktion des Ich, das „die akzentsetzende Auswahl wichtiger Identifikationen der Kindheit" trifft und „die allmähliche Integrierung der Selbstimagines als Vorstufen einer Identität vollzieht." (1981, S. 189).

Aufgrund der Bedeutung, die die Ich-Funktionen bei der Integrierung der Selbstimagines im Prozeß der Identitätsbildung haben, läßt sich nach Erikson der Begriff der Identität ebenso unter dem Ich-Aspekt wie unter dem Selbst-Aspekt betrachten: Einerseits ist zu berücksichtigen, daß es das Ich ist, das als zentrale Instanz die sich im Laufe des Lebens verändernden Selbstimagines ständig neu auswählt, in die Persönlichkeit integriert und damit dem Individuum eine seiner jeweiligen Realität angepaßte Identitätsbildung ermöglicht (S. 190-191). Andererseits meint Identität den sozialen Aspekt des Selbst, das über die integrative Funktion des Ich Struktur gewinnt (S. 188). Mit dem Begriff der Ich-Identität will Erikson auf die essentielle Funktion des Ich bei der Identitätsbildung hinweisen (S. 17) sowie auf die gleichzeitig damit in Zusammenhang stehende Einsozialisierung in eine bestimmte Umwelt (S. 11, 19).

D.h.: Erikson setzt das Gefühl, eine eigene Identität zu haben, gleich mit dem Selbstgefühl, das auf die soziale Wirklichkeit bezogen ist (S. 192). Er sieht schon das Selbstgefühl des kleinen Kindes mit der Bildung der Ich-Identität verbunden, indem das Kind mit fortschreitender Erlernung von Fertigkeiten und sozialen Techniken Bestätigung im Selbstgefühl gewinnt und sich gleichzeitig in eine soziale Rolle einübt (S. 41, 17). Danach stützt eine gesunde Ichentwicklung, die als Grundlage eine günstige Herausbildung des Selbstgefühls hat, wiederum das Selbstgefühl des Individuums in seiner Auseinandersetzung mit der sozialen Realität und beeinflußt auf diese Weise die Identitätsbildung (siehe auch Abschnitt 4.7.).

Erikson (1981) geht davon aus, daß die allmähliche Entfaltung der Persönlichkeit auf einem „Epigenetischen Prinzip" beruht, wonach das Ganze sich allmählich aus einem Grundplan herausbildet, nach dem in fortlaufender Folge die Entwicklung jedes Teils in einem bestimmten Moment im Wachstumsprozeß vorherrschend ist, bevor es zu einem endgültigen Zusammenwachsen aller Teile zu einem funktionierenden Ganzen kommt (S. 57). In diesem Sinne sieht er die sexuellen und sozialen Komponenten menschlicher Entwicklung als sich gegenseitig verzahnende, miteinander in Beziehung stehende Elemente bei der Identitätsbildung an (S. 57-62, 152). Dabei hat das Ich die entscheidende Funktion, diese psychosexuellen und psychosozialen Komponenten auf jeder Stufe menschlicher Entwicklung auf einem jeweils höheren Niveau neu zu integrieren (S. 14). Erikson (1981) schreibt zum Prozeß der Identitätsbildung:

„Genetisch betrachtet, zeigt sich der Prozeß der Identitätsbildung als eine sich entfaltende Konfiguration, die im Laufe der Kindheit durch sukzessive Ich-Synthesen und Umkristallisierungen allmählich aufgebaut wird; es ist eine Konfiguration, in die nacheinander die konstitutionellen Anlagen, die Eigentümlichkeiten libidinöser Bedürfnisse, bevorzugte Fähigkeiten, bedeutsame Identifikationen, wirkungsvolle Abwehrmechanismen, erfolgreiche Sublimierungen und sich verwirklichende Rollen integriert worden sind." (S. 144)

Dieser Prozeß läuft von der frühesten Entwicklung bis ins junge Erwachsenenalter über phasenspezifische Krisen, die Erikson (1981) in ihren gesunden wie in ihren gestörten Aspekten in seinem bekannten Entwicklungsschema mit den folgenden Begriffen umschreibt:

Urvertrauen gegen Mißtrauen
Autonomie gegen Scham und Zweifel
Initiative gegen Schuldgefühle
Werksinn gegen Minderwertigkeitsgefühl

Identität gegen Identitätsdiffusion
Intimität gegen Isolierung (S. 150-151).

Erikson versteht die sukzessive Überwindung dieser Entwicklungskrisen als Grundlage für ein reifes Identitätsgefühl im Erwachsenenalter mit der Fähigkeit zu angemessener Durchsetzung der eigenen Bedürfnisse und zur Übernahme von Pflichten und Verantwortung im sozialen Rahmen (S. 149, 178). Mit der gesunden Entwicklung eines Identitätsgefühls, das Schutz bietet vor dem Wiederaufleben alter Kindheitskonflikte und das die Bewältigung der Triebe aus dem Es wie der Forderungen aus einem gewissensstrengen Überich ermöglicht, kann ein relatives psychosoziales Gleichgewicht innerhalb der Persönlichkeit erlangt werden (S. 192).

Auch nach Erikson (1981) erhält die Identitätsentwicklung ihre endgültige Ausformung erst nach Abschluß der Adoleszenz mit der Loslösung aus der Familie und dem Eintritt in andere soziale Bezüge, d. h. mit der Übernahme einer sozialen Identität, die Berufs- und Partnerwahl einschließt. Diese soziale Identität leitet sich aus den gesellschaftlichen Verhältnissen her und kommt innerhalb des menschlichen Kollektivs (der das Individuum umgebenden Gruppe) zum Tragen. Die Erlangung sozialer Identität als ein Aspekt des Selbst ist für Erikson (1981) der Ausdruck reifer Ichentwicklung. Er betont die soziale Funktion des Ich, die dem Individuum das Gefühl vermittelt, ein definiertes Ich innerhalb einer sozialen Realität zu haben. Ich-Stärke meint in diesem Zusammenhang die Fähigkeit,
    „die in der Kindheit geprägte Ich-Identität für sich selbst zu akzeptieren und
    sie in Einklang zu bringen mit den jeweiligen gegebenen historischen Mög-
    lichkeiten der Lebensgestaltung." (S. 56)

Erikson (1981) setzt die Entwicklung der psychosozialen Persönlichkeit mit sozialer Identität gleich, die in unserer westlichen Kultur stark durch die Normen der patriarchalen Gesellschaft geformt wird (S. 194). Dies heißt bezogen auf die Entwicklung des Mädchens: Die Berücksichtigung des Einflusses des sozialen Aspektes auf die Identitätsbildung ist außerordentlich wichtig zum Verständnis weiblicher Selbstentfaltung, denn die Prägungen, die ein Mädchen im Hinblick auf die Ausbildung seines Ich durch seine Familie erfährt, sind wesentlich beeinflußt durch die allgemeinen gesellschaftlich-kulturellen Normen und Wertvorstellungen, die das Bild von Weiblichkeit und ihrem Wert im gesellschaftlichen Rahmen bestimmen (siehe zu diesen Fragen Abschnitt 6.3.).

1.3.4.   Phasen der Ichentwicklung

Die Untersuchung dieser Arbeit über die Vater-Tochter-Beziehung richtet sich vornehmlich auf die spezifischen Funktionen des Vaters als Liebes- und Identifikationsobjekt in der Ichentwicklung des Mädchens von der prädipalen über die ödipale und Latenz-Phase bis zur Ablösung in der Adoleszenz. Die Beiträge zu den einzelnen Themenbereichen sollen Auskunft geben über Entwicklungsmöglichkeiten und Entwicklungsdefizite, die für das Mädchen aus dem günstigen oder fehlenden und belastenden

Beziehungsaustausch mit dem Vater als gegengeschlechtlichem Elternteil resultieren können.

Der systematischen Darstellung der Themen in den einzelnen Kapiteln liegt Eriksons Konzept der Ich-Identitätsbildung zugrunde, das den psychosexuellen wie den psychosozialen Entwicklungsfaktoren gleichermaßen Rechnung trägt.

Im 2. Kapitel geht es um Fragen früher Ichentwicklung mit der allmählichen Unterscheidung von Selbst und Objekt und einer ersten Lösung aus der symbiotischen Mutterbindung im Prozeß der Trennung-Individuation. Als Bezugs- und Identifikationsobjekt kann der Vater bereits in der frühen Phase die Ichentwicklung des Mädchens entscheidend fördern und ihm bei einer ersten Überwindung der Ambivalenzkonflikte helfen. D.h.: Die ödipale Dreierkonstellation Vater-Mutter-Kind ist als ein Element psychischer Strukturierung anzusehen, das schon für die Anfänge der Ichbildung im frühesten Stadium der Entwicklung eine außerordentliche Bedeutung hat (siehe die abschließenden Ausführungen zur väterlichen Funktion, Abschnitt 6.3.)

Das 3. Kapitel ist Fragen weiblicher Geschlechtsidentitätsbildung gewidmet. Hier wird versucht aufzuzeigen, daß der Vater für das Mädchen eine wichtige Funktion als heterosexuelles Liebesobjekt hat, das bereits während der präödipalen Entwicklung Anfänge ödipalen Flirtens ermutigt und in der ödipalen Konstellation durch seine Anerkennung dem Mädchen erste Sicherheit vermittelt in der Annahme der weiblichen Geschlechtsrolle im Umgang mit männlichen Partnern. Zurückweisungen und Enttäuschungen von seiten des Vaters erschweren dem Mädchen die Überwindung des Ödipuskomplexes und behindern seine Ichentwicklung wie seine Ausbildung einer positiven weiblichen Geschlechtsidentität.

Im 4. Kapitel wird auf die spezifische Funktion des Vaters als Repräsentanten der Realität aufmerksam gemacht. Es wird ausgeführt, daß der Beziehungsaustausch mit ihm dem Mädchen die Entwicklung wichtiger Differenzierungen in Ich und Überich ermöglicht, die zu einer weiteren Ablösung von der Mutter beitragen und die dem Mädchen erlauben, ein ausreichend auf die Realität bezogenes Ichideal auszubilden als Grundlage für die Entwicklung weiblichen Selbstwertgefühls.

Im 5. Kapitel wird - unter Berücksichtigung der Entwicklungsaufgaben der Adoleszenz mit der Ablösung von den Eltern, der Hinwendung zu gleichaltrigen Liebespartnern und dem Hineinwachsen in berufliches Engagement - nach dem spezifischen Einfluß gefragt, den der Vater auf die Entwicklung des Mädchens zu Eigenständigkeit hat. Deutlich zeigt sich, daß Störungen aufgrund einer ungünstigen Vaterbeziehung häufig Ich-Schwäche und Abhängigkeit in den Objektbeziehungen zur Folge haben.

Jeweils am Schluß der Kapitel 2 bis 5 werden den Aussagen der Psychoanalyse Ergebnisse der psychologisch-empirischen Forschung gegenübergestellt.

Das 6. Kapitel beinhaltet neben resümierenden Ausführungen zur Vater-Tochter-Beziehung in ihrem positiven und negativen Aspekt Überlegungen, die sich aus den Ergebnissen dieser Arbeit für die Pädagogik im Hinblick auf das Verständnis und die Förderung von Mädchen in ihrer Entwicklung ableiten lassen.

Abschließend ist festzuhalten, daß der Begriff der Individuation in dieser Arbeit besonders herausgestellt wird. In Anlehnung an Joffe & Sandler (1974) wird in der Entwicklung zur Individuation ein Vorgang gesehen, der über alle Entwicklungsphasen seine Bedeutung behält. Individuation ist nicht mit Entwicklung gleichzusetzen; sie bezeichnet vielmehr einen wichtigen adaptiven Aspekt in der Entwicklung des Kindes hinsichtlich der Ausbildung von Fähigkeiten, die zu einer Haltung beitragen, die Jacobson (1978*b*) als „Selbstrealisierung" beschreibt (siehe Abschnitt 1.3.3.). D.h.: Individuation ist wesentlich ein Ergebnis von Vorgängen der Differenzierung im Ich mit dem Ziel psychischer Reife (Joffe & Sandler, S.409).

2. Frühe weibliche Ichentwicklung

„The infant's emotional relationship to its father ... is an integral part of its emotional life and a necessary ingredient in the complex forces which work towards the formation of its character and personality.‟
(D. Burlingham & A. Freud, 1944, zit. nach Mächtlinger, 1976, S. 290)

Vorbemerkung

Die psychoanalytischen Theorien zur Ichentwicklung und Identitätsbildung heben den Einfluß der Mutter auf das Wachstum des Ich in der frühen Kindheit hervor. Lichtenstein (1961) sieht in dem engen Wechselspiel zwischen Mutter und Kind während der frühesten Entwicklungsphase die Basis für die Herausbildung einer „primären Identität‟; er betrachtet daher die symbiotische Mutter-Kind-Beziehung als den Beginn der menschlichen Identitätsbildung (zit. nach Jacobson, 1978*b*, S. 39, 41). Auch Jacobson führt aus, daß das früheste infantile Stadium die Mutter-Kind-Einheit ist (S. 49). Sie versteht die frühesten Wunschphantasien von Verschmelzung und Einssein mit der Mutter als Fundament für den Aufbau von Objektbeziehungen und Identifizierungen (S. 50), indem sich aus den anfänglichen primitiven Identifizierungen allmählich bedeutungsvolle Ich- und Überich-Identifizierungen entwickeln (S. 49).

Neuere Untersuchungen zeigen ergänzend, daß das Kind von Geburt an auch zum Vater einen von der mütterlichen Vermittlung unabhängigen Bezug herstellt, wenn es Gelegenheit erhält, ausreichende Erfahrungen mit dem Vater zu machen. Spieler (1984) zitiert Untersuchungen, die belegen, daß das Kind bereits sehr früh mentale Repräsentationen von beiden Eltern gleichzeitig und nicht nacheinander entwickelt, wie bisher angenommen wurde, und daß es sehr wohl die unterschiedlichen Interaktionen mit verschiedenen Bezugspersonen voneinander unterscheidet (S. 63). Zum gleichen Beobachtungsergebnis kommt Rotmann (1984), der meint, daß die alltäglichen Erfahrungen des Säuglings mit dem Vater ebenso verinnerlicht werden, wie die Erfahrungen mit der Mutter, so daß schon sehr früh eine sehr stabile tragfähige Beziehung zwischen Vater und Kind entstehen kann (S. 153). Auch Fthenakis (1985) schreibt unter Bezugnahme auf entsprechende empirische Studien, daß beide Eltern unter günstigen Bedingungen enge emotionale Beziehungen zum Kind entwickeln und daß das Kind seinerseits enge emotionale Beziehungen zu beiden Eltern entwickelt; und zwar individuelle Beziehungen, die eigenständig bestehen (S. 283). (Siehe hierzu weitere Angaben im Abschnitt 2.3. Empirische Forschungsergebnisse.)

In den hier anschließenden Abschnitten werden unter besonderer Berücksichtigung der Rolle des Vaters neuere Erkenntnisse zur frühen Ichentwicklung referiert. Diese Erkenntnisse sollen als Grundlage dienen für das Verständnis wichtiger Vorgänge in der weiblichen Ichentwicklung, die auch in den höheren Entwicklungsphasen ihre große Bedeutung behalten, wie die Ausführungen der nachfolgenden Kapitel zeigen werden. Diesen Angaben zur prädipalen Ichentwicklung sind einige wichtige Hinweise von Hendrick (1936, 1951) über bedeutsame frühe Identifikationen im Prozeß der Genese des Ich vorangestellt.

2.1. Zur Bedeutung präödipaler Identifikationen

Hendrick (1936, 1951) hat die Notwendigkeit präödipaler Identifikationen bereits zu einer Zeit hervorgehoben, als das psychoanalytische Interesse besonders der ödipalen Entwicklung galt. Er führt aus, daß Kinder schon in den ersten Lebensstadien elterliche Vorbilder für eine gesunde Ichentwicklung brauchen, da frühe Identifikationen dem kindlichen Ich spezifische Funktionen vermitteln, die für seine weitere Entfaltung außerordentlich wichtig sind. Diese frühen Ich-Identifikationen beruhen zum größten Teil auf Beobachtungen des Kindes, die es im Zusammensein mit nahen Bezugspersonen an deren Verhalten und praktischem Tun macht (1951, S. 56).

In seinen Darlegungen unterscheidet Hendrick (1951) zwischen ausführenden und abwehrenden Funktionen des Ich[6] , wobei zu berücksichtigen ist, daß es sich vorerst nur um Teilfunktionen des Ich und um Teilobjekte handelt, da in den frühen Lebensperioden noch keine Integration des Ich und des Objektes möglich ist (S. 56). Die Störungen in der präödipalen Ichentwicklung bezeichnet Hendrick (1936) als Ich-Defekte im Unterschied zu neurotischen Ich-Störungen aufgrund ödipaler Konflikte (S. 320-321). Ich-Defekte resultieren aus der Abwesenheit oder Unvollständigkeit früher Identifikationen mit hilfreichen und Unterstützung gewährenden Erwachsenen (S. 331). Sie beeinträchtigen die Fähigkeit des Ich bei der Lösung des ödipalen Komplexes und bei der erfolgreichen sozialen Anpassung des Individuums im Erwachsenenalter.

Zur Herausbildung wichtiger Ich-Funktionen der Abwehr sowie zu den Störungen in diesen Entwicklungsvorgängen schreibt Hendrick u.a.: Das Kind braucht zur Entwicklung von Abwehrfunktionen im Ich Identifikationen mit libidinös besetzten elterlichen Objekten, denen es vertraut, um in Anlehnung an sie seine primitiven feindseligen Impulse und phasenspezifischen Ängste überwinden zu lernen. Es handelt sich hier um rudimentäre Prozesse während der Entstehung des Ich.

Sind die frühen Teilidentifikationen unvollständig, führen die daraus resultierenden Defekte in der weiteren Ichentwicklung zu primitiven Abwehrmechanismen in Gestalt des Verbotes aggressiver Impulse, der Flucht vor angstbesetzten Situationen und der Projektion von Aggression, wie sie den frühen Lebensphasen entsprechen (S. 332). Die aggressiven Impulse, die nicht durch einen gelungenen Prozeß der Identifikation abgemildert oder zum Verschwinden gebracht werden können, bleiben in gefährlichen Phantasien erhalten und werden als übermächtig erlebt (S. 333). Statt einer Modifizierung und Integration in das Ich müssen sie durch Verbote abgewehrt werden. Damit kann es nicht zur Ausbildung adäquater Abwehrmechanismen kommen (wie Verdrän-

---

6 Hendrick gibt zu den ausführenden Funktionen folgende Beschreibung: „... the primary functions of the ego, those this author has called the 'executant functions' in contrast to the 'defense mechanisms' , functions whose role is effective performance, not merely the avoidance of anxiety ... ,". (1951, S. 46).
Er räumt ein, daß diese Begriffe nicht mehr den neueren Erkenntnissen über die frühe Ichentwicklung vollständig entsprechen, aber in Hinblick auf die Freudsche Diskussion des Ich-Begriffs eine gewisse Brauchbarkeit behalten haben (S. 46).

gung, Sublimierung und Erlangung sozialer Gratifikation), die eine Modifizierung in den inneren destruktiven Tendenzen bewirken würden (S. 324).

Hendrick (1936) betont, daß aufgrund einer solchen Fehlentwicklung die ungelösten prägenitalen Ängste eine verheerende Begrenzung in den reifen Ich-Funktionen zur Folge haben (S. 342), weil die entscheidende Funktion des Ich die des Verbotes bleibt (S. 326). Er nennt hier das Problem von Menschen mit schizoider Charakterstruktur, die ihre frühen Ängste nicht ausreichend durch Identifikation lösen konnten (S. 326). Mit anderen Worten: Das Versagen spezifischer Formen präödipaler Identifikation birgt in sich die Gefahr eines gestörten Funktionierens im Ich. Daraus resultiert, daß das Kind im Laufe des Heranwachsens schwer lernen kann, seine aggressiven Impulse, die im Unterschied zu den passiv-libidinösen Strebungen für den Aufbau des Ich außerordentlich wichtig sind, gemäß seinen gesunden Ich-Interessen einzusetzen. Hendrick (1951) schreibt hierzu:

„In short, instinctual goals - libidinal, aggressive and egoistic - can only be tolerated and achieved if the ego has developed or acquired the machinery for carrying them out." (S. 59)

Wenn die Voraussetzungen zur Integrierung der aggressiven Impulse in das Ich nicht gegeben sind, fehlt im späteren Leben die Fähigkeit, für sich selbst zu erlangen, was andere nicht für einen tun (1951, S. 60); es fehlt das Durchsetzungsvermögen in angemessener Selbstbehauptung (1936, S. 323); die Ausbildung aktiver (nicht passiver) Bedürfnisse bleibt auf der Strecke.

Hinsichtlich der Entwicklung ausführender Funktionen im Ich legt Hendrick (1951) daher besonderen Wert auf die Ermutigung zu Eigenaktivitäten durch die liebevolle Führung Erwachsener, denen das Kind nacheifern möchte. Denn die dabei entstehenden frühen Teilidentifikationen bilden die Grundlage für die Entwicklung reifer Ich-Funktionen, wie Flexibilität, Kontrolle der Umwelt und Freude an der Arbeit (1951, S. 60). Die Möglichkeit zu Eigenaktivität unter dem Schutz und der Anregung von seiten naher Bezugspersonen fördert die allmähliche Integration von ausführenden Funktionen im Ich. Auf diese Weise können frühe Prägungen zur Ausgangsbasis werden für spätere spezifische Fähigkeiten und Interessen des Individuums (1951, S. 59).

In diesen Überlegungen setzt Hendrick (1951) den Prozeß der Identifikation mit dem des Lernens in Beziehung. Danach sind Identifikationen auf der Grundlage von Objektbeziehungen aufzufassen als soziale Lernprozesse, in denen die Erfahrungen mit anderen für das Verständnis und den Umgang mit der Umwelt nutzbar gemacht und in das Ich integriert werden. Im Austausch mit anderen ist dieses Lernen bestimmt durch emotionale Kräfte, besonders durch Spannungen, die aus enttäuschten Objektbeziehungen resultieren und daher Aggressionen hervorrufen. Hendrick betont hier, daß die Identifikation mit Fähigkeiten der Eltern, die das Kind an ihnen bewundert oder aufgrund von Enttäuschung durch eigenes Tun ersetzen möchte, immer durch Aggression und die damit in Verbindung stehende Angst - und nicht durch passive Lustbedürfnisse - initiiert wird (S. 58).

Seine Erkenntnisse lassen sich dahingehend resümieren, daß das frühe Lernen eines adäquaten Umgangs mit den aggressiven Tendenzen und phasenspezifischen primitiven

Ängsten auf der Grundlage emotionaler Beziehungen zu den Liebesobjekten - auf denen die Identifikationen mit ihnen beruhen - entscheidend für die Ichentwicklung des heranwachsenden Kindes ist und daß ein Mangel an grundlegenden Teilidentifikationen im präödipalen Stadium den Defekt wichtiger Ich-Funktionen im Erwachsenenalter zur Folge hat[7].

Hendricks klinische Erfahrungen mit Störungen in der präödipalen Ichentwicklung veranlaßten ihn zu dem Hinweis, daß die emotionale Aktivierung dieser frühen Lernprozesse psychoanalytisch noch geklärt werden müsse (1951, S. 58). Seine Überlegungen erhalten durch die Erkenntnisse von Loewald (1973) eine gewisse Bestätigung. Auch Loewald hebt den Einfluß der frühen Objektbeziehungen auf die Entstehung des Ich im Prozeß der Verinnerlichung zwischenmenschlicher Interaktionen besonders hervor und sieht die Prozesse der Individuation (Mahler) und der Bildung der psychischen Struktur abhängig von der Qualität der Objektbeziehungen (S. 499), da zwischen Objektbeziehung und intrapsychischer Strukturbildung immer eine Wechselbeziehung besteht (S. 501- 502). Es sind die primären Identifikationen während der präödipalen Phase, durch die nach Loewald das Ich gebildet wird (S. 495).

2.2. Frühe Funktionen des Vaters

Nachfolgend werden wichtige Beiträge zur Entstehung des Ich im Hinblick auf die Rolle des Vaters und seinen frühen Einfluß auf die Vorgänge präödipaler Identifizierung und Individuationsentwicklung wiedergegeben.

---

[7]Bezogen auf die Rolle des Vaters machten Kotelchuck (1972) und Spelke et al. (1973) Beobachtungen, die Hendricks Hypothese stützen könnten: In diesen psychologischen Studien protestierten Kleinkinder, die häufigen und intensiven Kontakt mit Vätern hatten, weniger stark gegen die Trennung im Vergleich zu gleichaltrigen Kindern mit wenig Vaterbeziehung; außerdem setzte ihr Trennungsprotest erst in einem späteren Lebensmonat ein (zwischen dem 15. und 18. Monat statt dem 9. und 13. Monat) und fiel kürzer aus (zit. nach Lamb, 1986, S. 465). Eine Erklärung hierfür können die Untersucher nicht geben. Auch Lamb kommt nur zu der Aussage, daß der Protest aufgrund von Trennung kein ausreichendes Kriterium für die Bindung an einen Elternteil sein kann (S. 466).
Gemäß der Theorie von Hendrick ließe sich für diese Beobachtungen eine Erklärung darin finden, daß diese Kinder aufgrund der frühen Besetzung auch des Vaters als Liebesobjekt in der Genese ihres Ich bereits eine rudimentäre Identifikation mit ihm vollzogen hatten, die bewirkte, daß ihre Angstschwelle höher lag als dies bei den beobachteten Kindern ohne frühe Vaterbindung der Fall war. Die Trennungssituation scheint in ihnen eine unbeherrschbare Angst nur in abgeschwächter Form ausgelöst zu haben, und zwar erst in einem Entwicklungsabschnitt, als ihnen die Trennung aufgrund ihrer Ichreifung bewußter werden konnte und daher eine andere Qualität hatte.

2.2.1.　Der Vater als Repräsentant der „externen Realität"

Nach Loewald (1982) ist der Vater als mit der Mutter verbundener und doch unabhängig von ihr erlebter Erwachsener wichtig für die Einführung des Kindes in die Realität und für die Installierung des „Realitätsprinzips"[8].

Schon früh wandte sich Loewald gegen eine in der psychoanalytischen Literatur häufig anzutreffende Überbetonung der Kastrationsdrohung durch den Vater und die Vernachlässigung der von der Mutter ausgehenden präödipalen Gefahr . In seiner Theorie der Bedeutung des Vaters in der präödipalen Phase betont er die nichtfeindseligen Elemente in der Vater-Kind-Beziehung. Daneben folgt er Freuds Ansicht, daß der Vater in der ödipalen Konstellation mit seiner „Kastrationsdrohung" die Anpassung an die Realität fordert (S. 779). D.h.: Das „Nein" des Vaters richtet sich gegen die Befriedigung der auf die Mutter gerichteten libidinösen Wünsche (S. 773-774).

Loewald differenziert diesen Aspekt, in dem er zwischen den Funktionen von Mutter und Vater im Prozeß der Ichentwicklung und der Fähigkeit zur Realitätsprüfung unterscheidet und zwei Ebenen der Kastrationsdrohung postuliert: Danach geht neben der väterlichen ödipalen Kastrationsdrohung eine zweite Komponente der Kastrationsdrohung von der Mutter aus. Im Hinblick auf letztere bezieht sich Loewald auf Jones (1948) und Horney (1932), die die Angst vor dem Leib der Mutter und dem Verschlungenwerden durch sie als primäre Angst ansehen, die durch die Angst vor dem Penis des Vaters verdeckt werden kann (S. 779). Diese Bedrohung durch die Mutter steht der Kastrationsdrohung durch den Vater diametral gegenüber (S. 780). Die frühe positive Identifizierung mit ihm bietet dem Kind Schutz gegen das Zurücksinken in die primärnarzißtische Position der unstrukturierten primären Identität mit der Mutter in der Symbiose (S. 781).

D.h.: Die väterliche Funktion der Trennung der Mutter-Kind-Dyade stellt im Hinblick auf die Bedrohung durch die Mutter - die sich in der Angst des Kindes, verschlungen zu werden, manifestiert - keine Bedrohung oder Gefahr, sondern eine große Stütze dar (S. 780). Unter dem Aspekt der Mutterbindung wird der Vater zu demjenigen, der in der triangulären Konstellation das Kind von der Mutter und der primären Identifikation mit ihr trennt und die Subjekt-Objekt-Unterscheidung in der Realität konstituiert. Loewald (1982) schreibt:

---

[8] Unter „Realität" versteht Loewald in seinem Aufsatz „Das Ich und die Realität" die „äußere Welt", die „Welt der 'äußeren Objekte'„ (S. 770). Er gibt eine klare Definition der Beziehung zwischen Ich und Realität:
„Das sogenannte reife Ich hat das Lustprinzip aufgegeben und es durch das Realitätsprinzip ersetzt. Es schlägt nicht den direkten Weg zur Triebbefriedigung ein, sondern beachtet die Folgen der Triebbefriedigung und die Anforderungen der Realität. Es gibt nicht der halluzinatorischen Wunscherfüllung nach, sondern prüft die äußere Realität, denkt und handelt realitätsgemäß und paßt sich im Denken und Handeln an die Erfordernisse der Realität an." (S. 769)

„Der drohenden Möglichkeit, in der strukturellen Einheit, aus der heraus sich das Ich entwickelte, zu verbleiben oder wieder in ihr zu versinken, steht die kraftvolle Stärke des Vaters entgegen. Mit dieser Kraft wird eine frühe Identifikation versucht, eine Identifikation, die dem Ödipuskonflikt vorausgeht und ihn vorbereitet." (S. 780)

In diesem Sinne definiert Loewald (1982) die Ichentwicklung als eine Entwicklung vom primären Narzißmus[9] zur Objektbeziehung auf dem Boden „objektiver Realität" (S. 774, 786) und betont die konstruktive Rolle des Vaters in diesem Prozeß. Gleichzeitig verweist er damit (analog seiner Konzeption zweier unterschiedlicher Ebenen der Kastrationsdrohung) auf zwei unterschiedliche Erfahrungen von Realität, die auf unterschiedlichen Beziehungen zu Mutter und Vater beruhen[10].

Zunächst ist die Realität des Kleinkindes geprägt durch die Erfahrungen in der Symbiose mit der Mutter. Auf der primärnarzißtischen Stufe, auf der Ich und Objekt noch nicht getrennt voneinander wahrgenommen werden (S. 776), ist die Realität nichts Äußeres und auch nichts Feindseliges, dem Ich Fremdes und kann noch nicht vom Ich unterschieden werden (S. 774). Diese frühe Realitätserfahrung behält nach Loewald (1982) auch im Erwachsenenalter ihre wichtige Funktion, denn

„die primärnarzißtische Identität mit der Mutter stellt immer die tiefste unbewußte Wurzel, die tiefste strukturelle Schicht von Ich und Realität dar und liefert die Motivkraft für das 'merkwürdige Streben nach Vereinheitlichung und Synthese'." (S. 783)

Mit fortschreitender Entwicklung kommt es zu einer allmählich sich konstituierenden Unterscheidung und Abgrenzung von Ich und Nichtich (S. 777). Dabei versucht das Ich aufgrund der Erfahrung der ursprünglichen Einheit auf immer höheren Entwicklungsebenen mit Hilfe seiner synthetischen, integrierenden Funktion die ursprüngliche Einheit wiederherzustellen (S. 777). Diese Entwicklung führt zu einer allmählich sich

---

[9] Der Begriff „primärer Narzißmus" beinhaltet die Vorstellung, daß das Kind sich in der ersten Lebensperiode selbst mit seiner ganzen Libido besetzt, bevor es ein Ich ausgebildet hat und seine Libido auch auf äußere Objekte richtet (Freud, 1916-1917, GW XI, S. 431-432).

[10] In seinem Aufsatz „Bemerkungen zum Realitätsproblem" (1964) übernimmt Hartmann Loewalds Hypothese und schreibt:
„Die Autoren (Loewald, 1951, und Székely, 1951, d.Verf.) betonen, daß Freuds Begriff der Realität mit der Vaterfigur verknüpft ist und daß nach Freud die Kastrationsdrohung der deutlichste Ausdruck der Realitätsforderung sei. Andererseits ist aber der Realitätsbegriff auch mit der Rolle der Mutter verknüpft... Ich möchte nur auf die augenscheinliche Wahrheit aufmerksam machen, daß das Verhalten des Kindes gegenüber der Realität und seine Realitätsbegriffe durch mehrere Stadien seiner Beziehung mit Objekten geht, die ihnen ihren Stempel aufdrücken. In dieser Beziehung stimme ich völlig mit den Autoren überein, die die Bedeutung dieser Stadien ins Zentrum ihrer Ausführungen stellen... Beide, Mutter wie Vater, spielen in der Entwicklung des Kindes zur Realität eine beherrschende Rolle... Die Realitätsbegriffe des Kindes können am Schicksal seiner Objektbeziehungen und seiner Konflikte verfolgt werden...". (S.400 [1])

ausweitenden Differenzierung und Objektivierung der Realität (S. 778), wie sie besonders für die Latenzperiode wichtig wird (siehe Abschnitt 4.1.1.). Damit es zu einer solchen positiven Entwicklung kommt, muß der Vater in der präödipalen Periode „als positive Gestalt" erlebt werden, mit der sich das Kind identifizieren kann, denn die differenzierte Realität der ödipalen Konstellation, definiert als „externe Realität", wird nach Loewald zunächst durch den Vater repräsentiert (S. 777). Es ist die Aufgabe des Vaters, dem kindlichen Ich zu allmählicher Differentation und Integration zu verhelfen, um es von der Mutter unabhängiger zu machen.

Loewald (1982) bezieht sich in seinen Ausführungen zur Funktion des Vaters als Repräsentanten äußerer Realität explizit auf das Interesse des Jungen an seinem Vater in diesen Entwicklungsvorgängen. Dies ist eine einseitige Darstellung. Daß das Mädchen in seinen natürlichen Bestrebungen nach Unabhängigkeit gleichgerichtete Erwartungen an den Vater hat, um von der Mutter freizukommen, wird von Helene Deutsch (1988) ausdrücklich hervorgehoben.

2.2.2.   Identifikation mit dem Rivalen

Jacobson (1978*b*) differenziert Loewalds Konzept der frühen Vaterfunktion. In ihrem Werk „Das Selbst und die Welt der Objekte" beschreibt sie detailliert den Prozeß der allmählichen Herausbildung des Selbst aus der Verschmolzenheit mit dem ersten Liebesobjekt, der Mutter, und die Entstehung des Ich mit Betonung der wichtigen Funktion, die dem Vater hierbei zukommt.

Sie führt hierzu aus, daß mit dem Stadium der beginnenden Ichentwicklung auch die langsame Sonderung von Selbst- und Objektwelt einsetzt und das sich bildende Ich damit beginnt, die entsprechenden Selbst- und Objektrepräsentanzen libidinös und aggressiv zu besetzen (S. 29). In diesem Prozeß der sich allmählich entwickelnden Fähigkeit zur Unterscheidung von Selbst und Objekt geht die Unterscheidung der Objekte voneinander der Unterscheidung zwischen dem Selbst und den Objekten voraus, da die Wahrnehmung der äußeren Welt leichter fällt als die Selbstwahrnehmung. Auf diese Weise bilden sich unterschiedliche Beziehungen zu den verschiedenen Liebesobjekten heraus (S. 71).

In dieser zunehmenden Unterscheidungsfähigkeit des Kindes geben die Rivalitätsgefühle gegenüber dem Vater und möglichen Geschwistern sowie anderen Bezugspersonen den entscheidenden Ausschlag zur Entwicklung, da sie den stärksten Ansporn liefern für erste Vergleiche. Denn zunächst   lenkt das Kind seine neidischen und feindseligen Impulse von der Mutter auf den Rivalen, indem es seine eigenen Erwartungen an die Mutter auf den Rivalen projiziert (S. 72). Es möchte ihm ähnlich sein, um auf diese Weise zu bekommen, was dieser offenbar von der Mutter bekommt.

Auf diese Weise wird das Kind in der Auseinandersetzung mit dem Rivalen, in der Liebe und Bewunderung mit Enttäuschung und Neid alternieren, zur allmählichen Wahrnehmung der Unterschiede gezwungen (S. 73), wodurch sein wachsendes Identitätsgefühl stark gefördert wird (S. 74). Und mit der Entwicklung seines Identitätsgefühls erwirbt das Kind die Fähigkeit zur Realitätsprüfung, die

Voraussetzung ist für die emotionale Besetzung anderer Personen als von seinem Selbst getrennte Objekte. Allmählich können dann der Vater und andere im engen Kontakt mit der Mutter stehende Personen als eigenständig wahrgenommen werden (S. 72).

Jacobson (1978b) betont, daß in diesen Entwicklungsvorgängen durch das kindliche Streben nach Unabhängigkeit die Abgrenzung des Kindes von seinen Rivalen stärker gefördert wird als die Abgrenzung von der Mutter, mit der das Kind länger in primitiver Symbiose und Identifikation verbunden bleibt. Sie schreibt:
„Die Mutter-Kind-Beziehung ist sicherlich als die Matrix der Identitätsbildung anzusehen. Aber die Individuation des Kindes, die so stark von der Trennung vom Objekt und von der Entdeckung von Unterschieden abhängt, bezieht bald aus den ambivalenten Beziehungen zu seinem Rivalen kräftigere Anstöße als aus der engen Intimität mit der Mutter." (S. 73)

Wie Loewald (1982) hebt Jacobson (1978b) hier die Gefahr hervor, die für das präödipale Ich aus der symbiotischen Natur der Mutter-Kind-Beziehung mit den noch undeutlichen Grenzen zwischen Selbstimago und mütterlicher Objektimago erwächst. Sie schreibt:
„Die Trennungsangst des Kindes und sein Wunsch, die ursprüngliche Mutter-Kind-Einheit aufrecht zu erhalten oder wieder zu erlangen, sind - auch im Normalfall - so stark, daß es dazu neigt, sich gegen das Akzeptieren eindeutig festgelegter Grenzen zwischen seinem Selbst und der Mutter zu sträuben." (S. 69)

D.h.: Die Anwesenheit des Vaters wird zu einem Schutz für das frühkindliche Ich.

Da sich Identifikationen in der frühen Entwicklung zunehmend auf Objekte konzentrieren, mit denen das Kind rivalisiert (S. 76), geht Jacobson (1978b) weiter davon aus, daß Teil-Identifikationen mit dem Vater leichter zustandekommen als mit der Mutter als zentralem Liebesobjekt, weil das Kind früher lernt, sich von ihm als Rivalen abzugrenzen (S. 75). Gleichzeitig nimmt sie an, daß die Entwicklung personaler Beziehungen zur „guten" und gleichzeitig „bösen" Mutter dem Akzeptieren von Rivalen als ganzer „guter" und „böser" Bezugspersonen vorausgeht (S. 75). Dies bedeutet, daß dauerhafte selektive Identifizierungen mit dem Hauptrivalen, dem Vater, erst entstehen können, wenn die liebevollen Gefühle des Kindes ihm gegenüber stark genug sind, um auch zu ihm Beziehungen als zu einer ganzen „guten" und „bösen" Person zu erleben (S. 77).

Jacobson (1978b) betont in diesem Zusammenhang, daß nur beständige und selektive Identifikationen zu Ich-Anteilen werden können (S. 79), und unterstreicht die Rolle der Liebe als Vorbedingung für die Herstellung gesunder Identifikationen (S. 77). Gleichzeitig hebt sie hervor, daß diese Identifikationen auf der Grundlage einer positiven liebevollen Beziehung zu den Liebesobjekten ihre Existenz der Ambivalenz verdanken, die aus Enttäuschungen resultiert und in einer normalen Entwicklung zur allmählich wachsenden Unabhängigkeit des kindlichen Ich beiträgt (S. 77-78). (Über die wichtige Funktion des Vaters in diesen Ambivalenzkonflikten berichtet Rotman, 1978, siehe Abschnitt 2.2.5.)

Im Akzeptierenkönnen des Rivalen sieht Jacobson (1978*b*) einen entscheidenden Entwicklungsschritt, denn die Überwindung der Ambivalenz gegenüber dem Rivalen mit Hilfe libidinöser Strebungen ist eine Vorbedingung für die Entwicklung eines positiven Selbstwertgefühls. (S. 75) Sie schreibt:

„Die zunehmende Vorherrschaft von libidinösen Besetzungen über aggressive baut dabei gleichzeitig die libidinöse Ausstattung der Selbstimagines auf, die eine Vorbedingung für das Erlangen eines normalen Selbstwertgefühls und die Bildung einer vereinheitlichten Vorstellung vom Selbst ist." (S. 75)

Darüberhinaus stellt die positive Beziehung zum Vater und anderen, der Mutter nahestehenden Menschen eine günstige Grundlage dar für die allmählich wachsende Fähigkeit des Kindes, im sozialen Kontakt die Realität zu erfassen und zu akzeptieren, wie Jacobson (1978*b*) ausführt:

„Je besser andere Personen und das Selbst in ihrer Totalität erlebt werden können, umso leichter kann die Unterscheidung, die Wahrnehmung von Unterschieden zwischen dem eigenen Selbst und anderen ertragen werden und umso leichter wird Ähnlichkeit nicht nur entdeckt, sondern auch akzeptiert, gewünscht und erreicht." (S. 77)

Mit ihrer Hervorhebung der „bedeutsamen Rolle der Aggressivität" (S. 72) bestätigt Jacobson Hendricks (1936, 1951) frühe Erkenntnisse. Sie sieht im Aufbau der aggressiven Kräfte durch die Interaktionen mit dem Vater und anderen Personen, mit denen das Kind rivalisiert, eine wesentliche Vorbedingung für die Herausbildung so wichtiger Ich-Funktionen wie Akzeptanz der Realität und Fähigkeit zur Entwicklung von Sublimierungen (S. 77).

Ebenso wie Hendrick ist sie der Meinung, daß die Aggression mit Hilfe positiver Identifikationen mit den elterlichen Objekten in der frühen Ichentwicklung eine Neutralisierung erfahren muß, damit das Kind fähig wird, seine intensiven, ambivalenten Gefühle konstruktiv für seine Ichentwicklung einzusetzen (S. 60). Nach ihrer Erkenntnis tragen zu dieser Entwicklung die passiven Phantasie- und Gefühlsidentifizierungen mit der Mutter, die vorwiegend libidinösen Wünschen und nicht Triebkonflikten entstammen, nicht wesentlich bei. Erst durch die Anwesenheit eines Dritten, eines von der Mutter unterschiedenen, aber ihr doch ebenbürtigen Anderen, bei dem das Kind zeitweilig Zuflucht findet, kann Aggression zum konstruktiven Element werden in der Herausbildung der Fähigkeit zur Unterscheidung von Selbst und Objekt (S. 76; siehe auch zur spezifischen Funktion des Vaters, Abschnitt 6.3.).

Zusammenfassung

Jacobson (1978*b*) betont, daß durch die Mutter als primärer Bezugsperson der Kern und die Kontinuität des Selbst erfahren wird, während der Vater und andere Personen die Differenzierung des Selbst und die Differenzierung zwischen den Objekten ermöglichen. Ihre Ausführungen legen den Schluß nahe, daß der präödipale Vater als Hauptrivale und beneidetes Identifikationsobjekt den größten Anreiz bietet zu einer ersten Ablösung aus der symbiotischen Bindung mit der Mutter und zu erster Erfassung der

Realität in den Objektbeziehungen. Auf diese Weise kann er entsprechend seiner Haltung gegenüber dem Kind die frühe Ichentwicklung und Identitätsbildung des Kindes entscheidend mitbestimmen.

Die Hervorhebung der Erkenntnisse von Hendrick und Jacobson zum frühen Aufbau des Ich mit Hilfe positiver Identifikationen, die eine Kanalisierung und Neutralisierung der Aggression bewirken, ist so wichtig, weil sich daraus verstehen läßt, daß die tiefgreifenden Verletzungen bei   narzißtisch gestörten Kindern und Borderline-Patienten auf frühe Defizite im elterlichen Verhalten zurückgehen, an denen auch der Vater aufgrund seiner spezifischen Funktion Anteil hat, nicht nur die Mutter, wie dies oft herausgestellt wird.

2.2.3.   Entstehung früher Triangulierung

Mahler und ihre Nachfolger (Mahler & Furer, 1972; Mahler, Pine & Bergman, 1980; Abelin, 1971, 1975, 1980) sehen die zentrale Aufgabe des Kindes während der präödipalen Phase im Prozeß der Loslösung-Individuation[11] , der von seinen Anfängen, etwa ab dem 5. Lebensmonat bis in das 3. Lebensjahr die psychische Entwicklung bestimmt und mit der Erlangung einer „Selbst-Identität" und eines bestimmten Maßes an Objektkonstanz[12] über das 3. Lebensjahr hinaus andauert (Mahler et al., 1980, S. 145). Mahler betont die Objektbeziehungen in diesen Vorgängen und spricht dem Vater in seiner spezifischen Funktion bereits für den allmählichen Übergang von der frühkindlichen symbiotischen Phase zur Phase der Loslösung-Individuation eine besondere Bedeutung zu.

Abelin (1971) zeigt anhand seiner direkten Beobachtungen, daß sich die Beziehung zur Mutter durch die frühen Erfahrungen des Kindes mit dem Vater allmählich wandelt, mit dem es sich identifiziert und mit dem es eine libidinöse Beziehung eingeht, lange bevor der Vater ein inneres Objekt wird. Er sieht in der frühen Bindung an den Vater einen entscheidenden Faktor für die Herausbildung der Selbst- und Objektrepräsentanz

---

[11] In der Konzeption von Mahler et al. (1980) bedeutet „Loslösung" das Auftauchen des Kindes aus der symbiotischen Verschmelzung mit der Mutter. Die sich entwickelnden Ich-Funktionen dienen der Individuation. „Individuation" meint die Entfaltung von intrapsychischer Autonomie, Wahrnehmung, Gedächtnis, Erkenntnisvermögen, Realitätsprüfung und die Fähigkeit des Kindes, seine individuellen Wesensmerkmale als solche anzunehmen. Loslösung und Individuation sind zwei voneinander zu unterscheidende Entwicklungsstränge, die beide Voraussetzung sind für die Bildung innerer Selbstrepräsentanzen in Unterscheidung von inneren Objektrepräsentanzen (S. 85 f).

[12] „Objektkonstanz" meint die Konstituierung klarer Grenzen zwischen den Selbstrepräsentanzen und den realistischen Repräsentanzen der Objekte, die in ihrem „guten" und gleichzeitig „bösen" Aspekt zu einer Gesamtrepräsentanz unter libidinösem Vorzeichen verinnerlicht sind. Objektkonstanz wird nach Mahler nicht vor dem dritten Lebensjahr erreicht (S. 142, 153).

während der Loslösungs-Individuations-Vorgänge mit der Entstehung „früher Triangulierung".

In seiner Darstellung dieser Entwicklung weist er zunächst daraufhin, daß die Bedeutung des Vaters als der Andere, als das von der Mutter verschiedene Liebesobjekt bereits in den Subphasen des Übens[13] (etwa vom 7. bis 15. Lebensmonat) evident wird (S. 246). Auch Rotmann (1984) meint, daß der Vater schon früh zum interessanteren Objekt wird; daß ihm mehr Neugier entgegengebracht wird und das Kleinkind besonders gern von ihm aufgehoben und in Spiele verwickelt werden will (S. 154). Mit dem Laufenlernen erlebt das Kind lustvoll die Fähigkeit zu eigener aktiver Expansion; die Welt der Objekte erweitert sich: Vater und Geschwister werden zu ersten Kontakten bei der Entdeckung der Umwelt, die herausführt aus der symbiotischen Verschmolzenheit mit der Mutter (Abelin, 1971, S. 239).

Für diese frühen Erkundungen des Kindes beschreibt Abelin Unterschiede in der Beziehung zu und der Annäherung an Vater und Mutter. Danach gelten Mütter eher als sicherer, vertrauter Ort, zu dem man immer wieder zurückkommen kann, wenn man das Gefühl der Geborgenheit braucht. Ihre Anwesenheit wird als selbstverständlich angesehen. Sie sind zuständig für die Pflege und werden in erster Linie als schutzgebend erfahren (S. 239, 246). Rotmann (1984) ergänzt, daß Mütter im allgemeinen als mehr „gut" angesehen werden, während von Vätern aufgrund ihres Andersseins eine gewisse Faszination ausgeht (S. 154).

Daneben scheint der Vater für das kleine Mädchen eine zweite Schutzbasis darzustellen, derer es sich ebenso bedient wie des Schutzes der Mutter. Abelin berichtet, daß Mädchen dazu neigen, sich früher an den Vater anzuschließen als Jungen, gegenüber fremden männlichen Personen aber zurückhaltender sind. Er vermutet, daß in der vertrauteren Hinwendung zum Vater die frühen symbiotischen Wurzeln zum Tragen kommen, in die das Mädchen auch den Vater einschließt (S. 242). Wörtlich bemerkt Abelin (1971):

„Possibly the father had been, at least tangentially, included within the symbiotic orbit and thus retained a symbiotic tinge for the girls." (S. 242)

An anderer Stelle schreibt er zur gleichen Frage:

„(One might speculate about the symbiotic roots of the world of the father, and of the animate world in general for the girls, while in boys the dichotomy between the symbiotic and nonmaternal world would be more clearcut)." (1971, S. 247)

Die wesentliche Aufgabe des Vaters in den frühen Phasen des Individuationsprozesses sieht Abelin zum einen in der Unterstützung erster Erforschungs- und Erobe-

---

[13] Mahler et al. (1980, 1972) unterteilen den Loslösungs-Individuations-Prozeß in die Subphasen: der Differenzierung, des Übens, der Wiederannäherung (mit der Wiederannäherungskrise) und der Konsolidierung der Individualität mit den Anfängen emotionaler Objektkonstanz.

rungsversuche des Kindes (1975, S. 293) und zum anderen in seiner Verfügbarkeit als Identifikationsfigur, die als zweites spezifisches Objekt mit fortschreitender Entwicklung neben der Mutter die „frühe Triangulierung" ermöglicht (1971, S. 233).

D.h.: Der Vater wird vornehmlich zu einem Vertreter des entfernteren, „nichtmütterlichen" Raumes, einer froh zu entdeckenden Realität. In der aktiven Exploration der Umwelt und dem gleichzeitig damit beginnenden Ringen um erste Ichautonomie stellt er - in Alternative zur notwendigen mütterlichen Fürsorge des Umsorgens und Haltens - ein geeignetes Beziehungsobjekt dar, das nach Abelin (1971) die ersten unstrukturierten expansiven Strebungen des Kindes bindet (S. 246, 249)[14].

In der Subphase der Wiederannäherung (etwa vom 15. bis 24. Lebensmonat) und hier besonders während der Periode der Wiederannäherungskrise (ab dem 18. Lebensmonat) ist die Anwesenheit des Vaters oder einer signifikanten Ersatzperson ausschlaggebend für die ersten Loslösungsbestrebungen von der Mutter. Abelin (1971) schreibt hierzu:

„To begin with, from the fact that the vital task of a child at that time is to achieve individuation through a process of intrapsychic separation from the symbiotic mother, it does not necessarily follow that this is an affair between just mother and child. Quite to the contrary, the task might be *impossible for either of them to master without their having the father to turn to.*" (S. 248; kursive Hervorhebung durch den Autor)

Mit Bezug auf die Entstehung früher Triangulierung führt Abelin weiter hierzu aus, daß es in der Wiederannäherungskrise zunächst um die innerpsychische Repräsentanz des Selbst und der Mutter geht (1971, S. 245), während der Vater vorerst ein Synonym bleibt für die Anziehung, die von der Außenwelt ausgeht (1975, S. 298). D. h.: Wie Jacobson (1978*b*) sieht auch Abelin (1971) die Errichtung eines spezifischen inneren Bildes vom Vater und die innere Besetzung dieser Beziehung im Vergleich zur innerpsychischen Repräsentanz der Mutter verzögert. Er schreibt:

„We might say that, while the specific libidinal relationship with the father was undoubtedly well established, the construction of a specific cathected mental image of the father lagged behind that of the mother." (S. 243)

---

[14] Auch Greenacre (1969) hat den wichtigen Einfluß des Vaters auf die Entwicklung der Motorik, der Erforschung des Raums und die damit einhergehende Erfahrung des Körper-Selbst ausführlich beschrieben. Sie bezieht sich auf allgemein vertraute Beobachtungen, daß Kleinkinder die kinästhetischen Bewegungsspiele des Vaters, das In-die-Luft-Werfen, Herumwirbeln, Auf-den-Schultern-Tragen usw. mit freudiger Erregung genießen und dabei versuchen, mit zunehmender körperlicher Reifung und psychisch-geistiger Entwicklung die eigenen Bewegungen mit denen des Vaters zu koordinieren. Greenacre nimmt an, daß in diesem Zusammenspiel zwischen Vater und Kind das Selbstgefühl des Kindes günstig beeinflußt wird, indem sich das Kind vermittels der körperlichen Erfahrung vorübergehend mit der Stärke und Macht des Vaters identifiziert (S. 615 - 616).

Abelin ist daher der Meinung, daß die symbolische innerpsychische Repräsentanz des Vaters von der aktuellen libidinösen Beziehung zu ihm und der Etablierung erster Identifikationen mit ihm unterschieden werden muß (S. 245). Erst allmählich wird der Vater in der Phantasiewelt des Kindes zu dem anderen, mächtigeren Elternteil. Abelin (1971) vermutet hier, daß das Bild eines mächtigeren Vaters für eine zufriedenstellende Lösung der Wiederannäherungskrise notwendig ist (S. 248). In Beobachtungen, die einige Wochen nach der Wiederannäherungskrise stattfanden, stellte er fest, daß Kinder, wenn sie sich von der Mutter enttäuscht fühlten, in ihrem Spiel die Erinnerung an den Vater wachriefen. Sie schienen sich dann in ihren Phantasien mit dem Vater als dem weniger ambivalenten Liebesobjekt zu identifizieren (S. 245-246).

Zur weiteren Entwicklung in der Wiederannäherungskrise schreibt Abelin (1975), daß der entscheidende Übergang in der Identitätsbildung mit der Herausbildung der Selbstrepräsentanz um den 18. Lebensmonat auf der allmählich sich bildenden Fähigkeit des Kindes beruht, neben der vertrauten Zweierbeziehung, z. B. Mutter-Kind, Vater-Kind, Beziehungen wahrzunehmen, in denen eine dritte Bezugsperson miteinbezogen ist. Indem das Kind die Eltern in Beziehung zueinander erlebt, lernt es, Zweierbeziehungen wahrzunehmen, in die es nicht eingeschlossen ist. Es findet sich vielmehr in einer Dreierbeziehung allein, ohne Spiegel eines auf ihn konzentrierten Gegenüber (S. 293-294).

Damit beginnt die von Jacobson (1978b) beschriebene Differenzierung des Selbst von den Objekten und die Differenzierung zwischen den Objekten. Abelin (1975) bezeichnet diesen Entwicklungsschritt als „frühe Triangulierung". Gemeint ist hiermit das Erkennen und Verinnerlichen der Beziehung zwischen Mutter und Vater, die zwei hoch besetzte Objekte für das Kind darstellen (S. 293). In Anlehnung an Jacobson (1978b) sieht Abelin eine wichtige Funktion der väterlichen Rolle darin, daß sich das Kind mit dem Vater, dessen Gefühlen und Verhalten gegenüber der Mutter identifizieren kann (1975, S. 233). Er schreibt, daß das Kind in seinen zunächst unbewußten Imitationen des väterlichen Objekts allmählich seinen eigenen Wunsch nach dem mütterlichen Objekt erkennt und - indem es anfängt, sich in der Rolle des Rivalen zu sehen - in der Identifikation mit dem Vater sein eigenes Selbst entdeckt. Abelin (1975) umschreibt diese Erfahrung des Kindes mit den Worten:
„There must be an I, like him, wanting her." (S. 294)

Dieser Entwicklungsschritt stellt nach Abelin (1980) eine Kopernikanische Wende dar, wobei die eigentliche Geburt des Selbst, die Bildung der Selbst-Repräsentanz nur möglich ist über die Erfahrung des von der Mutter unterschiedenen Objektes auf der Grundlage früher Triangulierung (S. 153). Diese erste Selbst-Objekt-Konstellation mit der innerpsychischen Repräsentanz der Mutter als erstem Objekt ist eine sehr rudimentäre, die das Bild des Rivalen, wie oben ausgeführt, zunächst noch nicht in sich schließt, da dieses Bild des anderen mit in das Selbstbild eingeht (S. 154). In der weiteren Entwicklung kommt es dann zunächst zur Identifikation mit dem Rivalen, die dem Kind eher möglich ist als die Identifikation mit der Mutter als einem eigenständigen Objekt, da es sich leichter von dem Rivalen als von der Mutter unterscheiden lernt (siehe Jacobson, 1978b, Abschnitt 2.2.2.).

Frühe Triangulierung meint nach Abelin (1980) diese Identifikation mit dem Rivalen (S. 153), durch die das Kind in die Lage kommt, seine Beziehung zur Mutter nach
dem Vorbild des Vaters auszurichten, der als der Andere in deutlicher Getrenntheit von
der Mutter erlebt wird. Rotmann (1978) ist der Ansicht, daß die Identifikation mit dem
Vater für die Loslösung von der Mutter wichtig ist, da der Vater eine Tren-
nungsbeziehung zur Mutter gefahrlos vorlebt (S. 1109); und Abelin (1971) ergänzt, daß
eine ausreichend positive Beziehung zum Vater bestehen muß, damit er für das Kind zu
dem werden kann, der dasselbe wünscht, wie es selbst (S. 250). Weiter erklärt Abelin
(1980) zu diesen Entwicklungsvorgängen, daß das Kind - indem es sich in Identifikation mit dem Rivalen in der frühen triangulären Konstellation in dem Anderen erlebt -
in seiner psychischen Entwicklung von der Ebene des sensomotorischen Funktionierens
auf die Ebene der symbolischen Repräsentanz kommt (S. 154)[15]. Er unterscheidet daher
zwischen der Ebene der konkreten Interaktionen in einer spiegelnden Beziehung, wie
sie vor der frühen Triangulierung für das Kind besteht, und der symbolischen Ebene,
auf welcher die Objektbeziehungen innerpsychisch in mehr oder weniger verzerrter
Form repräsentiert sind (S. 164).[16]

Mit anderen Worten: Mit Hilfe früher Triangulierung wird es dem Kind möglich, in
seiner mentalen Organisation von der Ebene konkreter Beziehungen auf die Ebene innerpsychischer Bilder zu gelangen. Erst auf dieser symbolischen, intrapsychischen
Ebene können sich die Selbst- wie die Objekt-Repräsentanzen in ihren wechselseitigen
Beziehungen bilden (1971, S. 233). Abelin (1980) schreibt, daß es zwei bis drei Jahre
braucht, bevor es zur Repräsentation einer vollständigen Vater-Mutter-Selbst-Triangu-
lierung auf der mentalen Ebene kommen kann (S. 154). Dieser Prozeß beginnt mit der
frühen Triangulierung, findet in der ödipalen Situation eine entscheidende Fortführung,
wird aber erst in der Entwicklungsphase der Adoleszenz endgültig abgeschlossen
(1975, S. 295, 300).

---

[15] Abelin (1971) sieht in der präödipalen Triangulierung, durch die sich das Selbst als
getrennte Einheit etablieren kann, einen grundlegenden Organisator der Psyche (S. 233).
„Organisatoren" kennzeichnen nach Spitz Knotenpunkte der Reifung und Entwicklung (wie
das erste Lächeln, die 8-Monatsangst, das Nein des Kindes), in denen der psychische Apparat
eine höhere Ebene größerer Komplexität und Integration erreicht (Spitz & Gobliner, 1965, zit.
nach Rotmann, 1978, S. 1126-1127).
Mit der Fähigkeit zum Nein-Sagen als dem dritten Organisator ist in der kindlichen
Entwicklung eine erste Ebene der Abstraktion erreicht, die nach Abelin (1971) im
Mechanismus der frühen Triangulierung besteht, durch den die mentale Organisation von der
Ebene der konkreten Beziehung auf die Ebene der Symbolik gelangt (S. 233).
In seiner Theorie der frühen Triangulierung bezieht sich Abelin (1971, 1975, 1980) teilweise
auf die Erkenntnisse von Piaget (1937, 1947, 1966), speziell auf dessen Beobachtungen des
Übergangs in der kindlichen Intelligenz-Entwicklung um den 18. Lebensmonat vom
sensomotorischen zum begrifflichen Denken.

[16] Abelin bezieht sich hier auf Lacans Unterscheidung (1949) zwischen dem Spiegelstadium
und der symbolischen Ebene. Lacan betont die entscheidende Funktion des Vaters („le nom du
père") beim Übergang von einer Ebene auf die andere.

Zur Bestätigung der Bedeutung früher Triangulierung zitiert Abelin (1971) psychologische Untersuchungsergebnisse, in denen beobachtet wurde, daß eine frühe
Trennung vom Vater größere Schäden verursachte als eine spätere, und zwar in den
grundlegenden Ich-Funktionen der Wahrnehmung, der Intelligenz und der Fähigkeit zur
Bedürfnisbefriedigung (S. 234). An anderer Stelle ergänzt Abelin (1975), daß der
fehlende Bezug zum Vater, der in einer normalen Entwicklung die Mutter-Kind-Dyade
sprengt, das Zustandekommen früher Triangulierung gefährdet mit der Folge, daß es
aufgrund der Beeinträchtigung in der Ichentwicklung zu Mängeln im Selbstbild, in der
Objektliebe und in der Besetzung abstrakter Denkprozesse kommt (S. 294).

2.2.4. Die erschwerte Loslösung von der Mutter - Fallbeispiel

In Fortführung der Erkenntnisse von Jacobson (1978b) machen Abelins Beobachtungen (1971, 1975, 1980) deutlich, daß der Vater, indem er die symbiotische Verbundenheit zwischen Mutter und Kind aufhebt, zum geeigneten Vermittler erster Erfahrungen des Getrenntseins und erster Erkenntnis der eigenen Identität wird. Mahler (1981)
sieht diesen wichtigen Prozeß der Loslösung-Individuation bei Mädchen erschwert. Sie
weist daraufhin, daß es für den kleinen Jungen einfacher ist, sich von der Mutter zu lösen, da er im Vater im allgemeinen eine geeignete Identifikationsfigur zur Erreichung
persönlicher und geschlechtlicher Identität findet. Für eine gesunde Ichentwicklung
muß aber auch das Mädchen den Weg der Loslösung von der Mutter gehen und dazu
notwendig die primäre Identifikation mit ihr überwinden[17]. Zu den Schwierigkeiten des
Mädchens im Prozeß der Trennung-Individuation bemerkt Mahler (1981):

„The girl also has to disidentify herself from part-object representations of
her mother. She, however, more often than not, has to go through a tortuous
and complicated splitting, repressive, and reintegrative process to attain and
maintain her self and her gender identity." (S. 637)

Sich auf Abelins Konzept der frühen Triangulierung beziehend, beschreibt Mahler
(1981) die Persönlichkeitsentwicklung eines Mädchens, das nicht in Therapie war, dessen Entwicklungsweg sie aber bis in die Adoleszenz verfolgen konnte. Folgende Angaben aus ihrer Darstellung sollen hier kurz wiedergegeben werden (S. 629-637):

Cathy zeigte während ihrer Kindheit gewisse Störungen im sozialen Ver-
halten, die ihre Ursache hatten in zu großer emotionaler Nähe zwischen
Mutter und Tochter. Den Grund hierfür sieht Mahler in der nichtgelungenen
Ablösung im Prozeß der Loslösung-Individuation und in den persönlichen

---

[17] Ursprünglich meint „primäre Identifikation" die Besetzung der Mutter als eines Objektes,
das der Säugling noch nicht als von sich selbst getrennt erlebt.
Jacobson (1978b) dehnt diesen Begriff der primären Identifikation aus auf alle Identifikationen
der präödipalen Phase, in denen der reale Unterschied zwischen Selbst und Objekt noch nicht
wahrgenommen werden kann. Sie unterscheidet diese auch „narzißtisch" genannten Identifikationen von echten Ich- und Überich-Identifikationen späterer Entwicklungsperioden (S. 56).

Schwierigkeiten und Wünschen, die die Mutter schon früh auf die Tochter projizierte.

Im Alter von etwa 12 Monaten war Cathy ein sehr aufgewecktes Kind, das sich u. a. ohne Scheu fremden Erwachsenen, besonders den männlichen Beobachtern des Kinder-Centrums, näherte. Cathys Mutter identifizierte sich mit ihrer strahlenden kleinen Tochter, die alle mit ihrem Charme schnell für sich einnehmen konnte. In den Vorstellungen der Mutter sollte Cathy die eigenen mütterlichen Enttäuschungen im Leben wettmachen durch glänzende Erfolge, wie Mahler schreibt.

Als Cathy 15 Monate alt war, mußte der Vater für etwa ein Jahr beruflich ins Ausland gehen. Dadurch wuchs die Nähe zwischen Mutter und Tochter. Zu beobachten war nun, daß Cathy begann, oft sehr unzufrieden und empfindlich zu reagieren. Sie klammerte sich abwechselnd an die Mutter und wehrte andererseits jede enge Berührung der Mutter während der täglichen Fürsorge ab. Dagegen erlaubte sie anderen Personen, was sie der Mutter verweigerte. Sie bekam Schlafstörungen, wurde sehr aggressiv und feindselig und attackierte andere Kleinkinder im Spiel.

Mahler schreibt hierzu, daß Cathys aggressives Verhalten die Regression in die Symbiose mit der Mutter verhindern helfen sollte, d. h. daß Cathy die Distanz zur Mutter suchte, da der Besitz über den eigenen Körper durch die Mutter gefährdet schien. Sie mühte sich darum, ihre Selbstrepräsentanz aus der Verschmelzung mit der Selbst-Objekt-Repräsentanz, die durch die große Nähe der Mutter gefährlich konstelliert wurde, herauszuziehen, um ihre Selbst-Identität zu retten. (S. 631)

Diese Reaktionen des Kindes waren nach Mahler die Folge davon, daß Cathy in einem entscheidenden Entwicklungsmoment aufgrund des Mangels an Kontakten zu anderen nahen Bezugspersonen neben der Mutter der Anreiz zu früher Triangulierung gefehlt hatte, der in einer normalen Entwicklung besonders durch die Andersartigkeit der Beziehung des Kindes zum Vater zustandekommt und gewöhnlich die Herauslösung aus der primären Identifikation mit der Mutter erleichtert. Mahler betont hier, daß in der frühen Lebensphase vor allem die Abgrenzung von der Mutter als dem primären Liebesobjekt erfolgen muß und nicht vom Vater, der in diesem Prozeß eine eher ausbalancierende und organisierende Funktion im Sinne des Realitätsprinzips hat.

Da Cathy die Möglichkeit zu früher Triangulierung entzogen war, hatte sie in ihrer weiteren Entwicklung große Schwierigkeiten, ihren Ausschließlichkeitsanspruch in ihren narzißtisch gefärbten Zweierbeziehungen zugunsten triangulärer Beziehungsformen aufzugeben. Dies brachte ihr im Kindergarten und in der Schule wiederholt schmerzhafte Verletzungen in ihrem Selbstwertgefühl ein. Nach Mahler war Cathys widersprüchliches Verhalten in ihren außerfamilialen Kontakten während des Vorschulalters Ausdruck eines inneren Konfliktes zwischen dem Wunsch nach Rückzug in die Illusion der eigenen Grandiosität und ihrem aggressiv-kompetitiven Streben nach der

Führungsposition in ihren Freundschaften. Dieser Widerspruch wurde allmählich von der weiteren psychischen Entwicklung überdeckt.

Die nicht erfolgte Ablösung von der Mutter, die ihre Tochter als Selbstobjekt für sich benutzte und sich zu stark in das Leben der Tochter ein-
mischte, zeigte sich aber während aller Phasen in Cathys Persönlichkeitsentwicklung. Aufgrund der ständig drohenden Regression mußte sie ihre Aggressivität als Abwehr zur Distanzierung von der Mutter einsetzen. Wie
Mahler schreibt, konnte Cathy damit ihre Ambivalenzkonflikte gegenüber
der Mutter ebenso wenig lösen wie mit dem Versuch, die „bösen" Anteile
des mütterlichen Objektes abzuspalten; woraus sich im späteren Entwicklungsverlauf eine sadomasochistische Beziehung zwischen Mutter und
Tochter entwickelte.

Weiter berichtet Mahler, daß der in die Familie zurückgekehrte Vater dieser Entwicklung in der Mutter-Tochter-Beziehung emotional wenig entge-
genzusetzen schien. Er empfand es als natürlich, daß Mädchen eine größere
Nähe zu ihren Müttern haben als zu ihren Vätern, und überließ seine Tochter
ihren Ablösungskämpfen mit der Mutter; in denen Mahler die Ursache dafür
sieht, daß Cathy in ihren emotionalen Beziehungen aus ihrem fehlgeleiteten
Narzißmus heraus im Laufe des Heranwachsens immer wieder innere
Schwierigkeiten zu überwinden hatte, bevor sie als Jugendliche offenbar befriedigende Kontakte zu Gleichaltrigen fand.

Mahler vermutet hier, daß Cathy mit Hilfe ihres natürlichen Aggres-
sionspotentials - das im Dienste des Wachstums der kindlichen Persönlichkeit notwendig und daher positiv zu werten ist - in der Adoleszenz eine gewisse Eigenständigkeit in Abgrenzung von der Mutter erlangen konnte und
daß die selektiven Identifizierungen mit dem Vater während der späteren
Kindheit ihr eine ausreichende Stütze boten, die belastende Identifikation mit
der Mutter in den selbstabwertenden Komponenten zu überwinden und ein
persönliches Selbstwertgefühl zu entwickeln, das zum größten Teil auf ihren
Erfolgen im Bereich intellektueller Leistung zu beruhen schien, wie Mahler
abschließend feststellt.

Zusammenfassung

Die von Mahler beschriebene Entwicklung in der Adoleszenz könnte bedeuten, daß
Cathy ihre Aggression im Kampf um Eigenständigkeit letztlich konstruktiv im Sinne einer gewissen Selbstbefreiung einsetzte und damit die fehlende Unterstützung des Vaters
im Prozeß der Loslösung-Individuation teilweise wettmachte. Ihr Beispiel einer
nichtgelungenen Überwindung des Ambivalenzkonflikts in der Beziehung zur Mutter -
denn sie scheint in ihrem Leben immer wieder um eine sichere Haltung von Nähe und
Distanz im Umgang mit anderen ringen zu müssen, wie Mahler betont - zeigt aber auch,
wie wichtig die frühe Triangulierung für die Herausbildung emotionaler Objektkonstanz ist, um später der Realität gemäße, befriedigende Objektbeziehungen aufnehmen
zu können, d.h. wie entscheidend die frühen Identifikationen im emotionalen Austausch
mit dem Vater zur Ausbildung sozialer Fähigkeiten beitragen. Dies scheint besonders

für die moderne Kleinfamilie zuzutreffen, in der der Vater häufig die einzige nahe und beständige Beziehungsalternative zur Mutter darstellt.

2.2.5. Zur Überwindung des Ambivalenzkonflikts[18]

Im Prozeß der Loslösung-Individuation (Mahler et al., 1980) kann das Kind während der Subphase der Wiederannäherung mit der erneuten Hinwendung zur Mutter seine phantasierte Allmacht, die es in der Subphase des Übens mit der Entdeckung eigener autonomer Funktionen, wie z. B. des Laufenlernens, entwickelt hat, nicht mehr aufrecht erhalten, denn es erkennt allmählich, daß die Mutter - als das am meisten verfügbare Liebesobjekt - ein getrenntes Individuum mit eigenen Interessen ist, die nicht immer mit den seinen übereinstimmen. Die unvermeidlichen Enttäuschungen verursachen Haß und führen zum Ambivalenzkonflikt, der einerseits entsteht aus dem Wunsch, groß, getrennt, allmächtig und selbständig zu sein und andererseits aus dem schmerzlichen Gefühl des Getrenntseins und der Sehnsucht nach Geborgenheit (Rotmann, 1978, S. 1115).

D. h.: Das Gefühl narzißtischer Größe und die Angst vor Liebesverlust liegen im Widerstreit, der sich in wechselndem Verhalten von Distanzierung und Anklammerung zeigt, wie Mahler et al. (1980) schreiben (S. 104). Diese spezifisch ambivalente Haltung resultiert aus dem Bemühen des Kindes, seine zerbrechliche Autonomie zu behaupten, welche durch den regressiven Sog in die Symbiose mit der Mutter immer noch gefährdet ist (Abelin, 1975, S. 298).

Rotmann (1978) betont die hilfreiche Präsenz des Vaters im Ambivalenzkonflikt des Kindes mit der Mutter als dem wichtigsten Liebesobjekt und macht zu den Voraussetzungen einer Überwindung dieses Konfliktes wichtige Angaben. Er führt zunächst aus, daß in der Krise der Wiederannäherung mit ihren starken emotionalen Schwankungen die „omnipotenten" Eltern entweder ausschließlich bewundert und geliebt oder enttäuscht und mißtrauisch entwertet werden. Sie sind entweder nur „gut" oder nur „böse". Demgemäß führen Enttäuschungen und Befriedigungen zur Errichtung eines nur „guten" oder nur „bösen" Introjektes. Dies hat zur Folge, daß das Kind sich selbst als „böse" empfindet, wenn es die Mutter als „böse" erlebt, da in dieser frühen Entwicklungsphase Objektrepräsentanz und Introjekt noch keine voneinander getrennten inneren Strukturen sind, und auch die Selbst- und Objektrepräsentanzen noch nicht immer klar unterschieden werden (S. 1131). Es bedeutet, wie Rotmann schreibt, daß aufgrund der aggressiv besetzten Objektrepräsentanz auch die Subjektrepräsentanz aggressive Anteile erhält (S. 1132).

Sich auf Abelin und seine Konzeption der frühen Triangulierung beziehend, ist Rotmann (1978) der Meinung, daß der Vater in seiner Haltung gegenüber dem Kind

---

[18] Gemeint ist hiermit die sich allmählich herausbildende Fähigkeit zu gleichzeitiger Besetzung eines Objektes mit Liebe und Haß, wobei aufgrund des Überwiegens der libidinösen Energie die aggressiven Tendenzen neutralisiert werden.

entscheidend beitragen kann zur Überwindung dieses Ambivalenzkonfliktes. Er ist nach Rotmann der „Dritte im Bunde", der dem Kind nicht nur hilft, sich von der Mutter als dem Liebesobjekt, zu dem die größte Abhängigkeit besteht, zu lösen, sondern der durch seine Anwesenheit und sein verstehendes Eingehen auf das Kind einen wichtigen Beitrag leistet bei der Erreichung emotionaler Objektkonstanz und beim Einüben der Fähigkeit zu konstruktivem Umgang mit der Aggression (die nach Hendrick, 1936, 1951, und Jacobson, 1978b, so entscheidend ist für eine stabile Ichentwicklung). Rotmann (1978) schreibt:

> „Die Beziehung zum dritten Objekt, die in der Triangulierung ihren intrapsychischen Niederschlag findet, ermöglicht erst den Umgang mit der gezähmten primären und sekundären Aggression." (S. 1128)

Rotmann betont hier, daß ein vertrauensvolles Verhältnis zum Vater dem Kind im gegebenen Augenblick ermöglicht, seine „gute" Objektbeziehung zum Vater neben eine mit der Mutter erlebte „böse" zu setzen und letztere damit zu integrieren und zu neutralisieren (S. 1132). Zwar mag dann in einer realen Auseinandersetzung die Beziehung zur Mutter eine Zeitlang unterbrochen werden, indem sich das Kind von ihr abwendet, aber aufgrund der Triangulierung braucht sie nicht als „böses" Objekt abgespalten zu werden. Während der Distanz zu ihr bedient sich das Kind der Vaterbeziehung, die eigene Qualitäten hat; der Vater wird also nicht zum Mutterersatz.

Wichtig ist, daß der Vater eine eigene Beziehung zur Mutter hat, denn auf diese Weise ermöglicht die Beziehung zu ihm die Trennung von der Mutter ohne die Gefahr vollständiger Trennung von ihr. Durch die Beziehung zum Vater ist das Kind doch wieder mit der Mutter verbunden und erlangt gleichzeitig ein Stück Unabhängigkeit von ihr (S. 1135-1136). Die nur aggressive Abwendung von der Mutter wird dadurch verhindert, da die positive Beziehung zum Vater als einem auch der Mutter nahestehenden und doch von ihr deutlich unterschiedenen Objekt den aggressiven Strebungen des Kindes eine positive libidinöse Färbung gibt, wie Rotmann schreibt. (S. 1136)

Eine solche positive Entwicklung hat Auswirkungen auf das Selbstgefühl des Kindes. Da es neben der momentanen „schlechten" Mutterbeziehung ein „gutes" väterliches Objekt in sich erfährt, kann es sein „gutes" Selbstbild erhalten und der zerstörerische Einfluß, den die Aggression auf die außerordentlich wichtige Fähigkeit zur Distanz und zur Integration ambivalenter Objektbeziehungen haben kann, wird gebannt. Das Kind steht in seinem Selbsterleben wieder unter dem Einfluß einer Objektbeziehung mit libidinöser Valenz (Kernberg, 1975, zit. nach Rotmann, 1978, S. 1133). Es muß sich nicht als „böses" Selbst erleben, weil es mit Hilfe der „guten" Objektimago des Dritten, eines von der Mutter unabhängigen, bedeutsamen Erwachsenen, seine Selbstrepräsentanz von der Objektrepräsentanz der Mutter unterscheiden lernt.

Anhand der Beschreibung der realen Situation, in der ein 19 Monate altes Mädchen in seinem Ambivalenzkonflikt auf die oben beschriebene Weise mit seinen Eltern interagierte, daß es die Mutter für einen Moment suspendierte und sich dem Vater zuwandte, stellt Rotmann (1978) dar, wie in dem Konflikt mit der Mutter die positive Identifikation mit dem Vater zum inneren Schutz wurde gegen die feindseligen Impulse, die für die kleine Anna eine Entwertung des Selbst wie des mütterlichen Objektes bedeutet hätten (S. 1130-1131). Durch den Einsatz ihrer Aktivität im Ich, in Gestalt ihrer Hinwendung zum Vater, bewältigte Anna ihre aggressiven Frustrationsspannungen gegenüber der Mutter mit Hilfe des Mechanismus der Triangulierung (S. 1135) und gelangte damit auf ein höheres Niveau ihrer Beziehung zur Mutter. Rotmann (1978) schreibt hierzu:

„Anna erreicht ein Stück Unabhängigkeit von der Mutter auf dem Weg über eine Objektbeziehung mit libidinöser Valenz statt über eine nur aggressive Abwendung von der Mutter." (S. 1136)

Rotmann weist auch darauf hin, daß bei fehlender Möglichkeit zur Triangulierung die Gefahr besteht, daß die das Ich überschwemmende Wut ebenso wie die reaktive Passivität des Kindes in Verdrängung der Aggression zu Ich-Desintegration und Ich-Hemmung führen und beide Reaktionen die Bindung an die Mutter pathologisch verstärken (S. 1133). Weiter betont Rotmann (1978), daß diese frühen Entwicklungsvorgänge klar von der ödipalen Dreierbeziehung zu unterscheiden sind, denn es geht in der Wiederannäherungsphase „um die präödipale, triebferne Gemeinsamkeit mit dem verläßlichen Vater" (S. 1142), von dem das Kind Unterstützung erhofft im Prozeß der Loslösung von der Mutter und dem daraus entstehenden Ambivalenzkonflikt. In diesem Sinne stellt die frühe Triangulierung eine Vorbereitung und notwendige Basis dar für die Meisterung der Entwicklungsaufgaben, die das Kind in der ödipalen Triangulierung zu bestehen hat (Rotmann, S. 1129). Im Hinblick auf die Situation des Mädchens schreibt Spieler (1984) hierzu:

„I believe, that girls during the preoedipal period need reliable, nurturing, affirming, and attuned relationships with available fathers if they are to successfully enter the oedipal phase and to ultimately resolve its conflicts." (S. 63)

Zusammenfassung

Nach Rotmann (1978) kann die Integrierung der „guten" und „bösen" Selbst- und Objektaspekte nur mit Hilfe eines Dritten im Prozeß der frühen Triangulierung gelingen. Eine gelungene Triangulierung schützt nach seiner Ansicht das Ich vor einer Überflutung aus Angst vor Verschmelzung mit der Mutter wie ebenso aus Angst vor ihrem Verlust aufgrund eigener aggressiver Strebungen und stellt somit einen ersten wesentlichen Schritt in Richtung Ichautonomie dar (S. 1128-1129).

Die von Mahler (1981) beschriebenen Entwicklungsschwierigkeiten der kleinen Cathy (siehe vorstehenden Abschnitt) bestätigen die Richtigkeit der von Rotmann gemachten Ausführungen. Denn aufgrund des fehlenden Bezugs zum Vater oder zu einer anderen nahen dritten Person neben der Mutter gelang es Cathy nicht, in einem entscheidenden Moment ihrer frühen Entwicklung, ihre Selbstrepräsentanzen von der Objektrepräsentanz der Mutter zu trennen. Sie reagierte darauf mit Aggression gegen die Mutter. Da sie aber die enge Bindung zur Mutter nicht lösen konnte, wurde es ihr in ihrer weiteren Entwicklung schwer, ihre Selbstabwertung in Identifikation mit der ambivalent erlebten Mutter zu überwinden, wie Mahler dies beschreibt. Für die Ausbildung der Fähigkeit, diese ambivalenten Strebungen im Ich zu integrieren, hatte ihr auch nach Rotmann die Unterstützung des Vaters gefehlt.

2.2.6. Zum frühen Beziehungsaustausch zwischen Vater und Tochter

In Ergänzung zu den vorstehenden Abschnitten, in denen es um die frühe Ichentwicklung des Mädchens im Hinblick auf erste positive Identifikationen mit dem Vater geht, macht Herzog (1991) sehr interessante Ausführungen zu dem Beziehungsaustausch zwischen Vater und Kind. Seine wesentlichen Gedanken zur Entwicklung des kleinen Mädchens in seinem weiblichen Beziehungsverhalten, denen klinische Erfahrungen und empirische Beobachtungen zugrunde liegen, sollen hier kurz wiedergegeben werden (S. 29-41):

Herzog bezeichnet die angeborene Fähigkeit des Kindes, Affekte auszudrücken und Resonanz dafür zu suchen - eine Fähigkeit, die sich in der frühen Beziehung mit der Mutter allmählich herausbildet - als Erlernen der Muttersprache. Als Beispiel für diese Fähigkeit des Ausdrucks von Affekten nennt Herzog das Lachen und Weinen, das dem anderen über die eigene emotionale Befindlichkeit Auskunft geben soll mit der gleichzeitigen Erwartung, daß dieser versteht.

Bei der Beobachtung der Interaktion zwischen Vätern und ihrer kleinen Tochter in intakten Familien stellte Herzog fest, daß Väter davon in einer Weise beeinflußt wurden, die vermuten ließ, daß sie ihr Verhalten gegenüber dem Mädchen danach ausrichteten. Die spezifische Wirkung der gemeinsamen Interaktionen schien darauf zu beruhen, daß die kleinen Mädchen im 2. Lebensjahr stärker als die gleichaltrigen Jungen ihren Vätern ihre Vorlieben und Interessen vermittelten, und zwar auf eine Weise, daß die Väter ihnen jeweils folgten. D.h.: Das Verhalten der Mädchen stand im Kontrast zur Beziehungshaltung der kleinen Jungen, die sich sehr viel stärker rezeptiv dem Spielprogramm ihrer Väter mit Begeisterung anschlossen, in Identifikation mit ihnen.

Das Verhalten der Väter im Austausch mit ihrer kleinen Tochter bestand zu wesentlichen Teilen darin, die Signale des Kindes zu lesen. Herzog schreibt zu diesen von ihm beobachteten Interaktionen:

„Wir nahmen an, daß die Tochter den Vater etwas über jenen Erlebnisbereich lehrte, der ihr bereits als kleines Kind am wichtigsten ist. Diesen Erlebnisbereich bezeichnete ich als die Muttersprache, etwas, das von Mutter und Kind geteilt wird, und zwar nicht nur von Mutter und Tochter, sondern auch von Mutter und Sohn. Im Laufe der normalen Entwicklung lehrt die Tochter den Vater etwas davon, wenn er dafür aufgeschlossen ist." (S.36)

Herzogs These ist, daß Jungen und Mädchen zusammen mit der Mutter eine Sprache sozio-affektiver Repräsentanzen entwickeln, die zunächst expressiv-rezeptiv ist, bevor sie sich in innerpsychischen Repräsentanzen niederschlägt. Die kleinen Jungen lernen zwar diese Muttersprache, aber sie lehren sie nach Herzogs Beobachtungen nicht. Aufgrund seiner klinischen Erfahrungen mit Patientinnen nimmt Herzog daher an, daß das Lehren der Muttersprache ein Entwicklungsschritt ist, der wesentlich zur Ausformung der Beziehung zwischen Vater und Tochter gehört. Es geht dabei um die Entwicklung der Fähigkeit des kleinen Mädchens zu lehren und die Entschlossenheit des Vaters zu lernen.

Zur Erklärung dieser Haltung kleiner Mädchen, den Vater etwas lehren zu wollen, schreibt Herzog, daß das Ideal (das der Vater repräsentiert) vom Mädchen in seinem weiblichen Selbst nicht erreicht werden kann. Das Mädchen kann aber lernen, dieses Ideal in der Beziehung zum Vater rezeptiv in sich aufzunehmen (in Gestalt des Phallus, des Kindes), indem es den Vater/später den Mann dazu bringt, sich ihr zuzuwenden. Dieses Einüben in die weibliche Rolle äußert sich nach Herzog vermutlich darin, daß das kleine Mädchen versucht, den Vater etwas von der Muttersprache zu lehren.

Herzog spricht der Mutter in dieser Entwicklungssituation eine wichtige Funktion zu, die darin besteht, daß sie ihrer kleinen Tochter den Vater als den wertvollsten und würdigsten Schüler präsentiert, dessen Lehrerin das kleine Mädchen sein sollte. Auf diese Weise macht die Mutter ihre Tochter mit dem Vater vertraut und ermuntert sie zur Identifikation mit ihr in der Fähigkeit mütterlich-weiblichen Lehrens.

Herzog meint hierzu, daß die eher affektiv betonte Rolle, in der das weibliche Kind dem Vater affektive und interaktive Vorlieben lehrend vermittelt, dafür spricht, daß das weibliche Ichideal des Mädchens über diese Möglichkeit des Lehrens der Muttersprache im Austausch mit dem Vater eine entwicklungsmäßig außerordentlich bedeutsame Ermutigung erhalten kann, die zur Grundlage wird für die Herausbildung weiblichen Selbstwertgefühls.

Bei diesen Ausführungen von Herzog fällt auf: Der Wunsch der kleinen Tochter nach Anerkennung vom Vater scheint in erster Linie dahin zu gehen, daß er ihr zuhört, sie in ihren Interessen und vor allem in ihrem affektiv-emotionalen Ausdruck beachtet. Freud Loewenstein (1984) erzählt eine Geschichte über eine Vater-Tochter-Beziehung, in der es ebenfalls heißt:

„... und nachdem durfte sie ihm auch eine Geschichte vorlesen. Dann gab er ihr einen großen Kuß und sagte: 'Du bist die beste Vorleserin'." (S. 207)

Wenn der Vater sich auf das Weiblich-Gefühlsmäßige in der Beziehung zu seiner Tochter einlassen kann, wenn sie ihm etwas davon mitteilen darf und er darauf reagiert, vermittelt seine liebevolle Aufmerksamkeit demgegenüber, was sie ihm mitteilen möchte, dem Mädchen Wert und Würde in seiner Person. Nach Erikson (1981) ist das Beantwortetwerden die wichtigste Voraussetzung für die Identitätsbildung.

Ein günstiger Ausgang in diesen emotional-narzißtischen Entwicklungsprozessen scheint deshalb so wichtig, weil das Mädchen offenbar erst auf der Grundlage der Erfahrung gefühlsmäßigen Angenommenseins vom Vater in der Lage ist, ihn auch als männliches Vorbild für notwendige entwicklungsfördernde Identifikationen anzunehmen. Herzog (1991) berichtet, daß sich seine Patientinnen in dem Moment auf der rationalen Ebene offenbaren und seine Interpretationen annehmen konnten, als sie erkannten, daß er bemüht war, sie im Bereich ihrer affektiven Erfahrungen, in ihrer Freude und in ihrer Trauer zu verstehen, und ihnen die Freiheit ließ, sich gemäß ihrer weiblichen Eigenart zum Ausdruck zu bringen, sich zu entfalten. Dabei half er ihnen wie ein guter Vater seinem Kind bei der Bewältigung ihrer Emotionen.

Dieses liebevolle, begleitende Verstehen im Beziehungsaustausch mit der Tochter setzt voraus, daß der Vater seine eigene weibliche Gefühlsseite zuläßt, sich auf sie einstellt. Spieler (1986) schreibt, daß Männlichkeit wie Weiblichkeit mit ihren mütterlichen Wurzeln verbunden bleiben müssen (S. 52) und daß auch der Vater sein mütterliches Erbe mit den spezifischen Erfahrungen, Werten und Phantasien aus der Beziehung zur Mutter in sich bejahen muß (S. 41); d.h. entscheidend ist hier seine Akzeptanz seiner weiblichen Identifikation (siehe Benedek, 1959, Abschnitt 3.6.).

2.3. Ergebnisse der psychologisch-empirischen Forschung zur frühkindlichen Entwicklung

Die Untersuchungsergebnisse in der empirischen Forschung[19] spiegeln psychoanalytisches Erfahrungsgut wider. Den Vater als eine ebenso bedeutsame Sozialisationsinstanz wie die Mutter auszuweisen, ist seit einiger Zeit das Bemühen einer Anzahl psychologischer Forschungsansätze. Dabei wird in den empirischen Studien, die sich mit der Vaterfrage befassen, die spezifische Bedeutung väterlicher Funktionen betont, durch die die mütterlichen Zuwendungen eine notwendige Ergänzung erfahren; es besteht allgemeine Übereinstimmung darüber, daß Eltern auf unterschiedliche Weise zur Sozialisation ihrer Kinder beitragen (Lamb, 1976, S. 7).

Zudem wird auch in den Untersuchungsberichten hervorgehoben, daß bereits von Geburt an eine Beziehung des Kindes auch zum Vater besteht, und daß Bowlbys Konzept (1969) der ersten Bindung an nur eine Bezugsperson, die Mutter, in der frühesten Lebensperiode als überholt anzusehen ist (Lamb, 1986, S. 13). Man geht inzwischen davon aus, daß Kinder sehr schnell zu beiden Eltern eine emotionale Bindung entwikkeln. Fthenakis (1985) gibt eine ausführliche Übersicht über psychologische Studien, deren Ergebnisse die Annahme einer Exklusivität in der frühen Mutter-Kind-Beziehung widerlegen (S. 228 ff.).

---

[19] Es handelt sich hier um Forschungsrichtungen, deren Fragestellungen auf entwicklungs- und sozialpsychologischen Theorien und lern- wie systemtheoretischen Ansätzen basieren. Mit Hilfe dieser Ansätze konzentriert sich die moderne Vater-Forschung überwiegend auf die väterlichen Funktionen der Vermittlung geschlechsspezifischen Verhaltens und sozialer Kompetenz sowie der Förderung der kognitiven und moralischen Entwicklung des Kindes. Zudem wird dem Problem väterlicher Deprivation und ihren Folgen für die kindliche Entwicklung besondere Aufmerksamkeit gewidmet. (Siehe auch weitere Ergebnisse der empirischen Forschung in den nachfolgenden Kapiteln.)

Elterliche Erziehungsfunktionen

Mit Bezug auf die Frage nach den spezifischen Aufgaben des Vaters greift Lamb (1976) Nashs Hinweis (1954, 1965) auf, daß es eine frühe kritische Periode in der Vater-Kind- Beziehung zu geben scheint, die sehr bedeutsam ist. Er nennt hierfür drei Gründe: 1. die Beobachtungen der emotionalen Bindung an den Vater schon im Kleinkindalter; 2. die Beobachtungen der Störungen in der kindlichen Entwicklung bei Vaterabwesenheit je jünger das Kind ist; und 3. die frühe Übernahme der Geschlechtsrolle, die mit 18 Monaten schon abgeschlossen ist. Lamb betont, daß die Rolle des Vaters natürlich nicht auf das Kleinkindalter beschränkt ist, daß aber die während der frühen Periode vom Vater erfahrene Wärme und Sensibilität die kindliche Bindung an ihn in den nachfolgenden Entwicklungsphasen günstig beeinflußt (S. 27-28).

Generell wird dem Vater in den psychologischen Theorien eher die instrumentelle (auf Kompetenz und Leistung bezogene) Funktion zugeordnet, während die Mutter mehr die expressive (durch Fürsorge und Empathie geprägte) Funktion innehat[20]. Lamb (1976) meint einschränkend, daß es sich dabei wohl mehr um Geschlechtsrollen-differenzierungen als um Differenzierungen der elterlichen Funktionen handelt (S. 11). Hier ist zu ergänzen, daß natürlich die Funktion des Vaters wie die der Mutter männliche und weibliche Aspekte in sich schließen; aber deshalb unterscheiden sie sich auf einer anderen Ebene doch voneinander. Dazu trägt auch der nicht durch die Gesellschaft bestimmte Unterschied im männlichen und weiblichen Wesen bei. Dies belegen auch die psychologischen Forschungsergebnisse, aus denen deutlich wird, daß Väter und Mütter unterschiedliche Typen von Erfahrung für das Kind darstellen und daß sie selbst von Anbeginn unterschiedlich auf das Kind reagieren (siehe Lamb, 1986, S. 469).

Dieser Unterschied im elterlichen Verhalten wird bereits in den ersten Lebensmonaten deutlich. Mag der Vater in bestimmten Funktionen als eine andere Mutter erlebt werden, so unterscheidet sich schon im Kleinkindalter die fürsorgliche Pflege der Mut-

---

[20] In der Rollentheorie von Parsons (1954, 1958; Parsons & Bales, 1955) stellt der Vater das erste Bindeglied zwischen Familie und Außenwelt dar. Er vermittelt die Geschlechtsrollen-Erwartungen der Gesellschaft, ermutigt den Erwerb von Kompetenz, der für die Anpassung an die Welt nötig ist, und repräsentiert und vermittelt die Werte und moralischen Normen des sozialen Systems (zit. nach Lamb, 1976, S. 11-12). Lamb betont, daß es der kulturellen Erwartung entspricht, daß Väter eine aktive Rolle in der Sozialisation ihrer Kinder übernehmen.
Mit dem Aufkommen der Berufstätigkeit auch bei jungen Müttern mag sich dies teilweise ändern: Interessant ist in diesem Zusammenhang eine Studie von Pedersen, Cain & Zaslow (1982), in der berufstätige Mütter ihre Kinder sehr viel mehr physisch stimulierten als die nichtberufstätigen Mütter; sie waren darin sogar aktiver als ihre Ehemänner. In den Familien dieser berufstätigen Frauen hatte sich das übliche Rollenverhalten teilweise umgekehrt; die mütterliche Verantwortung für die Fürsorge der Kinder trugen sie aber weiter. Diese Ergebnisse widersprechen einer Studie von Hoffman (1977), wonach der väterliche Beitrag zur Kinderpflege stieg, wenn die Mütter außerhalb des Hauses arbeiteten (zit. nach Lamb, 1986, S. 471).

ter von dem spielerischen, mehr auf Aktivitäten abzielenden Umgang des Vaters mit seinem Kind. Der eher physischen Stimulation des Vaters steht der mehr verbale Austausch der Mutter mit dem Kind gegenüber (Lamb, 1986, S. 469).

Wie Abelin (1971) und Rotmann (1978) berichtet auch Lamb (1975) unter Zugrundelegung der empirischen Beobachtungen, daß die Erwartungen des Kleinkindes an den Vater verbunden sind mit der Vorstellung stimulierender und vergnüglicher Interaktion und daß Kleinkinder positiver auf die Kontakte mit dem Vater reagieren (S. 246). Väter sind die beliebteren Spielpartner, weil sie für Überraschungen sorgen und die Eigenaktivitäten des Kindes anregen. Während Mütter eher Schranken setzen in der Aktivität des Kindes, ermutigen Väter ihre Kleinkinder zur Neugier und drängen sie, eigene Lösungen zu versuchen bei kognitiven und motorischen Herausforderungen (Biller, 1974, zit. nach Lamb, 1976, S. 7). Lamb (1976) ist der Meinung, daß diese Erfahrungen das Kind dazu verlocken, mit der Welt des Vaters immer stärker in Kontakt zu kommen, und daß es auf diese Weise beginnt, das weitere soziale System, für das der Vater Repräsentant ist, allmählich zu erfassen und zu internalisieren (S. 26). Durch ihre Interaktionen mit dem Kind unterstützen Väter die Fähigkeit zur Meisterung der Umwelt.[21]

Geschlechtsspezifisches Verhalten der Eltern

Die elterliche Einstellung gegenüber dem Kind wird durch das Geschlecht des Kindes modifiziert (Fthenakis, 1985, S. 242). Väter und Mütter behandeln Jungen und Mädchen von Geburt an unterschiedlich. Parke (1982) schreibt:
„Quer durch Kulturen, Spezies und Kleinkindaltersklassen hindurch beeinflußt das Geschlecht des Babys oder des jungen Kindes erheblich die Interaktion zwischen Elternteil und Kind. Eltern behandeln Jungen und Mädchen von Geburt an verschieden; demnach könnte der Prozeß der Geschlechtstypisierung (d. h. der Prozeß, in dem man die Verhaltensweisen erlernt, die gewöhnlich als dem eigenen Geschlecht angemessen gelten) viel früher beginnen als man bislang vermutete." (S. 56, zit. nach Fthenakis, S. 301)

Diese unterschiedliche Haltung gegenüber ihren Söhnen und Töchtern ist besonders auffällig bei Vätern (Fthenakis, 1985, S. 296). Väter zeigen rigidere Ansichten als Mütter über geschlechtsrollenspezifisches Verhalten, von dem sie eine feste Vorstellung haben. Die Auswirkungen ihrer Einstellung auf die Entwicklung geschlechtsrollenspezifischen Verhaltens bei Jungen und Mädchen beginnt unmittelbar nach der Geburt (Safilios & Rothschild, 1978, 1979, zit. nach Fthenakis, S. 300).

Nach den von Lamb (1986) zitierten Studien ziehen Väter ihre neugeborenen Söhne ihren Töchtern vor. Sie sprechen mehr mit ihren kleinen Söhnen und verbringen

---

[21] Lamb (1976) schreibt, daß der qualitative Unterschied zwischen der Mutter-Kind- und Vater-Kind-Beziehung in weiteren Studien untersucht werden muß, besonders hinsichtlich der Frage, welchen spezifischen Beitrag Väter und Mütter zur sozialen Entwicklung des Kindes leisten; er betont, daß hinsichtlich dieser Unterschiede in der psychologischen Forschung noch wenig Klarheit besteht (S. 9, 22).

mehr Zeit mit ihnen im Spiel; dieses Verhalten zeigt sich besonders kraß mit Beginn des zweiten Lebensjahres (Lamb, 1977, zit. nach Lamb, 1986, S. 472; Lamb, Owen & Chase-Lansdale, 1979, zit. nach Fthenakis, 1985, S. 298). Während Väter mit der Erziehung ihrer Söhne direkter befaßt sind, vertreten sie hinsichtlich ihrer Töchter die Ansicht, daß Mütter für die Sozialisation der Mädchen verantwortlich sind (Kemper & Reichler, 1976; Bronfenbrenner, 1961; Kohn & Caroll, 1960; zit. nach Lamb, 1986, S. 15).

Fthenakis (1985) macht hierzu weitere Angaben: In einer Studie von Woolett, White & Lyon (1982) zeigte sich, daß Väter ihre neugeborenen Söhne und Töchter gleich häufig aufnahmen, ihre Söhne jedoch um etwa 50 % länger hielten als ihre Töchter (S. 248); in Studien von Spelke, Zelazo & Kagan et al. (1973) und Rebelsky & Hanks (1971) reduzierten die Väter im Laufe der ersten Lebensmonate ihren Sprechkontakt zu den Töchtern, nicht jedoch zu den Söhnen; und Rubin, Provenzano & Luria (1974) entdeckten deutliche Unterschiede im Einfühlungsvermögen von Vätern gegenüber Jungen und Mädchen (zit. nach Fthenakis, 1985, S. 242).

Einen signifikanten Unterschied in der Beurteilung von Söhnen und Töchtern im zweiten Lebensjahr durch ihre Väter stellte MacGuire (1982) fest: In seiner Studie wurden Jungen häufiger positiv und Mädchen mehr negativ beschrieben; das Positive in der Beurteilung der Mädchen betraf meist deren Aussehen (zit. nach Fthenakis, S. 298-299). Weiter zitiert Fthenakis (1985) Studien, die nach seiner Ansicht einen ersten empirischen Beweis erbringen können für die Annahme, daß Eltern ihre affektive Zuwendung mehr auf das Kind des anderen Geschlechts richten, während sie dem gleichgeschlechtlichen Kind mehr Aufmerksamkeit und stimulatives Verhalten schenken (S. 301)[22].

Anregung der kognitiven Fähigkeiten

Hinsichtlich der frühen intellektuellen Entwicklung zeigen empirische Studien, daß Mütter ihre Kleinkinder durch den verbalen Umgang mit ihnen stimulieren (sie sprechen mehr mit ihren Töchtern), während die kognitive Anregung der Väter eher über das konkrete Spiel mit den Kindern erfolgt (Lamb, 1976, S. 8). Nach Lamb wird durch den unterschiedlichen Umgang mit beiden Eltern die Wahrnehmung des Kindes für unterschiedliche soziale Ziele erhöht, was zur Entwicklung sozialer Kompetenz

---

[22] Zu erwähnen ist in diesem Zusammenhang auch eine psychoanalytische Studie von Burlingham (1973), in der die unterschiedliche Einstellung des Vaters zum Geschlecht seines Kindes ebenfalls deutlich wird. Burlingham berichtet u.a. über die Phantasien angehender Väter über das zu erwartende Kind. Die Inhalte dieser Phantasien zeigten sich in den Wünschen der jungen Väter, der Sohn möge das eigene Ichideal repräsentieren; er möge stark, männlich, körperlich vollkommen oder mit großen geistigen Fähigkeiten begabt und dazu ein guter Kamerad und Begleiter bei der Verfolgung väterlicher Interessen sein. Die auf die Tochter bezogenen Wünsche kreisten hingegen um die Vorstellungen, sie möge auf die eigenen väterlichen Gefühle zärtlich reagieren und im übrigen zahlreiche Verehrer haben. (Burlingham fügt hier hinzu: Wobei die letzteren offensichtlich den Vater selbst repräsentieren; S. 30-31.)

beiträgt (Lamb, 1981, zit. nach Lamb, 1986, S. 474). Zu ähnlichen Überlegungen kommen Lewis & Weinraub (in: Lamb, 1976). Sie schreiben:

„Having to relate to two similar but slightly different persons may, however, force the child at an early stage to learn to be sensitive to social cues, to discriminate subtle differences between individuals, and to tolerate the frustration generated during the process of learning differential expectation about fathers' and mothers' behaviors." (S. 172)

Forschungsergebnisse belegen allgemein, daß das Ausmaß väterlichen Engagements positiv mit den kognitiven Leistungen des Kindes korreliert. So entsprach in einer Untersuchung von Pedersen, Rubenstein & Yarrow (1979) der Grad an väterlichem Kontakt mit dem Kind der sozialen Ansprechbarkeit von fünf Monate alten Säuglingen, und Clarke-Stewart (1978) entdeckte in ihrer Studie einen signifikanten Zusammenhang zwischen der intellektuellen Entwicklung des Kleinkindes und den Erwartungen des Vaters an die Unabhängigkeit des Kindes (zit. nach Lamb, 1986, S. 474). Fthenakis (1985) bemerkt:

„Die Bedeutung des Vaters für die frühe Stimulation ist in diesem Kontext nicht zu unterschätzen. Väter können ihren kleinen Kindern eine Vielzahl spezifischer Erfahrungen vermitteln, die sich günstig auf ihre intellektuelle Entwicklung auswirken." (S. 320)

Dabei zeigt sich, daß Väter aufgrund der engeren Bindung zu ihren Söhnen deren intellektuelle Entwicklung stärker zu beeinflussen scheinen als die ihrer Töchter. In einer Studie von Pedersen, Rubinstein & Yarrow (1979) beeinflußte die Vaterabwesenheit die intellektuelle Entwicklung der Mädchen nicht. Zum Einfluß des Vaters auf die Jungen schreiben sie:

„... that it is the father's direct interaction with his son that significantly influences development in areas such as social responsiveness, the development of secondary circular behavior, and preference for novel stimulation." (S. 59, zit. nach Lamb, 1986, S. 474)

Fthenakis (1985) bemerkt zu diesen Forschungsergebnissen, daß Kleinkinder - und nach den vorliegenden Ergebnissen primär Jungen - in ihrer intellektuellen Entwicklung mehr von Vätern als von Müttern zu selbständigem Erkundungsverhalten ermuntert werden. Er zitiert Hoffman (1977), der zur Situation des Mädchens schreibt:

„Die den Mädchen fehlende Erfahrung der Jungen in diesen selbständigen Erkundungen haben sehr wahrscheinlich erhebliche Bedeutung für die Entwicklung selbständiger Bewältigungsziele, von Kompetenzgefühl und sogar von spezifischen Fertigkeiten." (S. 649, zit. nach Fthenakis, S. 293)

Im Hinblick auf eine positive Anregung des kleinen Mädchens durch den Vater scheint es wichtig, daß der Vater eine empathische Einstellung zu seiner Tochter erlangt. Beantworten Väter die unterschiedlichen Reaktionen ihrer kleinen Söhne und Töchter im gemeinsamen Spiel mit differenzierten Beziehungsangeboten, werden sie offensichtlich auch für Mädchen zu wichtigen Partnern in deren ersten Lernprozessen. Dies legen die Ausführungen von Fthenakis (1985) über Studien von Clarke & Stewart

(1978, 1980) nahe, die herausfanden, daß Väter ihre kleinen Söhne durch das physische Spiel kognitiv anzuregen scheinen, während sie die intellektuelle Entwicklung ihrer Töchter in erster Linie durch verbale Stimulierung und durch sensibles Reagieren auf die sozialen Initiativen des Mädchens fördern (S. 293). (Diese Erkenntnisse decken sich mit den psychoanalytischen Beobachtungen von Herzog , 1991; siehe Abschnitt 2.2.6.).

Vaterabwesenheit

Hinsichtlich der Frage nach den Auswirkungen von väterlicher Abwesenheit zitiert Lamb eine Reihe von Studien, denen zu entnehmen ist, daß der Mangel an Austausch mit dem Vater, besonders in den frühen Lebensjahren, einen schädigenden Einfluß auf die kindliche Persönlichkeitsentwicklung hat (1975, S. 254; 1976, S. 15). Psychologische Forschungsergebnisse stützen die Hypothese, daß frühe Entbehrungen des Vaters das Individuum verletzbar für bestimmte Einflüsse in der späteren Entwicklung machen; neben der Unsicherheit in der Geschlechtsidentität, besonders bei Jungen, gehört hierzu die schwächere Ausbildung in bestimmten Funktionen des Ich (Biller, 1976, S. 117; siehe auch Abelin, Abschnitt 2.2.3). Lamb (1976) ergänzt, daß die Auswirkungen der Vaterabwesenheit bei Mädchen meist erst in der Adoleszenz sichtbar werden, obwohl auch für sie die frühe Vater-Deprivation schädlich ist, besonders was die soziale Anpassung des Mädchens anbelangt (S. 15-16).

Der Autor kommt zu dem Schluß, daß alle Ergebnisse in der Vaterforschung erkennen lassen: Väter sind kein gelegentlicher Mutterersatz für ihre Kleinkinder; sie spielen vielmehr in den frühen Entwicklungsprozessen eine wichtige Rolle, die ganz unabhängig ist von der Rolle der Mutter, mit dieser in Wechselwirkung stehend und sie ergänzend (Lamb, 1975, S. 251).

2.4. Schlußbetrachtungen: Erstes Streben nach Ich-Autonomie und die Entstehung des Selbstgefühls

Die in diesem Kapitel referierten psychoanalytischen Konzepte zur frühkindlichen Entwicklung lassen erkennen, daß dem Vater als emotionalem Partner und Identifikationsobjekt hierbei eine Funktion zufällt, die sich in wesentlichen Punkten von der Funktion der Mutter unterscheidet und daher eine spezifische Bedeutung für die Ichentwicklung des Kindes hat. Diese Erkenntnis wird durch die psychologisch-empirischen Forschungsergebnisse bestätigt, die gleichfalls belegen, daß die frühe Beziehung zwischen Vater und Kind ihre eigene Qualität und Auswirkung hat auf erste Strukturierungen im kindlichen Ich.

Die in beiden Forschungsrichtungen zur Anwendung kommende systemorientierte Sicht der Familie zeigt überdies, daß das Kind sich von Geburt an in einer Familienkonstellation mit triadischem Beziehungsmuster entwickelt, in dem der Vater an den symbiotischen Qualitäten der frühen Beziehungsaufnahme des Kindes Anteil hat, soweit das Kind auch zu ihm von den ersten Lebenswochen an eine Bindung entwickeln kann.

In der weiteren präödipalen Entwicklung, in der das Kind erste Autonomie in den Ich-Funktionen erlangen muß, stellt der Vater einen notwendigen Gegenpol und eine wichtige Ergänzung zur Mutter dar. Der persönliche Bezug zu ihm und die Möglichkeit zu konkreter Erfahrung im Austausch mit ihm sind für eine erste Strukturierung im kindlichen Ich unerläßlich. Im Vergleich zu diesen Anfängen in der Herausbildung des Ich mag in den nachfolgenden Entwicklungsphasen seine Funktion bei günstiger Konstellation, ohne größere Schädigung des Ich, teilweise von außerfamilialen Vaterfiguren ersetzt werden können, auch wenn zu diesen nicht der gleiche enge emotionale Bezug möglich ist. Rotmann (1984) räumt ein, daß sich Kinder ohne Vater während ihrer weiteren Entwicklung mit der Reifung ihrer kognitiven Fähigkeiten und ihrer Fähigkeit zu realitätsgerechten Objektbeziehungen häufig einen Vaterersatz suchen in einem Freund der Familie, einem Nachbarn, einem Lehrer. Er meint, daß es von der Haltung der Mutter, ihrem Selbstgefühl, ihrer Akzeptanz der eigenen Lebenssituation und ihrer Einstellung zum Kind abhängt, ob das Kind hierzu in der Lage ist (S. 159). Abelin (1975) berichtet von der Neigung narzißtisch gestörter Mütter, die Beziehung des Kindes zu dritten Personen, einschließlich dem Vater, eher zu behindern (S. 296).

Frühe elterliche Zuwendungen

Winnicott (1974) hat ausführlich dargestellt, daß durch den Austausch mit einer fördernden Umwelt bereits in den ersten Lebensmonaten ein entscheidender Grundstein gelegt wird für die Entwicklung eines stabilen Ich und eines gesunden Selbstgefühls. Die Qualität der Zuwendung, die das Kind in der frühen Lebensperiode von beiden Eltern erfährt, beeinflußt die Herausbildung eines grundlegenden emotionalen Selbstbildes im Kind. Hier ist zu erinnern an Eriksons Hinweis (1981) auf die frühe Entstehung von Urvertrauen im Persönlichkeitskern des Menschen als Grundlage des Selbstgefühls und des Bezugs zu anderen.

Abelin (1980) vermutet, daß die Qualität der elterlichen Haltungen die frühen defensiven und adaptiven Strebungen des Kindes nicht nur verstärkt, sondern sie weitgehend bestimmt, und daß die Leistung, ein innerpsychisches Bild vom eigenen Selbst zu formen, nicht nur durch eine befriedigende Beziehung des Kindes zu beiden Eltern beeinflußt wird, sondern ebenso durch eine befriedigende Beziehung zwischen den Eltern (S. 152). Auch nach Mahler et al. (1980) hängt es von den Erfahrungen des Kindes in der Beziehung zu beiden Eltern ab, ob es zu narzißtischen Störungen kommt, die das Selbstwertgefühl des Kindes bereits in seinem Entstehen beeinträchtigen, oder ob der Loslösungs-Individuations-Prozeß gelingen kann (S. 133).

Asper (1987) sieht hinsichtlich dieser Zusammenhänge die spezifische Aufgabe der Mutter in einem wachstumsfördernden, mütterlich haltenden und verstehenden Umgang mit dem Kind, während die spezifische Funktion des Vaters nach ihrer Ansicht darin besteht, daß er mit Hilfe einer emotional warmen Beziehung zu seinem Kind zielgerichtete Forderungen stellt und dem Kind auf diese Weise vermittelt, daß Dinge unter dem

Realitätsprinzip erkennbar, machbar und bewältigbar sind (S. 209). Durch das Erleben der Mutter wie durch die Erfahrungen mit dem Vater werden die Eigenkräfte des Kindes angeregt, das in einer günstigen Entwicklung beide Eltern zum Vorbild nimmt für seine ersten Autonomiebestrebungen. In diesem Sinne sind auch Hendricks Hinweise (1936, 1951) zur Einübung der ausführenden Funktionen im Ich zu verstehen (siehe Abschnitt 2.1.).

Der fehlende Vater

Reflektiert man die in den vorstehenden Abschnitten dieses Kapitels referierten Erkenntnisse zur frühen Funktion des Vaters im Individuationsprozeß, stellt sich natürlich die Frage: Was bedeutet es für ein Kind, schon in den ersten Lebensjahren ohne echte Vaterbindung aufwachsen zu müssen? Rotmann (1984) meint, daß die Abwesenheit des Vaters oder seine emotionale Nichtverfügbarkeit in der Familie die Entwicklung des Kindes gleichermaßen stört. Er schreibt hierzu:

„Emotional ist er (der Vater, d. Verf.) abwesend, wenn die Mutter eindeutig dominiert, wenn er an Spiel und Kindheit seines Kindes desinteressiert ist, wenn er keine Entscheidungsgewalt innerhalb der Familie wahrnimmt oder wenig an der direkten Pflege des Kindes teilhat." (S. 157)

Einen deutlichen Zusammenhang sieht Rotmann zwischen dem Mangel an väterlichem Kontakt in den frühesten Lebensphasen und der Unsicherheit des Kindes und des späteren Erwachsenen in seiner Geschlechtsidentität sowie in der Partnerwahl (S. 157). (Dies wird in den folgenden Kapiteln für die Entwicklung des Mädchens weiter ausgeführt).

Asper (1987) befaßt sich mit den Auswirkungen von Vaterabwesenheit auf die Haltung der Mutter gegenüber dem Kind. Sie schreibt, daß Ichentwicklung und Entwicklung des Selbstgefühls schon in der oralen Phase gleichermaßen durch den fehlenden oder ungenügenden emotionalen Bezug zum Vater behindert werden, und sieht die Gründe hierfür vor allem in der Beeinträchtigung des persönlichen Lebens der Mutter. Denn in einer befriedigenden partnerschaftlichen Beziehung erhält die Mutter durch den Vater die notwendige Sicherheit in praktischer und psychologischer Hinsicht, die ihr hilft, sich empathisch auf das Kind einzustellen (S. 137; siehe hierzu auch Atkins, 1981).

Wird die Mutter dagegen von ihrem Partner nicht genügend unterstützt und ist sie vielleicht überdies aufgrund narzißtischer Verletzungen in ihrer Selbstliebe und ihrem Selbstwertgefühl selber gestört, fehlen ihr die innere Ausgeglichenheit und das In-sich-Ruhen, die ihr ermöglichen, dem Kind ein Gefühl von Wärme und tragender Geborgenheit zu vermitteln (S. 139). Stattdessen haben ihre Unerfülltheit in ihren eigenen Liebeswünschen und das Fehlen eines Partners, der den Alltag gemeinsam mit ihr besteht, häufig zur Folge, daß das Kind zu stark in die Trauer der Mutter einbezogen wird und sie in ihrer narzißtischen Verletztheit das Kind für die Befriedigung eigener Bedürfnisse benutzt, indem sie es narzißtisch besetzt (S. 137). In dieser Situation besteht die Gefahr für das Kind darin, daß es sich den bewußten und unbewußten Vorstellungen der

Mutter anpaßt, wodurch die freie Entfaltung seiner wirklichen Fähigkeiten und das Erkennen seiner echten Bedürfnisse sehr erschwert wird.

Asper (1987) betont daher, daß durch den tatsächlichen oder emotionalen Ausfall des Vaters die narzißtische Problematik des Kindes verstärkt wird, die durch das Fehlverhalten der Mutter primär verursacht sein mag; denn ein fehlender Vater kann keinen Ausgleich bieten für eine unempathische Mutter. Nach ihren Beobachtungen verschärfte das Fehlen des Vaters bei ihren Patienten mit narzißtischer Persönlichkeitsstörung die psychischen Schwierigkeiten vor allem im Bereich der sozialen Fähigkeiten (S. 138).

Der Vater als emotionaler Ausgleich zur Mutter

Kohut (1981) beschreibt die alternierenden Haltungen narzißtisch gestörter Mütter, die in ihren Einstellungen zum Kind zwischen falscher Einfühlung, Übereinfühlung und mangelnder Einfühlung schwanken. Er weist darauf hin, daß in diesen Fällen die Haltung des Vaters einen ausgleichenden oder das Problem noch verschärfenden Einfluß auf das Ausmaß der Persönlichkeitsstörungen im Kind haben kann, und schreibt:
„Wenn er (der Vater, d. Verf.) wegen eigener narzißtischer Fixierungen unfähig ist, einfühlend auf die Bedürfnisse des Kindes zu reagieren, dann vertieft er die Schädigung; wenn jedoch seine psychische Struktur gut abgegrenzt ist und er z. B. in der Lage ist, sich erst vom Kind idealisieren zu lassen und dann dem Kind schrittweise zu gestatten, seine wirklichen Begrenzungen zu entdecken, ohne sich dem Kind zu entziehen, dann kann das Kind sich seinem gesunden Einfluß öffnen, sich mit ihm gegen die Mutter verbünden und verhältnismäßig ungeschädigt davon kommen." (S. 88)

Von einer solchen günstigen Konstellation zwischen Vater und Tochter berichtet Abelin (1971). Er beschreibt einen Fall aus seiner Beobachtungspraxis, in dem der Vater während der frühen Lebensperiode zum bevorzugten Liebesobjekt für seine kleine Tochter wurde, da die Mutter nicht in der Lage war, dem Kind die nötige Wärme und Geborgenheit zu geben (S. 237-238). Seine Beschreibung soll in den Hauptpunkten hier kurz wiedergegeben werden:

In den ersten Lebensmonaten stand Harriet in einer engen symbiotischen Beziehung zu ihrer Mutter. Zwischen dem 4. und 5. Lebensmonat zeigte es sich, daß die Mutter zunehmend unempathisch auf ihre kleine Tochter reagierte. Harriet zog sich daraufhin innerlich von der Mutter zurück und blieb zunächst relativ passiv gegenüber ihrer Umwelt.
Mit etwa 7 Monaten begann eine wachsende Bindung an den Vater, der nun das erste Liebesobjekt für Harriet zu werden schien. Mit 10 Monaten begann sie sich wieder teilweise der Mutter zuzuwenden. Mit 12 Monaten war klar zu beobachten, daß der Vater das bevorzugte Liebesobjekt war. Mit 15 Monaten leitete Harriet den Kontakt mit männlichen Beobachtern aus der Studiengruppe jeweils mit einem Spiel ein, das sie an die täglichen Spiele mit dem Vater während seines Abendessens mit ihr zu erinnern schien.

Während dieser Kontakte verriet aber der Ausdruck ihrer Augen ihre frühen Enttäuschungen und ihren Mangel an Grundvertrauen. Mit 20 Monaten näherte sie sich einer weiblichen Beobachterin als einem mütterlichen Ersatzobjekt und drückte ihr phasengerechtes Bedürfnis nach der Mutter aus. Nach ihrem 21. Monat hielt sie sich eng an den Schoß ihrer Mutter und drückte nun den phasengemäßen Wunsch aus, Mutters kleines Baby zu sein. Von da an schien sich Harriet trotz der narzißtischen Störungen in ihrer frühen Entwicklung als frohes kleines Mädchen zu entwickeln.

Abelin (1971) führt diese positive Wende in der psychischen Entwicklung des Kindes auf die Tatsache zurück, daß der Vater in den ersten zwei Lebensjahren für seine kleine Tochter verfügbar war und durch seine liebevolle Haltung den emotionalen Ausfall der Mutter ausgleichen konnte. Offensichtlich erlangte Harriet mit Hilfe des Vaters, nach den ersten Verletzungen durch die frühe Abweisung von seiten der Mutter, ein gewisses inneres Gleichgewicht in ihrem Selbstgefühl, das ihre weitere Entwicklung positiv beeinflußte.

Zum präödipalen Einfluß des Vaters

Hinsichtlich der spezifischen Funktion des Vaters in den außerordentlich bedeutsamen Vorgängen präödipaler Ichentwicklung und der Entstehung des Selbstgefühls wird in der neueren psychologisch-empirischen Forschung von einer frühen kritischen Periode in der Vater-Kind-Beziehung gesprochen, die ihre ganz eigene Qualität hat (siehe Lamb, 1976); während die psychoanalytische Entwicklungspsychologie die Rolle des Vaters im Prozeß früher Triangulierung hervorhebt (siehe Abelin, 1971; Mahler et al., 1980; Rotmann, 1978).

Diese Hinweise auf den Einfluß des Vaters sind neueren Datums. Bisher wurde in der psychoanalytischen Theorie dem kindlichen Machtkampf mit der Mutter in der frühen Sauberkeitserziehung die größere Aufmerksamkeit gewidmet. Die ausgleichende Rolle des Vaters, der bereits in dieser frühen Phase zu einem wichtigen Identifikationsobjekt für das Kind wird und der durch seine teilnehmende Anwesenheit dem Kind in seinem Bemühen um Eigenständigkeit Orientierung und Stütze gibt, fand dagegen wenig Beachtung. So weisen Hendrick (1936, 1951) und in seiner Nachfolge Jacobson (1978*b*), Mahler et al. (1980) und Kernberg (1988) zwar auf die Defekte in der Ichbildung hin, die in der präödipalen Phase ihren Ursprung haben, - inwieweit diese frühen Störungen aber auf die Haltung des Vaters und auf den Ausfall seiner spezifischen Funktionen zurückgehen können, wird explizit nicht zum Ausdruck gebracht.

Auch in den Fallberichten der einschlägigen Literatur über präödipale Komplikationen in der psychischen Entwicklung des Kindes finden die Unzulänglichkeiten in der Mutter-Kind-Beziehung die weitaus stärkere Berücksichtigung im Vergleich zu den Fehlhaltungen des Vaters. Es ist anzunehmen, daß diese Fokussierung der analytischen Aufmerksamkeit auf die Mutter auch deshalb so beständig erfolgt, weil sie dem tatsächlichen Erleben der Patienten in ihren frühen Objektbeziehungen entspricht. D. h.:

Wenn der Vater als frühes Liebesobjekt ausfiel und eine Identifikation mit ihm - auf der Basis einer positiven Bindung an ihn - nicht entstehen konnte, gibt es im Nachhinein auch wenig Erinnerung an erlebte Interaktionen mit ihm.

Im Hinblick auf das Mädchen wurde von Freud (1931) und seinen Nachfolgern die starke Mutter-Tochter-Bindung in der prääodipalen Phase betont. Dies entsprach sicherlich weitgehend der realen Konstellation in den familialen Beziehungen seiner Patientinnen. Übersehen wurden dabei die spezifischen Schwierigkeiten, die sich daraus für Mädchen ergaben in ihrem Ringen um Eigenständigkeit und Loslösung von der Mutter. Hier spiegelte die psychoanalytische Theorie eine gesellschaftliche Einstellung wider, die noch heute im traditionellen Rollenklischee der Geschlechter verankert ist (siehe die in den psychologisch-empirischen Studien erwähnte Haltung von Vätern gegenüber ihrer kleinen Tochter, Abschnitt 2.3.). Erst ganz allmählich wird zur Kenntniss genommen, daß der Vater auch in der Entwicklung des kleinen Mädchens als eine frühe Instanz mit ganz eigener Funktion neben der Mutter anzusehen ist.

Dies läßt sich auch aus den Ausführungen von Herzog (1979) zur Rolle des Vaters in der Aggressionsentwicklung ableiten. Herzog vermutet aufgrund klinischer Beobachtungen, daß der Einfluß des Vaters bei der Kanalisierung und Kontrolle aggressiver Triebe und Phantasien ausschlaggebend ist und daß als Folge seiner Abwesenheit während der frühen Entwicklung die Fähigkeit des Ich, mit aggressiven Impulsen und Gefühlen adäquat umzugehen, beeinträchtigt wird. Er beobachtete, daß Mädchen bei fehlender Unterstützung im Erlernen des adäquaten Umgangs mit der eigenen Aggression dazu neigten, ihre aggressiven Impulse gegen sich selbst zu richten (zit. nach Mächtlinger, 1986, S. 133-135).

Im Hinblick auf diese Störungen ist zunächst darauf hinzuweisen, daß nach Jacobson (1978b) in der frühen Entwicklung von Libido und Aggression wichtige Transformationen des Triebes stattfinden müssen durch Triebmischung und Triebneutralisierung (siehe Abschnitt 2.2.2.); während Hendrick (1936, 1951) die Möglichkeit zum Einsatz der aggressiven Triebtendenzen in der frühen Herausbildung der ausführenden Fähigkeiten im Ich betont - als Voraussetzung für eine stabile Ichentwicklung (siehe Abschnitt 2.1.). Erikson (1981) hat die Auswirkungen beschrieben, die der bereits in der prääodipalen Phase beginnende Kampf um Autonomie während der analen Triebentwicklung auf die Herausbildung eines gesunden narzißtischen Selbstgefühls hat (S. 75-85). Er betont, daß das Kind gerade in dieser Entwicklungsperiode die gefühlsmäßige Sicherheit braucht, nicht gänzlich abgelehnt, zurückgewiesen oder lächerlich gemacht zu werden, wenn es versucht, seinen eigenen Willen durchzusetzen. Den Verlauf dieses Entwicklungsstadiums bezeichnet Erikson daher als

„entscheidend für das Verhältnis zwischen Liebe und Haß, Bereitwilligkeit und Trotz, freier Selbstäußerung und Gedrücktheit." (S. 78)

Seine Überlegungen geben einen ersten Hinweis darauf, daß eine der Ursachen für weibliche Minderwertigkeitsgefühle in der spezifischen frühen Hemmung des Ausdrucks von Aggression liegen kann (siehe zur Aggressionsentwicklung des Mädchens die Abschnitte 4.2.). D.h.: Es scheint eine besondere Gefahr für Mädchen in ihrem

Wunsch nach aktiv-aggressiver Betätigung und ihrem natürlichen Ausdruck von Aggression - wodurch ihre Ichentwicklung eine erste wichtige Förderung erführe - dann gegeben, wenn Väter sich genau zu dem Zeitpunkt beginnender Ich-Aktivität und dem frühen Drang nach aggressiv-aktiver Expansion von ihrer kleinen Tochter zurückziehen, und deren frühe Sozialisation der Mutter überlassen; wie dies von Lamb (1986) und Fthenakis (1985) anhand empirischer Studien aufgezeigt wird.

Demgegenüber berichtet Mahler (1991) davon, daß nur mit Hilfe der aktiven Teilnahme des Vaters an der Entwicklung seiner kleinen Tochter die für das Mädchen im Vergleich zum Jungen offensichtlich schwieriger zu bewältigende erste Ablösung von der Mutter gelingen kann; und Rotmann (1978) stellt ergänzend fest, daß die frühe Identifikation mit dem Vater den Narzißmus des Mädchens in Abgrenzung von der Mutter stärkt (siehe auch Benjamin, 1986, Abschnitt 4.4.2.). Zudem ist der Vater aufgrund seiner Andersgeschlechtlichkeit schon früh ein wichtiges Liebesobjekt für das kleine Mädchen in der Herausbildung weiblichen Selbstgefühls (siehe Herzog, 1991, Abschnitt 2.2.6.). Spieler (1984) schreibt, daß der frühe Bezug zum Vater für das Mädchen notwendig ist, damit es eine realistische und vorherrschend gute väterliche Objektrepräsentanz ausbilden kann als Basis für die Erlangung von Individuation und Objektbeziehungsfähigkeit (S. 68, 84).

Zusammenfassung

Die Betonung der frühen Vaterbeziehung in der weiblichen Entwicklung findet sich in einigen modernen Ansätzen (siehe u. a. die Aufsätze in: Alpert, 1986, und Bernay & Cantor, 1986); sie gilt noch nicht allgemein in den psychoanalytischen Theorien zur Weiblichkeit. Hier muß der Blick für die frühe Entwicklung des Mädchens noch mehr geschärft werden.

Wenn Lamb (1976) aufgrund der vorliegenden psychologisch-empirischen Untersuchungsergebnisse zu dem Schluß kommt, daß Kinder in ihrer Sozialisation im Vorteil sind, die eine nahe Beziehung zu Vater und Mutter gleichzeitig entwickeln können (S. 9), so ist in bezug auf die weibliche Entwicklung ergänzend hinzuzufügen, daß Mädchen dann im Vorteil sind, wenn der Vater in der Lage ist, sich emotional auf seine kleine Tochter einzustellen und mit ihr in einen Beziehungsaustausch zu gehen.

Adams-Tucker & Adams (1980) berichten aus ihrer analytischen Praxis von der anfänglichen Zurückhaltung junger Väter gegenüber ihrer kleinen Tochter, die sich beim nahen Umgang mit ihr meist in herzliche Zuwendung wandelte. Die Autoren sehen in einer solchen Entwicklung eine Chance auch für Väter, da das weibliche Wesen der Tochter, das ihnen eher fremd ist, eine Ergänzung darstellt zu ihrer eigenen Männlichkeit und ihnen erlaubt, die eigenen weiblichen Anteile in sich wiederzuentdecken (S. 229). Hier ist zu ergänzen, daß ihnen auf diese Weise auch eine empathische Identifikation mit ihrer kleinen Tochter möglich würde, - und darin scheint der Schlüssel zu liegen für die Förderung, die ein Mädchen in seiner frühen Ichentwicklung durch den Vater erhalten kann.

3. Bildung weiblicher Geschlechtsidentität

„Ich sehe keinen Grund zu bezweifeln, daß die Ödipussituation, in der Realität und in der Phantasie, für das Mädchen so gut wie für den Knaben das schicksalvollste psychische Ereignis des Lebens darstellt ".
(Jones, 1932, zit. nach Chasseguet-Smirgel, 1981, S. 62)

Vorbemerkung

Nach psychoanalytischer Erkenntnis bildet die psychosexuelle Entwicklung die Basis für die Strukturierung der Gesamtpersönlichkeit. Die heterosexuelle Ausrichtung des Mädchens mit der Hinwendung zum Vater in der ödipalen Konstellation findet daher in den psychoanalytischen Theorien besondere Beachtung. Man geht davon aus, daß das Durchlaufen der ödipalen Entwicklung in Verbindung mit dem Wechsel des Liebesobjekts und der Herausbildung der Fähigkeit zu differenzierten Objektbeziehungen für die weibliche Identitätsbildung ausschlaggebend ist.

Die in der ödipalen Phase wichtig werdende Triangulierung ist von der frühen Triangulierung (siehe Abschnitt 2.2.3.) zu unterscheiden. Abelin (in: Prall, Panel report, 1978) betont den strukturellen Unterschied zwischen der frühen Triangulierung und der echten Triangulierung in der ödipalen Konstellation; denn die frühe Triangulierung, die die Anwesenheit des Vaters als zweiter Bezugsperson im Erleben des Kindes voraussetzt, ist solange keine echte Triangulierung, wie sie innerpsychisch noch nicht stattgefunden hat (S. 153). D. h.: Es kann erst dann zur ödipalen Triangulierung kommen, wenn dem Kind das gleichzeitige Erfassen des eigenen Selbst und beider Eltern als getrennte Objekte, die sich in ihrer Geschlechtlichkeit voneinander unterscheiden, möglich wird (Ross, 1979, S. 323).

Zudem ist im Hinblick auf die ödipale Entwicklung zu berücksichtigen, daß sich der ödipale Konflikt in der Phantasie abspielt und als solcher zum innerpsychischen Konflikt wird, der aus der Fähigkeit zu innerpsychischer Symbolbildung resultiert. Die Unterscheidung von Selbst- und Objektrepräsentanz, wie sie durch die frühe Triangulierung erworben wird, ist hierfür die Grundlage.

Anders ausgedrückt: Die präödipale Funktion des Vaters als Liebes- und Identifikationsobjekt, der dem Mädchen hilft, sich von der Mutter zu lösen, erfährt in der ödipalen Phase eine Erweiterung und Vertiefung gemäß der entwicklungsmäßigen Fähigkeiten des Kindes, in seinen Objektbeziehungen geschlechtsspezifische Unterschiede wahrzunehmen und darauf in spezifischer Nuancierung der Beziehungsaufnahme zu reagieren. Die Bedeutung der ödipalen Triangulierung liegt in diesen, auf die Entwicklung der Geschlechtsidentität Einfluß nehmenden Beziehungsaspekten im Verhältnis zwischen Vater und Tochter.

Aus vorstehenden Überlegungen folgt, daß das Motiv für die Hinwendung des Mädchens zum Vater in der ödipalen Periode durch zwei sich ergänzende und sich wechselseitig bedingende Momente bestimmt ist: 1. durch die heterosexuelle Neugier des Mädchens aufgrund genitaler Reifungsprozesse und dem damit in Zusammenhang stehenden Wunsch, die weibliche Rolle an einem andersgeschlechtlichen Liebesobjekt zu erproben; 2. durch das in allen Phasen der kindlichen Entwicklung erkennbare Streben des Ich, sich aus einer zu intensiven Bindung an die Mutter zu befreien.

Dieser Drang nach Entfaltung der Eigenständigkeit, zuammen mit dem Wunsch nach narzißtischer Bestätigung der eigenen Person durch den Vater, scheint in der ödipalen Hinwendung zu ihm umso intensiver, je weniger Gelegenheit zum Beziehungsaustausch zwischen Vater und Tochter in der präödipalen Entwicklung bestand. In der parallelen Entwicklung zur heterosexuellen Ausrichtung geht es hier um bedeutsame Faktoren zur Stützung der Ichentwicklung und Identitätsbildung, die in der Freudschen Konzeption der ödipalen Entwicklung des Mädchens mit der Betonung der libidinös-inzestuösen Bindung an den Vater noch keine Berücksichtigung fanden.

Allerdings betont Helene Deutsch (1988) schon früh die Gefahr, die im Hinblick auf eine eigenständige Ichentwicklung für das Mädchen in einer anhaltenden und intensiven Beziehung zur Mutter liegt, und schreibt von den Hemmungen, die das Mädchen bei seiner aktiven Realitätszuwendung von klein auf durch seine Außenwelt erfährt (S. 232). Zu den Enttäuschungen des Mädchens am Vater, die sich gemäß dem doppelten Interesse an ihm aus zwei verschiedenen Ursachen speisen können, schreibt sie:

„In den Fällen, die wir im Sinne haben, nimmt die Beziehung zum Vater häufig die Form von Anklagen an, die zweierlei enthalten. Die eine Anklage enthält den Vorwurf, daß er dem Mädchen nicht geholfen hat, die Aktivität zur Befreiung von der mütterlichen Abhängigkeit genügend in Funktion zu setzen; die andere hat einen mehr erotischen Charakter und besagt, daß er es versäumt hat, durch seine Liebe seine Rückkehr zur Mutter zu verhindern." (S. 232)

Mit anderen Worten: In der ödipalen Phase ist der Wunsch des Mädchens, von der Mutter unabhängig zu werden, um ein eigenständiges Ich erwerben zu können, verknüpft mit dem Wunsch, vom Vater als heterosexuellem Liebesobjekt Anerkennung zu erfahren in der eigenen Weiblichkeit. Gerade hier zeigt sich deutlich, daß Triebentwicklung und Entwicklung des Ich in einer Wechselbeziehung stehen. Unter Berücksichtigung dieses Sachverhaltes zielen die Fragen dieses Kapitels auf die Vorgänge der Herausbildung der weiblichen Geschlechtsidentität, die bereits in der präödipalen Entwicklung ihre Wurzeln hat, sowie auf die Fähigkeit zur Annahme der weiblichen Geschlechtsrolle in der ödipalen Konstellation - unter gleichzeitiger Darlegung häufig beobachteter Störungen in diesem zentralen Bereich weiblicher Entwicklung.

3.1. Ichentwicklung und Identifikationsprozesse in der ödipalen Konstellation

In den ödipalen Beziehungen erhalten die Verinnerlichungsprozesse der Introjektion und Identifikation spezifischen Einfluß auf die psychische Strukturierung im Hinblick auf die Identitätsbildung und prägen auf diese Weise das weibliche Selbstverständnis entscheidend mit. In den nachfolgenden Abschnitten werden (in Ergänzung der

Ausführungen in den Abschnitten 1.3.) einige wichtige theoretische Überlegungen referiert, die beitragen können zum Verständnis der komplexen innerpsychischen Vorgänge (einschließlich der damit in Zusammenhang stehenden Störungen), die für die ödipale Entwicklung eine besondere Bedeutung haben und zum Teil bis in die Adoleszenz wirksam bleiben, in der es zu einer endgültigen Auflösung des Ödipuskomplexes kommen muß, damit im Sinne Eriksons (1981) die Fähigkeit zur Intimität mit gleichaltrigen Liebespartnern erlangt werden kann.

3.1.1. Zur Entdeckung der Geschlechtsidentität

Jacobson (1978b) betont, daß die Entdeckung der Geschlechtsidentität für das Kind von eminenter Bedeutung ist (S. 85) und daß das Erleben des Geschlechtsunterschiedes eine wichtige Voraussetzung ist für die Entwicklung des Identitätsgefühls (S. 72). Diese Entdeckung beruht aber keineswegs ausschließlich auf dem Vergleich der Sexualorgane; vielmehr ist hierfür die Wahrnehmung der nahen Bezugspersonen in ihrem allgemeinen geschlechtsspezifischen Ausdruck auf der körperlichen wie auf der psychischen Ebene entscheidend. Ebenso durchdringt die Erfahrung der eigenen Geschlechtsidentität die gesamte Persönlichkeit des Kindes, wenn auch die damit in Zusammenhang stehenden Konflikte nicht oder noch nicht gelöst sind. Jacobson (1978b) schreibt daher:

„Kleine Mädchen können ihre weibliche Identität erweisen, lange bevor sie ihre Kastrationsprobleme bewältigt haben; sogar dann, wenn ihnen deren Lösung nie vollständig gelingt." (S. 84)

Wie Jacobson hierzu weiter ausführt, fühlt sich das Mädchen mit der Entdeckung des Geschlechtsunterschiedes zunächst benachteiligt, und es entstehen Gefühle von narzißtischem Gekränktsein, die seine Entwicklung der Objektbeziehungen wie ebenso seine Entwicklung des Selbstwert- und Identitätsgefühls komplizieren können. Diese Wirkung des Kastrationskonfliktes hängt stark von prädipalen Enttäuschungen durch die Mutter ab (S. 117-118). Letztlich meint Jacobson (1978b) aber:

„Trotzdem müssen Frauen ... nicht notwendig schwerere narzißtische Konflikte und gestörtere Objektbeziehungen haben als Männer - wenn sie auch komplizierter sein mögen." (S. 118)[23]

---

23 Auch Erikson (1981) sieht eine besondere Schwierigkeit für das Mädchen in dieser Entwicklungsphase beim Erkennen der anatomischen Unterschiede zwischen ihm und dem Jungen, die es zunächst zu dem Schluß kommen lassen, daß ihm etwas fehlt, obwohl seine geistige und körperliche Reife dem Mädchen ermöglicht, seinen Aktionsradius in motorischer, sozialer und geistiger Hinsicht genauso auszuweiten, wie dies für den Jungen gilt.
Erikson betont hier, daß die Bewertung der Weiblichkeit durch die Umwelt das Mädchen in seinem Selbstverständnis wesentlich beeinflußt und entscheidend dazu beiträgt, ob die infantile Enttäuschung schnell oder nur schwer überwunden werden kann. Dies hängt auch davon ab, inwieweit der spezifische Beitrag der Frau im sozialen und wirtschaftlichen Leben anerkannt ist und der weiblichen Rolle von der Gesellschaft ein Wert zugesprochen wird (S. 82).

Jacobson (1978*b*) betont, daß in der spezifisch-ödipalen Konstellation die Beziehung zum Vater für das Mädchen eine neue Qualität erhält, die die Identifizierungen mit ihm in den Hintergrund treten läßt, während die Mutter als weibliches Vorbild das wichtigste Identifikationsobjekt für das Mädchen in seiner Entwicklung der Geschlechtsidentität bleibt (S. 86). Weiter bemerkt Jacobson, daß sich die Identifizierungen des Mädchens

> „... mit der Mutter ... nur soweit behaupten (können, d. Verf.), wie seine Rivalität und seine phallische Identifizierung mit dem Vater einer wirklichen Liebesbeziehung zu ihm Platz machen," (S. 128)

und daß für das Gelingen des libidinösen Objektwechsels die Einstellung beider Eltern gegenüber der Tochter entscheidend ist, denn:

> „Die Erfahrung ödipaler Liebe und Liebesenttäuschung verstärkt ... die Entwicklung der Identifizierungen des kleinen Mädchens nach der weiblichen Seite hin. Der endgültige Ausgang seines Konfliktes hängt in hohem Maße von der Haltung des Vaters und von der Persönlichkeit der Mutter und ihrer Liebe ab." (S. 126)

Daneben muß das Mädchen auch in der ödipalen Phase wichtige Entwicklungsaufgaben in seinem Ich bewältigen, denn parallel mit der Entwicklung weiblicher Geschlechtsidentität im Bezug zum anderen Geschlecht, wofür die Mutter als Vorbild dient, machen seine narzißtischen Unabhängigkeitsstrebungen die gleichzeitige selektive Identifizierung mit väterlich-männlichen Eigenschaften und Verhaltensweisen erforderlich, durch die die Abhängigkeit von der Mutter gelockert werden kann - dabei darf es nicht zu einer Überidentifizierung mit dem Vater und zu innerpsychischen Fixierungen an ihn kommen.

3.1.2. Zur Bedeutung selektiver Identifikationen

Da Jacobson (1978*b*) die Ichentwicklung und Identitätsbildung vor allem als Entwicklung von Identifikationen mit den wichtigen Liebesobjekten der Kindheit begreift, versteht sie die Bildung der persönlichen Identität, einschließlich der Geschlechtsidentität, als einen Prozeß, der weniger bestimmt wird durch die von den sexuellen Trieben ausgehenden Entwicklungsschübe als durch die Richtung gebenden Identifizierungen des Kindes mit seinen nahen Bezugspersonen, durch die das Ich in seinen Autonomie- und Unabhängigkeitsstrebungen gefördert wird (S. 85). Hierbei ist zwischen den primären Identifikationen auf der Basis einer symbiotischen Beziehungshaltung und den selektiven Ich-Identifizierungen zu unterscheiden (siehe Abschnitt 2.2.4.). Mit Ich-Identifizierungen sind von den Eltern übernommene Ich-Haltungen und Charakterzüge gemeint, die zu echten eigenen Interessen des Kindes werden und in denen es seine Ich-Funktionen sinnvoll betätigt (S. 53).

Nach Jacobson (1978*b*) haben diese selektiven Identifizierungen, die in der ödipalen Phase ihren Anfang nehmen, für die Entwicklung des Ich und für die Fähigkeit zur Annahme konstruktiver Objektbeziehungen eine große Bedeutung. Sie beruhen auf dem Mechanismus „partieller Introjektion" und gehen hervor aus dem Wunsch des Kindes, den Liebesobjekten ähnlich zu werden (S. 60-61). Auf diese Weise erfahren die Ich-Interessen[24] und Ich-Identifizierungen mit der nahen Bezugsperson eine zunehmende Differenzierung (S. 87). Jacobson (1978b) verweist hier auf den großen Einfluß, der hinsichtlich der Bildung selektiver Identifizierungen von den Eltern ausgeht. Daraus folgt auch, daß ungünstige Identifizierungen die Ichentwicklung und Identitätsbildung erheblich beeinträchtigen können. Die Autorin führt hierfür Beispiele aus ihrer Praxis an und kommt zu dem Schluß,

> „... daß die Identitätsbildung und das Gefühl persönlicher Identität nicht ganz so weitgehend von der heterosexuellen Entwicklung abhängen, wie man denken könnte; sie sind stark davon beeinflußt, in welchem Maße konsistente und dauerhafte, zu sekundärer Autonomie und Unabhängigkeit des Ichs führende Identifizierungen vorgenommen werden können .... ." (S. 85)

Die Möglichkeit zur Identifikation mit den Eltern, die in ihrer Persönlichkeitsstruktur eine gewisse Stärke des Ich besitzen, ist hier ausschlaggebend. Daneben stellt die elterliche Liebe und Zuwendung eine weitere wichtige Voraussetzung dar für eine gesunde psychische Entwicklung. Indem das Kind in seiner persönlichen Eigenart von beiden Eltern angemessene Bestätigung erfährt, wird es ihm möglich, einen Teil der an die Eltern gebundenen Libido in neutralisierter Form auf andere Objekte seiner Umwelt zu lenken in Erweiterung seiner Ich-Interessen. Jacobson schreibt, daß auf diese Weise die entsprechenden geistigen und emotionalen Prozesse und Ichaktivitäten gefördert werden und der gesunde Narzißmus des Kindes eine wesentliche Unterstützung erhält (S. 89), da mit zunehmender Besetzung der Selbstrepräsentanz auch ein allgemeines Gefühl von Selbstvertrauen entsteht (S. 95).

Wie diese Identifizierungsprozesse mit den elterlichen Objekten letztlich beschaffen sind, hängt nach Jacobson (1978b) u. a. von folgenden Faktoren ab:

> „... den Schicksalen der Selbst- und Objektrepräsentanzen und dem Ausmaß, in dem das Kind die Realität seiner Liebesobjekte und seines eigenen Selbst entdeckt und erkennt;

> ... dem Grad der Übereinstimmung der zur Identifizierung dienenden Imagines der Eltern und anderer Bezugspersonen mit den realen Vorbildern; wieweit sie idealisiert werden oder wieweit sie sich von jenen Vorbildern entfernen oder sogar reaktiv ins Gegenteil umschlagen;

> ... davon, wieweit die Identifizierungen Abwehr- (und sogar Restitutions-) Zwecken dienen oder der pathologische Ausgang eines neurotischen oder psychotischen Konfliktes sind." (S. 101-102)

Jacobson betont für die kindliche Entwicklung die Möglichkeit zu positiver Identifikation mit Objekten, die als gut und akzeptierend erfahren werden. Diese Identifika-

---

[24] Jacobson (1978b) macht den Unterschied zwischen Ich-Interessen und Selbst-Interessen: Ich-Interessen sind objektgerichtete Betätigungen, während Selbst-Interessen auf das Selbst gerichtete, egoistisch-narzißtische Strebungen darstellen (S. 90).

tionen entscheiden nach ihrer Ansicht maßgeblich über den Aufbau der Geschlechtsidentität in der ödipalen Konstellation und über die Bildung echter Objektbeziehungen,
in denen sich die frühen libidinösen und aggressiven Strebungen gegenüber den Eltern
(siehe Abschnitt 2.2.2.) in zärtliche, objektbezogene Gefühle wandeln können (S. 97-
98).

Mit Bezug auf den Vater und die Möglichkeit zu selektiver Identifikation mit ihm
läßt sich aus Jacobsons Ausführungen ableiten: Das ödipale Schicksal des Mädchens
hängt wesentlich davon ab, wie weit das verinnerlichte Bild vom Vater mit dem realen
Vater übereinstimmt und er auf der Grundlage eines positiven Austausches dem Mädchen zum Vorbild und Identifikationsobjekt für wichtige Differenzierungen im Ich wird
(siehe hierzu auch Abschnitt 4.7.).

3.1.3. Ödipale Identifikationen mit dem gegengeschlechtlichen Elternteil

Jacobsons Ausführungen (1978*b*) zur Bedeutung selektiver Identifikationen
werden durch Slaters (1961) empirische Untersuchungen bestätigt, in denen es um die
spezifische Bedeutung des gegengeschlechtlichen Elternteils im Prozeß selektiver Identifizierungen geht.

Slater (1961) berichtet, daß eine positive Identifikation mit beiden Eltern eine befriedigende Atmosphäre für die korrekte Wahl der eigenen Geschlechtsrolle durch Verinnerlichung der kulturellen Normen beider Eltern schafft (S. 123). Darüberhinaus erleichtert die Möglichkeit zu persönlicher Identifikation mit dem gegengeschlechtlichen
Elternteil die heterosexuelle Anpassung, denn die Fähigkeit, in befriedigender Weise
mit dem anderen Geschlecht in Beziehung treten zu können, hängt neben einer angemessenen Übernahme der eigenen Geschlechtsrolle auch ab von der Fähigkeit, die ergänzende Rolle des anderen Geschlechts emotional annehmen und sich mit dem anderen in seiner Geschlechtsrolle identifizieren zu können (S. 123).[25]

D. h.: Eine adäquate heterosexuelle Anpassung gelingt Mädchen wie Jungen nur,
wenn sie gleichermaßen ein Verständnis und eine Akzeptanz für männliche und weibliche Wesenszüge, Interessen und Verhaltensweisen in sich entwickeln können. Kommt
es hingegen nicht zu persönlicher Identifikation mit dem heterosexuellen Elternteil,
kann Furcht entstehen vor der Fremdheit des anderen Geschlechts (Slater, 1961, S. 124;
siehe auch Abschnitt 1.3.1.).

Für eine günstige Entwicklung in der Geschlechtsidentität muß auch der Vater eine
warmherzige Beziehung zu seinem Kind unterhalten, um von ihm als eine alternative
Quelle fürsorglicher Unterstützung in Ergänzung zur Mutter erlebt zu werden. Slater
(1961) zitiert Studien, in denen beobachtet wurde, daß eine Anpassung an die Ge-

---

[25] M. Balint (1947) spricht in diesem Zusammenhang von der notwendigen Ausbildung der Fähigkeit zu „genitaler Identifizierung." Er „versteht darunter die Fähigkeit, sich in die sinnlichen
wie zärtlichen, genitalen wie prägenitalen Bedürfnisse des heterosexuellen Partners
einzufühlen, um sie befriedigen zu können." (zit. nach Staewen-Haas, 1970, S. 37)

schlechtsrolle bei Kindern fehlschlug, deren Vater zu streng, zu zurückgezogen oder zu schwach war, um seinem Kind eine persönliche Identifikation mit ihm zu ermöglichen (S. 120). Es zeigte sich in diesen Fällen eine Entsprechung zwischen der sexuellen und emotionalen Fehlanpassung und der positionalen Identifikation mit dem gegengeschlechtlichen Elternteil (S. 119).

Weiter führt Slater (1961) aus, daß die normalerweise entstehenden Rivalitätskonflikte, die in der ödipalen Situation entwicklungsbedingt mit positionaler Identifikation in Zusammenhang stehen, durch persönliche Identifikationen gemildert werden, da der Vater (oder die Mutter) dann nicht als feindselige Rivalen angesehen werden müssen. Vielmehr kann das Kind auf dieser positiven Basis sein Gefühl, aus der elterlichen Liebesbeziehung ausgeschlossen zu sein, kompensieren. D. h.: In einer günstigen ödipalen Entwicklung kann die positionale Phantasie durch eine persönliche Identifikation ersetzt werden, die auf einer bewußteren Ebene die Verhaltensweisen des Kindes bestimmt (S. 121). Hingegen ist ein Mangel an persönlicher Identifikation mit dem Vater in der ödipalen Konfliktsituation nach Slater für beide Geschlechter mit neurotischen Störungen verbunden (S. 120).

Mit Bezug auf die Entwicklung des Mädchens betont Slater (1961) die Möglichkeit zu persönlicher Identifikation mit dem Vater besonders nachdrücklich, da der Vater im allgemeinen ein entfernteres und von daher schwierigeres Objekt der Identifikation für das Mädchen darstellt als die Mutter für den Jungen. Er verweist in diesem Zusammenhang auch auf die Haltung der Mutter, die dem Mädchen die Identifikation mit dem Vater erleichtern oder erschweren kann. Wenn die Mutter dem Mädchen vermittelt, daß Männer zu fürchten oder zu verachten sind, und der Vater nichts tut, um dieses Bild vom Mann bei seiner Tochter zu korrigieren, wird das Mädchen keine Fähigkeit zum Verständnis männlichen Verhaltens erlangen. Es wird ihm vielmehr die normale Spontaneität und Verführungskunst im Umgang mit dem Männlichen, die mit einer persönlichen Identifikation mit dem Vater in Zusammenhang steht, fehlen und es wird darüberhinaus in Gefahr geraten, in einer überbetonten Identifikation mit der Mutter steckenzubleiben (Slater, S. 123).

Slaters Hinweis auf das Gefangenbleiben des Mädchens im mütterlichen Einflußbereich erhält Bestätigung in einem Bericht von Prall (in: Prall, Panel report, 1978) zur Situation eines kleinen Mädchens (keine Altersangabe), das aufgrund fehlender Beziehungserfahrungen mit einer väterlich-männlichen Bezugsperson in überbetonter und daher destruktiver Identifikation an die Mutter gebunden blieb. Über ihre Zukunftsvorstellungen, die seine kleine Patientin in der psychoanalytischen Behandlung äußerte, berichtet Prall u. a. (S. 151-152):

Sie hegte die Phantasie, daß sie wie ihre Mutter sechs Kinder haben werde; zwei würden sterben, von den überlebenden würden - gemäß der eigenen Geschwisterkonstellation - zwei Jungen und zwei Mädchen sein. Ihre jüngste Tochter würde wie sie selbst einen lebenslangen sadomasochistischen Kampf mit ihr als Mutter führen.
Darüberhinaus meinte sie in Entsprechung ihrer familialen Erfahrungen, daß sie ebenso wie ihre Mutter geschieden würde und mit ihrer Mutter und

Großmutter mütterlicherseits in einem über die Generationen sich erstrek-
kenden Beziehungsklinsch leben müßte. Sie war fest davon überzeugt, daß
sich die feindselige Abhängigkeitskonstellation zwischen Frauen, wie sie sie
jetzt in der matriarchalen Drei-Generationen-Familie erlebte, im eigenen Leben fortsetzen würde.

Zu dem fehlenden Beziehungsaustausch von Pralls kleiner Patientin mit dem Vater
oder einem Vaterersatz ist zu bemerken: Da sie den positiven Einfluß und Schutz des
männlich-väterlichen Elementes in ihrer Familie nicht erfahren hatte - wodurch die aggressiven Übergriffe der Mutter hätten abgemildert werden können - konnte sie sich
kein Bild machen von einer positiven Bindung an männliche Bezugspersonen. Gemäß
Slater (1961) heißt dies: Die fehlende Möglichkeit zu persönlicher Identifikation mit einem als vertrauenswürdig erlebten Mann engte ihre Beziehungsfähigkeit zu männlichen
Partnern ein und verhinderte die Herausbildung eines positiven weiblichen Selbstbildes
mit Hilfe der ödipalen Konstellation.

3.1.4.   Der Vater als introjiziertes Objekt

Die Frage nach dem Einfluß innerer Objekte auf die Strukturierung der Persönlichkeit berührt in spezifischer Weise die Beziehung des Mädchens zum Vater in seiner
Eigenschaft als heterosexuelles Liebesobjekt und ist von größter Bedeutung in der ödipalen Entwicklung des Mädchens.   Die von Jacobson (1978b) und Slater (1961) beschriebenen Identifikationsvorgänge in der ödipalen Triangulierung sind daher im nachfolgenden zu ergänzen durch einige Hinweise zum spezifischen Einfluß des ödipalen
Objektes auf die Ichentwicklung und Identitätsbildung:

Hierzu eignen sich besonders Stierlins (1980) Überlegungen zur gyroskopischen
Funktion früher Objekte und deren Bedeutung für die Herausbildung von Beziehungsfähigkeit.   Stierlin ist der Ansicht, daß der Modus des Verhaltens des Individuums in
zwischenmenschlichen Beziehungen und die Fähigkeit, neue Objektbeziehungen in der
äußeren Realität einzugehen, von dieser dynamisch-dirigierenden Funktion innerer Objekte abhängt, d. h. daß die elterlichen Objektimagines die Beziehungsfähigkeit zu
anderen beeinflußen, indem sie als Leitbilder dienen für die Beziehungsaufnahme und
Beziehungsgestaltung. Zur Illustration der Wirksamkeit innerer Objekte in ihrer
gyroskopischen Funktion erwähnt Stierlin (1980) die Situation des jungen Mädchens,
das in seiner Wahl des zukünftigen Ehepartners unbewußt durch ein inneres Objekt
geleitet wird, das die Züge des Vaters trägt (S. 102).

Der Einfluß innerer Objekte auf die Ichentwicklung läßt sich nach Stierlin (1980)
besonders deutlich erkennen an den Fehlentwicklungen in der Fähigkeit zum Aufbau
zwischenmenschlicher Beziehungen, wodurch ein angemessenes Wechselspiel zwischen inneren und äußeren Objekten verhindert wird (S. 107). Diese Störungen spielen
in der ödipalen Phase eine zentrale Rolle (S. 105). Sie haben ihre Ursache meist in unbewältigten ödipalen Konflikten, die in zwei häufig auftretenden Fehlentwicklungen
sichtbar werden:

Zum einen kommt es zu Fixierungen aufgrund einer ambivalenten Bindung an den gegengeschlechtlichen Elternteil , der zu Abwehrzwecken idealisiert und/oder besonders abgewertet werden muß; zum anderen erfolgt aufgrund mangelnder Zuwendung oder einer Ablehnung des Elternteils keine ausreichende Differenzierung in der heterosexuellen Objektimago, so daß dem heranwachsenden Individuum in seiner Partnerwahl eine grundlegende Orientierung fehlt, die nötig ist, um befriedigende Bindungen zu äußeren Objekten eingehen zu können (S. 107-108).

Stierlins (1980) Überlegungen zum Einfluß des introjizierten ödipalen Objektes auf die Fähigkeit zu zwischenmenschlichen Beziehungen sind durch Greensons (1954) Bericht über den Kampf seiner Patienten gegen belastende Identifikationen mit elterlichen Objekten zu ergänzen. Greenson schreibt, daß dieser Kampf seiner Patienten darin zum Ausdruck kam, daß sie versuchten, sich dieser Identifikation nicht bewußt zu werden und sich um eine Lebensgestaltung bemühten, die dieser Tatsache der schicksalhaften Introjektion und nachfolgenden Identifikation widersprach; sie leugneten jede Ähnlichkeit mit dem gehaßten Elternteil (S. 203).

Dieser von Greenson (1954) beschriebene Abwehrmechanismus, ist hier besonders zu erwähnen, da gerade in der Vater-Tochter-Beziehung die Gefahr besteht, daß dem Mädchen die Identifikation mit dem Vater als ödipalem Objekt aufgrund von Enttäuschungen unbewußt bleibt und es die störenden Inhalte in der Verdrängung zu halten sucht in emotionaler Hinwendung zur Mutter, die dem Mädchen in ihrer Weiblichkeit näher steht. Wenn aber eine bewußte Integration negativer Erfahrungen mit dem Vater ausbleibt, behindert dies die Ichentwicklung und weibliche Identitätsbildung, auch wenn diese Identifikation geleugnet wird. Denn mit der Verdrängung der konfliktgeladenen Aspekte im Ödipuskomplex werden Teile des Selbst in Verdrängung gehalten, die mit der ödipalen Konstellation in Zusammenhang stehen. Hilflosigkeit und Verletzlichkeit sind die Gründe für diese Verdrängung in der Kindheit, die dessen ungeachtet ihren Einfluß auf das weitere Leben behält, solange sie nicht durch Bewußtmachung und/oder den positiven Bezug zu einem männlichen Partner aufgehoben wird (siehe hierzu auch die Angaben im Abschnitt 1.3.2.).

Eriksons (1981) Beschreibung der Problematik einer Tänzerin, die in bewußter Rebellion gegen den Vater dessen Einstellungen und Forderungen unbewußt für sich übernommen hatte, ist für diesen Mechanismus einer das weibliche Selbst hemmenden Identifikation ein treffendes Beispiel, an dem sich zeigt, daß die Einstellung des Vaters gegenüber seiner Tochter noch im Erwachsenenalter im Unbewußten der Frau „eine gefährliche Macht" (S. 28) darstellen kann. Erikson macht zur Situation seiner Patientin u.a. folgende Bemerkungen (S.26-28):

> Die junge Tänzerin fühlte sich in ihrer Kindheit als weibliches Wesen von ihrem Vater wenig beachtet. Während der Vater von seinen Söhnen eine „gute" aufrechte Körperhaltung verlangte, schien der weibliche Körper für ihn wenig „Zeigenswertes" an sich zu haben. Im Rahmen ihres Ödipuskomplexes identifizierte sich das Mädchen mit den Ansichten des Vaters über

Männlichkeit und Weiblichkeit und übernahm diese Einstellungen wie auch den Exhibitionismus des Vaters in die eigene Ich-Struktur.

Das hatte in der weiteren Entwicklung zur Folge, daß die junge Frau in eine Krise ihres weiblichen Selbstverständnisses geriet, was sich u.a. in dem lästigen Symptom äußerte, daß sie sich während ihrer tänzerischen Darbietungen übermäßig gerade und hochgereckt hielt.dabei hatte sie in ihrem bewußten Streben mit ihrem „ultramodernen" Tanz ihren Protest gegen die Meinung einer sozialen und sexuellen Minderwertigkeit der Frau zum Ausdruck bringen wollen.

Im Falle der Tänzerin hemmte der Vater als Introjekt, das nicht in das Ich integriert war, die Entwicklung der jungen Frau in den Bereichen, in denen er in der Beziehung zu seiner Tochter versagt hatte. Ihre Unfähigkeit, aus narzißtischer Verletzung die eigenen weiblichen Interessen auf der Grundlage differenzierter Funktionen im Ich vom Väterlich-Männlichen und seinen Normen und Werthaltungen zu unterscheiden, hatte eine mangelnde Sicherheit im weiblichen Selbstgefühl zur Folge; dies drückte sie in ihrer Körperhaltung aus (siehe auch Abschnitt 4.7.).

3.2. Theorien zur psychosexuellen Entwicklung des Mädchens

In diesem Abschnitt werden die Theorien von Freud den neueren Konzepten zur weiblichen Entwicklung gegenübergestellt, soweit sie die Rolle des Vaters in den ödipalen Entwicklungsvorgängen betreffen.

3.2.1. Zum weiblichen Ödipuskomplex bei Freud

Freuds Konzeption psychosexueller Entwicklung bildet die Grundlage und den Ausgangspunkt aller nachfolgenden psychoanalytischen Forschungen über die Persönlichkeitsentwicklung des Individuums. In seiner Sexualtheorie vertritt er die These psychosexueller Bisexualität, ohne die man nach seiner Ansicht die Sexualäußerungen von Mann und Frau kaum verstehen kann. Zudem ist er der Ansicht, daß Mann und Frau von der Kultur gemacht werden, indem die Gesellschaft unter Berücksichtigung der psychologischen Bisexualität vom Individuum eine Hinwendung zum jeweiligen Überwiegen von Männlichkeit oder Weiblichkeit verlangt (Julliet Mitchell, „Psychoanalyse und Feminismus", 1976).

Bei seiner Beschreibung der ödipalen Objektbeziehungen der Geschlechter mit der libidinösen Hinwendung des Jungen zur Mutter wie des Mädchens zum Vater geht Freud von einer komplementären Gleichheit in der männlichen und weiblichen Entwicklung aus (H. Block Lewis, 1986, S. 12). Daneben besteht er aber auf der Annahme, daß die Energie des Sexualtriebs, die Libido, männlich und bei Mann und Frau gleich ist, und daß der Trieb immer aktiv ist, auch wo er auf ein passives Ziel gerichtet wird. Die Unterschiede zwischen Mann und Frau ergeben sich aus der Verschiedenheit der Objektwahl und der Triebziele (Freud, 1905, S. 120-121).

Mit dieser Ansicht hebt Freud die grundsätzliche Gleichheit in der psychosexuellen Entwicklung von Jungen und Mädchen wieder auf und postuliert eine am Männlichen orientierte sexuelle Einheitlichkeit bei beiden Geschlechtern bis zur Pubertät. In der Kindheit spielt im Gegensatz zur endgültigen Genitalorganisation der Erwachsenen für beide Geschlechter nur ein Genitale, das männliche, eine Rolle, während die Existenz der Vagina bis zur Pubertät unbekannt bleibt (Freud, 1923, S. 294-295, 298).

In den *Drei Abhandlungen zur Sexualtheorie* (1905) skizziert Freud die typische Abfolge der Manifestationen des Sexualtriebs in der kindlichen Entwicklung. Er versteht diese Entwicklung als nach einem biologischen Plan ablaufend, der sich in verschiedene Stufen kindlicher Sexualität einteilen läßt. Danach sind die orale, anale und phallische (oder ödipale) Phase bestimmt durch die jeweiligen hauptsächlichen Lustquellen kindlicher Triebwünsche, die nach einer Periode der Latenz in der Pubertät in reife Genitalität münden (siehe Brenner, 1973).

Zur Funktion des Vaters in der ödipalen Entwicklung des Mädchens

Nach Freud spielt im Ödipuskomplex das Vaterelement eine bedeutende und prägende Rolle für die psychosexuelle Entwicklung des Jungen wie des Mädchens: Beim Jungen verstärken sich mit dem Eintritt in die phallische Phase die libidinösen Beziehungen zu seinem ersten Liebesobjekt, der Mutter, während der Vater zum Rivalen um die Mutter wird. Für das Mädchen komplizieren sich diese Entwicklungsvorgänge, zu denen Freud u. a. ausführt: In der oralen wie analen Phase sind die Sexualziele des Mädchens sowohl aktiver wie passiver Natur; mit dem Eintritt in die phallische Phase werden die verstärkten aktiven, dranghaften Triebstrebungen wie beim kleinen Jungen zunächst auf die Mutter gerichtet. Freud schreibt:
„Wir müssen nun anerkennen, das kleine Mädchen sei ein kleiner Mann."(*Die Weiblichkeit*, 1932, S. 125-126)

Indem das Mädchen die Mutter liebt und den Vater als Rivalen empfindet, gerät es in den negativen Ödipuskomplex, der dem positiven vorausgeht (Freud, 1931, S. 535). Erst mit der nachfolgenden Hinwendung des Mädchens zum Vater und dem heterosexuellen Bezug zu ihm in der ödipalen Triangulierung entsteht ein weibliches sexuelles Identitätsgefühl, durch das der positive Ödipuskomplex des Mädchens eingeleitet wird. Die Unterschiede in den Auswirkungen der ödipal-libidinösen Strebungen auf die psychische Entwicklung von Jungen und Mädchen gehen nach Freud auf einen unterschiedlichen Verlauf in der Sexualentwicklung bei Mädchen und Jungen zurück. Er schreibt:
„Während der Ödipuskomplex des Knaben am Kastrationskomplex zugrunde geht, wird der des Mädchens durch den Kastrationskomplex ermöglicht und eingeleitet." (*Einige psychische Folgen des anatomischen Geschlechtsunterschieds*, 1925, S. 28).

Der Grund hierfür liegt in der kindlichen Entdeckung der anatomischen Verschiedenheit zwischen Mann und Frau. Diese Verschiedenheit ist Anlaß für die Furcht des Jungen vor der Kastration wie für die narzißtische Kränkung des Mädchens, das seine Kastration als bereits vollzogene Tatsache erfährt. Als Reaktion auf diese Kränkung wünscht sich das Mädchen zunächst einen Penis. Penisneid und Kastrationskomplex stellen daher die beiden Säulen der Freudschen Theorie der Weiblichkeit dar. Die einschneidenden Auswirkungen, die diese Phänomene auf die psychosexuelle Entwicklung des Mädchens haben, tragen nach Freud zu folgenden Vorgängen im weiblichen Ödipuskomplex bei:

1. Das Mädchen hofft, doch noch einen Penis zu bekommen, oder ist überzeugt, doch einen zu besitzen (Verleugnung der Tatsache seiner Kastration) (1925, S. 24).

2. Das Mädchen fühlt sich narzißtisch gekränkt und minderwertig und verallgemeinert diese Einschätzung auf das gesamte weibliche Geschlecht. Während der Junge seinen Penis narzißtisch besetzt, leidet das Mädchen aufgrund seiner „Kastriertheit" unter einer narzißtischen Wunde und entwickelt Minderwertigkeitsgefühle. Weibliche Charaktereigenschaften und Verhaltensweisen resultieren nach Freud aus der „ursprünglichen Minderwertigkeit" der Frau und aus dem Bemühen, diesen „Defekt des Genitals" zu überwinden oder zu verbergen (1923, 1925).

3. Für den Penismangel macht das Mädchen fast immer die Mutter verantwortlich. Seine aufkommenden Rivalitätsgefühle gegenüber der Mutter resultieren aus der Enttäuschung und dem Haß, von ihr nicht wie der Junge mit einem Penis ausgestattet worden zu sein. Von daher kommt es zu einer Lockerung des zärtlichen Verhältnisses zur Mutter als Liebesobjekt. Freud sieht hierin das stärkste Motiv für die Abwendung von der Mutter (1932, S. 133). Im Grunde kann er sich aber die Lösung von der Mutter und Hinwendung zum Vater nur unbefriedigend erklären und schreibt: „Vielleicht geht es eher so zu , daß die Mutterbindung zugrunde gehen muß, gerade darum weil sie die erste und so intensiv ist...". (*Über die weibliche Sexualität*, 1931, S. 528)

4. Der Weg zur Entfaltung der Weiblichkeit erfordert die Wegschaffung der als männlich anzusehenden Klitoris-Sexualität. Die notwendige Verdrängung der klitoralen Impulse wird für das Mädchen durch die mit dem Penisneid verknüpfte narzißtische Kränkung vorbereitet (1925).

5. Mit der Aufgabe des Wunsches nach dem Penis, der durch den Wunsch nach dem Kind ersetzt wird, macht das Mädchen den Vater zum Liebesobjekt und entwickelt die Phantasie, bei Übernahme der weiblichen Rolle eine bessere Partnerin für den Vater zu sein als die Mutter. In diesem Prozeß wird der Verlust der Mutter als Liebesobjekt durch die Identifizierung mit ihr ersetzt. Freud schreibt: „Das Töchterchen setzt sich an die Stelle der Mutter, wie sie es in ihren Spielen immer getan hat, will sie beim Vater ersetzen...". (*Abriß der Psychoanalyse*, 1938, S. 120)

6. Für Freud ist diese Hinwendung des Mädchens zum Vater nur eine Folge des Penisneides, „eine gewissermaßen sekundäre Bildung" (1925, S. 23), und der Wunsch nach einem Kind nur ein Substitut für den Peniswunsch. Eine natürliche gegengeschlechtliche Anziehung leugnet er.

7. Da auch der Wunsch nach dem Kind vom Vater unerfüllt bleibt, werden die ödipalen inzestuösen Phantasien vom Mädchen allmählich aufgegeben. Die beiden Wünsche (Penis und Kind) bleiben jedoch im Unbewußten stark besetzt und bereiten das Mädchen auf seine spätere Geschlechtsrolle vor (1924, S. 401). Damit kann der Ödipuskomplex

„langsam verlassen, durch Verdrängung erledigt werden, seine Wirkungen weit in das für das Weib normale Seelenleben verschieben." (*Einige psychische Folgen des anatomischen Geschlechtsunterschieds*, 1925, S. 29)

8. Abwendung von der Mutter und Hinwendung zum Vater sind nach Freud mehr als ein Objektwechsel. Mit dieser Verschiebung der libidinösen Wünsche gewinnen die passiven Strebungen in der weiblichen Sexualentwicklung die Oberhand und das passive Aufnehmen und Empfangen wird zum Sexualziel, während die aktiven Strebungen mehr als die passiven wegen ihrer Unausführbarkeit der Verdrängung unterworfen werden. Freud hebt hervor, daß häufig mit der Verdrängung der bisherigen Männlichkeit ein gutes Stück des Sexualstrebens des Mädchens überhaupt geschädigt wird (1931, S. 533).

Er verweist hier auf den Einfluß sozialer Ordnungen, die die Frau in passive Haltungen drängen, ist aber gleichwohl der Ansicht, daß der aus dem Kastrationskonflikt herrührende Penisneid des Mädchens nicht nur den Grund bildet für den Wechsel des Liebesobjektes von der Mutter zum Vater, sondern auch für die der weiblichen Entwicklung gemäße, wenn auch zunächst Resignation auslösende Annahme einer weiblich-passiven Sexualität, die durch den weiblichen Masochismus charakterisiert ist[26] (1932, S. 123).

9. In letzter Konsequenz wirkt der Kastrationskomplex in drei unterschiedlichen Entwicklungsrichtungen auf die weibliche Identitätsbildung (Freud, 1931, S. 522):

- Eine allgemeine Abwendung von der Sexualität wie auch Verzicht auf männliche Aktivitäten auf anderen Gebieten.
- Die Ausbildung eines Männlichkeitskomplexes als Reaktionsbildung auf die Penislosigkeit. Männliche Aktivitäten werden zur Rivalisierung mit den Männern benutzt bei gleichzeitiger Abwertung von Frauen.
- Die normale weibliche Entwicklung, in welche auch männliche Aktivitäten integriert werden können, ohne die Weiblichkeit zu gefährden. (Siehe K. Dräger, 1968, S. 414)

---

[26] Freud (1924, S. 373-374.) unterscheidet einen erogenen Masochismus (als eine Bedingtheit der Sexualerregung), einen femininen Masochismus (als Ausdruck des femininen Wesens) und einen moralischen Masochismus (als eine Norm des Verhaltens gegenüber dem Leben).

Zur Mutter-Tochter-Beziehung

Unter Berücksichtigung dieser vorstehenden Annahmen zur weiblichen Sexualentwicklung kommt Freud zu dem Schluß, daß das Mädchen in seiner psychischen
Strukturierung während der ödipalen Phase einschneidende Veränderungen zu bewältigen hat: Es muß sein Liebesobjekt wechseln, d. h. den Vater der Mutter als (erstes) Liebesobjekt vorziehen; es muß seine aktiven libidinösen Strebungen in passive umwan-
deln; und es muß seine Libido durch Organwechsel von der Klitoris auf die Vagina lenken (1932, S. 126-127).

Gleichzeitig geht Freud davon aus, daß neben der Ausbildung heterosexueller Beziehungsfähigkeit mit der ödipalen Hinwendung des Mädchens zum Vater eine starke
emotionale Bindung des Mädchens an die Mutter bestehen bleibt. Ungeachtet seiner
Hervorhebung einer generell konflikthaften Beziehung zwischen Mutter und Tochter
betont er die einzigartige Qualität des präödipalen Mutter-Tochter-Verhältnisses und
schreibt, daß diese Bindung: 1. alle Phasen der kindlichen Sexualentwicklung überdauert; 2. einen intensiven und gleichzeitig ambivalenten Charakter hat; 3. bei einer starken
Gefühlsintensität zwischen Mutter und Tochter auf die Beziehung zum Vater und auf
spätere Liebespartner übertragen wird. Er schreibt:
„Frauen mit starker Vaterbindung sind bekanntlich sehr häufig; sie brauchen
auch keineswegs neurotisch zu sein ... Wo eine besonders intensive Vaterbindung bestand, da hatte es nach dem Zeugnis der Analyse vorher eine
Phase von ausschließlicher Mutterbindung gegeben von gleicher Intensität
und Leidenschaftlichkeit. Die zweite Phase hatte bis auf den Wechsel des
Objekts dem Liebesleben kaum einen neuen Zug hinzugefügt. Die primäre
Mutterbeziehung war sehr reich und vielseitig ausgebaut gewesen." (*Über
die weibliche* Sexualität, 1931, S. 518).

Nach Freud ist die Mutter das erste Liebesobjekt auch für das Mädchen, und es
lernt wie der Junge an der Mutter lieben. Der Vater und der spätere Mann treten das
Erbe der Mutterbindung an (1931, S. 523). D. h.: Es handelt sich hier um eine Wiederholung des Verhältnisses zur Mutter im Verhältnis zum Mann, auch wenn der Partner
nach dem Vorbild des Vaters gewählt wurde oder nach einem eigenen narzißtischen
Bild des Mädchens vom Mann.

Freuds Ausführungen ist zu entnehmen, daß die ödipale Triangulierung für die
weibliche Entwicklung eine Komplexität beinhaltet, wie sie der männlichen ödipalen
Entwicklung mit der eindeutigen Identifikation mit dem Vater und der Beibehaltung der
Mutter als dem wichtigsten Liebesobjekt fehlt; daß aber andererseits der ödipale Objektwechsel mit der Hinwendung zum Vater für das Mädchen nicht die gleiche emotionale Ausschließlichkeit hat wie die inzestuös-ödipale Hinwendung des Jungen zur
Mutter. Auch Helene Deutsch (1988) betont die starke libidinöse Verbundenheit des
Mädchens mit der Mutter, die neben der Hinwendung zum Vater nie ganz aufgegeben
wird. Sie schreibt:

„In allen Phasen der Entwicklung und des Erlebens sieht man immer wieder die große Rolle, die die Bindung an die Mutter im weiblichen Seelenleben spielt." (S. 24)

Diese emotionale Verbundenheit mit der Mutter widerspricht allerdings nicht der Tatsache, daß daneben eine emotionale Bindung an den Vater besteht, die für die Persönlichkeitsentwicklung des Mädchens außerordentlich wichtig und bedeutsam ist. Zu ihr gehört das Flirten mit dem Vater in der ödipalen Situation, das für die Bildung des weiblichen Identitätsgefühls eine unerläßliche Funktion hat. Deutsch (1988) schreibt hierzu:

„Das Mädchen wird in seiner weiblichen Entwicklung Schwierigkeiten haben, wenn es diese Verführung durch den Vater nicht kennengelernt hat." (S. 231)

Zusammenfassung

Besonders hervorzuheben ist, daß Freud und seine Anhänger in der Entwicklung weiblicher Geschlechtsidentität mit der Hinwendung zum Vater eine sekundäre Bildung sehen, der eine frühe männlich-orientierte psychosexuelle Entwicklung des Mädchens vorausgeht (siehe Abschnitt 1.2.). Sie verweisen dabei auf angebliche biologische Gesetzmäßigkeiten. Daneben haben sie sehr wohl erkannt, daß die Einflüsse sozialer Faktoren auf die weibliche Entwicklung Mädchen in die passive Haltung drängen (Freud, 1932, S. 123) und daß Mädchen ihre zu intensive Mutterbindung aufgeben müssen, um mit der Hinwendung zum Vater ihre Weiblichkeit entwickeln zu können. Die Einwirkungen der Objektbeziehungen auf die weibliche Identitätsbildung lassen sie in ihrer Triebtheorie weitgehend unberücksichtigt.

3.2.2. Widerlegungen Freudscher Hypothesen

Freuds Hypothesen werden durch die Resultate moderner sexualwissenschaftlicher und nachfreudscher psychoanalytischer Erkenntnisse in wesentlichen Punkten revidiert; dabei wird den Einflüssen aus den Objektbeziehungen in der Familie und der sozialen Umwelt ebenso Rechnung getragen wie konstitutionellen Faktoren.

So gehen moderne Theorien davon aus, daß in der psychischen Strukturierung zwischen Mädchen und Jungen wesentliche Unterschiede bestehen aufgrund der andersgearteten anatomischen Struktur und biologischen Ausstattung und aufgrund der unterschiedlichen Reaktionen auf prägende Einflüsse aus der Umwelt (Blum, 1976, S. 170). Zudem vertritt man heute, entgegen der Freudschen Theorie einer konflikthaften Entwicklung psychosexueller Weiblichkeit, die Ansicht, daß sich eine frühe weibliche Geschlechtsidentität während der prädipalen Phase herausbildet, und vermutet, daß sich der wichtigste Impuls zum Eintritt in die ödipale Phase aus einer psycho-biologischen, geschlechtsgebundenen Kraft speist (Chehrazi, 1986). Eine in sich geschlossene Theorie weiblicher Entwicklung gibt es allerdings nicht (Galenson & Roiphe, 1980, S. 84).[27]

In diesem Abschnitt werden psychoanalytische Grundannahmen zur weiblichen Sexualentwicklung kurz zusammengefaßt, die der Freudschen Theorie zur weiblichen Entwicklung widersprechen.

Weibliche Sexualität als primäre Entwicklung

Nach Galenson & Roiphe (1976) entsteht ein erstes weibliches Körperbild schon sehr früh in der kindlichen Entwicklung. Auch die neueren Forschungen über die embryologische Genese der Geschlechtsdifferenzierung und die Physiologie der Sexualität bei Mann und Frau widerlegen die Freudsche Konzeption weiblicher Sexualentwicklung als sekundäre Bildung. Margarete Mitscherlich-Nielsen (1975) zitiert hierzu M. J. Sherfeys bekannte Studien (1966, 1972):
„Untersuchungen, die sich mit der primären sexuellen Differenzierung des Menschen befaßten, haben ergeben, daß der Embryo in den ersten Wochen weder undifferenziert noch bisexuell, sondern weiblich ist (vgl. Sherfey). Um die ursprünglich weiblichen Fortpflanzungsorgane zu maskulinisieren, braucht der genetisch männliche Embryo das Hormon Androgen ... Beide Geschlechter sind in ihren ersten embryonalen Entwicklungsstadien also phänotypisch weiblich. Die Klitoris gehört von Anfang an zum weiblichen Genitale ... .“ (S. 774)

Zudem belegen die Untersuchungen von Masters & Johnson (1967), daß Klitoris und Vagina als weibliche Sexualorgane innerhalb der weiblichen Sexualorganisation ein einheitliches System bilden (zit. nach Gillespie, 1975).

Die Frage, zu welchem Zeitpunkt das kleine Mädchen die Existenz der Vagina bewußt wahrnimmt, ist bis heute nicht geklärt. M. Mitscherlich-Nielsen (1975) nimmt an, daß die Vagina im Sinne sexueller Lustempfindungen erst mit dem Eintritt in die Pubertät für das Erleben des Kindes bedeutsam wird (S. 779). Sie zitiert Melanie Klein (1932), die ihrerseits davon ausgeht, daß das Mädchen seine Vagina schon in den ersten Lebensjahren entdeckt, aus Angst vor Angriffen auf das Körperinnere die frühen vaginalen Triebregungen aber verdrängt. Kernberg (1988) faßt die Ansichten moderner Theoretiker zu dieser Frage wie folgt zusammen:
„Chasseguet-Smirgel (1970) sowie Braunschweig & Fain (1971, d. Verf.) betonen auch die vaginale Erregbarkeit des kleinen Mädchens und seine weibliche Sexualität im allgemeinen. In dieser Hinsicht gleichen die Beobachtungen der Franzosen denen von Horney (1967), Jones (1948), Klein

---

[27] Ellen Reinke-Köberer (1978) berichtet in ihrem Aufsatz „Zur heutigen Diskussion der weiblichen Sexualität in der psychoanalytischen Bewegung“ über die Auseinandersetzung zwischen orthodoxen Anhängern Freuds und Vertretern der neuen Theorien, zu denen besonders französische Psychoanalytikerinnen gehören, die herausragende Beiträge zu diesem Thema erarbeitet haben (siehe Chasseguet-Smirgel, 1981).

(1945) und von neueren amerikanischen Forschern, die auf eine frühe vaginale Masturbationstätigkeit kleiner Mädchen und auf den engen Zusammenhang zwischen klitoraler und vaginaler Reaktionsfähigkeit der Frau hinweisen (Barnett 1966, Galenson & Roiphe 1976). Diese Untersuchungen deuten auf eine sehr frühe Wahrnehmung der Vagina beim kleinen Mädchen hin, und daß diese Wahrnehmung der Vagina und die sexuelle Reaktion unter dem Einfluß verschiedener Faktoren später gehemmt und unterdrückt wird." (S. 325)

Neben der Berücksichtigung dieser physiologischen Faktoren in der weiblichen Sexualität betont M. Mitscherlich-Nielsen (1975) den entscheidenden Einfluß emotionaler Bindungen in den libidinösen Beziehungen, wenn sie schreibt, daß die Biologie bei der psychosexuellen Entwicklung der Frau nicht unterschätzt werden darf, daß aber andererseits die Untersuchungen von Masters & Johnson (1967) nur einen bestimmten Bereich des weiblichen sexuellen Erlebens betreffen und daß die (frühkindlich geprägten) innerpsychischen Objektkonstellationen, die einen wesentlichen Faktor in späteren heterosexuellen Beziehungen darstellen, darüber nicht außer Acht gelassen werden dürfen (S. 785).

Zur Rolle der Mutter

Freud hat sich besonders mit der Rolle des Vaters auseinandergesetzt, während in modernen Arbeiten die Aufgabe und der Einfluß der Mutter auf die kindliche Entwicklung hervorgehoben werden. Blum (1976) meint, daß in den Anfängen der Psychoanalyse die Wertschätzung der Mutter-Kind-Beziehung und die Bedeutung der sublimierten mütterlichen Verantwortungs- und Anpassungsfähigkeit nur unzureichend gewürdigt wurden (S. 171). M. Mitscherlich-Nielsen (1978) geht noch einen Schritt weiter: Sie distanziert sich von der Freudschen Ansicht, daß die Mutter für das ödipale Mädchen eine enttäuschende Rivalin ist, da sie ihr den Penis vorenthalten hat, den sich das Mädchen nun in Gestalt eines Kindes vom Vater erhofft:

„Die Mutter wird nach dieser Theorie ... als jemand angesehen, der unfähig ist, seine Tochter ambivalenzfrei zu lieben. Hier spielt die 'cross-identification' in der Dreierbeziehung kaum eine Rolle; Abwendung und Haß, zumindest hochgradige Ambivalenz zwischen Mutter und Tochter, und Gefühle der anatomischen und psychischen Minderwertigkeit des Mädchens beherrschen die Szene." (S. 676)

In ihrer Argumentation beruft sich M. Mitscherlich-Nielsen auf die von Mahler (1965, 1972, 1974, 1975) und Abelin (1971, 1975) beobachteten Beziehungskonstellationen in der Wiederannäherungsphase mit der Formierung der „frühen Triangulierung" und einer ersten Herausbildung der Fähigkeit zur *Cross-Identification* (Winnicott, 1971). Sie ist der Meinung, daß die Möglichkeit zur Verinnerlichung der elterlichen Einstellungen und Interaktionen, die als zwei verschieden erlebte Menschen sich sowohl ineinander wie auch in das Kind einfühlen, der Beziehung des Kindes zu Mutter und Vater eine Färbung gibt, durch die auch die ödipale Situation bestimmt wird; geschlechtsspezifische Rivalitäten spielen in diesem Entwicklungsprozeß kaum eine Rolle (S. 675). M. Mitscherlich-Nielsen (1978) schreibt:

> „Wenn die Loslösungs- und Individuationsphase und insbesondere deren Subphase der Wiederannäherung mit optimaler Einfühlung in die unterschiedlichen und schwankenden Bedürfnisse des Kindes nach Trennung, Autonomie, Triangulierung und Wiederannäherung verläuft, wird auch der ödipale Konflikt mit Hilfe eines weiteren Entwicklungsschrittes so gelöst werden, daß das Kind die Beziehung zu beiden Eltern aufrecht erhält und neue, das Ich erweiternde Identifikationen stattfinden können." (S. 678)

M. Mitscherlich-Nielsen (1975) betont hier, daß das Kind durch die unterschiedliche Kontaktaufnahme zu zwei Objekten in ihrer geschlechtsspezifischen Verschiedenheit nicht nur eine psychische Bereicherung, sondern auch eine wesentliche Hilfe erfährt, die zur Konfliktentlastung und Konfliktverteilung im ödipalen Prozeß beiträgt (S. 779).

Kastrationskomplex und Penisneid

Horney (1923,1926) hat sich mit ihrer Konzeption einer primären Weiblichkeit schon früh der Freudschen Weiblichkeitstheorie entgegengestellt. Sie sieht im Kastrationskomplex der Frau keine notwendige Vorbedingung für die Entstehung einer heterosexuellen Ausrichtung des Mädchens und lehnt Freuds (1925) Erklärung des weiblichen Minderwertigkeitsgefühls aus der Entdeckung der eigenen Penislosigkeit und der Resignation über den kastrierten Zustand ab. Im Gegensatz zu Freud vertritt Horney eine natürliche gegengeschlechtliche Anziehung und widerspricht dem Postulat Freuds (1932), daß Penisneid, der zum Wunsch nach dem Penis des Vaters wird, ausschlaggebend ist für den ödipalen Objektwechsel des Mädchens.[28]

Auch Chasseguet-Smirgel (1981) kritisiert Freuds Theorie des phallischen Monismus[29] und des Penisneids. Sie führt dazu aus, daß es in der Freudschen Sexualtheorie ein bedeutungsvolles Wissen um die Vagina nicht geben darf, weil damit wesentliche

---

[28] Fliegel (1986) befaßt sich im Detail mit der Kontroverse zwischen Horney, Jones und Freud im Hinblick auf eine primäre weibliche Entwicklung und schreibt hierzu:
„If penis envy and the 'repudiation of feminity' are regarded as biologically irreducible 'bedrock', there can be no purpose to looking beyond them, and all that can be offered is resigned acceptance. Yet, if explored, penis envy may be found to screen other early losses and privations (as Freud recognized in other contexts), deeper feminine wishes (as urged by Jones and Horney), and developmental failures in other areas" (1986, S. 16).
Siehe zu dieser Kontroverse auch H. Block Lewis, 1986, S. 15 ff.

[29] Zum Begriff des phallischen Monismus: In den infantilen (und wissenschaftlichen) Sexualtheorien gibt es nur eine Kenntnis des (sichtbaren) Penis. Die Vagina bleibt dagegen unbekannt, zumindest unbedeutend. Dies gilt für beide Geschlechter und für das Unbewußte (Reinke-Köberer, 1978, S. 698).

Teile der Theorie aus den Angeln gehoben würden. Chasseguet-Smirgel bestreitet nicht die Existenz von phallischem Monismus und Penisneid, deren Ursache sie in einer Abwehr fundamentaler innerpsychischer Konflikte sieht, lehnt aber deren erklärungsstiftenden Charakter für die Freudsche Konzeption weiblicher Sexualität ab. Frühe Vorstellungen über eine bedeutungsvolle Existenz der Vagina, wie sie durch klinische Erfahrungen bei Frauen bestätigt werden, machen die Theorie des phallischen Monismus hinfällig, denn dies bedeutet, daß der Wunsch nach dem Kind für das Mädchen kein aus dem Penisneid abgeleiteter, sondern ein fundamental weiblicher ist (siehe Reinke-Köberer, 1978, S. 726).

Parens et al. (1976) bestätigen implizit Horneys Erkenntnisse. Sie vermuten, daß die biologisch-konstitutionelle Disposition beim Mädchen wie beim Jungen zur Heterosexualität führt (S. 103), und weisen in ihrer Studie nach, daß der Kastrationskomplex nicht obligatorisch für den Ödipuskomplex des Mädchens ist. Vielmehr entseht der Wunsch nach einem Baby während der „protogenitalen Phase" (in der klassischen Psychoanalyse als phallische Phase bezeichnet) originär aus der psychobiologischen, geschlechtsbezogenen Konstitution des Mädchens (S. 102) und zusätzlich wird das Interesse an Babys bei beiden Geschlechtern durch die primäre Identifikation mit der Mutter in der Symbiose gestützt (S. 82).

M. Mitscherlich-Nielsen (1975) vertritt die These, daß die Klitoris nicht als verkümmerter Phallus betrachtet werden kann und daß

„es eine primäre Weiblichkeit gibt, die nicht nur biologische Wurzeln hat, sondern im frühen Körper-Ich enthalten ist, das durch die Körperpflege der Mutter seine besonderen Anregungen erhält." (S. 778)

D. h.: In der normalen weiblichen Entwicklung gibt es keine biologische Grundlage für eine phallische Phase im Sinne der männlichen Entwicklung; diese ist beim Mädchen vielmehr Ausdruck eines neurotischen Konfliktes, der aufgrund der Angst und Schuld erregenden ödipalen Wünsche zur Ausbildung eines sekundären Penisneides führt und letztlich die Verleugnung der eigenen Weiblichkeit zur Folge hat. Hier stimmt M. Mitscherlich-Nielsen mit Horney (1923, 1933) und Jones (1932) überein, die die Entstehung einer phallischen Phase beim Mädchen als Ausdruck einer Abwehr des ödipalen Komplexes ansehen (S. 777; siehe hierzu auch Abschnitt 3.5.2.).

Blum (1976) sieht in der Freudschen Konzeption, die weibliche Entwicklung aus einer primär männlichen zu erklären und hauptsächlich aus dem Penisneid abzuleiten, eine entwicklungsmäßige Verzerrung und Reduktionismus (S. 186). Er hält dieser Theorie entgegen, daß Weiblichkeit nicht in enttäuschter Männlichkeit und masochistischer Resignation aufgrund phantasierter Inferiorität gründet und daß sie sich nicht als Kompensation phantasierter Kastration und narzißtischer Verletzung entwickelt (S. 188).

Nach Blum ist Penisneid bei der Betrachtung weiblicher Psychologie sehr wichtig, da allgegenwärtig. Es muß hier aber der Unterschied gesehen werden zwischen Penisneid als dynamischem Ausdruck in der psychischen Organisation und Penisneid als Faktor, der störenden Einfluß auf die Persönlichkeitsentwicklung gewinnt (S. 186). Im ersteren Fall ist Penisneid als primäre Entwicklung eine vorübergehende Erscheinung, während sekundärer Penisneid eine Abwehr darstellt gegen die eigene Weiblichkeit und weibliche Fehlentwicklung zur Folge hat, wie sie u. a. von Horney (1923) und Chasseguet-Smirgel (1981) beschrieben wird (S. 196).

Weiter weist Blum darauf hin, daß Penisneid, wenn auch nicht als Organisator weiblicher Entwicklung so doch als Organisator weiblicher Maskulinität anzusehen ist, und zwar unter dem Aspekt, daß die in beiden Geschlechtern zu beobachtende Bisexualität zur Persönlichkeitsorganisation beiträgt und daher die Integration der bisexuellen Anteile zur Erlangung von Harmonie in der psychischen Strukturierung erforderlich macht (S. 187). D. h.: Auch das Mädchen muß seine männlichen Wesensanteile entwickeln und in seine Persönlichkeit integrieren. (Siehe hierzu weitere Ausführungen in Kapitel 4.)

Edgcumbe (1976) gibt weitere Auskünfte über das Problem des Penisneides und die Schwierigkeiten des Eintritts in die ödipale Triangulierung. Auf der Grundlage einer psychoanalytischen Studie über verhaltensauffällige Mädchen, die klinisch betreut wurden, beschäftigt sie sich mit der Frage, ob das Mädchen in seiner psychosexuellen Entwicklung eine negative ödipale Phase durchläuft (mit dem von Freud betonten männlich-phallischen Verhalten gegenüber der Mutter), bevor es in die positive ödipale Phase (mit der Hinwendung zum Vater als heterosexuellem Liebesobjekt) eintritt. In ihren Untersuchungen kommt sie zu dem Ergebnis, daß einer Entwicklung zu triangulärer ödipaler Beziehung ein präödipales Stadium vorausgeht, das sie als „phallisch-narißtisch" bezeichnet, in dem wichtige Vorgänge in den Körper- und Selbst-Repräsentanzen und in den Identifikationsprozessen ablaufen, die bereits vor Eintritt in die ödipale Entwicklung zur Differenzierung der Geschlechtsidentität und der Triebabkömmlinge beitragen (S. 57-58).

Nach Edgcumbe (1976) darf Penisneid in seiner ursprünglichen frühen Form in einer normalen Entwicklung nicht verwechselt werden mit dem Neid, der sich auf andere Erfahrungen des Benachteiligtseins in frühen Entwicklungsphasen bezieht und in sekundären Übersteigerungen aus Abwehr Ausdruck findet (S. 44, 58).[30] Sie stellt anhand ihrer Studie fest, daß Mädchen keine besonderen Schwierigkeiten haben, ihre Weiblich-

---

[30] Fliegel (1986) erwähnt, daß die Untersuchungsergebnisse von Edgcumbe (1976) Horneys frühe Konzeption (1923) eines primären normalen und eines sekundären pathologischen Penisneides bestätigen. Fliegel schreibt: „An example of the reemergence of an idea very similar to Horney's but under a slightly different name may be found in Edgcumbe and Burgner's (1975) paper on „The Phallic-Narcissistic Phase ..". The distinction they make is very similar to the one advanced by Horney (1924) and Jones (1927), differentiating primary narcissistic (preoedipal) penis envy from later defensive reactions to oedipal anxieties...". (S. 23)

keit zu entwickeln, wenn ihren Entwicklungsbedürfnissen angemessene Umweltbedingungen entsprechen, d. h. wenn der Vater auf die Beziehungsannäherungen seiner kleinen Tochter in der ödipalen Phase positiv reagiert und die Mutter als weibliches Identifikationsmodell zur Verfügung steht (S. 58).

Bei den von ihr untersuchten verhaltensauffälligen Mädchen beobachtete Edgcumbe, daß der Eintritt in die positive ödipale Phase durch Fixierungen an präödipale Objektbeziehungen erschwert war, da es den Mädchen nicht gelang, die orale Abhängigkeit von der Mutter aufzugeben oder sich aus der analsadistischen Beziehung mit ihr zu befreien (S. 48). Die Konflikte, die sich für diese Mädchen in der phallischen Phase in Gestalt des Penisneides, in dem Gefühl kastriert zu sein, in Selbstherabsetzung und Exhibitionismus manifestierten, bezogen sich hauptsächlich auf das narzißtische Selbstwertgefühl der Mädchen und hatten ihre Ursache in präödipalen Beziehungsstörungen (S. 50; siehe hierzu Abschnitt 4.5.1.).

3.3.   Frühe Bildung der weiblichen Geschlechtsidentität

Wie bereits ausgeführt, richtet die psychoanalytische Theorie hinsichtlich der Entstehung der Geschlechtsidentität[31] , die als eine außerordentlich wichtige Komponente in der persönlichen Identitätsbildung angesehen wird (Jacobson, 1978*b*), ihr Hauptaugenmerk auf die ödipale Entwicklung. Neuere Untersuchungen haben nun ergeben, daß eine erste Bildung der Geschlechtsidentität in ihrem sexuellen wie in ihrem sozialen Aspekt ein schon relativ früh in der kindlichen Entwicklung zu beobachtendes Phänomen ist. Von den nachfolgend zitierten Autoren werden unterschiedliche Faktoren hervorgehoben, die zu dieser frühen Entwicklung beitragen.

3.3.1.   Soziale Einflüsse auf die Genese der Geschlechtsidentität

Kleeman (1976) und Stoller (1978, 1980) betonen die frühen Prozesse des Lernens und der sozialen Einflüsse auf die Bildung der Geschlechtsidentität. Mit *Core Gender Identity* bezeichnet Stoller den zentralen Kern im Prozeß psychischer Strukturierung, um den sich die Vorstellungen von der eigenen Weiblichkeit oder Männlichkeit allmählich bilden. *Core Gender Identity* hat noch keine Bedeutung einer Geschlechtsrolle und keinen Bezug zu differenzierten Objektbeziehungen, sie ist eher dem frühen Stadium des Narzißmus zuzurechnen. Ihre Entstehung wird durch vielfältige Faktoren be-

---

[31] Im angelsächsischen Sprachgebrauch wird bei der Erörterung der Geschlechtsidentität und ihrer Bildung unterschieden zwischen dem psychosozialen Geschlecht (gender) und dem biologischen Geschlecht (sex). Im Kontext dieser Arbeit ist Geschlechtsidentität zu verstehen als Oberbegriff, der die psychosexuelle und psychosoziale Komponente einschließt. Gemeint ist mit diesem Begriff das auf das Geschlecht bezogene Selbstverständnis des Individuums von seiner Identität als weiblich oder männlich. Aus dieser Vorstellung von sich selbst in seinem Geschlecht ergibt sich die Übernahme einer Geschlechtsrolle im Umgang mit anderen.

stimmt[32] . Bezogen auf die Entwicklung des Mädchens beinhaltet der Begriff der *Core Gender Identity* die Entstehung eines frühen elementaren Weiblichkeitsgefühls sowie die ersten geschlechtsspezifischen Prägungen aus der Umwelt.

Bei diesen Überlegungen zum Ursprung der Geschlechtsidentität in der weiblichen Entwicklung bezieht sich Kleeman (1976) neben eigenen empirischen Untersuchungen auf die Erkenntnisse von Stoller und Kohlberg (1966). Er betont, daß Anzeichen für die Ausbildung der *Core Gender Identity* bereits während der Übungsphase des Laufenlernens (Mahler) zu beobachten sind und daß im Alter von achtzehn Monaten die Vorstellungen des Kindes von seinem Geschlecht irreversibel zu sein scheinen, auch wenn eine echte Sicherheit in der *Core Gender Identity* nicht vor dem 4. oder 5. Lebensjahr erreicht wird (S. 13). Für den wesentlichen Faktor in der Bildung der *Core Gender Identity* hält Kleeman (1976) den Lerneffekt. Er schreibt:

„Innate differences exist between male and female infants and children, but even more crucial for gender-identity formation are the *learning* experiences of the young child. Parents relate differently to girls and boys from birth. The expectations and selective reinforcements conveyed to a girl are different from those conveyed to a boy, though the process is usually subtle. The known socialization inputs to the two genders are sufficiently dissimilar to produce known gender differences in dependency and aggression, as well as other traits (Mischel, 1966). The learning experiences are powerful enough to make them the predominant factor in determining core gender identity (Money et al., 1955; Stoller, 1968a, 1968b)". (S. 13-14)

Nach Kleeman stützen direkte Beobachtungen die Erkenntnisse von Kohlberg (1966), der in seiner Theorie der kognitiven Entwicklung ausführt, daß die Reifung der kognitiven Fähigkeiten entscheidend ist für die Entstehung früher Geschlechtsidentität. Kohlberg nimmt an, daß die halbbewußte und bewußte Selbstetikettierung des Kindes als weiblich oder männlich - ein Vorgang, der mit der Reifung der kognitiven Funktionen voranschreitet, - die Basis bildet für die nachfolgenden Identifikationen mit dem gleichgeschlechtlichen Elternteil. Er betrachtet daher die Reifung des kognitiven Apparates als primären und grundlegenden Organisator für die Etablierung der Geschlechtsidentität. Hierauf bauen nach seiner Ansicht die Identifikationen auf, deren Bedeutung für die Bildung der Geschlechtsidentität die Psychoanalyse besonders betont. D.h.: Das allmähliche kognitive Erfassen des kleinen Mädchens, daß es von der Mutter als weib-

---

[32] Zur Entstehung der *Core Gender Identity* gehören nach Stoller (1978): 1. die biologische Anlage in ihrer hormonalen Disposition; 2. die Geschlechtszuschreibung bei der Geburt aufgrund der äußeren Geschlechtsmerkmale; 3. der ständige Einfluß der elterlichen, besonders der mütterlichen Verhaltensweisen in den ersten Lebensjahren, die sich auf das Geschlecht des Kindes beziehen; 4. gewisse rituelle Muster des Umgangs mit dem Kind als weiblich oder männlich, durch die das Gehirn des Kindes und daraus resultierend sein Verhalten beeinflußt, konditioniert werden; und 5. die unzähligen Körpersensationen, die besonders von den Genitalien ausgehen und zur Entwicklung des Körper-Ich beitragen (S. 61-64).

lich angesehen wird, begründet nach Kohlberg die Entstehung der *Core Gender Identity* während der ersten 15 Monate (Kleeman, 1976, S. 15).

Aus diesen Erkenntnissen resultiert nach Kleeman (1976), daß das Lernen in den Objektbeziehungen, das eine Identifikation mit den Eltern und ihrer Geschlechtszuschreibung auf das Kind zur Folge hat, zur Entstehung der Geschlechtsidentität beiträgt vor dem Beginn des Ödipuskomplexes und bevor Kastrationsangst, Penisneid und Ödipuskonflikt ihren größten Einfluß auf die Entwicklung des Kindes haben (S. 14, 16). Daß diese letztgenannten Phänomene nicht als Vorbedingung für die Entstehung von Weiblichkeit angesehen werden können, entspricht auch, wie Kleeman betont, den tatsächlichen Beobachtungen, nach denen kleine Mädchen im Alter von ein bis drei Jahren ein Gefühl von Stolz zum Ausdruck bringen darüber, daß sie ein Mädchen sind (S. 16).[33]

Zwei Ebenen weiblicher Entwicklung

Unter Zugrundelegung seiner Forschungsergebnisse unterscheidet Stoller (1978) zwei Ebenen, die aus unterschiedlichen Einflüssen resultieren und denen er eine frühe und eine spätere Form von Weiblichkeit (in letzterer sind die frühen Komponenten integriert) zuordnet (S. 73-74):

Auf der frühen Entwicklungsebene kommt es zu einem konfliktfreien Lernen ich-syntoner Verhaltensweisen, zu denen das kleine Mädchen von seinen Eltern ermuntert wird und mit denen es sich identifiziert. Durch diese frühen Identifizierungen entstehen allmählich automatisch ablaufende Handlungen, Haltungen, Überzeugungen und Phantasien, die als *Core Gender Identity* zu bezeichnen sind. Diese frühen Formen sich manifestierender Weiblichkeit - einer Weiblichkeit, die auf der Erscheinungsebene wirkt - sind abhängig von den jeweiligen kulturellen Gegebenheiten und Erziehungsvorstellungen der Eltern (S. 73).

Die zweite wesentliche Grundlegung in der weiblichen Geschlechtsidentität sieht Stoller (1978) im ödipalen Konflikt, der neue Wünsche und Gefahren mit sich bringt hinsichtlich der Zuneigung und Erotik in den Objektbeziehungen und hinsichtlich des Gewahrwerdens der anatomischen Geschlechtsunterschiede. Diese zweite Entwicklungsebene einer komplexen, konflikthaften Auseinandersetzung mit der weiblichen Geschlechtsrolle gibt nach seiner Ansicht der Psyche des Mädchens Tiefe und Reichtum aufgrund spezifischer Phantasien, mit deren Hilfe es die Probleme im Zusammenhang mit seiner Identitätsfindung zu lösen sucht (S. 77).

---

[33] Fliegel (1986) schreibt zu dieser frühen Entwicklung weiblicher Identität:
„In Stoller's conception, the girl's gender identity flows more naturally out of the primary identification of the symbiotic phase. The boy, in order to acquire and maintain his masculine core identity, must establish a firm and strongly defended differentiation from his primary object. This contrasts with Freud's view, which saw the establishment of a feminine identity as the more complicated task, involving a change of object and, Freud thought, a change of sexual orientation as well." (1986, S. 25-26)

Weiter betont Stoller (1980), daß in der ödipalen Entwicklung mit der Hinwendung zum Vater die Entstehung von weiblichen Zügen in der Geschlechtsidentität nicht mehr nur ein Resultat ist von frühen Identifizierungen mit den Einflüssen, die aus der Umwelt kommen, sondern daß Weiblichkeit in der Beziehung zu anderen mehr und mehr zum verinnerlichten Bild des eigenen Seins wird (S. 145). D. h.: Die Akzeptanz der eigenen Weiblichkeit, wie sie aus dem ödipalen Konflikt entsteht, geht über das äußere Erscheinungsbild von Weiblichkeit weit hinaus. Für eine günstige Entwicklung in der ödipalen Triangulierung ist aber eine solide *Core Gender Identity* Voraussetzung, die sich aus der Identifikation mit der Mutter und anderen Frauen konfliktfrei bildet, wenn Eltern ihrer Tochter in den ersten Lebensjahren bejahend und sie in ihrem weiblichen Sein bestätigend begegnen (Stoller, 1978, S. 76).

3.3.2.   Zur prägenitalen Triebentwicklung

Galenson & Roiphe (1976, 1980) beschäftigen sich mit Fragen sexueller Identitätsbildung während des zweiten Lebensjahres (1976, S. 30). In Gegenposition zu Stoller (1978) und Kleeman (1976), die den Einfluß früher Objektbeziehungen und die kognitive Reifung als Voraussetzung für eine erste Bildung der Geschlechtsidentität hervorvorheben, betonen sie den triebmäßigen Aspekt dieser Entwicklung während einer frühen genitalen Phase zwischen dem 16. und 24. Lebensmonat (1976, S. 33). In Anlehnung an Freud sind sie der Ansicht, daß für die Entstehung der Geschlechtsidentität der sexuelle Trieb primär ist und während der aufeinanderfolgenden sexuellen Entwicklungsphasen seine einzigartige, spezifische Rolle behält. Nach ihren Erfahrungen setzt dieser Einfluß allerdings früher ein, als Freud annahm (1980, S. 97, 102). Sie sehen daher den Ursprung weiblicher Geschlechtsidentität, von der sie annehmen, daß sie einen entscheidenden Einfluß auf die Objektbeziehungen und die frühe Ichentwicklung hat, in der Entwicklung früher genitaler Empfindungen und der Entstehung genitaler Bewußtheit (1980, S. 94).[34]

Nach Galenson & Roiphe ist die von ihnen postulierte frühe genitale Phase frei von spezifisch-ödipal-libidinösen Strebungen der späteren Phasen; sie ist aber eng verbunden mit der Konsolidierung der Selbst- und Objektrepräsentanzen, besonders im genitalen Bereich, und manifestiert sich im Prozeß gleichzeitiger, fortschreitender

---

[34] Kleeman (1976) schreibt zu der Annahme von Galenson & Roiphe, daß die frühen Körperempfindungen des Mädchens grundlegend für sein Weiblichkeitsgefühl sind: „In normal children the genital self-stimulation behavior is a small fraction of the child's total behavior. Singling out the genital behavior for observation should not in itself establish a hierarchy of importance of this behavior relative to the object relations, self-development, cognitive function, or other categories of behavior. Genital sensations and genital self-stimulation contribute to core gender identity and core gender identity is a very significant aspect of the young child's personality development, but I do not believe that this genital sensation and awareness normally acts as a major *organizer* of behavior." (S. 18)

Entdeckung der anal-urethralen und genitalen Körperzonen (1976, S. 33; 1980, S. 102). D. h.: Auch für Galenson & Roiphe (1980) stellt die frühe Triangulierung einen entscheidenden Wendepunkt in der psychischen Strukturierung dar. Im erfolgreichen Durchlaufen der Subphasen des Separations-Individuationsprozesses, die Objektbeziehungen betreffend, sehen sie eine Voraussetzung für die Differenzierung in der Triebentwicklung (1980, S. 93).

Unter Zugrundelegung ihrer Annahme, daß die sexuelle Trieborganisation bei der Entstehung erster Vorstellungen von sexueller Identität eine zentrale Rolle spielt, gehen sie aber davon aus, daß mit fortschreitender Reifung der Triebentwicklung das Ich allmählich unter den spezifischen Einfluß der genitalen Besetzung gerät und daß diese Entwicklung Auswirkungen hat auf die Objektbeziehungen, wie umgekehrt die Körpervorgänge im genitalen Bereich durch die bewußten und unbewußten Einstellungen der Eltern wesentlich beeinflußt werden (1980, S. 95). Die Autoren sehen die Entwicklung in den Triebvorgängen und die Einflüsse aus der sozialen Umgebung auf diese Weise miteinander verknüpft.

Weiterführend berichten Galenson & Roiphe (1980), daß sie in ihrer Studie einen zeitlichen Zusammenhang zwischen der Entdeckung des Geschlechtsunterschieds und der Besetzungsverschiebung des Triebs auf den genitalen Bereich beobachteten. Sie sind der Ansicht, daß die frühen Kastrationsreaktionen des Mädchens auf den sexuellen Unterschied wichtige organisierende Einflüsse auf die weibliche Identitätsbildung ausüben, indem diese Reaktionen nicht nur die Richtung der nachfolgenden sexuellen Entwicklung, sondern auch andere Aspekte der weiblichen Persönlichkeitsbildung im Hinblick auf eine Bereicherung und eine Einschränkung bestimmen (S. 98, 103).[35]

In ihrer Untersuchung fielen diese Kastrationsreaktionen der Mädchen sehr unterschiedlich aus. Sie reichten von vorübergehender Irritation bis zu ernsten Störungen (1980, S. 97). Dies hing von verschiedenen Faktoren ab: der Qualität der Mutterbindung, den körperlichen Erfahrungen während des ersten Lebensjahres, der Verfügbarkeit des Vaters und der bewußten und unbewußten Einstellung der Mutter gegenüber ihrer Tochter (S. 98). Aufgrund seiner körperlichen Andersartigkeit im Vergleich zur Mutter spielte der Vater in diesem Prozeß regelmäßig eine wichtige Rolle (S. 100).

Galenson & Roiphe (1980) haben daher keinen Zweifel daran, daß die frühen Ereignisse in der psychosexuellen Sphäre einen wesentlichen Einfluß ausüben auf die sich allmählich entfaltende libidinöse Bindung des kleinen Mädchens an den Vater (S. 100). Sie konnten feststellen, daß bei den Mädchen ihrer Studie, die unter günstigen Entwick-

---

[35] Fliegel (1986) kommentiert die unterschiedliche Auffassung von Kleeman (1976) und Galenson & Roiphe (1976) zur Frage des Kastrationskomplexes und Penisneides wie folgt: „Galenson & Roiphe on the one hand and Kleeman on the other, though working with very similar observations, reach opposite conclusions on a number of issues. According to Galenson & Roiphe (1976): 'penis envy and the feminine castration complex do exert crucial influences upon feminine development' (p. 55). For Kleeman (1976), on the other hand, 'penis envy and feelings of inferiority are relegated to a less universal and less necessary place in the onset of feminity' (p. 18)". (S. 25)

lungsbedingungen lebten, auf die Entdeckung des Geschlechtsunterschieds eine entschiedene erotische Wendung zum Vater erfolgte. Die Mädchen, denen diese frühe Hinwendung zum Vater am Ende des zweiten Lebensjahres nicht gelang - aufgrund ungünstiger früher Objektbeziehungen und früher körperlicher Traumata, die die Entwicklung des Körperbildes beeinträchtigten, oder aufgrund der Geburt eines Geschwisterchens während der zweiten Hälfte des zweiten Lebensjahres -, blieben hingegen in einer intensiven ambivalenten Beziehung an die Mutter gebunden (S. 100).

Galenson & Roiphe schließen aus diesen Beobachtungen, daß eine milde Kastrationsreaktion den Wechsel des Mädchens zum Vater als neuem Liebesobjekt zu erleichtern scheint, mit einer weiterbestehenden, aber weniger intensiven Bindung an die Mutter; während schwerwiegendere Kastrationsreaktionen zu einer vorherrschend negativen ödipalen Konstellation führen mit der Wahl der Mutter als primärem, aber ambivalentem Liebesobjekt (S. 101).

Hinsichtlich der Ich-Entwicklung beobachteten Galenson & Roiphe (1980) ab der Phase der Wiederannäherungskrise Unterschiede zwischen Jungen und Mädchen (S. 101): Im allgemeinen versuchten die kleinen Jungen, ihre Reaktion auf den Geschlechtsunterschied in einer Erhöhung ihrer motorischen Aktivitäten abzuwehren, während sich bei den Mädchen der gleichen Altersgruppe als Reaktion auf den präödipalen Kastrationskomplex im emotionalen Bereich Stimmungsschwankungen zeigten (S. 99). Im kognitiven wie im sprachlichen Bereich machte die Ichentwicklung der Mädchen dagegen Fortschritte und es setzte eine bemerkenswerte Entwicklung des inneren Phantasielebens ein, das in phantasievollem Spiel und in ersten Mal- und Schreibaktivitäten Ausdruck fand (S. 101).

Gleichzeitig versuchten die kleinen Mädchen durch die Bildung von Abwehrmechanismen, wie Verschiebung, Introjektion und Projektion, mit der Phantasie des Kastriertseins und mit dem damit in Zusammenhang stehenden Wiederauftauchen früher Ängste von Objektverlust und Vernichtung des Selbst aktiv umzugehen. Nach Galenson & Roiphe (1980) machte es den Eindruck, daß Mädchen in einer normalen Entwicklung eine neue Ebene des intellektuellen Funktionierens erreichen konnten (S. 99, 101), während bei Mädchen mit beträchtlichen Kastrationsreaktionen eine Einschränkung in ihrem Phantasieleben zu beobachten war. Zusätzlich kam es bei letzteren zu einer Störung in der intellektuellen Neugier; sie erforschten ihre Umwelt nur in begrenztem Umfang; die verstärkte Bildung von Abwehrmechanismen führte zu weiteren Störungen in der psychischen Strukturierung (S. 102).

Aufgrund ihrer Untersuchungsergebnisse kommen Galenson & Roiphe (1976, 1980) zu dem Schluß, daß der Verlauf der frühen genitalen Phase die präödipale Bildung geschlechtlicher Identität bestimmt und die nachfolgende ödipale Entwicklung des Mädchens wesentlich beeinflußt. Sie verweisen hierbei explizit auf die wichtige Rolle des Vaters im Prozeß früher Differenzierung der sexuellen Trieborganisation und sind der Ansicht, daß die erotisch getönte Hinwendung des Mädchens zum Vater schon früher anzusetzen ist als in der ödipalen Phase. Ihre Beobachtungen zusammenfassend schreiben sie (1980):

„In other publications, we have presented data from direct observational research indicating that the little girl's early relation with her mother, as well as
her early bodily experiences, is important in determining the effect upon her
when she discovers the sexual anatomical difference at about 16 - 18 months
of age. At this juncture depending upon the nature of her earlier experiences,
as well as the availability of the father, she may either turn more definitively
to the father or remain even more ambivalently attached to the mother, a
choice having fateful consequences for the oedipal constellation shortly to
emerge." (S. 103)

3.3.3. Geschlechtsspezifische Unterschiede in der Bildung geschlechtlicher Identität

Auch Abelin (1975, 1980) beschreibt die unterschiedlichen Reaktionen von Mädchen und Jungen auf die Entdeckung des Geschlechtsunterschiedes. Er versucht die
Positionen von Kleeman (1976) und Galenson & Roiphe (1976) insofern zu verbinden,
als er bei der psychischen Strukturierung von Männlichkeit und Weiblichkeit neben den
Prägungen durch die soziale Umwelt auch die vorgegebenen Dispositionen in der Bildung geschlechtlicher Identität mitberücksichtigt sehen möchte, die ihren Ursprung in
den biologischen Reifungsvorgängen haben.

In seinen Studien kommt Abelin zu ähnlichen Ergebnissen wie Jacobson (1978b),
die ausführt, daß das Mädchen später als der Junge eine realistische Imago seiner körperlichen Geschlechtlichkeit ausbildet und daß es mehr Zeit braucht, seine weibliche
Identität anzunehmen (S. 83). Auch Abelin beobachtete ein längeres Andauern der im-
pliziten Geschlechtsidentität beim Mädchen, was zur Folge hatte, daß das Mädchen
seine Geschlechtlichkeit in der Beziehung zum anderen Geschlecht zu einem späteren
Zeitpunkt bewußt wahrnahm als der Junge.

Ausgehend von Stollers Begriff (1978) der *Core Gender Identity* erklärt Abelin
(1980) die Entstehung der Geschlechtsidentität mit Hilfe seiner Theorie früher Triangulierung, die er ergänzt durch Hinweise auf die unterschiedlichen Ausprägungen in der
Entwicklung geschlechtlicher Identität bei Jungen und Mädchen. Sein generelles
Modell früher Triangulierung zur Herausbildung der Selbst- und Objektrepräsentanzen
behält daneben für beide Geschlechter seine Gültigkeit (S. 156; siehe Abschnitt 2.2.3.).

In seinem Untersuchungsbericht, der hier nachfolgend in den wesentlichen Punkten
wiedergegeben wird, bezieht sich Abelin u. a. auf Beobachtungen des kleinen Jungen
Michael und dessen jüngerer Schwester Kathy, die er als Beispiel anführt für zahlreiche
Studienerfahrungen an Kleinkindern von deren ersten Lebensmonaten bis in das 3. Lebensjahr. Zu dem unterschiedlichen geschlechtsspezifischen Verhalten der Geschwister
berichtet Abelin (1980, S. 157-159) u. a. folgendes:

Kathy entwickelte während der frühen Lebensperiode eine liebevolle Bindung an den Vater, ebenso wie Michael während des gleichen Lebensabschnittes. Sie blieb aber gleichzeitig, dem Bruder unähnlich, stark an die Mutter verhaftet. Es machte den Eindruck, daß sie in der eigentlichen Übungsphase ihren Vater als „Ritter in glänzender Rüstung" (Mahler, 1966) erlebte, der ihr von außerhalb ihrer symbiotischen Welt mit der Mutter zuwinkte. Er schien für seine kleine Tochter ein äußerst interessantes Objekt, welches sie in einem flirthaften Spiel auf sich aufmerksam zu machen suchte, gleichzeitig hielt sie sich jedoch zu ihm eher auf Distanz. Abelin kommentiert dieses Verhalten als eine frühe Erotisierung von Fremdenangst.

Im Gegensatz hierzu war Michael im gleichen Alter während der Phase des Übens seinem Vater ebenso nah wie seiner Mutter und begann damit, den Vater spielerisch nachzuahmen, wenn dieser nicht anwesend war. Der Vater wurde für ihn bereits zu diesem frühen Zeitpunkt allmählich zu einem bevorzugten Liebesobjekt, während er sich von der Mutter entidentifizierte.

Abelin bemerkt hierzu, daß trotz dieser Annäherungsversuche an den Vater der Wunsch nach Wiederannäherung an die Mutter aufgrund der Entdeckung des Getrenntseins von ihr, wie er besonders für die Periode der Wiederannäherungskrise typisch ist, für beide Geschlechter erhalten bleibt, daß aber beim Jungen die diesem Wunsch zugrundeliegende Selbstbild-Konstellation geschlechtsspezifisch zu sein scheint, indem er sich in seinem Wunsch nach der Mutter bereits als männlich gegenüber einer weiblichen Mutter empfindet.

In den Monaten nach der Wiederannäherungskrise bevorzugte Michael die Gegenwart des Vaters und anderer, besonders älterer Jungen. Er schien sich seiner Geschlechtsidentität voll bewußt und stolz darauf, ein Junge zu sein. Auch die Geschlechtsunterschiede unter den Familienmitgliedern waren ihm genauestens gegenwärtig.

Bei Kathy konnte Abelin während der Wiederannäherungskrise stürmische Gefühle für den Vater beobachten, die allerdings sehr schnell untergingen in dem „*overwhelming separation struggle with mother*" (S. 157). Auch nach der Wiederannäherungskrise blieb Kathy fast ausschließlich in einer ambivalenten, anklammernden Haltung an die Mutter gebunden. Abelin schreibt: Sie sah sich als „mommy's baby", und dieses Selbstbild war nachweislich geschlechtlich neutral.

Aufgrund seiner Beobachtungen stellt Abelin (1980) die Hypothese auf, daß das Selbstbild während der Wiederannäherungskrise nur für den Jungen geschlechtsspezifisch ist, d. h. eine frühe Einordnung hinsichtlich der eigenen Geschlechtsidentität nur von dem Jungen erreicht wird. Zwar entsteht auch für das Mädchen ein symbolisches Selbstbild um den 18. Lebensmonat als Resultat der frühen Triangulierung, dieses Selbstbild wird aber noch nicht explizit als in seinem Geschlecht verschieden von männlichen Beziehungsobjekten repräsentiert (S. 158). Im Gegensatz zu dem Jungen hat das Mädchen den Vater zu diesem Zeitpunkt noch nicht in die eigene psychische

Vorstellungswelt aufgenommen, auch wenn er für das kleine Mädchen das interessantere äußere Objekt darstellt.

Abelin (1980) schließt daraus, daß das frühe Selbstbild des Mädchens, das auf den andauernden Spiegelungen mit der Mutter beruht, nur implizit als weiblich zu bezeichnen ist. Es geht einerseits hervor aus der Identifikation mit der aktiven Mutter und andererseits aus der Identifikation mit dem passiven Geschwister-Baby als Rivalen, d. h. es gründet auf zwei unterschiedlichen Identifikationen innerhalb der Triade Mutter-Baby-Selbst. Abelin bezeichnet diese Identifikation des Mädchens mit den aktiven und passiven Aspekten einer Konstellation als *Madonna-Constellation* (S. 159). Er betont, daß es sich hierbei um eine eindeutig präödipale Triangulierung in der psychischen Entwicklung des Mädchens handelt.

Im Vergleich zu dem nur implizit als weiblich erfaßten Selbstbild des kleinen Mädchens stellt die frühe Vorstellung des kleinen Jungen von seiner Geschlechtlichkeit und die präödipale Identifikation mit dem Vater eine erste, nichtspiegelnde Ausbildung von *Gender Identity* dar, wie Abelin (1975) betont (S. 295). Er stellt zu diesen Beobachtungen erläuternd fest, daß bei der Entwicklung des Selbstbildes eine frühe geschlechtlich neutrale Triangulierung zwischen Mutter, Geschwister-Baby und Selbst zu entstehen scheint, solange der Vater innerpsychisch noch ein wenig besetztes Objekt ist, und daß auf dieser Entwicklungsstufe die Wahrnehmung des Selbst auf der Differenzierung des Beziehungsobjektes nach Größe und Alter erfolgt (S. 295). Dies gilt für Mädchen und Jungen; für letztere zumindest zeitweise.

Im Hinblick auf diese Differenzen im frühen Selbstbild unterscheidet Abelin (1980) zwischen der *Generational Identity* und der *Gender Identity*. *Generational Identity* meint die Etablierung des Selbst zwischen zwei Objekten entlang einer linearen Dimension nach dem Vorstellungsmuster „I am smaller than mother, but bigger than baby", während die *Gender Identity* das Selbst einordnet in die Dichotomie von männlich-weiblich (S. 158).

Nach Abelin (1980) machen diese Differenzen in der Wahrnehmung der Geschlechtsidentität den spezifischen Unterschied in der Entwicklung von Jungen und Mädchen aus. Die eindeutige Identifikation mit dem Vater, der ihm gleichzeitig als der Andere aus der Symbiose mit der Mutter heraushilft, erleichtert dem Jungen bereits während der frühen Triangulierung die Entstehung einer *Gender Identity*, in der er bewußt zwischen männlich-weiblich oder männlich-nichtmännlich unterscheidet (S. 158-159).

Beim Mädchen kommt es hingegen aufgrund der komplizierten Vorgänge in den Identifikationen erst in der ödipalen Konstellation zu einer sexuellen Triangulierung, die es ihm ermöglicht, die Geschlechtsunterschiede zwischen den Eltern wie auch zwischen sich und einem Jungen bewußt wahrzunehmen (1980, S. 159). Ebenso wie Stoller (1978, 1980) kommt Abelin daher zu dem Schluß, daß die weibliche Geschlechtsidentität hervorgeht, zum einen aus der Identifikation mit der aktiven Mutter in der *Madonna-Constellation* während der frühen Triangulierung; und zum anderen aus der ödipalen Triangulierung, die die Objektrepräsentanz des Vaters einschließt und zu genitaler Selbstdifferenzierung und heterosexueller Beziehungsfähigkeit führt (in: Prall, Panel report, 1978, S. 149).

3.3.4. Wechselwirkungen zwischen früher Bildung der Geschlechtsidentität und früher Ichentwicklung

Die neueren psychoanalytischen Forschungen, wie sie in den vorstehenden Abschnitten wiedergegeben werden, zeigen die große Bedeutung der ersten Lebensjahre für die Geschlechtsidentitätsbildung: Hierbei betonen Galenson & Roiphe (1976, 1980), daß die Entstehung früher Geschlechtsidentität primär auf den Reifungsprozessen in der Trieborganisation beruht. Daneben sind sie der Ansicht, daß die Triebentwicklung grundlegend durch die Qualität der Objektbeziehungen beeinflußt wird und daß zur Geschlechtsidentitätsbildung die Vorgänge in der frühen Ichentwicklung mit der Konsolidierung von Selbst- und Objektrepräsentanzen wesentlich beitragen D.h.: Sie erachten die Vorgänge in der Ichentwicklung während des Separations-Individuationsprozesses als notwendig für die Differenzierungen in der Triebentwicklung (1980, S. 93).

Weiter ist hervorzuheben, daß nach Galenson & Roiphe die in einer normalen Entwicklung auftretenden Kastrationsreaktionen bei Entdeckung der Geschlechtsdifferenz die weibliche Ichentwicklung und Identitätsbildung bereichern und daß es nur dann zu einer Einschränkung in dieser Entwicklung kommt, wenn das Mädchen in der Beziehung zu den Eltern zu starken Enttäuschungen ausgesetzt ist. Aufgrund ihrer Beobachtungen betonen die Autoren, daß der Vater eine wichtige Funktion in diesen frühen Differenzierungsvorgängen der Trieb- und Ichentwicklung hat und berichten von dem präödipalen Flirt des Mädchens mit dem Vater (1980, S. 100-101).

Im Gegensatz zu Galenson & Roiphe geht Kleeman (1976) davon aus, daß die Bildung der *Core Gender Identity* primär abhängig ist von den Einflüssen der Umwelt und auf frühen Lernprozessen in Identifikation mit den elterlichen Objekten beruht. Sich auf Stoller (1972) beziehend, ist er der Ansicht, daß die mit der Geburt beginnenden Geschlechtsrollenzuschreibungen einen größeren Einfluß auf die Entwicklung primärer Weiblichkeit (oder Männlichkeit) haben als die von Freud betonte Triebentwicklung. Er schreibt: .

„Observation suggests that object-relations theory is more primary than instinct theory in this regard." (S. 18)

Abelin (1980) wiederum widerspricht Kohlbergs (1966) Ansicht einer primären Entwicklung geschlechtlicher Identität auf der Basis der Reifung der kognitiven Funktionen im Ich. Aus psychoanalytischer Sicht argumentiert er, daß die Etablierung der Geschlechtsidentität nur möglich ist aufgrund früher Triangulierung, die auf der Grundlage triebmäßiger Vorahnungen eine Bestätigung und Umwandlung bereits vorher existierender dyadischer Beziehungen zu weiblichen und männlichen Objekten darstellt (S. 165). An anderer Stelle führt Abelin (1971) aus, daß Kinder eine unterschiedliche innere Bereitschaft zu haben scheinen, auf gewisse primäre Verschiedenheiten, wie z. B. die Unterschiede zwischen Männern und Frauen, Erwachsenen und Kindern, zu reagieren, und daß möglicherweise die Differenz in der frühen psychosexuellen Entwicklung bei Jungen und Mädchen hierdurch bestimmt ist. Außerdem zieht er in Betracht, daß es eine frühe assoziative Aktivierung ödipal-libidinöser Strebungen gibt zu einem Zeitpunkt, in dem das Ich und das Es noch kaum voneinander unterschieden sind (S. 248).

Alle Aussagen der vorgenannten Autoren lassen darauf schließen, daß während der frühen Entwicklungsperiode die Entdeckung der Geschlechtsdifferenz - die einen wichtigen Faktor in der Entwicklung erster Realitätsprüfung und ersten Erfassens der Geschlechtsrolle bildet - durch die Anwesenheit des Vaters wesentlich gefördert wird. Bemerkenswert ist in diesem Zusammenhang auch ein weiterer Hinweis von Abelin (1980), der im Hinblick auf die Bedeutung des Vaters in der frühen Bildung der Geschlechtsidentität des Jungen ausführt:

„Indeed, on the level of early sexual triangulation, it is the psychological internalization of the father that adds masculinity to an otherwise feminine core gender identity ... " (S. 165)

Hier ist zu ergänzen, daß die Verinnerlichung männlicher Anteile des Vaters während der Phase der frühen Triangulierung - durch die damit gegebene Möglichkeit zur Differenzierung in der geschlechtlichen Identität - auf spezifische Weise auch für die weibliche Entwicklung grundlegend ist (siehe Fast, 1979, Abschnitt 4.4.1.).

Nach Abelin (1980) erleichtert die eindeutige Identifikation mit dem Vater, der ihm als der Andere aus der Symbiose mit der Mutter heraushilft, dem Jungen bereits während der frühen Triangulierung die Entstehung einer *Gender Identity* (S. 158-159). Er ist daher der Ansicht, daß der Junge in der Fähigkeit zur Geschlechtsdifferenzicrung dem Mädchen voraus ist. Auch Kramer (in: Prall, Panel report, 1978) vertritt die Meinung, daß hinsichtlich der Genese der *Gender Identity* der Vater für den Jungen in der präödipalen Phase die Bedeutung hat, die er für das Mädchen erst in der ödipalen Phase bekommt (S. 149).

Neben Fast (1979) kommt Schwartz (1986) hier zu einer differenzierteren Auffassung. Sie postuliert für die Bildung weiblicher Geschlechtsidentität eine Phase der Triangulierung, die präödipale und ödipale Entwicklungstendenzen einschließt und die mit der Subphase der Wiederannäherungskrise beginnt. Diese Phase der Triangulierung ist bestimmt: 1. durch die Verinnerlichung bedeutsamer anderer in der Objektwelt des Kindes während der frühen Triangulierung (Abelin, 1971, 1980); 2. durch die Entstehung von Genitalität (Parens et al., 1976); 3. durch die Bildung erotischer Objektwahl in der ödipalen Konstellation (S. 68-73).

Zu dieser Verknüpfung präödipaler und ödipaler Beziehungserfahrungen in der Bildung der weiblichen Geschlechtsidentität schreibt Schwartz:

„Thus the oedipal phase will remain subsumed ... under the general heading of triangulation, a larger, more encompassing developmental period having to do with the incorporation of significant others into the object world of the child, blossoming genitality, the firming of erotic object choices, and the solidification of gender role identity." (S. 70)

Schwartz hebt hervor, daß es in der Phase der Triangulierung zu einer parallel verlaufenden Entwicklung von Individuation und weiblichem Selbstgefühl kommt, d.h. daß Ichentwicklung und Geschlechtsidentitätsbildung ineinander gehen. Der kritische Punkt dieser Phase der Triangulierung ist infolgedessen darin zu sehen, daß Schwierigkeiten, die auf Entwicklungsprobleme in der Wiederannäherungskrise zurückgehen und die Ichentwicklung des Mädchens betreffen, im Erleben des kleinen Mädchens mit dem Geschlecht in Zusammenhang gebracht werden aufgrund der gleichzeitig sich bildenden *Core Gender Identity* (S. 67). Mit anderen Worten: Schwartz ist der Meinung, daß schon die Phase der Wiederannäherungskrise mit ihren Wechselfällen in der Bildung innerpsychischer Repräsentanzen und Identifikationen über die Entwicklung der Geschlechtsidentität entscheidet, d. h. daß bereits die frühe Triangulierung als kritische Phase für die Entstehung weiblichen Selbstgefühls anzusehen ist (S. 68). Entwicklungspsychologisch läßt sich dies erklären mit einem Hinweis von Kernberg (1988), der ausführt, daß in dieser frühen Entwicklungsperiode die Selbst- und Objektrepräsentanzen zwar schon voneinander geschieden,

„aber noch nicht in gesamthafte Objektrepräsentanzen und ein umfassendes Selbstkonzept integriert sind." (S. 118)

Dies bedeutet: Da eine stabile Unterscheidungsfähigkeit zwischen Selbst und Objektkonstanz noch nicht erreicht ist, haben die Einstellungen der Umwelt gegenüber dem Mädchen einen umso nachhaltigeren Einfluß auf die erste Herausbildung des weiblichen Selbstgefühls (siehe auch Rotmann, 1978, Abschnitt 2.2.5.). Dies gilt auch für die Erfahrungen des Mädchens mit dem Vater als Gegenpol zur Mutter, von dem es sich in der Phase der Triangulierung Bestätigung und Ermutigung für seine Erkundungen und Fähigkeiten erhofft. Schwartz (1986) schreibt:

„Fathers and significant male others, in the positive affirmation of the girl's tentative sexual advances, help consolidate her sense of being both the subject and the object of desire. Moving out into the world, increasingly able to join and leave mother, the little girl has an other on whom to exercise her many creative skills and abilities. The quality of the mirroring of those abilities and skills, the reception or lack of it, their enhancement or denigration will inevitably be linked to gender and the apprehension of gender role." (S. 70)

D.h.: Die Einstellung des Vaters zu seiner Tochter wird von dem Mädchen in diesen frühen Entwicklungsvorgängen unvermeidlich mit seinem Geschlecht und seinem Verständnis von seiner Geschlechtsrolle in Verbindung gebracht. Während Abelin (1980) die Haltung des Vaters gegenüber dem Mädchen in der Entwicklung früher Triangulierung nicht hinterfragt und für die Schwierigkeiten in der frühen Individuationsentwicklung des Mädchens die Nähe zur Mutter verantwortlich macht, betont Schwartz (1986), daß es nicht allein die Gleichheit zwischen Mutter und Tochter ist, die die Ablösung schwermacht, sondern in erheblichem Maße die soziale Umwelt mit ihren hemmenden Einflüssen und ihren Interpretationen von Weiblichkeit (S. 64). Spieler (1984) verweist

bei diesen Komplikationen in der weiblichen Entwicklung explizit auf den Vater in seiner erzieherischen Verantwortung. Sie schreibt:
> „Girls are not simply clones of their mothers, nor are fathers simply occasio-
> nal mother substitutes (Lamb, 1980). Fathers as first representatives of the
> male gender are specifically needed by their children to perform essential
> developmental functions and to fulfill essential developmental needs." (S. 75)

Zusammenfassung

Die Hinweise von Schwartz (1986) und Spieler (1984) machen deutlich, daß aus
den Unterschieden in der präödipalen Bildung geschlechtlicher Identität bei Jungen und
Mädchen, wie sie Abelin (1980) darstellt, nicht geschlossen werden kann, daß die frühen Erfahrungen mit dem Vater für die Entwicklung des Mädchens in seiner Weiblichkeit weniger bedeutsam sind als für die Entwicklung des Jungen in seiner Männlichkeit.
Abelin (1980) selbst schreibt, daß sich frühe *Generational Identity* und frühe *Gender
Identity* nicht gegenseitig ausschließen.

Ebenso wie Herzog (1991) nachgewiesen hat, daß der Vater in seiner männlichen
Andersartigkeit von seinen ersten Beziehungsaufnahmen an das weibliche Selbstbild
und die Objektbeziehungsfähigkeit seiner Tochter auf eine ganz spezifische Weise mit-
prägt (siehe Abschnitt 2.6.6.), ist davon auszugehen, daß der frühe positive Austausch
mit ihm die Ichentwicklung des Mädchens entscheidend fördert, indem er u. a. eine
Lockerung in der Beziehung zwischen Mutter und Tochter bewirkt, die aufgrund der
geschlechtlichen Gleichheit zwischen beiden besonders wichtig ist. Fliegel (1986) verweist auf die Vorteile und Gefahren, die die Nähe zwischen Mutter und Tochter für die
Entwicklung des Mädchens mit sich bringt:
> „Whatever the girl's advantages in having her gender firmly routed in her
> primary identification, there are also costs. Such unchallenged primary iden-
> tification may mean greater difficulty in establishing autonomy, indepen-
> dence, and a clearly delineated self-representation." (S. 26)

Mit anderen Worten: Konflikte der Trennung-Individuation aufgrund eines fehlenden Vaterbezugs führen beim Mädchen in der Regel nicht zu Störungen in der frühen
Geschlechtsidentitätsbildung - dies trifft eher für den Jungen zu - aber zu Komplikationen in der Ichentwicklung, im Gefühl von Selbstabgrenzung und Eigenständigkeit,
denn dafür muß sich das Mädchen von der Mutter entidentifizieren können. Es kann
hierfür im Vater als Gegenpol zur Mutter eine wichtige Identifikationsfigur finden;
gerade so wie dies für die Ichentwicklung des Jungen gilt.

3.4.   Zur ödipalen Komponente in der weiblichen Entwicklung

Mit dem Eintritt in die ödipale Phase ist das Mädchen dem Kleinkindalter entwach-
sen. In einer gesunden Entwicklung hat es inzwischen in seiner körperlichen Reifung
und in seiner Ichentwicklung Fähigkeiten und Verhaltensmöglichkeiten erworben, die

ihm helfen, die ödipalen Aufgaben zu bewältigen. Hierzu gehört in erster Linie das allmähliche Hineinwachsen in seine weibliche Geschlechtsrolle und die Ausbildung der
Fähigkeit zur Realitätsprüfung, damit die infantile magische Wunschwelt mit den Vorstellungen unbegrenzter Möglichkeiten aufgegeben und die eigenen Begrenzungen wie
die der Eltern akzeptiert werden können (Riemann, 1981, S. 174).

Damit diese wichtigen Entwicklungsschritte gelingen, muß das Kind überzeugende
Vorbilder finden, an denen es sich ausrichten kann und durch die es erfährt, daß es er-
strebenswert ist, erwachsen zu werden und Selbstverantwortung zu übernehmen. Riemann (1981) schreibt:

„Die geglückte Einstellung der Eltern zu ihrer Geschlechtlichkeit ist einer
der wichtigsten Faktoren für das Kind, damit es sich mit einer ihm reizvoll
erscheinenden Gestalt des Väterlich-Männlichen bzw. Mütterlich-
Weiblichen identifizieren kann." (S. 179)

Weiter ist für eine günstige Entwicklung des Kindes wichtig, daß es die Erfahrung
macht, daß es als Person angenommen ist und sich als liebenswert empfinden kann. D.
h.: Es muß erfahren können, daß es etwas zu geben hat und daß es den Eltern etwas bedeutet (Riemann, S. 174). Zudem braucht es von seiten seiner Umwelt die Bestätigung
in seiner Geschlechtsrolle und Erlebnisse altersgemäßen Könnens. Auf diese Weise
lernt es, sich mit seinen konflikthaften Aufgaben der Entwicklung und Individuation
auseinanderzusetzen und entwickelt ein Gefühl von Stolz auf seine geschlechtliche
Identität wie auf seine Fähigkeiten (Riemann, S. 175).

Im Hinblick auf Störungen in der ödipalen Entwicklung verweist Riemann (1981)
auf die Gefahr, die nach seiner Ansicht mit dem allmählichen Finden der eigenen
Identität immer verknüpft ist, daß ein Kind seine präödipale Identifikation mit den Eltern nicht aufgeben kann oder in der Rebellion gegen die Eltern steckenbleibt (S. 181).
Willi (1975) bemerkt hierzu im Hinblick auf die weibliche Entwicklung, daß
ungünstige familiale Einflüsse dem Mädchen die Bewältigung des Ödipuskomplexes
erschweren. Die Ursachen können in einer frustrierenden oder verführerischen Haltung
des Vaters liegen oder im Verhalten der Mutter, die für das Mädchen keine
überzeugende weibliche Identifikationsfigur darstellt, da sie selbst zu wenig weiblich
identifiziert ist oder eine masochistische Haltung gegenüber dem Mann einnimmt. Die
Schwierigkeiten, die eigenen Tendenzen zur phallisch-männlichen Identifikation zu
überwinden, sind dann für das Mädchen sehr groß (S. 141).

Riemann (1981) sieht in dieser Identifikation mit dem gegengeschlechtlichen Elternteil aus Abwehr eine besondere Gefahr. Er betont, daß das Kind die Möglichkeit
haben muß, die mit dem gegengeschlechtlichen Elternteil erworbenen Erfahrungen und
Enttäuschungen in der ödipalen Situation in Ruhe und Sicherheit zu verarbeiten, damit
sie nicht ungelöst bleiben und auf spätere Partner als Erwartung übertragen werden. Mit
anderen Worten: Eine belastende Vaterbeziehung bringt das Mädchen auch in der Beziehung zum späteren Liebespartner in Schwierigkeiten, denn je weniger Autonomie es
in seiner Ichentwicklung erwerben konnte, desto stärker werden seine späteren Objekt-

beziehungen durch die frühen ödipalen Erfahrungen geprägt sein (S. 167; siehe hierzu besonders Abschnitt 5.1.2.2.).

Ödipale Störungen zeigen sich häufig darin, daß Mädchen - da ihnen die Möglichkeit zu einer reifenden Auseinandersetzung mit dem Vater fehlte - zu Tagträumen neigen. Diese ödipalen Phantasien sind deshalb so gefährlich, weil sie sich nicht als gesunde Vorbereitung auf das Leben richten, sondern das Mädchen von der Realität immer mehr abziehen und seine Fähigkeit zur Gestaltung realistischer Objektbeziehungen blockieren (Riemann, S. 197; siehe Abschnitt 4.7.). Riemann ist der Meinung, daß die Art und Qualität der Auseinandersetzung des Vaters mit seiner kleinen Tochter in der ödipalen Entwicklung für die spätere Bewährung des Mädchens in der Welt des Männlichen entscheidend ist (S. 175). In den hier folgenden Abschnitten finden sich zu diesen einführenden Bemerkungen detaillierte Aussagen.

3.4.1.   Präödipale Einflüsse auf den ödipalen Objektwechsel

Laufer (1986) mißt der präödipalen Entwicklung als Basis für die Fähigkeit des Mädchens zum Eintritt in den Ödipuskomplex große Bedeutung bei. Sie befaßt sich mit der für das Mädchen schwierigen Aufgabe einer ersten Lösung aus der frühen Mutterbindung. Hierin sieht sie eine wesentliche Voraussetzung für das Gelingen des ödipalen Objektwechsels.

Die entscheidende Frage im Hinblick auf eine günstige Entwicklung in der Ausbildung weiblicher Identität ist nach ihrer Ansicht: Wie weit kann das Mädchen die libidinöse Bindung an die Mutter aufgeben, ohne im ödipalen Konflikt eine symptomatische Kompromißlösung finden zu müssen in Form einer Identifikation mit dem Vater oder einer masochistischen Unterwerfung unter ihn ? (S. 261) Laufer vermutet, daß für eine günstige ödipale Entwicklung neben anderen Faktoren außerordentlich bedeutsam ist, ob die Mutter-Tochter-Bindung Raum läßt für eine Beziehung zum Vater und später zu Männern, oder ob die Gegenwart des Vaters eher einem ineffektiven Schatten gleicht, dessen Existenz als Bedrohung der internalisierten Mutter-Tochter-Beziehung erlebt wird (S. 261).

Unter dieser Prämisse betrachtet sie die Hinwendung des Mädchens zum Vater als heterosexuellem Liebesobjekt in Anlehnung an Freuds Theorie des weiblichen Kastrationskomplexes unter drei Aspekten: 1. der narzißtischen Kränkung des Mädchens, das sich bei Entdeckung des Geschlechtsunterschiedes als kastriert erlebt (Laufer definiert „kastriert sein" in diesem Zusammenhang als „nicht den Körper eines Mannes haben"; S. 264-265.) ; 2. der frühen Bindung des Mädchens an die Mutter; 3. dem Gelingen des Objektwechsels in der ödipalen Triangulierung (S. 263-264).

Laufer (1986) nimmt an, daß es in der kindlichen Entwicklung eine sehr frühe libidinöse Hinwendung zum Vater gibt, lange bevor die ödipale Triangulierung die Überwindung der libidinös-narzißtischen Wünsche gegenüber dem Vater erforderlich macht (S. 261). Das Mädchen gibt diese frühe libidinöse Beziehung zum Vater auf aufgrund seiner größeren Angst, die Mutter als Liebesobjekt zu verlieren, da zu ihr eine fundamentale Abhängigkeit als dem nährenden Objekt besteht. Auf diese Weise kommt es statt einer frühen libidinösen Bindung an den Vater zu einer Identifikation mit ihm (S. 271-272).

Weiter führt Laufer aus, daß die Entdeckung der Geschlechtsdifferenzen in der weiblichen Entwicklung etwas bewirkt, das als Teil eines allmählichen Prozesses anzusehen ist und als Organisator aller frühen Erfahrungen und Wahrnehmungen funktioniert, die zum Fundament werden für die Art und Weise, in der das Mädchen auf sich selbst in seiner Weiblichkeit Bezug nehmen wird bis in sein Erwachsenenleben. Indem es sich als zum gleichen Geschlecht wie die Mutter gehörend wahrnimmt, wird es davon in seiner narzißtischen Organisation entscheidend geprägt und in eine Entwicklung geführt, die sich von der des Jungen wesentlich unterscheidet (S. 264; siehe auch Galenson & Roiphe, 1976, Abschnitt 3.3.2.).

In diesem Prozeß muß das Mädchen allmählich die Phantasie aufgeben, sich selbst die ausschließliche Liebe der Mutter erhalten zu können (S. 265). Die daraus resultierende narzißtische Verletztheit in seinem Omnipotenzgefühl veranlaßt das Mädchen, - in Projektion seiner Enttäuschung und Unzufriedenheit - die Vorstellung zu entwickeln,, daß eine Trennung von der Mutter dieser die Zufriedenheit raubt (S. 266). Nach Laufer (1986) ist es primär dieser Konflikt, der dem Mädchen die Lösung aus der präödipalen Mutterbindung schwierig macht und die weibliche ödipale Entwicklung hemmen kann (S. 268).

Unter Hinweis auf die enge präödipale Bindung zwischen Mutter und Tochter aufgrund der geschlechtlichen Gleichheit und der Vorbildfunktion, die die Mutter dadurch erhält, betont Laufer (1986) die Bedeutung, die eine frühe narzißtische Besetzung des eigenen weiblichen Körpers für die Entwicklung eines weiblichen Identitätsgefühls hat. Die Internalisierung einer positiven Beziehung zum eigenen Körper bildet die Grundlage für die Fähigkeit zur Annahme der weiblichen Körperlichkeit und bietet wichtigen Schutz vor der Verletzbarkeit durch selbstdestruktive Impulse (S. 263).

Laufer ist hier der Ansicht, daß die zukünftige Entwicklung des präödipalen Mädchens durch seinen Stolz auf seine Weiblichkeit entscheidend mitbestimmt wird, denn eine gesunde Besetzung des eigenen Körpers macht das Mädchen weniger abhängig von den Zuwendungen der Mutter im Hinblick auf seine passiv-libidinösen Wünsche und schützt es gleichzeitig vor der Gefahr, die der präödipalen Entwicklung zugehörigen passiven Wunschphantasien in der ödipalen Situation auf den Vater zu richten (S. 265). Voraussetzung für eine solche Entwicklung ist eine günstige Konstellation in den frühen Objektbeziehungen mit ausreichender Befriedigung der libidinös-narzißtischen Strebungen.

Mit anderen Worten: Ist das Mädchen aufgrund einer günstigen präödipalen Entwicklung in der Lage, die frühe libidinöse Bindung an die Mutter und den Haß auf sie aufzugeben, indem es seine Weiblichkeit akzeptiert, sind nach Laufer die passiv-rezeptiven Strebungen des Mädchens in der ödipalen Beziehung zum Vater eher ein Ausdruck seines narzißtischen Wunsches und weniger ein Ausdruck direkter libidinössexueller Triebbedürfnisse, denn das Mädchen sucht in einer normalen ödipalen Entwicklung in erster Linie die narzißtische Bestätigung vom Vater, daß es in seiner Weiblichkeit wertvoll und begehrenswert ist (S. 269).

Laufer (1986) betont hier, daß es dann zu einer ödipalen Fehlentwicklung kommt, wenn die auf den Vater gerichteten passiven Wunschphantasien ein libidinöses Ziel erhalten, das zurückgeht auf eine ungelöste präödipale Mutterbindung und auf Wünsche nach passiv-libidinöser Verwöhnung durch sie. Denn bestehen diese präödipalen Wünsche in den auf den Vater gerichteten ödipalen Phantasien weiter, führt dies zu einer masochistischen Haltung gegenüber dem ödipalen Vater, der dem Mädchen zur Annahme der Weiblichkeit verhelfen soll, ohne das dieses den für den ödipalen Objektwechsel nötigen Verzicht auf die präödipale Mutterbindung leisten kann. Laufer (1986) spricht von einem Wunsch nach „Kastration" durch den Vater, der sich in der masochistischen Haltung ausdrückt.

Dahinter steht die Vorstellung, auf diese Weise aus der Abwehrhaltung in Identifikation mit dem Väterlich-Männlichen herauszukommen und ein weibliches Identitätsgefühl erlangen zu können (S. 269). Letztlich resultieren diese masochistischen Reaktionen auf die eigenen ödipalen Strebungen aus der Unfähigkeit des Mädchens (in präödipaler Fixierung an die Mutter), sich selbst in seiner Weiblichkeit ausreichend narzißtisch zu besetzen in Annahme der weiblichen Geschlechtsrolle in der ödipalen Konstellation. Laufer (1986) schreibt zu diesen masochistischen Phantasien des Mädchens:

„But once a libidinal aim is included in the passive, wishful fantasy directed at the father, it must take on a masochistic meaning since the 'acceptance of castration' has now taken on a wishful quality and has become a 'castration wish'. And the 'castration wish' then forms the basis for a masochistic fantasy of being castrated by the father through penetration." (S. 269)[36]

D.h.: Die gefährliche Umwandlung der narzißtischen Strebungen in masochistische trägt zu einer ungünstigen ödipalen Entwicklung bei (S. 268). Laufer (1986) kritisiert in diesem Zusammenhang Freuds Gleichsetzung „passiver Ziele" mit der Idee des „Masochismus", so als ob Masochismus ein notwendiger Bestandteil normaler weiblicher Sexualität sei (S. 269). Sie sieht die masochistisch-ödipale Beziehung des Mädchens zum Vater begründet in einer nicht gelösten frühen Bindung an die Mutter und

---

[36] Schmidt-Hellerau (1988, S. 299) kommt zu den gleichen Erkenntnissen:
Sie verweist auf eine neurotisch-masochistische Haltung bei Mädchen, die die Phantasie entwickeln, vom Vater verletzt (geschlagen) zu werden, da sie in ihrer ödipalen Entwicklung auf halbem Wege steckengeblieben sind. Der Grund für diese Fehlentwicklung ist, daß sie die Mutter als Liebesobjekt nicht aufgeben können. Daher können sie sich auch nicht in der weiblichen Geschlechtsrolle mit der Mutter identifizieren, sich sozusagen nicht an ihre Stelle setzen, um sich wie diese vom Vater lieben zu lassen. Wenn aber der Schritt in die rezeptiv-weibliche Haltung gegenüber dem Männlichen nicht vollzogen werden kann, auf der Grundlage der Annahme der weiblichen Geschlechtsrolle, bleibt unbewußt die präödipale Rivalität mit dem Vater bestehen, während die libidinöse Bindung an die Mutter weiter aufrecht erhalten wird. (Siehe auch Luquet-Parats Ausführungen über die Annahme der weiblichen Geschlechtsrolle, Abschnitt 3.4.2.)

im Fehlen des Vaters in der präödipalen Triangulierung, wodurch dem Mädchen eine erste narzißtische Bestätigung in seiner weiblichen Körperlichkeit versagt bleibt:

„Because the relationship to the father had never been established in the early preoedipal period in a way that could then lead to a normal oedipal conflict, the girl remained attached to the mother and had no means of feeling that she could relate to her female sexual body other than as in identification with that of her mother's." (S. 273)

Obiges Zitat gehört zu Laufers (1986) Bericht über eine achtzehnjährige Patientin (S. 273-275):

Dieser gelang es nicht: 1. in der frühen präödipalen Periode eine Beziehung zum Vater zu entwickeln als Ausgangspunkt für einen normalen ödipalen Konflikt; und 2. parallel hierzu in bewußter Unterscheidung des eigenen Körpers vom Körper der Mutter, ein Gefühl für ihre weiblich-sexuelle Körperlichkeit zu gewinnen. Die Geschlechtsunterschiede zwischen Mann und Frau mußten von ihr geleugnet werden. Ihre Versuche einer libidinösen Hinwendung zum Vater in der ödipalen Phase hatten das Ziel, der Mutter zu entkommen und in Rivalität zu ihr, narzißtische Bestätigung vom Vater zu erhalten. Da ihr aber aufgrund der abweisenden Haltung des Vaters keine libidinöse Beziehung zu ihm möglich war, die die Enttäuschungen an der Mutter hätte ausgleichen sollen - in Abwendung von der Mutter und Verschiebung der präödipalen rezeptiv-libidinösen Wünsche auf den Vater - blieb ihr sogar der masochistisch-ödipale Wunsch verwehrt, vom Vater „kastriert" zu werden.

Weiter führt Laufer (1986) zu dem Problem präödipaler Entwicklungsstörungen aus, daß das Mädchen aufgrund dieser Hemmungen seine Aggression mit Eintritt in die ödipale Phase nicht dazu benutzen kann, die Lösung von der präödipalen Mutter zu erlangen. Es übernimmt stattdessen den Haß auf die Mutter in seine Überich-Struktur und hält die libidinöse Bindung an die Mutter in der Verdrängung. Eine solche Entwicklung bedeutet, daß die verdrängten, auf die Mutter gerichteten Aggressionen zu Ängsten führen und letztlich gegen die eigene Person gewendet werden (S. 269).

Wie bereits ausgeführt, sucht das Mädchen dann als Ausgleich für diese zerstörerischen Tendenzen oft Bestätigung in der Liebesbeziehung zum Vater . Da es aber keine ausreichend positive Identifikation mit der Mutter erreicht hat, die ihm Orientierung sein könnte für einen adäquaten Umgang mit dem Vater, gerät es ihm gegenüber in die oben beschriebene masochistische Haltung, indem es seine unerfüllt gebliebenen präödipalen Anlehnungsbedürfnisse in der ödipalen Situation auf den Vater überträgt. Auf diese Weise werden seine berechtigten ödipalen Wünsche nach narzißtisch-libidinöser Bestätigung von seiten des Vaters verzerrt. In der Folge kommt es zu Unsicherheiten im weiblichen Selbstgefühl, in der weiblichen Identität.

Ein pathologischer Ausgang des Ödipuskomplexes nimmt nach Laufer (1986) häufig zwei unterschiedliche Formen an; in beiden geht es um die Ablehnung der eigenen weiblichen Sexualität durch das Mädchen: Zum einen zeigen sich diese Störungen in der Entstehung eines Männlichkeitskomplexes mit der Phantasie des Mädchens, einen Penis zu haben; zum anderen in der Annahme einer distanzierten Haltung, die das Mädchen zu den eigenen sexuellen Impulsen in sich errichtet, während es gleichzeitig mit seinen passiv-libidinösen Wünschen, mit denen es sich an den Vater wendet, in Berührung bleibt.[37]

Laufer (1986) betont, daß im zweiten Fall die zukünftige weibliche Identitätsbildung auch davon abhängt, inwieweit das Mädchen trotz der Aufgabe der weiblichen sexuellen Triebimpulse die Beziehung zum Vater generell aufrecht erhalten kann. Als eine Ursache für hier entstehende Konflikte nennt Laufer die Haltung eines Vaters, der seiner kleinen Tochter seine inzestuös-sexuellen Impulse offen zeigt und damit leicht zum „Objekt der Zurückweisung" für das Mädchen wird, das auf diese Weise seine eigenen sexuellen Gefühle in der Verdrängung zu halten sucht (S. 272).

Eine gesunde Lösung des Ödipuskomplexes beinhaltet nach Laufer (1986) die Aufgabe der libidinösen Bindung an beide Eltern und stattdessen die Entstehung eines liebevollen Bezugs zu ihnen. Eine solche Entwicklung erlaubt dem Mädchen, in die Latenz zu wechseln und seine Identifikation mit beiden Eltern für seine kreativen Aktivitäten einzusetzen (S. 272; siehe hierzu Jacobsons Ausführungen zur selektiven Identifikation mit beiden Eltern, Abschnitt 3.1.2.).

Zusammenfassung

Nach Laufer (1986) gründet die Fähigkeit zur Übernahme der weiblichen Geschlechtsrolle in der ödipalen Triangulierung auf einer befriedigenden präödipalen Mutter-Tochter-Beziehung, die dem Mädchen die Annahme der weiblichen Körperlichkeit ermöglicht. Mit diesem Wissen um seine weibliche Geschlechtlichkeit wirbt das Mädchen in der ödipalen Konstellation um die Aufmerksamkeit des Vaters und sucht bei ihm die narzißtische Bestätigung aus seiner männlichen Sicht. Zudem zeigen Laufers Ausführungen, daß sich die nicht gelösten präödipalen Konflikte in der Beziehung zur Mutter fortsetzen in der ödipalen Beziehung zum Vater. Dies ist umso mehr der Fall, je weniger der Vater in der präödipalen Phase in der Lage ist, eine libidinöse Beziehung zu seiner Tochter herzustellen.

Die entscheidende Aussage in den Ausführungen Laufers (1986) zum ödipalen Objektwechsel des Mädchens besteht in dem Hinweis, daß der Verzicht auf die präödipale Mutterbindung mit der Umwandlung der frühkindlichen narzißtisch-libidinösen An-

---

[37] M. Mitscherlich (1985) schreibt zur gestörten ödipalen Entwicklung beim Mädchen, für die bereits präödipale Enttäuschungen in der Beziehung zur Mutter ausschlaggebend sind: „Die Enttäuschung über die Mutter trägt dazu bei, daß sich das kleine Mädchen auf der ödipalen Stufe nach einem neuen Objekt umsieht, von dem sie mehr Befriedigung erhofft. Erst im Laufe dieser Entwicklung und aufgrund der doppelten Angst, der vor Liebesverlust und der vor Zerstörung des Körperinnern, kann es geschehen, daß das kleine Mädchen seine genitalen Wünsche gegenüber dem Vater aufgibt." (S. 127)

lehnungswünsche Voraussetzung ist für eine günstige ödipale Entwicklung in der Beziehung zum Vater. Laufer schreibt allerdings nicht explizit, daß für diese Fähigkeit zur Transformation der frühen Erwartungshaltung gegenüber den elterlichen Liebesobjekten eine gewisse Reife im Ich erforderlich ist, die dem Mädchen die Verinnerlichung der ödipalen Beziehungsstrukturen - auf der Basis der Unterscheidung der Selbst- und Objektrepräsentanzen - erst ermöglicht und überdies die Voraussetzung dafür ist, daß der wichtige, in der ödipalen Entwicklung einsetzende Schritt zur allmählichen Lösung der Ambivalenzkonflikte in der Beziehung zu anderen, insbesondere zur Mutter, unternommen werden kann. Hierfür muß der Vater schon früh angemessene Hilfestellung geben (siehe Rotmann, 1978, Abschnitt 2.2.5.).

3.4.2. Zur Annahme der weiblichen Geschlechtsrolle

Nach Luquet-Parat (1981) ist der Vater in der ödipalen Triangulierung direktes Vorbild und Identifikationsfigur für den Jungen. Für das Mädchen wird er hingegen auf besondere Weise zum indirekten Vermittler der weiblichen Rolle in der heterosexuellen Beziehung, indem er seine Tochter zur Ausbildung spezifischer Verhaltensmuster bei der Übernahme der weiblichen Geschlechtsrolle anregt[38]. Die Entwicklung dieser weiblichen Fähigkeiten in der Auseinandersetzung mit dem Vater ist nach Ansicht der Autorin eminent wichtig, da sie das Selbstvertrauen des Mädchens im Umgang mit zukünftigen Liebespartnern fördern und es davor bewahren, in einer unreifen Haltung der Koketterie und der Sucht nach narzißtischer Bestätigung durch den Mann steckenzubleiben oder das Männliche als fremd und/oder gefährlich ablehnen zu müssen.

Als ausschlaggebendes Moment in dieser Entwicklung weiblicher Identitätsbildung während des Objektwechsels betrachtet Luquet-Parat die Fähigkeit zur Aufgabe überbetonter phallisch-aktiver Strebungen, die ihren Ursprung in der analsadistischen Organisation haben. Diese Entwicklung setzt die Überwindung präödipaler Ängste voraus, die insofern eine besondere Gefahr für die weibliche Entwicklung darstellen, als sie das Mädchen an präödipale, phallisch-aggressive Einstellungen und Haltungen fixieren können, mit denen es seine weiblichen Hingabewünsche abzuwehren sucht, wenn diese Ängste überhandnehmen. Luquet-Parat betont daher die mit der Veränderung der erogenen Zonen und der Veränderung in der Struktur und Besetzung des Liebesobjektes einhergehende Veränderung in der Gesamtstruktur des Ich in der ödipalen Triangulierung (S. 120).

In ihre Überlegungen zu diesen Entwicklungsvorgängen bezieht sie die Konzeption einer phallischen Phase ein, in der das Mädchen die Mutter aktiv als Liebesobjekt wählt und den Vater als Rivalen empfindet (S. 125). Sie ist der Ansicht, daß sich das Mädchen im Übergang von der phallischen zur ödipalen Beziehungskonstellation zunächst

---

[38] Nach Person & Ovesey (1993) wird die Geschlechtsrollenidentität (gender role identity) durch den Körper, das Ich, die Sozialisation und durch Objektbeziehungen zum anderen Geschlecht gebildet. Sie ist eine seelische Errungenschaft und kann seelische Konflikte verursachen (S. 527).

in aktiv-besitzergreifender, sadistischer Weise an den Vater wendet und gleichzeitig seine libidinösen Wünsche auf ihn überträgt in aktiver Haltung, die in der analen Phase ihren Ursprung hat. Erst allmählich werden die aktiven Triebimpulse durch eine rezeptive weibliche Haltung ersetzt. Diese Umwandlung der aktiven in passiv-rezeptive Positionen gegenüber dem Liebesobjekt liegt nach Luquet-Parat (1981) noch vor dem Beginn einer positiven libidinösen Bindung an den Vater in der ödipalen Situation (S. 125). Sie schreibt zu diesen Vorgängen:

> „Die passive weibliche Empfangsbereitschaft kann nur dann entstehen, wenn die auf den Penis des Vaters gerichteten sadistischen Triebe eine Wendung erfahren. Nicht zuletzt von dieser wichtigen Entwicklungsbewegung, die ich die feminin-masochistische Bewegung nennen will, hängt das Schicksal der Weiblichkeit ab." (S. 125-126)

Luquet-Parat betont ausdrücklich, daß der Objektwechsel das Mädchen *zunächst* „in eine passive Liebeseinstellung gegenüber dem väterlichen Objekt" (S.131) bringt, daß dies aber nicht bedeutet, daß die Aktivität in der heterosexuellen Beziehung von nun an völlig fehlt. Vielmehr wird die weibliche Empfangsbereitschaft zu einer speziellen Form von Aktivität, die einem passiven Ziel dient[39].

Nach Luquet-Parat besteht für das Mädchen der schwierige Übergang in die ödipale Konstellation in der aktiven Übernahme der passiv-rezeptiven Rolle gegenüber dem heterosexuellen Liebesobjekt, denn im entscheidenden Entwicklungsmoment des ödipalen Objektwechsels muß das Mädchen auf die natürliche Expansion des Ich - in der Rolle des Aggressors und Besitzers - verzichten, um die stark von der Phantasie geprägte ödipale Beziehung in einer „masochistischen Wendung" anzunehmen. Luquet-Parat schreibt hierzu:

> „Diese Wendung wird normalerweise vom Ich akzeptiert und hinterläßt keine Spuren, außer daß sie der Entwicklung zur Weiblichkeit einen spezifischen Anstrich verleiht." (S. 126)

Wie Luquet-Parat weiter ausführt, ist diese Entwicklung einer weiblich-rezeptiven Haltung gegenüber dem Liebesobjekt zunächst mit Angst verbunden, die sich aus der psychophysischen Entwicklung des Kindes erklärt. Denn das Streben des Kindes ist vom ersten Moment seiner Entwicklung an im Grunde darauf gerichtet, Eigenständigkeit zu erlangen. Da die Einschränkung eines natürlichen Expansionsdranges normalerweise Aggression hervorruft und sich mit dem Gefühl der Ohnmacht und des Zornes gegen die Außenwelt wie gegen das Selbst verbindet, ist kleinen Kindern diese Einschränkung ihrer aktiven, possessiven und aggressiven Triebe unerträglich. Hinzu kommt, daß das Kind im allgemeinen danach strebt, eine Befriedigung passiver Lustgefühle durch eigene Aktivität zu erreichen und daß eine passiv erfahrene Lust vom Kind

---

[39] Ergänzend ist anzumerken, daß hier zu unterscheiden ist zwischen einer gewissen Passivität im Bereich der Sexualphantasien und der libidinösen Objektbeziehungen und der Aktivität und dem Expansionsdrang auch des weiblichen Ich, das wesentliche Entwickungsimpulse aus den von Jacobson (1978*b*) beschriebenen selektiven Identifizierungen mit beiden Eltern und eben gerade nicht aus sexualisierten Objektbeziehungen erhält.

häufig als Gefahr und als ambivalente Aggression erlebt wird, wodurch Angst entsteht (S. 123).

Unter Hinweis auf diese entwicklungsbedingte Disposition des Kindes zu Angst und Aggression hebt Luquet-Parat hervor, daß die Angst des Mädchens vor dem Schritt in den Objektwechsel in der ödipalen Konstellation - mit der Umwandlung der aktiven in passiv-rezeptive Strebungen gegenüber dem Liebesobjekt - umso besser überwunden werden kann, je weniger die prägenitale Phase durch Konflikte mit der Mutter belastet ist (S. 127).

Die Annahme einer rezeptiven Haltung gegenüber dem Vater als heterosexuellem Liebesobjekt wird für das Mädchen besonders beängstigend und schwierig, wenn seine anale Aggressivität heftige Angstgefühle hervorruft, da die Einstellungen der Eltern zum Kind und zueinander keine ausreichend positiven Identifizierungen ermöglichen (S. 124). Mit anderen Worten: Wenn die Angst die psychischen Kräfte übersteigt, kommt es zum Ausweichen vor der Übernahme der weiblichen Geschlechtsrolle. Ursache hierfür sind die traumatisierenden Erfahrungen in den Objektbeziehungen der prägenitalen und/oder ödipalen Konstellation. Zur Abwehr der zu starken masochistischen Neigungen, die sich daraus meist ergeben, schreibt Luquet-Parat (1981):

„Man könnte sagen, daß ein solch ausgeprägter Masochismus das Ich in Schrecken versetzt und Regressionen zur Folge hat, die sich hemmend auf die gesamte sexuelle Organisation auswirken. Es liegt auf der Hand, daß jede quantitative Verstärkung dieses Phänomens die Entwicklung der ödipalen Situation behindern kann." (S. 127)

Wird z. B. das Väterlich-Männliche in den ödipalen Phantasien des Mädchens aufgrund einer ungünstigen Vater-Tochter-Beziehung als übermächtig und destruktiv erlebt, müssen die libidinösen Wünsche verdrängt werden, da sie für das Ich nicht akzeptabel sind und den Selbsterhaltungstendenzen entgegenstehen. Dann kehrt das Mädchen in regressiver Haltung zur aktiven Position der phallischen Phase zurück und es kommt zu dem Wunsch, den Penis selbst zu besitzen. Die unbewußte Identifikation mit dem Männlichen, die daraus entsteht, hat ihre Ursache in narzißtischen Verletzungen, die eine tiefe Selbstunsicherheit hervorrufen und dem Mädchen die Übernahme der weiblichen Geschlechtsrolle erschweren oder gar unmöglich machen (Luquet-Parat, S. 127-128).

Demgegenüber wird in einer günstigen Entwicklung des weiblichen Ödipuskomplexes die aus der phallischen Phase stammende Identifikation mit dem Männlichen aufgegeben und die weibliche Geschlechtsrolle in positiver Identifikation mit dem mütterlichen Vorbild angenommen. Damit

„wird das Mädchen fähig, eine wirkliche, ödipale Liebe, eine Liebe zum Vater (zum Mann) als einem andersgearteten, Penis besitzenden Objekt zu empfinden und dabei zu wissen und zu akzeptieren, daß es keinen hat." (Luquet-Parat 1981, S. 132)

Aus dieser ödipalen Entwicklung entsteht eine spezifische Imago vom Mann, die wesentlich beeinflußt ist durch die Erfahrungen mit dem Vater, wie Luquet-Parat (1981) ausführt:

> „Der Mann ist nach dem Bild des Vaters fortan der andersartige und komplementäre Andere, der wegen dieser Unterschiedlichkeit geliebt und begehrt wird." (S. 132)

Luquet-Parats (1981) Überlegungen zur Rolle der Angst in der weiblichen Identitätsentwicklung verdeutlichen die komplexe Entwicklungsaufgabe, die das Mädchen in der ödipalen Konstellation zu bewältigen hat. Die Autorin meint, daß ein defensiver Rückzug aus der ödipalen Situation nur durch einen liebevollen positiven Bezug des Vaters zu seiner Tochter vermieden werden kann:

> „Soll der masochistische Wunsch nach dem Eindringen des Penis keine Rückzüge zur Folge haben, so muß der Vater in hinreichendem Maße als gutes Objekt empfunden werden. Die genitale Imago vom Vater als Penisträger kann freilich nur dann eine gute Imago sein, wenn das Kind schon in seinem prägenitalen Erleben mit Hilfe der Dreieckssituation eine gute Imago von einer bösen Imago zu trennen vermocht hat. Die ödipale Dreieckssituation gelingt dann, wenn das Kind eine gute Mutter-Imago auf die Person des Vaters projiziert." (S. 128)

D.h.: Eine gute Beziehung des Mädchens zu beiden Eltern während der präödipalen Phase ist Vorbereitung und tragendes Fundament für die ödipale Auseinandersetzung. Hierzu gehört auch, daß neben der passiv-rezeptiven Liebeseinstellung gegenüber dem Vater und den entsprechenden Identifizierungen mit der Mutter, die sich auf die Übernahme der weiblichen Rolle beziehen, selektive Identifizierungen mit dem Vater bestehen bleiben, die schon in der analen Phase mit den dort auftauchenden ersten Strebungen nach Autonomie Bedeutung hatten (Luquet-Parat, S. 131).

Zusammenfassung

Ein wesentlicher Entwicklungsschritt des Mädchens im ödipalen Objektwechsel besteht nach Luquet-Parat in der Überwindung der präödipalen Ängste, damit für die Annahme der weiblichen Geschlechtsrolle in der Beziehung zu heterosexuellen Partnern ein Stück phallisch-männliche Aktivität in eine rezeptive weibliche Haltung umgewandelt werden kann. Wie Laufer (1986) weist auch Luquet-Parat daraufhin, daß es bei nicht ausreichend erfahrener narzißtisch-libidinöser Bestätigung und Wärme von seiten beider Eltern während der präödipalen Phase zu Regressionen in der Entwicklung des Mädchens kommt, das in der Folge in die Gefahr gerät, die libidinös-inzestuösen Wünsche in der ödipalen Konstellation abzuwehren.

Wie oben ausgeführt, resultiert nach Laufer daraus meist eine masochistische Haltung in der ödipalen Beziehung zum Vater, die Ausdruck ist für den Wunsch der Tochter, der Vater möge ihr aus der überbetonten Identifikation mit dem Väterlich-Männlichen heraushelfen, indem er ihr durch seine narzißtische Bestätigung die Annahme ihrer Weiblichkeit ermöglicht, - für die sie aber bereits in der präödipalen Phase mit der

Entwicklung ihrer weiblichen Körperlichkeit eine wesentliche Voraussetzung in der positiven Beziehung zur Mutter als weiblichem Vorbild erlangt haben müßte. Demgegenüber erklärt Luquet-Parat die Unfähigkeit zur Annahme einer weiblich-rezeptiven Haltung und die Identifikation mit dem Männlichen aus der Abwehr zu starker masochistischer Neigungen, da dem Mädchen keine ausreichend positiven Identifikationen mit beiden Eltern möglich waren für eine erste wichtige Neutralisierung und Integrierung der analen Aggressitivtät (siehe die Abschnitte 2.2. und 2.2.2.).

Ein günstiger ödipaler Objektwechsel kann nach Luquet-Parat nur auf der Basis von Vertrauen zum Vater als Liebesobjekt gelingen; er hat eine gleichlaufende stabile Entwicklung im Ich zur Voraussetzung. Hierfür ist, wie bei Laufer (1986) bereits angedeutet, eine erste Lösung der Ambivalenzkonflikte nötig mit der Etablierung der guten Imago der Mutter, die von der bösen Mutter-Imago getrennt und auf die Beziehung zum Vater übertragen werden kann.

3.4.3. Die Notwendigkeit ödipaler Triangulierung

In ihrer bereits im Abschnitt 3.2.2. erwähnten klinischen Studie untersucht Edgcumbe (1976) die Gründe für die Schwierigkeiten von Mädchen, positive ödipale Beziehungen zu beiden Eltern zu entwickeln. Auch sie kommt zu dem Ergebnis, daß hierfür bei den Mädchen ihrer Forschungsgruppe Faktoren entscheidend waren, die zum einen in der Unfähigkeit der Mutter lagen, ein geeignetes Modell für weibliche Identifikationen abzugeben, und die zum anderen ihre Ursache hatten in der Abwesenheit des Vaters oder in seiner Unfähigkeit, auf die ödipalen Entwicklungsbedürfnisse seiner Tochter einzugehen (S. 58). Ungünstige familiale Konstellationen blockierten das Erreichen der ödipalen Position, so daß es bei den beobachteten Mädchen zu einer Regression in primitive, präödipale, narzißtische Verhaltensmuster kam, die die weitere Ichentwicklung beeinträchtigten (S. 58).

In der weiteren Diskussion ihrer Untersuchungsergebnisse verweist die Autorin darauf, daß Freuds Konzept einer negativen ödipalen Phase in der neueren Literatur gänzlich verschwunden ist, und schlägt vor, stattdessen von einer „phallisch-narzißtischen" Phase zu sprechen, in der es zu wichtigen Differenzierungen in der Ich-Struktur und erster Herausbildung der Geschlechtsidentität kommt als Vorstufe für die Ausbildung der Fähigkeit zu ödipaler Triangulierung. In einer negativen ödipalen Bindung des Mädchens an die Mutter sieht sie eine pathologische Reaktion.

Zur Illustration ihrer Erkenntnis, daß ein positiver Verlauf in der ödipalen Entwicklung entscheidend durch die Haltung der Eltern bestimmt ist, berichtet sie von der familialen Situation eines kleinen Mädchens, dem es nicht gelingen konnte, die Entwicklungsstufe ödipaler Objektbeziehungen zu erreichen, da der Vater als Liebesobjekt fehlte, der dem Mädchen ermöglicht hätte, sich aus den Belastungen einer pathogenen Mutterbeziehung zu befreien. Edgcumbe (1976) macht hierzu u. a. die folgenden Aussagen (S. 51-53):

Jane kam mit 3 3/4 Jahren in Therapie. Ihre Schwierigkeiten bestanden in einer negativen ödipalen Beziehung zur Mutter. Janes Mutter war ernstlich depressiv; der Vater hatte die Familie verlassen, als Jane 3 1/3 Jahre war.

Jane reagierte auf die Familiensituation mit einer frühreifen Ichentwicklung, einer überbetonten Unabhängigkeit, Affektlosigkeit und mit Versuchen, für die depressive Mutter Sorge zu tragen. Der ein Jahr ältere Bruder von Jane reagierte entgegengesetzt; er wurde depressiv, abhängig und geriet ganz allgemein in ein Stadium der Unterentwicklung, was seine mentalen Strukturen betraf.

In den ersten sechs Monaten der Behandlung versuchte Jane in der Übertragungssituation, eine liebevolle Beziehung zu der präödipalen Mutter herzustellen, worin sich ihr Wunsch nach Befriedigung präödipaler Bedürfnisse äußerte. Sie beschrieb die depressiven Rückzüge der Mutter von ihren Kindern als „staying in bed all day" und lernte, Wünsche und Gefühle gegenüber der Mutter zu äußern und Fürsorge von dieser zu fordern.

Mit fortschreitender Behandlung entzündete sich ihre Wut zunehmend an den Mißerfolgen der Mutter, einen Vater zu beschaffen. Zudem gewann Edgcumbe den Eindruck, daß Janes Ärger auf den Vater, dessen Verlust sie als eine Zurückweisung auf der Beziehungsebene erlebte, sich auf die Mutter verschoben hatte. Dabei schien Janes Sehnen nach einem Vater seinen Grund nicht nur darin zu haben, eine ödipale Beziehung zu ihm eingehen zu können, sondern auch darin, eine männliche Bezugsperson zu haben, die ganz generell für sie sorgen würde.

In der darauffolgenden Periode konnte die Autorin beobachten, daß eine sich entwickelnde Freundschaft der Mutter mit einem anderen Mann, der eine gewisse Zeit mit der Familie lebte, Janes Verhalten - sie war inzwischen 5 Jahre alt - in Richtung auf eine positive ödipale Entwicklung Aufschwung gab. Ihr Schwanken zwischen negativer und positiver ödipaler Position hielt zunächst an, aber die negativen Aspekte bekamen wieder die Oberhand, als sich die Beziehung zwischen der Mutter und ihrem Freund verschlechterte.

Als Jane 6 Jahre alt war und der Freund daran dachte, die Familie zu verlassen, reagierte Jane mit einem Absinken ihres Selbstwertgefühls. Ein Mädchen zu sein, schien für sie zu bedeuten, schlecht und wertlos zu sein. Sie hatte den Wunsch, einen Vater zu haben, der bei ihr blieb, so daß sie sie selbst sein könnte, anstatt nach einer phallischen Haltung streben zu müssen. In ihrem Sehnen nach einem ständig verfügbaren Vater hatte sie die Phantasie von einem Jäger, der die Familie schützt und versorgt. Ihr Wunsch, einen Penis zu haben, wurde von der Therapeutin als ein Versuch verstanden, mit der Wut über die Abwesenheit des Vaters fertig zu werden.

Als der Freund der Mutter die Familie endgültig verließ, nahm Jane wieder eine eindeutig phallische und aktive Haltung gegenüber der Mutter ein; offensichtlich versuchte sie nun, der Depression der Mutter aufgrund des Verlustes des Freundes entgegenzuwirken wie ebenso ihrem eigenen Ärger und ihrer Trauer über den Verlust des positiven ödipalen Objektes.

Resümierend stellt Edgcumbe fest, daß Janes Familienkonstellation ihr keine Chance ließ, in eine positive ödipale Entwicklung zu kommen: Jane sah sich konfrontiert mit einer ernstlich depressiven Mutter und einem Vater, der seine Tochter und seine Frau zurückgewiesen hatte. Die negativen Aspekte des Ödipuskomplexes schienen daher zunehmend Abwehrcharakter zu bekommen.

Für die Therapeutin entstand der Eindruck von einem Kind, das darum kämpfte, eine weibliche Rolle in seiner Entwicklung annehmen zu können und sich in der positiven ödipalen Position zu etablieren, das aber bis zur Erschöpfung gezwungen war, auf die negative ödipale Position zurückzugehen, indem es sich mit dem Phallisch-Männlichen identifizierte. Teilweise um mit seinem eigenen Gefühl von Verlust eines positiven ödipalen Objektes (und des Vaters in seiner umfassenden Funktion) fertigzuwerden, teilweise um die Mutter für ihren Verlust zu entschädigen und so zu verhindern, daß diese sich in die Depression zurückzog.[40]

Burgner (1985) zeigt in ihrer Forschungsarbeit die negativen Konsequenzen einer mißlungenen ödipalen Entwicklung auf. Sie berichtet von ihren Beobachtungen in der therapeutischen Arbeit mit Kindern, Jungen und Mädchen, die ihren Vater während der ersten fünf Lebensjahre durch Trennung oder Scheidung der Eltern verloren und die Probleme hatten, eine stabile geschlechtliche Identität zu etablieren.

So stellte sie u. a. fest, daß das Fehlen beständiger trianguärer ödipaler Erfahrungen bei diesen Kindern zu innerem Rückzug auf Phantasie-Konfigurationen führte, die letztlich eine unausgeglichene Balance zwischen der Phantasiewelt und den Objektbeziehungen in der Realität zur Folge hatten (S. 315). Weiter beobachtete sie, daß bei den Mädchen der Mangel an Kontakt mit dem ödipalen Vater die psychosexuellen Identifizierungen gehemmt hatte. Sie zeigten Zweifel und Konflikte über die weibliche Geschlechtsidentität der Mutter, die zu einem konflikthaften Identifikationsmodell für ihre Tochter wurde (S. 314). Bedeutsam war auch, daß alle Mädchen in Burgners Untersuchung den Verlust des Vaters als eine Bestätigung ihrer angeblich inadäquaten weiblichen Körperlichkeit[41] erlebten. Nach Burgner drückte sich in ihrem äußerst niedrigen

---

[40] Der Fall der kleinen Jane, die durch den fehlenden positiven Umgang mit einer männlichen Bezugsperson in ihrer Ichentwicklung wie in der Differenzierung ihrer weiblichen Identität behindert wurde, kann auch als ein Beispiel angesehen werden für Jacobsons (1978b) Hinweis darauf, wie stark das Ringen eines Kindes um Identität sein kann, und wie sehr ein Kind für den Aufbau seines Ich die Möglichkeit zur Identifikation mit kompetenten elterlichen Objekten braucht. Zur Entstehung von Identitätsproblemen aus Mangel an elterlicher Unterstützung schreibt sie: „Aus solchen Fällen lernen wir, daß ein hilfloses Kind mit einer feindseligen, abweisenden oder erdrückenden Mutter gewöhnlich sein Bestes gibt, das mächtige, aggressive Liebesobjekt zu akzeptieren und sich ihm zu unterwerfen, und sogar eher sein eigenes Selbst opfert, als das Liebesobjekt völlig aufzugeben." (S. 114)

Selbstwertgefühl und ihrer Unzufriedenheit mit sich selbst ihre Sehnsucht aus nach einem vollständigen Körper wie nach einer vollständigen Familie; die Disharmonie in ihrer Familienkonstellation spiegelte sich in der Disharmonie ihrer inneren Selbst-Objekt-Beziehungen und im Ungleichgewicht ihrer psychischen Strukturierung (S. 314). Abschließend meint Burgner (1985), sich auf ihre Erfahrungen mit erwachsenen Patienten beziehend, daß es ohne eine wenigstens in Teilen erfahrene und integrierte ödipale Triangulierung beim späteren Wiederaufleben ödipaler Konstellationen zu Verzerrungen kommt (S. 315).

Hinsichtlich der Bedeutung der triangulären Konstellation für eine gesunde ödipale Entwicklung berichtet Eppel (1965) von ähnlichen Beobachtungen. Sie schreibt: „Ferner ermöglicht nur die vollständige Familie den annähernd reibungslosen Ablauf der Ödipus-Phase, die für die geschlechtliche Identifizierung und die Überich-Bildung so bedeutungsvoll ist. Zwar passieren sie auch vaterlose Kinder, wie in den Hampstead Nurseries beobachtet wurde, und identifizieren sich mit Vaterersatzfiguren, aber es kommt zu den mannigfachsten Störungen dadurch, daß sie ihre Vater-Phantasien mit der Realität nicht in Einklang bringen und nie die Beziehung der Eltern zueinander erleben können (Benett und Hellmann, 1950; A. Freud, 1950)." (S. 526)

3.4.4.   Voraussetzungen für eine günstige ödipale Identitätsbildung

Die Beiträge in den vorstehenden Abschnitten machen deutlich, wie sehr sich auch in der ödipalen Phase die Vorgänge in der Triebentwicklung wie in der Entfaltung des Ich wechselseitig bedingen und in einem kausalen Zusammenhang stehen; und wie entscheidend die präödipalen Wurzeln hierfür sind. Zudem zeigt sich, daß durch das Fehlen des ödipalen Austausches mit dem Vater und durch die Abwehr der weiblich-rezeptiven Wünsche in der Beziehung zu ihm als gegengeschlechtlichem Liebesobjekt die Ichentwicklung des Mädchens eine Hemmung in der Ausbildung der Beziehungsfähigkeit erfährt (siehe auch Winter, 1967, Abschnitt 3.5.1.).

Denn indem Luquet-Parat (1981) und Laufer (1986) darauf hinweisen, daß für eine günstige ödipale Beziehung des Mädchens zum Vater die Überwindung der präödipalen Ängste ebenso wie der Verzicht auf die präödipalen Wünsche nach passiver Anlehnung und narzißtischer Wunscherfüllung Voraussetzung sind, bestätigen sie indirekt die psychoanalytische Erkenntnis, daß in einer normalen Entwicklung der Schritt in die ödipale Auseinandersetzung zu einer wesentlichen Differenzierung in der Ichentwicklung wie in der Identitätsbildung beiträgt, und zwar aufgrund der hierfür erforderlich werdenden Entwicklung in der Fähigkeit zur Realitätsprüfung. Mit der Lösung des ödipalen Konfliktes kann dann eine höhere Ebene in der psychischen Organisation

---

41 Dieser Hinweis Burgners (1985) läßt zumindest vermuten, daß an der Entstehung eines positiven weiblichen Körpergefühls nicht nur die Beziehung zur Mutter (siehe Laufer, 1986), sondern auch der positive Austausch mit dem Vater Anteil hat.

erreicht werden, in der es zu einer Transformation der emotionalen Bindungen an die elterlichen Liebesobjekte kommt (siehe Laufer, 1986), wodurch das Ich mehr Eigenständigkeit gewinnt.

Das Beispiel der kleinen Jane (Edgcumbe, 1976) verweist auf diesen Zusammenhang von Geschlechtsidentitätsbildung und Ichentwicklung. Erst ein positiver Bezug zum Vater würde dem Mädchen, in Auseinanderssetzung mit ihm im Ödipuskomplex, die Etablierung einer stabilen weiblichen Identität ermöglichen. Dabei bringt Jane von sich aus klar zum Ausdruck, daß es ihr in dieser ödipalen Beziehung zum Vater nicht nur um libidinös-inzestuöse Wünsche und narzißtische Bestätigung im weiblichen Selbstgefühl geht sondern vor allem auch um das Gefühl der Geborgenheit, das der Vater vermitteln soll, indem er Schutz bietet für eine ungestörte Entwicklung im Ich.

Jacobson (1978b) schreibt zur ödipalen Herausforderung, daß auch eine sogenannte normale Entwicklung im Ödipuskomplex für das Mädchen nicht ohne Konflikte verläuft zwischen seinen libidinös-rezeptiven Wünschen und seinen narzißtisch-aktiven Strebungen in bezug auf den Vater als bewundertem Liebesobjekt. Eine besondere Gefahr für die Ichentwicklung des Mädchens sieht sie in einer verführerischen Haltung des Vaters in der libidinösen Beziehung zu seiner Tochter, durch die er ihre passiven Strebungen fördert (S. 126-127). D.h.: Der günstige Verlauf der ödipalen Entwicklung kann auch dadurch beeinträchtigt werden, daß der Vater seine Tochter in eine stereotype weibliche Haltung drängt. Kommt es aber in der ödipalen Hinwendung zum Vater zu einer Regression im Ich, resultieren daraus Behinderungen in der Realitätsanpassung und häufig ein Steckenbleiben in ödipalen Phantasien (siehe Abschnitt 4.7.).

Es ist daher zu unterscheiden zwischen der entwicklungsmäßigen Anhänglichkeit des Mädchens an den Vater in einem zärtlich-libidinösen Kontakt und der Auseinandersetzung mit ihm in der Ichentwicklung, die durch die ödipalen Vorgänge kompliziert werden kann. Während Luquet-Parat in diesen Entwicklungsvorgängen die Erlangung einer weiblich-rezeptiven Haltung in Annahme der Geschlechtsrolle besonders hervorhebt; betont Jacobson, daß das Ich von diesen rezeptiv-passiven Tendenzen nicht zu stark beeinflußt werden darf, damit das Mädchen mit zunehmender Reife in seinem Ich vom Mann unabhängig werden kann und es sich auch in seinen späteren Liebesbeziehungen eine relative Autonomie in seinem Ich bewahrt (siehe Abschnitt 4.3.1.). Daneben bleibt gültig, daß für eine gesunde weibliche Ichentwicklung und Identitätsbildung die ödipale Liebesbeziehung zum Vater einen ausreichend günstigen Verlauf nehmen muß. Burgner (1985) bringt das Mißlingen positiver ödipaler Erfahrungen in Zusammenhang mit mangelnder Fähigkeit zur Realitätsprüfung und Schwierigkeiten in der Ausbildung einer positiven weiblichen Identität. Über entsprechende Störungen wird in den folgenden Abschnitten näher berichtet.

3.5.   Fehlentwicklungen in der weiblichen Identitätsbildung

3.5.1.   Störungen im weiblichen Selbstgefühl

M. R. Leonard (1966) befaßt sich in ihrer ausgezeichneten Arbeit „Fathers and Daughters: The Significance of 'Fathering' in the Psychosexual Development of the Girl" mit Komplikationen in der Vater-Tochter-Beziehung, durch die das Mädchen in seiner weiblichen Identitätsbildung gehemmt wird. Die Abwesenheit des Vaters oder Störungen in seiner Persönlichkeitsstruktur sieht sie hierfür verantwortlich. Zur Einführung ihrer Überlegungen betont sie, daß nicht nur die Anwesenheit des Vaters, sondern seine echte Teilnahme am Heranwachsen seiner Tochter, von den präödipalen Phasen an, für eine normale Entwicklung des Mädchens in seiner Geschlechtsidentitätsbildung Voraussetzung ist (S. 239).

Wenn hingegen der Vater nicht in ausreichendem Maße am Familiengeschehen teilhat, fehlt dem Mädchen zum einen die Möglichkeit, seine ödipalen Phantasien durch die reale Beziehung zu ihm zu korrigieren (siehe Riemann, 1981); zum anderen erhält es durch seine Abwesenheit oder durch sein Ignorieren der Tochter nicht genug Anreiz, die präödipale Beziehung zur Mutter aufzugeben und in eine ödipale Konkurrenz mit ihr zu gehen (S. 329). Unter Bezug auf ihre klinischen Erfahrungen nennt M. R. Leonard daher zwei Konsequenzen, die sich aus dem fehlenden Kontakt mit dem Vater meist ergeben: die Überidealisierung des Vaters, dessen Bild nicht durch die Realität korrigiert werden kann und/oder das Steckenbleiben des Mädchens in einer präödipalen narzißtischen Haltung. Bei ihren jugendlichen Patientinnen beobachtete sie, daß diese versuchten, den abwesenden Vater durch Phantasie-Objekte zu ersetzen, die entweder idealisiert oder mit sadistischen Attributen versehen wurden (S. 333).

Unter Hinweis darauf, daß der durchgängige Mangel an Aufmerksamkeit von seiten des Liebesobjektes vom Kind negativ als Ablehnung interpretiert wird, bezeichnet M. R. Leonard die Teilnahmslosigkeit des Vaters oder seine Zurückweisung der Tochter als schwere Hypothek, die das Mädchen in seinem Selbstgefühl verunsichert und Abwehr gegen die ödipalen Gefühle hervorruft. Als eine Form dieser Abwehr beschreibt sie die bereits erwähnten sadistischen Tendenzen, die sich bei ihren Patientinnen im Vaterbild wie in den Selbstrepräsentanzen niederschlugen (S. 329). Die Folge war eine unbewußte Identifizierung mit dem Vater, dessen Bild destruktive Züge erhielt, wie dies auch von Luquet-Parat (1981) beschrieben wird (siehe Abschnitt 3.4.2.).

Der Fall Linda, von dem M. R. Leonard (1966) berichtet, beleuchtet die hier aufgezeigte Problematik treffend. Zu Lindas Störungen aufgrund des Verlustes des Vaters schreibt die Autorin u.a. (S. 327-328):

Als Linda 9 Jahre alt war, wurde die Ehe der Eltern geschieden, nachdem es schon vorher Perioden der Trennung zwischen den Eltern gegeben hatte.

Mit Beginn der Vorbereitungen für die Scheidung gab es nur noch sehr wenige, kurze Kontakte des Vaters mit seiner Tochter. Unbewußt machte Linda ihre Mutter für den Verlust des Vaters verantwortlich; bewußt hatte sie Schuldgefühle wegen ihrer feindseligen Gefühle und war oft extrem depressiv.

Da sie viel las, auch Erwachsenen-Literatur, stieß sie auf die Geschichte der Zarentochter Anastasia. Sie war fasziniert von der Frage, ob Anastasia ermordet wurde oder entkommen konnte. Sie identifizierte sich mit Anastasia. Aus ihren Träumen wurde ersichtlich, daß sie in ihrem Vater eine dominierende Persönlichkeit sah, jemanden, den sie bewunderte und gleichzeitig fürchtete. Sie hatte Wut auf ihn, da er ihre Mutter verlassen hatte, und fühlte sich in dem Maße, wie sie sich mit der Mutter identifizierte, vom Vater abgelehnt.

Der Vater bemühte sich nach der Scheidung nicht um Kontakte mit ihr. Aus dieser Vernachlässigung heraus entwickelte Linda das Empfinden, daß „weiblich sein" bedeuten mußte, daß man verloren und möglichen Schädigungen ausgesetzt ist, wie es Anastasia ergangen war. Gegen die Quälereien von seiten ihres Bruders fühlte sie sich ohne Schutz.

Resümierend stellt M. R. Leonard fest, daß Lindas Bild vom Vater eine Karikatur war. Obgleich es sich aus Teilen der Realität zusammensetzte, war es Linda unmöglich, die Teile so zu einem Bild zusammenzusetzen, daß es einem menschlichen Wesen glich, demgegenüber sie Gefühle der Zuneigung empfinden konnte. Sie wollte stolz auf ihren Vater sein und gleichzeitig trug ihr Bild von ihm Züge von Grausamkeit und Gewaltsamkeit.

Als Folge des Verlustes des Vaters identifizierte sie sich mit diesem abgehobenen, erschreckenden Vaterbild und zeigte gegenüber ihrer Umwelt männlich-aggressives Verhalten. Alle Interessen, die als weiblich angesehen werden konnten, wies sie zurück und hatte daher keine Freundinnen in ihrer Altersgruppe. In der Beziehung zur Mutter und in der Konkurrenz mit dem Bruder, mit dem sie um die Aufmerksamkeit der Mutter rang, blieb sie in präödipalem Verhalten stecken.

Die Abwesenheit und das Desinteresse des Vaters hatten bei Linda offensichtlich profunde Selbstzweifel an ihrer Weiblichkeit verursacht, da ihr das Wissen fehlte, von einer bewunderten Person geliebt zu sein (M. R. Leonard, S. 329).

Auch Winter (1967) berichtet von diesen weiblichen Selbstzweifeln. Er sieht eine wichtige Voraussetzung für die Entwicklung einer positiven weiblichen Geschlechtsidentität in der Möglichkeit des Mädchens zum „ödipalen Flirten", damit es seine weiblichen Verführungskünste am Vater (oder einer ödipalen Ersatzfigur) erproben lernt (S. 217; siehe Deutsch, 1988, Abschnitt 3.2.l.). Die negative Einstellung zur eigenen Weiblichkeit ist nach seiner Ansicht nicht angeboren, sondern „geworden" (S. 235), d. h. sie hat ihren Grund in frühen ungünstigen Beziehungskonstellationen.

Wie Luquet-Parat (1981) geht Winter (1967) in seinen Überlegungen hierzu besonders ein auf die Störungen in der genitalen weiblichen Identität, die sich spätestens in der Adoleszenz zeigen, wenn dem Mädchen im Bezug zu heterosexuellen Partnern die notwendige Sicherheit fehlt in der Übernahme der weiblichen Geschlechtsrolle. Als besondere Ursache für Störungen in diesem Bereich betont er die Beeinträchtigungen in der Ichentwicklung; durch sie werden sekundär die Hemmungen in der weiblichen Triebentwicklung hervorgerufen. D. h.: Nach seiner Ansicht ist es das gestörte Ich, das die Entfaltung der ursprünglichen Triebkräfte hemmt und eine ängstlich einseitige Anpassung an ungünstige Umwelteinflüsse bewirkt. Aus diesen Fehlentwicklungen resultieren die Behinderungen in der Ausbildung einer positiven weiblichen Ich-Identität, in die die Geschlechtsidentität einbezogen ist (siehe auch Erikson, 1981).

Für die gestörte Ichentwicklung macht Winter in erster Linie die präödipalen Beziehungsverhältnisse in der Familie verantwortlich. Wie Laufer (1986) kommt auch er zu der Erkenntnis, daß frühe präödipale Enttäuschungen an beiden Eltern , vor allem eine erschwerte Ablösung von der Mutter, den Eintritt in die ödipale Phase belasten, indem das Mädchen die Flirtphase mit der Hoffnung verbindet, doch endlich vom Vater die von der präödipalen Mutter ersehnte narzißtische Bestätigung zu erhalten und bei ihm Unterstützung und Ermutigung zu finden in dem Wunsch nach Eigenständigkeit und Trennung von der Mutter. Winter (1967) betont, daß in dieser kritischen Phase ein schwer oder nicht erreichbarer Vater durch seine Ablehnung die frühen Ängste und Abwehrhaltungen des Mädchens noch verstärkt (S. 217).

Gleichzeitig erwähnt er den wichtigen Einfluß der Mutter, die in ihrer ablehnenden Haltung gegenüber dem Ehemann bei ihrer Tochter die positive Besetzung der weiblichen Identität mit ihren ödipalen rezeptiv-libidinösen Strebungen gegenüber dem Vater behindern kann (siehe auch Slater, 1961, Abschnitt 3.1.3.). Mit Bezug auf seine klinischen Fälle schreibt er zu den schweren Enttäuschungen in den frühen Objektbeziehungen seiner Patientinnen:

„... daß wohl nur ein energisch Tochter-freundlicher Vater das Schlimmste hätte abwenden und die sadomasochistische Verzerrung der Urszene hätte korrigieren können." (S. 219)

Aus einer schmerzlich erlebten Ablehnung durch den Vater folgt nach Winter, daß sich die sexuelle weibliche Identität nicht „wirksam, wertvoll und berechtigt etablieren" (S. 234) kann, weil der Verzicht auf den Vater als Liebesobjekt und die Identifikation mit ihm „zu früh", d. h. am Anfang der ödipalen Phase und nicht erst an ihrem Ende stattfindet (S. 233). Er bringt hierfür das Beispiel einer jungen Frau, deren problematische Liebesbeziehungen in Zusammenhang standen mit der traumatischen Erfahrung schroffer Ablehnung durch den Vater, und berichtet u. a. folgendes (S. 229-232):

Trix, so nennt Winter seine Patientin, hatte die hoffnungslose Objektbeziehung mit dem Vater früh gegen eine Identifikation mit ihm eingetauscht. Sie verachtete an sich selbst den Ausdruck von weichen Gefühlen und entwickelte eine charmante, aber unspontane Haltung gegenüber anderen.
In ihren beruflichen Leistungen und ihren nicht-sexuellen Beziehungen war sie elastisch und anpassungsfähig, dagegen waren ihre heterosexuellen Kontakte gestört. Sie hatte die Identität ihrer genitalen Weiblichkeit nicht gefunden. Bezeichnenderweise unterlagen Beziehungen zu Männern, die ihr

wirklich wichtig waren, alle dem ödipalen Wiederholungszwang, indem ihre Neigungen von diesen Männern, wie früher vom Vater, nicht beantwortet wurden.

Winter (1967) verweist hier auf eine negativ getönte Ergänzungsreihe im Schicksal weiblicher Selbstzweifel:
„Je unvollständiger die präödipale Ichentwicklung, desto hoffnungsloser das Anliegen an den Vater (und spätere Objekte), die Tochter durch sein Eingreifen aus dem 'Matriarchat' zu befreien." (S.235)

Diese „Ritter-Georg-Erwartung" des Mädchens führt dann in nachfolgenden Objektbeziehungen zu sich wiederholender Enttäuschung, da die unbefriedigten narzißtischen Entwicklungsbedürfnisse die Objektlibido beeinträchtigen, wodurch eine realistische Einstellung in der partnerschaftlichen Beziehung behindert wird (S. 235). Außerdem kommt im Hinblick auf den Aggressionshaushalt hinzu, daß die wichtigen natürlichen aggressiven Tendenzen, die für die Erlangung des Triebziels erfolglos eingesetzt wurden, sadistisch werden und sich in Ermangelung eines bestätigenden Beziehungsobjektes, das aufgrund seiner Abwesenheit oder Abweisung als destruktiv erlebt wird, gegen das eigene Selbst richten. Es entsteht daraus ein verfrühtes sadistisches Überich (S. 236).[42]

Winter (1967) spricht von dem „weiblichen Anerkennungswunsch" (S. 236), den er in seiner Praxis als Übertragungsphänomen in ödipalem Zusammenhang häufig beobachtet, und umreißt das Problem von Frauen, die sich von ihrem Vater abgelehnt fühlen, mit den Worten: „Wie kann ich mich dem Mann präsentieren, dessen Liebe mich erst präsentabel macht?" (S. 236). Er kommt zu dem Schluß, daß seinen Patientinnen in der Kindheit eine liebevolle Beachtung durch den Vater gefehlt hat, die es ihnen ermöglicht hätte, ein Gefühl zu entwickeln von einem geliebten Selbst in Beziehung zu einem liebevollen Anderen, der in seiner geschlechtlichen Andersartigkeit verschieden von ihnen ist.

Damit bringt Winter zum Ausdruck, daß es wichtig ist für das Mädchen, im Laufe seiner Entwicklung von einer ihm nahestehenden männlichen Bezugsperson einmal gesagt zu bekommen, daß es gut ist, eine Frau zu sein. Erlebt es dagegen die Ablehnung durch den Vater als narzißtische Verletzung, kommt es mit der Entwertung des Vaters zur Entwertung des eigenen weiblichen Selbst in Bereichen, die die Vater-Tochter-Beziehung berühren. Hier zeigt sich dann der negative Einfluß des Vaters als introjiziertes

---

[42] Wie Laufer (1986) schreibt, kann eine solche Fehlentwicklung sich ebenso aus der enttäuschenden frühen Mutterbeziehung ergeben (siehe Abschnitt 3.4.1.).
Layard (1945) kommt zu ähnlichen Erkenntnissen in seiner Arbeit „The Incest Taboo and the Virgin Archetype": Er berichtet von einer jungen Frau, die aufgrund von Deprivationen in schwierigen Familienverhältnissen zu früh ein moralisches Überich ausbildete, was zur Folge hatte, daß sie mit ihrem kritischen Denken ihre weibliche Gefühlsseite unterdrückte und sich damit den Umgang mit ihrem weiblichen Selbst wie mit dem Mann in einer Liebesbeziehung extrem erschwerte (S. 297-298).

Objekt in spezifischen Persönlichkeitsstörungen des Mädchens, wie im Fall von Linda und Trix.

3.5.2.   Abwehr der weiblichen Wünsche

Wie bereits im Abschnitt 3.2.2. angedeutet, hat sich Karen Horney schon sehr früh mit den Problemen weiblicher Minderwertigkeitsgefühle und weiblicher Männlichkeitsphantasien auseinandergesetzt. Ihre Erkenntnisse über die Ursachen von Störungen im weiblichen Identitätsgefühl referiert sie in ihren berühmten Aufsätzen „Zur Genese des weiblichen Kastrationskomplexes" (1923) und „Flucht aus der Weiblichkeit" (1926). Sie beschreibt darin den Einfluß der Vater-Tochter-Beziehung auf die neurotischen Konflikte, die Frauen daran hindern, ein positives weibliches Selbstgefühl auszubilden. Ihre Ausführungen hierzu vertiefen die Hinweise von Laufer (1986) und Luquet-Parat (1981); sie sind so wesentlich, daß moderne Psychoanalytiker/innen sich häufig zur Bestätigung ihrer neueren Erkenntnisse auf Horneys Aussagen beziehen.

Horney unterscheidet einen vorübergehenden „primären Penisneid" während der prädipalen Entwicklung des Mädchens von einem „sekundären Penisneid", der als eine später entstehende komplexere Abwehrbildung in einer gestörten ödipalen Entwicklung anzusehen ist (1926, S. 368). D.h.: Sie ist der Ansicht, daß der primäre Penisneid des kleinen Mädchens auf rein anatomische Unterschiede gegenüber dem kleinen Jungen zurückgeht, während die Männlichkeitswünsche der Frau
„eine sekundäre Bildung darstellen, in der alles Platz gefunden hat, was in der weiblichen Entwicklung mißglückt ist." (1926, S. 368)

Für das Mädchen in der ödipalen Entwicklung sieht Horney zwei Möglichkeiten, den primären Penisneid zu überwinden. Sie spricht hier vom autoerotisch-narzißtischen Wunsch nach dem Penis, der aufgehen kann: 1. in dem weiblichen Verlangen nach dem Mann (=Vater) auf der Basis der Identifikation mit der Mutter; 2. in dem mütterlichen Verlangen nach dem Kind (vom Vater). Der Ursprung beider Einstellungen ist narzißtischer Natur, und zwar von der Art des Besitzenwollens (1923, S. 17). Im Gegensatz zu Freud betont Horney die Existenz einer inneren, lustorientierten weiblichen Sexualität (1926, S. 368) .

In ihren Überlegungen zur Entstehung von Störungen in der ödipalen Entwicklung des Mädchens berücksichtigt sie, daß gewöhnlich die auf den Vater gerichteten ödipalen Liebesphantasien durch den realen Kontakt mit ihm eine gewisse Versagung erfahren, und ergänzt, daß bei Frauen mit „dominierendem Kastrationskomplex" diese Versagung offenbar zu einer „eindrucksschweren Enttäuschung" wurde (1923, S. 18). In diesen Aussagen bezieht sie sich auf ihre Erfahrungen mit Patientinnen, die zunächst eine Phase intensiver Vaterbindung durchmachten und versuchten, den Ödipuskomplex auf normale Weise zu bewältigen, indem sie ihre Identifizierungen mit der Mutter beibehielten und mit der Mutter den Vater zum Liebesobjekt nahmen (1923, S. 17). Aufgrund starker Enttäuschungen kam es dann aber zu einer mehr oder weniger begrenzten neurotischen Störung in der Entwicklung des Wirklichkeitssinns. Die Gründe für diese Störungen sieht Horney in einer zu starken Gefühlsintensität in der Bindung an den Vater, einer übermäßig großen Phantasietätigkeit und so unerfreulichen realen Beziehungen zu den Eltern, daß sich von daher ein Haften an der Phantasie erklärt (1923, S. 18).

Weiter schreibt Horney, daß gravierende Enttäuschungen am Vater das Mädchen dazu veranlassen, mit dem Vater als Liebesobjekt auch den Wunsch nach dem Kind aufzugeben. In der Folge kommt es zu einer Regression auf anale Vorstellungen und auf ein primäres Penisverlangen aus der präödipalen Periode, das nun verstärkt durch die Triebkraft, die im Normalfall dem Kinderwunsch innewohnt, den sekundären Penisneid hervorruft (1923, S. 20). Dabei versucht das Mädchen im Verzicht auf seine ödipalen Wünsche die Objektbeziehung regressiv durch eine Identifizierung mit dem Vater zu ersetzen (1923, S. 21). Hierdurch kommt es zu einer Aufhebung oder zumindest Lockerung in der Objektbeziehung zu ihm, wodurch der schmerzliche Objektverlust vom Ich leichter ertragen werden kann (1926, S. 31).

Horney betont, daß damit die zunächst trotz frühem Penisneid zustandegekommene, intensive ganz weibliche Liebeseinstellung gegenüber dem Vater letztlich in eine Abwendung von der weiblichen Rolle mündet mit der Aufrichtung von Männlichkeitsphantasien zur Abwehr der libidinösen Wünsche (1923, S. 23). Nach ihrer Ansicht läßt sich der weibliche Kastrationskomplex entgegen Freud aus zwei Kern-Ursachen erklären, die sich gegenseitig ergänzen:

1. aus der durch Abwehr bedingten ödipalen Fehlentwicklung, die zur Identifikation mit dem Vater beiträgt und sich sekundär ergibt aus der Regression auf die präödipale anale Position mit der Wiederbelebung des primären Penisneides;

2. aus der Grundphantasie des Mädchens, durch die Liebesbeziehung zum Vater kastriert zu sein, d. h. durch die Vorstellung weiblicher Minderwertigkeit aufgrund erfahrener Zurückweisung und Entwertung. (Siehe zu den daraus entstehenden masochistischen Tendenzen Laufer, 1986, und Schmidt-Hellerau,1988, Abschnitt 3.4.1)

Zur Entstehung weiblichen Minderwertigkeitsgefühls führt Horney weiter aus, daß die Vater-Identifikation auch bedeutet, daß der Wirklichkeitssinn des Mädchens erwacht ist und es die Realität nicht mehr verleugnen kann. Statt den gewünschten Besitz des Penis in Phantasien zu realisieren, fällt das Mädchen nun bezüglich des Nichthabens bzw. des Verbleibs des Penis in Grübeleien, deren Ursache in einer nicht überwundenen weiblichen Liebesbindung an den Vater liegt; die sich zum einen äußert in Gefühlen der Wut und der Rache ihm gegenüber wegen der durch ihn erlittenen Verletzung und zum anderen in Schuldgefühlen wegen der auf ihn bezogenen, eigentlich ganz natürlichen Wünsche und Phantasien (1923, S. 23). Nach Horney gehen diese Grübeleien immer auf den Vater und die verdeckte Liebesbeziehung zu ihm zurück und können in Vergewaltigungsphantasien oder Schlagephantasien ihren Ausdruck finden. Sie schreibt, daß nach ihren Beobachtungen hier ein Trieb am Werk ist,

„das vom Vater Erlittene zwangsläufig wieder zu erleiden und sich selbst die Realität des Erlittenen zu dokumentieren." (1923, S. 24)

Von ihren Patientinnen berichtet sie, daß diese sich in ihrem Erleben vom Vater fallengelassen oder betrogen fühlten (1923, S. 18) und noch im Erwachsenenalter grundlegende Zweifel zeigten am Realitätscharakter ihnen entgegengebrachter Zuneigung von seiten eines Mannes sowie hinsichtlich ihrer eigenen Phantasie über ihre Beziehungen zu Männern. Dabei erhielt das frühe Gefühl des Verletztseins in der Liebesbeziehung zum Vater seine sich wiederholende Bestätigung in den späteren realen Beziehungen dieser Frauen (1923, S. 24).

Horney schreibt zu diesen Störungen, daß die von ihr beschriebenen Kastrationsphantasien bei Frauen die Verdrängung eines „wichtigsten Stückes" Weiblichkeit, nämlich den Wunsch nach einer Liebesbeziehung zum Mann (=Vater), verdecken (1923, S. 24-25). Mit anderen Worten: Die verletzte Weiblichkeit ist die Ursache für den Kastrationskomplex und für das Scheitern des Ödipuskomplexes mit der Abwendung von der weiblichen Geschlechtsrolle (1923, S. 25-26). In der Identifikation mit dem Vater sucht das Mädchen dann eine Lösung, die an seiner Wirklichkeit als Frau, d. h. an seinen weiblichen Bedürfnissen und Wünschen vorbeigeht.

Zu der Entstehung von Schuldgefühlen, die mit dieser Fehlentwicklung in Zusammenhang stehen, führt Horney aus, daß die Vater-Identifikation an sich in der Frau keinerlei Schuldgefühle bewirkt, sondern eher eine Entlastung darstellt, da sie frühen prädipalen Wünschen entspricht; daß aber die Verknüpfung der Vorstellung weiblicher Minderwertigkeit (d.h. des Kastriertseins) mit den auf den Vater gerichteten Inzest-Phantasien zu dem verhängnisvollen Resultat führt, daß Frausein als Schuld empfunden wird (1923, S. 26).

Hingegen stehen die Männlichkeitsphantasien von Frauen, wie bereits ausgeführt, im Dienste der Verdrängung der weiblichen Wünsche, um sich nicht dieser libidinösen Wünsche und Phantasien, die vom Vater nicht in ihrem ursprünglichen Drang nach kindlicher Bestätigung aufgenommen werden konnten, bewußt werden zu müssen; d. h. mit Hilfe dieser Männlichkeitswünsche soll die mit Schuld und Angst beladene weibliche Rolle vermieden werden (1926, S. 371). Horney schreibt zu dieser Fehlentwicklung, daß das Einschwenken auf die männliche Rolle in der Frau zwar Minderwertigkeitsgefühle entstehen läßt,

„denn das Mädchen fängt jetzt an, sich an Ansprüchen und Werten zu messen, die ihrem eigenen biologischen Wesen fremd sind, und denen gegenüber sie sich also unzulänglich fühlen muß" (1926, S. 371),

daß diese Minderwertigkeitsgefühle vom Ich aber leichter ertragen werden als die Ängste und inzestuösen Schuldgefühle, mit denen die aus der Enttäuschung entstandene weibliche Einstellung verknüpft ist (1926, S. 371; siehe auch Luquet-Parat, Abschnitt 3.4.2.). Mit ihrer Ansicht, daß die Männlichkeitswünsche von Frauen eine sekundäre Bildung darstellen, deren Ursache sie mit wesentlichen Enttäuschungen des Mädchens am Vater in Zusammenhang bringt, hat Karen Horney schon sehr früh zur entscheidenden Korrektur in der Weiblichkeitstheorie von Freud beigetragen.

Toroks (1981) Ausführungen zur Bedeutung des „Penisneides" bei der Frau sind eine wichtige Ergänzung zu Horneys (1923, 1926) Erkenntnissen, in dem Torok den Schwerpunkt ihrer Betrachtungen auf die anale Autorität der Mutter legt, d. h. sie sieht die Ursache für die Entstehung des weiblichen Kastrationskomplexes im Einfluß der Mutter, die dem Mädchen die Autonomie in seiner weiblichen Geschlechtlichkeit vorenthält.

Ebenso wie Horney bezeichnet Torok den „Penisneid" als eine Verschleierung des Wunsches des Mädchens, genitale Reife zu erlangen, die gleichzeitig Kreativität und Eigenständigkeit bedeutet. Sie betont, daß beim „Penisneid" nichts weniger wichtig ist als der Penis selbst (S. 195), d.h. daß der Wunsch nach dem Penis der falsche Wunsch ist, der als Neid ausgegeben wird; dieser Wunsch kann zwar eine Scheinbefriedigung erfahren, bedeutet jedoch immer Entfremdung der Frau von sich selbst (S. 193). Aufgrund dieser Überlegungen setzt sie den Begriff des „Penisneides" in Anführungsstriche.

Torok sieht im „Penisneid" eine Verzweiflungslösung eines Konfliktes, der die quälenden Widersprüche zwischen der Angst vor der herrschenden Mutter und ihrer analen Macht und dem Wunsch des Mädchens nach Selbstbestimmung in der Erfahrung und Beherrschung seiner weiblichen Sexualität verdeckt (S. 194, 200). Sie schreibt hierzu:

> „Der 'Penisneid' erscheint nun als verkleideter Anspruch - nicht auf das Organ und die Attribute eines anderen Geschlechts, sondern auf die eigenen Wünsche nach Reifung und eigener Verarbeitung zugunsten einer Selbstfindung im Zusammenhang mit orgastischen und identifikatorischen Erlebnissen." (S. 202)

Für eine günstige Lösung des Ödipuskomplexes ist nach Torok wichtig, daß sich das Mädchen mit beiden Eltern in ihrer libidinös-sexuellen Beziehung zueinander identifizieren kann und ihm seine sexuellen Triebregungen nicht verboten werden. Hier können die prädipalen Ängste, die aus der Beziehung zur Mutter resultieren und sich in einer analen, strafenden Mutterimago manifestieren, die Hinwendung zum Vater in der ödipalen Situation behindern (siehe Laufer, 1986, Abschnitt 3.4.1.). Um aber vom „Penisneid" zu reifer Genitalität zu kommen, ist die ödipale Beziehung zum Vater notwendig. Torok (1981) sieht in diesem libidinös-inzestuösen Verhältnis zwischen Vater und Tochter mit der Phantasie des Mädchens, durch den väterlichen Penis Lust zu empfinden, eine wichtige Zwischenstufe in der Ausbildung weiblicher Genitalität und schreibt weiter hierzu:

> „Ist diese Phantasie einmal erlaubt, so hat das vom Vater gewünschte Kind nicht mehr die Bedeutung von dem, was man hat, sondern von dem, was sich in das zukünftige Leben integrieren wird." (S. 206)

Mit anderen Worten: Ebenso wie Horney u.a. verweist Torok darauf, daß durch die ödipale Liebesbeziehung zum Vater dem Mädchen die Integrierung der eigenen weiblichen Geschlechtlichkeit und die allmähliche Überwindung der libidinösen Abhängigkeit von den Eltern möglich wird. Wenn hingegen das Mädchen in einer ungünstigen Entwicklung seine weibliche Sexualität verdrängt, um nicht das Verbot der analen Mutter, mit deren Macht es sich identifiziert (S. 201), in Frage stellen zu müssen, gerät es in Gefahr, seine kindliche Abhängigkeit in der späteren Abhängigkeit vom Mann fortzusetzen (S. 232; siehe hierzu auch Jacobson, 1978a und b, Abschnitt 4.3.1.).

Zusammenfassung

Nach Torok (1981) liegen die Schwierigkeiten des Mädchens, zu einer reifen weiblichen Genitalität zu kommen, zum einen im Problem der Überwindung der prä-ödipalen mütterlichen Vorrechte, die die Autonomie des Kindes bedrohen, und zum anderen im Wagnis der ödipalen Triangulierung, in der die Identifizierung mit beiden Eltern in ihrer Liebesbeziehung zueinander für das Mädchen die Vertreibung der Mutter impliziert (S. 228; siehe auch Chasseguet-Smirgel, 1981, Abschnitt 4.5.2.). Hier muß im Sinne Horneys ergänzend betont werden, daß die Unfähigkeit zur Überwindung dieser Schwierigkeiten ihre Ursache häufig darin hat, daß ausreichend positive libidinös-ödipale Beziehungserfahrungen mit dem Vater fehlen, so daß aus Mangel an Ermutigung durch ihn ein „wichtigstes Stück" Weiblichkeit nicht entwickelt werden kann.

3.5.3. Negative Identifikationen als Hemmungsfaktoren in der weiblichen Entwicklung

Liest man in der einschlägigen Literatur die Abhandlungen über die ödipale Entwicklung des Mädchens, so fällt auf, wie oft davon berichtet wird, daß diese Entwicklung in der Phantasie des Mädchens mit der Angst vor Verletzung und Entwertung verknüpft ist. Im Ödipuskomplex, in dem es - mit der Ausbildung weiblicher Beziehungsfähigkeit - um einen zentralen Punkt weiblicher Entwicklung geht, scheint das Mädchen besonders abhängig von der Qualität seiner Objektbeziehungen in ihren libidinösen, die Realität angemessen einbeziehenden Anteilen.

Torok (1981) hebt im Hinblick auf günstige ödipale Voraussetzungen ausdrücklich hervor, daß für die Entwicklung einer gesunden Stärke im Ich mit der Fähigkeit zur Annahme der weiblichen Sexualität wichtige Teilidentifikationen des Mädchens mit beiden Eltern in ihrer Beziehung zueinander nötig sind, damit es sich ihre Macht und Funktionen aneigenen kann; und Blanck de Cereijido (1983) meint, daß erst das Erleben der elterlichen Liebesbeziehung dem Mädchen zu einem Modell von Weiblichkeit in der Beziehung zum heterosexuellen Partner verhilft (S. l02). McDougall (1981) differenziert diesen Aspekt wichtiger Teilidentifizierungen mit beiden Eltern im Hinblick auf die Ausbildung weiblicher Identität. In ihren Überlegungen hierzu schreibt sie:

„Es ist selbstverständlich, daß sich das Mädchen auf allen Ebenen mit seiner Mutter identifiziert, um zu einem harmonischen Erwachsenenleben zu gelangen; aber die Identifikation mit dem Vater, die für das weibliche Schicksal, für die Sexualität und die Identitätsgefühle des Mädchens ebenso wichtig sind, stellen uns vor die größten Rätsel". (S. 236)

Zur Erläuterung ihrer Hypothesen zu dieser Frage verweist McDougall (1981) auf die Universalität homosexueller Strebungen beim Menschen; in diesem Sinne versteht sie den Terminus der Homosexualität als einen sehr weiten, der die latente Homosexualität eines jeden Menschen einschließt. Unzulängliche oder negative Identifikationen mit beiden Eltern verhindern nach ihrer Ansicht die Integration der homosexuellen Strebungen, die aber Voraussetzung ist für die Entwicklung eines gesunden Selbstwert- und Identitätsgefühls. Sie schreibt zu diesen homosexuellen Tendenzen im Kind hinsichtlich ausreichend positiver Identifikationen mit beiden Eltern:

„Das Gefühl von Identität und Integrität kann nur durch die vollzogene Identifikation mit beiden Eltern erworben werden; sie allein erlaubt die Integration der libidinösen Urtriebe." (S. 241)

D.h.: Die Identifikation auch mit dem gegengeschlechtlichen Elternteil ist für die Bildung einer stabilen Ich-Identität unabdingbar (S. 237)[43]. In Anlehnung an Freuds These vom vollständigen Ödipuskomplex schreibt McDougall, daß das Mädchen nicht nur den Wunsch hat, sich vom Vater besitzen zu lassen, daß es ihn auch selbst besitzen möchte; ebenso möchte es seine Mutter besitzen und Besitz der Mutter sein. Mit anderen Worten: Es möchte die Rolle beider Eltern in der ehelichen Liebesbeziehung übernehmen und phantasiert in diesen Konstellationen eine Befriedigung seiner passiven wie seiner aktiven Triebwünsche (S. 258-259).

Ausdrücklich betont McDougall (1981), daß diese homosexuellen Strebungen in der Beziehung zu den Eltern neben den libidinösen, vor allem narzißtische Ziele verfolgen. Denn abgesehen von dem Wunsch nach einer libidinös-sexuellen Verbundenheit mit der Mutter, von der der Mann ausgeschlossen sein soll, hat das kleine Mädchen darüberhinaus den narzißtischen Wunsch, „sein Vater zu sein (was nicht unbedingt eine Identifikation mit der sexuellen Rolle desselben impliziert)" (S. 236). Vielmehr geht es um eine wichtige Teilidentifizierung mit dem Vater, die im wesentlichen eine narzißtische Motivation hat[44].

Weiter führt McDougall (1981) hierzu aus, daß die homosexuellen Tendenzen, die sich in einer normalen homosexuellen Beziehung zur Mutter wie in der narzißtischen Identifikation mit dem Vater äußern (S. 289), von Frauen in einer normalen Entwick-

---

[43] Hierzu ist an Jacobson (1978b) zu erinnern, die davon ausgeht, daß die narzißtische Besetzung des Ich und das Streben nach eigener Aktivität durch die Erfahrungen an dem anderen, der als Rivale erlebt wird, besonders angeregt werden (siehe Abschnitt 2.2.2.).

[44] Die „narzißtischen" Qualitäten in der Beziehung des Kindes zu seinen Eltern sieht auch Jacobson (1978b). Sie schreibt, daß die mütterliche wie die väterliche Imago „noch auf Jahre hinaus nur eine Erweiterung der kindlichen 'Selbst-Imago' darstellen." (S. 52)

lung in ihre Persönlichkeitsstruktur integriert werden und dann meist in drei Bereichen zum Ausdruck kommen: in der Identifikation mit dem heterosexuellen Partner (siehe Slater, 1961, Abschnitt 3.1.3.); in „sublimierten" freundschaftlichen Beziehungen zu Frauen; und in der Mutterschaft. Zudem liegen jeder schöpferischen Arbeit unbewußte Identifikationen mit dem gegengeschlechtlichen Elternteil zugrunde, denn erst durch diese homosexuellen Elemente wird die Schaffung von schöpferischen Werken möglich (S. 237).

Den Mangel an Integration dieser für die Persönlichkeitsentwicklung so wichtigen homosexuellen Strebungen definiert McDougall (1981) als Unfähigkeit zu narzißtischer Selbstliebe (S. 288; siehe auch Deutsch, 1988, Abschnitt 4.4.4.). Sie beschreibt diese Unfähigkeit als Lücke in der psychischen Strukturierung, die zu Störungen im Identitätsgefühl, zu Ängsten in der Beziehung zu anderen, wie zu Hemmungen in der Sublimierungsfähigkeit führen (S. 238). Den Grund hierfür sieht sie im Mißlingen ausreichend positiver Identifikationen mit beiden Eltern, insbesondere mit dem Vater als Träger des Phallus, der im Unbewußten den Wunsch nach Macht, Begehren, Vollständigkeit und Hoffnung symbolisiert (S. 288; siehe die Abschnitte 4.4.3. und 4.5.2.).

Zusammenfassung

Bei der Darstellung von Störungen in der weiblichen Identitätsbildung diskutieren die oben referierten Autoren unterschiedliche Gründe hierfür. Während Winter (1967) davon ausgeht, daß die auftretenden Komplikationen auf eine Beeinträchtigung in der Ichentwicklung zurückzuführen sind, durch die dann sekundär die Triebentwicklung gehemmt wird; betont Torok (1981), daß die Störungen in der Ichentwicklung und Selbstentfaltung des Mädchens in erster Linie durch die Hemmungen in seiner präödipalen Triebentwicklung verursacht werden[45]. Sie sieht diese Hemmungen speziell durch die Verbote und Einschränkungen der präödipalen Mutter im Bereich der Entwicklung eines weiblichen Körpergefühls verursacht; hingegen hebt Winter die negative Identifikation mit dem Vater aufgrund von Kränkungen durch ihn hervor.

Mit anderen Worten: Zum einen wird der Vater zum „bösen" introjizierten Objekt, das die weiblichen Selbstzweifel auslöst; zum anderen sind es die Schwierigkeiten in der Beziehung zur Mutter, die zum übermächtigen, introjizierten Objekt wird und mit deren hemmenden Einflüssen in der Ausbildung weiblicher Geschlechtsidentität sich das Mädchen im Sinne Greensons (1954; Abschnitt 1.3.2.) identifiziert. In beiden Konstellationen fehlen letztlich, neben einer ungünstigen Mutterbeziehung, ausreichend positive Erfahrungen mit dem Vater.

Die Schwächung im weiblichen Ich, die nach Torok (1981) durch die Verleugnung der weiblichen Sexualität hervorgerufen wird und nach Horney (1923, 1926) zu einer

---

[45] Diese unterschiedliche Gewichtung der primären Ursache für Störungen in der weiblichen Entwicklung entspricht der Kontroverse Kleeman (1976) - Galenson & Roiphe (1976, siehe Abschnitt 3.3.2.).

Identifikation mit dem Väterlich-Männlichen führt, kann sich zum einen darin zeigen, daß das Mädchen in Anpassung an seine Umwelt seine wahren weiblichen Interessen verdrängt, sie daher gar nicht   ausreichend kennt und nicht versucht, sich in der äußeren Realität angemessen dafür einzusetzen. Zum anderen hat sie nach Winter (1967) ihre tiefere Ursache häufig darin, daß sich das kindliche Ich nicht gegen die Angriffe eines strengen, frühreifen Überich wehren kann, wodurch das eigene weibliche Selbst verletzt und entwertet wird. Zugrunde liegt beiden Fehlhaltungen die Introjektion negativ erlebter Liebesobjekte in das Ich, und zwar nicht nur der Mutter sondern auch des Vaters (siehe Abschnitt 3.5.l.).

Im Sinne Toroks (1981) läßt sich aus den Überlegungen McDougalls (1981) zur Bedeutung der homosexuellen Strebungen ableiten, daß die narzißtische Identifikation mit dem Vater dem Mädchen die Auseinandersetzung mit der präödipalen Mutter in ihrem analen Machtaspekt wie mit der Mutter als Rivalin im Ödipuskomplex ermöglicht. Diese das Ich aufbauende Identifikation steht im Gegensatz zur Identifikation mit dem Vater aufgrund mangelnder weiblicher Identitätsbildung. Auch Stoller (1978) verweist auf diesen entscheidenden Unterschied zwischen einem männlichen Identifiziertsein des Mädchens mit dem Vater aufgrund von Störungen in der weiblichen Entwicklung und der Herausbildung positiver, selektiver Identifizierungen mit Persönlichkeitsanteilen des Vaters als heterosexuellem Objekt, wodurch die Weiblichkeit des Mädchens eine Bereicherung erfährt (S. 72).

Mit anderen Worten: Während die positive Identifikation mit dem Vater dem Mädchen die Integrierung seiner auf den Vater gerichteten narzißtischen Strebungen wie seiner heterosexuellen Wünsche ermöglicht (McDougall, S. 259), ruft die Identifikation mit dem Vater aufgrund von Versagungen Störungen in der narzißtisch-libidinösen Entwicklung weiblicher Geschlechtsidentität hervor, durch die das Ich in seiner Fähigkeit zur Übernahme der weiblichen Geschlechtsrolle beeinträchtigt wird.

„Weiblicher Kastrationskomplex" meint demgemäß bei McDougall wie bei Horney und Torok: Die Unfähigkeit aufgrund von Verletzungen in der libidinös-narzißtischen Entwicklung, die eigene Weiblichkeit - und hierzu gehört die weibliche Geschlechtlichkeit - als wertvoll anzusehen. Solange aber das Mädchen der ödipalen Begegnung mit dem Vater aufgrund von Ängsten ausweichen muß, dreht sich das Problem im Kreise, denn damit kann auch die das Ich hemmende präödipale Bindung an die elterlichen Liebesobjekte nicht aufgegeben werden. Torok (1981) ist der Ansicht , daß es erst dann zu einer Stärkung im Ich und zur Entwicklung weiblichen Selbstvertrauens kommt, wenn die Verdrängung der weiblichen sexuellen Wünsche aufgehoben werden kann. D.h.: Sie sieht eine wesentliche Ursache für die Ich-Schwäche bei Frauen in der fehlenden Integration ihrer Sexualität in das Ich. Nur eine Aufhebung dieser Verdrängung - sozusagen eine Schließung dieser Ich-Lücke - kann nach ihren Erfahrungen Frauen zu mehr Eigenständigkeit in ihren Liebesbeziehungen wie in ihrer Lebensgestaltung verhelfen (S. 207).

Dies bedeutet: Das Mädchen muß erfahren dürfen, daß es ein Recht hat auf das Erleben und die Gestaltung seiner Sexualität, denn Sexualtität ist schöpferische Kraft. Daraus entstehende Schuldgefühle machen das Mädchen ängstlich und unfrei (siehe

Chasseguet-Smirgel, 1981, Abschnitt 4.5.2.). Zudem ist hervorzuheben, daß der Anspruch auf eine eigene Sexualität auf den Anspruch eines eigenen Lebens verweist. Modell (1965) hat ausführlich auf die Überich-Problematik hingewiesen, die diesen Anspruch vereiteln kann (siehe Abschnitt 4.1.3.). Auf wichtige Differenzierungen in der Ich- und Überichentwicklung, die das natürliche Recht auf persönliche Entfaltung verteidigen und realitätsangemessen zur Geltung bringen können, wird im 4. Kapitel näher eingegangen.

3.6. Zur wechselseitigen Beeinflussung von Elternteil und Kind

In Anlehnung an Benedek (1959) schreibt Jacobson (1978b), daß auf jeder Entwicklungsstufe des Kindes in den Eltern, in Identifikation mit dem Kind, das eigene Erleben der jeweiligen Entwicklungsphase wiederbelebt wird. Daneben verstärken sich die Identifikationen der Eltern mit ihren eigenen Eltern, die das Fundament ihrer elterlichen Einstellungen gegenüber dem Kind bleiben (S. 67-68).

Gegenseitige Identifizierungen

Benedek (1959) gibt eine differenzierte Beschreibung dieser unbewußten gegenseitigen Beeinflussungen in der Eltern-Kind-Beziehung.

Bei der Frage nach der Wirkung der Identifikationsvorgänge auf die Entwicklung des Kindes bezieht sie sich zunächst auf die Erkenntnisse von A.M. Johnson (1953), die aufgezeigt hat, daß das Ich des Kindes am schwächsten in solchen Bereichen zu sein scheint, die mit ungelösten Konflikten in der psychischen Strukturierung der Eltern selbst korrespondieren (S. 403). Dies bedeutet nach Benedek, daß sich die Beziehungsmuster zwischen Elternteil und Kind ungestört entwickeln bis zu dem Moment, in dem das Kleinkind die Entwicklungsebene erreicht, auf welcher der Elternteil aufgrund seiner eigenen Entwicklungsdefizite unfähig ist, auf das Kind angemessen zu reagieren, und aufgrund dessen im Umgang mit dem Kind unsicher wird. Das Kind spürt diese Unsicherheit des Elternteils und versteht sie als Schwäche, wodurch in ihm ein Gefühl der Angst und der Ungeborgenheit entsteht.

Diese Angst bewirkt eine Regression in der kindlichen Entwicklung, durch die das Kind versucht, die Gefahr der emotionalen Isolation zu beheben, indem es eine bereits überwundene oder gerade zu überwindende Abhängigkeitshaltung gegenüber dem Elternteil wieder aufnimmt mit dem Resultat einer Fixierung an diese. Durch die regressive Entwicklung versucht sich das Kind dem konflikthaften Verhalten des Elternteils anzupassen, durch welchen seine Sicherheit bedroht scheint. Mit anderen Worten: Das Kind verinnerlicht in „regressiver Adaption" eine „Fixierung", die vom Elternteil ausgeht. In Vermeidung der emotionalen Isolation von diesem vermeidet es damit aber auch eine reifere Entwicklung, als sie seinem Elternteil möglich ist (S. 404).

In ihren Überlegungen zur Entstehung und Funktion von Elternschaft geht Benedek (1959) davon aus, daß das Kind als Objekt des elterlichen Triebes eine ähnliche Funktion in der psychischen Struktur der Eltern hat wie diese für die Entwicklung des kindlichen Selbstkonzeptes, das sich durch die Verinnerlichung der Objektbeziehungsstrukturen im Kind bildet (S. 404). Auch das Kind trägt zu einer Weiterentwicklung in der Strukturierung und Integration elterlicher Persönlichkeitsanteile bei, indem es spezifische intrapsychische Prozesse im Elternteil hervorruft. Allerdings kann die Tatsache, daß die Beziehungsmuster des Elternteils zum Kind in der persönlichen Entwicklungsgeschichte des Elternteils ihre Wurzeln haben, auch dazu führen, daß ein Elternteil, aufgrund früher Verinnerlichung ungünstiger Objektbeziehungskonstellationen, in seiner Identifikation mit dem Kind, im Erwachsenenalter ein weiteres Mal mit dem Scheitern einer Lösung eigener psychischer Konflikte konfrontiert wird (S. 406).

In jedem Fall konstelliert das Kind durch seine psychische Entwicklung den gleichlaufenden unbewußten Entwicklungskonflikt im Elternteil, d. h. Eltern begegnen im Kind durch Projektionen ihren eigenen Konflikten wie ihren eigenen Hoffnungen und Ambitionen, die das Kind im Beziehungsaustausch mit ihnen unbewußt verinnerlicht hat. Auf diese Weise werden Eltern im Positiven wie im Negativen durch das Verhalten ihres Kindes herausgefordert (Benedek, S. 405). Wie sie damit umgehen, ist eine Frage ihrer inzwischen erlangten persönlichen Reife. Eppel (1965) beobachtete, daß Eltern, die selbst ungünstige Beziehungskonstellationen verinnerlicht hatten, im Hinblick auf ihre Phantasien und Wünsche gegenüber dem Kind häufig die Abwehrmechanismen der Introjektion, Projektion und Identifikation einsetzten, die wiederum die Persönlichkeitsstruktur des Kindes ungünstig beeinflußten (S. 528)[46].

Ödipale Beeinflussungen

Auch Benedek (1959) verweist darauf, daß die Qualität der Beziehung zwischen Eltern und Kind und die daraus resultierende Differenzierung in den Objekt- und Selbstrepräsentanzen den Aufbau des Ich im Verlauf der ödipalen Auseinandersetzung auf spezifische Weise beeinflussen. Sie sieht mit Hinweis auf Gitelson (1952) im Ödipuskomplex den Kern einer normalen Charakterstruktur, die sich aus der positiven Balance in den Interaktionsprozessen zwischen Eltern und Kind im Auf und Ab vorübergehender kritischer Fluktuationen in den Beziehungskonstellationen herausentwickelt. Störungen in der Entwicklung und Überwindung des ödipalen Konfliktes resultieren

---

[46] Zur Illustration dieses Mechanismus einer Übertragung eigener ungelöster Konflikte der Eltern auf das Kind zitiert Mächtlinger (1976, S. 295) den Fall eines kleinen Mädchens aus einer Studie von Ritvo (1974):
Evelyne wurde von ihrem Vater abgelehnt, da er sich einen Sohn gewünscht hatte und sie nicht seinen Vorstellungen von weiblicher Schönheit entsprach. Das wichtigste Hindernis, die Liebe des Vaters zu gewinnen, war aber für Evelyne, daß der Vater seine kleine Tochter mit einer eigenen älteren Schwester identifizierte, die ihm die Beziehung zu seinem Vater verbaut und ihm persönlich und beruflich Enttäuschungen bereitet hatte. Durch die Haltung des Vaters wurde Evelyns Weiblichkeitsentwicklung entscheidend blockiert.

danach aus einer negativen emotionalen Balance in den Beziehungen zwischen Eltern und Kind und führen zu ambivalenten Interaktionen zwischen ihnen (S. 411).

Den Einfluß der gegenseitigen Identifizierungen auf die ödipale Konstellation hebt Benedek besonders hervor, da es nach ihrer Erfahrung mit dem Eintritt des Kindes in die ödipale Phase im Elternteil zu einem gleichlaufenden ödipalen Beziehungsmuster kommt (S. 414). Dies bedeutet, daß der ödipale Beziehungsaustausch zwischen Elternteil und Kind für beide dann befriedigend verläuft, wenn die emotionalen Interaktionen nur zielgehemmte Triebmanifestationen, wie Zärtlichkeit, Empathie, Hilfsbereitschaft usw. einschließen (S. 412). Benedek (1959) betont daher die notwendige Fähigkeit des Elternteils, seine sexuellen Impulse gegenüber dem Kind erfolgreich verdrängen zu können. Sie weist überdies darauf hin, daß ein Bewußtwerden dieser inzestuösen Wünsche beim Elternteil Schuldgefühle auslöst, durch die die Interaktionen mit dem Kind negativ gefärbt werden, auch wenn es nicht zum Ausagieren dieser Impulse kommt. Neurotische Komplikationen in der kindlichen Entwicklung sind die Folge; wobei eine Verleugnung dieser inzestuös-libidinösen Reaktionen im Elternteil einen noch störenderen Einfluß auf die kindliche Psyche hat (S. 413).

Nach Benedek erreichen Eltern in einer normalen Entwicklung im Umgang mit dem Kind im allgemeinen eine erfolgreiche Neutralisierung der Triebenergien, die aus ihrem eigenen Ödipuskomplex hervorgehen. Ein gutintegriertes Überich verbietet sexuelle Impulse, die sich auf das Kind richten, bevor sie dem Elternteil bewußt werden. Allerdings können sich auch hier die unbewußten ödipalen inzestuösen Phantasien des Elternteils auf das Kind auswirken (S. 413). Zu diesen Überlegungen gehört, daß die Rigidität des elterlichen Überich - die ihren Grund in der Stärke der Kastrationsangst des Elternteils als Kind hat, d. h. in der Strenge seines verinnerlichten elterlichen Überich - die Ursache sein kann für die Strenge des Elternteils gegenüber den eigenen Impulsen wie gegenüber den Impulsen des Kindes (S. 413). Sobald sich z. B. ein Vater innerlich gedrängt fühlt, seine Impulse gegenüber seiner Tochter einzuschränken, vermittelt sein Überich dem Kind, daß die sexuellen Impulse, die das Kind an sich selbst erfährt, eine überwiegend gefährliche Bedeutung haben (S. 414)[47]. Hieran wird deutlich, wie entscheidend sich die Reaktionen der Eltern auf die Entstehung und Überwindung des Ödipuskomplexes im Kind auswirken können.

Abschließend betont Benedek (1959), daß es in einer günstigen Beziehungskonstellation zwischen Eltern und Kind durch die Erfahrungen mit dem Kind bei dem Elternteil zu neuen Prozessen der Verdrängung und Neutralisierung der Triebenergien kommt, die an dem ödipalen Konflikt beteiligt sind (S. 414). Auch im elterlichen

---

[47] Daß Eltern heute eine eher nachgebende Haltung dem Kind gegenüber haben und im Hinblick auf Verbote und Grenzsetzungen eine weniger konsequente Haltung einnehmen, als dies in früheren Zeiten üblich war, hat einerseits der Ausbildung eines zu rigiden Überich im Kind den Boden entzogen; andererseits hat sich aber auch gezeigt, daß eine permissive Haltung von Eltern (mit der Gefahr des Ausweichens vor der elterlichen Verantwortung) die Ausbildung wichtiger Abwehrmechanismen im Ich, die für die innere Sicherheit des Kindes im sozialen Umgang mit anderen unerläßlich sind, verhindert.

Überich entsteht dann eine neue Phase, die die Objektrepräsentanz des Kindes und die damit in Verbindung stehenden elterlichen Selbstrepräsentanzen, die ihren Ursprung in den reifen Erfahrungen der Elternschaft haben, einschließt. Benedek (1959) meint, daß das elterliche Überich in einer positiven Entwicklung durch den Erfahrungsaustausch mit dem eigenen Kind an Strenge verliert, an Tiefe gewinnt und milder und unabhängiger wird (S. 415).

Zur ödipalen Entwicklung des Vaters

M. R. Leonard (1966) hat anhand von Fallbeispielen erläutert, daß das uneinfühlsame Verhalten von Eltern die Entwicklungskrisen, die das Kind in der ödipalen Situation zu bewältigen hat, noch verstärkt. Sie befaßt sich vor allem mit den Fehlhaltungen von Vätern, die aufgrund eigener psychischer Störungen die ödipale Entwicklung ihrer Töchter behindern.

Aus ihrer klinischen Praxis berichtet sie von Vätern, die ihre Fixierung oder Regression in der eigenen libidinösen Entwicklung als Abwehr benutzten gegen ihre counter-ödipalen Reaktionen[48] und nicht erlauben konnten, daß das Verhältnis zu ihrer Tochter eine ödipale Entwicklung nahm, der sie sich aufgrund ihres psychischen Komplexes nicht gewachsen fühlten. Damit blieben auch ihre Töchter an die präödipale oder phallische Phase fixiert (S. 322). M.R. Leonard schreibt über diese Väter, daß sie in ihrer Ehefrau eher eine Mutter als eine Partnerin sahen und mit ihren Kindern um die mütterliche Aufmerksamkeit konkurrierten (siehe auch M. Mitscherlich, 1985, Abschnitt 4.3.2.). Bei ihren heranwachsenden Töchtern neigten sie zu der Erwartung, daß diese den Bedürfnissen des Vaters nach weiblicher Fürsorge entsprechen und bereitwillig die Rolle der Hausfrau und Mutter übernehmen sollten (S. 332).

Ergänzend hierzu beschreiben Adams-Tucker & Adams (1980) Fehlhaltungen von Vätern, die aufgrund ihrer ödipalen Unreife ihre libidinösen Wünsche in verführerischer Haltung auf die Tochter richteten. Sie sind der Meinung, daß diese Väter die weibliche Geschlechtsrolle ihrer Tochter überbetonten, statt ihr zu helfen, aus der infantilen, ödipalen Phantasiewelt herauszukommen. Zur ödipalen Fixiertheit eines solchen Vaters - die dazu führen kann, daß er sich in seiner Verliebtheit in seine kleine Tochter als erwachsener Mann „in aufgeblasenem Stolz" in der Aufmerksamkeit und Neugier sonnt, die das Kind ihm und seinem Körper entgegenbringt, - schreiben die Autoren:

„In short, he is narcissistic; he is also exhibitionistic, calling it natural nudity; he is seductive, calling it freedom; he is using projective identification - attributing 'evil' adult motives to a three- or four-year-old girl ...." .(S. 230)

---

48 M. R. Leonard (1966) versteht unter „counter-oedipal wishes" die inzestuösen Wünsche des Elternteils, die eine Antwort sind auf die ödipalen Wünsche im Kind und mit den Wünschen des Kindes im wechselseitigen Einfluß parallel laufen (S. 330).

Auch Sachs (1966) hat diese verführerische Haltung von Vätern ausführlich beschrieben (siehe Abschnitt 5.1.2.1.). Demgegenüber berichten Winter (1976) und M.R. Leonard (1966) von einer entgegengesetzten Reaktion bei Vätern auf die ödipale Entwicklung des Mädchens, in der die Angst vor den eigenen libidinösen und aggressiven Impulsen in eine Haltung der Abweisung und Distanzierung gegenüber der Tochter umschlug.

Zur Frage nach der geeigneten Persönlichkeit des Vaters meint M. R. Leonard (1966), daß eine für die ödipale Entwicklung des Mädchens günstige väterliche Haltung eine gewisse Reife von seiten des Vaters voraussetzt (S. 333). Nach Ekstein (1980) gehört dazu, daß der Vater fähig ist, den primitiven Wunsch seiner kleinen Tochter, ihn zu heiraten, um ihm nahe zu sein und von ihm geliebt zu werden (einschließlich der sexuellen Komponente), als wichtiges Durchgangsstadium in der ödipalen Entwicklung des Mädchens wahrzunehmen und in einer erwachsenen, verantwortungsvollen Haltung darauf zu reagieren (S. 211). Benedek (1959) meint, daß auf dieser Basis das Flirten des kleinen Mädchens mit seinem Vater diesem normalerweise narzißtische Bestätigung gibt (S. 412).

Zudem betont Benedek die Selbstsicherheit des Vaters in seinen reifen Motivationen gegenüber seinem Kind; aus ihr gewinnt der Vater nach ihrer Ansicht die positive Autorität für eine realistische Grenzsetzung der Kontakte mit seiner Tochter (S. 406). M. R. Leonard (1966) ergänzt, daß das Mädchen durch eine solche Haltung des Vaters die Möglichkeit erhält, eine ausreichende Abwehr gegen die eigenen inzestuösen Gefühle zu entwickeln und seine präödipale narzißtische Haltung aufzugeben (S. 328). In dieser Überwindung der libidinös-inzestuösen Konflikte und dem Finden einer desexualisierten Haltung zum Vater sieht die Autorin eine Voraussetzung dafür, daß das Mädchen später die weibliche Geschlechtsrolle ohne Schuld und Angst gegenüber heterosexuellen Liebespartnern einnehmen kann (S. 333)[49].

Zur Entstehung einer reifen elterlichen Haltung in der ödipalen Auseinandersetzung mit dem Kind stellt Benedek (1959) fest, daß unsere Kultur die vollständige Verdrängung der elterlichen inzestuösen Wünsche gegenüber dem Kind fordert (S. 412). Sich auf die Erfahrungen in ihrer psychoanalytischen Praxis beziehend, meint M. R. Leonard (1966) allerdings, daß eine normale, förderliche Vater-Funktion offenbar nicht einfach zu erreichen ist, in dem sie schreibt:
„It is obvious that normal, wholesome fathering is difficult to achieve." (S. 333)

Sie zitiert in diesem Zusammenhang eine sehr schöne Beschreibung einer ödipalen Konstellation zwischen Vater und Tochter, die Hug-Hellmuth (1917) aus einer Novelle von Geijerstam anführt:

---

49 Ob das Mädchen diese Reife in seiner Entwicklung erreicht, hängt neben der Art der counter-ödipalen Beziehung, die der Vater ihm anbietet, natürlich auch ab von der intrapsychischen Entwicklung des Mädchens, die auf die Mutterbeziehung zurückgeht (Ticho, 1976, S. 142). Hierauf ist in dieser Arbeit ständig hinzuweisen (siehe u.a. Laufer, 1986, Abschnitt 3.4.1.).

„Ein Vater, der allein gelassen wird mit seiner Tochter, bekommt leicht in seinem Benehmen dem Kind gegenüber ein gewisses Etwas, das zeigt, wie wenig er den Unterschied des Geschlechts zwischen ihnen vergessen kann. Soweit ich zurückdenken kann, war Gretchen für mich immer das kleine weibliche Wesen... . Hier, gerade hier stand sie jeden Mittag, wenn ich nach Hause kam; sie stand ruhig und wartete, bis ich mich meines Überrocks entledigt hatte, um sich mir dann in die Arme zu werfen, mehr wie ein liebendes Weib als wie ein Kind ... . Sie war schon ein kleines Weib, während sie noch ein Kind war ... .“(in: Imago 5, S. 129-130)

Nach M. R. Leonard (1966) muß der Vater eine unneurotische Lösung seines eigenen ödipalen Konfliktes gefunden und eine befriedigende Ehebeziehung erreicht haben, um für seine Tochter eine desexualisierte Zuwendung in den entscheidenden Phasen ihrer Entwicklung aufbringen zu können.

Abschließend ist festzustellen, daß umfassendere Forschungsergebnisse zur Persönlichkeitsentwicklung des Vaters im Austausch mit seinen Kindern fehlen. Ross (1979) bemerkt in seiner allgemeinen Zusammenfassung des psychoanalytischen Beitrags zur Rolle des Vaters, daß im Vergleich zu den zahlreichen Untersuchungen über die Mutter und ihre mütterlichen Verhaltensweisen gegenüber dem Kind die Vater-Kind-Dyade, einschließlich der sogenannten väterlichen Eigenschaften, bisher fast unerforscht geblieben ist. Er ist der Ansicht, daß entsprechende Studien dringend erforderlich sind, die neben der Beobachtung der dynamischen Interaktion zwischen Vätern und ihren Kindern auch die gezielte Erforschung des Charakters des Vaters, seiner Phantasien und seiner unausgesprochenen väterlichen Forderungen, die er an seine heranwachsenden Kinder stellt, einschließen müßte (S. 324-325).

3.7. Ergebnisse der psychologisch-empirischen Forschung zur Übernahme der weiblichen Geschlechtsrolle

Auch in der psychologisch-empirischen Forschung wird die Frage nach der Einwirkung des Vaters auf das geschlechtsrollenspezifische Verhalten des Kindes gestellt. Die nachfolgend zitierten Studienergebnisse hierzu lassen einen spezifischen Einfluß des Vaters auf die Übernahme der Geschlechtsrolle bei der Tochter erkennen; sie bestätigen damit psychoanalytisches Erfahrungsgut.

Geschlechtsrollen-Zuschreibungen durch den Vater

Heilbrun (1965) erwähnt in seiner Studie, daß Väter eher als Mütter die Geschlechtsdifferenzen zwischen ihren Söhnen und Töchtern betonen und daß sie ihre eigene Geschlechtsrolle in ihren Beziehungen zu ihren männlichen und weiblichen Kindern planmäßig variieren (zit. nach Biller, 1976, S. 122). Diese These, daß Väter größeren Wert auf geschlechtsadäquates Verhalten bei Kindern legen und eher auf traditionelle, geschlechtsrollenstereotype Einstellungen und Erwartungen festgelegt sind als Mütter, erwähnt auch Fthenakis (1985, S. 317) unter Hinweis auf entsprechende Studien von Bronfenbrenner (1961), Fagot (1974) und Heilbrun (1965). (Siehe auch die empirischen Daten im Abschnitt 2.3.)

M.M.Johnson (1963) kommt aufgrund entsprechender Untersuchungen zu dem Ergebnis, daß der Vater für die angemessene Übernahme der Geschlechtsrolle des Jungen wie des Mädchens wichtig ist, da beide Geschlechter sich mit der Geschlechtsrollentypisierung des Vaters identifizieren (zit. nach Lamb, 1975, S. 255). Lamb (1975) folgert daraus, daß das unterschiedliche Verhalten von Vätern gegenüber ihren Söhnen und Töchtern wesentlich zur Übernahme der unterschiedlichen Geschlechtsrollen von Jungen und Mädchen und zur Identifikation mit dem Vater beiträgt (S. 258).

Biller (1976) zitiert mehrere Studien, die sich mit der Frage nach dem Einfluß des Vaters auf die Entwicklung des Mädchens zu weiblichem Verhalten beschäftigen. Er kommt zu dem Ergebnis, daß diese Entwicklung durch die Fähigkeit des Vaters, seine „männliche" Rolle von der „weiblichen" Rolle seiner Tochter zu unterscheiden, und durch die Qualität seiner Vorstellungen von Weiblichkeit wesentlich beeinflußt wird (S. 122).

So zeigte sich in einer Studie von Sears et al. (1965), daß das weibliche Verhalten der Mädchen im Kindergartenalter signifikant mit diesbezüglichen Erwartungen der Väter an ihre Töchter korrelierte. Und Mussen & Rutherford (1963) entdeckten, daß Väter sehr femininer Mädchen ihre Töchter mehr zu spezifisch weiblichen Aktivitäten ermunterten als Väter von Mädchen mit eher „unweiblichem" Verhalten. Die Untersucher vermuten, daß männliche Väter, die die Weiblichkeit in ihren Töchtern aktiv ansprechen und bestätigen, diesen die Annahme der Geschlechtsrolle besonders erleichtern (zit. nach Biller, S. 122).

Lamb (1976) kommt zu ähnlichen Ergebnissen. Er führt Studien von Heilbrun (1965), M. M. Johnson (1963), Mussen & Rutherford (1963) und Sears, Rau & Alpert (1965) an, aus denen sich ein Zusammenhang zwischen der väterlichen Männlichkeit und der Weiblichkeit der Tochter ablesen läßt (S. 13). Fthenakis (1985) ergänzt, daß aus der Studie von M. M. Johnson (1963) erkennbar ist, daß Mädchen weibliches Verhalten auch dadurch erlernen, daß sie komplementär auf das männliche Verhalten des Vaters reagieren (S. 311). Lynn (1974) geht in seinem lerntheoretischen Ansatz davon aus, daß Väter die Weiblichkeit ihrer Töchter fördern, indem sie „weibliches" Verhalten belohnen und „männliches" Verhalten entmutigen (zit. nach Lamb, 1976, S. 12).

Nach Lamb (1976) belegen die entwicklungspsychologischen Studien allerdings durchgängig, daß besonders die Wärme und Fürsorge ausstrahlende Haltung des Vaters und seine Teilnahme an der kindlichen Entwicklung die Maskulinität des Jungen wie die Weiblichkeit des Mädchens positiv beeinflussen, d.h. daß nicht seine Männlichkeit sondern die Qualität der Beziehung zu seiner Tochter die entscheidende Variable für die Entwicklung einer positiven Weiblichkeit beim Mädchen ist (S. l5, 23).

Interessant ist in diesem Zusammenhang der Hinweis von Biller (1976) auf der Grundlage eigener Studien (1971, 1974), daß das weibliche Aussehen und das Hervortreten charakteristischer körperlicher Merkmale von Weiblichkeit es Vätern leicht macht, ihre Töchter in einer positiven weiblichen Entwicklung zu ermuntern, während Väter ihre Töchter eher abzulehnen scheinen, wenn diese den väterlichen Vorstellungen von Weiblichkeit in Aussehen und körperlicher Erscheinung nicht entsprechen (S. 123). Diese Ablehnung des Vaters hat nach Biller mehr oder weniger gravierende Auswirkungen auf das Selbstkonzept des Kindes und seine allgemeine Haltung dem Leben gegenüber. Denn ein Vater, der lieber einen Sohn als eine Tochter hätte, oder der sich nicht ausreichend auf das weibliche Verhalten des Mädchens einstellen kann, hat wesentlichen Anteil an einer möglichen ablehnenden Haltung der Tochter gegenüber ihrer Weiblichkeit (S. l33).

Vaterabwesenheit

Bei Durchsicht der Studien, die sich mit Auswirkungen von Vaterabwesenheit auf die Ausbildung der Geschlechtsidentität beschäftigen, kommt Biller (1976) zu dem Ergebnis, daß Mädchen besonders in ihrer heterosexuellen Beziehungsfähigkeit durch den Mangel an Austausch mit einer nahen männlichen Bezugsperson beeinträchtigt werden. Biller schreibt:
„Lack of opportunity to observe meaningful male-female relationships in childhood can make it much more difficult for the father-absent female to develop the interpersonal skills necessary for adequate heterosexual adjustment." (S. 128)

Nach Santrock (1970) kann eine Deprivation von positiven Erfahrungen mit dem Vater auch dazu führen, daß Mädchen sich betont weiblich verhalten und Männlichkeit wie männliche Aktivitäten, die ihnen fremd sind, ablehnen (zit. nach Biller , 1976, S. 128-129). Biller beobachtete in seiner Studie von 1974 eine Abwertung des Männlichen und der Männlichkeit bei Mädchen und Jungen, die in einer mutterzentrierten Familie ohne Vater aufwuchsen. Zudem weist er daraufhin, daß auch bei Anwesenheit des Vaters in Familien der Unterschicht das Verhältnis zwischen Vater und Tochter generell gespannt ist, da in diesen Familien Männer meist abgewertet werden wegen ihres unzuverlässigen und meist destruktiven Verhaltens (1976, S. 130).

Zusammenfassung

Die psychologisch-empirischen Forschungsergebnisse machen Aussagen über beobachtbares Verhalten und abfragbare Einstellungen und Verhaltensweisen von Vätern gegenüber ihren Töchtern und vice versa. Eine differenzierte Erkenntnis über die Entwicklung weiblicher Beziehungsfähigkeit und Identitätsbildung läßt sich aus ihnen nicht ableiten. Dennoch ist ihren Hinweisen klar zu entnehmen, daß Väter aufgrund ihrer Haltung gegenüber der Weiblichkeit ihrer Tochter zu einem sehr positiven Faktor für deren Ausbildung einer stabilen weiblichen Identität werden können, wie sie ebenso eine Gefahr darstellen, wenn sie durch einengende stereotype Vorstellungen von Weiblichkeit und weiblichem Verhalten ihre Tochter in der Entwicklung einer positiven weiblichen Geschlechtsidentität behindern. (Siehe auch die Studienergebnisse zu Fragen der endgültigen Herausbildung weiblicher Geschlechtsidentität in der Adoleszenz, Abschnitt 5.2.)

3.8. Schlußbetrachtungen: Zu den Vorgängen im weiblichen Ödipuskomplex

Der Eintritt in die ödipale Phase ist ein Prozeß in der Entwicklung primärer Weiblichkeit, der heute nicht mehr als ein notwendig auf Störungen beruhender Vorgang angesehen wird, wie er von Freud in den Begriffen des Penisneides und Kastrationskomplexes beschrieben wurde. Außerdem berücksichtigt man in den modernen Theorien die präödipalen Entwicklungsvorgänge als wichtige Basis für die Bildung der Geschlechtsidentität in der ödipalen Konstellation. Die in diesem Kapitel zitierten Autoren beleuchten die Frage nach der Entstehung weiblicher Geschlechtsidentität und die Funktion des Vaters in dieser Entwicklung jeweils aus einem anderen Blickwinkel. Ihre Ausführungen lassen sich zu einigen wesentlichen Punkten zusammenfassen.

Zwei Ebenen weiblicher Identitätsbildung

Weibliche Geschlechtsidentität entwickelt sich auf zwei Ebenen: zum einen auf der präödipalen Entwicklungsstufe mit der Genese der *Core Gender Identity*, wie sie von Stoller (1978, 1980) beschrieben wird; zum anderen auf dem Niveau ödipaler Triangulierung mit der Entstehung heterosexueller Beziehungsfähigkeit (siehe Abschnitt 3.3.1.). Auf beiden Ebenen hat die parallel laufende Ichentwicklung des Mädchens wesentlichen Einfluß auf die Herausbildung der Geschlechtsidentität.

So zeigt sich, daß die präödipale Ichentwicklung die Fähigkeit des Mädchens zum Eintritt in die ödipale Phase in erheblichem Maße mitbestimmt und daß der in der frühen Triangulierung mit beiden Eltern erfahrene Beziehungsaustausch für die spätere ödipale Triangulierung die entscheidende Ausgangslage bildet (siehe die Abschnitte 2.2.3. und 2.2.5.). Zudem hat man erkannt, daß in einer normalen Entwicklung die Hinwendung des Mädchens zum Vater, die bereits sehr früh in der präödipalen Phase einsetzt, nicht aus der Enttäuschung an der Mutter resultiert, sondern aus dem Wunsch des Mädchens nach narzißtischer Bestätigung und libidinöser Zuwendung vom Vater als gegengeschlechtlichem Elternteil. Ein Objektwechsel aufgrund der Enttäuschungen an der Mutter müßte als pathologisch angesehen werden (siehe Laufer, 1986, Abschnitt 3.4.l.).

Allgemein geht man davon aus, daß die ödipale Phase ihre besondere Prägung durch die allmähliche Herausbildung heterosexueller Beziehungsfähigkeit erhält auf der Grundlage von Reifungsprozessen in der Trieborganisation, die Auswirkungen haben auf wesentliche erste Differenzierungen in der weiblichen Geschlechtsidentität wie in der Ichentwicklung. Die Bedeutung des Vaters liegt hier in erster Linie in seiner Rolle eines heterosexuellen Liebesobjekts. D.h.: Seine Einstellung und sein Verhalten gegenüber seiner kleinen Tochter haben entscheidenden Anteil an der Ausbildung ihres weiblichen Selbstgefühls wie an ihrer Fähigkeit

zu selbstbewußter Übernahme der weiblichen Geschlechtsrolle in der Beziehung zum Mann und zum Männlichen. Kestenberg (1988) faßt die allgemeinen Erkenntnisse zur ödipalen Funktion des Vaters treffend zusammen. Sie schreibt:
„Hauptsächlich ist er es jetzt, der die sinnliche Weiblichkeit des Mädchens prägt, während die Mutter als Vorbild der Ehefrau dient. Dadurch, daß der Vater die Weiblichkeit der Tochter bestätigt und ihr das Gefühl gibt, begehrenswert zu sein, ist er die entscheidende Quelle ihrer Selbstachtung." (S. 360)

Die Annahme der weiblichen Geschlechtsrolle

Hierbei handelt es sich um einen wichtigen Schritt in der Entwicklung des Mädchens (Luquet-Parat, 1981), der mit Überwindung des ödipalen Konfliktes möglich wird und von der präödipalen Übernahme eines durch die Umwelt geprägten Bildes des Mädchens von sich als weiblich zu unterscheiden ist. Mag das Mädchen schon früh spezifische weibliche Verhaltensweisen zeigen und den Vater als zweites primäres Liebesobjekt neben der Mutter ersehnen - erst durch die ödipale Auseinandersetzung mit beiden Eltern wird Weiblichkeit zu einer inneren Erfahrung und Errungenschaft, die Abelin (1980) mit dem Begriff der *Gender Identity* umschreibt und deren Bildung er für das Mädchen geschlechtsspezifisch mit der ödipalen Triangulierung verknüpft sieht (siehe Abschnitt 3.3.3.).

Stoller (1980) ergänzt, daß diese Entwicklung offenbar forciert wird durch die genital-libidinösen Strebungen gegenüber dem Vater, die der ödipalen Phase ihre besondere Dynamik verleihen und dazu beitragen, daß eine ausgedehnte, durch Liebe und Haß oder Neid geprägte Beziehung zu Männern entsteht. Nach seiner Ansicht gründet die Fähigkeit zur Übernahme einer reifen weiblichen Haltung in der Beziehung zu anderen und zu echter heterosexueller Objektliebe in der ödipalen Entwicklung auf der Grundlage eines ausreichend stabilen Ich (S. 143). Auf diese Förderung des weiblichen Ich in der ödipalen Konstellation zum Zwecke der Vermeidung von Abhängigkeiten in den Objektbeziehungen, vornehmlich im Umgang mit männlichen Partnern, weist Jacobson ausdrücklich hin (1978b; Abschnitt 3.4.4.).

Zum positiven Beziehungsaustausch mit dem Vater

Die Interaktionen mit dem Vater, der in der ödipalen Entwicklung als vertrauensvoller Partner erlebt werden kann, bilden eine günstige Basis für die Fähigkeit des Mädchens, in späteren Liebesbeziehungen zu Männern tiefere emotionale Bindungen eingehen zu können. Chodorow (1985) sieht einen Zusammenhang zwischen dem Verhaftetbleiben des Mädchens in einer ambivalenten Beziehung zur Mutter bis ins Erwachsenenalter und der emotionalen Distanz des Vaters zu seiner Familie, die meist einen Mangel an echtem zwischenmenschlichem Kontakt zu seinen Kindern einschließt. Über den Unterschied zwischen der Fähigkeit zu heterosexueller Objektliebe und einer nur genital-sexuellen Ausrichtung in der Beziehung zum Mann, die nach ihrer

Ansicht auf den Mangel an positiven Beziehungserfahrungen mit dem Vater in seiner
geschlechtlichen Andersartigkeit zurückgeht, schreibt sie aus soziologischer Sicht:
„In der Entstehung genital-heterosexueller Impulse (oder der Entscheidung,
sich auf heterosexuelle Beziehungen einzulassen) und heterosexueller Liebe
als psychologisch-emotionalem Phänomen, das eine ganze Reihe von Verpflichtungen, Phantasien und Erfahrungen über die andere Person beinhaltet,
zeigen sich Entwicklungsunterschiede. Erstere werden teilweise durch das
verführerische Verhalten des Vaters ausgelöst. Da aber auch Mädchen, die
ohne Vater oder andere Männer aufwuchsen und keine Interaktionen mit
Vätern erleben, meist genital heterosexuell werden, könnte die Ursache dafür
ebenso eine (Art) konstitutionelle Bisexualität sein oder auch das Erlernen
und Sich-Selbst-Überzeugen von einer angemessenen Rolle." (S. 218)

Aus psychoanalytischer Sicht stellt die von Chodorow (1985) beschriebene stereotype weibliche Geschlechtsrolle eine Fehlentwicklung dar, denn damit wird das Wissen
des Mädchens um seine Weiblichkeit in der Beziehung zum andersgeschlechtlichen
Partner auf einige wenige Funktionen und Austauschmöglichkeiten eingeschränkt und
es fehlt gerade die Fähigkeit zur Differenzierung in der Beziehungsgestaltung, in der
Stoller (1978) den Reichtum der ödipalen Entwicklung des Mädchens sieht. Hier wurde
in der Freudschen Konzeption des ödipalen Objektwechsels übersehen (siehe Abschnitt
3.2.l.), daß mit der Hinwendung zum Vater in einer günstigen ödipalen Triangulierung
die Möglichkeit zu einer entscheidenden Differenzierung im weiblichen Ich gegeben
ist, die die Grundlage bildet für eine allmähliche Entfaltung weiblicher Individualität
und Beziehungsfähigkeit in den darauffolgenden Entwicklungsphasen.

Weiter ist hier hervorzuheben, daß das Mädchen unabhängig von den Vorstellungen der Mutter eigene Vorstellungen von der weiblichen Rolle und weiblicher Geschlechtsidentität entwickeln muß mit Hilfe ausreichender Unterscheidung von Selbst
und mütterlichem Objekt, um eine eigenständige reife Weiblichkeit erlangen zu können. Dies ist nur möglich auf der Grundlage von Erfahrungen eines echten Beziehungsaustausches mit dem Vater. Erikson (1981) schreibt daher, daß das Mädchen für
eine sichere Identitätswahl während der ödipalen Entwicklung beide Eltern braucht
(siehe auch Edgcumbe, l976, Abschnitt 3.4.3.)..

Zur Komplexität in der ödipalen Entwicklung

Die Entwicklungsvorgänge, wie sie unter dem Begriff des Ödipuskomplexes zusammengefaßt werden, lassen sich nicht auf die Herausbildung von Heterosexualität
reduzieren. Auch in der ödipalen Entwicklungsperiode geht es, wie bereits mehrfach
angedeutet, immer um einen zweigleisigen Prozeß, in dem Ichentwicklung und Triebentwicklung miteinander verbunden sind[50].

---

50 Auch Parkin (l985) betont die enge Verknüpfung der Triebentwicklung mit der Herausbildung von Objektbeziehungsfähigkeit im Ich. In seinem Hinweis auf die Bedeutung der
Entwicklung einer gesunden Trieborganisation während der ödipalen Phase für die Ausbildung

Torok (1981) macht darauf aufmerksam, daß es zu einer Behinderung in der Ichentfaltung des Mädchens kommt, wenn die ödipalen Triebstrebungen vom Ich nicht bewußt aufgenommen und in der Realität angemessen zum Ausdruck gebracht werden können (siehe Abschnitt 3.5.2.); und Jacobson (1978b) hebt hervor, daß neben der Möglichkeit zu ödipalem Flirten mit dem Vater die selektiven Identifikationen mit beiden Eltern die zweite entscheidende Komponente in der ödipalen Entwicklung des Mädchens bilden, die auf das ödipale Ich spezifischen Einfluß nimmt (siehe Abschnitt 3.1.2.). McDougall (1981) ergänzt Jacobsons Überlegungen, indem sie auf die große Bedeutung hinweist, die der Integration auch der homosexuellen Strebungen gegenüber beiden Eltern für eine gesunde Ichentwicklung zukommt (siehe Abschnitt 3.5.3.).

Entwicklung der Fähigkeit zur Initiative

Aus der doppelten Erwartung des Mädchens an den Vater erklärt sich auch, warum die Beziehungserfahrungen mit dem Vater einen wesentlichen Anteil haben an der von Erikson (1981) auf der ödipalen Stufe seines epigenetischen Entwicklungsschemas ausgewiesenen Fähigkeit zur Initiative versus Schuldgefühle. Nach Erikson liegt der Übernahme der weiblichen Geschlechtsrolle während der ödipalen Entwicklung des Mädchens ein Moment der Aktivität zugrunde, das er mit dem Begriff der „weiblichen Initiative" umschreibt (S. 92); narzißtische Selbstbewußtheit und rudimentäre „Genitalität" bedingen sich hier gegenseitig (S. 89).

Mit anderen Worten: Eine stabile Geschlechtsidentität kann sich erst aus einer Differenzierung im ödipalen Ich entwickeln. Hier stellt die Identifikation mit der Mutter nur die eine, wenn auch die grundlegende Komponente dar. Daneben ist der gleichzeitige Kontakt zum Vater als gegengeschlechtlicher Bezugsperson nötig, auf den das Mädchen seine Wünsche, Phantasien und Impulse richten und mit dem es sich in seiner heterosexuellen Andersartigkeit teilweise identifizieren kann (siehe Slater, 1961). Erst hierdurch wird dem Mädchen das Ergreifen der Initiative im Sinne Eriksons, d. h. die Fähigkeit zur Gestaltung zwischenmenschlicher Beziehungen möglich. Edgcumbe (1976) bestätigt mit ihren Forschungsergebnissen Eriksons Überlegungen zur Entwicklung einer aktiven Haltung in der weiblichen Beziehungsfähigkeit, indem sie schreibt:
„It was our impression that positive oedipal material showed some girls to be rather active in pursuing their fathers, and this seemed to apply not only to overt behavior, but also to the underlying fantasies and drive aims. For ex-

---

eines positiven Narzißmus in Verbindung mit einem stabilen Ich nimmt er Bezug auf A. Freud, die herausfand, daß eine Verzögerung in der Triebentwicklung ihre Ursache häufig in unzureichenden Reaktionen der elterlichen Objekte auf die Triebbedürfnisse des Kindes hat. Sie schreibt: „Even the powerful phallic-oedipal urges do not culminate in phase dominance of the oedipal stage if there is no libidinal interest or response from father or mother." (1970, S. 179, zit. nach Parkin, S. 153)
Diese Hemmung in der Triebentwicklung erfahren Mädchen im allgemeinen eher als Jungen (siehe Kernberg, 1988, Abschnitt 3.2.2.).

ample, they might wish actively to make babies with father rather than passively receive a baby from him." (S. 49)

und

„We would also need further studies to evaluate our impression that in girls positive oedipal behavior, fantasies and drive aims are all more active than is commonly supposed." (S. 50)

Auch Bettelheim (1977) betont die Fähigkeit zum Ergreifen der Initiative in der weiblichen Geschlechtsrolle, deren Entstehung er auf die ödipale Beziehung zum Vater zurückführt. Er sieht in den Märchenbildern beeindruckende Illustrationen dafür, wie ein Mädchen mit Hilfe des Vaters weibliche Identität erlangen kann; aber auch wie aufgrund von Komplikationen in der Beziehung zum Vater der Tochter die Selbstfindung und Beziehungsfähigkeit zu anderen erschwert wird. Nach seiner Ansicht wird aus diesen Erzählungen deutlich, daß die ödipale Bindung an einen Elternteil etwas Natürliches und Wünschenswertes ist, wenn es dem heranwachsenden Kind möglich wird, mit Lösung des Ödipuskomplexes diese Bindung zu wandeln, um sie in der Adoleszenz auf gleichaltrige heterosexuelle Partner zu übertragen (S. 293).

Störungen in der ödipalen Entwicklung

Die modernen psychoanalytischen Berichte über die ödipale Entwicklung des Mädchens lassen keinen Zweifel daran, daß der Weg zur Erlangung einer gewissen Reife in der weiblichen Identitätsbildung für das Mädchen nicht einfach zu bewältigen ist und daß das Gelingen dieses Prozesses, d. h. die Überwindung des ödipalen Konfliktes sehr davon abhängt, unter welchen Lebensbedingungen, in welchen Objektbeziehungsstrukturen das Mädchen aufwächst.

Die Störungen in der ödipalen Entwicklung des Mädchens können zurückgehen auf prädipale Komplikationen in der Mutter-Tochter-Beziehung (siehe Laufer, 1986); häufig sind sie aber vor allem begründet in der Abwesenheit des Vaters oder seiner Unfähigkeit, sich aufgrund eigener Fehlentwicklungen adäquat auf seine kleine Tochter einzustellen. Da hierdurch die Rolle des Vaters als heterosexuelles Liebesobjekt sowie seine Funktion als Identifikationsobjekt im Erleben des Mädchens beeinträchtigt werden, kann es nur schwer ausreichend positive, realitätsbezogene Objektrepräsentanzen vom Väterlich-Männlichen ausbilden. Häufig kommt es zu spezifischen Störungen in der weiblichen Ichentwicklung und Identitätsbildung, (auf die durchgängig in allen Kapiteln dieser Arbeit hinzuweisen ist).

Ein bezeichnendes Symptom dieser Störungen bilden die ödipalen Phantasien. Helene Deutsch (1988) hat diese Phantasien im Detail beschrieben und hervorgehoben, daß das Fixiertbleiben junger Mädchen an ödipale Phantasien die Fähigkeit zur Aufnahme realer Objektbeziehungen behindert und zur Entwicklung einer Haltung narzißtischer Selbstbezogenheit führt (siehe auch die Abschnitte 3.4. und 4.7.). Spieler (1984) ergänzt diese Erkenntnisse durch ihren Hinweis auf klinische Beobachtungen, die anzeigen, daß die Abwesenheit des Vaters bereits in der prädipalen Phase Anlaß dafür sein kann, daß das Mädchen seinen Verlust durch entsprechende Phantasien zu kompensieren sucht. Bei andauernder Abwesenheit des Vaters ist daher nach ihrer Ansicht davon auszugehen, daß die Erinnerungen an den Vater wie das Bild, das sich das Mädchen von ihm macht, verzerrt werden, was sich nachträglich auf die ödipale Entwicklung auswirken muß. Spieler schreibt:

> „Clinical reports of children and adults indicate that when a father is absent from the home during his daughter's preoedipal years as, for example, during military service or due to death, the daughter may compensate for the loss by recreating or maintaining his existence in fantasy. This finding suggests that the girl may have a preoedipal need for a father specifically. Even in a father's absence, she creates or retains his image. If his absence persists, it is likely that the girl's memories, fantasies, and images of her father will be and remain distortet." (S. 67- 68).

Die Gefahren, die für das Mädchen in der ödipalen Entwicklung damit verbunden sind, daß ein ausreichend positiver Austausch mit dem Vater fehlt - häufig mit der Folge einer bleibenden Abhängigkeit von der Mutter und konflikthafter Beziehungen zu männlichen Partnern - faßt Spieler (1984) prägnant zusammen:

> „Freud's concept of the 'change of object' is based on the assumption that the mother is a girl's sole or primary caretaker. Devaluation of self and mother, and overidealization of father are hardly optimal motives for the acquisition of a heterosexual orientation, although they underlie the oedipal resolutions of many females reared in traditional Western nuclear families. Such an oedipal resolution arises as a result of the imbalance between a primary relationship with the mother and a highly restricted secondary relationship with the father. A distortet paternal object representation and an unresolved dependency on her mother form the basis of pathological relationships which she will have with men throughout her adult life." (S. 77)

Ungünstige Konstellationen in den ödipalen Objektbeziehungen sind häufig die Ursache dafür, daß nur ein geschwächtes weibliches Selbstgefühl ausgebildet werden kann und die durch den Vater erfahrene Zurückweisung zu einer andauernden Bindung an ihn beiträgt, indem sich das Mädchen unbewußt mit ihm identifiziert und zentrale Aspekte seines weiblichen Selbst, die mit den konfliktgeladenen Beziehungserfahrungen verwoben sind, in sich ablehnt (siehe die Abschnitte 3.5.). Auf diese Weise gerät es in Widerspruch mit seinen eignen weiblichen Wünschen und übernimmt meist unbewußt die psychischen Schwierigkeiten des Vaters, insbesondere die, die in seinem Umgang mit seiner kleinen Tochter zum Ausdruck kommen (siehe Abschnitt 3.6.).[51]

---

[51] Auf die Gefahr der Identifikation mit dem Männlich-Väterlichen als Behinderung der Frau in ihren weiblichen Fähigkeiten und ihrer weiblichen Selbstentfaltung ist in dieser Arbeit wiederholt einzugehen, da es sich hier um ein sehr subtiles Grundproblem von Frauen in patriarchalen Gesellschaftsstrukturen handelt.

Lösung des Ödipuskomplexes

Mit dem Ausgang der ödipalen Phase muß das Mädchen für eine fortschreitende Ichentwicklung in Anpassung an die Realität in der Periode der Latenz die ausschließliche Hinwendung zum Vater in libidinöser Verliebtheit überwinden. Diese Lösung vom ödipalen Liebesobjekt ist die Voraussetzung für die Integration der frühen Vaterbindung im narzißtischen Sinn wie auch in den heterosexuellen Wünschen (Winter, 1967, S. 259; siehe auch Abschnitt 5.3.). Sie hilft dem Mädchen, Distanz zu gewinnen zum Vater in seiner männlichen Geschlechtlichkeit in realistischer Anpassung an die weibliche Geschlechtsrolle. Erst auf dieser Grundlage tragen die selektiven Identifikationen mit dem Vater zu einer Bereicherung im weiblichen Ich bei.

Die günstige Lösung des Ödipuskomplexes schließt ein, daß die mit dem ödipalen Konflikt in Zusammenhang stehenden Ängste und Schuldgefühle überwunden werden können. Luquet-Parat (1981) verweist auf die Entstehung der Gefühle von Schuld und Angst, die mit den Enttäuschungen am Ödipuskomplex unvermeidlich gegeben sind und mit denen nach ihrer Ansicht jedes Kind mehr oder weniger stark konfrontiert wird. Auch Erikson (1981) benennt die „dunklen, ödipalen Wünsche", die sich in den Phantasien des kleinen Mädchens ausdrücken, es werde den Vater heiraten und viel besser für ihn sorgen als die Mutter. Er betont die Angst, die aus Schuldgefühlen gegenüber der Mutter stammt und im Mädchen die Vorstellung entstehen läßt, daß mit der Hinwendung zum Vater die Zuflucht zur Mutter gefährdet ist (S. 90-91). Demgegenüber macht Kast (1982) auf die Angst des Mädchens vor dem Überwältigend-Männlichen aufmerksam, das durch die libidinös-inzestuöse Beziehung als faszinierend und ängstigend zugleich erlebt wird (S. 76).

Kramer & Rudolph (1980) beschreiben die wichtigen Abwehrmechanismen der Verdrängung, der Identifikation, der Reaktionsbildung und der Sublimierung, die in der ödipalen Konstellation mit dem Aufbau des Ich entstehen und das Kind in die Lage versetzen, sich gegen unangenehme, schmerzhafte Affekte zu schützen, die mit den ödipalen Wünschen und Konflikten in Zusammenhang stehen (S. 117). Im Wissen um die möglichen Komplikationen in diesen Abwehrvorgängen schreibt Erikson (1981), wie wichtig es ist, daß Eltern die mit der ödipalen Entwicklung zusammenhängenden Ängste und Konflikte des Kindes ernst nehmen, weil sonst,

> „eine der ewigen Quellen menschlicher Angst und menschlichen Kampfes nicht (erkannt wird, d.Verf.)." (S. 94)

Die gesellschaftlichen Einflüsse auf die weibliche Geschlechtsidentitätsbildung einschließend, schreibt Ticho (1976) zu den Unwägbarkeiten der ödipalen Entwicklung des Mädchens:

> „My work with female patients has convinced me that the turning from mother to father is more complex than hitherto assumed and is crucial for the girl's ability to integrate her genitality with the rest of her personality development. The mastery of this change of object depends in addition to the vicissitudes of the mother-child relation, on other factors: the quality of the parental marriage, which is a reflection of the parents' idiosyncratic solutions

of the Oedipus complex; the father's attitude towards women; and the opportunities and roles society at large provides for women." (S. 142)

Zusammenfassung

Der Einfluß, den der positive Bezug zum Vater auf einen günstigen Verlauf des Ödipuskomplexes hat, ist nicht zu übersehen. Dies machen die in diesem Kapitel referierten Aufsätze überaus deutlich. Es scheint sehr wesentlich für eine positive Etablierung weiblicher Geschlechtsidentität, daß der Vater seiner Tochter vermitteln kann, daß er sie als individuelle weibliche Person wertschätzt. In der ödipalen Phase findet diese wichtige väterliche Aufgabe ihren besonderen „spielerischen" Akzent im Flirt zwischen Vater und Tochter. Spieler (1984) betont den dahinterliegenden Ernst. Unter Hinweis darauf, daß das innere Bild des Vaters, das aus den ödipalen Beziehungserfahrungen hervorgeht, das Schicksal des Mädchens in seinen späteren Objektbeziehungen wesentlich prägt (siehe auch Abschnitt 5.1.2.2.), schreibt sie:

„The evolving nature of this paternal object representation (i.e. whole, realistic, and predominantly good, versus split, part object, and predominantly bad) determines whether she will share the eroticism of her emerging oedipal self with the father as a real person or as an image or whether she will be unable to share this aspect of her self with him at all. If her adult love relations with men are to be healthy and mature, she must concurrently become attached and then individuated from each of the parents, evolving images of 'good but also bad' mother and father. These images form the basis of her expectations of women and men throughout her life." (S. 76 - 77)

Nach Chodorow (1985) bestimmt der Ausgang der ödipalen Entwicklung darüber, auf welche Weise die inneren Beziehungsstrukturen später auf äußere Objektbeziehungen übertragen werden, welches „Beziehungspotential" erworben wird (S. 216). Zu ergänzen ist hier, daß für eine günstige ödipale Auseinandersetzung mit dem Vater als heterosexuellem Liebesobjekt eine gewisse Stärke im Ich erforderlich ist (siehe Abschnitt 3.4.4.) und daß die Erfahrung emotionalen Angenommenseins durch ihn in den weiblichen Triebregungen dem Mädchen die selbstsichere Annahme der weiblichen Geschlechtsrolle erleichtert.

Hingegen bleibt ein nicht ausreichend befriedigend gelöster Ödipuskomplex ein Störfaktor in der Persönlichkeitsentwicklung des Mädchens. Der Grund hierfür ist, daß in der ödipalen Konstellation wie in der präödipalen Triangulierung innerpsychische Strukturen gebildet werden, die im Heranwachsen ihren entscheidenden Einfluß auf die jeweils anstehenden Entwicklungsvorgänge behalten; sie bilden die Grundlage für wietere Differenzierungen im Ich wie im Identitätsgefühl auf jeweils höherem Entwicklungsniveau. Hemmungen in der Persönlichkeitsstruktur, die häufig erst in späteren Entwicklungsphasen oder im Erwachsenenalter hervortreten, haben ihren Ursprung meist in Störungen der frühen Ichentwicklung und Identitätsbildung während der präödipalen und ödipalen Triangulierung . (Auf diese Zusammenhänge wurde bereits im 2. Kapitel aufmerksam gemacht; sie zeigen sich auch in den Beiträgen der nachfolgenden Kapitel).

4.   Entwicklung weiblichen Selbstwertgefühls

„Self-esteem thus depends on the nature of the inner image against which we measure our own self, as well as on the ways and means at our disposal to live up to it."
(A. Reich 1960, S. 217)

Vorbemerkung

Mit der Überwindung des Ödipuskomplexes erreicht das Kind in der Latenzperiode eine Entwicklungsstufe, in der es allmählich lernt, die libidinösen und aggressiven Impulse nicht mehr vorwiegend nach außen oder gegen sich selbst zu richten, sondern sie zur Stärkung des Ich und zum Aufbau des Überich zu verwenden (Draeger, 1968, S. 421). Schwerpunkt in der Ichentwicklung während dieser Phase ist die Herausbildung der Fähigkeit zur Realitätsanpassung und zur allmählichen Entfaltung sozialer und intellektueller Kräfte (Galenson, Panel report, 1978, S. 176). Auf diese Weise wird auch das Selbstgefühl zunehmend stärker durch das Ich vermittelt (Jacobson, 1978*b*).

Die spezifische Funktion des Vaters als Gegenpol zur Mutter in ihrem Bindungsverhalten wird in der einschlägigen Literatur für die Phase der Latenz besonders hervorgehoben. Es wird davon ausgegangen, daß die positiven Erfahrungen mit ihm während der frühen Triangulierung für die Entwicklungsaufgaben der nachödipalen Entwicklung eine außerordentlich hilfreiche Basis bilden. Helene Deutsch (1988) betont daher die Entsprechung in den Vorgängen der präödipalen und der Latenzphase, in denen die Autonomiebestrebungen des Ich im Vordergrund stehen und die stärkste Motivation für die Hinwendung des Mädchens zum Vater bilden (S. 24).

Ekstein (1980) beschreibt einfühlsam die veränderte Haltung, die Vater und Tochter in der Latenzperiode im gegenseitigen Miteinander finden müssen (S. 209). Er betont, daß beide nun innerpsychische Repräsentanzen ihrer gemeinsamen Beziehung ausbilden müssen, die ihnen helfen, auf die sich ständig verändernde Beziehungskonstellation in ihrem Verhältnis zueinander angemessen zu reagieren, und die ihnen neue Möglichkeiten für die Gestaltung ihrer Beziehung bieten. Mit der Aufgabe der früheren Intimität im ödipalen Flirt werden neue Formen des Umgangs miteinander wichtig, die altersgemäß und sublimiert sind. In ihnen findet die Liebe zwischen Vater und Tochter Ausdruck in gemeinsamen intellektuellen und sportlichen Interessen (S. 212).

Auf diese Weise wechselt der Vater allmählich vom Liebesobjekt zum Rollenmodell und erhält die Funktion des Lehrers, von dem sich das Mädchen Führung und Anregung erhofft und den es teilweise zum Ichideal und zur Gewissensinstanz macht. Dabei sollte der Vater, wie Ekstein betont, als Vertrauensperson auch die für eine günstige Entwicklung notwendige Begrenzung setzen (S. 216). Nach seinen Beobachtungen entsprechen Mädchen in der Latenzperiode den Anforderungen des Vaters an sie im Hinblick auf schulische Leistung und Erfüllung von Aufgaben in der Familie gern und suchen für ihre Fähigkeiten die Bestätigung vom Vater (S. 212).

Deutsch (1988) hebt die Unterstützung des Mädchens durch den Vater in seinem Drang nach Aktivität während dieser Entwicklungsphase ausdrücklich hervor, da die Fähigkeit zur Realitätsbewältigung - auch für das spätere Leben - hierdurch eine wichtige Förderung erhält (S. 225). Sie ist zudem der Ansicht, daß eine Beziehung zum Vater, die gemeinsame Aktivitäten und entsprechende Anregungen durch ihn einschließt, dem Mädchen die selektive Identifizierung mit ihm erleichtert und zur Förderung der Ich-Interessen des Mädchens wesentlich beiträgt.

Nach Adams-Tucker & Adams (1980) vermittelt der Vater durch dieses Hinführen zu intellektuellen Interessen und sozialen Beziehungen dem Mädchen die Fähigkeit zur Sublimierung und zeigt ihm damit Möglichkeiten auf zur Integration und teilweisen Umwandlung des Sexualtriebes im späteren Leben (S. 231). Grundsätzlich betonen die Autoren, daß der Vater im Familienverband eine entwicklungsfördernde Alternative zur Mutter darstellt in seiner Art, wie er mit den Wünschen des Mädchens nach allmählicher Selbständigkeit und Emanzipation von der Familie umgeht (S. 231).

Es gibt keine empirischen Untersuchungen, die dem spezifischen Streben des Mädchens nach intellektuellem und emotionalem Austausch mit dem Vater während der Latenzperiode Rechnung tragen. Aber in den allermeisten biographischen Berichten von Frauen über ihren Vater findet diese Sehnsucht in beeindruckender Weise individuellen Ausdruck. Immer steht dahinter der Wunsch der Tochter, der Vater möge ihr seine männliche Sicht von der Realität des Lebens vermitteln und sie in ihrem Streben nach weiblicher Individualität in Unterscheidung von der Mutter bestätigen und ermutigen (siehe M. Lang, 1983, und U. Owen, 1986).

Dieser Wunsch des Mädchens, mit Hilfe der Anerkennung des Vaters narzißtische Integrität zu erlangen, wird bereits in der präödipalen und ödipalen Hinwendung zum Vater erkennbar. In diesem Kapitel ist aufzuzeigen, daß für die Ausbildung eines positiven weiblichen Selbstwertgefühls wichtige Strukturierungen und Differenzierungen im Ich und Überich auf der Grundlage angemessener Realitätsanpassung Voraussetzung sind. Es sind hierfür im besonderen Fragen der Überich- und Ichidealbildung , der Narzißmusentwicklung und der Entwicklung gekonnter Aggression (A. Mitscherlich) zu erörtern, denn eine positive Entfaltung des weiblichen Ichideal, das auf einem gesunden Narzißmus beruht und für seinen reifen Ausdruck den Einsatz neutralisierter Aggression braucht, stärkt das Selbstwertgefühl[52] des Mädchens. Der Vater hat hierauf einen spezifischen Einfluß gemäß seiner Funktion.

---

[52] Für das Selbstwertgefühl gibt Jacobson (1978b) folgende Definition:
„Das Selbstwertgefühl ist der ideationale, besonders aber der emotionale Ausdruck der Selbstbewertung, und der entsprechenden mehr oder weniger neutralisierten libidinösen und aggressiven Besetzung der Selbstrepräsentanzen". (S. 142)

4.1. Wichtige Differenzierungen in der Ich- und Überichentwicklung

Nach Freud *Das Ich und das Es* (1923) ist die dem Vater zugeschriebene Autorität von ausschlaggebender Bedeutung für die Überichbildung. Die in diesem Abschnitt zu Wort kommenden Autoren Loewald, Stork und Modell gehen von dieser These aus. Ihre Aussagen zu den Funktionen des Vaters im Hinblick auf die Entwicklung objektiver Realität und die Entstehung eines stabilen Überich sind an den Anfang dieses Kapitels gesetzt, weil sich in ihnen wichtige Hinweise finden zu den Vorgängen der Differenzierung in Ich und Überich.

4.1.1. Zur Integrierung objektiver Realität

Im 2. Kapitel wurde bereits ausgeführt, daß Loewald (1982) den Aspekt der Erfassung der Realität (in der Beziehung des Individuums zu sich selbst wie zu den Objekten) im Hinblick auf die spezifischen Funktionen von Vater und Mutter differenziert. Zur parallel verlaufenden Entwicklung im Ich und in der Fähigkeit zur Realitätsanpassung schreibt er:

> „Ich und Realität können nicht unabhängig voneinander betrachtet werden, weil sie sich miteinander entwickeln und sukzessive Stufen der Integration durchlaufen." (S. 784)

Dabei betont Loewald (1982), daß unter Berücksichtigung des komplexen Beziehungs- und Identifikationsgeflechtes zwischen Eltern und Kind, das besonders für die ödipale Entwicklung bestimmend ist, die Konstituierung von Ich und Realität mit einer höchst ambivalenten Beziehung zu den Eltern einhergeht. Er bemerkt zu diesen Vorgängen:

> „Die frühe positive Identifikation mit dem Vater und die frühe Angst vor der verschlingenden Mutter gehen in den Ödipuskomplex ein und bilden Bestandteile von ihm, ebenso wie die positive libidinöse Beziehung zur Mutter und die auf den Vater bezogene Kastrationsangst." (S. 781)

Mit Beginn der Latenzperiode wird mit der Auflösung des ödipalen Konfliktes die Herrschaft des primären Narzißmus überwunden, und die Strukturierung des Ich erhält - soweit sie auf dem Realitätsprinzip beruht - Vorrang (S. 773). Wie bereits erwähnt, fällt dem Vater hier eine spezifische Funktion zu. Loewald ergänzt aus moderner Perspektive, daß in Wirklichkeit die elterlichen Rollen auch vertauscht sein können, indem die Mutter die Realität repräsentiert, daß dies aber nichts an der Tatsache ändert, daß für eine gesunde Ichentwicklung beide Funktionen wichtig sind: die fürsorgliche und die trennende; wobei eine gewisse Differenzierung in der Rollenaufteilung dem Kind wie den Eltern hilft (S. 774).

Weiter führt Loewald aus, daß das Ich im Heranwachsen versucht - parallel mit der Konstituierung objektiver Realität durch seine sich allmählich entwickelnde Fähigkeit zur Differenzierung in den objektiven Gegebenheiten -, frühe Erfahrungen aus der präödipalen Periode auf neue Weise in sein Realitätsverständnis zu integrieren (S. 782). Hierbei erfährt die frühe Einheit mit der Mutter durch die Identifikation des Kindes mit dem Vater eine immer stärkere Modifizierung. Loewald (1982) schreibt:

> „Die primäre Identifikation mit dem Vater drängt zusammen mit der 'Angst vor dem Leib der Mutter' nach weiterer Strukturierung des Spannungssystems, das durch den kontinuierlichen, auf die Mutter gerichteten libidinösen Drang aufrechterhalten wird. Die väterliche Kastrationsdrohung wirkt als zusätzlicher Anreiz zur Differenzierung, d. h. zur Konstituierung des libidinösen Objekts." (S. 782)

Analog seiner Konzeption unterschiedlicher Funktionen von Vater und Mutter in der Ausbildung der Realitätserfassung verweist Loewald im Hinblick auf die fundamentale Angst des heranwachsenden Kindes vor dem drohenden Verlust der Realität auf einen Doppelaspekt: Zum einen hat diese Angst ihre Wurzeln in der Angst vor der Regression in die primär-narzißtische Fusion mit der Mutter, wodurch die Grenzen zwischen Ich und Realität aufgehoben würden; zum anderen beruht sie auf der Angst vor dem Verlust der Objektbeziehungen, die mit der väterlichen Kastrationsdrohung in Zusammenhang steht, denn durch eine zu starke Trennung vom Objekt kann das Ich in die Isolation geraten (S. 783).

D. h.: Neben der Angst vor dem Verlust der Grenzen zwischen Ich und Realität durch die Mutterbindung fürchtet das Kind den Verlust der Objektbeziehungen durch eine zu starke Anpassung an das repressive Verbot des Vaters. Loewald betont, daß Tendenzen starker Isolierung dazu führen können, daß die Realität in der Beziehung zu den Objekten - hierzu gehört auch die Realität im nahen Bezug zur Mutter, die in ihrer symbiotischen Qualität als ein bestimmender Faktor im späteren Leben für das psychische Funktionieren erhalten bleiben muß - vom Ich als feindlich abgewehrt werden muß, wodurch eine Integration der Realität in all ihren Aspekten in das Ich verfehlt wird (S. 783). Dem daraus resultierenden Realitätsverlust entspricht nach Loewald (1982) ein Ich-Verlust, der darin zum Ausdruck kommt, daß das Ich auf primitive Stufen der Objektbeziehungen regrediert. Er schreibt:

> „Realitätsverlust bedeutet auch immer Ichverlust. Wir meinen hier mit Realitätsverlust nicht, daß ein 'Teil' der Realität verlorengeht (während ein 'anderer Teil' erhalten bleibt). Sondern wir verstehen unter Realitätsverlust den Verlust der Integration von Ich und Realität und die Regression auf eine frühere Organisationsstufe. In klinischen oder experimentell herbeigeführten regressiven Zuständen kommt es, wie wir beobachten können, nicht zu einem Verlust der Objekte, sondern dazu, daß die Objekte gleichsam weniger objektiv werden." (S. 783)

Für den Vorgang der Differenzierung der Realitätsanpassung im Ich im Heranwachsen des Kindes sind nach Loewald zwei Komponenten wichtig: 1. die Befreiung des Kindes aus der Symbiose mit der Mutter; und 2. die positive Identifikation mit dem Vater. Beide Faktoren tragen dazu bei, daß dem kindlichen Ich die Integration der frühen Realität mit der Mutter sowie die auf immer höherem Entwicklungsniveau sich herausbildende Fähigkeit zu objektivem Realitätsbezug, wie er vom Vater repräsentiert wird, möglich wird. Loewald (1982) gibt eine differenzierte Beschreibung dieser Vorgänge, die in der Latenzperiode eine besondere Akzentuierung erfahren:

„Wenn sich das Ich entwickelt, besetzt die Libido nicht Objekte, die sozusagen für sie bereitliegen und darauf warten, daß sich die Libido ihnen zuwendet. Die Entwicklung der Realität sieht vielmehr so aus, daß sie sich zunächst nicht vom Ich abgrenzt, dann in magischer Verbindung mit dem Ich steht und schließlich objektiven Charakter gewinnt. So wie sich das Ich von seinen primitiven Anfangsstadien aus stufenweise verändert, so durchlaufen auch Libido und Realität Stufen der Transformation, bis für das 'voll entwickelte' Ich eine objektive Realität existiert, die von ihm abgegrenzt ist, vor ihm liegt und nicht in ihm und doch durch die synthetische Funktion ans Ich gebunden wird. So wird aus Ichlibido eine Objektbeziehung. Erst dann lebt das Ich in der Realität, die wir als objektive Realität bezeichnen. Auf früheren Entwicklungsstufen erlebt das Ich die Realität nicht als etwas Objektives, sondern gemäß dem Modus der verschiedenen Stufen der narzißtischen und magischen Realität; und in diesen Realitäten lebt das Ich." (S. 786)

Zusammenfassung

Für die fortschreitenden Differenzierungen der psychischen Struktur, durch die das Ich die notwendige Fähigkeit zur Unterscheidung zwischen sich, seiner Innenwelt und der äußeren Realität erlangt, bleibt der Vater als Repräsentant einer von der Mutter unterschiedenen Realität wichtig. Das Fehlen väterlicher Forderungen und Grenzsetzungen ebenso wie übermäßige Strenge und Abweisung des Vaters hemmen das kindliche Ich in seiner Entwicklung zur Realitätsanpassung, während, wie Loewald es formuliert, in einer positiven Beziehung der Vater für das Kind immer auch ein „Ideal" darstellt, mit dem es sich zu identifizieren sucht, um aus der Ununterschiedenheit mit der Mutter auf immer neuen Ebenen seiner Entwicklung herauszukommen (S. 782).

Für die Entwicklung des Mädchens läßt sich an Loewalds Ausführungen besonders aufzeigen, daß eine zu betonte Übernahme der männlichen Realität und des Verbots des Vaters zu einer die weibliche Entwicklung hemmenden Identifikation mit dem Väterlich-Männlichen beiträgt; der Vater mag dann zu einem strengen Ideal werden, das den weiblichen Neigungen der Tochter zu wenig Raum läßt. (Auf dieses Problem ist in den nachfolgenden Abschnitten dieses Kapitels immer wieder hinzuweisen.)

4.1.2.   Der Vater als Vermittler von Individualität

Loewalds (1982) Unterscheidung der zwei Ebenen von Realität in der Beziehung zu Vater und Mutter findet eine gewisse Entsprechung in Storks (1986) Konzeption eines narzißtischen und eines ödipalen Prinzips, zu dem der Autor schreibt: Das narzißtische Prinzip ist der Ausdruck der Sehnsucht nach der „Zweieinheit mit der archaischen Mutter", die idealisiert wird und deren „verschlingende und verfolgende Züge" (S. 27) verleugnet werden müssen, während das ödipale Prinzip geprägt ist durch den Dritten, den Anderen, der anders ist als die Mutter, und durch den eine „Befreiung aus dem Umschlungensein des narzißtischen Prinzips" (S. 28) möglich wird. Im ödipalen Prinzip wird die Rolle und Funktion des Vaters wichtig, zum einen als „Befreier", der die Ablösung von der idealisierten, archaischen Mutter-Imago bewirkt, zum anderen als „Vertreter, Mittler und Garant der Realität" (S. 29).

Stork (1974) setzt sich speziell mit den Ängsten und Schuldgefühlen auseinander, die mit der Ichentwicklung in Ablösung von der Mutter verbunden sind. Ebenso wie Loewald stellt er ein befreiendes väterliches Prinzip einem verbietenden gegenüber und betrachtet beide Funktionen des Vaters als verschiedene Momente, die im menschlichen Entwicklungsprozeß letztlich zusammenlaufen (S. 279). Indem der Vater aus der mütterlichen Symbiose befreit, verbietet er die Rückkehr in eine absolute Liebesbeziehung mit ihr und fordert die Individuation, d. h. die Vereinzelung. Stork (1974) schreibt:
„Das eine Mal macht der Vater deutlich, daß man sich von der Unmittelbarkeit und dem Einfluß der Mutterbilder befreien kann; das andere Mal ist der Zugang zum Paradies und das Zurückstreben in den Mutterleib mit dem väterlichen Verbot behaftet. Die beiden Funktionen des Vaters scheinen zusammenzugehören, sich wie Liebe und Haß in einem ambivalenten System gegenseitig zu ergänzen." (S. 282-283)

Stork (1986) spricht hier von der „strukturierenden Kraft des Vaters" (S. 18), der durch seine aktive Anwesenheit die Trennung der primitiven Mutter-Kind-Einheit herbeiführt und das Kind darin unterstützt, die Rückwärtsgewandtheit zur Mutter aufzugeben und sich nach vorne auf ein eigenständiges Leben auszurichten, in dem festhaltende und trennende Momente in den Objektbeziehungen parallel laufen und sich die Waage halten. Er schreibt:
„Das ödipale Prinzip bedeutet eine gleichzeitige Beziehung zu Mutter- und Vater-Bildern, eine organisierte Gesamtheit von Liebes- und feindseligen Wünschen, die das Kind den Eltern gegenüber empfindet. Sie ist das Element, das sich der Anziehung des narzißtischen Prinzips durch besondere Strukturen widersetzt." (S. 28)

Das verbietende Prinzip des Vaters kann nach Stork (1974) vom Kind angenommen werden, wenn das Kind in der Lage ist, die Notwendigkeit der Übernahme des Verbotes anzuerkennen, d. h. wenn es in einem gesunden Entwicklungsprozeß die Befreiung von der Mutter und die Selbstentfaltung von sich aus erstrebt. Bedingung für eine solche Entwicklung ist, daß die schon vor der Überichbildung bestehende Liebe zum Vater, „das Urvertrauen in das väterliche Prinzip", dem Verbot vorausgeht (S. 283). Dann folgt in einer normalen Entwicklung aus dem Streben nach persönlicher Entfaltung und Unabhängigkeit geradezu der Wunsch nach dem Vater, und diese Hinwendung zum Vater wird als Befreiung erlebt (S. 283).

Wie Stork (1974) betont, verlaufen diese Entwicklungsprozesse allerdings nicht ohne Schuldgefühle gegenüber der Mutter und ohne Angst vor Vergeltung und Strafe durch Liebesentzug von ihrer Seite (S. 265). Er erklärt diese tiefgehenden Schuldgefühle gegenüber der Mutter aus dem gleichzeitigen Bestehen von Gefühlen der Liebe und des Hasses ihr gegenüber (S. 294). Denn neben dem Streben nach Selbstentfaltung bleiben starke Sehnsüchte nach der Symbiose mit der Mutter bestehen und jede Befreiung von ihr wird zunächst als aggressive Regung empfunden in der Vorstellung, der Mutter etwas wegzunehmen (S. 270; siehe Laufer, 1986, Abschnitt 3.4.1.).

In diesen Ablösungsprozessen ist die Angst vor Vergeltung von seiten der Mutter umso stärker, je mehr die Mutter als versagend erlebt wird und der Vater in seiner vermittelnden Funktion ausfällt. Stork (1974) berichtet von eigenen Forschungsarbeiten und klinischen Fallstudien auf der Grundlage der Psychoanalyse, aus denen erkennbar wurde, daß bei einer großen Zahl von psychischen Erkrankungen unterschiedlichster Ausprägung der Mangel an ausreichender positiver Unterstützung des Kindes durch den Vater das kindliche Ich in seinem Streben nach Entwicklung entscheidend beeinträchtigt hatte. Dieser Mangel resultierte u.a. aus der Abwesenheit des Vaters, seinem Versagen bei der Übernahme der Rolle positiver Autorität, seiner Passivität oder seiner Distanziertheit gegenüber dem Beziehungsgeflecht der Familie (S. 259). Neben eigenen Beobachtungen zitiert Stork Arbeiten von Lidz (1959/60), der den Vater Schizophrener als unsicher in seiner männlichen Rolle und als abhängig von der Bestätigung seiner Frau beschreibt; als einen Menschen, der zwar rachsüchtig und sadistisch sein kann, aber im Grunde unfähig ist, die Rolle des Vaters gegenüber seinem Kind zu übernehmen (S. 260)[53].

Wie Stork (1974) weiter ausführt, zeigte sich in seinen klinischen Studien, daß diesem schwachen Vaterbild in der Psyche des Kindes immer eine Mutterimago mit übermächtigen, verschlingenden Zügen gegenüberstand. Er verweist hier auf die Gefahr einer Fixierung an die Mutter mit der Folge, daß die Mutterimago einen überwiegend gefährlichen Aspekt erhält, wenn das trennende Element des Vaters fehlt, durch dessen aktive Anwesenheit das Wagnis des Neinsagens gegenüber der mütterlichen Bindung möglich wird (S. 274). Zur Illustration seiner Überlegungen berichtet er über eine an Psychose erkrankte Patientin, deren pathogene Bindung an die Mutter sich im Erleben der Tochter als Inzestwunsch darstellte. Nach Stork (1974) handelt es sich hierbei um eine mit Angst besetzte Phantasie, die sich bei fehlender Vaterbeziehung häufig zeigt (S. 264). Zu der Situation seiner Patientin schreibt er u.a. (S. 263-264):

---

[53] Biller (1976) berichtet über die Erkenntnisse von Lidz zur Situation von Mädchen, die in der Beziehung zu ihrem gestörten Vater psychisch krank wurden:
„In their extensive studies Lidz et al. (1956) reported a high incidence of inadequate fathering for female as well as male schizophrenics. The fathers of the schizophrenic females were frequently observed to be in severe conflict with their wives, to contradict their wives decisions, and to degrade their wives in front of their daughters. These fathers made rigid and unrealistic demands on their wives. Similarly such fathers were insensitive to their daughter's needs to develop an independent self-concept. The fathers of the schizophrenic females made attempts to manipulate and mold their daughters in terms of their own unrealistic needs. Females who formed an allegiance with a disturbed father, frequently in reaction to rejection by an unloving mother, seemed most likely to become psychotic." (S.134)

Die Patientin schlief bis zu ihrem 12. Lebensjahr bei der Mutter; sie hatte für die Mutter die Funktion, etwaige sexuelle Annäherungen des Vaters zu verhindern. Der Vater war Außenseiter der Familie; er suchte außer Haus im Alkohol Befriedigung.

Zu Beginn der Therapie beobachtete Stork, daß der Vater im Erleben seiner Patientin nicht existent war; er wurde verleugnet, existierte in ihrer Vorstellung nur als Partialobjekt, d. h. als Penis im Körper der Mutter. Nach Stork stellt eine solche Phantasie für ein Kind eine große Angstquelle dar, da der Vater als alternatives Beziehungsobjekt zur Mutter verlorengeht.

Diese Ängste zeigten sich in einem Traum der Patientin, indem die Mutter die Tochter sexuell zu überwältigen drohte. Stork sieht den Grund für die im Traum auftretenden Inzestphantasien (die verknüpft waren mit tiefen Ängsten) in der frühen ohnmächtigen Abhängigkeit von der Mutter, da der schwache Vater, den sich die Mutter einverleibt hatte, nicht in der Lage war, vermittelnd einzugreifen. Darüberhinaus hatte offenbar die psychische Gestörtheit der Mutter die normalen Autonomiebestrebungen des Mädchens zusätzlich unterdrückt.

Nach Stork ist aufgrund des Auftauchens derartig archaischer Ängste, die auf einer übermächtigen Mutterimago beruhen, davon auszugehen, daß der Vater in seiner trennenden Funktion bereits zu einem sehr frühen Zeitpunkt zu einem wichtigen Bezugsobjekt für das Kind wird und daß der ödipale Konflikt schon in der frühesten Lebensperiode für die psychische Strukturierung des Menschen bestimmend ist (S. 265; siehe die Ausführungen zur väterlichen Funktion, Abschnitt 6.3.).

Zudem weist Stork daraufhin, daß der wichtige Entwicklungsprozeß der Trennung von der Mutter auf jeder nachfolgenden Entwicklungsstufe neu zu leisten ist und daß dabei die Erfahrung am Vater oder einem Vaterersatz für die Entwicklung zu Individualität und Eigenständigkeit, die die Fähigkeit zu realistischer Unterscheidung zwischen dem Ich und der Welt der Objekte einschließt, unerläßlich ist. D.h.: Für eine stabile Ichentwicklung muß der Vater als Alternativobjekt zur Mutter in dem schmerzlichen Prozeß der allmählichen Ablösung von ihr anwesend sein, damit sich die aggressiven Tendenzen des Kindes, die seinem Streben nach Autonomie Ausdruck geben, auf ihn berufen können und es nicht zu übermäßigen Trennungsängsten und Schuldgefühlen kommt (S. 281).

4.1.3. Ein Recht auf ein eigenes Leben

Modell (1965) vertieft in seiner Arbeit „On having the Right to a Life. An Aspect of the Superego's Development" Loewalds und Storks Hinweise auf die notwendige Mittlerfunktion des Vaters im Kampf des Kindes um Befreiung aus der Ununterschiedenheit von der Mutter. Er berichtet von gravierenden Störungen in der Persönlichkeitsstruktur seiner Patienten aus Mangel an reifer Überichbildung.

In seiner Praxis beobachtete er, daß Patienten mit einer schwachen Überichbildung das eigene Dasein nicht wirklich positiv bejahen konnten und fundamentale Schuldgefühle entwickelten, die auf unbewußte Vorstellungen zurückgingen, daß ihnen der Wunsch nach einem eigenständigen Leben, in dem sie eine gewisse Befriedigung und Stolz auf eigene Fähigkeiten und Freude in einer eigenen Lebensgestaltung finden könnten, nicht erlaubt sei. Modell schreibt:

> „For the patients I have described all pleasure that can be experienced with dignity and selfrespect is undone and negated. Pervasiveness of diffuse unconscious guilt is unquestioned, but this should not lead one to describe the superego as strong. Intensity of guilt, as I have tried to show, is a result, I believe, of a partial developmental arrest of the superego." (S. 329)

Modell (1965) sieht den Grund für die Unfähigkeit von Individuen, ihr Recht auf ein eigenes Leben zu erkennen und danach zu handeln, in einer unzureichenden Überichbildung, da die Möglichkeit zu entsprechender Identifikation in wichtigen Teilaspekten gefehlt hat. So entdeckte er an seinen Patienten, daß diese ihre frühkindlichen sadistischen Impulse nicht abmildern und letztlich nicht überwinden konnten auf der Basis eines stabilen positiven Selbstgefühls, da in ihrem Unbewußten die primäre Identifikation mit der Mutter beherrschend blieb und die fehlende Abgrenzung von der Mutterimago und den mit ihr verbundenen Phantasien die Entwicklung einer positiven Identitätsbildung beeinträchtigte (S. 328).

Erklärend stellt Modell zu diesen Fehlentwicklungen fest, daß die Schuldgefühle, die aus einer starken unbewußten Mutterbindung resultieren und mit dem Mangel an Selbst-Objekt-Differenzierung assoziiert sind, nicht nur auf dem unbewußten Wunsch beruhen, die Mutter zu zerstören, um auf diese Weise von ihr loszukommen, sondern ebenso auf der Vorstellung, daß das Individuum kein Recht auf eine eigene, von der Mutter separierte Existenz hat (S. 328). Er schreibt:

> „The content of the guilt, as I have been able to observe it in these patients, was not only based upon the wish to destroy others, but was also related to the belief that they had no right to a separate existence, so that it is reasonable to suppose that the guilt is in some way associated with failure of development in the phase of self-object differentiation." (S. 328)

Zum besseren Verständnis dieser Problematik unterscheidet Modell zwischen Trennungsschuld und Trennungsangst, die beide auf frühe Entwicklungsstörungen zurückgehen. Hinsichtlich der Trennungsangst führt er aus, daß bei intensiver Ambivalenz (aus welchen Ursachen auch immer) der Akt der Trennung nicht nur als Bedrohung des Subjektes empfunden wird, sondern auch verknüpft ist mit der Vorstellung des Todes des Objektes, da die Fähigkeit zur Differenzierung der Selbst-Objekt-Repräsentanzen gestört ist (S. 328). Er spricht bei diesen Fehlentwicklungen von zirkulären Prozessen, die eine Befreiung aus der Umklammerung der Mutter ohne die Hilfe einer positiven Beziehung zu einem nahen Dritten verunmöglichen:

> „We see again the working of circular processes, for intense infantile ambivalence will interfere with the development of self-object differentation. Where there is poor self-object differentiation, there is confusion between

self and object, and, in the infantile mind, the fear of dying upon separation from mother can be confused with the fear of destroying mother." (S. 328)[54]

D. h. die Trennung wird unbewußt wahrgenommen als den Tod der Mutter verursachend, da das Streben, etwas für sich selbst zu erlangen, impliziert, daß der Mutter ihre Lebensbasis entzogen wird (S. 330). Damit wird die Trennungsangst zur Trennungsschuld.

So schreibt Modell zum Problem einer schizophrenen Patientin:

„She directly expressed the belief that in order for her to have a separate existence her mother had to be killed." (S. 328)

Er führt fort - unter Hinweis darauf, daß das Streben nach einer eigenen Existenz nicht nur in Patienten, sondern in vielen Menschen Schuldgefühle hervorruft - :

„I believe that vestiges of this problem remain, to some extent, in many if not most people and can be observed in a more disguised form. For example, another patient, whose life was also dominated by a profound sense of unconscious guilt, believed that if she were to become more mature through the efforts of psycho-analysis, her mother could not bear it and would kill herself. She too believed, as did the schizophrenic patient, that if she separated from her mother she would cause her mother's death." (S. 328)

Zur weiteren Erläuterung seiner Überlegungen unterscheidet Modell zwischen Schuldgefühlen, die nach M. Klein (1948) mit prägenitalen sadistischen Impulsen in Zusammenhang stehen, und Schuldgefühlen, die eine spezifische Funktion innerhalb des Struktursystems des Überich innehaben (S. 327). Er zitiert Freud (1930), der beobachtete, daß Schuldgefühle bereits vor der Strukturierung des Überich und vor einer Gewissensbildung existieren, und schreibt:

„The existence of diffuse unconscious guilt, such as I described earlier, suggests a failure to function, that is, a failure of structural formation." (S. 329)

D. h.: Übermäßige Schuldgefühle verweisen auf Störungen in der psychischen Strukturbildung. Wie Modell betont, konstituiert Trennungsschuld kein Überich; sie ist ein primärer Bestandteil des Überich, aber nicht das Überich selbst (S. 330). Bei seinen Patienten zeigte sich, daß Individuen, die in erhöhtem Maße sadistische Phantasien entwickelten, auch ein überhöhtes Maß an Trennungsschuld erfuhren; diese Störung in der Überichbildung resultierte bei ihnen aus einer Fehlentwicklung in der Subjekt-Objekt-Differenzierung (S. 330).

---

54 Nach M. Klein (1974), auf deren Theorie sich Modell beruft, entsteht Trennungsangst durch den Mechanismus der Projektion abgespaltener Teile des Selbst auf das Objekt. Aufgrund der Projektion aggressiver Elemente, die in der Beziehung zum Objekt wirksam sind, entsteht die Vorstellung, daß das Selbst, ebenso wie das Objekt, das durch diesen Abwehrmechanismus zu einem Teil des Selbst wird, in Gefahr ist, zerstört zu werden, wenn es zur Trennung kommt. Eine außerordentliche Schwächung des Ich ist die Folge (S. 159).

Bei der Frage nach den Ursachen dieser Fehlentwicklung beruft sich Modell auf Freuds Aussage (1923), daß die Bildung eines strukturierten Überich in erster Linie durch die Identifizierung mit dem Vater entsteht, der als Vorbild dient. Er findet diese Erkenntnis Freuds in seinen Praxis-Erfahrungen bestätigt und stellt sie modernen Auffassungen in der Psychoanalyse entgegen, die nach seiner Meinung die Rolle des Vaters für die Überichbildung eher verwischen und den Anteil der Mutter an der Überichbildung zu sehr betonen. Unter Berücksichtigung der Funktion des Vaters als Mittler und Repräsentant von Eigenständigkeit nimmt Modell an, daß unbewußte Schuldgefühle, die mit dem Wunsch nach Ablösung von der Mutter verbunden sind, d.h. die Trennungsschuld hervorrufen, dann in erhöhtem Maße entstehen, wenn die Möglichkeit einer positiven Identifikation mit dem Vater fehlt, der dem Kind die Trennung vorlebt und im realen Austausch für das Kind zum Vorbild und zur Identifikationsfigur wird (S. 325).

Im Hinblick auf seine Erfahrungen mit weiblichen Patientinnen, führt er weiter hierzu aus, daß die in jeder Trennung auftretenden intensiven Ambivalenzgefühle gegenüber der präödipalen Mutter gerade auch für das Mädchen eine frühe positive Identifikation mit dem Vater notwendig machen, durch die dem Mädchen die Trennung von der Mutter möglich und der Prozeß der Individuation gefördert wird (S. 329). Er geht davon aus, daß die männliche Komponente auch im weiblichen Unbewußten einen narzißtischen Wert darstellt, den das Mädchen erst durch die Identifikation mit dem Vater verinnerlichen kann, und daß dieser Wert auch für das Mädchen eine wichtige Voraussetzung bildet für die Fähigkeit zur Kontrolle der libidinösen und aggressiven Triebstrebungen, d. h. die Bildung eines stabilen Überich ermöglicht (siehe auch M.R. Leonard, Abschnitt 3,6.). Modell (1965) schreibt hierzu:

„I recognize that the problem is somewhat more complicated in the female patient, yet we know that a good father identification based on a love relationship can mitigate the intense ambivalence towards the pre-oedipal mother and can further the process of self-object individuation. In spite of the waning position of the father in our contemporary culture, in the unconscious mind strength is still equated with the male. It is the internalization of this male strength that provides the unconscious source of instinctual control." (S. 329)

Diese Unterscheidung primitiver Schuldgefühle aus der präödipalen Entwicklung, die auf Störungen in der Subjekt-Objekt-Differenzierung zurückgehen, von ödipalen Schuldgefühlen, die zur Überichbildung führen, ist nach Modell wichtig für das Verständnis der Vorgänge in der Ich- und Überichbildung. Er erinnert in diesem Zusammenhang an Zetzels (1949) Definition primärer und sekundärer Angst: Während primäre Angst das Ich überflutet und hilflos macht, kann sekundäre Angst vom Ich zu Abwehrzwecken verwandt werden. Sich auf diese Differenzierung berufend unterscheidet Modell primäre und sekundäre Schuldgefühle: Primäre Schuldgefühle entstehen vor der Bildung des Überich und bleiben bei Menschen, die nur ein unvollständiges Überich entwickeln, bestehen. Sekundäre Schuldgefühle entstehen nach der Strukturierung des Überich und tragen bei zur Stabilisierung des Ich, indem sie ähnlich der sekundären Angst Signalfunktion erhalten und Abwehrmechanismen im Ich dienen; sie sind wichtig für die Verdrängung der inzestuösen sexuellen Phantasien mit dem elterlichen Liebesobjekt (S. 329). D. h:. Sekundäre „Schuld" bleibt definierbar und begrenzt und hat nur eine partielle Wirkung auf das Ich; primäre „Schuld" ist dagegen diffus, alles durchdringend und im schlimmsten Fall die gesamte Persönlichkeit beeinträchtigend.

Zusammenfassung

Modell (1965) stellt fest, daß das Ich die für die Ablösung von der Mutter nötige Stärke nur mit Hilfe eines gesunden Überich gewinnen kann, das die Vorbildfunktion des Vaters in bezug auf Eigenständigkeit und Individuation in sich aufgenommen hat. Die unbewußte Vorstellung, kein Recht auf eine separate Existenz zu haben, was sich in dem Gefühl äußert, kein Recht auf ein Leben oder auf ein nur sehr eingeschränktes Leben zu haben, entsteht hingegen aus der mangelnden Stabilität im Überich (S. 330).

Diese Überich-Schwäche beruht auf Fehlentwicklungen aus mangelndem Bezug zum Vater; sie lassen sich bis in die präödipale Phase auf einen Defekt in der Selbst-Objekt-Differenzierung zurückverfolgen (S. 330). Ebenso wie Winter (1967; Abschnitt 3.5.1) bemerkt Modell aber, daß eine nachträgliche, während der ödipalen Phase entstehende gute Objektbeziehung zum Vater oder einer väterlichen Ersatzperson Störungen in der frühen Entwicklung abschwächen und diffuse Ängste mildern kann, wodurch die Bildung eines strukturellen Überich doch noch möglich wird und das Kind fähig wird, sein Recht auf Eigenständigkeit zu erkennen (S. 329).

Ergänzend sei hier eingefügt, daß die von Modell hervorgehobene Unfähigkeit, relative Autonomie im eigenen Selbst zu erringen, sich besonders gut an den Lebensschicksalen von Töchtern aus der Vergangenheit aufzeigen ließe, wie sie von Breuer & Freud vorgestellt werden. Die von diesen Autoren beschriebenen frühen Fälle von Hysterie sind durchaus im Rahmen der hier dargestellten Problematik zu verstehen, indem diese Schicksale auch dahingehend interpretiert werden können, daß das Desinteresse der Väter an der Emanzipation ihrer Töchter den Mädchen die entwicklungspsychologische Grundlage vorenthielt, die notwendig gewesen wäre für die Herausbildung der Fähigkeit, sich ein Recht auf ein eigenständiges Leben zu erkämpfen. Ein besonders gutes Beispiel hierfür scheint die Krankengeschichte von Fräulein Elisabeth v. R. ... (*Studien über Hysterie*, 1895, S. 196-251).

Weiter ist zu bemerken, daß auch heute eine gelungene Ablösung von der Mutter für viele Frauen zu einem lebenslangen Ringen wird, weil die Väter in entscheidenden Entwicklungsperioden fehlten oder ihren Töchtern keine ausreichende Unterstützung gaben für die Ausbildung eines stabilen Ich und Überich zur Überwindung ihrer diffusen Schuldgefühle in der Beziehung zur Mutter.

4.2.   Zur weiblichen Aggressionsentwicklung

Im Heranwachsen des Kindes zeigt sich immer deutlicher, wie sehr sich Ich- und Überichentwicklung gegenseitig bedingen. Dabei erfährt das Überich mit fortschreitender Ichentwicklung wichtige Differenzierungen; wie umgekehrt ein differenziertes Überich die Strukturierung im Ich fördert. Wie im Nachfolgenden auszuführen ist, geschieht dies auf der Grundlage der Fähigkeit, nicht nur die libidinösen sondern auch die aggressiven Triebsstrebungen realitätsangemessen und damit erfolgreich in der Auseinandersetzung mit der Umwelt einzusetzen. Das Kind muß diese Fähigkeit im Laufe seiner Entwicklung allmählich ausbilden. Hendrick (1936, 1951) und Jacobson (1978*b*) weisen allerdings daraufhin, daß die entscheidenden Weichen hierfür schon in den frühen Entwicklungsphasen gestellt werden (siehe die Abschnitte 2.2. und 2.2.2.).

Da die Aggressionsentwicklung des Mädchens im allgemeinen eher gehemmt als gefördert wird, kann eine tatsächlich erfolgte Integration der Aggression in das weibliche Ich nicht hoch genug eingeschätzt werden; von ihr hängt zu einem wesentlichen Teil eine gesunde Ausbildung weiblichen Selbstwertgefühls ab.

4.2.1.   Zum Einfluß der Aggression auf die Ich- und Überichentwicklung

Hartmann, Kris & Loewenstein (1974) heben die Wechselwirkungen zwischen der Ich- und Aggressionsentwicklung besonders hervor. Sie sehen in der Aggression einen primären und unabhängigen Trieb (S. 202), der die Grundlage bildet für die Loslösung aus der Symbiose mit der Mutter sowie für die Entwicklung autonomer Ich-Interessen und die Fähigkeit zu konstruktiver, kreativer Aktivität; nach ihrer Ansicht basieren Selbstbehauptung und Ich-Stärke zu wesentlichen Teilen auf aggressiven Tendenzen. A. Mitscherlich (1956/57-58) betont zudem, daß erst die Herausbildung gekonnter Aggression - als Voraussetzung für die Bildung eines gesunden Überich und Ichideal - eine gelungene Anpassung ermöglicht, d. h. die Fähigkeit zur Berücksichtigung der realen Gegebenheiten bei gleichzeitiger Verfolgung der individuellen Ziele und Interessen in Entwicklung der eigenen Denkfähigkeit. Dazu muß es dem Ich gelingen, sich von der unmittelbaren Bevormundung durch andere, besonders die primären Bezugspersonen zu befreien (S. 535).

M. Mitscherlich (1985) setzt in ihren Arbeiten psychoanalytische Erkenntnisse in Beziehung zu gültigen gesellschaftlich-sozialen Wertvorstellungen und Normierungen. Auch sie unterstreicht die positive Komponente der Aggression in der Ich- und Überichentwicklung und schreibt, daß Aggressionen zur Grundausstattung des Menschen gehören und eine Überlebensfunktion haben (S. 182); bei der Herausbildung der Fähigkeit zur Aktivität, Individuation und Abgrenzung sind sie daher nicht als feindselig und destruktiv zu betrachten, sondern als Ausdruck des Strebens nach Eigenständigkeit und Entwicklung (S. 181). Aus dem Umgang des Kindes mit seinen libidinösen und aggressiven Trieben, der durch die Einstellung der Eltern gegenüber dem Kind geprägt wird, ergeben sich bestimmte Einwirkungen auf die Überichbildung. M. Mitscherlich (1985) spricht in diesem Zusammenhang von Triebschicksalen und schreibt:

„Art und Inhalt des Überichs sind vom Umgang des Menschen mit seinen Trieben und triebbesetzten Objekten abhängig, sind also die Folge eines Triebschicksals. Strenge, Schwäche, Rigidität, Elastizität, Einseitigkeit, Vielfältigkeit der Überich-Instanz hängen davon ab, wie mit den Trieben, vor allem den aggressiven, im Laufe der individuellen Entwicklung umgegangen wird, wie mitmenschliche Beziehungen verinnerlicht, Phantasien verarbeitet, Schuldgefühle projiziert, introjiziert oder ertragen werden können .... .“ (S. 37)

Somit ist die Überichbildung selbst als ein Triebschicksal, vor allem als ein Schicksal von Aggressionen anzusehen (S. 38).

Wie oben ausgeführt, sind Loewald (1982), Stork (1974, 1986) und Modell (1965) der Ansicht, daß der Vater das Kind zum Einsatz seiner aggressiven Tendenzen für die Realisierung seines natürlichen Wunsches nach Selbstentfaltung ermutigen muß. Durch seine Vermittlung in diesen Ablösungsprozessen wird die kindliche Aggression in günstige Bahnen gelenkt, die dem Kind mit der Aufrichtung wichtiger Ge- und Verbote im Überich die Individuation ermöglicht.

Bei Hemmungen in der Aggressionsentwicklung können die mit dem Streben nach Trennung und Individuation verbundenen Ängste und Schuldgefühle übermächtig werden und den Willen des Kindes zur Autonomie behindern. Stork (1974) erwähnt den daraus entstehenden Zweifel des Kindes, ob die eigene Ablösung gelingen kann, und Modell (1965) beschreibt die unbewußten archaischen Schuldgefühle und die damit in Zusammenhang stehenden Schwierigkeiten in der Lebensgestaltung, da die Angst des Ich vor Aggression zur Ich-Schwäche wird, in der das Ich die destruktiven inneren und äußeren Einflüsse schwer überwinden kann.

D.h.: Der Ausfall der väterlichen Funktion trägt aufgrund der daraus entstehenden Hemmung in der Differenzierung der Aggression entscheidend bei zu den von vorgenannten Autoren beschriebenen Störungen in der Ich- und Überich-Entwicklung. Zudem betont Stork (1974) ausdrücklich, daß ein schwacher Vater oder ein Vater, der keinen ausreichend positiven Bezug zu seinem Kind herzustellen vermag, von diesem auf der unbewußten Ebene als gefährlich erlebt wird aufgrund der Enttäuschung, die er beim Kind auslöst, das sich in seinem Drang nach Eigenständigkeit vom Vater alleingelassen fühlt. Meist entsteht daraus in der Beziehung des Kindes zum Vater ein zerstörerisches Moment. Slater (1961) und Winter (1967) berichten davon, daß neben dem Fehlen eines verläßlichen, liebevollen elterlichen Umgangs mit dem Kind vor allem die mangelnde Ermutigung zu positiver Aggression Kinder in ihrer Selbstentfaltung behindert.

Die detaillierten Beschreibungen von Hartmann, Kris & Loewenstein (1949) und A. Mitscherlich (1956/57-58) über Störungen in der Persönlichkeitsbildung aufgrund von Hemmungen im kindlich-aggressiven Drang nach Entfaltung und Eigenständigkeit (die hier nicht weiter ausgeführt werden können) erklären zumindest in Teilaspekten die

Ursache für bestimmte Probleme in der weiblichen Ich- und Überichbildung, die auf mehr oder weniger subtile Behinderungen des Mädchens in seiner Aggressions- und Aktivitätsentwicklung von seiten seiner Umwelt zurückgehen. Es ergibt sich daraus die vordringliche Frage nach der positiven Aggressionsentfaltung beim Mädchen - als Voraussetzung für eine gesunde weibliche Überich- und Ichidealbildung.

4.2.2. Zum weiblichen Aggressionsverhalten

Über die Entwicklung des weiblichen Aggressionstriebes gibt es wenig Erkenntnisse (Galenson, Panel report, 1976a, S. 153). M. Mitscherlich (1985) schreibt, daß Teile der Freudschen Aggressionstheorie vorwiegend auf Männer abgestimmt zu sein scheinen (S. 39). Als einzige Psychoanalytikerin berichtet Bremner Kaplan (1976) detaillierter über aggressives Verhalten bei Mädchen in der Latenz. Sie bezieht unter Zugrundelegung ihrer empirischen Beobachtungen die weiblichen Aggressionshemmungen auf den ödipalen Objektwechsel, d. h. auf die Beziehung des Mädchens zum Vater, und versucht, das Aggressionsverhalten von Mädchen aus deren innerpsychischem Konflikt zu erklären.

Zur Situation der von ihr beobachteten Mädchen schreibt Bremner Kaplan (1976), daß sie bei ihren Probandinnen starke Loyalitätskonflikte feststellte, die in der Abwendung des Mädchens von der Mutter als dem ersten Liebesobjekt und der libidinösen Hinwendung zum Vater ihren Grund hatten. Es entstanden daraus Schuldgefühle gegenüber der Mutter, die sich später mit Schuldgefühlen über die Wut aufgrund der Enttäuschungen am Vater vermischten. Hiermit verbunden war die Angst, von den eigenen aggressiven und libidinösen Trieben überwältigt zu werden. Auch die Gefahr regressiver Abhängigkeitswünsche gegenüber der Mutter war nicht zu übersehen (S. 67).

Bremner Kaplan (1976) sieht in dieser ödipalen Konfliktkonstellation des Mädchens die Wurzel zum einen für die Gefühle von Selbstabwertung und Traurigkeit, die bei Mädchen in der Latenz beobachtet werden können; und zum anderen für die Angst vor Objektverlust (Mutter und Vater), die häufig für die weibliche Angst vor Rivalität und Konkurrenzverhalten gegenüber anderen bestimmend ist. Dabei zeigte sich die Angst vor dem Verlassenwerden in ihrer Studie besonders bei Mädchen, die kein ausreichend starkes Ichideal entwickeln konnten und stattdessen zu Schamgefühlen neigten (S. 67); mit anderen Worten: die an Minderwertigkeitsgefühlen litten.

Weiter beobachtete Bremner Kaplan eine gewisse Schärfe in den bisexuellen Problemen und entsprechenden Konfusionen in der weiblichen Identität. Den Grund hierfür sieht sie in parallel laufenden, sich eher widersprechenden Identifikationen des Mädchens einerseits mit der Mutter in der eigenen Weiblichkeit und andererseits mit dem Vater, um narzißtische Bestätigung von ihm zu erlangen (S. 68). Zudem betont die Autorin das starke unbewußte Bedürfnis bei den Mädchen dieser Altersgruppe nach dem gütigen, nicht verurteilenden Vater, der sie in ihren Nöten und Bedürfnissen versteht und den sie in seiner männlichen Stärke bewundern können (S. 72).

Abschließend stellt Bremner Kaplan (1976) fest, daß Mädchen aufgrund ihrer andersgearteten weiblichen Entwicklung mit ihren aggressiven Impulsen völlig anders umgehen als Jungen. Hierzu gehört, daß Mädchen ihre Aggression entweder nach innen wenden oder Schuldgefühle entwickeln, wenn sich die Aggression nach außen gegen andere richtet, da der Ausdruck von Aggression bei Mädchen verpönt ist. Diese weibliche Haltung, die Aggression nach innen zu lenken, muß aber nach ihrer Ansicht nicht zum Masochismus führen. Sie spricht hier von einer spezifisch rezeptiven Haltung, die das Mädchen auf der Grundlage seiner libidinös-aggressiven Bindung an den Vater entwickelt (S. 77), und meint, daß diese weibliche Empfänglichkeit aktives Involviertsein und Wollen, und gerade nicht Passivität, impliziert (siehe auch Luquet-Parat, 1981, Abschnitt 3.4.2.). Zudem vermutet sie, daß diese Haltung mit der Möglichkeit und Fähigkeit der Frau zu Sublimierungen in Zusammenhang steht, d. h. daß in einer gesunden Entwicklung das Mädchen einen Teil seiner aggressiven Impulse wie sexuellen Strebungen unter dem Einfluß einer positiven Bindung an den Vater in innere Kreativität umsetzt, wodurch vor allem die weibliche Beziehungsfähigkeit bereichert wird (S. 77).

Bremner Kaplans Ausführungen zeichnen ein Bild weiblichen Aggressionsverhaltens, das gekennzeichnet ist durch weibliche Hemmungen und Schuldgefühle und die Wendung der aggressiven Impulse gegen das eigene Selbst. Ihre Beobachtungen tragen zur Frage nach der Entwicklung und Differenzierung weiblicher Aggression und Aktivität wenig bei. Sie betont die Bedeutung des Vaters als Liebesobjekt für die Transformierung der aggressiven Impulse des Mädchens (siehe Luquet-Parat, 1981, Abschnitt 3.4.2.) und schränkt die aktiv-aggressive Komponente in der Weiblichkeit auf die Entfaltung weiblicher Beziehungsfähigkeit ein. Die äußeren Einwirkungen der Umwelt auf den inneren Konflikt, der sich für das Mädchen aus den widerstrebenden Tendenzen in seinen männlichen und weiblichen Wesensanteilen ergibt, läßt sie unberücksichtigt.

Die Fähigkeit zur Objektverwendung

Für weitere Überlegungen zur weiblichen Aggressionsentwicklung gibt Winnicott (1985) nützliche Anregungen. Er hebt die wichtige Funktion der Aggression bei der Bildung von Objektkonstanz während der frühen Entwicklungsphasen hervor und hat hierfür den Begriff des *Object Use* eingeführt. Mit diesem Begriff umschreibt er die Fähigkeit zu konstruktivem, realistischem Umgang mit dem Objekt, die eine höhere Entwicklungsstufe darstellt als die Fähigkeit zur Objektbeziehung. In seiner Arbeit „Vom Spiel zur Kreativität" (1985) schreibt er:

> „Objektbeziehungen kann es bereits zu subjektiven Objekten geben, während Objektverwendung voraussetzt, daß das Objekt als Teil der äußeren Realität wahrgenommen wird." (S. 110)

Object Use impliziert: Damit das Objekt vom Subjekt in einem realen Beziehungsaustausch „verwendet" werden kann, muß es als subjektives Objekt zerstört werden nach dem Motto: „Obwohl ich dich liebe, zerstöre ich dich in meiner Phantasie." Überlebt das Objekt diese Zerstörung, wird es zum objektiven Objekt und kann vom Subjekt als solches „verwendet" werden. Winnicott (1985) schreibt hierzu:

(Die Destruktion des Objektes, d. Verf.) „wird zum unbewußten Hintergrund für die Liebe zum realen Objekt, das außerhalb der omnipotenten Kontrolle des Subjektes steht. Die Untersuchung dieses Problems führt zur Feststellung, daß Destruktivität einen positiven Aspekt hat. Überlebt das Objekt die Destruktion, so erhält es dadurch, also bedingt durch Destruktion, eine Position außerhalb desjenigen Objektbereiches, der durch die psychischen Projektionsmechanismen des Subjektes aufgebaut wird. So entsteht eine Welt erlebter Realität, die das Subjekt verwenden kann und aus der es seine 'Nicht-ich'-Substanz beziehen kann." (S. 110)

Diese Erkenntnis Winnicotts zur frühen Aggressionsentwicklung des Kindes hat auch für die weibliche Entwicklung ihre große Bedeutung, denn es kommt darauf an, ob das Mädchen ausreichende Möglichkeit erhält, seine aggressiven Triebimpulse zu erproben und zu differenzieren. Bernay (1986) hebt ausdrücklich hervor, daß Frauen nicht von

„nondestructive expressions of primitive, aggressive feelings, which include desire and constructive action in the service of the 'life force of growth' ..." (S. 53)

ausgeschlossen (entfremdet) sein dürfen, da sie nur auf diese Weise ein weibliches Ichideal entwickeln können, das Autonomie und Selbstsicherheit einschließt (S. 53). Demgegenüber belegen Bremner Kaplans (1976) Beobachtungen (siehe oben), daß die unterdrückte Aggression Mädchen depressiv und selbstunsicher macht und ihre Fähigkeit zur Sublimierung dadurch ebenso behindert wird wie ihre Fähigkeit eines differenzierten Umgangs mit Aggression in der äußeren Realität mit anderen.

Bei der Frage nach den Ursachen dieser Störungen ist zunächst darauf hinzuweisen, daß nach Abelin (1971, 1980) die Fähigkeit zur Subjekt-Objekt-Differenzierung den Bezug des Kindes zum Vater als Gegenpol zur Mutter in der frühen Triangulierung zur Voraussetzung hat. Es ist daraus zu folgern, daß auch der Vater schon früh eine Rolle bei der Ausbildung der Fähigkeit des *Object Use* spielt, die nach Winnicott eine erste Erfassung der äußeren Realität und des Objektes in ihr impliziert. Diese Überlegungen entsprechen auch den Hinweisen von Stork (1974, 1986) und Modell (1965) zur Funktion des Vaters hinsichtlich der Integration der aggressiven Strebungen in das Ich, bzw. hinsichtlich der Fehlentwicklungen in diesem Bereich bei seinem Ausfall. D.h.: Nicht nur der angemessene Austausch des Kindes mit der Mutter ist wichtig für die frühe Aggressionsentwicklung, sondern auch der mit dem Vater.

Darüberhinaus ist zu berücksichtigen, daß der Vater zunächst ebenfalls als subjektives Objekt vom Kind verinnerlicht wird, bevor seine Imago allmählich realistischere Züge erhält. Hierfür muß das Kind im fortlaufenden Entwicklungsprozeß seine Vorstellung vom Vater, dem es zunächst eine überhöhte irreale Macht zuspricht, ebenso zerstören können wie die Macht der Mutter in der primären Identifikation. Denn auch die Macht des Vaters kann nur mit Hilfe aggressiver Tendenzen in der Auseinandersetzung mit ihm in eine positive Identifikation umgewandelt werden. Mendel (1968) schreibt hierzu:

„... daß in der Kindheit jeder Reifungsvorgang, jedes 'Größerwerden' als aggressive Aneignung zunächst der mütterlichen, später der väterlichen Macht erlebt wird." (zit. nach Stork, 1974, S. 270)

Mit anderen Worten: Das kindliche Ich des Mädchens braucht die reale Auseinandersetzung mit dem Vater, um allmählich von ihm unabhängiger zu werden und sich einen Teil der väterlichen Macht durch Identifikation aneignen zu können. M. R. Leonard (1966) hat darauf hingewiesen, wie schwierig diese Ablösung vom Vater als subjektivem Objekt für ein Mädchen werden kann, wenn die Möglichkeit zum konstruktiven Beziehungsaustausch mit ihm fehlt und er von seiner Tochter - aufgrund ihrer unerfüllten Sehnsucht und/oder ihrer Abwehr der Angst vor seiner Zurückweisung - überidealisiert oder abgewertet wird (siehe Abschnitt 3.5.1.).

Echte Liebe des Mädchens zum Vater und Mut zur Auseinandersetzung mit ihm kann nur entstehen, wenn der Vater nicht aus Bequemlichkeit, Unsicherheit oder männlicher Überheblichkeit vor den emotionalen Ansprüchen der Tochter zurückweichen muß, sondern sich als Objekt von ihr „verwenden" lassen kann in für die Tochter wichtigen Lernprozessen. Dann kann das Mädchen die positive Erfahrung machen, daß das enttäuschende Objekt zwar in der eigenen Phantasie zerstört wird, in der Realität aber unverletzt bleibt und damit auch nicht bedrohlich wird. Bernays (1986) Hinweise zur Differenzierung in der Objektbeziehungsfähigkeit des Mädchens gelten daher in besonderem Maße für die Vater-Tochter-Beziehung, da der Vater häufig ein entfernteres Liebesobjekt darstellt als die Mutter. Die Autorin schreibt, daß das Mädchen durch die Ausbildung der Fähigkeit zur Objektverwendung in die Lage kommt, Vertrauen in seine Aggression zu entwickeln. Auf dieser Grundlage kann es im Heranwachsen in ständiger Auseinandersetzung mit den Eltern immer neue Beziehungskonstellation erproben. Bernay sieht hierin eine Möglichkeit zur Differenzierung des Gefühls für den anderen und zur Bildung von Vertrauen in den eigenen Einfluß, den man auf das Objekt erhält (S. 76).

Vorstehende Überlegungen lassen die Frage aufkommen: Wie steht es um das Interesse des Vaters an seiner Tochter als Person, der Eigenständigkeit zuzubilligen ist mit Hilfe des Einsatzes auch aktiv-aggressiver Impulse?

4.2.3.   Zur Erziehungshaltung von Vätern

Auch hierzu gibt es nur spärliche Aussagen, aus denen man zudem den Eindruck gewinnt, daß die spezifischen Ge- und Verbote, die Väter ihren Töchtern vermitteln, deren Individuation häufig eher hemmen als fördern. Schon Helene Deutsch (1988) bemerkt, daß die als weiblich definierten Tugenden der Tochter besonders vom Vater suggeriert werden und daß er die Aggression seiner Tochter hemmt mit dem Ziel, ihre Objektbeziehungsfähigkeit zu stärken (S. 229-231). Bremner Kaplan (1976) sieht in dieser

Haltung des Vaters eine wesentliche Komponente für die Entwicklung kreativer Weiblichkeit (siehe oben).

M. Mitscherlich (1985) beleuchtet die negativen Momente in der Erziehungshaltung von Vätern. Sie stellt fest, daß im weiblichen Überich das Verbot der Aggression vorherrscht und daß in der Erziehung der Mädchen von frühester Kindheit an die Fähigkeit zu besonderer Rücksicht und Anpassung betont wird (S. 145). Mit fast den gleichen Worten spricht H. Block Lewis (1986) davon, daß Mädchen schon früh zu zärtlicher Anpassung und Fürsorglichkeit erzogen werden und daß Frauen daraus verständlicherweise auch eine erhöhte Verlustangst und Hilflosigkeit erwächst beim Verlassenwerden von anderen, nach denen sie ihr Leben auszurichten gelernt haben (S. 29). M. Mitscherlich ergänzt, daß Töchter häufig bemüht sind, den Wünschen und Vorstellungen des Vaters von Weiblichkeit zu entsprechen, um seine Anerkennung zu erlangen; der Einfluß patriarchaler Normen und Wertungen auf das weibliche Selbstverständnis wird dadurch emotional untermauert (S. 130).

D.h.: In der einschlägigen Literatur wird die spezifische Angepaßtheit im weiblichen Überich und Ichideal aufgrund fehlender Integration der aggressiven Tendenzen, neben den persönlichen Einstellungen von Vätern gegenüber ihren Töchtern, auch auf die gesellschaftlichen Regeln hinsichtlich der Sozialisation von Mädchen zurückgeführt und es wird auf die unterschiedliche Verarbeitung und den unterschiedlichen Ausdruck von Aggression bei beiden Geschlechtern hingewiesen. Nach M. Mitscherlich drückt sich die Tatsache, daß Aggression bei Mädchen allgemein verpönt ist, im Erziehungsverhalten von Eltern aus, das heute noch durch traditionelle Rollenvorschriften beeinflußt wird. Sie schreibt:

„Die sogenannten weiblichen Eigenschaften sind ein Erziehungsprodukt der jeweiligen Gesellschaft und ihrer vorherrschenden Wertvorstellungen, diese Vorstellungen bestimmen, was als 'Weiblichkeit', weibliches Rollenverhalten, Mutterpflicht etc. zu gelten hat." (S. 130)

Vom Mädchen wird erwartet, daß es seine aggressiven Tendenzen einschränkt und sie nach innen wendet. Diese Wendung der Aggression nach innen gegen das eigene Ich wird als normales weibliches Triebschicksal angesehen, wie M. Mitscherlich betont (S. 40)[55].

In Zusammenhang mit der Aggressions- und Aktivitätshemmung steht, daß Mädchen weniger Ermutigung zur Entwicklung einer Identität und zur Erforschung der Umwelt erhalten als Jungen (Bassin Ruderman, 1986, S. 330). Bernstein (1983) führt aus, daß sich Väter - mit einigen Ausnahmen - im allgemeinen nicht als Identifikationsobjekt für ihre Töchter betrachten, während sie die Identifizierung des Sohnes mit sich und anderen Männern unterstützen und dessen männliche Aktivitäten ermutigen, wie übrigens die Mütter auch (S. 195). Die Selbstsicherheit des Vaters in seiner Männlich-

---

[55] Natürlich bleibt nach M. Mitscherlich (1985) von diesen Überlegungen über das weibliche Triebschicksal der Aggression unberührt, daß nicht jede nach innen gerichtete Aggression zur Selbstzerstörung führt, wie die Überichbildung als notwendige Voraussetzung der Stabilisierung der Persönlichkeitsstruktur beweist (S. 40).

keit und in seiner väterlichen Funktion, die auch mütterlich-fürsorgliche Eigenschaften einschließen sollte, scheint den Ausschlag dafür zu geben, wie weit er seiner Tochter erlauben kann, sich mit ihm auseinanderzusetzen und ihn mit ihren Wünschen zu konfrontieren. Bernstein (1983) berührt hier den Punkt persönlicher Reife des Vaters. Über das Ungenügen in der väterlichen Einstellung schreibt sie:

„To the extent that the father's individuation rests on the biological base of difference from mother, to the extent that he mobilized, or continues to mobilize the 'no, I am unlike' to maintain his autonomy, the more unable he is to permit or welcome his daugther's identification with him as he is his son's.“ (S. 196)

Das heißt auch: Väter entziehen sich eher der aktiv-aggressiven Auseinandersetzung mit der Tochter, überlassen dies der Mutter. Spieler (1984) kommt daher zu dem Schluß, daß Mädchen häufig die Aggression gegenüber dem Vater auf die Mutter verschieben, weil sie fürchten, den Vater zu verlieren, wenn sie Forderungen an ihn richten. Sie schreibt:

„Deficits and conflicts which are related to the preoedipal father/daughter relationship are often unrecognized, and misunderstood as aspects of the girl's intensely conflictual relationship with her mother. In fact, girls often displace their conflicts with their fathers onto their relationship with their mothers, since mothers are generally more available and, therefore, safer to receive the displacement than are fathers, whose commitment by virtue of their typically lesser involvement in child care, is less obviously and concretely evidenced. The fear that a father may withdraw further if she expresses herself more honestly to him inhibits the girl. It may lead to a reaction formation in which coy and flirtatious behavior, aimed at drawing him closer, mask anger at him for failing to provide the acceptance she needs.“ (S. 76)

Zusammenfassung

Die Suche nach einem verständnisvollen Vater (siehe Bremner Kaplan 1976), der ermutigt und Führung gibt, hat ihre große Berechtigung; denn sein Eingehen auf seine Tochter - wenn er ihr damit auch die Einübung in die Aggression zugestehen kann - scheint von besonderem Wert für die Fähigkeit des Mädchens, seine aggressiven Strebungen in neutralisierter Form in das Ich zu integrieren.

Diese Stärkung der Ich-Funktionen durch konstruktiv-aggressive Tendenzen ist wichtig, weil mit der daraus entstehenden Fähigkeit zu adäquater Durchsetzung eigener Triebansprüche - ein Lernprozeß, der in der analen Phase bereits Bedeutung erlangt (siehe die Abschnitte 4.4.3. und 4.5.2.) - gleichzeitig die Fähigkeit zu kreativer Aktivität und zur Gestaltung sozialer Beziehungen gefördert wird. A. Mitscherlich (1956/57-58) verweist ausdrücklich darauf, daß erst mit der Entwicklung der Aggression ein differenziertes Überich und Ichideal ausgebildet werden kann. Auf dieser Grundlage wird es dem Mädchen möglich, sich mit zunehmender innerer Lenkung aufgrund reifer Überich-Funktionen vor Bevormundung und Entwertung zu schützen. Aus der

Vernachlässigung einer gesunden Aggressionsentwicklung in der Erziehung der Mädchen resultiert häufig eine Instabilität im weiblichen Selbstwertgefühl (siehe Bremner Kaplan, 1976).

Mit anderen Worten: Das Problem von Frauen liegt im allgemeinen weniger in ihrem moralischen Verhalten in der Beziehung zu anderen als vielmehr darin, daß sie sich zu stark von der Bewertung durch ihre Umwelt abhängig machen und wichtige Fähigkeiten, die für eine aktive Auseinandersetzung mit anderen im Einstehen für ihre Ich-Interessen[56] und Überzeugungen nötig sind, meist nicht ausreichend entwickeln, da ein differenzierter Umgang mit Aggression nicht erlernt wurde. (Diese Erkenntnis zieht sich wie ein roter Faden durch alle Überlegungen zur Frage nach dem weiblichen Selbstwertgefühl in diesem Kapitel.)

4.3. Zur weiblichen Überich- und Ichidealbildung

Jacobson (1978*b*) beschreibt die Überichbildung als einen allmählichen komplizierten Prozeß (S. 135), der auf der Internalisierung der elterlichen Ge- und Verbote und der Bildung eines Ichideal beruht. Die Funktionen des Überich sind: die Bewahrung des Ichideal, die Selbstkontrolle und die Durchsetzung moralischer Gebote (S. 124)[57].

Das Ichideal hat nach psychoanalytischer Theorie einen narzißtischen Ursprung. Hartmann & Loewenstein (1962; zit. nach Murray, 1964) sehen im Ichideal eine Rettungsaktion des Narzißmus; und Freud bemerkt in *Zur Einführung des Narzißmus* (1914), daß das Ichideal den Funktionen des Narzißmus dient. Er schreibt::

„Was er (der Mensch, d. Verf.) als sein Ideal vor sich hinprojiziert, ist der Ersatz für den verlorenen Narzißmus seiner Kindheit, in der er sein eigenes Ideal war." (S. 161)

Jacobson gibt eine differenzierte Beschreibung des Ichideal; sie führt u.a. aus:

Das Ichideal geht hervor aus den Identifizierung des Kindes mit idealisierten Eltern-Imagines und aus bewußten Wertvorstellungen und Idealen, die sich vor allem während und nach der Adoleszenz im autonomen Ich bilden. Das Doppelgesicht des Ichideal beinhaltet ideale Vorstellungen vom Selbst und idealisierte Züge der Liebesobjekte (S. 198-199). Letztlich repräsentiert

---

[56] Hartmann (1974) definiert 'Ich-Interessen' als Interessen, bei denen die Ziele vom Ich bestimmt werden im Gegensatz zu den Zielen des Es oder des Überich. Ich-Interessen arbeiten mit neutralisierter Energie (S. 209-210; siehe auch Jacobson, 1978*b*, Abschnitt 3.1.2.)

[57] Nach Laplanche & Pontalis (1973) enthält das Überich zwei Partialstrukturen: das eigentliche Ichideal und seine kritische Instanz (Bd. II, S. 541). Wird im Ichideal eine besondere Substruktur gesehen, so erhält das Überich hauptsächlich die Funktion des Anweisunggebens und des Verbietens; das Ichideal die des Vorbildes, dem das Subjekt sich anzugleichen sucht (Bd. I, S. 203).

das Ichideal die Befriedigung einer Sehnsucht nach dem Einssein mit dem Liebesobjekt; ein Wunsch, den wir, wie Jacobson schreibt, in unserem Leben nie völlig aufgeben (S. 108).

Diese Anfangsgründe des Ichideal werden später durch realistische Ich-Ziele und realistische Selbst- und Objektrepräsentanzen ergänzt (S. 123). In seiner reifen Form ist das Ichideal eng mit den Forderungen und Verboten des Überich und dessen Funktion der Selbstkritik, des Anspruchs und der Orientierung verbunden (S. 161).

In einer günstigen Entwicklung schützt die Idealisierung der elterlichen Liebesobjekte das Kind durch die gleichzeitige Idealisierung des eigenen Selbst vor rapider Selbstabwertung (S. 121). Jacobson (1978*b*) schreibt:

„Das Ichideal, das immer nahe an der magischen Phantasiewelt bleibt und dort für das Ich so unentbehrlich ist, wird schließlich von solchen idealisierten Objekt- und Selbstimagines geformt." (S. 122)

Wie die nachfolgenden Ausführungen zeigen, hat der Vater in diesen Prozessen für das Mädchen eine spezifische Funktion.

4.3.1. Frühe Arbeiten zur weiblichen Überichentwicklung

In diesem wie in dem folgenden Abschnitt geht es um den Einfluß des Vaters auf die Überich- und Ichidealbildung des Mädchens. Die Fülle wichtiger Hinweise hierzu, die hier nur sehr knapp wiedergegeben werden können, läßt die Bedeutung erahnen, die der Vater in seiner Funktion als heterosexueller Elternteil für die Entwicklung des Mädchens in diesen Bereichen hat.

Nach Freud stellt das Überich eine Verinnerlichung der väterlichen Normen und Wertvorstellungen dar, die nur der Junge aufgrund seines Kastrationskomplexes vollständig vollzieht (1924, 1931). Er ist der Ansicht, daß das weibliche Überich, gemessen an dem des männlichen, unselbständig, unstabil und vergleichsweise schwach organisiert ist (1925). Dies erklärt er mit dem andersartigen Verlauf des weiblichen Kastrationskomplexes: Während der Ödipuskomplex des Jungen an der Kastrationsdrohung zugrundegeht und den Kern des männlichen Überich bildet, kommt es beim Mädchen nur zu einer unvollkommenen Ausbildung der Gewissensinstanz, da das Mädchen im Gegensatz zur stärker wirksamen Kastrationsangst des Jungen nur die schwächere Angst vor Liebesverlust entwickelt. Zur weiblichen Überichbildung schreibt Freud:

„Mit der Ausschaltung der Kastrationsangst entfällt auch ein mächtiges Motiv zur Aufrichtung des Überichs und zum Abbruch der infantilen Genital-Organisation. Diese Veränderungen scheinen weit eher als beim Knaben Erfolg der Erziehung, der äußeren Einschüchterung zu sein, die mit dem Verlust des Geliebtwerdens droht." (*Der Untergang des Oedipuskomplexes,* 1924, S. 401).

Freuds Aussage impliziert, daß externe Verbote - und nicht wie beim Jungen die Verinnerlichung der elterlichen Einstellungen - den Ausschlag für die weibliche Über-ichbildung geben.

Eine weitere Folge des andersartigen Verlaufs des weiblichen Kastrationskomple-xes ist nach Freud, daß das Mädchen aufgrund der Entwicklung eines nur unvollständig verinnerlichten und nicht so gefestigten Überich an die ambivalente Beziehung zur Mutter fixiert bleibt bzw. an die inzestuöse Beziehung zum Vater, wodurch es weniger dazu befähigt wird, schöpferisch zu arbeiten, sachlich zu urteilen und innere Autonomie zu erlangen (siehe M. Mitscherlich-Nielsen, 1978, S. 673). Freud ist der Ansicht, daß der weibliche Kastrationskomplex dem Mädchen keine eigenständige Entwicklung in seinem Überich erlaubt, die Voraussetzung wäre für eine echte Persönlichkeitsbildung. Er schreibt:

„Der Kastrationskomplex bereitet den Ödipus-Komplex vor, anstatt ihn zu zerstören (...). Das Mädchen verbleibt in ihm unbestimmt lange, baut ihn nur spät und dann unvollkommen ab. Die Bildung des Überichs muß unter diesen Verhältnissen leiden, es kann nicht die Stärke und die Unabhängigkeit erreichen, die ihm eine kulturelle Bedeutung verleihen...". (*Die Weiblichkeit*, 1932, S. 138-139)

Im Gegensatz zu Freud postuliert Melanie Klein (1928, 1932) eine besonders frühe Entwicklung des weiblichen Überich; dieses Überich trägt sadistische Züge. Die phan-tastische Strenge des Überich des Kleinkindes erklärt sie mit einem zeitlich frühen Ein-treten der ödipalen Konstellation, die noch in Zusammenhang steht mit oralen und ana-len Fixierungen und Schuldgefühlen.

Beim Mädchen beobachtete M. Klein, daß dieses seine Aggressionen gegenüber der enttäuschenden Mutter bereits in den ersten Lebensjahren introjiziert; diese ver-innerlichten Aggressionen lösen Schuldgefühle und Verfolgungsängste aus. Früh wendet sich das Mädchen dem Vater (dem väterlichen Penis) zu, um von ihm die Befriedigung zu erhalten, die die Mutter (mütterliche Brust) vorenthält. Klein (1932) betont hier, daß das Mädchen den Penis als libidinöses Objekt begehrt und nicht vorwiegend aus narzißtischen Interessen, d. h. daß es nicht über seine Männlich-keitstendenzen, sondern aus der dominierenden weiblichen Haltung heraus in die Ödipus-Situation gerät. Aufgrund der Versagungen, die der väterliche Penis dem Mädchen zufügt, kann auch er intensive Aggressionen hervorrufen und damit zum gefährlichen und bedrohlichen Objekt werden (zit. nach Chasseguet-Smirgel, 1981, S. 50).

Nach Klein bildet die Introjektion des Penis bei beiden Geschlechtern den Kern des väterlichen Überich. Aufgrund seiner rezeptiven weiblichen Strebungen hat aber das Mädchen eine viel stärkere Tendenz, sich den Penis des Vaters (das ödipale Objekt) einzuverleiben und ihn zu behalten (zit. nach Chasseguet-Smirgel, S. 50-51). Den Grund für die größere Strenge des weiblichen Überich im Vergleich zum männlichen vermutet M. Klein zum einen in der Angst des Mädchens vor genitaler Verletzung, die ein Äquivalent bildet zur Kastrationsangst des Jungen und den Ausschlag gibt zur weiblichen Überichbildung; zum anderen in der Tatsache, daß das Mädchen den väterlichen Penis besonders idealisiert und spezifische Schuldgefühle entwickelt, die auf seine ödipalen Phantasien von Introjektion und Inbesitznahme des väterlichen Penis zurückgehen.

Hiermit in Zusammenhang steht nach M. Klein, daß das Mädchen dringender als der Junge libidinöse Objektbeziehungen braucht, um die Angst vor den eigenen Schuldgefühlen und Verfolgungsängsten zu mildern; denn während der Junge seinen Penis mit narzißtischer Allmacht besetzt, verstärkt das Fehlen eines eigenen aktiven Penis beim Mädchen die Abhängigkeit und Angst vor dem väterlichen Überich (zit. nach Chasseguet-Smirgel, S. 52). Weiter führt M. Klein (1932) aus, daß das Mädchen bei der Überichbildung, die auf Verinnerlichungen der Mutter als dem gleichgeschlechtlichen Elternteil beruht, größere Hindernisse zu überwinden hat. Sie schreibt:

„Die mütterliche Überich-Bildung beim Mädchen wird dadurch erschwert, daß die Möglichkeit zur Identifizierung mit der Mutter aufgrund der anatomischen Gleichartigkeit durch den Umstand behindert ist, daß die den weiblichen Funktionen dienenden inneren Organe (...) der Erforschung und Überprüfung nicht zugänglich sind." (zit. nach Chasseguet-Smirgel, 1981, S. 53)

In Übereinstimmung mit Freud betont M. Klein den Einfluß der mütterlichen Imago, die sich während der frühen Mutter-Kind-Beziehung bildet, auf die Beziehung des Mädchens zum Vater, d. h. zum väterlichen Überich (zit. nach Chasseguet-Smirgel, S. 53).

Jones (1927) verweist in seinen Ausführungen zum weiblichen Ödipuskomplex auf neurotische Komplikationen, die sich aus der überbetonten Identifizierung mit dem Männlichen ergeben können. Er schreibt, daß es für das Mädchen zwei Möglichkeiten gibt, mit der ödipalen Situation umzugehen, indem es entweder das Objekt oder den Wunsch wechselt, d. h. es muß entweder auf den Vater oder auf die Vagina verzichten. Verzichtet es auf den Vater, gewinnt es eine positive Einstellung zu seiner Weiblichkeit und kann später die libidinöse Beziehung zum Vater auf andere Männer übertragen; verzichtet es auf die Vagina, behält es die Bindung zum Vater bei, mit dem es sich im Peniskomplex identifiziert (zit. nach Chasseguet-Smirgel, 1981, S. 55).

Müller-Braunschweig (1926) ist der Ansicht, daß das Mädchen (ähnlich dem Jungen) in der Identifikation mit den Geboten des Vaters aus dem Ödipuskomplex ein Überich ausbildet, um sich auf diese Weise in seinem Ich vor überwältigenden libidinösen Strebungen aus dem Es, die mit den rezeptiven weiblichen Triebtendenzen in Beziehung stehen, zu schützen; anderenfalls wird es in seinen ödipalen Phantasien festgehalten und gerät in eine passiv-masochistische Haltung zum Vater und zu Männern. Der Autor betont hier, daß die Tendenz des weiblichen Es zur Akzeptanz passiver Hingabe für das weibliche Ich eine besondere Gefahr darstellt im Hinblick auf die eigenen aktiven Strebungen (siehe auch Jacobson, 1978*b*, Abschnitt 3.4.4.), wohingegen die sexuellen Strebungen aus dem männlichen Es, da sie ein aktives Ziel haben, das männliche Ich in seiner Aktivität unterstützen.

Müller-Braunschweig nimmt daher an, daß das unbewußte Wissen des Mädchens um den passiven Teil seines Genitalapparates mit den entsprechenden passiven Strebungen aus dem Es das Äquivalent zur Kastrationsangst des Jungen bildet und daß sich das Mädchen durch die Reaktionsbildung des Überich vor der phantasierten Vergewaltigung durch den übermächtigen Vater schützt (S. 378). Er schreibt hierzu:

„Wie dieser (der Junge, d. Verf.) sich vor der ihm drohenden Passivität (der Kastration) zu einer Verstärkung seiner Ichaktivität durch Bildung des Überichs rettet, so rettet sich das Mädchen vor der seinem Ich ebenfalls als Gefahr erscheinenden, weil die Vergewaltigung einschließenden inzestuösen Strebung durch Aufbau der Reaktionsbildung des Überichs." (S. 376)

In der vorübergehenden Phantasie des Mädchens, einen imaginären Penis zu haben, sieht Müller-Braunschweig eine Stütze für die Selbständigkeitstendenzen im weiblichen Ich und eine günstige Voraussetzung für die Überichbildung (S. 377).

Nach Jacobson (1978b) ist

„das weibliche Überich nicht defizient, aber seiner Natur nach anders als das männliche Überich." (S. 124)

Das kleine Mädchen bildet den Kern eines weiblichen Überich sogar früher aus als der kleine Junge, denn um die Selbstabwertung aufgrund der entmutigenden Überzeugung, wirklich kastriert zu sein, abzuwehren, errichtet das kleine Mädchen früh ein mütterliches, wenn auch noch unreifes Ichideal:

„Das Ideal des aggressionslosen, reinen, sauberen kleinen Mädchens, das entschlossen allen sexuellen Aktivitäten entsagt." (S. 125)

In einer solchen Haltung versucht das Mädchen eine Ausheilung der narzißtischen Wunde mit Hilfe libidinöser Verschiebungen auf andere Körperteile oder das Körperganze (Jacobson, 1978a, S. 768); körperliche Attraktivität wird zu einem narzißtischen Wunschziel des Mädchens (1978b, S. 125). Oder es kommt zu entgegengesetzten Tendenzen und das verletzte Selbstgefühl

„wird durch Ausbildung 'männlicher' Vorzüge auf anderem körperlichem oder geistigem Gebiete gestützt." (1978a, S. 768)

Nach Jacobson (1978b) haben die narzißtischen Unabhängigkeitsstrebungen und aggressiven Rivalitätsregungen des Jungen wie des Mädchens einen starken Einfluß auf die Ich- und Überich-Identifizierungen, die zunächst mit der Bewunderung der phallischen Mutter, später mit dem mächtigen phallischen Vater verknüpft sind. Beim Mädchen müssen diese Strebungen für seine weibliche Selbstentfaltung zur Mutter zurückkehren. Dies bedeutet, daß in einer normalen Entwicklung das Überich des Jungen hauptsächlich durch die väterlichen Einflüsse geprägt ist, während das Überich des Mädchens vorwiegend mütterliche und nur zum Teil väterliche Einflüsse aufweist (S. 127).

Besonders wichtig sind Jacobsons Hinweise auf die Entwicklung von Eigenständigkeit im weiblichen Überich - mit ihrer positiven Auswirkung auf die Entfaltung weiblicher Sexualität. Ebenso wie Torok (1981) betont sie, daß eine gelingende Liebesbeziehung zum Vater in der ödipalen Triangulierung ausschlaggebend ist für die Integrierung der sexuellen Triebregungen und für die Ausbildung eines weiblichen Identitätsgefühls in der heterosexuellen Beziehung (1978a, S. 768). In der weiteren Entwicklung ist aber die Aufgabe der libidinös-inzestuösen Beziehung zum Vater Voraussetzung für die Überwindung des Ödipuskomplexes (siehe Abschnitt 3.4.4.).. Hier kann es zu Konflikten kommen, da aufgrund der Vermischung der objektlibidinösen und narzißtischen Tendenzen in der Beziehung zum Vater der Verlust der ödipalen Bindung für das Mädchen zunächst nicht nur eine Einschränkung in den libidinösen Strebungen darstellt, sondern darüberhinaus narzißtische Kränkung bedeutet.

Mit anderen Worten: Die in der ödipalen Konstellation parallel laufende Entwicklung, in der das Mädchen den Vater auch deshalb zum Liebesobjekt macht, um auf diese Weise Anteil zu haben an dem Symbol phallischer Stärke, die beide Geschlechter dem Penis zuschreiben (S. 114), muß für die Lösung aus der ödipalen Bindung überwunden werden. Jacobson (1978b) hebt ausdrücklich hervor, daß das Mädchen ohne diesen Verzicht auf den Vater als Liebesobjekt und als phallisches Identifikationsobjekt kein reifes Überich und Ichideal ausbilden kann (S.126). Es kommt dann zu einer ungünstigen Entwicklung, wenn das Mädchen an der Phantasie festhält, es könne über die Liebesbeziehung zum Vater die ersehnte narzißtische Bestätigung für seine Weiblichkeit erlangen. Die Autorin schreibt:

„Doch das weitere Reifen des Ich-Ideals und die Errichtung fortgeschrittener Überich-Normen beim kleinen Mädchen werden häufig dadurch unterbrochen, daß es seine weiterbestehenden Wünsche nach Wiedererlangung seines Penis auf den Vater richtet. Die ödipale Verliebtheit des kleinen Mädchens in den Vater, die ja seinen Kastrationskonflikten entspringt, scheint regressive Prozesse zu aktivieren. Sie verwandeln jene introjektiven Mechanismen, aus denen das vorzeitige Ich-Ideal entstand, in orale und genitale Inkorporationsphantasien zurück, die sich um den väterlichen Phallus zentrieren. Solche regressiven Reaktionen hemmen und verzögern die Entstehung eines unabhängigen Ichs wie auch die weitere Verinnerlichung, Entpersönlichung und Vergeistigung ethischer Grundsätze und führen dazu, daß das kleine Mädchen seine illusionäre Selbstimago wieder an eine äußere Person knüpft: das strahlende Bild des phallischen Vaters." (S. 125-126)

D.h.: Die Entwicklung von Unabhängigkeit und Sublimierungsfähigkeit wird blokkiert und das Mädchen kann auch in seiner Sexualität keine echte Eigenständigkeit erlangen. Häufig äußert sich dies in einer passiven Haltung gegenüber den eigenen sexuellen Strebungen in der Beziehung zu späteren Liebespartnern. Jacobson spricht hier von einer Identifikation mit dem männlichen Glied. Sie sieht darin einen wesentlichen Grund für die Angst vor Liebesverlust bei Frauen und für deren entfremdete Einstellung gegenüber den eigenen sexuellen Impulsen. Eine positive Besetzung der eigenen Weiblichkeit im narzißtischen Sinne wird damit verhindert und das Mädchen bleibt unbewußt an die väterlich-männliche Komponente von Macht und Stärke gebunden, der es keine ausreichenden Strebungen aus seiner aktiven Weiblichkeit entgegensetzt.

Mit diesen Überlegungen macht Jacobson (1978a) darauf aufmerksam, daß die Hemmungen, die im weiblichen Überich-Aufbau entstehen können, eng verknüpft sind mit der Einstellung des Mädchens zum väterlichen Penis, d.h. zu männlichen Normen und Werthaltungen. Hier kann es zu einer dauernden Verschiebung der narzißtischen Besetzung vom eigenen Genitale auf das Genitale des Liebesobjektes, des Vaters/des Mannes kommen. Über die Auswirkungen der damit einhergehenden Verdrängungen in den eigenen Triebregungen - wie sie in den Anfängen der Psychoanalyse häufig zu beobachten waren - schreibt sie:

„Die Abwehr der wiederbelebten oral-sadistischen Einverleibungswünsche hatte zum Verzicht nicht nur auf den Penis, sondern auf ein eigenes Genital-organ überhaupt geführt. Das Glied wurde dem Manne - gleichsam als Sühne - abgetreten; nun konnte es an ihm geliebt und unzerstört erhalten und nur im Akt immer wieder empfangen werden ... ." (S. 769)

Nach Jacobson (1978b) mag eine solche Liebesbeziehung zwar für den Verzicht auf eine eigene phallische Haltung entschädigen, allerdings mit der Folge, daß der „väterliche Phallus" zum Vorläufer eines unreifen Überich wird, an den das Mädchen fixiert bleibt (S. 139). Letztlich handelt es sich hier um weibliche Selbstentwertung[58]. Zudem meint Jacobson (1978a), daß die projektive Anlehnung des weiblichen Überich an den Vater (und auch an die Mutter, von der sich das Mädchen dann nicht lösen kann) zur Folge hat, daß die weibliche Gewissensangst zu einer „sozialen Angst" wird, in der die Ansichten und Werturteile des Liebesobjektes zum Maßstab werden für eigenes Urteilen und Handeln (S. 773; hierauf macht Chasseguet-Smirgel, 1981, besonders aufmerksam, siehe Abschnitt 4.5.2.).

Eine normale gesunde Entwicklung in der weiblichen Überich-Organisation beruht nach Jacobson (1978a) auf der Fähigkeit des Mädchens, seine Vagina als vollständiges Genitale zu besetzen. Sie schreibt:

„Je genitaler sich das kleine Mädchen im Laufe des Ödipuskomplexes ein-stellt, desto analoger ist die Ich- und Über-Ich-Entwicklung der männlichen. Was hier die Kastrationsangst, leistet da die weibliche Genitalbeschädi-gungsangst. Es wird ein selbständiges Ich-Ideal errichtet, in das, soweit das mütterliche Vorbild nicht ausreicht, Züge des Vaters einbezogen werden, ohne daß man deshalb von einem 'männlichen' Über-Ich sprechen müßte. Unter dem Einfluß des erhöhten weiblichen Selbstgefühls und des besser or-ganisierten Über-Ichs erfährt dann natürlich auch das Ich eine Ausweitung und Bereicherung." (S. 774)

---

[58] Bei der Erörterung der Entstehung positiver weiblicher Identität verweist Staewen-Haas (1970) auf die gleiche Problematik, die sich aus dem Abtreten der Eigenständigkeit an den idealisierten Vater ergibt. Auch sie beschreibt die daraus resultierenden Komplikationen im Hinblick auf Störungen im weiblichen Narzißmus (siehe Abschnitt 4.4.3).

Jacobson (1978a) betont ausdrücklich, daß es sich hier gerade nicht um eine Identifikation mit dem Männlichen handelt, sondern um eine Haltung weiblicher Selbstbewußtheit, die auf einer gefestigten weiblichen Geschlechtsidentität basiert (S. 774). Wenn die Angst vor Verletzung in der weiblichen Geschlechtlichkeit größer ist als die Angst vor Liebesverlust, d. h. analog zur männlichen Kastrationsangst auch in der weiblichen Entwicklung die narzißtischen Tendenzen überwiegen, bedeutet dies größere Unabhängigkeit von den elterlichen Imagines in der Ausbildung des Überich mit der Folge reiferer Objektbeziehungsfähigkeit (S. 771, 775).

4.3.2.   Moderne Ansichten zum weiblichen Überich

Im wesentlichen werden die Aussagen der älteren Theorien zur weiblichen Überichentwicklung von modernen Psychoanalytiker/innen übernommen und durch neuere Erkenntnisse ergänzt, in denen der Einfluß der gesellschaftlichen, männlich geprägten Normen und Wertungen auf die allgemeinen Vorstellungen von Weiblichkeit mitberücksichtigt wird. Der Freudschen Auffassung einer lückenhaften Struktur im weiblichen Überich wird allerdings entschieden widersprochen[59]. Man ist vielmehr zu der Überzeugung gelangt, daß Mädchen in einer gesunden Entwicklung ein starkes Überich auf der Grundlage präödipaler Überich-Vorläufer und ödipaler Ängste ausbilden. Chehrazi (1986) meint, daß männliches und weibliches Überich sich in der Struktur ähneln, in den Inhalten aber verschieden sind (S. 314)[60].

Blum (1976) macht für die Inhalte des weiblichen Überich vornehmlich die Beziehung des Mädchens zur Mutter verantwortlich. Zwar wendet sich das Mädchen in der ödipalen Phase zunächst von der entwerteten, kastrierten Mutter ab und nimmt eine inzestuös gefärbte Beziehung zum Vater auf, aber gleichzeitig identifiziert es sich mit der geliebten, bewunderten und beneideten Mutter und auch mit der Mutter als Aggressorin und Rivalin (S. 175).

In dem Wunsch des Mädchens nach Mutterschaft sieht Blum eine heftig begehrte Strebung, die aus dem mütterlichen Ichideal kommt und daher mehr ist als nur ein Wunsch aus dem Es oder eine narzißtische Gratifikation und ein Trost für phantasierte

---

[59] Eisenbud (1986) weist darauf hin, daß Freuds Ansicht: Frauen seien abhängig, passiv und masochistisch, die realistischen Bedingungen widerspiegelte, unter denen Frauen zu seiner Zeit leben mußten (S. 320).

[60] Auf Gilligans (1982) wichtige, nicht-psychoanalytische Arbeit zu den Inhalten des weiblichen Überich kann hier nicht eingegangen werden.
Nach Gilligan ist das weibliche Überich und die moralische Entwicklung von Frauen im Vergleich zum männlichen Überich und zu männlichen Prinzipien weitgehend bestimmt durch die persönlichen Erfahrungen von Frauen in der Beziehung zu anderen, deren reale Situation sie in ihren Urteilen und Sollensvorstellungen viel stärker als Männer berücksichtigen. In der Offenheit für die Meinungen und Wertungen anderer sieht Gilligan eine Stärke von Frauen. Über die Entstehungsursachen des weiblichen Überich macht sie keine Ausführungen.

Kastration (1976, S. 176)[61]. Zudem betont er, daß der Vater nicht nur als der die ödipalen Wünsche des Mädchens frustrierende Elternteil betrachtet werden kann; er ist vielmehr ein wichtiger heterosexueller Bezugspartner, der die Bildung eines mütterlichen Ichideal unterstützt, indem er seine Tochter in ihrer Weiblichkeit bestätigt (1976, S. 161). In einer normalen Entwicklung leisten beide Eltern zur weiblichen Entwicklung des Mädchens ihren spezifischen Beitrag und die Liebe und Bestätigung beider, der Mutter wie des Vaters, sind die Grundlage für eine positive weibliche Identitätsbildung sowie für ein weibliches Körperbild und Ichideal. Überdies ist nach Blum davon auszugehen, daß sich Mädchen wie Jungen mit beiden Eltern und mit den Idealen der idealisierten Eltern identifizieren (1976, S. 173, 175).

Neben dem mütterlichen Kern beinhaltet das weibliche Ichideal nach Blum andere geschätzte Aspekte der Mutter, wie Aktivität, kognitive Fähigkeiten, versorgende und beschützende Haltungen und weibliche Sexualität; überdies wird es bereichert durch selektive Identifikationen mit dem Vater sowie durch eigene Vorstellungsinhalte von einem idealen Selbst (S. 176).

Wie bereits ausgeführt, erklärt M. Mitscherlich (1985) die Unterschiede im männlichen und weiblichen Überich aus den unterschiedlichen Triebschicksalen der Aggression bei Mann und Frau aufgrund entsprechender sozialer und erzieherischer Einflüsse (siehe die Abschnitte 4.2.). Während dem Mann im allgemeinen Aggression, Selbstbehauptung und Gefühlsabwehr zugestanden werden, wird der Frau die Rolle der sich Anpassenden, Gefühlvollen und Dienenden zugewiesen (S. 16). Dies hat entscheidende Auswirkungen auf die weibliche Überichbildung. M. Mitscherlich schreibt:

„Die Aggression der Frauen ist, was die analen und phallischen Strebungen anbetrifft, mehr nach innen gewendet, mehr masochistisch als sadistisch, indirekter. Ihr Überich ist 'schwächer', leichter beeinflußbar, aber auch weniger zu Projektionen geneigt ... ." (S. 19)

Positiv gewendet bedeutet die Neigung der Frau, die Liebe nahestehender Menschen erhalten zu wollen, eine im Vergleich zur männlichen Entwicklung sehr viel stärkere Objektbezogenheit des weiblichen Überich (S. 12). Eng verknüpft hiermit ist der unterschiedliche Umgang mit Schuldgefühlen. Während Männer ihre Schuldgefühle eher zu verleugnen oder zu verdrängen scheinen, sind Frauen ihre Schuldgefühle wesentlich bewußtseinsnaher und sie fühlen sich ihnen aus dem starken Bedürfnis, geliebt zu werden, oft hilflos ausgeliefert (S. 15-16)[62].

---

61 Litwin (1986) kritisiert Blums ausdrückliche Betonung der mütterlichen Züge im weiblichen Ichideal - so als sei Mütterlichkeit die einzig wesentliche Komponente desselben (S. 192).

62 In diesen Überlegungen bezieht sich M. Mitscherlich (1985) auf M. Kleins (1932) Ansicht, daß die früh vollzogene Bildung eines strengen Überich beim Mädchen - zur Milderung der Schuldgefühle - die weibliche Abhängigkeit von äußeren wie inneren Objekten bewirkt (S. 13, 62-63; siehe Abschnitt 4.3.1.).

Spezifische Gefahren für die weibliche Überichentwicklung sieht M. Mitscherlich (1985) in den Fehlhaltungen von Eltern, die dadurch ihre Tochter in der Ausbildung eines stabilen Selbstwertgefühls behindern. Die Autorin gibt hierfür zwei Beispiele:

So kann eine Ursache darin liegen, daß der Vater von seinen Kindern als schwaches Familienmitglied erlebt wird. Dies hat ungünstige Auswirkungen auf den ödipalen Ambivalenzkonflikt, der vom Mädchen sehr viel stärker erlebt wird als vom Jungen, da die Angst vor dem Verlust der Mutter - die als erstes Liebesobjekt geliebt und für das eigene Überleben als unbedingt notwendig angesehen wird - mit der aggressiven Rivalität des Mädchens in der ödipalen Konstellation kollidiert.

Dieser Konflikt in der Beziehung zur Mutter dehnt sich auf die Beziehung zum Vater aus, wenn er seine Tochter durch sein Verhalten nachhaltig enttäuscht. Es ergibt sich daraus für sie eine schwierige innerpsychische Situation, wenn sie beginnt, den Vater in ödipaler Verliebtheit zu idealisieren, und seine Anerkennung zu gewinnen sucht und gleichzeitig erfahren muß, daß der Vater in kindlich abhängigem Verhalten mit seinen Kindern in Rivalität geht (S. 138). Zur entstehenden ambivalenten Haltung gegenüber dem Vater schreibt M. Mitscherlich (1985):

„Einerseits identifiziert sich das Mädchen mit dem gesellschaftlich höher bewerteten Vater, andererseits verachtet es ihn insgeheim wegen seiner kindlich egoistischen Abhängigkeit." (S. 138)

Da das Bild des Vaters auf diese Weise einen Bruch erhält, gerät das Mädchen in tiefe innere Widersprüche, die sich auf seine Überichbildung und seine Entwicklung des Selbstwertgefühls ungünstig auswirken. Denn der Vater stellt als „Selbstobjekt" innerpsychisch einen Wert dar, den das Mädchen seiner eigenen Person zuschreibt. Die herabgesetzte Bewunderung des Vaters verringert den eigenen Wert des Mädchens als Frau (M. Mitscherlich , S. 138)[63].

E. Lloyd Mayer (1985) differenziert diese Aussage: Sie hebt hervor, daß beim Mädchen übermäßige Schuldgefühle, die das weibliche Überich negativ prägen, nur dann entstehen, wenn das Mädchen Angst haben muß vor seinen ödipalen, libidinösen Wünschen - bei denen es sich eigentlich um ganz berechtigte Strebungen nach Liebe und Zärtlichkeit vom Vater handelt -, da es sich vom Vater abgewiesen fühlt (S. 343; siehe auch Horney, 1923, 1926, Abschnitt 3.5.2).

[63] Auch Jacobson (1978b) hebt hervor, daß die Schwäche der Eltern und/oder eine zu strenge Erziehung sowie zu große und frühe Enttäuschungen des Kindes zu Entwicklungshemmungen beitragen, aus denen gefährliche Ambivalenzkonflikte entstehen können, die sich auf das Selbstwertgefühl auswirken (S. 115). Sie schreibt:
„Solange wie die Grenzen zwischen Selbst und Objekt noch undeutlich sind und libidinöse und aggressive Kräfte sich zwischen Selbst- und Objektimagines hin und her bewegen, werden Enttäuschungen und Abwertung der Objekte sich darüberhinaus unmittelbar auf das Selbst übertragen und Selbstentwertung und narzißtische Kränkung zur Folge haben; und umgekehrt werden narzißtische Kränkungen zu einer Abwertung der Liebesobjekte und zur Enttäuschung an ihnen führen". (S. 117)

Eine weitere Ursache für Störungen in der weiblichen Überichbildung liegt nach M. Mitscherlich (1985) in dem stereotypen Verhalten von Eltern, die das Mädchen in einer überkommenen weiblichen Geschlechtsrolle festzuhalten suchen. Hier kann es aufgrund widersprüchlicher Identifizierungen mit beiden Eltern zu einer Überich-Spaltung kommen, die sich in einer ambivalenten Einstellung gegenüber dem eigenen Selbst wie gegenüber anderen zeigt. Über diese innerpsychischen Schwierigkeiten einer Patientin schreibt M. Mitscherlich:

„Ihr Überich war gespalten; soweit es von der Mutter geprägt war, schien es allzu nachgiebig, liebebedürftig und verursachte Schuldgefühle, soziale Angst, Selbstentwertung und entsprechende Depressionen. Soweit es die Haltung des Vaters verinnerlicht hatte, war es dagegen hart und verurteilend, aber auch selbstverurteilend, die abgewehrten Versagungsängste des Vaters widerspiegelnd." (S. 15)

Im Hinblick auf die Überichbildung in einer normalen Entwicklung weist M. Mitscherlich-Nielsen (1971) darauf hin, daß dem Kind im allgemeinen die Identifikationen mit dem Vater in der Übernahme von Ge- und Verboten leichter fallen, da der Vater als eine eigenständige abgegrenzte Person wahrgenommen wird; wohingegen die Mutter aufgrund der frühen Symbiose zwischen Mutter und Kind auch in den späteren Entwicklungsphasen bis in das Erwachsenenalter hinein immer eher als Teil des eigenen Selbst erlebt und von ihr zunächst und vor allem mütterliche Liebe und Verständnis erwartet werden (S. 920). Hinsichtlich dieser unterschiedlichen Reaktionen des Kindes auf seine Eltern schreibt M. Mitscherlich-Nielsen zu deren Einfluß auf die Überichbildung:

„Die Identifikation als Weg zur Bildung eines autonomen Überichs gelingt leichter, wenn das Vorbild deutlich als von der eigenen Person getrennt erlebt wird und nicht als Teil des eigenen Selbst, eines Wesens also, das einen unmittelbar verstehen kann und soll, wie das bei der Mutter über lange Zeit der Fall zu sein pflegt. Infolgedessen können Werte des fremden Vaters leichter verinnerlicht werden als diejenigen der Mutter, mit der Knaben wie Mädchen eine frühe symbiotische Beziehung verbindet, von der immer Spuren erhalten bleiben. Das hängt natürlich auch damit zusammen, daß die Erziehung und Versorgung des kleinen Kindes fast ausschließlich der Mutter überlassen wird." (S. 920)

4.3.3.   Zur Realitätsanpassung im weiblichen Überich und Ichideal

Wie bereits ausgeführt, zeichnet sich das weibliche Überich durch die Fähigkeit aus, auf besondere Weise die persönlich-emotionalen Anteile in den Objektbeziehungen zu berücksichtigen. Im Hinblick auf die Entwicklung von Eigenständigkeit im weiblichen Überich können mit dieser Neigung allerdings spezifische Hemmungen verbunden sein, wenn z.B. die Idealisierung des Vaters/des Männlichen - als Voraussetzung für die Lösung des Ödipuskomplexes - nicht aufgegeben werden kann.

Jacobson (1978b) warnt vor dem Mechanismus der Überidealisierung, durch den die Realitätsbewältigung behindert wird, indem das Kind seinen Phantasien zu stark verhaftet bleibt (siehe Abschnitt 4.3.1.). Sie verweist darauf, daß Freud im *Narzißmus* (1914) die wichtige Unterscheidung macht zwischen Idealisierungen, die sich auf Objekte beziehen, und Idealisierungen, die als Sublimierungsvorgänge die weitere Richtung der eigenen Strebungen des Kindes beeinflussen (S. 122). D.h.: Es ist zu differenzieren zwischen Idealisierungen, die an die Objektbeziehungen gebunden bleiben (ohne Sublimierung der Triebe) und die daher die Abhängigkeit des Individuums von Objekten verstärken, und Idealisierungen, die zu Sublimierungen im Dienste des Ich führen auf der Grundlage von selektiven Identifizierungen mit den idealisierten Eigenschaften der Eltern. Letztere Vorgänge tragen zur Herausbildung eines ausreichend gefestigten Überich und eines abstrakten Ichideal bei, indem in fortschreitender Entwicklung ein großer Betrag von Libido und Aggression von den Objekten abgezogen und für den Ich- und Überich-Aufbau verwendet werden kann (S. 130).

Chasseguet-Smirgel (1987) kommt in ihren Überlegungen zur Frage nach den Voraussetzungen für eine reife weibliche Überich- und Ichidealbildung zu den gleichen Ergebnissen. Auch sie differenziert zwischen zwei Arten von Identifizierungen, die sie als hilfreich oder als schädlich ansieht:

Zum einen handelt es sich um selektive Identifizierungen mit idealisierten Vorbildern, die es dem Ich ermöglichen, sich seinem Ideal anzunähern: 1. durch den Erwerb realer Fähigkeiten, 2. durch die Integration der Triebe und Objektbeziehungen und 3. durch die Entwicklung der Fähigkeit, narzißtische Befriedigung zu erlangen in der Erfüllung realitätsnaher Wünsche, die unbewußt als Erwerb der Vollkommenheit erlebt werden (S. 177). Chasseguet-Smirgel spricht hier von einer für das Ichideal konstitutiven Projektion des Narzißmus auf das idealisierte elterliche Liebesobjekt (S. 171-172).

Zum anderen handelt es sich um Identifizierungen mit aufoktroyierten idealisierten Bildern durch die Eltern, die im Mechanismus der Introjektion dem Kind von außen auferlegt werden (S. 171-172). Zu diesen gehört das von Jacobson (1978b) beschriebene Ichideal des aggressionslosen, sauberen, reinen Mädchens ohne Sexualität (Abschnitt 4.3.2.). Nach Ansicht von Chasseguet-Smirgel (1987) wird das Mädchen hier veranlaßt, Reaktionsbildungen, die auf der analen Sauberkeitserziehung beruhen, narzißtisch zu besetzen und zu idealisieren (S. 177). D. h.: Es handelt sich bei diesen „von außen aufgenötigten" Vorbildern (Freud) weniger um essentielle Bestandteile weiblicher Ichidealbildung als vielmehr um Abkömmlinge eines auf die analsadistische Phase regredierten narzißtisch besetzten Überich, durch die das Individuum in der Entfaltung seiner Individualität mehr eingeengt als gestärkt wird (Chasseguet-Smirgel, S. 181, 201).

Zum Realitätsbezug von Überich und Ichideal

Aus den Überlegungen von Jacobson (1978b) und Chasseguet-Smirgel (1987) lassen sich wertvolle Hinweise ableiten zum Verständnis der Funktion des Vaters bei der

Überich- und Ichidealbildung und der damit in Zusammenhang stehenden Fähigkeit zur Subjekt-Objekt-Differenzierung wie zur Realitätsanpassung. Unter Betonung dieser letztgenannten Fähigkeiten ist zunächst an einige Bemerkungen bekannter Psychoanalytiker/innen zur Ausbildung eines reifen Überich und Ichideal zu erinnern:

A. Reich (1973) schreibt, daß die Bildung des Überich auf der Akzeptanz der Realität beruht und somit das Überich den stärksten Versuch zur Realitätsanpassung darstellt (S. 928). Jacobson (1978b) hebt hervor, daß sich das Ichideal in seiner reifen Form immer mehr den Geboten eines realitätsbezogenen Überich annähert und damit zu einer wesentlichen Stütze für die Sublimierungsfähigkeit des Ich wird (S. 123; siehe Abschnitt 4.3.). Hendrick (1964) erwähnt die notwendige Entwicklung des Ichideal zur Abstraktion, damit es nicht an eine lebende Person fixiert bleibt; hierfür sind nach seiner Ansicht ausreichende Verschiebungen in der Besetzung der Liebesobjekte während der Latenzperiode notwendig (zit. nach Chasseguet-Smirgel, 1987, S. 170). Murray (1964) beschreibt die Ausbildung eines reifen Ichideal als eine allmähliche Transformation des frühen Narzißmus, in dem die narzißtischen Wünsche, die zunächst auf eine direkte Selbstbestätigung gerichtet sind, überwunden und auf Bereiche idealisierter persönlicher und sozialer Werte gelenkt werden, d. h. in der die narzißtische Suche nach direkter Selbstbestätigung der eigenen Person aufgegeben werden kann in Annahme der Erfordernisse der Realität (S. 449, 501).

Diese kurzen Ausführungen der genannten Autoren verweisen indirekt auf die spezifische Funktion des Vaters als Repräsentanten „externer Realität" und als Garanten für die Überwindung der Anlehnungs- und Verschmelzungswünsche mit der Mutter. Chasseguet-Smirgel (1987) betont ausdrücklich, daß es eine Verbindung gibt zwischen Ichideal und inzestuösem Objekt, welches im Hinblick auf die infantilen Wünsche nach Regression und Symbiose auch für das Mädchen letztlich die Mutter repräsentiert (S. 33; siehe Stork, 1974, Abschnitt 4.1.2.). Aufgrund dieser Verschmelzungswünsche wird die Mutter als primäres Identifikations- und Liebesobjekt vom Kind idealisiert (S. 41-42). Demgegenüber beruht die Beziehung zum Vater im wesentlichen auf sekundären Identifizierungen, die eher auf dem realen Bezug zu ihm basieren. Zu den Auswirkungen des reiferen Umgangs mit dem Vater auf die kindliche Entwicklung schreibt Chasseguet-Smirgel (1987):

„Die (späten sekundären) Identifizierungen erlauben im allgemeinen eine bessere Bewertung des eigenen Ichs, da sich ihre Objekte zuvor in der Außenwelt befanden und damit der Realitätsprüfung unterzogen waren." (S. 152)

Nach Loewald (1982), Stork (1974, 1986) und Modell (1965) steht die wichtige Funktion des Vaters bei der Herausbildung eines eigenständigen, realitätsbezogenen Überich und Ichideal außer Frage; dies gilt für beide Geschlechter.

Wichtige Differenzierungen in der Überichbildung

Bernstein (1983) hat den unterschiedlichen Einfluß, den die Identifizierungen des Mädchens mit der Mutter und mit dem Vater auf die weibliche Überichbildung haben, besonders herausgearbeitet. Sie macht darauf aufmerksam, daß sich die frühen, primitiven und durch Diffusität bestimmten Identifizierungen mit der Mutter und die späteren selektiven Ich- und Überich-Identifizierungen mit dem Vater wie mit der Mutter wechselseitig bedingen; u.a. führt sie hierzu aus:

> Die besondere Nähe zwischen Mutter und Tochter aufgrund der Gleichgeschlechtlichkeit begünstigt die gegenseitigen Identifizierungen auf allen Entwicklungsebenen des Mädchens. Zudem ist zu berücksichtigen, daß die Beziehung des Kindes zur Mutter ihre Wurzeln in sehr frühen Identifizierungen hat, in denen Objekt- und Subjektrepräsentanzen noch nicht voneinander unterschieden sind. Diese primären Identifizierungen behalten ihren Einfluß auf die spätere Überichbildung des Mädchens bei (S. 198). D. h.: Der Kern des Überich mit seinen primitiven irrationalen Elementen wird in allen nachfolgenden Entwicklungsprozessen wiederbelebt und bleibt erhalten.Bernstein sieht hierin den Grund für die spezifische Flexibilität im weiblichen Überich, die häufig als angebliche weibliche Überich-Schwäche ausgelegt wird (S. 190).

Richtig ist, daß sich in der weiblichen Überichbildung die frühen Identifizierungen mit dem mütterlichen Liebesobjekt, die durch Diffusität und Unstrukturiertheit bestimmt sind, mit den ödipalen Identifizierungen des Mädchens mit der Mutter als weiblichem Vorbild vermischen und in einer ungünstigen Entwicklung zu einer Behinderung in den Autonomie- und Individuationsbestrebungen des Mädchens beitragen (S. 196). Demgegenüber verstärken und konsolidieren die ödipalen Identifizierungen des Jungen mit dem Vater als dem gleichgeschlechtlichen Vorbild in Abgrenzung von der frühen Mutter den Drang des Kindes nach Eigenständigkeit (S. 196; siehe auch Müller-Braunschweig, 1926, Abschnitt 4.3.2.).

Bernstein ist daher der Ansicht, daß eine strukturell gefestigte Überichbildung für das Mädchen schwieriger zu erlangen ist, weil es sich hinsichtlich seiner ödipalen Strebungen und hinsichtlich seines Überich im wesentlichen mit der gleichen Person identifizieren muß, von der es Trennung zu erreichen sucht für die Etablierung seiner Individualität (S. 196).

Die Identifizierung mit dem Vater, die dem Kind die Differenzierung in den Subjekt- und Objektrepräsentanzen ermöglicht, stellt unter diesem Aspekt für das Mädchen eine entscheidende Hilfe dar bei der Integrierung seiner primären und sekundären Identifizierungen mit der Mutter, da es in der Identifikation mit ihm die Angst überwinden kann, von der frühen symbiotischen, diffusen Identifizierung mit der Mutter in der eigenen Psyche überwältigt zu werden (S. 196; siehe auch Loewald, 1982, Abschnitt 4.1.1.).

Mit anderen Worten: Die sekundären, positiven Identifikationen mit dem Vater sind auch deshalb so wichtig, weil das Mädchen durch sie in die günstige Lage kommt, die Diffusität in den frühen Interaktionen mit der Mutter mit Hilfe seiner Fähigkeit der Realitätsprüfung zu integrieren und auf dieser Basis reife Identifikationen mit der Mutter zu entwickeln. Zudem möchte Bernstein (1983) mit ihrer Unterscheidung zwischen einer frühen Identifikation mit der Mutter, die neben Diffusität für das Mädchen auch eine wichtige innere Orientierungshilfe darstellt, und einer Identifikation mit dem Vater, die auf klarer definierten Verboten und Anweisungen beruht und daher besonders zur Entwicklung äußerer Realitätsanpassung beiträgt, deutlich machen, daß das Mädchen heute beides braucht: Eine Möglichkeit zur Identifizierung mit dem mütterlichen Ichideal und eine besondere Entidentifizierung von diesem Ideal, um in unserer Gesellschaft zu Eigenständigkeit kommen zu können (S. 198).

Die Hinweise der im Vorstehenden zitierten Autoren zur Rolle des Vaters als sekundärem Identifikationsobjekt belegen, daß Überich und Ichideal des Mädchens durch die Auseinandersetzung mit dem Vater eine spezifische Differenzierung und Modifizierung erfahren. Diese Entwicklung speist sich aus zwei Quellen: 1. aus der Motivation zu selektiver Identifizierung mit Eigenschaften des Vaters, die mit eigenen männlichen Persönlichkeitsanteilen des Mädchens und mit seinem Drang nach Selbständigkeit in Zusammenhang stehen, und 2. aus der entwicklungsmäßigen Annäherung eines primitiven Ichideal an realitätsbezogene Tendenzen im Überich, die besonders durch den Vater vermittelt werden. Denn im Vergleich zur Mutter vertritt der Vater im allgemeinen aufgrund der andersgearteten Beziehungskonstellation zwischen ihm und dem Kind in stärkerem Maße die äußeren sozialen Faktoren, durch die das Überich und Ichideal des Mädchens in seinem Bezug zur Realität beeinflußt wird.

Anders ausgedrückt: Positive Identifikationen mit dem Vater sind aus zwei Gründen für das Mädchen bedeutsam: Zum einen stellen sie eine günstige Voraussetzung dar für die Integration eigener Männlichkeitsanteile und homosexueller Strebungen in die weibliche Persönlichkeit mit der Stärkung des Ich (siehe McDougall, 1981, Abschnitt 3.5.3); zum anderen kann gerade der Vater, der in der triangulären Konstellation die Lösung aus der symbiotischen Mutterbeziehung fordert, auf besondere Weise dazu beitragen, daß das Mädchen ein eigenständiges Überich- und Ichideal ausbildet, das in seinen ideellen Strebungen die realen Möglichkeiten in den sozialen Bezügen angemessen mitberücksichtigt. Hierdurch lernt das Mädchen, mit dem für das weibliche Überich so wichtigen Objektbeziehungsaspekt im Sinne von Verantwortung und Eigenständigkeit realistisch umzugehen.

Diese Überlegungen finden Bestätigung bei Chasseguet-Smirgel (1987), die betont, daß erst mit Hilfe der Funktion des Vaters als des Repräsentanten äußerer Realität, die im Überich ihren Niederschlag findet, echte Sublimierungsfähigkeit entwickelt werden kann, die immer Triebsublimierung bedeutet, die aber ebenso mit den narzißtischen Strebungen des Individuums aus dem Ichideal verbunden ist (S. 95, 137). Die Autorin schreibt zur Fähigkeit angemessener Realitätsprüfung in diesen Entwicklungsvorgängen:

„Wenn die narzißtischen und die triebbezogenen Befriedigungen mit dem Ich übereinstimmen, so daß sie das Selbstgefühl erhöhen (...), verringern sie die Kluft zwischen Ich und Ideal, entziehen dem Ichideal einen Teil seiner Megalomanie ...". (S. 38)

Hierdurch wird die Ausbildung eines überhöhten, mit unrealistischen Vorstellungen besetzten Ichideal vermieden, das nach A. Reich (1960) aus narzißtischer Verletzung resultiert mit der Folge von Ich-Schwäche, Überich-Unreife und gestörten Objektbeziehungen (S. 216, 230).

Ein Beispiel für Störungen in der Ichidealbildung

Als Beleg für das Unvermögen, aufgrund fehlender positiver Auseinandersetzung mit dem Vater eine ausreichend realitätsbezogene, differenzierte Ich- und Ichidealbildung zu vollziehen, kann Chasseguet-Smirgels (1987) ausführliche Interpretation des Lebenslaufes einer jungen Frau gelesen werden, die an der leidvollen Diskrepanz zwischen ihrem Ich und einem überhöhten Ideal im Leben scheiterte. Marie Baschkirzeff, eine Russin aus reicher Familie, die mit ihrer Mutter an der Côte d'Azur lebte, starb mit 24 Jahren an Tuberkulose. Über das Leben von Marie macht Chasseguet-Smirgel u. a. folgende Angaben (S. 191-197):

Marie war unermüdlich bemüht, in der Gesellschaft ihrer Umgebung Aufsehen zu erregen, vor allem durch ihre künstlerischen Aktivitäten, um auf diese Weise Bewunderung und Zustimmung zu erlangen und die narzißtische Wunde zu kompensieren, die ihr die erlittene Zurückweisung durch den Vater verursacht hatte.

Nach Chasseguet-Smirgel findet in diesem Verhalten ein überhöhtes (narzißtisches) Ichideal seinen Ausdruck. Sie schreibt, daß Maries Leben völlig beherrscht war von einem absolut erstickenden Zwang, eine zum Überleben unerläßliche narzißtische Zufuhr zu erhalten, und daß ihre Jagd nach Leistungen und ihre egozentrische Haltung nur ihren tiefen quälenden Zweifel an ihrem Selbstwert verdeckten.

Chasseguet-Smirgel vermutet, daß die fundamentale narzißtische Kränkung, die Marie erlitten hatte, nicht auf einer primären Kränkung im Mutter-Kind-Verhältnis beruhte, sondern auf der Tatsache, daß der Vater sie und ihre Mutter verlassen hatte, um mit einer anderen Frau und seinen unehelichen Kindern zu leben. In ihren Tagebuchnotizen schrieb Marie, daß sie von ihrem Vater tief enttäuscht sei und daß sie sich, was ihn betreffe, auf nichts mehr einlassen wolle.

Die Folgen der erlittenen Abweisung durch den Vater mit Hilfe ihrer exzessiven künstlerischen Aktivitäten wiedergutzumachen, gelang nicht. Hinzu kam, daß die nicht überwundene Kränkung Marie veranlaßte, alle Männer abzuweisen, die sie heiraten wollten. Sie idealisierte stattdessen einen Mann, der kein Interesse für sie hatte und eine andere Frau wählte. Chasseguet-Smirgel führt hierzu aus, daß aus der narzißtischen Wunde in der Beziehung zum Vater für Marie ein Konflikt entstanden war, der ihr die Möglichkeit nahm, selbst liebesfähig zu werden. Damit war ihr aber auch auf der Ebene libidinöser Beziehung eine mögliche Überbrückung der Kluft zwischen Ich und Ideal, wie sie die Liebe zu einem anderen Menschen darstellt, versagt. Ihre Angst war offenbar zu groß, in der erotischen Liebe eine Wiederholung ihrer narzißtischen Verletzung zu erfahren.

Nach Chasseguet-Smirgel blieb Marie dem Vater treu trotz der erlittenen Enttäuschungen und wehrte gleichzeitig ihre ödipalen Wünsche ab, indem sie ihren Körper narzißtisch besetzte und sich von dem Ideal der vollkommenen körperlichen Schönheit gefangen nehmen ließ. Auf diese Weise vollzog sie eine Spaltung zwischen ihren narzißtischen Wünschen, die sich auf den Wert ihres Selbst bezogen, und ihren Triebwünschen und konnte nicht zu einem befriedigenden Lebensgefühl in ihrem Selbst kommen.

Wie Chasseguet-Smirgel weiter berichtet, zeigte sich in Maries Träumen der Haß auf den Vater, während die Aggression gegen die Mutter, die sie eigentlich für den Weggang ihres Vaters verantwortlich machte, tief verdrängt blieb.

Resümierend ist festzuhalten: Marie hatte versucht, mit Hilfe ihrer künstlerischen Aktivitäten ihre narzißtische Verletzung in ihren Objektbeziehungen ungeschehen zu machen. Dies mißlang, denn für die Überwindung des Verlustes des Vaters und das Eingehen für sie befriedigender Liebesbeziehungen mit männlichen Partnern hatte ihr offenbar in der frühen Kindheit eine ausreichend realitätsbezogene Liebesbeziehung zu beiden Eltern gefehlt[64]. Aus dem gleichen Grunde wurde sie aber auch in ihren künstlerischen Arbeiten gehemmt, insofern sie die Fähigkeit zur Sublimierung auf der Basis einer reifen Wechselbeziehung zwischen den narzißtischen und den libidinösen Strebungen (Murray, 1964, S. 496) als Voraussetzung für echte Kreativität nicht in ausreichendem Maße entwickeln konnte.

Mit anderen Worten: Es fehlte ihr die Unterstützung eines relativ reifen Überich, um die präödipalen wunsch-bestimmten, magischen Selbst- und Objektrepräsentanzen (Jacobson, 1978b) überwinden zu können und ein realistischeres Ichideal zu entwickeln als Grundlage für eine echte weibliche Eigenständigkeit und Beziehungsfähigkeit. Stattdessen gewannen die selbstzerstörerischen Tendenzen in ihr die Oberhand, die Chasseguet-Smirgel (1987) mit der narzißtischen Verletzung durch den Vater erklärt.

Zusammenfassung

Die Differenzierungsvorgänge im weiblichen Überich und Ichideal lassen sich im Hinblick auf die Funktion des Vaters unter folgenden Aspekten betrachten:

---

[64] A. Reich (1973) schreibt: Wenn sich die Libido in der frühen Kindheit nicht in adäquater Weise an die Objekte binden konnte, kommt es zu einer Störung im Ichideal und einer narzißtischen Persönlichkeitsstruktur (S.937).

Grumdvoraussetzung für eine gesunde weibliche Überich- und Ichidealbildung ist die Überwindung des Ödipuskomplexes und die sichere Übernahme der weiblichen Geschlechtsrolle mit der Besetzung der Vagina als vollständigem Genitale. Indem das Mädchen auf die Liebesbeziehung zum Vater verzichtet (die in der ödipalen Entwicklung zunächst narzißtische und libidinöse Befriedigung bietet), kommt es in die Lage, seine weiblichen Liebeswünsche und narzißtischen Strebungen als zu sich gehörend zu akzeptieren und sie unter Ausbildung eines eigenständigen Überich mit Hilfe realitätsangemessener Verhaltensweisen zum Ausdruck zu bringen (siehe Jacobson, 1978a und b, Abschnitt 4.3.2.).

Anders ausgedrückt: Die Besinnung auf das eigene weibliche Selbst in Identifikation mit der Mutter und die Zurücknahme der während eines Entwicklungsabschnittes durchaus wichtigen narzißtischen Idealisierung des Vaters bilden die Grundlage für ein positives weibliches Selbstgefühl und die Überwindung von Ambivalenz in den Beziehungen zu den Eltern. Wie Jacobson (1978b) schreibt, kann das Mädchen dann „seine inzestuösen Wünsche und Todeswünsche gegenüber beiden Eltern zugunsten einer zärtlichen Zuneigung aufgeben." (S. 127)

Hierfür ist der positive Bezug zu beiden Eltern notwendig. Denn neben dem oben beschriebenen Einfluß des Vaters auf die weibliche Überich- und Ichidealbildung bleibt die Mutter das wichtigste idealisierte Vorbild für das Mädchen; die Identifizierung mit ihr ist für das weibliche Ichideal konstitutiv (siehe Blum, 1976, Abschnitt 4.3.2.). M. Mitscherlich (1985) bezeichnet daher die Möglichkeit zur Idealisierung beider Eltern als eine sichere Basis für die Verinnerlichung der elterlichen Normen und Gebote und die Ausbildung eines gesunden Überich und Ichideal (S. 133). Deutsch (1988) sieht in der harmonischen Konstellation der Vater-Mutter-Beziehung eine Voraussetzung für die Bildung eines gesunden Ichideal beim Mädchen; während A. Reich (1973) hervorhebt, daß eine schwierige Ehebeziehung dem Kind den Aufbau eines Ichideal erschwert (S. 39). Die Entwertung der Liebesobjekte steht dem dann entgegen (siehe M. Mitscherlich, 1985, Abschnitt 4.3.2.).

D.h.: Im Heranwachsen braucht das Mädchen die Möglichkeit zu positiver Auseinandersetzung mit beiden Eltern, deren Wertvorstellungen, moralischen Gesetzen und ethischen Normen (Jacobson, 1978b, S. 123). Erst auf dieser Basis kann es unterscheiden lernen zwischen den Inhalten, die dem eigenen weiblichen Überich und Ichideal entsprechen, und den elterlichen, besonders den väterlich-männlichen Ge- und Verboten, um sich auf diese Weise vor Einschränkung und Verzerrung seiner weiblichen Wesensanteile zu schützen[65]. Zudem sind die positiven Erfahrungen mit dem Vater so wichtig, weil das Mädchen mit seiner Hilfe die diffusen Identifikationen mit der Mutter im weiblichen Überich überwinden kann (Bernstein, 1983) und es zu Differenzierungen

---

[65] Ticho (1976) bringt das Beispiel einer jungen Rechtsanwältin, die in ihrem Überich- und Ichideal so stark mit dem Vater identifiziert war, daß sie versuchte, mit Hilfe intellektueller Erfolge die narzißtische Bestätigung vom Vater zu erlangen, und ihre sexuell-libidinösen Wünsche in ihrer Weiblichkeit, die von ihr mit großen Schuldgefühlen besetzt waren, dem Verbot des Vaters untergeordnet hatte (S. 148; siehe auch Abschnitt 4.7.).

in der Fähigkeit zur Realitätsanpassung kommt, durch die auch das Selbstwertgefühl des Mädchens eine Differenzierung erfährt.

4.4.   Entwicklungsvorgänge im weiblichen Narzißmus

Bekannte Psychoanalytiker/innen nehmen in den nachfolgenden Abschnitten aus unterschiedlicher Perspektive Stellung zu Fragen der Herausbildung weiblichen Selbstwertgefühls und zu damit in Zusammenhang stehenden Komplikationen in der narzißtischen Entwicklung. In ihren Ausführungen berücksichtigen sie den Einfluß des Vaters auf diese Vorgänge.

4.4.1.   Frühe Differenzierungen im weiblichen Selbstbild

Fast (1979) betont die Parallelität in der Entwicklung und Ausdifferenzierung des weiblichen Selbst und der weiblichen Geschlechtsidentität (siehe auch Schwartz, 1986, Abschnitt 3.3.4.). Nach ihrer Ansicht tragen die Erfahrungen des Mädchens mit dem Vater als männlicher Bezugsperson entscheidend bei zu diesen Differenzierungsvorgängen, in denen es zu einer Wechselwirkung kommt zwischen dem Grad bewußter Erfassung der eigenen weiblichen Sexualität und der Entwicklung des Narzißmus. Erst die Überwindung des infantilen Narzißmus mit Hilfe der Differenzierungen in der weiblichen Geschlechtsidentität ermöglicht die Entstehung weiblichen Selbstwertgefühls.

Diese Entwicklungsprozesse in der Geschlechtsidentitätsbildung, die sich aus der Entdeckung des genitalen Unterschieds ergeben, können nach Fast gleichzeitig als Differenzierungen in den Selbst- und Objektrepräsentanzen verstanden werden (S. 443). Dabei entwickelt das Mädchen parallel zur bewußten Erfassung der unterschiedlichen Geschlechtlichkeit zwischen Mann und Frau komplexe Vorstellungen über Weiblichkeit und sein Selbst als weiblich, die es in Beziehung setzt zu gleichzeitig in ihm entstehenden Vorstellungen über Männlichkeit, die Männern zugeschrieben wird und die es in der Beziehung zu Männern erfährt (S. 443). D. h.: Die Fähigkeiten zur Unterscheidung zwischen dem Selbst und dem Anderen sowie zwischen Männlichkeit und Weiblichkeit sind miteinander verknüpft; die Begegnung mit dem Vater/dem Männlichen ist hierfür Voraussetzung. Störungen des Mädchens in seiner weiblichen Identitätsbildung betrachtet Fast daher in erster Linie als Probleme in den Subjekt- und Objektdifferenzierungen (siehe auch Abschnitt 4.5.1.).

In Überwindung seines primitiven Narzißmus muß das Mädchen die Fähigkeit ausbilden, sich mit Hilfe seiner Objektbeziehungen in seinem Selbst von anderen zu unterscheiden. Die Geschlechtsdifferenzierungen spielen hierbei insofern eine besondere Rolle, als der wichtige Entwicklungsschritt für das Mädchen darin besteht, daß es lernt, seinen frühen Status narzißtischer Vollständigkeit und Omnipotenz aufzugeben und in Anpassung an die Realität anzuerkennen, daß es nur ein Geschlecht, und zwar das weibliche, haben kann (S. 446). In diesem Sinne impliziert Penisneid nach Fast (1979) eine narzißtische Position des Mädchens; in ihm zeigt sich der Protest gegen die

Forderung nach Aufgabe seiner frühen narzißtischen Vorstellungen von Omnipotenz, die es im Penis symbolisiert sieht (S. 448-449).

Voraussetzung für die von Fast beschriebenen Differenzierungen in den weiblichen Selbstrepräsentanzen ist, daß es dem Mädchen gelingt, im Beziehungsaustausch mit dem Vater und anderen männlichen Bezugspersonen seine Vorstellungen des Besitzes eines Penis zu ersetzen durch seine Erfahrungen von sich als weiblich und dem anderen als männlich. Fast (1979) schreibt hierzu:

„The favourable resolution of the differentiation process requires that she give up having a penis herself, and substitute for the notion of possession the elaboration of relationship between herself as female and the other as male. In favourable outcome she does *not* turn away from genital involvement. Instead, as part of her recategorization of her experience in gender terms, that involvement becomes categorized as specifically female." (S. 450)

D.h.: Durch die Annahme der eigenen weiblichen Geschlechtlichkeit erhalten Weiblichkeit und Männlichkeit ihren spezifischen Wert; die eine innerhalb des eigenen Selbst, die andere unabhängig vom Selbst, aber in wechselseitiger Beziehung zum Selbst (S. 446).

Gefahren entstehen nach Fast in der Vater-Tochter-Beziehung, wenn es sich bei der Hinwendung zum Vater um eine Verschiebung primitiver narzißtischer Bedürfnisse von der Mutter auf den Vater handelt (siehe Laufer, 1986, Abschnitt 3.4.l.) statt um die wichtige Differenzierung im weiblichen Selbstgefühl, und/oder wenn die Liebe des Vaters zum Ersatz wird für die narzißtische Wunde des Mädchens, keinen Penis zu haben, d.h. selbst kein Mann zu sein.

Weiter ist Fast (1979) der Ansicht, daß sich die Störungen im weiblichen Überich und Ichideal, auf die Jacobson (1978a und b, siehe Abschnitt 4.3.1.) hinweist, auch als Phänomene eines gestörten Narzißmus begreifen lassen, denn in der von Jacobson beschriebenen weiblichen Fehlhaltung bleiben Frauen im Hinblick auf ihre Beziehung zur eigenen Sexualität und zum männlichen Sexualpartner auf der Entwicklungsstufe früher Undifferenziertheit zwischen Subjekt und Objekt, d. h. in einem narzißtischen Stadium ihrer Entwicklung stecken. Damit ist dann häufig auch das Bild von Männlichkeit in den narzißtischen Vorstellungen dieser Frauen gestört und der Mann wird bewußt oder unbewußt idealisiert (S. 451; siehe hierzu Abschnitt 5.1.2.2.).

In einer normalen Entwicklung überwindet das Mädchen nach Fast seinen infantilen phallischen Narzißmus in der Liebe zum Objekt und ändert mit der Differenzierung des Gefühls für die eigene Weiblichkeit seine Beziehungen zu den Eltern. Keineswegs wendet sich das Mädchen in Enttäuschung und Verachtung von der Mutter ab und dem Vater zu, um von einer homosexuellen zu einer heterosexuellen Einstellung zu kommen. Vielmehr lernt es im Heranwachsen hinsichtlich seiner Geschlechtlichkeit zu jedem Elternteil in spezifischer Weise in Beziehung zu treten. Während es sich mit der Mutter als weiblicher Bezugsperson identifiziert, entwickelt es gleichzeitig die Fähigkeit - im Wissen um das eigene Selbst als weiblich - mit dem Vater als männlicher Bezugsperson eine Beziehung aufzunehmen. Diese unterschiedlichen Erfahrungen mit den Eltern im Hinblick auf deren Geschlechtlichkeit ermöglichen dem Mädchen das Ausprobieren und die Differenzierung seiner Vorstellungen von der eigenen weiblichen Geschlechtsidentität (S. 446).

Ausprägungen im frühen Narzißmus

Abelin (1980) ergänzt Fasts (1979) Ausführungen zum Einfluß der frühen Geschlechtsdifferenzierung auf die Narzißmus-Entwicklung. Er berichtet anhand seiner empirischen Studien über spezifische Unterschiede in der Ausprägung des frühen Narzißmus bei Jungen und Mädchen, durch die die unterschiedliche geschlechtliche Identitätsbildung offensichtlich wesentlich mitbeeinflußt wird. So schien der kleine Michael (siehe Abschnitt 3.3.3.) in Identifikation mit dem Vater seine Kleinheit und Hilflosigkeit nicht in sein frühes Selbstbild zu integrieren; während Kathy, seine kleine Schwester, die Unterschiede hinsichtlich Größe und Macht (in der Beziehung: Mutter-Kind, Erwachsener-Kind) in ihrem Selbstbild differenzierte, sich aber so verhielt, als sei sie selbst unvergleichlich.

Aufgrmd seiner Beobachtungen geht Abelin davon aus, daß der infantile frühe Narzißmus beim kleinen Mädchen in der Illusion der Einzigartigkeit, beim kleinen Jungen in der Illusion der Allmacht Ausdruck findet. In Übereinstimmung mit Fast ist er der Ansicht, daß dieser frühe Narzißmus nur reduziert werden kann durch die Bildung symbolischer Selbst- und Objektrepräsentanzen auf der Grundlage von Identifikationen in der frühen Triangulierung (siehe Abschnitt 2.2.3.). D.h.: Mit der Einführung der Realität durch den Dritten, den Vater, gewinnt die Welt der Objekte an Bedeutung. Hierdurch wird der frühe Narzißmus überwunden und die Ichentwicklung gefördert. Abelin (1980) betont, daß in der nachfolgenden ödipalen Triangulierung beide Aspekte des Narzißmus eine Umwandlung erfahren müssen und einen Teil der unterschiedlichen Ausprägungen im späteren männlichen und weiblichen Ichideal ausmachen (S. 160-161).

Zusammenfassung

Im Hinblick auf das Mädchen ist festzuhalten, daß es offenbar wesentlich auf die Qualität der Beziehungshaltung des Vaters ankommt, ob es seiner kleinen Tochter möglich wird, schon früh etwas von dem fundamentalen Unterschied zwischen sich und dem Vater angstfrei und relativ bewußt aufzunehmen. Es mag ihr dann die von Abelin beschriebene notwendige Umwandlung ihres Narzißmus in der ödipalen Entwicklung umso leichter gelingen.

4.4.2.   Der Wunsch nach Selbstentfaltung

Bei der Frage nach den Entwicklungsvorgängen im weiblichen Narzißmus bezieht sich Benjamin (1986) auf die Bedeutung, die dem Phallus als Symbol von Autonomie und Vollständigkeit zugeschrieben wird (siehe auch Abschnitt 4.4.3.). Sie weist darauf hin, daß der väterliche Phallus diese Bedeutung bereits in der präödipalen Phase gewinnt, da er für die Ablösung und Eigenständigkeit steht. D.h.: Die Macht des Vaters ist zu einem wesentlichen Teil begründet in der Rolle, die er bei der Trennung von der Mutter spielt (S. 120). Benjamin schreibt :

> „Standing for difference and separation, the phallus becomes the desired object for children of both sexes, who wish to possess it in order to have that power." (S. 120)

In Anlehnung an Abelins Konzeption der frühen Triangulierung betont Benjamin, daß das Streben nach Identifikation mit dem Vater in dem inneren Bedürfnis des Kindes wurzelt, den eigenen Wunsch zu erkennen und ihn als legitim und aus dem eigenen Selbst hervorgehend zu erfahren (S. 126). Denn gerade der Vater, der für das Kind zunächst den Wunsch nach der Mutter repräsentiert, ist geeignet, dem Kind die ersehnte Anerkennung zu geben für den eigenen Wunsch; die Autorin schreibt:

> „Now the child can be a subject aware of desiring, as in 'I desire it' - hence the importance of the father as a different kind of subject than the mother, a subject of desire. The other subject is not the object of gratification, the supplier of need, but the other who gives recognition." (S. 123)

Der Vater gilt als ein Vermittler von Freiheit und Anregung (S. 126) und er wird geliebt als jemand, der seinen subjektiven Wunsch verfolgt und auf diese Weise dem Kind den Weg in die Welt weist. In diesem Sinne wird er als machtvoll erlebt (S. 122). Im Vergleich hierzu gilt die Mutter eher als Quelle von Befriedigungsmöglichkeiten. Ihre Macht besteht nicht darin, daß sie tun kann, was sie will, daß sie aktiv für sich etwas wünscht, sondern darin, daß sie als alles kontrollierend, alles gebend und symbiotische Einheit repräsentierend erlebt wird (S. 114). Von der Mutter fühlt sich das Kind abhängig und sie wird gleichzeitig als Objekt der Befriedigung ersehnt, während der Vater zum Subjekt des Wunsches wird (S. 114); an ihn wendet sich das Kind daher in seinem Wunsch nach Eigenständigkeit und Aktivität (S. 123).

Sich auf Chodorow (1985) und Dinnerstein (1976) berufend macht Benjamin (1986) für diese unterschiedliche Rollenverteilung die Arbeitsteilung in der Betreuung der Kinder in den Familien verantwortlich. Sie ist der Meinung, daß der Vater als narzißtisches Identifikationsobjekt für Jungen und Mädchen solange wichtig bleibt, wie die Mutter das primäre Liebesobjekt ist, das für die Fürsorge der Kinder alleine aufzukommen hat (S. 129). Es ist diese Arbeitsteilung in der Familie, aus der sich erklärt, warum der Vater die Elternfigur ist, die für Eigenständigkeit als unabhängige Person steht, d. h. für die Fähigkeit, den eigenen Willen und persönlichen Wunsch nach Autonomie, Stärke und Potenz auszudrücken. Dazu gehört nach Benjamin (1986) auch, daß der Vater als ein Subjekt angesehen wird, das seine Sexualität zum Ausdruck bringt, während die Mutter in ihrer Rolle desexualisiert ist und als Frau im kulturellen Verständnis weiblicher Sexualität bisher als Objekt gilt, das die Sexualität des Mannes anzieht (S. 114)[66].

---

66 Hier ist ergänzend auf eine Bemerkung von M. Mitscherlich-Nielsen (1971) hinzuweisen, die sich fragt, warum der Phallus für beide Geschlechter zum Symbol der Autonomie, der

Die unterschiedliche Wahrnehmung von Vater und Mutter führt im allgemeinen dazu, daß der Vater und der Phallus idealisierte Eigenschaften erhalten[67]. Dabei ist nach Benjamin (1986) hervorzuheben, daß es der Vater ist - nicht der Phallus - , der zum wichtigen Ausgangspunkt für die schon frühe Bewunderung seiner Person wird; und dies bedeutet, daß letztlich ausschlaggebend für die Entwicklung des Kindes ist, welche Qualität das innere Bild des Vaters in der Psyche des Kindes erhält (S. 120).

Zur weiblichen Entwicklung schreibt Benjamin (1986):

Da unter den soziokulturellen Bedingungen der Betreuung der Kinder nicht die Mutter sondern der Vater das aktive Subjekt repräsentiert für den eigenen Wunsch des Kindes, kann es für eine Tochter, deren Mutter nicht in der Lage ist, eigene persönliche Interessen wirksam zu verfolgen, und deren Vater diese Fähigkeiten besitzt, schwierig werden, angemessene Identifikationen mit den Eltern als Vorbild zu entwickeln (S. 133; siehe auch Schwartz, 1986, Abschnitt 6.2.).

Zudem komplizieren sich diese Vorgänge für das Mädchen insofern, als eine zusammenhängende Entwicklungslinie, in der die Momente: eigene Geschlechtlichkeit, Individuation und Identifikation mit dem Vater miteinander verbunden sind, dem Mädchen nicht möglich ist (S. 124). Benjamin betont daher, daß es in der Entwicklung weiblicher Eigenständigkeit nur um den Symbolcharakter des Phallus, den der Vater repräsentiert, gehen kann und nicht um die Identifikation mit dem Vater in seiner männlichen Eigenart (siehe auch Staewen-Haas, Abschnitt 4.4.3.).

Konkret bedeutet dies: Um sich in seinem Wunsch nach Eigenständigkeit von der Mutter lösen zu können, die Vorbild für die Herausbildung weiblicher Fähigkeiten bleibt, muß auch das Mädchen den Vater zu einem spezifischen Identifikationsobjekt machen, denn es strebt ebenso wie der Junge danach, mit Hilfe eines eigenständigen Erwachsenen, der nicht die Mutter ist und als Vorbild dient, seine Getrenntheit zu etablieren und Anerkennung für den Ausdruck der eigenen Wünsche zu erringen. Es sucht die Ermutigung des Vaters für diese Wünsche und erwartet von ihm, daß er das kindliche Selbstwertgefühl stützt gegen den narzißtischen Schmerz des Verlustes der Omnipotenz (Benjamin, S. 130). Die Verschiedenheit des Vaters von der Mutter ist Garant

---

körperlichen und geistigen Unversehrtheit werden konnte. Sie geht davon aus, daß der Phalluskult als Ausdruck der Vollständigkeit eine gesellschaftlich bedingte Entstehungsgeschichte hat und keinesfalls auf einer biologischen Grundlage beruht, nach der die Frau und ihre Leiblichkeit geringer zu bewerten ist (S. 924).

[67] Mit Hinweis auf diese bevorzugte Bewunderung des Vaters bringt Spieler (1986) ein Zitat von Becker („The Denial of Death", 1973), der schreibt:
„Both boys and girls succumb to the desire to flee the sex represented by the mother; they need little coaxing to identify with the father and his world. He seems more neutral physically, more cleanly powerful, less immersed in body determinisms; he seems more 'symbolically free', represents the vast world outside of the home, the social world with its organized triumph over nature, the very escape from contingency that the child seeks" (zit. nach Spieler, S. 47).

für diese Entwicklung in den Strebungen nach Autonomie und wird durch sein anderes männliches Geschlechtsorgan symbolisiert (S. 124).

Nach Benjamin geht es in diesen Entwicklungsvorgängen mit der Herausbildung einer inneren Repräsentanz in erster Linie darum, daß eine neue Beziehung zur Mutter gefunden wird und die primäre Identifikation mit ihr überwunden werden kann, d.h. daß die Bedeutung des Phallus - der idealisierten phallischen Vater-Imago - für das Mädchen darin liegt, daß diese Imago für die Freiheit steht, den subjektiven Wunsch zu verfolgen (S. 123-124). Die Erwartungen des Mädchens an den Vater definiert Benjamin (1986) als *homoerotic, narcissistic love affair* (S. 130) und als *identificatory love* (S. 126) gegenüber dem Vater, die dem Mädchen, ebenso wie dem Jungen, möglich sein muß, damit es lernen kann, zu seinen Wünschen zu stehen und seine Interessen zu verfolgen (siehe auch McDougall, 1981, Abschnitt 3.5.3.). Bereits die Vorgänge in der präödipalen Triangulierung sind ausschlaggebend für die Ausbildung der Fähigkeit narzißtischer Selbstenfaltung.

Trotz ihrer Betonung der großen Bedeutung, die die anerkennende Haltung des Vaters in diesem Drang des Kindes hat, als Subjekt für den eigenen Wunsch Bestätigung zu erhalten und ein Gefühl für die eigene Wirksamkeit zu erlangen (S. 121), wehrt sich Benjamin aber gegen die theoretische Annahme, daß Mütter kein Objekt der Trennung für beide Kinder sein können (S. 134). Nach ihrer Ansicht ist die Haltung der Mutter in ihrer persönlichen Reife, die die Wünsche ihres Kindes nach Eigenständigkeit anerkennen und seine Phantasie von einer allmächtigen Mutter entkräften kann (S. 134) und die in direkter Anerkennung seiner Fähigkeiten die Entwicklung des kindlichen Selbstgefühls fördert, für die gesunde Entfaltung der Persönlichkeit ebenso wichtig wie die beschriebene spezifische Funktion des Vaters in seiner männlichen Andersartigkeit (S. 133).

4.4.3. Der Phallus als Symbol narzißtischer Integrität

Grunberger (1981) befaßt sich mit der Entwicklung des Narzißmus in der weiblichen Sexualität. Er ist der Ansicht, daß der Phallus in der unbewußten Vorstellung beider Geschlechter Vollkommenheit und narzißtische Integrität symbolisiert[68] .

Benjamin (1986) gibt eine Erklärung dafür, warum der Phallus für die weibliche Entwicklung diese Bedeutung erlangt. Sie schreibt (wie bereits im Abschnitt 4.4.2. angedeutet), daß der Vater auch deshalb zum Träger sexueller Eigenständigkeit wird, weil der Mutter in den Augen des Kindes der Ausdruck von Sexualität nicht zugestanden werden kann, da dies zum einen unabhängige Subjektivität und Egoismus implizieren würde; und zum anderen das Bild sexueller mütterlicher Macht für das

---

[68] In seiner Arbeit „Über das Phallische" (1963) schreibt Grunberger:
Die Bedeutung des Penis wird dem Triebfaktor, die Bedeutung des Phallus dem narzißtischen Faktor zugeordnet (S. 232-233). Penis- und Phallus-Anteile sind im realen psychischen Erleben miteinander gekoppelt. Das triebhafte Penisbild und der Vollkommenheitsphallus existieren gleichzeitig im Unbewußten von Frau und Mann (S.236-237).

Kind zu beängstigend wäre. Hinzu kommt nach Benjamin (1986), daß die öffentliche Zurschaustellung der weiblichen Sexualität, in der die Frau zum Objekt des Wunsches anderer wird, das Mädchen im Erlangen von Selbstbewußtheit in seiner Sexualität entmutigt. Nur über das Symbol des Phallus, der sexuelle Eigenständigkeit und Macht repräsentiert, können Frauen heute ein Gefühl für die Potenz ihrer Sexualität und narzißtische Integrität erlangen (S. 114). Die Autorin schreibt:

> „Whence, if not through the phallus, through masculine orientation, do women derive their sense of sexual agency? And what represents it? There is no equivalent symbol of female desire that, like the phallus, suggests activity and potency." (S. 114)

Zur Integration präödipaler Triebkomponenten

Im Zusammenhang mit seinem Hinweis auf den Aspekt der Zweigleisigkeit in der weiblichen psychosexuellen Entwicklung, die er als narzißtisch und triebhaft zugleich definiert[69], betont Grunberger (1981) die Parallelität in der Entstehung eines positiven Selbstbildes und in der Fähigkeit zur Integration der analsadistischen Triebe, die vornehmlich aggressiv-aktive Elemente einschließen und eine wichtige Grundlage bilden in der Entwicklung von Eigenständigkeit und narzißtischer Selbstbehauptung im Ich. Nach seiner Ansicht hängt die Entwicklung einer gesunden weiblichen Sexualität wie eines stabilen weiblichen Selbstwertgefühls davon ab, inwieweit es dem Mädchen gelingt, in seinem weiblichen Selbstverständnis zu einem günstigen Ausgleich zu kommen zwischen der narzißtischen Besetzung des Selbst und den eigenen sexuellen Wünschen. In der weiblichen Sexualentwicklung betrachtet Grunberger die narzißtischen Faktoren als vorrangig. Er schreibt:

> „Insgesamt hat die Sexualität der Frau eine eindeutig narzißtische Orientierung, und das, was wir Liebe nennen, ist ebenso eindeutig von dieser Orientierung geprägt, umso mehr, als die Liebe für die Frau zweifellos 'die große Sache des Lebens' ist." (S. 101)

Ausführlich beschäftigt sich Grunberger mit den häufig anzutreffenden Komplikationen im weiblichen Narzißmus. Er geht davon aus, daß sich die von Frauen zum Ausdruck gebrachte Unzufriedenheit mit ihrer psychosexuellen Situation unbewußt in den Phänomenen des Penisneides, des weiblichen Masochismus und spezifischer weiblicher Schuldgefühle niederschlägt. Die Ursache hierfür sieht er in der bedeutsamen, aber ungünstig gelösten Wechselwirkung zwischen Narzißmus und Partialtrieben , vorab den

---

[69] Auch Jacobson (1978*a*) betont die Verknüpfung von Narzißmus und Sexualität in der ödipalen weiblichen Entwicklung, die sich durch den innerpsychischen Kampf zwischen den gleichzeitig vorhandenen libidinösen und narzißtischen Strebungen gegenüber dem Vater kompliziert (siehe Abschnitt 4.3.1.). Zur unterschiedlichen Ausprägung im weiblichen und männlichen Narzißmus bemerkt sie: „Dieser geht in die Objektliebe ein, setzt sich in ihr durch, jener geht über die Objektliebe, setzt sie hintan." (S. 773)

analsadistischen Strebungen, die in der weiblichen Entwicklung leicht einer Verdrängung unterliegen (S. 99). Er vermutet hier die Wurzeln für die hemmenden Schuldgefühle bei Frauen, die dazu neigen, die eigentlichen Triebanteile in ihrer Liebe zu unterdrücken (S. 100-101; siehe Chasseguet-Smirgel, 1981, Abschnitt 4.5.2.). Da ihnen auf diese Weise kein ausreichendes Gleichgewicht zwischen ihren narzißtischen Erwartungen und ihren Triebbedürfnissen gelingen kann, entsteht daraus für sie die Schwierigkeit, ihre narzißtische Integrität in ihren Liebesbeziehungen herzustellen. Eine gehemmte, weil mit Schuldgefühlen beladene, narzißtische Besetzung des Selbst ist die Folge. Eine Lösung dieser Problematik besteht nach Grunberger darin, daß Frauen eine positive Einstellung zu sich selbst erlangen bei gleichzeitiger Besetzung ihrer Triebe (S. 107; sie auch Torok, 1981, Abschnitt 3.5.2.)[70].

Den eigentlichen tieferen Grund für die spezifische Ausprägung des weiblichen Narzißmus, wie er sich häufig in den Liebesbeziehungen von Frauen zeigt, sieht Grunberger (1981) in den frühen Erfahrungen des kleinen Mädchens mit der Mutter (S. 102). Zur Ausgangslage für den Eintritt des Mädchens in die ödipale Situation, wie sie sich in der präödipalen Periode vorbereitet, schreibt er:

In den frühen Entwicklungsphasen wird die Mutter für Jungen wie Mädchen zum ersten Liebesobjekt (S. 97). In der Beziehung zur Mutter erhält das Kind erste narzißtische Bestätigung. Diese narzißtische Bestätigung bleibt dem Mädchen zu einem Teil versagt, da die Mutter als Liebesobjekt den sexuell-libidinösen Wünschen des Mädchens aufgrund der Gleichgeschlechtlichkeit nicht in gleicher Weise narzißtische Bestätigung geben kann, wie sich dies für den Jungen ergibt, denn Mutter und Tochter können füreinander keine befriedigenden libidinösen Objekte sein (S. 108).

Eine harmonische Triebreifung setzt aber nach Grunberger (1981) die narzißtische Besetzung der Partialtriebe voraus. Eine solche narzißtische Besetzung ermöglicht dem Kind, seine eigenen Triebregungen zu erkennen und zu lieben. Hierfür ist die Mutter notwendig, die die Lebensäußerungen ihres Kindes liebevoll annimmt. Auch die liebevollste Haltung der Mutter hat aber für das kleine Mädchen im Hinblick auf seine sexuellen Triebstrebungen nicht die gleiche Qualität wie für den Jungen (S. 102). Hierin sieht Grunberger die spezifisch weibliche Ausgangssituation für die ödipale Entwicklung, sofern man die präödipalen Befriedigungen der oralen und analen Phase als Vorstufen der genitalen Triebreifung versteht (S. 102).

Bedeutsam ist sein Hinweis, daß das kleine Mädchen für die narzißtische Bestätigung in seiner Sexualentwicklung gar kein Objekt zu wechseln braucht, wie dies in der psychoanalytischen Theorie für die ödipale Phase postuliert wird,

„und zwar erstens, weil es keines hat oder vielmehr, weil sein Objekt wesensmäßig ein sich versagendes ist, und zweitens, weil es den Vater von An-

---

[70] Auch McDougall (1981) schreibt, daß die erotisch-analen Triebe die Grundlage bilden für die Entstehung von Autonomie in der erotischen Weiblichkeit wie in den Ich-Interessen der Frau, d. h. daß ihre Integration für die Entwicklung der weiblichen Genitalität eine wichtige Rolle spielt (S. 256).

fang an heimlich zum (narzißtischen) Ich-Ideal und libidinösen 'Projekt' gemacht hat." (S. 103)

Grunberger (1981) ist daher der Ansicht, daß im Hinblick auf die narzißtische Besetzung der sexuellen Triebregungen das Leben des Mädchens mit einer Versagung von weitreichender Bedeutung beginnt (103).

Er führt hierzu weiter aus, daß sich Kinder, sobald sie dafür reif sind, ihre narzißtische Bestätigung selbst geben und daß Mädchen versuchen, diese Aufgabe früher zu übernehmen als Jungen. Bis zu dem Moment einer gewissen Reife des Kindes übernimmt die Mutter stellvertretend diese Bestätigung. Sie gewährt auch ihrer kleinen Tochter formal narzißtische Bestätigung in ihrem kindlichen Selbst, erfüllt diese Aufgabe aber oft ohne echte Liebe. Es ist dieser Mangel in der mütterlichen Zuwendung, der das Selbstgefühl des Mädchens hinsichtlich der Ausbildung einer stabilen narzißtischen Komponente, die ihre Wurzel in den präödipalen Triebstrebungen hat, beeinträchtigt. Grunberger schreibt zu den Folgen:

„Durch den Versuch, das, woran die Mutter es fehlen läßt, selbst auszugleichen, wird die narzißtische Besetzung, die das Mädchen *sich selbst zu geben sucht, ihrem Wesen nach narzißtisch.* In Wirklichkeit fehlt diesem Versuch die feste Basis, die die mütterliche Liebe hätte herstellen müssen; er ist zum Scheitern verurteilt und damit ein Vorgang, der das Mädchen in größere Abhängigkeit von ihren Objekten bringt." (S. 103)[71]

Es entsteht daraus die Gefahr, daß die fehlende Selbstbewußtheit in den eigenen Triebwünschen zu einer Verachtung der präödipalen Komponente in der Sexualität führt, d.h. daß insbesondere die analsadistische Komponente der Liebe entwertet und verdrängt werden muß (105). Dies wiederum begünstigt im Hinblick auf die ödipale Vaterbeziehung mit ihren libidinösen Wünschen und Phantasien die Entstehung von Schuldgefühlen (S. 104). Hinzu kommt, daß das allgemeine Desinteresse des Vaters an seiner kleinen Tochter während der präödipalen Phase (siehe auch Abschnitt 2.3.) beim Mädchen zu Enttäuschungen und einer vorwurfsvollen Haltung dem Vater gegenüber führt. Da es den Vater aber als wirkliches Liebesobjekt ansieht, versucht es, sich mit der

---

[71] Kernberg (1988) schreibt zum gleichen Thema:
„Beim Mädchen führen der Mangel an direkter Stimulierung der Genitalerotik in der frühen Mutterbeziehung und vor allem die mütterlichen Konflikte um den Wert der eigenen Genitalien und Genitalfunktionen im weitesten Sinne zu einer gehemmten psychosexuellen Entwicklung, die dann durch die Entwicklung des Penisneids und die Unterdrückung des sexuellen Konkurrenzkampfes mit der ödipalen Mutter sekundär verstärkt wird ...
Für die französischen Autoren (Braunschweig und Fain, 1971, d. Verf.) ist die Genitalität des Mädchens eine private - im Gegensatz zur gesellschaftlich geförderten öffentlichen 'Zurschaustellung' der männlichen Genitalität im Stolz des kleinen Knaben über den eigenen Penis: Im Bereich seiner sexuellen Entwicklung bleibt das kleine Mädchen allein. Unter solchen Bedingungen beruht seine stumme und heimliche unbewußte Hoffnung darauf, sich von der Mutter ab- und dem Vater zuzuwenden, und auf seinem intuitiven Verlangen nach dem väterlichen Penis, der in der Penetration der Vagina schließlich die Behauptung der vaginalen Genitalität und der weiblichen Sexualität im allgemeinen nachvollziehen würde." (S. 328)

Situation zu arrangieren und auf seine Zuwendungen weiter zu warten. Für gewöhnlich bedeutet dies nach Grunberger (1981), daß das Mädchen
„mit einer viel stärkeren, länger gereiften affektiven Intensität in die ödipale Situation (eintritt, d. Verf.) als der Knabe". (S. 105)

Und weiter führt Grunberger (1981) hierzu aus:
„Aber trotz dieser Vorwürfe hat das Mächen aufgrund der zwangsmäßigen Distanz gegenüber seinem wirklichen Liebesobjekt, dem Vater, ausreichend Zeit, um zu reifen und die eigentliche ödipale Position zu erlangen; ja, es kann sich sogar ein Idealbild von dem ersehnten Vater machen, dem es sich später aus Liebe zuwenden wird. Das fällt ihm umso leichter als es, wie wir gesehen haben, die Möglichkeit gehabt hat, einerseits die prägenitalen Befriedigungen, die von der Mutter ausgehen, zu verachten, andererseits in der Zeit des Wartens und der Versagungen seinen Narzißmus zum Zwecke der Kompensation zu entfalten und gleichzeitig seine Gefühle für den Vater zu vertiefen und zu bestätigen. Dadurch wird die Liebe beim Mädchen ganz allgemein stark idealisiert, ohne daß die unvollkommene Integration der prägenitalen Komponenten verdeckt würde." (S. 104-105)

Die starke Idealisierung des Liebesobjektes wie die Abwertung der eigenen analsadistischen Triebimpulse führen häufig dazu, daß beim Mädchen die ödipale Situation zu einer dauerhaften Einrichtung wird und daß es in seinen Beziehungskonstellationen zu einer „Dichotomisierung" neigt, in der es gleichzeitig an einer ödipalen Liebesbeziehung zum Vater und einer entgegengesetzten präödipalen Bindung zur Mutter festhält (S. 105). Dabei scheint es natürlich, wie Grunberger (1981) bemerkt, daß sich das Mädchen - aus dem Mangel an präödipaler narzißtischer Bestätigung durch die Mutter in der psychosexuellen Entwicklung - in der ödipalen Konstellation an den Vater als den andersgeschlechtlichen Elternteil zu wenden sucht, denn es braucht
„jemanden, der es unterstützt, der ihm die narzißtische Bestätigung gewährt, die es früher entbehren mußte". (S. 105)[72]

Hier kann sich aber für das Mädchen eine spezifische Schwierigkeit ergeben, denn Männer müssen im allgemeinen die in der ödipalen Situation selbst erfahrene Kränkung verdrängen und können von daher wenig Verständnis aufbringen für die narzißtischen Wünsche eines weiblichen Wesens. Grunberger hierzu:

---

[72] Olivier (1980) befaßt sich sehr ausführlich mit diesem Problem nicht ausreichender narzißtischer Bestätigung für das Mädchen durch ein heterosexuelles Liebesobjekt in der frühen Entwicklung der Partialtriebe (S. 71). Zu der Ansicht, daß nur der Vater seiner kleinen Tochter diese Bestäigung als Geschlechtswesen in angemessener Weise geben kann (S. 79), schreibt sie:
„Wie soll man das Alter der kleinen Mädchen benennen, die Zeit, in der unsere Töchter in ihrem Drang zu erorbern und zu verführen, vergeblich einen Partner suchen, der ihre Person begehrt?... DerVater wird gesucht, der andere Pol, der sexuell Attraktive des elterlichen Paares." (S. 121)

„Das Tragische an dieser Situation ist, daß derjenige, der ihm (dem Mädchen, d. Verf.) diese Bestätigung geben könnte, sein Sexualpartner, genau
der ist, der den Narzißmus verachten gelernt hat, genauer gesagt, der gelernt
hat, sich durch die starke Besetzung der sadistisch-analen Komponente davon zu befreien." (S. 105-106)

Wenn das Mädchen in einer günstigen Entwicklung ausreichend positive Erfahrungen mit den frühen Liebesobjekten aufnehmen konnte, gewinnt es eine stabile Basis
für die Herausbildung der Fähigkeit zur Synthese zwischen narzißtischer Befriedigung
und Triebbefriedigung. Mit anderen Worten: Eine gesunde narzißtische Einstellung und
reife Sexualität resultiert bei der Frau aus der positiven Wechselwirkung zwischen
Narzißmus und Partialtrieben. Grunberger schreibt:

„Die Triebreifung vollzieht sich durch das Zusammenwirken von narzißtisch
besetzten Trieben und dem gut integrierten, von Trieben getragenen Narzißmus." (S. 113)

Für eine solche Entwicklung ist der Vater nicht nur als Liebesobjekt sondern auch
als spezifisches Identifikationsobjekt wichtig, wenn man berücksichtigt, daß auch im
Unbewußten der Frau weibliche Triebreifung und befriedigende narzißtische Bestätigung durch das Bild des Phallus symbolisiert werden (S. 106). Grunberger betont, daß
diese Übernahme des Symbols des Phallus als Sinnbild einer integrierten weiblichen
Sexualität nicht verwechselt werden darf mit einer pathologischen phallischen Identifikation (S. 109). Erst die konfliktfreie Identifikation mit dem Männlichen als Symbol
der Vollständigkeit und Eigenständigkeit läßt nach Grunberger im späteren Leben das
Bild narzißtischer Integrität im weiblichen Selbstgefühl entstehen (S. 106). Für eine
reife Entwicklung im weiblichen Narzißmus - auch im Hinblick auf die
Liebesbeziehungen der Frau - muß daher die Identifikation mit der Mutter durch die
„Introjektion des väterlichen Penis" ergänzt werden. Die Betonung liegt hier auf der
Verinnerlichung des Männlich-Phallischen in seiner symbolischen Bedeutung. Indem
das Mädchen den väterlichen Penis positiv in sein Ich integriert, kann es ihn auch
narzißtisch besetzen.

Zur Gefahr überbetonter Identifikation mit dem Väterlich-Männlichen

Grunbergers Ausführungen zur „Introjektion des väterlichen Penis" sind durch
nachfolgende Bemerkungen von Staewen-Haas (1970) zu ergänzen, um diesen sehr
wichtigen Aspekt in der weiblichen Entwicklung, der speziell mit den Erfahrungen am
Vater in Zusammenhang steht und spezifische Gefahren in sich birgt, besonders deutlich zu machen. Auch Staewen-Haas geht davon aus, daß wichtige Teilidentifikationen
im weiblichen Selbst mit der Objektrepräsentanz des väterlichen Penis - auf der Grundlage der Integration der analsadistischen Triebkomponente - nötig sind für die Realisierung des Wunsches nach Befriedigung weiblicher Triebstrebungen wie für das Erlangen
von Eigenständigkeit im weiblichen Ich (S. 33).

Im Hinblick auf diese Vorgänge in der Entwicklung des Mädchens betont sie zunächst, daß die Objektrepräsentanzen des männlichen wie des weiblichen Genitales mit

Hilfe der ödipalen Identifikationsprozesse eine Differenzierung erfahren müssen und daß hierbei die Unterscheidung zwischen ihrer Bedeutung als Sexualorgan und als Symbol der Vollkommenheit von größter Wichtigkeit ist (S. 23). Staewen-Haas differenziert ausdrücklich zwischen diesen unterschiedlichen Bedeutungsgehalten. Im Hinblick auf die Objekrepräzentanz des Penis hebt sie hervor, daß dessen doppelte Bedeutung, zum einen als Sexualorgan in seiner triebhaften Komponente, zum anderen als Phallus in seiner narzißtischen Komponente (S. 33), in einer günstigen weiblichen Entwicklung ihre Entsprechung findet:: zum einen in einer passageren Identifikation mit dem Männlichen in seiner Sexualfunktion für die Ausbildumg heterosexueller Beziehungsfähigkeit, und zum anderen in der narzißtischen Identifikation mit dem Männlichen in seinem symbolischen Gehalt, wodurch die narzißtische Integrität des Mädchens in seinem weiblichen Selbst gefördert wird (S. 37).

Auf Störungen in diesen Identifikationsvorgängen hinweisend, betont Staewen-Haas, daß eine andauernde Identifikation des Mädchens mit der heterosexuellen Objektrepräsentanz, d. h. mit dem Vater in seiner männlichen Eigenart, beim Mädchen neurotische Konflikte auslöst, da an die Stelle einer Objektbesetzung des Väterlich-Männlichen im weiblichen Selbst eine pathologische Identifizierung tritt. Eine solche Fehlentwicklung resultiert aus der Abwehr des unbewußten Wunsches, sich die männlichen Eigenschaften des Vater narzißtisch anzueignen, weil diese Triebregung übermäßig sadistisch besetzt ist. D.h.: Ebenso wie Grunberger (1981) erklärt Staewen-Haas die pathologische Identifikation mit dem Väterlich-Männlichen aus der Verdrängung der für eine normale Entwicklung notwendigen positiven Identifikation mit der analsadistischen Komponente des weiblichen Sexualtriebs, für den die Mutter Vorbild ist (S. 31, 37).

Häufig folgt aus dieser Verdrängung, daß die Beziehung zum Vater bzw. späteren Partner zärtlich, idealisierend und frei von Ambivalenz bleibt und daneben eine echte Ablösung von der ambivalent erlebten Mutter nicht erreicht wird (S. 32). Staewen-Haas (1970) spricht hier von einer Fixierung, die das Mädchen in primären narzißtischen Positionen festhält und sein Verhältnis zum Vater beeinträchtigt, indem es an ihn als einem magisch überhöhten omnipotenten Objekt gebunden bleibt und sich der ödipalen Dreieckssituation nicht stellen kann (S. 32; siehe hierzu auch Jacobsons Ausführungen, 1978*b*, zur Schwäche im weiblichen Überich und Ichideal, Abschnitt 4.3.1.).

Fallbeispiel zur narzißtischen Entwicklung des Mädchens

Sachs (1966) bringt in ihrer Studie „Disdain as defence against paternal seduction" das Beispiel eines 7jährigen Mädchens, das in heftiger Auseinandersetzung mit seiner Umwelt und mit sich selbst die Fixierung an den ödipalen Vater überwinden und Klarheit über seinen weiblichen Selbstwert gewinnen möchte.

Der.Bericht eignet sich ausgezeichnet zur Illustration der vorstehenden Überlegungen von Grunberger (1981) und Staewen-Haas (1970) zur narzißtisch-libidinösen Entwicklung von Mädchen. Insbesondere wird daran deutlich, wie entscheidend die Rolle des Vaters in seiner Doppelfunktion als Liebes- und Identifikationsobjekt für seine kleine Tochter sein kann, - und daß es Töchtern in der Auseinandersetzung mit dem Vater vor allem darum geht, im weiblichen Selbst narzißtische Integrität zu erlangen, um auf dieser Basis selbstbewußt die eigenen Wünsche und Interessen zu vertreten und liebesfähig zu werden. Einige besonders aufschlußreiche Bemerkungen, die Claudette gegenüber ihrer Therapeutin macht, seien hier nachfolgend zitiert (S. 215-218):

> Gleich am Anfang ihrer Therapiebesuche versuchte Claudette der Therapeutin ihre Überzeugung über Männer nahezulegen, indem sie äußerte: „...'men are not important', 'good for nothing'. ... 'Don't you see, all they can do is go to work'. ... 'What do we need them for?' „. (S. 215)

In einem fortgeschritteneren Stadium ihrer Therapie illustrierten Claudettes Statements dann sehr treffend die ödipalen Phantasien und Träume, die Mädchen über ihren Vater haben können, und belegten, wie Sachs hervorhebt, die starke emotionale Bindung, die aus der Beziehung zum Vater erwachsen und Mädchen in der Adoleszenz die Ablösung schwer machen kann. Über ein diesbezügliches Gespräch mit Claudette schreibt Sachs:

> „I asked her how she would visualize a weekend with Daddy alone. Her defenses crumbled: 'Dreamy, just dreamy, simply dreamy', she responded ecstatically, using the vocabulary of her adolescent siblings. She fantasied him riding a fast and wild horse. She would sit in front of him, he would hold her tight, and she would not be afraid. He would swim and she would sit on his shoulders. Again, she would not be afraid. 'In the evening I cook for him and I make tea or cocktails or anything", .(S. 216)

So milderte Claudette im Laufe der Therapie ihre Einstellung gegenüber Männern, während sie gleichzeitig bemerkte: „'I still say they are only good for work, but they have beautiful brief cases' ... ' I like them much better than my ugly old schoolbag'„. (S. 21)

Nach Sachs verschob Claudette hier die Idealisierung der Männlichkeit des Vaters von der Körperlichkeit auf seine Aktentasche - etwas, das sie und die Mutter nicht haben. Weiter berichtet Sachs, daß Claudette ihren Träumen über ihren Vater sehr bilderreichen, phantasiebegabten Ausdruck gab; so erzählte sie ihrer Therapeutin:

> „... a fantasy of marrying a prince who is tall and handsome, with black, curly hair, 'just like Daddys, and they live in a castle und they play hide and seek in big heaps of fallen leaves as high as mountains. They play all day long and they get all hot and tired and they go to bed.' Then she made a change: 'he does not go to bed; he just sits by her bedside and rubs her back and reads her a story and she falls asleep'". (S. 217)

In ihrer bewußten inneren Auseinandersetzung war Claudette dann aber doch wieder skeptisch, ob Männer, und insbesondere ihr Vater, wirklich Bedeutung hätten. Nachdem sie bei der Therapeutin ein Buch „Who's Who" mit den Namen bekannter Frauen entdeckte und den Namen des Vaters nicht darin finden konnte, meinte sie: „'See'... 'Daddy is not in it. I told you he is very little famous, very little, I say.'„ (S. 217)

Sachs kommentiert hierzu: Diese Entdeckung schien für Claudette eine Enttäuschung. Als sie aber erfuhr, daß nur Frauen in diesem Buch ständen, erhellte sich ihr Gesicht, und sie bemerkte langsam und mit starker Betonung: „'See, I am right. Only women are famous'„. (S. 217)

Sachs konnte hier beobachten, wie sich die innere Auseinandersetzung mit dem Vater in Claudettes Schwanken zwischen zärtlichen Gefühlen und Verachtung für den Vater äußerte. Aber ihr Stolz auf den Vater ließ sich nicht verdrängen, auch wenn sie ihrer Therapeutin im weiteren Verlauf der Therapie erklärte, daß sie jetzt lieber mit Mädchen statt mit Jungen spiele. Sachs schreibt darüber:

„One day she told me that she liked Inge more than any of her other classmates. 'Boys are not fun to play with', she said. Then she smiled and added wistfully, 'With one exception - Daddy. He is on so many Boards of Trustees. I think in almost all of them, all over the country, all over the world. He is very important and he happens to be my Daddy and I love him. Men are very important. Girls are not as important as Daddies. But women are an exception. They are not more important but almost as important as Daddies.' She produced this long statement slowly and carefully, as if she had thoroughly thought it out and was now able to verbalize it to me. Then she finished it with an impatient: 'And now don't waste my time with that - Let's play 'Hang the Man'„. (S. 218)

Zusammenfassung

Deutlich zeigt sich in dem Bericht von Sachs (1966), wie sehr Claudette in der Auseinandersetzung mit dem Vater - in einer erotisch gefärbten Beziehungshaltung ihm gegenüber - um ihr weibliches Selbstverständnis und Selbstwertgefühl ringt. Außerdem bestätigt ihr Beispiel, daß sich die psychosexuelle Entwicklung und der Aufbau eines gesunden Narzißmus bei der Frau nicht voneinander trennen lassen und die realen Erfahrungen mit dem Vater Einfluß auf beide Bereiche haben. Weiter belegen Claudettes Reaktionen auf den Vater, wie wichtig es ist, daß das Mädchen im ödipalen Konflikt mit Hilfe seiner analsadistischen Triebkomponente wagt, den auf das Väterlich-Männliche projizierten Aspekt narzißtischer Integrität in das eigene Selbstbild zu integrieren. Um dies leisten zu können, muß es sich gleichzeitig von diesem Väterlich-Männlichen in seiner Weiblichkeit unterscheiden lernen (siehe Fast, 1979, Abschnitt 4.4.1.).

4.4.4.   Narzißmus als Ich-Stärke

Wie die bisherigen Ausführungen dieses Kapitels zeigen, beruht die Herausbildung eines positiven weiblichen Selbstwertgefühls auf wichtigen Vorgängen in der psychischen Strukturierung, die in Zusammenhang stehen mit der Entwicklung der Aggression, der Bildung eines eigenständigen Überich und Ichideal und der Differenzierung im weiblichen Narzißmus. Damit es in der Adoleszenz zu einer ersten umfassenden

Ausbildung der Ich-Identität im Sinne Eriksons (1981) kommen kann, muß das Mädchen für die vorgenannten Entwicklungsaufgaben in der Phase der Latenz und Vorpubertät ausreichend stabile, überwiegend positive Lösungen finden. Der Einfluß des Vaters hierauf zeigt sich in seiner Funktion als Vorbild, Identifikationsfigur und Liebesobjekt für seine Tochter[73].

Zur Funktion narzißtischer Strebungen

Helene Deutsch (1988) gibt eine ausgezeichnete Beschreibung eines gesunden weiblichen Narzißmus, der nach ihrer Ansicht eine sehr positive Funktion im psychischen Haushalt der Frau hat, da er ein notwendiges Gegengewicht bildet zu den weiblichen Hingabewünschen. Mit ihren Worten heißt dies: Die Triebkräfte und die narzißtischen Kräfte des Ich spielen gleichermaßen eine wichtige Rolle im weiblichen Seelenleben (S.173); dabei müssen die libidinösen Wünsche unter die narzißtische Kontrolle geraten (S.248). Ihre nachfolgenden Überlegungen tragen bei zum Verständnis für die Bedeutung, die die Ausbildung narzißtischer Integrität für die weibliche Entwicklung hat:

Sich auf Freud beziehend, der in *Einführung des Narzißmus* (1914) davon ausgeht, daß während der frühkindlichen Entwicklung des Ich die Libido das Ich zum Objekt nimmt, hebt Deutsch diese „libidinöse Komponente" im Narzißmus ausdrücklich hervor (S. 169), die sie für eine gesunde Ichentwicklung für unerläßlich hält. Ich-Stärke gehört demzufolge zu den positiven Werten des Narzißmus. Deutsch schreibt:
„Das ganze Leben lang bleibt das Ich das große Reservoir der seelischen Gefühlsenergie, aus dem diese zu den Objekten der Außenwelt ausgeschickt wird ..., je größer das narzißtische Selbstbewußtsein, die Selbstachtung und die Forderung an das Selbst, desto stärker die Persönlichkeit." (S. 169)

Deutsch ist der Meinung, daß der Narzißmus der reifen Frau in seinen unterschiedlichen individuellen Ausprägungen eine entscheidende Komponente in der weiblichen Persönlichkeit darstellt, denn die positiven narzißtischen Strebungen ermöglichen ihr, sich in ausreichendem Maße vor Gefahren der Verletzung im Selbst zu schützen (S. 179) und einen notwendigen Ausgleich zu bilden gegen die passiv-rezeptiven Impulse in der Weiblichkeit. Sie werden damit zu einem wichtigen Gegenpol gegen die weibliche Neigung, bei Enttäuschungen die Aggression gegen sich selbst zu wenden und sich pathologisch-masochistischen Tendenzen zu überlassen (S. 248-249). Mit Hilfe eines gesunden Narzißmus kann das Mädchen im Heranwachsen eine angemessene Lösung finden zwischen der narzißtischen Wahrung seiner Persönlichkeit und einer ebenso notwendigen realistischen Anpassung an andere mit Hilfe seiner Fähigkeit zur Identifi-

---

[73] Ergänzend ist festzuhalten, daß Fast (1979) und Bernstein (1983) als Quelle eines gesunden weiblichen Narzißmus die frühe Mutter-Kind-Beziehung mit der Teilhabe an deren Omnipotenz hervorheben. Benjamin (1986) meint, daß beide Faktoren, der mütterliche wie der väterliche, zusammen die Grundlage bilden für eine gesunde Selbstliebe.

zierung (S. 176). Voraussetzung hierfür ist, daß die Identifikationen mit beiden Eltern im weiblichen Ichideal zu einem harmonischen Ausgleich kommen (S. 269).

Ebenso wie Müller-Braunschweig (1926; Abschnitt 4.3.1.) und Jacobson (1978*b*, Abschnitt 3.4.4.) ist Deutsch (1988) der Ansicht, daß die libidinös-passiven Strebungen in der weiblichen Sexualität dem weiblichen Ich gefährlich werden können und daß die Frau dann Angst vor ihren weiblichen Hingabewünschen haben muß, wenn ihr gesundes narzißtisches Selbstgefühl nicht stabil genug ist (S. 249), um gegen die eigene weibliche Verletzlichkeit eine schützende Abwehr im Ich zu entwickeln. Narzißtische Selbstzweifel in der Weiblichkeit interpretiert Deutsch als ein Zeichen dafür, daß es der Frau an echter Selbstliebe fehlt, die aber nötig ist, um das Leben wirklich aktiv in eigener Verantwortung angehen zu können mit der Fähigkeit zu liebendem Verständnis für andere und echter Durchsetzung im Beruf. Sie betont, daß die mangelnde Fähigkeit, sich selbst von innen heraus narzißtische Bestätigung zu geben, die Suche nach Bestätigung in der Liebe oder in der beruflichen Arbeit häufig ins Leere laufen läßt (S.249).

Adams-Tucker & Adams (1980) ergänzen Deutschs Gedanken zum weiblichen Narzißmus durch ihren Hinweis, daß gewöhnlich die Mutter in ihrer fürsorglichen, auf andere eingestellten Rolle zum Modell wird für die Herausbildung eines weiblichen Selbstbildes, während der Vater wesentlich die narzißtische Komponente im Ichideal des Mädchens beeinflußt und aufgrund seiner Eigenständigkeit besonders geeignet scheint, dem Mädchen zu vermitteln:

„... how much good feeling comes from doing something for oneself even if despite others." (S. 231)

Zur Integration väterlich-männlicher Fähigkeiten

Die Förderung der Aggressionsentwicklung sowie der Überich-Ichidealbildung des Mädchens durch den positiven Austausch mit dem Vater als Gegenpol zur Mutter hat Auswirkungen auf spezifische Differenzierungen im weiblichen Ich, durch die wiederum die Narzißmus-Entwicklung günstig beeinflußt wird. D.h.: Die Fähigkeit, die eigenen Interessen und Wünsche realitätsangemessen zum Ausdruck zu bringen und Eigenständigkeit zu entwickeln, steht in Zusammenhang mit der Integration der männlichen Wesensanteile, für die der Vater das Vorbild ist. Grunbergers (1981) Begriff der „Introjektion des väterlichen Penis" meint diese Integration der männlichen Wesenszüge in das weibliche Ich auf der Basis narzißtischer Identifikation mit dem Vater. Diese Hereinnahme der gegengeschlechtlichen Anlage, die durch die emotionale und intellektuelle Ausrichtung am Vater entscheidend geprägt wird, ist zu unterscheiden von einer Identifikation mit der Männlichkeit des Vaters, einem Identischsein mit ihm (siehe Staewen-Haas, 1970, Abschnitt 4.4.3.). Es geht hier um selektive Identifizierungen mit Eigenschaften des Vaters, die als innerpsychische Objektrepräsentanzen eine Basis bilden, auf der das Mädchen seine eigenen männlichen

Wesensanteile entwickeln kann als Ergänzung seiner weiblichen Erlebens- und Denkweise und zur Stärkung seines Narzißmus.

Dies belegen die zu dieser Frage in den vorstehenden Abschnitten zitierten Autoren übereinstimmend, wenn sie auch aus ihrer jeweiligen Perspektive unterschiedliche Begriffe hierfür verwenden, wie Introjektion des väterlichen Penis in seinem symbolischen Aspekt (Grunberger, 1981); narzißtische Identifikation (Staewen-Haas, 1970); identifizierende Liebe zum Vater (Benjamin, 1986); und Entwicklung der homosexuellen Tendenzen (McDougall, 1981). Schmidt-Hellerau (1988) schreibt, daß das Mädchen im Vater die eigenen männlichen Wesensanteile, die eigene „männliche Phallizität" liebt, und fährt fort:

„Die primäre Identifizierung des kleinen Mädchens mit dem Vater in der phallischen Phase seiner Libido-Entwicklung bildet also den Kern seines späteren Ichideals. Dazu stimmt die Vermutung Freuds, daß zur Bildung des Ichideals 'große Beträge von wesentlich homosexueller Libido' (1914, S. 163) verwendet werden, auch insofern, als in der phallischen Phase die auf den Vater gerichtete Libido des männlich identifizierten Mädchens noch homosexueller Natur ist." (S. 302)

Benjamin (1986) gibt eine Begründung dafür, warum der Vater als narzißtisches Idealobjekt von beiden Geschlechtern idealisiert wird (siehe Abschnitt 4.4.2.). Sie ist mit Grunberger (1981) der Ansicht, daß die narzißtische Komponente bei der Hinwendung des Mädchens zum Vater besonders hervorzuheben ist und daß der Wunsch nach dem Penis in einer gesunden Entwicklung den Wunsch des Mädchens nach Vollständigkeit, nach narzißtischer Integrität im weiblichen Selbstverständnis meint. Zur wichtigen Identifikation mit dem Vater in diesen Vorgängen narzißtischer Entwicklung schreibt sie:

„The early identification with the father includes, of course, the element of captive desire toward the mother than Freud originally emphasized. But the meaning of the phallus and of desire here, especially for the girl, leans far more in the direction of separation from than reunion with the mother ... . In this phase the representational aspects of the phallus are shaped by the anal tendencies and have more to do with the difference between father and mother, with agency and independence (Torok, 1970). So the girl must make what is *not hers* represent her desire. Can the girl, through a more positive identification with the father, resolve this difficulty and come to feel that desire and agency are properly hers?" (S. 124)

Für eine konfliktfreie Lösung in der Beziehung zum Vater muß nach Staewen-Haas (1970) die Objektrepräsentanz des männlichen Glieds mit Überwindung des ödipalen Komplexes eine Differenzierung erfahren; d..h. es muß zu einer allmählichen Umwandlung der Bedeutung des väterlichen Penis kommen, der auf diese Weise zum Symbol weiblicher Stärke und Vollständigkeit werden kann (S. 33).. In einer günstigen Entwicklung wird es dem Mädchen auf diese Weise möglich, vermittels seiner eigenen männlichen Wesensanteile den Wert seiner Weiblichkeit zu erkennen.

Zur Integration der analsadistischen Aggression

Grunberger (1981) läßt keinen Zweifel daran, daß für die Introjektion wichtiger Fähigkeiten in das weibliche Ich, für die die idealisierte phallische Vater-Imago steht (Benjamin, 1986), das Zulassen und der Einsatz der aggressiven Strebungen notwendig ist - auf der Basis einer positiven Beziehung zum Vater und in positiver Identifikation mit der Mutter und deren analsadistischer Triebkomponente. D. h.: Voraussetzung für die positive Aneignung väterlich-männlicher Eigenschaften ist, daß das Mädchen seine analsadistischen Triebimpulse nicht abwerten muß, sondern sie bewußt integrieren kann, um sich mit ihrer Hilfe realitätsangemessen für die eigenen narzißtischen wie libidinösen Bedürfnisse einzusetzen - anstatt auf die Aggression um des Geliebtwerden-wollens zu verzichten (Deutsch, 1988, S. 230).

In Wirklichkeit hemmt auch in der ödipalen Situation mit der spezifischen Herausbildung einer weiblich-rezeptiven Haltung (Luquet-Parat, 1981) eine Zurücknahme der aggressiven Strebungen die Möglichkeit zum Ausdruck des eigenen Wunsches, da das Mädchen dann nicht wagt, aktiv um die ersehnte Beachtung und Anerkennung des Vaters zu kämpfen. Winter (1967) stellt mit Blick auf die weibliche Beziehungsfähigkeit fest, daß für die Entwicklung narzißtischer Integrität in der Weiblichkeit die „anale Aggression ... im selbstgewählten Empfangen, Schenken oder sich Versagen verfügbar werden" (muß, d. Verf.). (S. 229)

Zusammenfassung

Das Kriterium für den positiven Einfluß des Vaters auf die weibliche Narzißmus-Entwicklung ist, ob die Tochter bereits auf der Ebene präödipalen und ödipalen Beziehungsaustausches ausreichendes Vertrauen zu ihm entwickeln kann, um sich mit seinen männlichen Einflüssen auf ihr weibliches Selbst bewußt auseinanderzusetzen. Dieses Vertrauen entsteht aus der Fähigkeit des Vaters, im Rahmen seiner Funktion als gegengeschlechtlicher Elternteil, sowohl auf die libidinösen wie auf die narzißtischen Bedürfnisse, die das Mädchen an ihn richtet, einzugehen. Häufig verdrängt das Mädchen allerdings seine aktiv-aggressiven Strebungen in der Beziehung zum Vater (und männlichen Partnern), weil ihm hierzu die Ermutigung gerade von seiner Seite fehlt (siehe Chasseguet-Smirgel, 1981, Abschnitt 4.5.2.). Eine gesunde Narzißmusentwicklung setzt aber die Bewältigung der Aggression im Ich voraus.

4.5. Störungen im weiblichen Narzißmus

Die Störungen im weiblichen Narzißmus haben unterschiedliche Ursachen und zeigen sich in vielfältigen Erscheinungsformen. In den folgenden Überlegungen bekannter Autoren geht es um die Frage, welchen Anteil der Vater in seiner spezifischen Funktion als Liebes- und Identifikationsobjekt an diesen Fehlentwicklungen hat.

4.5.1.   Fehlende Differenzierungen in den Subjekt-Objekt-Repräsentanzen

Für die Ausbildung eines gesunden Narzißmus sind erste Differenzierungen in der frühen Ichentwicklung auf der Grundlage präödipaler Triangulierung Voraussetzung. Kommt es hier zu Defiziten, wie sie u. a. Hendrick (1936, 1951; siehe Abschnitt 2.1.) beschreibt, kann sich im Heranwachsen im Umgang mit anderen keine gesunde narzißtische Einstellung zur Durchsetzung eigener Ziele und Wünsche entwickeln.

Narzißtische Aktivitäten als Schutz vor Selbstentwertung

Lachmann (1982) berichtet über defensive und kompensatorische Momente im weiblichen Narzißmus. In seinen Überlegungen beruft er sich auf Beobachtungen von Galenson & Roiphe (1976) und Edgcumbe (1976; siehe die Abschnitte 3.3.2. und 3.4.3.), die in dem frühen Zusammenspiel von narzißtischen Strebungen und psychosexueller Entwicklung eine kritische, bedeutsame Komponente sehen, die von Mädchen je nach der Qualität ihrer Beziehungen zu beiden Eltern unterschiedlich verarbeitet wird. Auch Lachmann betont die wechselseitige Bedingtheit zwischen der psychosexuellen Entwicklung mit der Herausbildung der Geschlechtsidentität und einer ersten differenzierteren Unterscheidungsfähigkeit in den Selbst- und Objektrepräsentanzen, die die Grundlage bildet für eine günstige Entwicklung im Narzißmus (siehe Fast, 1979, Abschnitt 4.4.l.). Lachmann (1982) schreibt.:

> „The unfolding of the psychosexual phases with their associated imagery can be viewed as the gradual unfolding of more complex, differentiated and articulated self and object representations. Conversely, the gradual separation, integration and consolidation of self- and object-representations makes possible the development of increasingly more advanced forms of psychosexual experiences." (S. 59)

Weiter führt Lachmann hierzu aus: Da es in der narzißtischen Entwicklung um die allmähliche Differenzierung der inneren Repräsentanzenwelt geht - von ihren archaischen Anfängen mit der Bindung an Selbstobjekte bis zu reiferen Formen der Selbst-Strukturierung (S. 53) - , kann der Narzißmus als Phänomen struktureller Entwicklung angesehen werden, das mit Hilfe kompensatorischer und defensiver narzißtischer Aktivitäten die Erhaltung positiver Selbst-Repräsentanzen zum Ziele hat (S. 59). In diesem Sinne läßt sich auch narzißtische Pathologie (als narzißtischer Charakter oder als narzißtisches Verhalten) als Versuch der Kompensation oder des Selbstschutzes verstehen, weil damit Selbstabwertung und Regression verhindert werden soll (S. 47). Dabei gibt es in der Strukturbildung des Narzißmus bei beiden Geschlechtern keinen Unterschied, sehr wohl aber in Inhalt und Elaboration der Selbstrepräsentanz und den damit verknüpften kompensatorischen und defensiven Zielen in den narzißtischen Aktivitäten (S. 49), die, indem sie die psychische Struktur fördern, gleichzeitig zur Stützung einer instabilen Geschlechtsidentität beitragen (S. 59).

In seinen Überlegungen zur narzißtischen Entwicklung des Mädchens geht Lachmann (1982) davon aus, daß zunächst die Mutter in der frühen Mutter-Tochter-Beziehung die Funktion eines positiven Selbstobjektes hat, das in die eigene Struktur aufgenommen wird und das Selbstgefühl des kleinen Mädchens stützt (S. 50). Darüberhinaus betont er aber die außerordentliche Bedeutung psychischer Differenzierungen in der frühen Triangulierung und der ödipalen Konstellation mit Hilfe des Vaters und verweist auf die narzißtische Verletzbarkeit des Mädchens, wenn es die Aufgabe der Trennung-Individuation von der Mutter nicht zufriedenstellend lösen kann (S. 50). Lachmann ist hier der Ansicht, daß in einer normalen Entwicklung die Idealisierung des Kindes im Heranwachsen von der Mutter auf den Vater übergehen muß, weil der Vater für das Kind ein Selbstobjekt darstellt, dessen Macht und phallische Größe eher idealisierbar sind (S. 55; siehe Benjamin, 1986, Abschnitt 4.4.2.).

Zur Illustration der kompensatorischen und defensiven Funktion narzißtischer Aktivitäten bei Frauen beschreibt er die Situation von Patientinnen, deren narzißtisches Verhalten er als Ausdruck ihres Ringens um Eigenständigkeit und Selbstbestätigung interpretiert (S. 51-53):

So berichtet Lachmann über den Mangel an Selbstwertgefühl bei einer Patientin Judith, die ohne Vater in schwierigen Familienverhältnissen mit einer infantil gebliebenen Mutter und strengen Großeltern aufwuchs und innerlich die Ablösung von der äußerst frustrierenden Mutter nicht schaffte.

Im Erwachsenenalter versuchte Judith in kompensatorisch-narzißtischer Haltung das eigene Selbst zu schützen, indem sie sich von jeglicher Hilfe und Unterstützung durch andere für unabhängig erklärte und stattdessen bemüht war, anderen in schwierigen Lebenslagen beizustehen.

Der Defekt in ihren weiblichen Selbstrepräsentanzen zeigte sich vor allem in seiner Auswirkung auf Judiths Beziehungen zu Männern, von denen sie sich masochistisch ausnutzen ließ, um sich auf diese Weise zu bestätigen, daß sie einen Wert hat im Einsatz für andere. Ihre aufgesetzte Aktivität im Umgang mit anderen sollte das narzißtische Gleichgewicht im Selbst aufrecht erhalten (S. 49).

Mangelnde Unterscheidungsfähigkeit in den Objektbeziehungen

Auch Chasseguet-Smirgel (1988) bringt Störungen in der frühen narzißtischen Entwicklung in Zusammenhang mit unzureichenden Differenzierungsvorgängen in den Objektrepräsentanzen der Eltern-Imagines und in der Unterscheidung zwischen Subjekt und Objekt aufgrund des Fehlens einer ausreichenden Vaterbeziehung. Sie berichtet, ebenso wie Lachmann, von masochistisch gefärbten Objektbeziehungen bei Frauen als Versuch einer Kompensation für mangelndes positives Selbstgefühl. Unter der Überschrift „Gefügige Töchter" beschreibt sie die Lebensgeschichte von drei Patientinnen, die es nicht gelernt hatten, sich gegen sie ausbeutende, ihnen gefährlich werdende Männer zu schützen und dadurch in existentielle Gefahr gerieten. Über die Störungen im Narzißmus dieser Frauen schreibt Chasseguet-Smirgel (1988) u.a. (S. 47-65):

Alle drei Frauen hatten in der Kindheit keine ausreichend liebevolle Zuwendung von der Mutter erhalten und der Vater war als verläßliches Beziehungsobjekt ebenfalls ausgefallen. Wie sich bei der Analyse herausstellte, existierte er im inneren Erleben dieser Frauen nicht wirklich als Alternative und Schutz gegen die (unempathische) verschlingende Mutter.

Chasseguet-Smirgel betont hier, daß ihren Patientinnen aufgrund des Ausfalls des Vaters die Spaltung in ein „gutes und ein böses" Objekt - von denen das eine auf den Vater hätte projiziert werden können - nicht ausreichend möglich gewesen war und daß ihnen demzufolge eine echte Unterscheidung zwischen Gut und Böse fehlte. Auch ihr Unterscheidungsvermögen im Hinblick auf äußere wie innere Objekte war dadurch beeinträchtigt (siehe Rotmann, 1978, Abschnitt 2.2.5.).

Es resultierte aus dieser Störung eine bedrohliche Verzerrung der Realität, denn der schlechte Charakter der Objekte mußte verleugnet und das wichtige Liebesobjekt idealisiert werden. Dieses idealisierte Objekt war im Falle der drei Patientinnen die Mutter.

Die Hauptursache für den Defekt in der innerpsychischen Strukturierung lag nach Chasseguet-Smirgel bei diesen Frauen darin, daß ihnen die Möglichkeit zur „Introjektion des genitalen Penis" (S. 61) des Vaters gefehlt hatte, der bei beiden Geschlechtern normalerweise einen Schutz darstellt vor dem Verschlungenwerden durch die Mutter. Der Vater war vielmehr in der Psyche der Patientinnen ein bloßes Anhängsel der Mutter geblieben (siehe Stork, 1974, Abschnitt 4.1.2.).

Um das Selbstwertgefühl ihrer Patientinnen zu stützen, sah Chasseguet-Smirgel eine wichtige therapeutische Aufgabe darin, diesen Frauen dazu zu verhelfen, in ihrer inneren Vorstellungswelt den Vater in seine Funktion als getrenntes und vollständiges Objekt und als Träger eines begehrenswerten Penis einzusetzen.

Chasseguet-Smirgel (1988) ist der Ansicht, daß das „Fehlen einer dauerhaften Introjektion des Vaters und des väterlichen Penis" (S. 64) die passive symbiotische Beziehung des Mädchens zur Mutter verstärkt und eine Lücke im Ich reißt. Die äußeren, hektischen Aktivitäten ihrer narzißtisch gestörten Patientinnen interpretiert sie als eine Form der Reaktionsbildung gegen die darunter liegende extreme Passivität, die sich bei ihren Patientinnen in deren Objektbeziehungen zeigte, weil echte Ablösung aus der infantilen Bindung an die Mutter und Eigenständigkeit nicht erworben wurden (S. 64-65).

Narzißtische Ersatzbeziehungen

McDougall (1981) berichtet über narzißtische Störungen bei ihren homosexuellen Patientinnen in Zusammenhang mit dem Phänomen der Kleptomanie. Sie sieht in dieser Fehlhaltung einen Versuch der Kompensation gravierender Verletzungen im weiblichen Selbst und interpretiert das Verhalten dieser Frauen, die ihren Partnerinnen „hart erworbene Geschenke" (S. 277) machten, als Ausdruck narzißtisch-homosexueller Wünsche. Nach ihrer Ansicht versuchten ihre Patientinnen sich auf diese Weise indirekt das zu holen, was ihnen von den Eltern vorenthalten wurde, für eine selbstbewußte weibliche Entwicklung aber notwendige Voraussetzung gewesen wäre. So bekamen die gestohlenen Objekte bei diesen Patientinnen in bezug auf den Vater offenbar eine phallisch-narzißtische Bedeutung und symbolisierten gleichzeitig in bezug auf die Mutter weibliche Attribute (S. 275). McDougall (1981) erklärt hierzu:

> „Der Diebstahl hat verschiedene unbewußte Bedeutungen. Er ist der Penis des Vaters, der dem Mädchen verweigert und der Mutter gegeben wird. Er ist auch ein Raub der Mutter ... (Der Vater als Rivale wird betrogen). Und schließlich wird der Mutter das Wesen ihrer Weiblichkeit geraubt." (S. 277)

Über die Liebesbeziehung zu einer anderen Frau versuchten McDougalls Patientinnen eine gewisse Stabilität in ihren Ich-Funktionen zu erlangen, da ihnen eine ausreichend positive Identifikation mit beiden Eltern, durch die das Ich die für seine Entwicklung notwendige narzißtische Stärkung erhalten hätte, nicht möglich gewesen war (S. 288-289).

Zusammenfassung

Die in diesem Abschnitt zitierten Autoren/innen betrachten den Mangel an innerer Unterscheidungs- und Differenzierungsfähigkeit in den Selbst- und Objektrepräsentanzen als primäre Ursache für die narzißtischen Störungen bei ihren Patientinnen, der bei diesen zu zwei unterschiedlichen Reaktionen gegenüber männlichen Partnern führte:

Zum einen verweisen Chasseguet-Smirgel (1988) und Lachmann (1982) auf das Problem von Frauen, die in sich keinen narzißtischen Schutz entwickelt hatten gegen ihnen gefährlich werdende Objektbeziehungen, insbesondere in ihren heterosexuellen Kontakten zu Männern. Das Bild der Mutter dieser Frauen trug übermächtige Züge; es mußte verdrängt werden, weil ihm keine positive Vater-Imago als Alternativobjekt entgegengesetzt werden konnte. Zum anderen berichtet McDougall (1981) von der Tendenz ihrer homosexuellen Patientinnen, Männer ganz allgemein zu entwerten, weil der Vater als frühes Liebes- und Identifikationsobjekt zu stark verletzt hatte und seine Imago abweisende und verzerrte Züge trug. Diese Frauen wurden von der Phantasie geängstigt, der Vater oder andere Männer, die sie als sadistisch erlebten, könnten ihnen gefährlich werden (S. 256).

In beiden Störungen kommt letztlich zum Ausdruck, worauf McDougall hinweist, wenn sie schreibt, daß eine stabile psychische Strukturierung im weiblichen Narzißmus neben einer günstigen Beziehung zur Mutter in wesentlichen Teilen verknüpft ist mit der Entwicklung der homosexuellen Strebungen des Mädchens auf der Grundlage positiver narzißtischer Identifikation mit dem Vater (siehe Abschnitt 3.5.3.).

4.5.2. Zur Idealisierung des Vaters

In der kindlichen Entwicklung wird die Idealisierung der bewunderten Eltern als ein wichtiger Vorgang angesehen, der die Identifikation mit ihnen erleichtert und auf diese Weise zum Aufbau eines stabilen Überich- und Ichideal beiträgt[74]. Auch Chasseguet-Smirgel (1981) verweist auf diese normale Idealisierung der elterlichen Liebesobjekte, beschäftigt sich aber vor allem mit den Ursachen für eine zu weitreichende Idealisierung des Vaters durch das Mädchen, in der sie einen Versuch sieht, die Konflikte zu umgehen, die sich aus Schwierigkeiten in dieser Objektbeziehung ergeben (1987, S. 103). Zum Verständnis ihrer weiteren Überlegungen hierzu beschreibt sie zunächst die unterschiedliche Struktur in den Beziehungen des Mädchens zu beiden Eltern:

Nach ihrer Ansicht liegt der primäre Grund für den libidinösen Objektwechsel mit der Hinwendung des Mädchens zum Vater in frühen Enttäuschungen an der präödipalen Mutter. Durch die Anerkennung des Vaters möchte es die narzißtische Kränkung im Bezug zur Mutter überwinden. Daraus ergeben sich im wesentlichen zwei Grundtendenzen in der Konstellation der innerpsychischen Objektrepräsentanzen:

In der ersten Konstellation wird die Mutter eher als sadistisch und kastrierend erlebt, während der Vater als gut und verletzbar gilt; in der zweiten Konstellation repräsentiert die Mutter das gute und bedrohte Element und der Vater das sadistische. In bezug auf die zweite Konstellation schreibt Chasseguet-Smirgel (1981):

„Merkwürdigerweise wird die Person des Vaters in solchen Fällen zwiespältig und überlagert im weiblichen Unbewußten das Bild der phallischen Mutter." (S. 185)

D.h.: Die Ambivalenz gegenüber dem Vater verdeckt den negativen Aspekt in der Mutterbeziehung.

In der weiblichen Entwicklung variieren diese beiden Grundtendenzen in unterschiedlichen Graden gemäß der Bestätigung, die das Mädchen für seine Person erhält. Bei ausreichend guten Erfahrungen mit beiden Eltern und „normalen" Versagungen, die sich langsam steigern, so wie es für eine starke und harmonische Überichbildung notwendig ist, braucht die Idealisierung des zweiten Objektes, des Vaters, nicht überschritten zu werden (S. 139). Hingegen führen schlecht dosierte Versagungen durch die Mutter und das Fehlen einer positiven, Struktur vermittelnden Haltung des Vaters gegenüber dem Mädchen nach den Beobachtungen von Chasseguet-Smirgel gewöhnlich dazu,

---

74 Bei der Beschreibung der Ichideal- und Überichbildung hebt Jacobson (1978*b*) im Hinblick auf die Verinnerlichung von Wertmaßstäben hervor, daß die Überhöhung der elterlichen Imagines in der präödipalen und frühödipalen Phase hauptsächlich auf dem Bedürfnis nach mächtigen Eltern beruht und daß die Glorifizierung der Liebesobjekte Ausdruck der eigenen kindlichen, aggressiv-narzißtischen Wünsche ist. Wie bereits im Abschnitt 4.3. angedeutet, sind diese Phantasien und Idealisierungen wichtig, da sie dem Kind Sicherheit geben, seine Selbstimagines erweitern und sein Selbstwertgefühl erhöhen. In seiner biologischen Abhängigkeit von den Eltern braucht das Kind für den Aufbau seines Ich die Unterstützung von Eltern, die es in seiner Vorstellung als machtvoll erleben kann und die ihm als Vorbild dienen für selektive Identifizierungen (S. 121).

„....daß der Vater als letzte Rettung erscheint, als letzte Chance, eine Beziehung zu einem befriedigenden Objekt herzustellen". (S. 139)

Mit anderen Worten: Eine unzureichende Anerkennung des Mädchens durch beide Eltern bildet eine ungünstige Ausgangslage für die Idealisierung des Vaters, da dann in ihm das zweite „gute" Objekt „um jeden Preis" gerettet werden soll - mit der Folge, daß das Mädchen die aggressive, „sadistisch-anale" Komponente in der Beziehung zum Vater verdrängt, während es sich gleichzeitig mit den „bösen" Aspekten der Mutter identifiziert (S. 140)[75].

Zu den von Grunberger (1981, Abschnitt 4.4.3.) beschriebenen Komplikationen in der Persönlichkeitsentwicklung des Mädchens aufgrund der Verdrängung der „sadistisch-analen" Triebkomponente macht Chasseguet-Smirgel weiterführende Angaben: Sie interpretiert diese Triebstrebungen zum einen als aggressive Tendenz der Einverleibungstriebe - hierzu gehört der narzißtische Wunsch, sich des väterlichen Penis zu bemächtigen, d. h. seine Eigenständigkeit für sich selbst zu erlangen -; zum anderen als Aggressivität, die auf der symbolischen Ebene jede kreative Arbeit .begleitet (S. 144).

Weiter betont sie, daß durch die Verdrängung der aggressiven Triebkomponente wichtige Energien im weiblichen Selbst dem Ich nicht verfügbar und häufig in Projektion auf den Vater/den Mann gelebt werden. Demgegenüber ermöglicht die aggressiv-aktive Haltung dem Mädchen in der libidinösen Beziehung zum Vater die Bildung einer positiven weiblichen Identität (S. 148). Denn mit der Integration der Aggressivität gegenüber dem väterlichen Penis wird eine sexuelle Annäherung in der Phantasie erreicht, wodurch das Mädchen in der Identifikation mit der Mutter, die den Penis des Vaters besitzt, in die ödipale Situation gelangt (mit der Übernahme der von einem positiven Selbstgefühl begleiteten weiblichen Geschlechtsrolle); - vorausgesetzt, daß es vom Vater ausreichend narzißtische Bestätigung und libidinöse Zuwendung erhält (S. 152).

Die Idealisierung des Vaters spielt in diesen Entwicklungsvorgängen eine wesentliche Rolle, denn in der daraus folgenden Identifizierung mit ihm lernt das Mädchen, die eigenen intellektuellen und kreativen Fähigkeiten zu entwickeln. Auf diese Weise stützt der Vater als idealisiertes Liebesobjekt den Narzißmus des Mädchens. Chasseguet-Smirgel (1981) schreibt:

„Den Frauen, die das Bild des Vaters nicht idealisiert haben, fehlt die Antriebskraft, um kreativ zu werden. Meiner Ansicht nach setzt die Kreativität die Projektion des Narzißmus auf das Idealbild voraus, das durch das Medium der Kreation erreicht werden soll." (S. 155)

Kreativität hat phallische Bedeutung (S. 155). Zudem gilt eine gut funktionierende Intellektualität als Äquivalent für den Besitz des Penis (S. 151).

---

[75] Chasseguet-Smirgel (1981) benutzt den Begriff „sadistisch-anal", solange es nicht zu der für eine stabile Liebesbeziehung notwendigen adäquaten Triebmischung kommt.

Hier nun ist auf die spezifisch weiblichen Schuldgefühle zu verweisen, die nach Chasseguet-Smirgel nicht nur in Zusammenhang stehen mit der Abwendung von der Mutter und der Hinwendung zum Vater, sondern auch mit einer häufig anzutreffenden ganz spezifisch weiblich-passiven Einstellung gegenüber dem Vater (S. 150). D. h.: Diese Schuldgefühle werden dadurch verursacht, daß der „sadistisch-anale" Bemächtigungstrieb in der weiblichen Sexualität nicht in das Ich integriert werden konnte. Es resultiert daraus eine Fehlentwicklung, durch die die objektlibidinösen Beziehungen ebenso beeinträchtigt werden, wie

„jede Art von Selbstverwirklichung, die im Unbewußten die Bedeutung eines Phalluserwerbs annehmen kann." (Chasseguet-Smirgel, 1981, S. 150)

Chasseguet-Smirgel hebt ausdrücklich hervor, daß es nicht zur Ausbildung eines stabilen narzißtischen Selbstgefühls kommen kann, wenn die ödipalen und genitalen Strebungen zwar in der Phantasie realisiert werden, aber gleichzeitig die Aggressivität aufgrund von Schuldgefühlen gegen das eigene Selbst gerichtet wird (S. 148).

Den Penisneid sieht Chasseguet-Smirgel (1981) mit diesen spezifisch weiblichen Schuldgefühlen in Zusammenhang stehend. Sie ist der Ansicht, daß der Penisneid ursprünglich in der Vorstellung des Mädchens gründet, der Besitz des Penis könne die narzißtische Kränkung durch die „omnipotente" Mutter kompensieren, von der sich das Kind total abhängig fühlt (S. 155-156). D.h.: Der tiefere Grund für den Penisneid liegt im Konflikt des Mädchens mit der Mutter und ist Ausdruck des Wunsches nach Befreiung von ihr (S. 163). In seinem Streben nach Autonomie wendet sich das Mädchen an den Vater, um von ihm den Penis zu bekommen. Hier ergibt sich nach Chasseguet-Smirgel eine besondere Gefahr für die weibliche Entwicklung, wenn die Hinwendung zum Vater als Aggression empfunden wird und Schuldgefühle verursacht. Im ungünstigen Fall wird das echte Bemühen des Mädchens um narzißtische Bestätigung vom Vater dadurch behindert und es kommt nicht zur Aufhebung der narzißtischen Kränkung im Verhältnis zur Mutter (S. 163; siehe auch Modell, 1965, Abschnitt 4.1.3.).

In ihren weiteren Überlegungen hierzu führt Chasseguet-Smirgel (1981) aus, daß jede narzißtische Kränkung aufgrund des narzißtischen Wertes, der dem Penis von beiden Geschlechtern im Unbewußten zugesprochen wird, ein Äquivalent der Kastration darstellt; hieraus erklärt sich nach ihrer Ansicht auch die weibliche Kastrationsangst. Dabei handelt es sich nicht um den bereits „verlorenen" Penis, sondern um das, was für das Individuum „phallische Bedeutung" besitzt, weil es einen Mangel ausgleichen hilft, sei es im Bemühen um Integrität, Autonomie oder Kreativität. In diesem Sinne erhält der Penis auch für das Mädchen phallische Bedeutung (S. 164; siehe Abschnitt 4.4.3.).

Mit anderen Worten: Penisneid und weiblicher Wunsch nach Selbstverwirklichung in der Liebe und/oder im Beruf sind letztlich Ausdruck für den Versuch, die narzißtische Kränkung wiedergutzumachen (S. 166; siehe Torok, 1981). Die Interpretation dieses weiblichen Selbstverwirklichungswunsches als Äußerung von „Männlichkeitsforderungen" geht nach Chasseguet-Smirgel am Problem der Frau vorbei[76]. Sie schreibt:

---

[76] Die Autorin bezieht sich hier auf Abrahams Aufsatz „Äußerungsformen des weiblichen Kastrationskomplexes" (1921).

„Der Penisneid ist im Grunde nur symbolischer Ausdruck eines anderen Wunsches. Die Frau will kein Mann sein, sie will sich von der Mutter be- freien und vollkommen autonom Frau sein." (S. 166)

Hierfür ist die Idealisierung des Vaters als Voraussetzung für eine positive Identi- fikation mit bewunderten männlichen Eigenschaften ein wichtiger Baustein. Wenn al- lerdings diese Idealisierung in eine gefährliche Identifikation mit ihm als Liebesobjekt umschlägt, können wesentliche Bereiche des weiblichen Überich und Ichideal nicht in das Ich integriert werden. Die daraus resultierende gehemmte weibliche Entwicklung macht es Frauen schwer, ihren eigenen Selbstverwirklichungen frei und ohne Schuldge- fühle nachzugehen. Nach Chasseguet-Smirgels Beobachtungen wird als Ersatz hierfür narzißtische Bestätigung häufig fast ausschließlich in der Liebe gesucht (S. 172).

Um dieses spezifische Liebesbedürfnis von Frauen in Verbindung mit ihrem Nar- zißmus besser verstehen zu können, stellt sich Chasseguet-Smirgel (1981) die Frage, ob bei der Frau im Hinblick auf ihre Objektbeziehungen ein besonderer Mechanismus ins Spiel kommt, der sich als eine „Identifikation mit dem Partialobjekt, dem Penis des Va- ters" bezeichnen läßt, wobei sich die Frau zu „einem komplementären und abhängigen Teil des Objektes" macht (S. 172)[77]. Eine solche Identifikation mit dem Penis des Va- ters, einem Partialobjekt, würde bedeuten, daß die Frau akzeptiert, „Teil des anderen zu sein", d.h. zum Komplement ihres Liebesobjektes zu werden (S 174)[78].

Entsprechende Fehlhaltungen bei Frauen deutet Chasseguet-Smirgel als Wieder- gutmachungstendenz in Identifikation mit der „übermächtigen" Mutter, die den Penis des Vaters in Besitz genommen hat (S. 174); wobei übermäßige Schuldgefühle das Mädchen veranlassen, diese Identifikation mit der Mutter zu verdrängen. Letztlich re-

---

[77] Chasseguet-Smirgel unterscheidet zwischen einer „Identifikation mit dem Partialobjekt" und einer „Identifikation mit dem autonomen Phallus". Bei letzterer handelt es sich nach ihrer Ansicht um einen pathologischen sekundären Narzißmus, bei dem die libidinöse Besetzung von den externen Objekten abgezogen und auf das Ich gelenkt wird. Als Beispiele einer rein narzißtischen Besetzung des Selbst nennt sie: das Mannequin, die Ballerina auf niedrigem Niveau und den Vamp; Frauentypen, für die Schönheit und Begehrtsein zum alleinigen Triebziel werden. Diese Identifikation mit dem autonomen Phallus entspricht nicht dem Wesen der weiblichen Objektbeziehungen (S. 173).

[78] Nach Chasseguet-Smirgel (1981) entsprach diese Haltung bisher den üblichen Positionen von Frauen im Beruf und in ihren persönlichen Beziehungen. Indem sie sich mit den Zielen ihrer männlichen Partner identifizierten und sich für deren Interessen einsetzten, verschoben sie ihre eigenen narzißtischen Strebungen auf den anderen (S. 173). M. Mitscherlich (1985) betont die Veränderung in diesem von Chasseguet-Smirgel beschriebe- nen Verhältnis zwischen Mann und Frau. Sie schreibt: „Je kritischer Frauen ihre sozialen Rollen und psychischen Reaktionen auf ihren Sinn und ihren untergründigen Gehalt hin überdenken, umso eher werden falsche Schuldgefühle und falsche Identifikationen ins Wanken geraten." (S. 17)

sultiert daraus eine gefährliche Identifikation mit dem Vater in Unterdrückung der eigenen Strebungen nach selbständigem Handeln und Kreativität im weiblichen Ich (siehe Staewen-Haas, 1970, Abschnitt 4.4.3.). Chasseguet-Smirgel (1981) schreibt:
„Wenn diese anal-sadistischen, auf den Penis des Vaters gerichteten Einverleibungstriebe mit Schuldgefühlen beladen sind, tragen sie zur Identifikation des Mädchens mit dem Penis des Vaters bei ... Das Mädchen wird damit zum analen Penis des Vaters, es wird ein Teil von ihm und bietet sich der Manipulation und der Bemächtigung durch ihn an. Umgekehrt ist ihm die Besitzergreifung und Beherrschung des Vaters oder seiner meist männlichen Substitute untersagt." (S. 182)[79]

In der Haltung von Frauen, sich zum Partialobjekt für andere zu machen und die eigenen aggressiven Triebtendenzen zu verleugnen, sieht Chasseguet-Smirgel selbstzerstörerische Tendenzen und eine Ursache im weiblichen Masochismus (S. 183). Zudem weist sie darauf hin, daß bei dieser einschränkenden Identifikation mit dem Penis des Vaters als Partialobjekt Behinderungen im weiblichen Überich entstehen, die bei Frauen häufig zu einer Anpassung ihrer Überich-Normen und Verhaltensregeln an den jeweiligen Sexualpartner führen (siehe auch Jacobson, 1978 a und b, Abschnitt 4.3.1.); - was dem weiblichen Überich den Anschein gibt, es sei weniger „unpersönlich" (Freud), es sei beeinflußbar, es fehlten ihm feste Prinzipien und Meinungen (S. 184). Chasseguet-Smirgel (1981) ist hier der Meinung, daß diese Anpassungsneigung im weiblichen Überich nur einen Teilaspekt berührt, da Frauen meist auf einer tiefer liegenden Ebene sehr wohl relativ rigide Verbote verinnerlicht haben, durch die sie sich in ihren Entfaltungsmöglichkeiten selbst sehr einschränken. Sie schreibt:
„Neben den sichtbaren Fluktuationen fehlt es nicht an interiorisierten Verboten; über allen anderen steht ein wegweisendes Verbot, das sich als eine Art 11. Gebot definieren ließe: 'Du sollst kein eigenes Gesetz haben, dein Gesetz ist immer das des Objektes.' Es scheint, als hätten zahlreiche Frauen diesen fundamentalen Anspruch verinnerlicht, der ihnen stets die Position des Komplements zuweist." (S. 184)

Mit anderen Worten: Die Gründe für den spezifischen weiblichen Konflikt, der Frauen an echter Selbstverwirklichung und der Entwicklung eines positiven weiblichen Selbstwertgefühls hindert, liegen in der mehr oder weniger bewußten Idealisierung des Vaters/des Männlichen und dem unbewußten Gebot der Anpassung an die männlich-väterlichen Normen im weiblichen Überich - aufgrund der Verdrängung der eigenen aggressiven Triebkomponente statt ihrer Entwicklung und Differenzierung.

---

[79] An anderer Stelle definiert Chasseguet-Smirgel den zum Verständnis dieser Vorgänge wichtigen Begriff der „Analität" als Fähigkeit zur Beherrschung, zur Aktivität und Autonomie. Im Gegensatz zu dem Streben der „Oralität", nach passiver Verschmelzung ist das angestrebte narzißtische Ziel der Analität, sich von anderen zu unterscheiden, andere zu dominieren. (1987, S. 43-44)

Zusammenfassung

Mit ihren Ausführungen zu den komplizierten Vorgängen in der Ablösung des Mädchens von der Mutter und der damit in Zusammenhang stehenden Gefahr einer zu weitgehenden Idealisierung des Vaters trägt Chasseguet-Smirgel zu einem differenzierteren Verständnis der Bedeutung des Penisneides in der weiblichen Entwicklung bei. Sie erwähnt nicht ausdrücklich, daß es häufig der fehlende oder mangelhafte Kontakt mit dem Vater ist, der dem Mädchen die Entwicklung zu Eigenständigkeit im Ich und Überich und die Ausbildung eines gesunden Narzißmus erschwert, verweist aber gleichwohl auf die gewichtige Rolle, die der Vater im Drama weiblicher Entwicklung innehat, indem sie schreibt:

> „Auch scheint es mir unmöglich, alle weiblichen Konflikte, die mit dem Vater und seinem Penis verbunden sind, auf die frühen Konflikte mit der Mutter und ihrer Brust zurückzuführen. Das würde nämlich bedeuten, die radikale, dem weiblichen Schicksal inhärente Veränderung, die durch den Objektwechsel herbeigeführt wird, gewissermaßen kurzzuschließen." (S. 186)

Fallbeispiel zu den Folgen der Idealisierung des Vaters aus Abwehr

Mit einem Fallbeispiel aus ihrer Praxis belegt Zeul (1988) die Relevanz der von Chasseguet-Smirgel (1981) gemachten Ausführungen zur Idealisierung des Vaters und den damit in Zusammenhang stehenden weiblichen Schuldgefühlen. In ihrem Aufsatz „Die Bedeutung des Vaters in der weiblichen Entwicklung" stellt sie den Konflikt einer 27jährigen Patientin vor, den sie wie folgt skizziert:

> „Schuldgefühle dem idealisierten Vater gegenüber einerseits und abgewehrte Identifikationen mit einer den Vater in der Urszene kastrierenden sadistischen Mutter andererseits führen wie bei meiner Patientin zu einer Identifikation des kleinen Mädchens mit dem Penis des Vaters." (S. 330)

Zu den Entwicklungsstörungen ihrer Patientin berichtet Zeul u.a.:

> Durch die frühe Scheidung der Eltern, als die Patientin drei Jahre alt war, war ihr im Heranwachsen die Möglichkeit genommen, vom Vater, den sie sehr vermißte, ausreichend narzißtisch-libidinöse Bestätigung zu erhalten. Die Beziehung zur Mutter war schwierig, und die Patientin wehrte die Identifikation mit ihr ab. Sie warf der Mutter vor, ihr den Vater entrissen zu haben (S. 338).
>
> In der Analyse stellte sich heraus, daß die erlittenen Versagungen durch den Vater zur „Einverleibung eines sadistischen Vateranteils" (S. 330) geführt und das väterliche Überich des kleinen Mädchens zum Teil mitgeformt hatten. Zeul schreibt, daß der Vater idealisiert werden mußte, um die Imago des bösen Vaters, der als grausam und falsch erlebt wurde, zu verdecken. Damit blieb die Patientin innerlich negativ an den Vater gebunden, den sie erst zur Zeit der Analyse, nach 22 Jahren, wiedersah (S. 346).

Da die Patientin die analsadistische Komponente verdrängte - hierzu fehlte ihr auch eine entsprechende Identifikation mit der Mutter - fand sie weder in ihren Liebesbeziehungen als erwachsene Frau Erfüllung, noch konnte sie im beruflichen Bereich ihre Aggressivität zur Durchsetzung beruflicher Aufgaben angemessen einsetzen. Diee Triebregungen unterlagen mächtigen Schuldgefühlen dem idealisierten Vater gegenüber, den die Patientin durch etwaige Erfolge in ihrem Beruf zu überflügeln glaubte; sie hatte wie der Vater Jura studiert.

Zeul betont, daß die erheblichen Einschränkungen der Patientin im Bereich ihrer sexuellen Beziehungen wie auch in der Realisierung ihrer beruflich-kreativen Fähigkeiten zu einem wesentlichen Teil auf ihre innere Gebundenheit an den Vater zurückgingen (S. 330).

Zur Erklärung des intrapsychischen Konfliktes ihrer Patientin unterscheidet Zeul (in Anlehnung an Torok, 1968, und Ferenczi, 1917) zwischen den Begriffen der „Introjektion" und der „Inkorporation". Ihre Erläuterungen tragen zum Verständnis der Entwicklungshemmungen ihrer Patientin bei (S. 344-345):

Im positiven Sinne meint Introjektion die Einbeziehung des Objektes in das Ich, das dadurch eine „Ausdehnung" erfährt und in seiner Entwicklung gefördert wird. Demgegenüber versucht das Subjekt bei Objektverlust, sich im Modus der Inkorporation das Objekt in der Phantasie regressiv wieder verfügbar zu machen. Dieser Vorgang wirkt einer Introjektion des Objektes entgegen, denn indem das zunächst lustversprechende Objekt durch den Verlust zu einem lustverbietenden wird, verbietet sich seine Introjektion in das Ich. Entscheidend ist, daß auf diese Weise die dem lustversprechenden Objekt geltenden Triebregungen im Modus der Inkorporation an das verlorene Objekt gebunden bleiben (soweit sie vor dem Verlust noch nicht introjiziert waren) und nicht auf neue Objekte übertragen werden können. Solange sich das Subjekt nicht durch nachträgliche Introjektion vom Objekt lösen kann, bleibt es von diesem innerlich abhängig (siehe auch Fairbairn, 1952, Abschnitt 1.3.2.).

Zusammenfassung

Mit ihrem Bericht über die Störungen in der Persönlichkeitsentwicklung ihrer Patientin macht Zeul (1988) aufmerksam auf die Gefahr eines Fixiertbleibens an den Vater in wichtigen Bereichen des psychischen Erlebens, wenn die Idealisierung seiner Person Abwehrzwecken dient und es der Tochter nicht gelingt, die Identifizierung mit den Ge- und Verboten des Vaters aufzuheben, indem sie die eigenen „sadistisch-analen" Triebregungen für ihre „Befreiung" einzusetzen wagt. Eine Überwindung dieses inneren Gebundenseins ist nur dann möglich, wenn das aufgrund ungünstiger Beziehungskonstellationen als verbietend erlebte Prinzip des Vaters - das durch Zurückweisung, Eingrenzung, Besitzanspruch, Herrschaft, aber auch durch Eigenständigkeit, Aktivität, Selbstbewußtheit symbolisiert sein mag - nachträglich von der Tochter introjiziert werden kann und es ihr auf diese Weise gelingt, auf der Ebene ihres bewußten Ich, die notwendige Autonomie zu gewinnen, diesem Prinzip in sich selbst die Übermacht zu entziehen[80] .

D.h.: In einer Art Nachvollzug muß die Entwicklungsaufgabe erfüllt werden, die das Mädchen nach Chasseguet-Smirgel (1981) und Grunberger (1981) im Heranwachsen zu leisten hat; nämlich die „Introjektion des väterlichen Penis" in seinem symbolischen Aspekt der Vollständigkeit und Eigenständigkeit mit Hilfe der analsadistischen Triebkomponente. Für Zeuls (1988) Patientin konnte es in dem Moment zu einer positiven Lösung kommen, als sie die sadistischen Tendenzen, die sie dem Vater zuschrieb, als verinnerlichte eigene erkannte. Auf diese Weise mußte sie den Vater nicht mehr idealisieren in Abwehrhaltung und gewann dadurch innere Reife, die ihr ermöglichte, diese Tendenzen in neutralisierter Form für die eigene Kreativität und die Gestaltung ihrer Objektbeziehungen einzusetzen.

4.5.3. Mangelndes weibliches Selbstwertgefühl als innerpsychischer Konflikt

Hinter dem Konflikt weiblicher Selbstrealisierung, der gleichermaßen die weibliche Sexualentwicklung wie die Entfaltung der eigenen männlich-kreativen Fähigkeiten beeinträchtigt, steht die Schwäche im weiblichen Selbstwertgefühl. Letztlich liegen die Gründe hierfür, zum einen in einer mangelhaften Ausbildung eines gesunden Narzißmus, da das Ich nicht in hinreichendem Maße in der Lage ist, sich selbst libidinös zu besetzen, und zum anderen (damit in Zusammenhang stehend) in einer nicht ausreichend entwickelten, für die Bewältigung der aggressiven und libidinösen Strebungen aber notwendigen Stärke im Ich (siehe Abschnitt 4.4.4.). Mit anderen Worten: Die fehlende Fähigkeit, seine Wünsche nach Eigenständigkeit, nach Kreativität und nach Erfüllung in den zwischenmenschlichen Beziehungen adäquat zum Ausdruck zu bringen, resultiert aus einem Mangel an Differenzierungen im Ich, die eine stabile präödipale Entwicklung und nachfolgende günstige ödipale Konstellation zur Grundlage haben müßten.

Defizite in der Fähigkeit zur Trennung-Individuation

Zu den frühen Wurzeln narzißtischer Störungen zählen als ein wesentlicher Faktor präödipale Defizite in der Vater-Tochter-Beziehung mit der Folge mangelnder Unterscheidungsfähigkeit von Subjekt und Objekt (siehe Lachmann, 1982, und Chasseguet-Smirgel, 1988, Abschnitt 4.5.l.). Aufgrund des Fehlens einer die Ichentwicklung fördernden Identifikation mit dem Vater kann dann eine adäquate Lösung von der Mutter als primärem Objekt nicht erreicht werden (siehe Modell, 1965, Abschnitt 4.1.3; und Mahler, 1981, Abschnitt 2.2.4.) und die Integration der männlichen Wesensanteile in

---

[80] Hirsch (1987) schreibt, daß sich das heranwachsende Mädchen in seinen Enttäuschungen die ganze Wut auf den Vater bewußt machen muß, um so von ihm loszukommen und emotional wachsen zu können (S. 181). Nach seinen Beobachtungen ist Mädchen im allgemeinen ihre Aggression gegen die Mutter weit bewußter als die gegen den Vater (S. 116).

das weibliche Ich in der nachfolgenden Entwicklung bleibt unvollständig. Statt einer positiven Objektbesetzung des Vaters als Vorbild und Liebesobjekt kommt es, wie in den vorstehenden Abschnitten ausgeführt, leicht zu einer sich auf die weibliche Entwicklung hemmend auswirkenden Identifikation mit ihm, die nach Benjamin (1986) als Wiederbelebung ungelöster Konflikte und Strebungen in der präödipalen Entwicklung anzusehen ist (S. 135). Zu den Folgen einer Behinderung in der positiven Identifikation mit dem Vater schreibt sie:

„In the girl's inner world, the obstacles to paternal identification are reflected in injury to the grandiose self, to narcissistic self-esteem, and to the sense of agency, and in inability to separate from the primary object." (S. 129)

Nach Benjamin entsteht aus der frühen Fehlentwicklung im weiblichen Narzißmus ein intrapsychischer Konflikt zwischen der präödipalen Hinwendung des Mädchens zum Vater unter dem Vorzeichen „identifizierender Liebe" (siehe Abschnitt 4.4.2.) und der ödipalen Liebe zu ihm, d.h. zwischen der Identifikation mit ihm im weiblichen Narzißmus und der Liebe zu ihm als heterosexuellem Liebesobjekt (S. 128; siehe auch Jacobson, 1978a und b, Abschnitt 4.3.1.). Benjamin bezieht sich in diesen Gedanken auf Chasseguet-Smirgel (1981), die den Konflikt im weiblichen Narzißmus als Entwicklungsstörung versteht, die darin zum Ausdruck kommt, daß die Liebe zum Vater assoziiert wird: entweder mit der Vorstellung eigener weiblicher Kastration (wenn die Liebe zum Vater den Einsatz der eigenen Fähigkeiten, die eigene Aktivität und Rivalität verbietet) oder der Kastration des Vaters (in einer Haltung der Rivalität ihm gegenüber). Beide Vorstellungen beruhen auf einer mangelnden Fähigkeit zur Geschlechtsdifferenzierung und Unterscheidung von Subjekt und Objekt und verweisen auf spezifisch weibliche Schuldgefühle.

Verdrängung der analsadistischen Triebkomponente

Dieser Hinweis auf die weiblichen Schuldgefühle zielt auf einen weiteren Aspekt in der Ursache für Störungen im weiblichen Narzißmus: sie wird beschrieben als Abwehr der analsadistischen Triebkomponente, vornehmlich in der Beziehung zum Vater (siehe Grunberger, 1981, Abschnitt 4.4.3.). Hierdurch versucht das Mädchen seinen Konflikt im Wunsch nach narzißtischer Bestätigung in einer Haltung der Überidealisierung zu lösen, indem es sich in der Phantasie zum Partialobjekt des idealisierten Vaters/späteren Mannes macht, anstatt ein eigenes reifes Ichideal auszubilden (siehe Chasseguet-Smirgel, 1981, Abschnitt 4.5.2.).

In ihren Ausführungen zu dieser Problematik verweist Schmidt-Hellerau (1988) auf einen wichtigen qualitativen Unterschied in den Idealisierungsvorgängen. Auch sie betont die Idealisierung des Vaters auf der Ebene früher Identifizierung für den Aufbau eines Ichideal und schreibt:

„Nachdem sich dann (im Übergang von der phallischen zur ödipalen Entwicklung, d. Verf.) eine Wandlung in seiner Identifizierung ereignet hat - von der primären mit dem Vater zur sekundären (die primäre verstärkenden) mit der Mutter - verschiebt sich die narzißtische Libido auf den Vater: der

Vater wird zum Ideal und in der Verliebtheit des kleinen Mädchens in seinen Vater kommt im wesentlichen nichts anderes zum Ausdruck als das, was Freud in die kurze Formel faßt: 'Das Objekt hat sich an die Stelle des Ich-ideals gesetzt' (1921, S. 125)." (S. 302)

Diese Idealisierung darf aber nur einen Übergang in der weiblichen Entwicklung darstellen. D.h.: Während der Auseinandersetzung im ödipalen Konflikt muß die Identifikation mit dem Vater durch wichtige Veränderungen und Differenzierungen im Verhältnis des Mädchens zum Vater eine Transformation erfahren (siehe auch Staewen-Haas, 1970, Abschnitt 4.4.4.), in deren weiterem Verlauf das auf den Vater verschobene Ideal von seiner Person allmählich abgezogen werden kann, um dem Ich und Überich des Mädchens bei der Erreichung eigener Zielsetzungen zu dienen. Das Stekkenbleiben in der Idealisierung des Vaters aus dem Wunsch, von ihm geliebt zu werden, bedeutet Abhängigkeit von ihm und anderen männlichen Idealfiguren (S. 302-303).

Staewen-Haas (1970) befaßt sich eingehend mit den Hemmungen in der psychischen Strukturierung, die aus der Überidealisierung des Vaters/des Männlichen entstehen. Nach ihrer Ansicht kann die ödipale Position nicht wirklich erreicht werden, wenn die weiblichen Schuldgefühle dem entgegenstehen, d.h. wenn die analsadistische Triebstrebung - deren Entwicklung sie in Übereinstimmung mit Grunberger (1981) und Torok (1981) besonders durch die positive Identifikation mit der analen Mutter und ihrer Macht gefördert sieht - verdrängt werden muß und es stattdessen zu einer Identifikation mit dem Vater in seiner Männlichkeit kommt. In dieser Fehlentwicklung verbleibt die Beziehung zum Vater im präödipalen Stadium und eine Integration von Liebe und Haß in bezug auf einen Partner wird vermieden (S. 25, 32, siehe Abschnitt 4.4.3.).

Stierlin (1980) definiert daher die Überidealisierung des Vaters als Ausdruck einer ungelösten Bindung und Ambivalenz (S.107), in der nach Schmidt-Hellerau dem Konzept der „reinen Liebe" Vorschub geleistet wird, weil die aggressiven Momente der Verdrängung unterliegen (S. 303). Häufig bleibt das „gute" Objekt auf den Vater projiziert, während sich das Mädchen mit den „bösen" Aspekten der Mutter identifiziert (siehe Chasseguet-Smirgel, 1981, Abschnitt 4.5.2.). Bei fehlender Integration einer vollständigen Vaterimago kann es aber auch dazu kommen, daß die negative Komponente im Bild der Mutter abgespalten werden muß, um die Mutter als „gutes" Objekt zu erhalten (siehe Chasseguet-Smirgel, 1988, Abschnitt 4.5.1.).

Ursachen für die Idealisierung des Vaters

Den tieferen Grund für eine andauernde Idealisierung des Vaters sieht Benjamin (1986) in einer allgemeinen Entwertung der Weiblichkeit (S. 135); sie ist der Ansicht, daß die von Chasseguet-Smirgel beschriebene Idealisierung des Vaters den konventionellen Geschlechtsrollen und Konstellationen in der Erziehungsverantwortung heute noch durchaus entspricht (S. 134). Hingegen hebt Chodorow (1985) den Mangel an echten Beziehungserfahrungen mit dem Vater als Grund für seine Überidealisierung hervor (S. 108). Auch Spieler (1986) gibt an, daß die Unerreichbarkeit des Vaters ihn zum idealisierten Elternteil macht vor allem dann, wenn die Mutter für das Kind nicht zum Vorbild wird, weil die Enttäuschungen an ihr zu belastend sind. Sie schreibt: „However, a child who has been unable to retain an idealized maternal imago will probably need an idealized paternal imago even more. If father is inaccessible, overidealized maleness will instead be used by the child for calming and self-restoration. Far more significant to the child then the nature of parental genitals (cf. Freud, 1931) in producing phallic overidealization, then, are unmitigated disappointment in mother for her failure to provide protection against fallibility on the one hand, and father's inaccessibility on the other." (S. 46-47)

D.h.: Es kommt zur Überidealisierung des Vaters bei Nicht-Idealisierung der Mutter und bei Abwesenheit oder fehlender emotionaler Verfügbarkeit des Vaters zur Stützung des kindlichen Selbst. Diese Überidealisierung in der Phantasie des Mädchens stellt den Versuch einer Kompensation dar, um die narzißtische Wunde der Nichtbeachtung durch ihn doch noch zu heilen. Sie erhält damit eine Ersatzfunktion, durch die ein stabiles Gefühl für das eigene Selbst erreicht werden soll.

Benjamin (1986) ist hier der Ansicht, daß das väterlich-männliche Ideal, auch wenn es den realen Erfahrungen widerspricht, für das Mädchen innerpsychisch als ein Sehnen aktiv bestehen bleibt, wenn ihm echte Anteilnahme und Bestätigung von seiten der Eltern fehlen (S. 134). Sie erklärt das Festhalten an dem Wunsch nach einer „idealen Liebe" als Suche des Mädchens nach Anerkennung in seinen narzißtischen Bedürfnissen wie in seinen libidinösen Wünschen, da es den oben erwähnten Konflikt zwischen seiner weiblichen Sexualität und seinem Gefühl eines autonomen Selbst nicht lösen kann aufgrund fehlender positiver Identifikation mit dem Vater und einer häufig nur mangelhaften positiven Identifikation mit der Mutter in ihrer Weiblichkeit (S. 133-134; siehe auch Abschnitt 5.1.2.2.).

Zusammenfassung

Der Einfluß des Vaters, zum Guten wie zum Schlechten, auf die weibliche Narzißmus-Entwicklung wird in der einschlägigen Literatur auffallend oft hervorgehoben. Dieser spezifische Stellenwert, den die Anerkennung des Vaters und sein Interesse an der Entwicklung seiner Tochter für diese haben, zeigt sich besonders deutlich an den negativen Auswirkungen einer unzureichenden Vaterbeziehung. Letztere muß immer dann als eine der wesentlichen Ursachen für die Entstehung von Störungen in der Ausbildung narzißtischer Integrität gelten, wenn das Mädchen in der Überidealisierung des Väterlich-Männlichen seine Weiblichkeit entwertet und/oder wenn es in Rivalität mit dem Vater/dem Mann seine eigenen weiblichen Wesensanteile abwehrt und durch eine überbetonte männliche Identifizierung ersetzt (siehe auch Abschnitt 6.2.).

Auch an dieser Problematik wird deutlich, daß ein günstiges Zusammenspiel der mütterlichen und väterlichen Funktionen insofern von besonderer Relevanz ist, weil die Möglichkeit zur Idealisierung beider Eltern in bestimmten Phasen der Entwicklung das

Selbstwertgefühl des Mädchens adäquat stützt und die Überidealisierung eines Elternteils dadurch vermieden wird.

4.6. Ergebnisse der psychologisch-empirischen Forschung zur Entstehung von Selbstvertrauen und zur moralischen und intellektuellen Entwicklung des Mädchens

Die empirischen Daten zu Fragen der moralischen und Intelligenz-Entwicklung sowie zum Aufbau eines positiven Selbstgefühls, d. h. zu Entwicklungsaufgaben, wie sie sich in der Latenzperiode allmählich immer stärker herausbilden, zeigen wiederum eine Übereinstimmung mit Erkenntnissen der psychoanalytischen Praxis. Sie sollen in ihren wichtigsten Angaben nachfolgend aufgeführt werden.

Zur Entwicklung von Anpassungsfähigkeit und Selbstvertrauen

Wie sich anhand entsprechender Ergebnisse zeigt, besteht die kulturelle Erwartung, daß Väter eine aktive Rolle in der Sozialisation ihrer Söhne spielen, weniger in der Sozialisation ihrer Töchter, mit denen vor allem die Mütter befaßt sind (Lamb, 1976, S. 8). Fthenakis (1985) spricht daher vom eher indirekten Einfluß des Vaters auf die Sozialisation des Mädchens, indem er traditionelle geschlechtstypische Erwartungen und Einstellungen vermittelt, die die Erziehungsziele der Mutter mitbestimmen (S. 319).

Biller (1976) berichtet von dem positiven Einfluß, den fürsorgliche, kompetente und verfügbare Väter auf die psychologische Anpassungsfähigkeit von Söhnen und Töchtern haben (S. 89). Er zitiert eine Reihe empirischer Untersuchungen, in denen es zwischen angemessenem Selbstvertrauen und Selbstwertgefühl des Kindes und verschiedenen positiven Aspekten väterlichen Verhaltens einen Zusammenhang gab; die Fürsorglichkeit und Wärme des Vaters, seine Orientierung gebende und Anteil nehmende Haltung korrelierte mit der positiven Entwicklung von Ich-Stärke und sozialer Kompetenz beim Kind (S. 104).

So verweist Biller (1976) auf Untersuchungen von Baumrind & Black (1967) und Torgoff & Dreyer (1961), die von den positiven Auswirkungen väterlichen Engagements auf die Fähigkeit des Mädchens zur Realitätsanpassung berichten (S. 124). Auch eine Studie von Fish & Biller (1973) weist aus, daß Studentinnen, deren Väter ihnen gegenüber eine fürsorglich-interessierte Haltung einnahmen, im Hinblick auf die persönliche Anpassungsfähigkeit die höchsten Raten in den Testergebnissen erhielten. Diese Väter bremsten gleichzeitig eine zu starke Einmischung der Mutter in die Angelegenheit des heranwachsenden Mädchens (zit. nach Biller, S. 124).

Zudem berichtet Biller (1976), daß negative Erfahrungen mit dem Vater in entsprechenden Studien häufig assoziiert waren mit einem hohen Angstpegel und kindlicher Fehlanpassung. Väterliche Deprivation trug bei zu Gefühlen von Angst und Unsicherheit in zwischenmenschlichen Beziehungen sowie zu niedrigem Selbstwertgefühl

(S. 106). In einer Studie von Lazowick (1955) korrelierte ein Mangel an (positiver, d.Verf.) Identifikation mit dem Vater mit einem hohen Grad manifester Angst bei Studentinnen (zit. nach Biller, S. 132). Sopchak (1952) berichtet von einem Mangel an Anpassungsfähigkeit junger Frauen bei fehlender Identifikation mit dem Vater. Er schreibt:

„Women with tendencies toward abnormality as measured by the MMPI show a lack of identification with their fathers ... Masculine women identify with their fathers less than feminine women ... and identification with the father is more important in producing normal adjustment than is identification with the mother (ppa. 164-165)". (zit. nach Biller, S. 132)

Auch im Hinblick auf die Ausbildung der Fähigkeit, aggressive und destruktive Impulse in angemessener Weise zu kontrollieren, scheint nach Biller (1976) die positive Beziehung zum Vater besonders hilfreich zu sein. Er nimmt an, daß es für Mädchen bei Vater-Deprivation schwieriger werden kann, den gekonnten Umgang mit ihrer Aggressivität zu lernen. Er zitiert hierzu eine Studie von Sears et al. (1946), die über das Verhalten von Mädchen beim Puppenspiel berichten: Es zeigte sich in dieser Untersuchung, daß die Abwesenheit des Vaters bei den Mädchen mit größerer Aggression, besonders Selbstaggression assoziiert war. Die Autoren vermuten, daß der höhere Grad von Aggressivität während des Puppenspiels den Konflikt mit der Mutter widerspiegelte (Biller, S. 129, siehe auch Herzog, 1979, Abschnitt 2.4.).

Zur moralischen Entwicklung

In ihrer Zusammenfassung empirischer Untersuchungen über den Einfluß des Vaters auf die moralische Entwicklung des Kindes kommt Esther Blank Greif (1976) zu dem Ergebnis, daß Väter hierbei eine bedeutsame Rolle spielen. Weitere Studien sind nötig, bevor klare Schlüsse gezogen werden können, aber schon jetzt wird nach Ansicht der Autorin deutlich, daß Väter ihre Kinder durch ihr moralisches Verhalten und ihre Wertvorstellungen beeinflussen: sie dienen ihnen als Vorbild, übernehmen wichtige Grenzen setzende Funktionen und tragen ganz allgemein durch ihre Anwesenheit zum familialen Klima bei (S. 232, 234)[81]. Dabei zeigt sich, daß der Einfluß des Vaters auf

---

[81] Über die Forschungsbedingungen der von ihr zitierten Studien schreibt Blank Greif (1976): Es handelt sich um Studien zur moralischen Entwicklung unter den Aspekten der Internalisierung moralischer Codes, der Fähigkeit zu moralischem Urteil, der Bildung eines moralischen Charakters und der Ausübung von moralischen Verhaltensweisen (S. 219).
In diesen Studien orientieren sich die Forscher an drei unterschiedlichen Bereichen, die mit der moralischen Entwicklung in Zusammenhang stehen. Hierzu gehören: das beobachtbare moralische Verhalten, affektive Phänomene, die auf die innerpsychische Entwicklung von Moralität schließen lassen, und der Ausdruck von moralischen Ansichten unter dem kognitiven Aspekt (S. 220-221). Weiter weist die Autorin darauf hin, daß eine genaue Spezifizierung der väterlichen Rolle im Hinblick auf die moralische Entwicklung nicht möglich ist aufgrund der geringen Zahl von Untersuchungsergebnissen, die sich zudem in ihren sehr unterschiedlichen Ausgangsvariablen (z.B. sozialer Status, Alter des Kindes) nicht vergleichen lassen; sowie

die moralische Entwicklung von Jungen und Mädchen unterschiedlich ist; sein Einfluß auf die Söhne ist größer (S. 230, 234).

Aus den Studien von Sears et al. (1965) und Bronfenbrenner (1961) ist überdies zu folgern, daß Väter mit ihren Söhnen und Töchtern unterschiedlich umgehen; daß sie unterschiedliche Standards und Ziele für ihre Söhne und Töchter haben und daß ähnliches moralisches Verhalten bei Mädchen und Jungen auf entgegengesetztes Verhalten des Vaters in der Interaktion mit dem Sohn und mit der Tochter zurückgeht. Während sich die Väter der Studie von Sears et al. (1965) gegenüber den Söhnen, die in ihren Testergebnissen hohe Raten in moralischem Verhalten auswiesen, abwechselnd liebevoll und feindselig verhielten, zeigten sich die Väter von Mädchen mit hoher Ehrlichkeitsrate ihren Töchtern gegenüber eher unzufrieden, machten ihre Töchter häufig lächerlich und verhielten sich ihren Töchtern gegenüber nicht-ambivalent. Die Autoren der Studie schließen daraus, daß Mädchen bemüht scheinen, den hohen Forderungen der Eltern und besonders denen des Vaters zu entsprechen (zit. nach Blank Greif, S. 226, 234).

Bronfenbrenner (1961) fand heraus, daß Zurückweisung, Ignorierung, Mangel an eigener Disziplin von seiten des Vaters bei Söhnen mit unverantwortlichem Verhalten korrelierte; bei Mädchen hingegen war eine strenge Disziplin des Vaters mit Verantwortungslosigkeit assoziiert. Weiter meinten die Mädchen dieser Studie, daß sie vom Vater mehr Zuwendung erführen, als dies von den Jungen berichtet wurde. Bronfenbrenner schließt daraus, daß väterliche Autorität die Entwicklung von Verantwortungsbewußtsein bei Jungen erleichtert, bei Mädchen aber behindert (zit. nach Blank Greif, S. 227).

Auch in der Entwicklung der Fähigkeit zu moralischem Urteil zeigte sich in einer Studie von Haan, Smith & Block (1968) eine entgegengesetzte Einflußnahme des Vaters auf seine Söhne und Töchter. Während die Studenten der Untersuchung mit einem niedrigen Level an Konflikthaftigkeit in der väterlichen Beziehung den höchsten Grad an moralischer Entwicklung erreichten, war bei den Studentinnen der höchste Level an Vaterkonflikt mit dem höchsten Grad an moralischer Entwicklung assoziiert (zit. nach Blank Greif, S. 232). In einer Studie von Weisbroth (1970) korrelierte die Identifikation der männlichen Teilnehmer mit beiden Eltern mit einer hohen moralischen Urteilsfähigkeit. Demgegenüber war für die weiblichen Teilnehmerinnen eine hohe moralische Urteilsfähigkeit assoziiert mit einer positiven Identifikation mit dem Vater (zit. nach Blank Greif, S. 232).

Hinsichtlich der Gewissensbildung und der Entstehung von Schuldgefühlen berichtet Hoffman (1971a) über eine Studie, in der die Identifikation mit dem Vater bei männlichen Jugendlichen mit Faktoren, wie moralische Urteilsfähigkeit und Normenanpassung korreliert war; bei den Mädchen galt dies nur für die Normenanpassung. Der

---

aufgrund der methodologischen Schwierigkeiten, die mit dem Erfassen authentischer Aussagen über die Vater-Kind-Beziehung zusammenhängen.
Blank Greif betont den besonderen Mangel an verläßlichen Informationen über den Einfluß des Vaters auf die moralische Entwicklung der Tochter (S. 232, S. 254).

Ausdruck von Schuld- und Schamgefühlen und Bekenntnisbereitschaft stand bei beiden Geschlechtern nicht mit der bewußten Identifikation mit dem Vater in Zusammenhang. Hoffman schließt daraus, daß die Identifikation mit dem Vater die Übernahme moralischer Prinzipien zu erlauben scheint, daß aber die emotionalen Aspekte der moralischen Entwicklung noch anderen Einflüssen unterliegen (zit. nach Blank Greif, S. 230). In einer zweiten Studie untersuchte Hoffman (1971*b*) die Beziehungen zwischen der Gewissensbildung und Vaterabwesenheit. Hier zeigte sich, daß Jungen mit Vaterabwesenheit eine niedrigere Rate in der moralischen Urteilsfähigkeit erreichten als Jungen mit Vateranwesenheit; bei Mädchen zeigten sich diesbezüglich keine Unterschiede (zit. nach Blank Greif, S. 230).

Hoffman (1970) vermutet, daß die Funktion des Vaters eher darin zu bestehen scheint, ein adäquates Hintergrundmodell für die moralische Entwicklung des Kindes abzugeben, während die Mutter den primären Einfluß ausübt. In einer entsprechenden Studie von Hoffman & Saltzstein (1967) hatte das disziplinäre Verhalten des Vaters keinen wesentlichen Einfluß auf die innerpsychischen Aspekte der moralischen Entwicklung; hingegen gab es zwischen Disziplinierungsmaßnahmen von Müttern und der moralischen Entwicklung des Kindes einige signifikante Korrelationen (zit. nach Blank Greif, S. 230). Blank Greif (1976) meint allerdings, daß sich aus diesem Ergebnis nicht schließen läßt, daß die väterliche Disziplinierung nicht mit anderen wichtigen Aspekten moralischer Entwicklung, wie z. B. dem moralischen Verhalten, in einem wichtigen Zusammenhang steht (S. 234).

Auch Peck & Havighurst (1960) fanden in ihrer Studie signifikante Korrelationen zwischen den moralischen Werthaltungen von Müttern und Kindern, aber nicht zwischen Vätern und Kindern. Die Autoren kommen zu dem Schluß, daß die moralische Entwicklung des Kindes von dem Elternteil bestimmt wird, den sich das Kind zum Vorbild wählt. In Familien, in denen Mütter und Väter ähnliche moralische Wertvorstellungen haben, können beide Eltern gleichermaßen als primäres Vorbild dienen (zit. nach Blank Greif, S. 231). In den meisten der von Peck & Havighurst untersuchten Familien ging der größere Einfluß in der emotionalen und moralischen Entwicklung von der Mutter aus. Auch sie betonen aber, daß der Vater daneben als Hintergrundmodell wichtig zu sein scheint. Blank Greif interpretiert daher die bisher vorliegenden Untersuchungen dahingehend, daß die moralische Enwicklung letztlich von beiden Eltern beeinflußt wird (S. 235).

Zur Intelligenzentwicklung

In seiner Übersicht über die Ergebnisse der empirischen Forschung zur Rolle des Vaters in der Intelligenzentwicklung des Kindes führt Lamb (1976) aus, daß der Vater nicht nur als der „instrumentellere" Elternteil angesehen wird, sondern auch als der dem Kind im allgemeinen am besten erreichbare Repräsentant der äußeren sozialen Welt. Er wird damit zu einem spezifischen Medium, durch welches das Kind die gesellschaftlichen Wertvorstellungen und Rollenanforderungen aufnimmt, d. h. er vertritt in besonderer Weise die von der Gesellschaft speziell gewerteten Normen der Leistung und der Intelligenz (S. 27; siehe auch Abschnitt 2.3.)[82].

Zur Intelligenzentwicklung des Mädchens bezieht sich Biller (1976) auf Untersuchungen, die vermuten lassen, daß sich die Vater-Tochter-Beziehung auf die kognitiven Leistungen des Mädchens auswirkt. Er stellt fest, daß die in diesen Studien beobachteten Mädchen mit Vaterabwesenheit in den Leistungs- und Intelligenztests zum Teil niedrigere Quoten erreichten als Mädchen mit Vateranwesenheit. Andererseits zeigte sich, daß hohe Erwartungen des Vaters in Verbindung mit einer positiven Beziehung zwischen Vater und Tochter die Entwicklung des Mädchens zu Unabhängigkeit, Selbstsicherheit und anderen Persönlichkeitszügen in einer Weise unterstützten, daß dadurch die intellektuelle Karriere und der berufliche Erfolg erhöht wurden (Biller, 1974c; Biller & Meredith, 1974; Crandall, Dewey, Katkovsky & Preston, 1964; zit. nach Biller, S. 133). Nash (in: Lamb, 1976) zitiert eine Untersuchung von Kundsin (1974), der in seiner Analyse von Biografien beruflich erfolgreicher Frauen aufzeigte, wie sehr die Väter dieser Frauen das positive Selbstbild ihrer Töchter und ihre Fähigkeit zur Leistung beeinflußten (S. 76; siehe auch Abschnitt 6.1., Anmerkung 110).

Lamb (1975) erwähnt Untersuchungen von Ginzberg (1971) und L. Hoffman (1973), die ebenfalls vermuten lassen, daß die Teilnahme des Vaters an der Erziehung der Kinder bei Mädchen eine hohe Leistungsbereitschaft fördert, besonders in den Fällen, in denen er zu Ausführung und unabhängiger Aktivität ermutigt (S. 255). Diese Ergebnisse finden Ergänzung in einer Studie von Osofsky & O'Connell (1972), in der Mädchen im Kontakt mit ihrem Vater größeres Engagement in der Bewältigung von Aufgaben zeigten, während sie im Kontakt mit ihrer Mutter zu mehr zwischenmenschlichen Interaktionen neigten (in: Lamb, 1986, S. 15).

Fthenakis (1985) zitiert eine Studie von Parke (1981), deren Ergebnisse den Schluß zulassen, daß der Einfluß des Vaters auf die kognitive Entwicklung seiner Tochter im Vergleich zum Sohn nicht so sehr in den ersten Lebensjahren als vielmehr in den späteren Entwicklungsperioden relevant wird. Fthenakis meint, daß diese Differenz möglicherweise durch eine unterschiedliche Interaktion von Mutter und Vater im Umgang mit ihren Kindern bedingt ist. Diese Annahme ließe sich durch Studien von Clarke & Stewart (1978, 1980) bestätigen, die beobachteten, daß Väter und Mütter ihre 16 und 29 bzw. 30 Monate alten Kinder in unterschiedlicher Weise kognitiv stimulierten: der Vater schien besonders durch seine Erwartungshaltung einen Beitrag zur Selbständigkeit des Kindes zu leisten, wobei primär die Söhne von ihm zu eigenständigem Erkundungsverhalten ermuntert wurden (Fthenakis, S. 293; siehe auch die Angaben hierzu im Ab-

---

[82] Radin (1976) betont den Mangel an gezielten Studien über die Vater-Kind-Beziehung im Hinblick auf die Intelligenzentwicklung und die Unzulänglichkeit vieler Studien in ihrem methodischen Ansatz.
Sich auf Lynn (1974) und Biller (1971) beziehend geht die Autorin davon aus, daß neben biologischen Faktoren der Einfluß der Umgebung zur Intelligenz des Kindes beiträgt; weist aber ausdrücklich darauf hin, daß die beobachtbaren Ergebnisse über den Einfluß des Vaters - als isolierter Faktor ohne Berücksichtigung des gesamten Umfeldes des Kindes - mit Vorsicht zu analysieren sind (S. 237).

schnitt 2.3.). Aus Forschungsarbeiten von Block (1979*b*) wurde deutlich, daß Väter wie auch Mütter nur bei ihren Söhnen auf Leistungs- und Konkurrenzfähigkeit bzw. auf Unabhängigkeit und Selbständigkeit besonderen Wert legten (Fthenakis, S. 294).

Ambivalentes Verhalten bei Vätern

In mehreren Berichten über empirische Forschungsergebnisse wird das ambivalente Verhalten von Vätern hinsichtlich der intellektuellen Entwicklung der Tochter erwähnt. Lamb (1976) schreibt, daß die ambivalente Einstellung des Vaters hinsichtlich der Förderung kognitiver Kompetenz bei Frauen die Entwicklung seiner Tochter hemmen kann. Fthenakis (1985) greift diese Stellungnahme von Lamb auf und schreibt:

„Lamb (1976*c*) liefert hierfür eine Erklärung, indem er von einer Inkonsistenz im Verhalten des Vaters gegenüber seiner Tochter ausgeht, die eine ambivalente Haltung des Vaters in bezug auf die Unabhängigkeit bzw. Leistungsfähigkeit von Mädchen/Frauen widerspiegele. Lamb, Owen & Chase-Lansdale (1979) glauben, daß Väter ihre Töchter nicht so ernst nehmen wie ihre Söhne und einen eher lockeren und neckischen Umgang mit ihnen pflegen, aus dem sich ein inkonsistentes Stimulationsverhalten rekonstruieren läßt (vgl. hierzu Johnson, 1963, Radin 1976)." (S. 294)

Sich auf eigene Studien beziehend (Biller & Meredith, 1974) erwähnt auch Biller (1976) das rigide Geschlechtsrollenverständnis, das Väter häufig zeigen und mit dem sie in ihrem Eifer, ihre Töchter zu „weiblichen" Wesen machen zu wollen, diese aktiv entmutigen in der Entwicklung intellektueller und physischer Kompetenz (S. 123). Desgleichen zitiert Radin (1976) eine Arbeit von Lynn (1974), der der Ansicht ist, daß Väter dazu neigen, ihren Töchtern gegenüber in einer geschlechtsstereotypen Art und Weise zu reagieren. Lynn vermutet, daß dieses stereotype Verhalten die kognitive Entwicklung der Töchter stört, indem Väter intellektuelles Wachstum und Leistungsstreben als männliche Vorrechte ansehen, die in ihren Töchtern nicht als weibliche Qualitäten unterstützt werden sollten. Wenn Väter hingegen eine Beziehung zu ihrer Tochter unterhalten, in der das Mädchen die intellektuellen Bemühungen und die Leistungsmotivation des Vaters selbst als Modell für sich übernehmen kann und vom Vater dazu ermutigt wird, stärkt er diese Eigenschaften in seiner Tochter (Radin, S. 253). Zum gleichen Aspekt erwähnt Fthenakis (1985) Beobachtungen von Osofsky & O'Connell (1972), aus denen der Eindruck zu gewinnen war, daß die Väter eher bemüht schienen, ihren Töchtern zu vermitteln, daß Erfolg im Leben weniger durch unabhängige Leistungen als durch das Bemühen in affektiven Beziehungen zu erreichen ist (S. 316-317).

Lamb (1976) bezieht sich auf eine ausgedehnte Studie von Radin & Epstein (1975), in der sich zeigte, daß die Väter ihre Töchter nicht direkt zu intellektueller Leistung ermutigten. Die Vater-Tochter-Interaktion war vielmehr charakterisiert durch uneindeutige Botschaften des Vaters, die zudem eher indirekt über die Mutter als Medium vermittelt wurden. Diese Haltung der Väter schien die intellektuelle Entwicklung der Mädchen zu verzögern (S. 19). Radin (1976) selbst berichtet über diese Studie, daß Väter ihren vierjährigen Töchtern gegenüber deutlich widersprüchliches Verhalten zeigten in der Art, wie sie auf die ausdrücklichen Bedürfnisse der Töchter eingingen oder diese ignorierten und sich eher abgeneigt zeigten, im Umgang mit ihren Töchtern Bitten oder Forderungen an diese zu stellen. Stattdessen sandten sie gegenüber ihren Töchtern unklare, gemischte Botschaften aus; ein Faktor, der in ihren Beziehungen zu den Söhnen fehlte.

Radin interpretiert diese Forschungsergebnisse dahingehend, daß die Spannungen in der Vater-Tochter-Beziehung das Mädchen davon abhalten, den Vater als Vorbild zu nehmen. Die ambivalenten Botschaften des Vaters scheinen vielmehr zur Entfremdung des Mädchens vom Vater beizutragen und die Wahrscheinlichkeit zu reduzieren, daß es den Vater als Modell für Problemlösungen, intellektuelles Streben oder für die sprachliche Entwicklung nimmt. Die vierjährigen Mädchen der Studie sahen offenbar in der Mutter ihre primäre Identifikationsfigur (S. 252).

Eine Erklärung für die Beweggründe dieses Aussendens ambivalenter Botschaften von seiten des Vaters ist nach Radin (1976) nicht einfach zu finden. Sie vermutet, daß ein Grund (nicht der alleinige) dafür sein kann, daß die Beziehung des Vaters zu seiner Tochter im Vorschulalter ein Moment des Flirtens enthält; dies könnte Väter veranlassen, Abstand von ihren Töchtern gewinnen zu wollen (S. 252). Lamb (1976) schreibt zu dem gleichen Aspekt in diesen Untersuchungsergebnissen von Radin & Epstein (1975), daß es vielleicht die Unsicherheit der Väter war, die sie in ihrer Haltung gegenüber ihrer Tochter so ambivalent erscheinen ließ, und daß diese Unsicherheit auch mit dem Umstand zusammenhängen könnte, daß sich in unserer Gesellschaft die weiblichen Geschlechtsrollen verändern und gegenwärtig in einem großen Übergang sind; - was Väter, die besonders mit der Geschlechtsrollentypisierung befaßt sind, irritieren mag (S. 24).

Radin (1976) ist allerdings auch der Ansicht, daß die Ergebnisse der genannten Studie den Schluß zulassen, daß Väter bis zu einem gewissen Grad auf ihre Töchter in der stereotypen Art und Weise reagieren, in der Männer mit Frauen umgehen (S. 252). Aberle & Naegle (1952) bestätigen diese Hypothese. In ihrer Studie meinten Väter der Mittelschicht, daß Töchter als angehende Ehefrauen und Mütter Entwicklungsmaßstäben unterlägen, die sie als Väter nicht anbieten könnten. Diese Väter identifizierten sich mit ihren Söhnen als ihren Nachfolgern in der beruflichen Karriere; ihnen wollten sie ein bestimmtes Rollenverhalten vermitteln für die zukünftige Auseinandersetzung des Sohnes mit der Welt der Männer. Hinsichtlich ihrer Töchter kreise die Besorgnis dieser Väter nicht wie bei den Söhnen um deren kognitive und intellektuelle Entwicklung, sondern um die Vorstellungen, daß die Tochter sich verheiraten und ein nicht zu dominierendes männliches Verhalten annehmen möge (zit. nach Radin, S. 252).

Distanz und Autonomie

Nach Radin (1976) belegen Forschungsergebnisse, daß zu große Nähe in der Vater-Tochter-Beziehung die intellektuellen Fähigkeiten des Mädchens eher zu beeinträchtigen scheinen, während eine nahe herzliche Beziehung zwischen Vater und Sohn den intellektuellen Fähigkeiten des Jungen eher förderlich ist. So berichtet Honzik (1967), daß eine freundschaftliche Haltung des Vaters gegenüber der Tochter, ohne zu große emotionale Verbundenheit, für die kognitive Entwicklung des Mädchens günstig scheint (zit. nach Radin, S. 253). Auch in einer Studie von Crancall, Deswey, Katkowsky & Preston (1964) zeigte sich, daß eine positive Reaktion des Vaters auf die intellektuellen Bemühungen des Mädchens einen günstigen Einfluß hatte, wenn dieses Interesse nicht zu forciert erschien (zit. nach Radin, S. 253). Teanhan (1963) belegt in einer Untersuchung über erfolgreiche Studentinnen, daß ein Vater, der im Umgang mit seiner Tochter weder väterliche Dominanz noch stereotype Vorstellungen von weiblicher Bedeutungslosigkeit in bezug auf intellektuelle Leistungen einsetzen muß, ihr mit dieser Haltung eine günstige Ausgangsbasis für ihre intellektuelle Entwicklung zu bieten scheint.

Bing (1963) vermutet, daß die Nähe zwischen Vater und Tocher, innerhalb eines begrenzten Rahmens, für die intellektuelle Entwicklung des Mädchens günstig ist. In seiner Studie zeigte sich dies besonders in der Förderung der sprachlichen Fähigkeiten (zit. nach Radin, S. 255). Landy, Rosenberg & Sutton-Smith (1969) berichten hingegen, daß die Beziehung zwischen Vater und Tocher die mathematischen Fähigkeiten der Tochter zu beeinflussen scheint; d. h. daß eine relative Nähe zum Vater die Übernahme der väterlich-maskulinen Art des Denkens unterstützt. Auch die Daten der Untersuchung von Corah (1965) interpretiert Radin (1976) dahingehend, daß die analytischen und mathematischen Fähigkeiten von Frauen zu einem gewissen Grad auf der Nachahmung väterlicher Denkprozesse in diesem Bereich basieren (S. 256-257).

Daß hohe Erwartungen des Vaters an die schulischen Leistungen der Tochter eher hemmend wirken, während ein gewisses Interesse des Vaters die Intellektualität der Tochter zu stützen scheint, zeigte sich auch in einer Studie von Solomon, Houlihan, Busse & Parelius (1971). Ein gewisser Betrag väterlicher Ermutigung, sich in Unabhängigkeitsbemühungen zu engagieren, frei von Feindseligkeit und Dominanzstreben des Vaters, war bei den Mädchen dieser Studie mit einem hohen Grad intellektueller Leistung assoziiert (zit. nach Radin, S. 257). Demgegenüber weist Heilbrun (1973) nach, daß Väter, die ihren Töchtern eine feindselige, kontrollierende Haltung entgegenbringen, diese in ihrer intellektuellen Entwicklung behindern (zit. nach Radin, S. 254). Auch Baumrind (1971) und Jordan, Radin & Epstein (1975) beobachteten in ihren Untersuchungen an Vorschulkindern, daß väterlicher Druck die Mädchen, aber nicht die Jungen, in ihrer Weiterentwicklung hemmte. Frühe Forderungen von Mittelschichtvätern nach Selbstbeherrschung des Kindes und eine späte Gewährung von Unabhängigkeit waren negativ korreliert mit den intellektuellen Werten von vierjährigen Mädchen; das späte Gewähren von Unabhängigkeit förderte dagegen den IQ der Jungen (zit. nach Radin, S. 255).

Die Mutter als Vermittlerin

Ähnlich den Ergebnissen über die moralische Entwicklung scheint auch für die intellektuelle Entwicklung zutreffend, daß der indirekte Einfluß des Vaters (über seinen Einfluß auf die Mutter) von besonderer Bedeutung ist. Honzik (1967) berichtet, daß die freundschaftliche Beziehung des Vaters zur Mutter die intellektuelle Entwicklung des

Mädchens unterstützt. Er nimmt an, daß die Haltung des Vaters gegenüber der Mutter ein geeignetes Klima schafft, in dem die intellektuelle Entwicklung der Tochter gefördert wird; eine vergleichbare Korrelation ließ sich für die Jungen der Studie von Honzik nicht ausmachen (zit. nach Radin, S. 259). Radin (1976) meint zu diesen Ergebnissen, daß das herzliche Verhalten von Vätern gegenüber ihrer Ehefrau die positive Zuwendung der Mutter gegenüber ihren Kindern erhöht und daß dies die Identifikation mit der Mutter unterstützt. Als Folge dieser günstigen Konstellation mag die intellektuelle Entwicklung des Mädchens stimuliert werden durch die Übernahme der Problemlösungsstrategien und Denkprozesse der Mutter. Diese These einer Assoziation zwischen der mütterlichen Wärme und der intellektuellen Kompetenz bei Vorschulmädchen wird durch eine Untersuchung von Radin (1974) belegt (Radin, S. 259).

Zudem lassen nach Radin (1976) die Ergebnisse der Studie von Radin & Epstein (1975) vermuten, daß die väterlichen Erwartungen an die Tochter das Verhalten der Mutter gegenüber ihrer Tochter beeinflussen: Die kurz- wie langfristigen Erwartungen des Vaters hinsichtlich der intellektuellen Laufbahn seiner Tochter waren in dieser Studie positiv korreliert mit den kognitiven Leistungen der Mädchen; dies galt nicht für das tatsächlich beobachtbare Verhalten des Vaters. Radin nimmt daher an, daß Mütter in ihrem Verhalten gegenüber ihrer Tochter den väterlichen Erwartungen zu entsprechen suchen. Hiermit in Zusammenhang stehen könnte, daß die stimulierende Haltung der Mutter mit der intellektuellen Kompetenz des Mädchens in der vorgenannten Studie signifikant korrelierte; dies galt wiederum nicht für die Entwicklung des Jungen (S. 260).

Abschließend schreibt Radin (1976) zum positiven Einfluß des Vaters auf die Intelligenzentwicklung des Mädchens:

> „As to girls, some degree of autonomy and distance from fathers appears to be associated with cognitive proficiency; although specific father interest in his daughter's academic progress appears to stimulate her intellective growth ... There is some indication that fathers can influence their children through the impact that men have on their wives; this is particularly evident for daughters." (S. 269)

Auf die Schlüsselfunktion verweisend, die Väter häufig hinsichtlich der Vermittlung kultureller Werte und gesellschaftlicher Normen in der Familie haben, schreibt Lamb (1976), daß Väter durch ihre aktive Teilnahme am Geschehen in der Familie und an der Erziehung der Kinder eine größere Gleichstellung in den Geschlechtsrollen begünstigen können, sofern sie in der Lage sind, durch ihr persönliches Verhalten deutlich zu machen, daß eine solche Gleichstellung mit ihrer männlichen Geschlechtsidentität durchaus vereinbar ist (siehe auch Bernstein, 1983, Abschnitt 4.2.3.). Lamb ist der Ansicht, daß der Einfluß der väterlichen Rolle auf die kindliche Entwicklung dadurch noch verstärkt würde (S. 25).

Zusammenfassung

Die Ergebnisse der vorstehend zitierten Studien belegen, daß Mädchen auf die fürsorglichen, Schutz und Anregung gebenden Verhaltensweisen des Vaters mit einer positiven Ausbildung ihres Selbstgefühls reagieren und daß die väterlichen Ermutigungen zur Entfaltung der kognitiven, nach Eigenständigkeit und Kompetenz strebenden Ich-Funktionen die intellektuelle Entwicklung des Mädchens fördern.

Strenge Autorität, einschränkende Anspruchshaltung und ambivalentes Verhalten des Vaters stellen hingegen belastende Faktoren in der weiblichen Entwicklung dar, mit denen er die Autonomie-Bestrebungen des Mädchens sabotieren kann. Zudem bewirken sie eine eher außengelenkte Übernahme geforderter moralischer Verhaltensweisen und rufen innerpsychisch Gefühle von Angst und Unsicherheit hervor. Dieses sensible Reagieren von Mädchen auf Einschränkungen und Unterdrückung von seiten des Vaters steht zum Teil im Gegensatz zu den Reaktionen der Jungen auf die autoritäre Strenge des Vaters.

Weiter lassen die Daten zur moralischen Entwicklung darauf schließen, daß Konflikte mit dem Vater die Schuldgefühle und damit die Gewissensbildung des Mädchens verschärfen und daß die strengen, festgelegten Gebote des Vaters eine spezifische Gefahr für die Entwicklung weiblicher Eigenständigkeit darstellen, indem das Mädchen dadurch in eine zu kritische Einstellung zu sich selbst geraten kann und in unbewußter Identifikation mit dem Vater, von dem es sich abgelehnt fühlt, moralische Forderungen für sich übernimmt, die nicht nur sein weibliches Selbstwertgefühl unterminieren, sondern auch seine Ausbildung eigener Urteilsfähigkeit behindern. Damit entsprechen diese empirischen Daten psychoanalytischen Erkenntnissen über Störungen in der Entwicklung von Eigenständigkeit im weiblichen Überich und den besonderen Einfluß des Vaters hierauf.

Überdies belegen die Forschungsergebnisse, daß sich Väter im allgemeinen als Repräsentanten der von der Gesellschaft gesetzten Normen und Werthaltungen verstehen, wenn auch ihr Einfluß in der Familie zu einem wesentlichen Teil emotional über die Mutter vermittelt scheint, und daß sie nicht selten versuchen, ihre Tochter an die männlich geprägten Geschlechtsrollenvorstellungen anzupassen.

Die psychoanalytische Annahme, daß die elterliche Übereinstimmung in der gemeinsamen Lebensgestaltung von größter Bedeutung für die Selbstentfaltung des Mädchens ist, wird durch die Ergebnisse der empirischen Forschung ebenfalls bestätigt, die ausweisen, daß in einer günstigen elterlichen Konstellation die Ermutigung des Kindes zu Selbständigkeit und Selbstbewußtheit durch den Vater eine wertvolle Ergänzung erfährt durch die Haltung innerer Anteilnahme an den Entwicklungsanstrengungen des Kindes von seiten der Mutter.

4.7.   Schlußbetrachtungen:
Erfassung der Realität mit Hilfe differenzierter Ich-Funktionen

Wie schon mehrfach in dieser Arbeit betont, können über den Einfluß der Vater-
imago auf die Persönlichkeitsentfaltung des Mädchens nur in Verbindung mit der
Imago der Mutter   einigermaßen gültige Aussagen gemacht werden. Auf diese
Einschränkung ist in allen Überlegungen zur Vater-Tochter-Beziehung immer wieder
hinzuweisen. Es ist allerdings auch festzuhalten, daß die Bedeutung des Vaters als
Vermittler in der Ausbildung wichtiger Differenzierungen in den Ich- und Überich-
Funktionen - aus denen erst ein reifes, realistisches Selbstwertgefühl entstehen kann -
nicht im gleichen Maße Beachtung findet wie der Einfluß der frühen Mutterbeziehung
auf die Entstehung des Selbst (siehe Vorbemerkung, 2. Kapitel).

Differenzierungen in der Realitätserfassung

In der Vorbemerkung zu diesem Kapitel wurde angedeutet, daß es in dem Bemühen um Loslösung und Individuation in der Phase der Latenz zu einer ersten bewußten
Auseinandersetzung mit der Realität kommt, die entscheidend über die Objektbeziehungen vermittelt wird; d.h. die Identifikation mit guten Objekten ist Voraussetzung für die
Entwicklung einer differenzierten Realitätsanpassung.

Zur Weiterführung dieser Überlegungen ist hier nochmals zu erinnern an Loewalds
(1982) Unterscheidung zwischen zwei Qualitäten der Realität, die jeweils bezogen sind
auf das besondere Verhältnis des Kindes zu Mutter und Vater in ihren unterschiedlichen
Funktionen. Unerläßlich für eine reife Persönlichkeitsstrukturierung ist nach seiner Ansicht die Integration beider Realitäten in das Ich (siehe die Abschnitte 4.1.1. und 2.2.1.).
Zur Entwicklung des Realitätsbewußtseins, das zunächst mit der Mutter verbunden ist,
schreibt er mit Hinweis darauf, daß es sich hierbei um eine magische Realität handelt:
„Auf frühen Entwicklungsstufen erlebt das Ich die Realität nicht als etwas
Objektives sondern gemäß dem Modus der verschiedenen Stufen der narzißtischen und magischen Realität; und in diesen Realitäten lebt das Ich." (S.
786)

Allmählich wird durch die Differenzierungen im Ich und Überich der Übergang
vom Lust- zum Realitätsprinzip möglich. Diese Vorgänge werden entscheidend durch
die Identifikation mit dem Vater beeinflußt. Nach Loewald (1982) besteht die Haupt-
aufgabe des Vaters darin, dem Ich des Kindes zu dessen größerer Organisation, Differenzierung und Integration zu verhelfen, um es unabhängiger von der Mutter zu machen. Auf diese Weise erlangt das reifende Ich die wachsende Fähigkeit zur Abgrenzung von der objektiven Realität, während es gleichzeitig diese Realität zu integrieren
lernt. In diesen Vorgängen entwickeln sich Ich und Realität miteinander (Loewald, S.
778).

Auch für die weibliche Entwicklung bedeutet dies, daß erst mit Hilfe des Vaters in
der triangulären Konstellation die Lösung aus der symbiotischen Realitätsbeziehung

mit der Mutter möglich wird und daß die Mutter den Vater in seiner spezifischen Funktion der Vermittlung objektiver Realität in diesen Unterscheidungs- und Differenzierungsvorgängen im Ich nicht ersetzen kann, denn hierzu muß eine Vaterimago (oder Ersatzimago) in der kindlichen Psyche vorhanden sein, wie dies von Abelin (1971) in seinem Konzept der „frühen Triangulierung" ausgeführt wird (siehe Abschnitt 2.2.3.).

Auch Modell (1982) verweist in seinem Aufsatz „Objektliebe und Strukturierung der Realität" auf die wichtigen Differenzierungsprozesse im Ich bei der Herausbildung der Fähigkeit zur Realitätsprüfung[83]. Hierbei bezieht er sich zunächst auf Hartmann („Notes on the Reality Principle", 1956), der die Strukturierung von Realität durch das Ich zweifach bestimmt sieht:

> Zum einen durch die autonomen Ich-Funktionen, die genetisch festgelegt sind, wie z. B. die Wahrnehmungsfunktion; zum anderen durch die Differenzierung von Ich-Funktionen, die sich aus den jeweiligen Umwelteinflüssen des Individuums im Beziehungsaustausch mit anderen entwickeln (S. 297; siehe auch Abschnitt 1.3.3.). Beim Ursprung des Ich als Produkt von Identifikationen spricht Modell von plastischen Ich-Strukturen, die aus den Einflüssen der Objektbeziehungen entstehen. Durch diese Umwelteinflüsse wird die Fähigkeit des Ich zur Realitätsprüfung entscheidend mitbestimmt (S. 299).

Modell (1982) verweist bei diesen Vorgängen auf die Bedeutung der frühen „hinreichend guten Mutterbetreuung". Aus ihr kann sich der Ansatz eines positiven Identitätssinns bilden, der eine erste Voraussetzung für die Realitätsanpassung darstellt. Modell schreibt:

> „Dieser Ansatz erlaubt den teilweisen Verzicht auf die triebabhängigen Anforderungen an das Objekt und ermöglicht damit die teilweise Akzeptierung der Unabhängigkeit von Objekten. Von diesem Prozeß hängt die Realitätsprüfung ab." (S. 298)

Hier ist zu ergänzen, daß in der weiteren Entwicklung die Fähigkeit des Ich zur Realitätsanpassung mit Hilfe der Triangulierung, vermittels positiver Identifikationen mit beiden Eltern, eine spezifische Förderung und Differenzierung erfährt; wobei der Vater, wie dargelegt, in verstärktem Maße die objektive Realität vertritt.

Ausdrücklich betont Modell in seinen Ausführungen zur Strukturierung der Realität die Wechselwirkung zwischen der Fähigkeit zur Realitätsprüfung und den Vorgängen der Differenzierung in den Ich-Funktionen des Fühlens und Denkens, denn nach seiner Ansicht stehen nicht nur die Funktionen des Denkens als Probehandeln ,

---

[83] Modell definiert den Begriff der Realitätsprüfung als „Fähigkeit, zwischen den Phantasien, Imagines und Halluzinationen der inneren Welt und den Wahrnehmungen der äußeren Welt zu unterscheiden." (S. 300)

sondern auch die Fühlfunktionen mit der rationalen Fähigkeit des Ich zur Realitätsprüfung in Zusammenhang. Gleichzeitig erwähnt er:

> „Diese Beobachtung steht jedoch nicht im Einklang mit der Annahme des
> 'gesunden Menschenverstandes' der älteren akademischen Psychologie, wo-
> nach Verstand und Gefühl verschiedenen Abteilungen der Psyche zuge-
> ordnet werden." (S. 309)

Zum umfassenderen Verständnis dieser Überlegungen ist hier zu erinnern an Mo-
dells (1965) Unterscheidung zwischen sekundären Gefühlen der Angst und Schuld, die
aus der Überichbildung hervorgehen und Orientierungshilfe bieten sowie Forderungen
und Wertungen beinhalten, mit denen sich das Ich auseinandersetzen kann, und primären Gefühlen der Ambivalenz aus den Anfängen der kindlichen Entwicklung, die in ihrer Diffusität das Ich aus dem Unbewußten überschwemmen. Nach Modell sind die Erfahrungen mit dem Vater als Gegenpol zur Mutter Voraussetzung für die Überwindung
der archaischen Ängste und Schuldgefühle aus den frühen Entwicklungsphasen (siehe
Abschnitt 4.1.3.).

Diese Erkenntnis läßt sich übertragen auf die Frage nach den Voraussetzungen für
die von Modell (1982) hervorgehobenen Differenzierungen in den rationalen Funktionen des Ich. Im Sinne Loewalds (1982) zeigt sich auch bei Modell (1965), daß es der
Vater ist, der dem Kind hilft, sich aus der diffusen Gefühlsbindung mit der Mutter her-
auszuentwickeln und auf der Grundlage selektiver Identifikationen mit ihm eine spezifische Weiterbildung in seinen Denk- und Fühlfunktionen zu erlangen, die dem Ich eine
differenzierte Anpassung an die Realität erlaubt[84].

Differenzierungen in der weiblichen Emotionalität

In der weiblichen Entwicklung kommt den Differenzierungen der Fühlfunktion unter Einbezug der Realität eine besondere Bedeutung zu, da sie die Fähigkeit zum
aktiven und realistischen Ausdruck der eigenen Wünsche und Interessen wesentlich
mitbestimmen. Dies zeigt sich bereits in der ödipalen Entwicklung mit der Herausbildung der Fähigkeit, die Erikson (1981) als Initiative-ergreifen bezeichnet (siehe
Abschnitt 3.8.) und die es dem Mädchen ermöglicht, die ersehnte Anerkennung in
seiner Weiblichkeit vom Vater zu erhalten. Aber auch die Überwindung des Ödipuskomplexes hat zur Voraussetzung, daß das Mädchen in Anpassung an die Realität
bei der Ablösung vom väterlich-ödipalen Liebesobjekt nicht nur seine Denkfunktionen,
sondern auch seine Fühlfunktionen zu differenzieren lernt. Deutsch (1988) spricht hier
von der notwendigen Sublimierung der Gefühlswerte in der weiblichen Entwicklung.

D.h.: Die Entwicklungsaufgaben im ödipalen Konflikt, die das weibliche Selbstwertgefühl stark berühren, lassen sich auch verstehen als Vorgänge notwendiger Diffe-

---

[84] Auch A. Balint (1982) bringt die Differenzierung der Fühlfunktion in Zusammenhang mit
der Fähigkeit zur Realitätsprüfung, indem sie betont, daß die fortschreitende Ausdehnung des
Realitätssinns das Gefühlsleben beeinflußt (S. 55-60).

renzierung in den Ich-Funktionen des Fühlens und Denkens; denn erst hierdurch kann es zu einem aktiven Aufnehmen und Einsetzen der Gefühle unter Einbezug der Erfordernisse der Realität kommen und damit zu einer Haltung, die im Gegensatz steht zum passiven Erleben von Emotionen und der passiven Erwartung des Geliebtwerdens. Da auf diese Weise auch die aggressive Komponente konstruktiv in das aktive Denken und Fühlen mit eingebracht werden kann, braucht es weder zu einer Verdrängung der analsadistischen Triebkomponente noch zu einer Abwehr der weiblich-libidinösen Wünsche zu kommen[85].

Vielmehr wirken sich die Differenzierungen in den Funktionen des Denkens und Fühlens günstig aus auf die synthetische Funktion des Ich mit seiner Fähigkeit, eine intellektuell erfaßte Situation mit der lebendigen gefühlsbetonten inneren Vorstellung und Einstellung hierzu in einen Zusammenhang zu bringen, so daß sich beide Komponenten wechselseitig durchdringen und ergänzen. Hierdurch entsteht die Sicherheit im weiblichen Gefühl, die dem Mädchen ermöglicht, die Realität in der Bedeutung, die sie in der gegebenen Situation für es hat, zu erfassen und angemessen damit umzugehen. Mit anderen Worten: Die Fähigkeit des Ich zur Synthese fördert die Ausbildung reifen Gefühls, indem die weibliche Emotionalität, die zur Weiblichkeit gehört und daher sehr wertvoll ist, in Anpassung an die Realität mit Hilfe der Funktion des Denkens differenziert werden kann. Daraus entsteht Ich-Stärke. Sie kommt u.a. darin zum Ausdruck, daß das Mädchen die Fähigkeit erlangt, in bewußter Auseinandersetzung mit den eigenen Triebbedürfnissen und narzißtischen Wünschen seine diffuse Emotionalität unter Einbezug der rationalen Funktionen des Ich in wertendes Gefühl umzuwandeln.

Gefahren in der Ausbildung der Fähigkeit zur Realitätsanpassung

Es entsteht nun die Frage: Worauf läßt sich der spezifische Einfluß des Vaters bei der Herausbildung eines positiven weiblichen Selbstgefühls zurückführen - wofür die Differenzierungen in den Ich-Funktionen Voraussetzung sind? Welche besonderen Faktoren in der Beziehungskonstellation Vater-Tochter fördern oder behindern hier eine günstige Entwicklung? Zunächst ist festzuhalten, daß der Hinweis in der einschlägigen Literatur auf den großen Einfluß, den ein positiver Ausgang des Ödipuskomplexes auf das weibliche Selbstwertgefühl hat, sich zu einem wesentlichen

---

[85] Diese Überlegungen kommen den Hinweisen von C. G. Jung (1976) nahe, der im Fühlen wie im Denken ebenfalls rationale Funktionen des Ich sieht, und zwar im Falle des Fühlens, wenn es das Ich ist, das einem Inhalt einen bestimmten Wert beimißt; während diffuse Gefühle als Stimmung aus bewußten oder unbewußten Inhalten hervorgehen, die das Ich beherrschen (S. 467).
Jung macht hierzu die Unterscheidung zwischen dem „passiven Fühlakt", bei dem das Subjekt durch einen Inhalt in seinem Gefühl angeregt wird und davon angezogen wird, und dem „aktiven Fühlakt", der Inhalte nach den gefühlsmäßigen Intentionen des Subjektes wertet. Er schreibt: „Das aktive Fühlen ist eine gerichtete Funktion, eine Willenshandlung, z. B. lieben im Gegensatz zu verliebt sein." (S. 470). Indem die Werte nach Gesetzen der Vernunft erteilt werden, ist das aktivgerichtete Fühlen als rational zu bezeichnen (S. 469-470), wenn es dabei auch zunächst um ein subjektives Annehmen oder Zurückweisen eines Inhaltes geht (S. 467).

Teil daraus erklären läßt, daß in der ödipalen Entwicklung eine günstige erste Anpassung des Kindes an die Realität zur Förderung der Ich-Funktionen wesentlich beiträgt (siehe auch Abschnitt 3.4.4). Stork (1986) betont, daß die Annahme des Realitätsprinzips auf der Ebene der ödipalen Entwicklung für die Fähigkeit zur Aufgabe der präödipalen narzißtischen Haltung unerläßlich ist und daß bei Störungen in der Narzißmusentwicklung die ödipale Position der Triangulierung nicht oder nur unvollständig erreicht wird (S. 28).

Eschenbach (1985) bestätigt diese Erkenntnisse. Sie beschreibt die narzißtischen Störungen ihrer Patientinnen als eine Folge nicht ausreichender ödipaler Auseinandersetzung und einer daraus sich ergebenden mangelnden Differenzierung in der Realitätsanpassung. Nach ihrer Ansicht ist die Vater-Tochter-Beziehung letztlich als ein Entwicklungsproblem im Narzißmus zu verstehen, das zu einer Fehlentwicklung in den Ich-Verhaltensweisen führt (S. 17). Zur Erläuterung ihrer Überlegungen berichtet Eschenbach von einer jungen Patientin, bei der es aufgrund der Idealisierung des Vaters aus Abwehr zu einer Überbetonung der intellektuellen Fähigkeiten und einer schwach besetzten Fühlfunktion kam. Die Bewunderung des Vaters und die Identifikation mit ihm (er war ein angesehener Professor) hinderten die Tochter an einer ausreichenden Differenzierung der eigenen Fühlfunktion (S. 51). Über die Situation der Patientin schreibt Eschenbach (1985):

„Die Patientin selber liebte und bewunderte den Vater sehr, sprach viel von ihm und nahm lebhaften Anteil, besonders auch an seinen wissenschaftlichen Forschungen. Ihre Beziehung zu ihm war sehr leistungsbetont, mit dem kontinuierlichen, aber niemals voll befriedigten Bedürfnis nach Anerkennung, Lob und formendem Zugriff. Anfangs unbewußt, sonnte sie sich in seinem Ruhm, und er entzückte sich an dem bezaubernden Kind, das so „kluge Worte" plauderte, wenn sie mit dem geistigen Erbe des Vaters kokettierte. Sie wurde mehr oder weniger zu seinem Echo. Gerade an dieser Stelle aber versagte jener Vater seiner Tochter gegenüber total. Unfähig, sich auf ihre wirklichen kindlich-mädchenhaften Bedürfnisse einzustellen oder einfühlen zu können, provozierte und protegierte er die rational-intellektuellen Fähigkeiten dieses Kindes, so daß es zwangsläufig zu einer einseitigen Libidoüberladung der extravertiert angelegten Denkfunktion kam und sich eine neurotisch komplexhaft-besetzte und libido-schwache Fühlfunktion entwickelte." (S. 51)

Nach Eschenbach litt ihre Patientin an einem Vaterkomplex, aufgrund dessen die intellektuelle Funktion als Kompensation für weibliches Gefühl stärker entwickelt wurde, weil dem Mädchen die einfühlsame Haltung des Vaters fehlte, der sich auf die emotionalen Bedürfnisse seiner Tochter einstellen konnte (S. 51).

Dieses Beispiel zeigt, daß die Abwehr der weiblichen Wünsche in einer Haltung betonter Intellektualität das Problem der Vatergebundenheit nicht löst. Nur über die Differenzierung der Ich-Funktionen in Annahme der Realität - hier insbesondere der Entwicklung der eigenen Fühlfunktion - kann sich das Mädchen aus der ödipalen Vaterbeziehung lösen. Wenn demgegenüber das rein verstandesmäßige Denken aufgrund eines ungelösten ödipalen Konfliktes Abwehrfunktion erhält, so bedeutet dies

Unsicherheit im weiblichen Gefühl. Horney (1923, 1926) beschreibt die aktive Abwehrhaltung gegenüber den eigenen weiblichen Gefühlsneigungen bei Frauen, die auf diese Weise die als schmerzhaft erlebte Realität in der ödipalen Konstellation zu verdrängen suchen (siehe Abschnitt 3.5.2.). Die weitgehend unterdrückten ödipalen Wünsche und Gefühle bleiben aber im Unbewußten bestehen; ihre Umwandlung und Differenzierung für die Aufnahme realitätsangemessener Objektbeziehungen wird damit verhindert (siehe auch Abschnitt 6.2.).

Die hier skizzierten Probleme im weiblichen Narzißmus lassen sich auch beschreiben als Phänomene der Projektion aus Abwehr: Die wahren Bedürfnisse und Gefühle werden verdrängt und auf die Außenwelt projiziert - mit der Folge, daß es in den Funktionen des Denkens und Fühlens zu gefährlichen Spaltungen kommt. M. Klein (1974) schreibt hierzu:

> „Die Folge dieser Spaltung (in der Phantasie, d. Verf.) ist eine sehr reale, da sie dazu führt, daß Gefühle und Beziehungen (und später Denkprozesse) tatsächlich voneinander abgespalten sind." (S. 148)

Was Klein zu diesen Projektionsvorgängen über die frühe Beziehung des Kindes zur Mutter ausführt, kann auf der ödipalen Entwicklungsebene ebenso für die Beziehung zum Vater Geltung erlangen. Es werden dabei im Mechanismus der Projektion bestimmte als positiv oder als negativ empfundene Anteile des eigenen Selbst der Verfügung des Ich entzogen. Über die projektive Identifikation als Folge der Idealisierung des Liebesobjektes (hier der Mutter) schreibt M. Klein (1974):

> „Die Identifizierung, die auf dieser Art von Projektion basiert, beeinflußt Objektbeziehungen auf eine verhängnisvolle Weise. Die Projektion von guten Gefühlen und Teilen des Selbst in die Mutter ist wesentlich für die Fähigkeit des Kindes, Objektbeziehungen zu entwickeln und sein Ich zu integrieren. Wenn indessen dieser projektive Vorgang überhandnimmt, werden gute Teile der Persönlichkeit als verloren empfunden, und auf diese Weise wird die Mutter das Ich-Ideal; dieser Vorgang führt ebenfalls zu einer Schwächung und Verarmung des Ichs ... und das Endresultat kann eine überstarke Abhängigkeit von diesen äußeren Repräsentanten seiner eigenen guten Teile sein." (S. 152)[86]

Und weiter bemerkt Klein (1974) zu diesem Defizit in der Ichentwicklung, das in gleicher Weise - als Ausdruck einer aggressiven Objektbeziehung - aus der Projektion gehaßter Teile des eigenen Selbst auf das Objekt entstehen kann:

> „Was das Ich selbst betrifft, so wird es durch übertriebene Spaltung und Ausstoßung von Ich-Teilen in die äußere Welt außerordentlich geschwächt. Denn das aggressive Element in den Gefühlen und in der Persönlichkeit ist auf das engste im Erleben mit Kraft, Potenz, Stärke, Wissen und vielen anderen wünschenswerten Qualitäten verbunden." (S. 152)

---

[86] Auch Hendrick (1964) vermutet im Steckenbleiben in der Idealisierung eines Objektes, das durch eine reale Person repräsentiert ist, einen Defekt in einer Ich-Funktion (S. 527).

Ungünstige ödipale Objektbeziehungen scheinen zu diesen Projektionen auf spezifische Weise beizutragen. Nach Jacobson (1978a) resultiert die narzißtische und häufig masochistische Liebeseinstellung aus der Ich-Spaltung aufgrund von Projektionen (S. 770). Auch Deutsch (1988) erwähnt, daß die Störungen in der Entwicklung aktiver Ich-Funktionen oft auf eine frühe Spaltung in der ödipalen Konstellation zurückgehen, in dem die Tochter, in Identifikation mit dem Vater, in ihrem aktiven Ich an ihn als ihrem Ichideal gebunden bleibt, während sie gleichzeitig die auf den Vater gerichteten, zeitweise ihm losgelösten, sexuellen Phantasien abspaltet. Eine passiv-masochistische Haltung in ihren späteren sexuell-libidinösen Beziehungen ist meist die Folge (S. 226-227). Bitter (1958) bemerkt, daß aus der Fixierung an den Vater eine Haß-Liebe zu ihm entsteht. In den Projektionen auf ihn, in gleichzeitiger Bewunderung und Ablehnung seiner Person, bleibt das Mädchen an ihn gebunden und verfehlt eine eigenständige Enwicklung (S. 112-113).

Hinter dieser Gebundenheit steht der unbewußte Wunsch, vom Vater doch noch den eigenen Wert als Frau und eigenständige Person bestätigt zu erhalten. D.h.: Es ist dieses Hängenbleiben in der Suche nach väterlicher Anerkennung, die dem Mädchen in wichtigen Momenten gefehlt hat, das die narzißtische Verletzung des Mädchens/der Frau in der ödipalen Beziehung ausmacht. Das vergebliche Hoffen und Bemühen, die Enttäuschungen am Vater mit Hilfe einer idealen Liebesbeziehung zu einem Mann doch noch rückgängig zu machen, beschreibt Winter (1967) als „Ritter-Georg-Erwartung" (siehe Abschnitt 3.5.1.).

Auch das bei Frauen zu beobachtende Wunschdenken sowie eine unangemessene Emotionalität und Irrationalität in ihrem Verhalten haben häufig als Ursache eine ödipale Fixierung, in der das weibliche Gefühl unbewußt noch an das innere Vaterbild gebunden ist; hier ist auf eine passive Identifikation mit dem Vater zu schließen. Das Mädchen muß aber seine Gefühle für den Vater als zu sich gehörig erkennen und sich in seinem weiblichen Gefühl aus der unbewußten Identifikation mit dem Vater lösen. Es geht hier um die wichtige Unterscheidung zwischen dem weiblichen Selbst und dem anderen, dem Vater als männlichem Gegenüber (siehe Fast, 1979). Die Überwindung dieser ödipalen Phantasien und masochistischen Tendenzen bedeutet Gefühlsdifferenzierung, die nur möglich wird durch die Zunahme des Realitätssinns im Ich.

Ebenso wie Eschenbach (1985) meint Deutsch (1988) zu diesen Vorgängen, daß vieles darauf ankommt, wie der Vater reagiert, damit das Mädchen die ödipale Traumwelt aufgeben kann, in dem er ihre aktive Realitätsanpassung fördert (S. 222, 225). D.h.: Wenn der Vater seiner Tochter in der ödipalen Konstellation die Realität nicht ausreichend vermitteln kann in einer angemessenen Bestätigung und Befriedigung ihrer emotionalen und narzißtischen Bedürfnisse, bleibt das Mädchen vor allem in der Gefühlsbeziehung zu männlichen Partnern in den an den Vater gebundenen Teilen seines Wesens unbewußt und damit unfrei (siehe auch die Abschnitte 3.6. und 5.1.2.).

Zusammenfassung

Erikson (1981) stellt in seinem epigenetischen Entwicklungsschema (siehe Abschnitt 1.3.3.) das Gefühl von Unzulänglichkeit und Minderwertigkeit - das aus unzureichender Lösung psychischer Konflikte entsteht und die passive Abhängigkeit von Bestätigung durch andere zur Folge hat - der Entwicklung eines gesunden Identitätsgefühls gegenüber, das auf der Möglichkeit zur Entfaltung des natürlichen Aktivitätsdranges des Kindes basiert. Er spricht hier vom Werksinn, der in der Latenzperiode zu einer spezifischen Entwicklungsaufgabe wird und für die Herausbildung von Selbstwertgefühl außerordentlich bedeutsam ist (1981, S. 98-106). Aufgrund dieser Entwicklung in den aktiven Ich-Funktionen entsteht ein „realistisches Selbstwertgefühl", das den sozialen Austausch mit der Umwelt einschließt (zit. nach Jacobson, 1978b, S. 36-37). Die Überwindung des Ödipuskomplexes ist hierfür Voraussetzung.

Bezogen auf die Vater-Tochter-Beziehung belegen die Erkenntnisse der psychoanalytischen Praxis ebenso wie die Ergebnisse der empirischen Forschung (siehe die Abschnitte 4.6. und 5.2.), daß hinsichtlich der Entwicklung eines realistischen weiblichen Identitätsgefühls die Bedeutung des Vaters in erster Linie in seinem persönlich-emotionalen Austausch mit seiner Tochter liegt. Wenn die Gefühlsbindung an ihn eine positive ist, kann es zu einer die weibliche Entwickung fördernden Identifikation mit ihm kommen.

D.h.: Ausschlaggebend für den Einfluß des Vaters auf die Entwicklung weiblichen Selbstwertgefühls ist nicht seine rationale Haltung oder seine Intellektualität, sondern seine gefühlsmäßige Einstellung gegenüber seiner Tochter. Auch in einer ungünstigen Konstellation läuft sein Einfluß über die emotionale Beziehungskomponente, die dann sekundär negative Auswirkungen hat auf die rationale Ichentwicklung des Mädchens wie auf die Ausbildung eines Gefühls „persönlicher Identität"; die das Gefühl für den eigenen Wert einschließen sollte (siehe Jacobson, 1978b, S. 37). Die Bildung eines stabilen positiven Selbstgefühls hängt also wesentlich auch davon ab, ob das Mädchen seinen Vater lieben darf und ob es sich von ihm angenommen fühlt.

Indem der Vater in seiner Rolle als präödipales/ödipales Liebesobjekt seiner Tochter hilft, ihre Fühlfunktion zu differenzieren und damit gleichzeitig als Repräsentant objektiver Realität ihre Fähigkeit zur Integration dieser Realität beeinflußt (siehe Herzog, 1991, Abschnitt 2.2.6.), fördert er nicht nur die realistische Einstellung des Mädchens zu sich selbst, sondern auch dessen Objektbeziehungsfähigkeit, denn die Differenzierung des Realitätssinns in den Ich-Funktionen erhöht die Fähigkeit zu realitätsangemessener Objektliebe in Überwindung der narzißtisch-ödipalen Wünsche (siehe Loewald, 1982). Erni (1971) schreibt daher zu dem Mangel an positiver Identifikation mit dem Vater:

> „Bei negativem Vaterbild und alleiniger positiver Identifikation mit der Mutter fehlt dem Mädchen in seinen Gefühlskräften das ordnende Gegengewicht des Verstandes. Wohl können sogar intellektuelle Höchstleistungen zustande kommen, doch erfolgen sie wie abgespalten vom Gemüt; im praktischen Leben fehlt es darum meist an wohltuender Klugheit." (S. 277-278)

Das heißt auch: Wenn das Bild des Vaters - in seiner Funktion eines heterosexuellen Liebesobjektes und Vertreters männlicher Verhaltensweisen und Realitätsauffassung - keine ausreichend positiven Züge erhält, kann es nicht zu einer das Selbstwertgefühl des Mädchens fördernden Integration des Männlich-Väterlichen in das weibliche Ich kommen. Es entsteht vielmehr die Gefahr, daß diese männlichen Anteile in den oben beschriebenen Projektionsmechanismen (siehe M. Klein, 1974) Ausdruck finden, in denen das Mädchen das Männliche als fremd und eher feindlich erlebt oder es idealisiert und davon fasziniert bleibt (im Mechanismus unbewußter Identifikation). Auf diese Weise kann es nicht zu einem harmonischen Ausgleich zwischen weiblichen und männlichen Wesensanteilen kommen mit der Folge einer Verarmung des Ich.

5. Entfaltung weiblicher Eigenständigkeit

„Man muß auch als Tochter die Übermacht des Vaters in sich selbst überwinden, um erwachsen werden zu können."
(G.R. Heyer, 1951, S. 37)

Vorbemerkung

Im Hinblick auf die weibliche Identitätsbildung betrachtet M.R. Leonard (1966) nach der ödipalen Phase die Pubertät und Adoleszenz als zweite wichtige Periode im Leben des Mädchens, in der die Anwesenheit des Vaters und die Qualität seiner Teilnahme an der Entwicklung der Tochter von besonderer Bedeutung sind. Auch Adams-Tucker & Adams (1980), Ekstein (1980) und Erni (1971) verweisen auf die spezifische Funktion des Vaters während der Adoleszenz, in der die Ablösung des Mädchens von den Eltern, seine Entwicklung zu sexueller Intimität und sein Streben nach Selbständigkeit als Entwicklungsaufgaben im Vordergrund stehen.

Deutsch (1988) sieht in den Triebkonflikten und narzißtischen Unsicherheiten die Hauptschwierigkeiten der Adoleszenz. Sie hebt hervor, daß das Gefühlsleben in seiner nahen Beziehung zu den Triebvorgängen der Teil der Persönlichkeit ist, der von den Entwicklungen in dieser Phase, die bedeutsame Reifungsprozesse in den kognitiven Fähigkeiten einschließen, am meisten betroffen wird und daß hier die wichtigsten Probleme liegen, die mit den Gefühlsbeziehungen zu den elterlichen Liebesobjekten und den Identifizierungen mit ihnen in Zusammenhang stehen (S. 82). Sie schreibt:
„Die Aufgabe, die die Adoleszenz zu bewältigen hat, besteht vor allem darin, aus der Phase des gesteigerten Narzißmus zu Objektbeziehungen zu gelangen und in ihnen eine günstige Verbindung der zärtlichen und sexuellen Strömungen zu erreichen. In dieser Zeit des gewaltigen Fortschritts wird paradoxerweise die Wichtigkeit des Kindheitserlebnisses, das Persistieren der alten Vorbilder, kurz der regressive Zug, in der seelischen Entwicklung besonders deutlich sichtbar." (S. 102)

Ekstein (1980) geht ausführlich auf das Beziehungsverhältnis zwischen Vater und Tochter in der Adoleszenz ein. Er betont die notwendige Erreichung einer neuen Ebene gemeinsamer Verständigung zwischen beiden in einer sublimierten Form. Dieser Prozeß beginnt bereits in der Latenzperiode. Als Voraussetzung hierfür muß der Vater in der Lage sein, den sinnlichen Kontakt zu seiner in ihrer Weiblichkeit heranreifenden Tochter aufzugeben, ohne die Beziehung zu ihr abbrechen zu müssen aus Angst vor den eigenen libidinösen Phantasien und Impulsen (siehe Abschnitt 3.6.).

Weiter führt Ekstein aus, daß der Vater in der Adoleszenz wiederum zu einem Mittler wird im entscheidenden Kampf des Mädchens um Ablösung und Individuation, der nun hervorgeht aus dem bewußten Wunsch, die kindliche Identifikation mit den Eltern zu überwinden und es selbst zu sein. Es beginnt damit für das Mädchen wie für den

Vater zunächst eine unangenehme und schmerzliche Zeit, in der der Vater seine Tochter nicht länger als kleines Mädchen behandeln kann und aufhören muß, ihren kindlichen Forderungen zu entsprechen. Die Auseinandersetzungen, die daraus entstehen, führen häufig zu Enttäuschungen, durch die es in der Beziehung zwischen Vater und Tochter zu Ambivalenz kommt. Dabei können die Wut auf den Vater und die Sehnsucht nach ihm das Mädchen in intensive innere Kämpfe verwickeln, während es versucht, die eigene Identität zu finden und den entscheidenden Schritt der Trennung vom Vater zu vollziehen (S. 216). Nach Ekstein (1980) ist in diesem Konflikt für das Mädchen wichtig, daß der Vater seine Tochter gehen lassen kann, daß er sich verständnisvoll zeigt und nicht verbietend auf die Ablösungskämpfe reagieren muß. Dies hilft dem Mädchen, das Wiedererwachen früher intensiver ödipaler Strebungen zu überwinden (S. 217).

Zur Situation unserer Zeit meint Ekstein, daß die Ausrichtung des Mädchens auf berufliche Ziele und die allgemeine sexuelle Freiheit dazu geführt haben, daß adoleszente Mädchen den Jungen in ihrer Bewegungsfreiheit erfreulicherweise relativ gleichgestellt sind. Er sieht aber in der freien Liebe und den neuen Mitteln der Geburtenkontrolle auch eine Gefahr, durch die Mädchen in der Adoleszenz in Risiken geraten können, die sie nicht meistern können. Da sich diese Risiken häufig in einer krisenhaften Beziehung zwischen Vater und Tochter widerspiegeln (S. 217), betont er, daß in den Situationen des Ausprobierens neuer Beziehungen vieles auch davon abhängen mag, ob der Vater sich zurückzieht und seine Tochter in ihrer neuen sexuellen Freiheit sich selbst überläßt, oder ob er in der Lage ist, ihr zu helfen, ihr psychisches Gleichgewicht zu halten, so daß sie in ihm einen Partner erlebt, der ihr Halt gibt und ihr hilft, sich mit Werten zu identifizieren, die sie davor schützen, ein frühreifes Pseudo-Erwachsensein agieren zu müssen (S. 218).

In einer positiven Entwicklung kann nach Ekstein mit der Lösung aus der kindlichen Bindung an die Eltern ein neues Liebesband zwischen Vater und Tochter entstehen, das Trennung erlaubt und weitere Individuation. Ausdrücklich hebt er hier nochmals hervor, daß der Vater seine Tochter gehen lassen, sie weggeben muß (wie dies in der Heiratszeremonie ausgedrückt wird) und daß er erkennen muß, daß es sich dabei nicht um ein Aufgeben der Tochter handelt, sondern um eine weitere Reifung in der gemeinsamen Beziehung, in der Bindung und emotionaler Austausch bestehen bleiben; jetzt in veränderter Qualität einer Beziehung zwischen Erwachsenen. Ekstein fügt allerdings hinzu, daß Väter es häufig schwierig finden, ihre Tochter gehen zu lassen (S. 218). Weiter betont er, daß es ein Mädchen schwer hat, sich ohne gleichzeitige Vater- und Mutterbeziehung zu einer reifen Persönlichkeit zu entwickeln, denn es braucht im Grunde neben der Mutter immer auch den Vater, der seiner Tochter für die Auseinandersetzung mit der Welt zum Vorbild werden kann. Letztlich stellt eine positive Vater-Imago in der Psyche des Mädchens einen lebendigen Schutz dar, der sein Selbstvertrauen stärkt (S.219).

Adams-Tucker & Adams (1980) heben in ihrer Arbeit über das Vater-Tochter-Verhältnis den Aspekt männlich-weiblicher Differenzierung in der Psyche des Mädchens hervor. Sie betonen, daß das adoleszente Mädchen weibliches Verhalten in großen Teilen vom Vater lernen kann, indem es sich mit ihm identifiziert und dabei seine Ansichten von Weiblichkeit verinnerlicht. Dies ist dem Mädchen besonders dann möglich, wenn es dem Vater gelingt, in seinem Austausch mit der Tochter seine eigene Weiblichkeit einzusetzen, die mit seinem mehr männlich geprägten Verhalten kontrastiert. Die Autoren vermuten, daß durch dieses Ausbalancieren des Vaters zwischen seinen männlichen und weiblichen Verhaltensmustern in seiner Haltung gegenüber seiner Tochter dem Mädchen neben den traditionellerweise als männlich angesehenen Attributen von Selbstbehauptung und Zielorientiertheit ein klares Konzept von Weiblichkeit vermittelt wird (S. 232).

Überdies betonen Adams-Tucker & Adams, ebenso wie Ekstein, daß es zur Aufgabe des Vaters gehört, seine Tochter in der Adoleszenz vor sexueller Ausbeutung in Beziehungen zu Männern zu schützen, während er ihr gleichzeitig vermitteln sollte, daß die Adoleszenz die Zeit des sexuellen Experimentierens ist. Er darf daher ihre weibliche Sexualität nicht durch Verbote hemmen, sondern muß ihr gegenüber zum Ausdruck bringen, daß sie in ihrer Intimsphäre eine eigene Person ist. Er muß, so die Autoren, seine Tochter in ihr Frausein freigeben. Hier kommen allerdings auch Adams-Tucker & Adams zu dem Ergebnis, daß sich Väter häufig vor der Adoleszenzentwicklung positiv auf ihre Tochter einstellen, dann aber plötzlich sehr besitzergreifend, mißtrauisch und die Tochter in ihrer Entwicklung eher einschränkend, auf deren Ablösungsbestrebungen reagieren[87].

Abschließend stellen Adams-Tucker & Adams (1980) fest, daß gerade der Vater in seiner spezifischen Rolle als heterosexuelles Liebesobjekt seiner Tochter Bilder von Weiblichkeit und Männlichkeit vermitteln kann, durch die ihr Repertoire im Hinblick auf das eigene Geschlechtsverhalten und das anderer beträchtlich bereichert wird. Er kann auf diese Weise viel zur emotionalen Gesundheit seiner Tochter beitragen und stellt daher nach Auffassung der Autoren besonders in der sexuellen Entwicklung seiner Tochter eine starke Macht zum Guten wie zum Bösen dar (S. 233-234; siehe auch die empirischen Forschungsergebnisse, Abschnitt 5.2.).

Ashways (1981) Beobachtungen in ihren therapeutischen Gruppen mit jungen Frauen ergänzen die Hinweise von Ekstein (1980) und Adams-Tucker & Adams (1980) zur Haltung des Vaters gegenüber der aufblühenden Sexualität seiner Tochter. Ashway

---

[87] In diesen Zusammenhang gehören Carol Hagemann-Whites Ausführungen über verdeckte libidinös-sexuelle Verstrickungen des Mädchens im Bezug zum Vater, die offenbar meist erst in der Adoleszenz sichtbar werden: Die Autorin ist der Ansicht, daß der Kindheitsstatus des Mädchens dadurch sexualisiert wird, daß das Mädchen in der allgemeinen Auffassung häufig als Besitz des Vaters angesehen wird, der dementsprechend hauptsächlich seine Verfügungsgewalt gegenüber dem Mädchen empfindet (Vortrag an der Universität Frankfurt/M., 1981).
Auch Meyer zur Capellen (1982) hat diesen Aspekt in ihrer psychoanalytischen Deutung des Beziehungsverhältnisses zwischen Vater und Tochter im Märchen herausgearbeitet. Danach sind, zumindest waren sie es in der Vergangenheit, Besitzanspruch auf die Person des Mädchens und Machtanspruch über dessen sexuelle Entfaltung die bestimmenden Faktoren in der Vater-Tochter-Beziehung.

verweist auf die Schwierigkeiten, die junge Frauen auch heute haben, ihre eigenen Bedürfnisse nach Intimität und Sexualität zu erkennen, zu respektieren und anzunehmen. Einen wesentlichen Grund hierfür sieht sie in der in der Allgemeinheit immer noch vorhandenen ambivalenten Einstellung gegenüber weiblicher Sexualität, die bei jungen Frauen Schuldgefühle verursacht, auch wenn auf der anderen Seite sexuelle Beziehungen unter Gleichaltrigen inzwischen durchaus in den kulturellen Kontext gehören (S. 490). Zu diesen Problemen macht die Autorin u.a. folgende Angaben (S. 489-491):

> Mit der Realität vorehelicher Erfahrungen im Umgang Jugendlicher untereinander muß sich heute jedes heranwachsende Mädchen auseinandersetzen. Dabei zeigt sich, daß die Konsequenzen, die sich aus diesen heterosexuellen Freundschaften ergeben, emotional sehr aufgeladen sein können und daß sie für das Mädchen nicht immer Freude an der neuen Intimität bedeuten, noch Befreiung von Verboten garantieren.
> Häufig spielt der Druck der Gruppe der Gleichaltrigen oder die Haltung des Freundes bei der Aufnahme sexueller Beziehungen eine Rolle, während die adoleszenten Mädchen ihre eigenen Bedürfnisse und Gefühle eher übersehen und dadurch in innere Konflikte geraten, die mit ihrer Enttäuschung über das Beziehungsverhalten der jugendlichen Männer in Zusammenhang stehen. Wörtlich schreibt Ashway (1981):
> „It is not unusual to hear girls mentioning that they felt used sexually, and that they perceived the males as the aggressors in the relationship and themselves as objects." (S. 490)

D.h.: Die Übernahme einer aktiven, verantwortungsbewußten Haltung beim Erkennen der eigenen sexuellen Impulse fiel den jungen Frauen in Ashways Gruppe häufig schwer, da sie mit der Sexualität verbundene Schuldgefühle verleugnen mußten. Ashway interpretiert diese Abwehrhaltung als Reaktion auf eine Sozialisation, die Mädchen dazu erzieht, sich passiv auf die Umwelt einzustellen. Eine besondere Gefahr für das adoleszente Mädchen sieht sie darin, daß diese passive Haltung der Entstehung von Gefühlen der Demütigung, Erniedrigung und des Unbefriedigtseins Vorschub leistet (S. 490).

Wesentlich trägt bei zu den Schwierigkeiten und häufigen emotionalen Überforderungen, denen Mädchen in der Adoleszenz im Hinblick auf ihre Sexualität ausgesetzt sein können, daß viele Eltern vor vorehelichen Kontakten warnen und voreheliche Sexualität als anstößig hinstellen, statt ihre Töchter zu stützen und zu schützen, indem sie ihnen ausreichende Wärme und Orientierungshilfe geben in den Fragen heterosexueller Beziehung und daraus möglicherweise resultierender Gefahren (S. 490)[88].

---

[88] Kestenberg (1988) bemerkt, daß noch heute Eltern ihre Tochter im Hinblick auf deren sexuelle Identität in Verwirrung bringen und damit ihre weibliche Identität eher verwischen. Eine echte Freiheit in seiner libidinösen Entwicklung kann das Mädchen aber auf diese Weise schwerlich erreichen (S. 351). Zudem ist auch Kestenberg der Auffassung, daß heranwachsende Mädchen heute allzu früh sexuelle Beziehungen suchen und nach einer

Ashway betont hier, daß die hemmenden familialen und gesellschaftlichen Einflüsse auf die weibliche Sexualität häufig eine Ergänzungsreihe bilden mit Störungen in der Ichentwicklung von Mädchen, deren Ambivalenz- und Schuldgefühle im Zusammenhang mit ihren sexuellen Wünschen auch Anzeichen dafür sind, daß noch keine wirkliche Ablösung aus der inzestuösen Bindung an den Vater erreicht wurde (S. 492)[89]

Neben der Fähigkeit zur Intimität liegt die zweite entscheidende Entwicklungsaufgabe in der Adoleszenz in der Herausbildung der Fähigkeit zu Eigenständigkeit und Selbstverantwortung. Hier ist die Möglichkeit zur Auseinandersetzung mit dem Vater auch für das Mädchen besonders wertvoll, worauf Ekstein und Adams-Tucker & Adams ebenfalls hinweisen. Erni (1971) berichtet über das Ergebnis einer Befragung von Jungen und Mädchen in der Pubertät/Adoleszenz nach ihrem Verhältnis zum Vater: Es stellte sich in dieser Untersuchung heraus, daß bei den interviewten Jugendlichen allgemein ein Bedürfnis bestand nach der Teilhabe und Unterstützung des Vaters bei ihrer Bewältigung wichtiger Schritte in die Selbständigkeit - auch wenn der Vater an den eigenen, sich entwickelnden Wertmaßstäben scharf gemessen wurde (S. 269). Die Abwesenheit des Vaters wie seine Interesselosigkeit oder seine Unfähigkeit zu helfen, wurden von den Jugendlichen der Studie als besonderer Verlust erlebt (S.128). Zum Einfluß, den das Vaterbild auf die psychische Entwicklung ihrer jugendlichen Probanden hatte, schreibt Erni (1971):

„Die Vatergestalt wird nicht nur erlebt und gewertet, sie trägt als lebendiger, seelischer Inhalt Selbstdynamik in sich. Sie ist mehr als ein bloßes Vorbild, dem nachgeeifert oder das als Gegenideal verworfen wird. Vielmehr trägt das Leitbild Kräfte in sich, die zu einem großen Teil sich der Kontrolle des Bewußtseins entziehen oder die erst nach ihren Auswirkungen rückblickend als solche erkannt werden... ." (S. 267)

Damit bringt Erni (1971) zum Ausdruck, daß die Vater-Imago einen größeren Einfluß auf die Entwicklung des Heranwachsenden ausübt, als ihm gewöhnlich bewußt ist.

---

sexuellen Gleichheit streben, die nur ihren Masochismus aktiviert und sie zu Opfern ihrer männlichen Partner macht (S. 361).

[89] Ticho (1976) schreibt über die widersprüchliche Einstellung der Umwelt, die Mädchen in der Adoleszenz in den wichtigen Fragen weiblicher Sexualität alleine läßt:
„Even in the most liberal homes, the girl gets a double message. She is expected to be discreed in her sexual activities, but active, curious and adventurous in all other areas. In general, present-day parents still frown on the girl's sexual experimentation as long as she remains at home, but at the same time expect her to become independent and embark on a career. Her male partners feel frustrated and threatened in their masculinity if she is frigid, her self-esteem as a woman is hurt, and she asks herself: 'What is wrong with me?' if she is not capable of orgasm. No wonder we are confronted with a new developmental nodal point when the girl leaves the parental home. She now has to fall back on her own resources, cope with the anxiety created by the sudden freedom, and set her own structure." (S. 154)

5.l. Behinderungen in der Herausbildung individueller Selbstabgrenzung und weiblicher Selbstsicherheit

Ashway (1981) weist darauf hin, daß es heute aufgrund der weniger festgelegten sozialen und sexuellen Rollen nicht ungewöhnlich ist für heranwachsende Mädchen, bei der Frage, wer sie sind, in Identitätskonflikte zugeraten (S. 483) und daß die Bildung eines gesunden weiblichen Ichideal fast unmöglich ist, wenn ausreichend positive und überzeugende Rollenmodelle fehlen (S. 492)[90]. Hier ist zu ergänzen, daß Mädchen zwar für ihr Streben nach Selbstentfaltung in der Verfolgung beruflicher Ziele in entsprechenden Einrichtungen Unterstützung erhalten, daß sie aber mit den spezifischen Schwierigkeiten, die in ihrer weiblichen Sozialisation und in den widersprüchlichen Erwartungen an ihre weibliche Rolle liegen, dann doch alleine gelassen sind und häufig von ihrer Familie in ihrem unsicheren, konflikthaften Verhalten nicht ausreichend verstanden werden.

Die hier entstehenden Mißverständnisse berühren zu einem bedeutsamen Teil das Problem des Umgangs mit Aggression (siehe die Abschnitte 4.2.). D.h.: Eine nicht ausreichend entwickelte und in das Ich integrierte Aggression auf der Grundlage einer realistischen Einschätzung der eigenen Möglichkeiten und Grenzen erschwert dem Mädchen die individuelle Selbstabgrenzung und die Ausbildung weiblicher Selbstsicherheit auf der Basis eines gesunden Narzißmus. Aus der Erfahrung therapeutischer Gruppenarbeit berichtet Ashway (1981) von den Schwierigkeiten junger Frauen, ihren Ärger direkt auszudrücken, und von ihrer Furcht, jemanden zu verletzen oder außer Kontrolle zu geraten und abgelehnt zu werden, wenn sie ihren Ärger offen zeigen würden (S. 493).

Ticho hebt hervor, daß hinsichtlich dieser Hemmungen in der weiblichen Entwicklung von Aggression und Aktivität die Behinderungen aus der sozialen Umwelt mit den innerpsychischen Konflikten eine Ergänzungsreihe bilden (S. 152). Sie berichtet von ihren Beobachtungen einer allgemeinen Angst bei ihren jungen Patientinnen vor der Feindseligkeit und dem Mangel an Empathie bei Männern, die sich durch das Streben von Frauen nach Eigenständigkeit bedroht fühlten und darauf mit erhöhter Aggression und Ablehnung reagierten (S. 153). Ticho erklärt diese weiblichen Angstreaktionen aus zwei Ursachen: Einerseits überträgt sich die Unsicherheit und Konfusion hinsichtlich der eigenen weiblichen Rolle früh von der Mutter auf die Tochter; andererseits zeigen

---

[90] Mit Bezug auf die weibliche Identitätsbildung führen Staples & Smarr (1980) aus, daß in der Adoleszenz die Bildung eines weiblichen Ichideal von zwei Aspekten bestimmt wird: l. dem biologischen, der zum größten Teil aus der Identifikation mit der Mutter und ihren mütterlichen Eigenschaften des Ernährens, Bemutterns und Tröstens herrührt (dieser Aspekt scheint sich über die Zeiten wenig zu verändern); und 2. dem soziokulturellen, der durch soziale Veränderungen, z.B. die heutige Betonung einer beruflichen Karriere für Frauen, beeinflußt wird. Die Autoren heben hervor, daß der Versuch, beide Aspekte in die weibliche Identitätsbildung zu integrieren, für das adoleszente Mädchen bezüglich Aufschub und Realisierung mit besonderen Anstrengungen verbunden ist (S. 484).

Väter häufig ambivalente Gefühle gegenüber Töchtern, die sich auf den eigenen Weg machen (S. 152; siehe auch Abschnitt 4.6.)[91].

Damit verweist Ticho darauf, daß das adoleszente Mädchen in seinem Streben nach Eigenständigkeit und Selbstbestimmung in erster Linie von der Anerkennung seiner elterlichen Bezugspersonen abhängig ist. Denn um das Leben eigenverantwortlich in die Hand nehmen zu können, muß es von ihnen ausreichende Unterstützung und Ermutigung erhalten, damit es mit Hilfe auch seiner aggressiven Strebungen, seine an die Eltern gebundene Libido zurücknehmen und auf andere Liebesobjekte und Ich-Ziele lenken kann (siehe Loewald, 1979, Abschnitt 5.3.). Im Hinblick auf diesen Entwicklungsschritt ergeben sich für Mädchen häufig besondere Schwierigkeiten aufgrund einer zu großen emotionalen Nähe zur Mutter und/oder einer nicht ausreichend positiv erlebten, entwicklungsfördernden Auseinandersetzung mit dem Vater.

In ihren Gruppenarbeiten stellte Ashway (1981) fest, daß diejenigen jungen Frauen, die ihre Bedürfnisse nach selbstbewußtem Verhalten, nach Durchsetzungsfähigkeit und dem Austausch gekonnter Aggression erkannten und realistische Wege fanden, auf konstruktive Weise gemäß ihren Gefühlen zu handeln, überrascht waren über ihr Gefühl von Stärke und Selbstakzeptanz, das ihnen aus diesen neuen Erfahrungen erwuchs (S. 493). Sie machten sich unabhängiger von männlichen Partnern, während sie gleichzeitig ihren Wunsch nach mehr persönlichem Austausch mit dem Vater zum Ausdruck brachten, um von ihm lernen zu können (S. 488).

5.1.1. Nähe zur Mutter

Die Nähe zur Mutter resultiert neben dem fundamentalen Gefühl eines Ähnlichseins zwischen Mutter und Tochter aus der spezifisch weiblichen Entwicklung und aus der allgemeinen Erziehungshaltung gegenüber Mädchen.

So führt Braun (1982) die stärkere Bindung des Mädchens an die elterlichen Liebesobjekte auf den unterschiedlichen Eintritt der Geschlechter in die ödipale Konstellation zurück, die nach seiner Ansicht für das Mädchen auch deshalb komplizierter verläuft, weil es damit gleichzeitig den Wunsch nach „narzißtischer Integrität" verbindet (S. 105; siehe Grunberger 1981, Abschnitt 4.4.3). Zudem weist Braun darauf hin, daß die Ablösung des Jungen von seinen Eltern aufgrund seiner Kastrationsangst bereits mit der Überwindung des Ödipuskomplexes beginnt und der Junge daher früh lernt, sich nach außen zu orientieren, wofür er zusätzlich Unterstützung erhält. Im Vergleich hierzu lernt das Mädchen sehr viel später und unvollständiger, mit der äußeren Welt umzugehen und sich im mitmenschlichen Bereich in der Unterscheidung von anderen in seinen „weiblichen Qualitäten" zu schützen (S. 105-106).

---

[91] In vielen modernen Aufsätzen zur weiblichen Entwicklung (siehe u.a. Bernay & Cantor, 1986, und Alpert, 1986) wird, wie bei Ticho, der innerpsychische Konflikt angesprochen, den junge Frauen noch immer haben, wenn sie ihrem Wunsch nach beruflicher Aktivität und Erfolg nachzugehen suchen, da ihre Umwelt ihr Streben nach mehr Autonomie subtil behindert.

Ein weiterer Grund dafür, daß es Jungen im allgemeinen leichter fällt als Mädchen, sich aus der libidinösen Besetzung der Eltern zurückzunehmen, liegt in der subtilen Hemmung der aktiv-aggressiven Hinwendung zur Realität, die Mädchen in ihrer Sozialisation erfahren. Deutsch (1988) sieht in dieser Hemmung die Ursache dafür, daß die Mutterbeziehung des Mädchens im allgemeinen anhaltender und oft intensiver und gefährlicher ist als die des Jungen (S. 231). Den Erkenntnissen moderner Psychoanalytiker/innen vorgreifend weist sie darauf hin, daß der Vater dem Mädchen bei der Ablösung von der Mutter helfen könnte, es aber häufig nicht tut, weil er seine Tochter in die weibliche Rolle drängen möchte (S. 229-231; siehe Abschnitt 4.2.3.). Zur besonderen Bindung zwischen Mutter und Tochter innerhalb des familialen Dreiecks Vater-Mutter-Tochter schreibt Deutsch (1988):

> „Das Licht oder der Schatten des Vaters fällt immer in der Pubertät auf die ursprüngliche Beziehung zur Mutter. Seine Liebe kann infolge von Angst und Schuldgefühlen vom Mädchen abgelehnt werden; die Enttäuschung durch ihn und sein Versagen verschieben das Liebesbedürfnis zugunsten der früheren Mutterbindung ... Die häufig von den Psychoanalytikern vertretene Ansicht, daß die kindliche Beziehung des Mädchens zur Mutter mit Haß endigt und die spätere Anhänglichkeit nur aus einem kleinen Rest der Liebe und einer Überkompensierung des Hasses besteht, erweist sich mit zunehmender Erfahrung und Einsicht als irrig. Ein kleiner Vers in D. H. Lawrences Roman 'Söhne und Liebhaber' drückt eine tiefe Wahrheit aus: 'A son's my son till he takes him a wife, But my daughter's my daughter the whole of her life'." (S. 321)

Chasseguet-Smirgel (1981) benennt die für die weibliche Entwicklung damit verbundenen Schwierigkeiten, daß Eltern an der Bindung des Mädchens festhalten, noch schärfer, indem sie schreibt:

> „Erstaunlicherweise sieht der Übergang des weiblichen Ödipuskomplexes tatsächlich anders aus als der des männlichen. (Eltern sagen gewöhnlich, daß ihr Sohn sie eines Tages verlassen, ihre Tochter aber im Grunde immer bei ihnen bleiben wird.) Hängt das nicht mit der Tatsache zusammen, daß das Mädchen seit dem Objektwechsel versucht, der Mutter zu entkommen, daß es mit seinem Bedürfnis, den Vater zu retten, auf Schwierigkeiten stößt und sich schließlich als sein Partialobjekt anbietet, als solches vor der Mutter geschützt, vom Vater geliebt und definitiv abhängig wird?" (S. 186)

Identifikationen zwischen Mutter und Tochter

Ein besonderer Umstand in der weiblichen Entwicklung, der dem Mädchen die Ablösung erschweren kann, liegt in der größeren weiblichen Neigung zur Identifikation. Warnend schreibt Deutsch (1988) hierzu:

> „Identifizierung darf über gewisse Grenzen nicht hinausgehen, sonst bedeutet sie eine Gefahr für das Ich. Je sicherer das Selbstvertrauen und das Bewußtsein ihrer Kraft in der Frau ist, desto geringer ist die Gefahr. Wenn

gewisse Grenzen erst einmal überschritten sind und das Ich gefährdet ist, dann beraubt die Identifizierung das Individuum des Vollbesitzes seiner eigenen Persönlichkeit." (S. 116)

Deutsch ist daher der Ansicht, daß der Trend zum gesteigerten Narzißmus in der Pubertät/Adoleszenz das Ich des Mädchens stärkt und als wichtige Zwischenstation in der Ausrichtung auf neue Liebesobjekte unter Aufgabe der alten angesehen werden muß (S. 85, 102). Demgegenüber kann eine zu starke Identifikation mit der Mutter Ausdruck der Unfähigkeit sein, die eigene Persönlichkeit zu entfalten mit der Folge, daß trotz erbitterter, erfolgloser Kämpfe - aus dem Wunsch, sich von der Mutter zu lösen, - eine passive Abhängigkeit von ihr bestehen bleibt (S. 103)[92].

Ticho (1976) schreibt zum gleichen Ablösungsproblem, daß adoleszente Mädchen außerordentlich sensibel zu sein scheinen für die Bestätigungen, die sie von ihren Eltern erfahren, und zur gleichen Zeit besonders fähig, sich mit dem Schmerz der Eltern zu identifizieren, der aus der unvermeidlichen Trennung im Erwachsenwerden des Mädchens resultiert. Wird dieser Schmerz von seiten der Eltern, meist der Mutter, durch eine unbefriedigte eheliche Beziehung verstärkt, erhöht dies die Schuldgefühle des Mädchens in seinem Bemühen um Ablösung. Dies ist besonders dann der Fall, wenn Mädchen das Gefühl haben, die Mutter im Stich zu lassen. Hier mag es sich um eine Projektion handeln, entspricht in vielen Fällen aber auch der Realität (S. 152).

Auch Chodorow (1985) verweist auf die Problematik des wechselseitigen Identifiziertseins von Mutter und Tochter. Sie sieht die Hauptgefahr für eine eigenständige Entwicklung des Mädchens in der Überidentifizierung der Mutter mit ihrer Tochter. Zum Beleg hierfür zitiert sie ausführlich moderne psychoanalytische Berichte aus der klinischen Praxis, in denen aufgezeigt wird, daß die Ichentwicklung von Patientinnen dadurch gestört wurde, daß die Mütter ihre Töchter als narzißtische Erweiterung ihres Selbst benutzten (S. 131-137). Stets war in diesen Fällen der Vater abwesend, oder er war wenig geeignet, dem Mädchen als zweites wichtiges Liebesobjekt aus der Umklammerung der Mutter herauszuhelfen (S. 138; siehe auch Stork 1974, Abschnitt 4.1.2.).

Chodorow (1985) sieht in den von ihr zitierten pathologischen Fälle nur eine übersteigerte Form normaler Tendenzen der Mutter-Tochter-Dyade (S. 143). Sie ist der Ansicht, daß Mütter allgemein dazu neigen, ihre Töchter nicht in gleicher Weise als verschieden von sich zu betrachten, wie sie es gewöhnlich in bezug auf ihre Söhne tun (S. 143); daß sie vielmehr ihre Töchter länger an sich binden und ihnen weniger Eigenständigkeit erlauben als ihren Söhnen (S. 159). Auch Deutsch (1988) schreibt, daß nach ihren Praxiserfahrungen das Problem vieler Töchter darin besteht, daß sie von ihren Müttern direkter festgehalten werden als die Söhne, weil Mütter damit ihre Verlassen-

---

[92] Auch Jacobson (1978b) bemerkt zu diesen Entwicklungshemmungen, daß heranwachsende Jugendliche in ihrer Ich-Schwäche zwar heftig gegen die Eltern rebellieren mögen, aber aus der Unfähigkeit, sich vollständig von ihnen lösen zu können, mit ihnen zu brechen, regressiv an das adoleszente Niveau ungelöster Konflikte fixiert bleiben; zwischen Abhängigkeits- und aggressiv-narzißtischen Tendenzen schwankend (S. 212).

heitsgefühle überdecken möchten. Dies ist auch der Grund, warum Mütter sich häufig allzusehr in die Belange der Tochter einmischen in dem erfolglosen Versuch, in der Identifikation mit der Tochter eigene Enttäuschungen im Leben möglichst zu korrigieren (II, S. 222). Schwartz (1986) spricht im gleichen Zusammenhang von der projektiven Identifikation der Mutter, die für das Mädchen die Ablösung kompliziert (S. 64) und vor allem dann für das Mädchen zur Belastung wird, wenn die Mutter ihre eigenen narzißtischen Verletzungen auf ihre Kinder überträgt (S. 62; siehe auch Abschnitt 2.4.).

Die Verstrickungen in der Mutter-Tochter-Beziehung erklären nach Chodorow, warum es für Frauen im allgemeinen schwieriger ist, sich in ihren emotionalen Objekt-Beziehungen abzugrenzen, während sie im kognitiven Bereich durchaus in der Lage sind, sich in ihrem Ich von anderen zu unterscheiden (S. 145).

Familiale Belastungen

Der Grund für die überbetonte Nähe zwischen der Mutter und dem heranwachsenden Mädchen läßt sich in vielen Fällen definieren als mangelndes Einbezogensein des Vaters in das emotionale Familiengeschehen. Aus ihrer Praxiserfahrung berichtet Ashway (1981), daß sich die Aufgabe der Trennung von der Familie und der Etablierung einer eigenen Identität für junge Frauen zunehmend als komplexer erweist, da in den Familien die Zahl der abwesenden Väter und der alleinerziehenden Mütter steigt. Es fehlen dann häufig wichtige Möglichkeiten der positiven Auseinandersetzung mit beiden Eltern als Voraussetzung für einen gelingenden Schritt in die Eigenständigkeit. Zu den Ablösungskämpfen ihrer jungen Probandinnen in der Gruppenarbeit macht Ashway (1981) u. a. folgende Angaben (S. 484-487):

Viele der adoleszenten Mädchen meinten, daß ihre Bedürfnisse nach Stabilität und Führung durch das Elternhaus nicht ausreichend befriedigt wurden. In ihrer Einstellung gegenüber den Eltern brachte die Mehrzahl von ihnen eine verschärfte Feindseligkeit und Enttäuschung gegenüber beiden Eltern zum Ausdruck.

Meist war ihnen die Situation ihrer Mütter nicht entgangen; sie fühlten und wußten, daß ihre Mütter zunehmend enttäuschte und emotional unerfüllte Frauen waren, die durch intensive Rollenkonflikte und Veränderungen ihres Identitätsverständnisses gingen. Auffallend war, daß der Grad der Enttäuschung bei den Müttern oft während der Periode der Adoleszenz der Tochter ihren Höhepunkt erreichte.

Häufig erwähnten die jungen Frauen auch, daß es erhebliche Diskrepanzen gäbe zwischen ihren eigenen Lebenszielen und denen ihrer Mütter, und sie beschrieben in diesem Zusammenhang ihre Mütter als schwach und mit wenig Selbstwertgefühl ausgestattet, was sie ärgerlich und kritisch machte. Viele äußerten die Angst, so wie ihre Mutter zu werden, d. h. abhängig und wenig fähig, für sich einzustehen.

Häufig fühlten sie sich verpflichtet, ihre Mütter zu schützen und für sie zu sorgen. In manchen Fällen meinten sie, die Mutter in ihrer Rolle als Familienvorstand zu sehr stützen zu müssen, und äußerten ihren Groll und Ärger über die Verantwortung und Belastung, die ihnen daraus erwuchs.

Der Mangel an Fürsorge, die ihre Mütter ihnen nicht hatten geben können, wurde den jungen Frauen in der Adoleszenz mit dem Ansteigen ihrer kognitiven und emotionalen Fähigkeiten zunehmend bewußt. Neben diesen Gefühlen von Enttäuschung und Verletztheit äußerten sie aber auch positive Gefühle gegenüber der Mutter. Sie bewunderten ihren Einsatz für die Familie, ihre Wärme und Verständnisbereitschaft; mit diesen Fähigkeiten der Mutter wollten sie sich identifizieren.

Über ihre Väter machten sie eher ambivalente Aussagen. Sie berichteten von unterschiedlichen Beziehungsverhältnissen. Ein alles beherrschendes Thema war die relative Abwesenheit der Väter von der Familie, die viel Zeit in Außenkontakte zu investieren schienen. Das Unbeteiligtsein der Väter an den familialen Belangen wurde von den Töchtern wahrgenommen als physische Distanz des Vaters zu seiner Familie, als Haltung emotionaler Abgehobenheit oder Beziehungslosigkeit und als passiv-aggressives Verhalten.

Häufig äußerten die jungen Frauen daher Wut und Verletztheit über die emotionale Deprivation und über den Mangel an angemessenem Beziehungsaustausch mit dem Vater; die Rolle ihrer Väter in der Familie konnten sie oft nicht akzeptieren. Überdies stellte Ashway fest, daß eine steigende Zahl von ihnen wenig oder keinen Kontakt zum Vater hatte aufgrund elterlicher Trennung oder Scheidung. Die Wiederverheiratung der Eltern und die Forderung nach Akzeptanz des Stiefvaters oder der Stiefmutter empfanden die adoleszenten Mädchen häufig als sehr schmerzhaft. (S. 485-486)[93]

Zusammenfassung

Aus Ashways (1981) Angaben zur Situation junger Frauen ist zu erkennen, daß die gesellschaftlichen Umstellungen im Rollenbild der Frau, der Kampf gegen hergebrachte Rollenzuschreibungen im Verhältnis zwischen Mann und Frau sowie die Lockerung der Familienstrukturen ihre Wirkung auch auf das Verhältnis des heranwachsenden Mädchens zu den Eltern haben und es mit instabilen Beziehungserfahrungen konfrontieren, die seinen Ablösungsprozeß komplizieren. Für die Etablierung einer stabilen Ich-Identität in der Adoleszenz sind aber positive, ausreichend tragfähige Beziehungen zu beiden Eltern - mit der Möglichkeit zur Durcharbeitung ambivalenter Gefühle ihnen gegenüber - Voraussetzung .

Weiter wird an den beschriebenen Spannungen im Mutter-Tochter-Verhältnis auch deutlich, von wie großer Bedeutung die narzißtische Integrität der Mutter für die Entwicklung von Selbstwertgefühl und Selbstachtung bei der Tochter ist. Ashway meint, daß die gegenwärtige Unsicherheit in den Frauenrollen die Beziehung zwischen Mut-

---

[93] Cooper & Ekstein (1979) geben zu diesem letztgenannten Problem aus ihrer Praxis sehr anschauliche Fallbeispiele.

ter und Tochter belastet durch erhöhte Unruhe und Rivalität (S. 485-486). Sie vermutet, daß ein Mangel an Stabilität im weiblichen Selbstgefühl eine der Hauptursachen ist für die gegenseitigen blockierenden Identifikationen von Mutter und Tochter, die bei dem Mädchen Ambivalenzkonflikte auslösen (S. 485-486).

Wenn Benjamin (1986) schreibt, daß Mädchen der Schwierigkeit der Trennung von der Mutter und ihrer Hilflosigkeit im Streben nach Eigenständigkeit direkter ausgeliefert sind als Jungen, weil sie es nicht wagen, die Beziehung zum Vater für die Ablösung von der Mutter zu nutzen (S. 52), so verweist sie damit indirekt auf die Verantwortung, die auch dem Vater im Hinblick auf eine gelingende Ablösung des Mädchens zufällt. Natterson (1986) ist der Ansicht, daß zu den gegenwärtigen Veränderungen in den Familienkonstellationen und im Rollenverständnis von Mann und Frau auch eine veränderte Sicht auf die Funktion des Vaters gehören müßte. Die Erklärung, daß die Schwierigkeiten der Abgrenzung und Unterscheidung von anderen bei Frauen aus der symbiotischen Verstrickung des Mädchens in seiner Beziehung zur Mutter resultieren, weist er als zu einfach zurück (S. 323).

Positiv gewendet ergibt sich aus den vorstehenden Hinweisen die einfache Frage: Wer könnte dem Mädchen besser helfen als der Vater (in seiner Eigenschaft als zweites Liebesobjekt und männlicher Gegenpol), eine gesunde Balance zu finden zwischen den Momenten der Gleichheit und der Verschiedenheit in der Beziehung zur Mutter? Denn damit es dem Mädchen gelingen kann, sich mit der Mutter zu identifizieren und sich gleichzeitig aus der übermächtigen, nahen Bindung zu ihr zu lösen (Schwartz 1986, S. 60), d.h..sich von ihr zu unterscheiden, bedarf es wichtiger Differenzierungen im Ich, die durch den Austausch mit dem Vater eine wesentliche Förderung erfahren (siehe u.a. Abschnitt 4.7.).

5.1.2.   Bindung an den Vater

Wie es keine in sich geschlossene Theorie weiblicher Entwicklung gibt (siehe Abschnitt 1.2.), so gibt es keine allgemeine Psychologie zum Verhältnis zwischen Vater und Tochter (Geist 1958). Letzteres ist daraus zu erklären, daß sich die unterschiedlichen Erfahrungen von Töchtern mit ihren Vätern im realen Leben ebenso wenig auf einige typische Erlebnismuster reduzieren lassen, wie sich *der* Vater in seiner Einstellung gegenüber seiner Tochter nicht ausmachen läßt. Hinzu kommt, daß Fragen zur Vaterbindung und zur notwendigen Ablösung von ihm - von Ausnahmen abgesehen (siehe Chasseguet-Smirgel, 1981) - in der einschlägigen Literatur bisher kein größeres Interesse finden. Wichtige Informationen hierzu liefern aber einige aufschlußreiche Fallberichte, die allgemeine Rückschlüsse zulassen auf den vielfältigen Einfluß des Vaters in der Pubertäts- und Adoleszenz-Entwicklung des Mädchens.

Anzeichen von Vatergebundenheit

Wenn es um Fragen der Ablösung des Mädchens vom Elternhaus geht, wird meist, wie oben ausgeführt, auf die besondere Bindung zwischen Mutter und Tochter verwiesen. Daß es ebenso eine starke Bindung und/oder spezifische Nähe im Emotionalen zwischen Vater und Tochter geben kann, die sich meist ungünstig auf die Autonomie-Bestrebungen des Mädchens auswirkt, wird hingegen wenig beachtet. Dies ist irreführend; besonders wenn man bedenkt, daß es in der Adoleszenz um eine abschließende Bewältigung des infantilen Ödipuskomplexes geht und die Lösung des Mädchens aus der Vaterbindung als eine der wichtigsten Aufgaben dieser Entwicklungsphase anzusehen ist.

Zu den Komplikationen in diesen Ablösungsprozessen schreibt Deutsch (1988), daß eine für die Adoleszenz charakteristische Schwierigkeit darin liegt, daß kurz vor dem Eingehen neuer Bindungen zu gleichaltrigen Partnern die wachsenden Sexualtriebe sich den alten Liebesobjekten nochmals zuwenden (S. 102)[94] und (wie in der Vorbemerkung zu diesem Kapitel bereits angedeutet) die regressive Sexualisierung der Gefühlsbeziehung zu den Eltern meist nicht ohne Kampf und Störungen überwunden wird (S. 106). Ausdruck findet diese regressive Gebundenheit des Mädchens an das väterliche Liebesobjekt häufig in zwei unterschiedlichen Phantasien (S. 182):

In der ersten Phantasie ist der Vater ein wunderbarer Mann, der eigentlich ein besseres Schicksal verdient hätte, denn er ist das Opfer seiner Frau. Und obwohl sich das Mädchen als das geeignetere Liebesobjekt für den Vater empfindet, da es ihn wirklich liebt, muß der Vater schmerzlich auf diese Liebe zu Gunsten der Mutter verzichten. Die zweite Phantasie beinhaltet die Vorstellung, daß der Vater die Mutter zwar als Sexualobjekt liebt, daß sein besseres, sein ideales Ich jedoch der Tochter zugewandt ist. Sie ist diejenige, die ihn wirklich versteht und seine Seele besitzt[95].

Diese von Deutsch berichtete Idealisierung des Vaters durch das Mädchen findet eine interessante Entsprechung in den Aussagen von Vätern, die ihrerseits die Tochter idealisieren. Es zeigt sich hier, wie stark von beiden Seiten die Anziehung sein kann. So schreibt Roger Garaudy (1976) über die Phantasien eines Dichters:

„Meine Tochter, dieser weibliche Teil meines Selbst, sagt einer der Helden Claudels. Sie ist diese Mannigfaltigkeit der Möglichkeiten, die niemals die meinen sein werden, die zu verwirklichen ich aber doch geträumt habe." (S. 127)

---

[94] Auch Esman (1980) meint, daß die Verschiebung der Libido von den elterlichen Liebesobjekten auf gleichaltrige Partner zunächst hervorgerufen wird durch die Reaktivierung der ödipalen Sehnsüchte und Kastrationsängste, die in der Nähe zu den Eltern mehr oder weniger stark wieder auftauchen (S. 420).

[95] A. Reich (1973) meint, daß der narzißtische Wunsch, den Platz der Mutter beim Vater einzunehmen, normalerweise mit einer positiven Bindung an beide Eltern zusammenfällt. Die Vorstellung des Mädchens, die bessere Frau für den Vater zu sein, führt aber dann zu einer ödipalen Fixierung, wenn die Beziehung der elterlichen Liebesobjekte nicht zuverlässig ist, wenn diese tatsächlich fehlen, oder wenn aggressive Gefühle oder außerordentliche Ambivalenz ihnen gegenüber vorherrschen (S. 943).

Das Phänomen der gegenseitigen Idealisierung aus dem Blickwinkel ihrer klinischen Erfahrungen betrachtend, berichtet Chasseguet-Smirgel (1981) über ganz spezifische Vorstellungen, die Väter mit ihrer Tochter als ihrem weiblichen Gegenpol verbinden können. Sie schreibt:

> „Das Bedürfnis, sich ihres Sieges über die omnipotente Mutter zu vergewissern, wird von manchen Männern unterschiedslos auf alle Frauen verschoben. Nur die Tochter wird häufig davon ausgenommen, wahrscheinlich, weil sie sich immer in einer Abhängigkeitsposition befunden hat. Auf sie projiziert der Vater ein idealisiertes Bild, im Gegensatz zu der 'normalen' und 'anhaltenden Geringschätzung' (Freud, Ruth Mack Brunswick, Helene Deutsch), die er gegenüber allen anderen Frauen empfindet. Seine Tochter repräsentiert häufig den besseren Teil seines Selbst und des guten Urobjektes. Sie ist die Zärtlichkeit, die Reinheit, die Unschuld, die Anmut, eine privilegierte Beziehung für ihren Vater, die der Ambivalenz zum größten Teil entgeht. Eine solche Beziehung ist natürlich nicht die Regel, da manche Männer den Konflikt mit ihrer Mutter auf die Tochter übertragen (...); trotzdem kommt diese Art von Beziehung so häufig vor, daß man sie nicht isoliert sehen kann." (S.190)

Es ist davon auszugehen, daß es hinsichtlich der Gefahr, die eine emotionale Vater-Tochter-Beziehung für die Entwicklung des Mädchens in sich bergen kann, auf graduelle Unterschiede ankommt. Wenn die Tochter mit einer gewissen Ausschließlichkeit für den Vater dessen idealisierte weibliche Seite repräsentiert, kann dies ihre Ablösung von ihm sehr erschweren und ihre Fähigkeit, sich ein eigenständiges Leben aufzubauen, hemmen - wie dies umgekehrt auch der Fall ist, wenn sie den Vater zu sehr idealisiert (siehe Abschnitt 4.5.2.). L. Kaplan (1951) schreibt, daß zu große Nähe zwischen Vater und Tochter eine Heirat des Mädchens verhindern kann:

> „When erotic emotions remain directed toward the father, the woman cannot yield to any man. She cannot betray her infantile faithfulness." (zit. nach M. R. Leonard ,1966, S. 331)

Jörg Willi (1975) ergänzt, daß der ungelöste Ödipuskomplex junge Frauen häufig in Beziehungen mit verheirateten und sehr viel älteren Männern verstrickt (S. 156). Deutsch (1988) sieht eine mildere Form der Vaterbindung in der Identifizierung mit dem Vater auf einem gemeinsamen Interessengebiet, auf dem sich das Mädchen in einer intensiven Sublimierung der Vaterbeziehung zu bewähren sucht (S. 306).

Ursachen für Vatergebundenheit

Die Gründe für das Andauern einer Vaterbindung können sehr unterschiedlich sein. Neben einer zu nahen emotionalen Beziehung zwischen Vater und Tochter sind hierfür meist gravierende Enttäuschungen am Vater und/oder ungünstige Familienkonstellationen verantwortlich; sei es, daß das Mädchen sich vom Vater abgelehnt fühlt, seinen Verlust nicht überwindet, zu lange von ihm in kindlicher Abhängigkeit gehalten oder von ihm für seine eigenen Bedürfnisse benutzt wird. D. h.: Eine ungünstige Bindung an den Vater kann darauf beruhen, daß dem Mädchen eine echte, ausreichend befriedigende Liebesbeziehung zum Vater zur rechten Zeit gefehlt hat oder es sich durch empfundene Zurückweisung entwertet fühlt (Deutsch, 1988, S. 239; siehe auch die Abschnitte 3.5.1. und 3.5.2.).

M. R. Leonard (1966) schreibt, daß ebenso wie bei einer Trennung vom Vater aufgrund der Scheidung der Eltern, beim frühen Verlust des Vaters aufgrund seines Todes eine unbewußte Bindung bestehen bleiben kann mit ungünstigen Folgen für die ödipale Entwicklung. Über Mädchen aus ihrer Praxis, die ihren Vater in der Kindheit verloren hatten, berichtet die Autorin, daß diese häufig ein idealisiertes Bild vom Vater in sich errichteten und Lehrer oder andere männliche Bezugspersonen zum idealisierten Vaterersatz machten. In der Adoleszenz suchten sie dann einen Liebhaber, der diesem Vaterideal so weit wie möglich gleichen sollte, was unweigerlich zu Enttäuschungen führte (S. 326-327).

Eine weitere Fehlentwicklung, die häufig bei Mädchen aus der Unterschicht - aber nicht nur bei ihnen - zu beobachten ist, kommt darin zum Ausdruck, daß sich Mädchen aufgrund des Ausfalls des Vater und/oder erfahrener Herabsetzung durch ihn später in der Beziehung zu Männern zum Sexualobjekt erniedrigen (S. 239). Blos (1964) nennt als eine wesentliche Ursache für weibliche Delinquenz die unvollständige, negative und verkümmerte ödipale Phase, die aus dem Fehlen eines positiven Vaterbildes resultiert. Nach seinen Beobachtungen macht das Mädchen hierfür meist die Mutter verantwortlich mit dem Argument, sie habe der Tochter das Bild vom Vater zerstört durch ihre Herabsetzung und Entwertung des Vaters (S. 661). Das oft nur vorübergehende heterosexuelle Agieren adoleszenter Mädchen, das verschieden starke Formen von Fehlentwicklung bis hin zur Verwahrlosung und Promiskuität zur Folge haben kann, interpretiert Blos als Suche nach dem ödipalen Vater (S. 661). Auch Deutsch (1988) versteht die Promiskuität bei Mädchen als einen vergeblichen Wunsch nach einem hochwertigen Vater (S. 239).

Einen besonderen Grund für Störungen in der pubertären Entwicklung, die dem Mädchen die innere Ablösung vom Vater erschweren kann, sieht Deutsch (1988) in der Unsicherheit und Unreife des Vaters. Hierzu gehört der ängstliche Rückzug des Vaters von seiner Tochter in der Pubertät und sein Versagen, eine sublimierte Beziehung zu ihr zu unterhalten. Für das Mädchen kann daraus eine traumatisch wirkende Situation entstehen, die es nicht versteht und in der es sich seinerseits in tiefer Verletztheit vom Vater abwendet oder in eine offene Auseinandersetzung mit ihm geht (S. 306). Erni (1971) ergänzt, daß ein schwacher und sentimentaler Vater negativ auf die Ichentwicklung des adoleszenten Mädchens einwirkt, da er kein angemessenes Vorbild darstellt für echte Realitätsbezogenheit und Durchsetzungskraft in seiner Haltung dem Leben gegenüber. Unausgeglichenheit und Gleichgültigkeit des Vaters, wodurch er dem Mädchen von außen wenig Halt bietet, bilden nach ihrer Ansicht gefährliche Momente in der Vater-Tochter-Beziehung (S. 277).

Ein weiterer Aspekt in der unreifen Haltung des Vaters wird von Willi (1975) hervorgehoben. Er schreibt, daß ein verführerischer Vater dem Mädchen die Bewältigung des Ödipuskomplexes erschwert und daß das Mädchen in seiner adoleszenten Entwicklung insofern in besondere Schwierigkeiten geraten kann, als in dieser Phase der ödipale Konflikt realen Charakter hat mit der Möglichkeit einer konkreten Inzestgefahr[96]. Willi ist der Meinung, daß die Inzestwünsche und Inzestängste bei den Eltern mindestens ebenso stark sind wie bei den Kindern (S. 141); häufig zeigt sich dies an der übertriebenen Eifersucht des Vaters auf den Liebhaber der Tochter (S. 143)[97].

In seine Überlegungen zur ödipalen Vater-Tochter-Beziehung bezieht Willi (1975) die wichtige Haltung der Mutter mit ein. Nach seinen Beobachtungen können Familienkonflikte für das Mädchen während der Phase der Pubertät/Adoleszenz besondere Belastungen mit sich bringen, wenn es die Mutter beim Vater zu verdrängen vermag (S. 143), oder der Vater versucht, seine Tochter zu einem emotionalen Bundesgenossen gegen die Mutter zu machen. Es wird dann mit Schuldgefühlen reagieren und sich schwerlich vom Vater lösen können (S. 215). Mandel & Keßler (1979) führen diesen Hinweis von Willi (1975) weiter aus. Auch sie betonen die gefährliche Situation, die eine zu starke emotionale Bindung von seiten des Vaters gegenüber seiner Tochter und eine entsprechende Distanz in der Mutter-Tochter-Beziehung für das Mädchen darstellen:

> In ihrem Bericht über eine Familienbehandlung beschreiben sie die Unsicherheit und die autoritäre, herrschsüchtige Haltung eines Vaters im Umgang mit seiner heranwachsenden Tochter. Die Gründe für das Verhalten des Vaters lagen in seinem in der Kindheit und Ehe nicht ausreichend befriedigten Hunger nach Zärtlichkeit und in seiner Angst, als alt und uninteressant abgelehnt zu werden. Da die Mutter in dieser Familie für den Vater wie für die Tochter emotional nicht verfügbar war und das Mädchen in seinem Ringen um Ablösung vom Vater nicht unterstützte, konnte der Vater versuchen, seine Tochter zur Stützung seines emotionalen Haushaltes zu benutzen (S. 185-187).

Erni (1971) zitiert aus ihren empirischen Forschungsergebnissen die folgende Aussage eines heranwachsenden Mädchens, das zwischen die Fronten des elterlichen Ehekonfliktes geraten war und den Vater überidealisierte, da er offenbar für seine Enttäuschungen über seine Ehefrau bei der Tochter unbewußt oder halbbewußt Ersatz suchte:

---

[96] Die Gründe und Folgen eines tatsächlichen Inzestes zwischen Vater und Tochter können im Kontext dieser Arbeit nicht behandelt werden. Es handelt sich hier um komplexe pathologische Zustände innerhalb eines Familiensystems. Meist versuchen beide Eltern, Vater und Mutter, in unterschiedlichen Rollen ihre eigenen gravierenden psychischen Störungen auf das Mädchen zu projizieren, während sie es gleichzeitig für ihre Bedürfnisse benutzen. Über die Auswirkungen, die diese Fehlhaltungen der Eltern auf das Mädchen in seiner psychischen Strukturierung haben, hat Hirsch (1987) sehr ausführlich berichtet.

[97] Wie Benedek (1959) betont, hat das elterliche Fehlverhalten aufgrund eigener ödipaler Konflikte Auswirkungen auf die Entwicklung des Mädchens, auch wenn es nicht zu konkreten Inzest-Handlungen kommt (Abschnitt 3.6.).

„Allmählich merkte ich, daß bei uns daheim etwas nicht stimmte. *Der Vater durfte nur verdienen* und den Zahltag heimbringen, *alles andere* aber regelte die Mutter allein. Da wuchs meine Liebe zum Vater *enorm*. Manchmal möchte ich ihm alle meine Liebe zeigen und weiß nicht wie. Meine Achtung vor ihm stieg und steigt immer noch. Für mich ist er der Inbegriff eines redlichen Menschen ... Was unbedingt gesagt sein muß, sage ich der Mutter, weil sie alles in den Händen hat. ... Persönliches, nicht Materielles, behalte ich für mich... Er erzählt mir auch von seinen Sorgen. Ich merkte schon früh, daß die Mutter ihn nicht versteht ... Ich *verteidige den Vater* immer mit aller Kraft gegen sie ...". (S. 276)

Zusammenfassung

Die Überidealisierung oder Ablehnung des Vaters verstärkt die unbewußte Bindung des Mädchens an ihn und blockiert die notwendige Ablösung in der Adoleszenz. Die Gründe für diese Fehlentwicklung liegen nach den Erfahrungen der vorstehend zitierten Autoren weitgehend in der Persönlichkeit des Vaters und seiner Haltung gegenüber der Tochter. D.h.: Er hat auf die Möglichkeit zu angemessener Überwindung des Ödipuskomplexes mit der Erlangung der Fähigkeit zur Intimität als heterosexueller Elternteil den maßgeblichen Einfluß. Denn die ödipale psychosexuelle Entwicklung des Mädchens wird bis in die Adoleszenz in besonderer Weise durch die fördernde oder hemmende Beziehung zum Vater geprägt - im Gegensatz zur präödipalen Triebentwicklung, in der es vornehmlich um eine erste Annahme der weiblichen Körperlichkeit geht und die Beziehung zur Mutter als gleichgeschlechtlichem Vorbild eine spezifische Bedeutung erhält (siehe Laufer, 1986, Abschnitt 3.4.1.; Torok, 1981, Abschnitt 3.5.2.).

Bei einem Mangel an emotionalem und gleichzeitig realitätsbezogenem Austausch mit dem Vater scheint eine spezifische Gefahr für das Mädchen darin zu bestehen, daß es sich im Bezug zum Mann in Projektionen flüchtet, die sich aus seinen eigenen unbewußten Vorstellungen und Phantasien vom Mann und vom Männlichen speisen, weil ausreichend positive und der Realität angemessene Erfahrungen mit männlichen Bezugspersonen fehlen. (Dies ist mit ein Grund für die von Blos (1964) bei delinquenten Mädchen beobachtete Suche nach einem idealen väterlichen Freund, den es so in der Realität nicht geben kann.) Aber auch schwierige reale Beziehungserfahrungen mit dem Vater - die in der Psyche des Mädchens ein verzerrtes Bild vom Mann entstehen lassen mit destruktiven und/oder überidealisierten Zügen - stören die Entwicklung des Mädchens in seinem Bezug zum Mann wie zum Männlichen in sich und haben entsprechende negative Auswirkungen auf seine Ichentwicklung. Dies zeigen die nachfolgenden psychoanalytischen Fallberichte über die Reaktionen adoleszenter Mädchen auf ihre Gebundenheit an den Vater deutlich.

5.1.2.1.   Unterschiedliche Ausdrucksformen in der Vatergebundenheit

Die in den vorstehenden Kapiteln dieser Arbeit gemachten Ausführungen zur Funktion des Vaters in den Vorgängen psychischer Strukturierung und Differenzierung zeigen, daß der tiefere Grund für eine andauernde Vaterbindung (und damit auch Mutterbindung) in dem Mangel an ausreichend positiver Identifikation mit ihm liegt - zumindest in wesentlichen Teilbereichen, die die Objektbeziehungsfähigkeit und die Narzißmusentwicklung des Mädchens tangieren. Es fehlt dann eine entscheidende Grundlage für die Herausbildung eines stabilen realitätsangepaßten Ich, mit dessen Hilfe sich das Mädchen in der Adoleszenz von den elterlichen Liebesobjekten zu lösen vermag. Stattdessen kommt es auf mehr oder weniger verdeckte Weise zu unterschiedlichen Formen der Abwehr des Vaters in der Haltung des Mädchens. Die nachfolgenden psychoanalytischen Fallberichte sind Belege hierfür.

Vergebliche Rebellion gegen den Vater

In ihrem Aufsatz „Borderline adolescent girls in rebellion against the father" berichten Cooper & Ekstein (1979) von Mädchen, die als Kind in schwierigen Familienverhältnissen lebten. Beide Eltern hatten sich als schwach erwiesen und konnten ihrer Tochter den erforderlichen liebevollen Halt nicht geben. Die Gebundenheit an den Vater resultierte bei diesen Mädchen aus einem Mangel an Ich-Stärke, die ihnen ermöglicht hätte, die Aufgaben der Adoleszenz angemessen zu lösen. Vor allem die Ablösung aus der kindlichen Identifikation mit den Eltern, die nötig gewesen wäre, um aus der Abhängigkeit von ihnen herauszukommen, gelang ihnen nicht.

Sie kämpften verzweifelt gegen ihr Bindungsverhalten in der Beziehung zum Vater, während ihre emotionale Lebensgeschichte gleichzeitig bestimmt war durch die Suche nach einem gütigen, liebevollen Vater. Dies zeigte sich in ihren Phantasien, in denen häufig eine vertrauensvolle Vaterfigur eine wichtige Rolle spielte (S. 398). In der Realität hatten einige dieser Mädchen ihren Vater als Unterdrücker erlebt oder als einen, der seine Tochter nur schwach schützte. Andere hatten sich real bedroht gefühlt durch den Verlust des Vaters, durch die verführerische Haltung eines Stiefvaters oder durch einen Vater, der sich eifersüchtig gegen die Unabhängigkeitsbestrebungen seiner Tochter stellte (S. 407).

Cooper & Ekstein schreiben, daß ihren jungen Patientinnen aus dieser Situation eine große Gefahr erwuchs. Denn da sie noch keine ausreichende Stabilität in ihrer psychischen Strukturierung erreicht hatten, vielmehr starke Entwicklungshemmungen aufwiesen, konnten sie die Beziehungsgestörtheit des Vaters nicht realistisch genug erkennen und einschätzen. Sie sahen zwar in ihrem Kampf mit dem Vater, daß es zwischen ihren Bedürfnissen als heranwachsende junge Frau und den Reaktionen des Vaters auf ihre Wünsche keine Übereinstimmung gab, und erlebten den Vater als ablehnend, als verständnislos und feindselig. Aber wenn er damit in ihren Augen auch seine wichtige Funktion als Beschützer verlor, konnten sie sich doch nicht aus der Bindung an ihn lösen und blieben unbewußt mit ihm identifiziert (S. 408).

Cooper & Ekstein (1979) weisen hier darauf hin, daß für eine eigenständige Entwicklung in der Adoleszenz der Prozeß der Identifikation und Gegenidentifikation in der Vater-Tochter-Beziehung zu einer tragfähigen Basis werden muß. Entsteht daraus aber ein hilfloser Kampf des Mädchens in Rebellion gegen den Vater, ist häufig eine Fehlentwicklung in der Strukturierung der Ich-Identität die Folge (S.408)[98]. Über den inneren Zwiespalt, der sich für ihre Patientinnen aus dem Ringen nach Ablösung und den gleichzeitigen tiefen kindlichen Wünschen nach Geborgenheit, Anerkennung und Führung ergab, schreiben sie:

„The struggle against this control, against inner slavery, and the attempt to become free and autonomous frequently seems to be beyond resolution ... They vacillate back and forth between chaotic, impulsive indulgence and vast desperate loneliness and depression." (S. 398)

Die Folge war, daß die zu starke kindliche innere Gebundenheit an den Vater diese jungen Frauen unfähig machte, sich auf ihre neuen Möglichkeiten in der Wahl der Liebesobjekte in angemessener Weise einzulassen, durch die sie in das Erwachsenenalter hätten hineinwachsen können (Cooper & Ekstein, S. 398).

In ihrem ausführlichen Bericht über den Entwicklungsweg von Sandi, eine ihrer jungen Patientinnen, bringen die Autoren ein positives Beispiel dafür, wie ein Mädchen sich mit fremder Hilfe (in diesem Fall: therapeutischer) aus den Verstrickungen in der Vaterbeziehung zu lösen vermag. Sie zeigen an Sandis Fehlhaltungen die ungünstigen Auswirkungen, die das Festhalten an überholten Identifikationen in der Beziehung zwischen Vater und Tochter auf die Entwicklung differenzierter, realitätsangemessener Ich-Funktionen hat[99].

Zu Sandis Verhalten schreiben Cooper & Ekstein, daß Sandi sich auf unterschiedlichen Ebenen psychischer Reife bewegte, zwischen denen ihr Entwicklungsstand hin und her schwankte (S. 398). D. h.: Sie blieb lange Zeit an die Beziehungsstrukturen ihrer Kindheit gebunden, während sie sich gleichzeitig im Heranwachsen in Teilen mit der Welt der Erwachsenen identifizierte. Dabei konnte sie in ihren Identifikationen ihre kindliche Welt nicht ausreichend von der Realität im Erwachsenenalter trennen. Dies hatte zur Folge, daß sie innerpsychisch den Vater nicht von dem Freund unterschied, beide in ihrem inneren Beziehungsgeflecht vermischte und nur fragmentarische Beziehungen unterhielt. Dieses Gefangenbleiben in kindlicher Identifikation mit dem Vater spiegelte sich in ihrer Biographie, zu der Cooper & Ekstein (1979) u. a. folgende Angaben machen (S. 404-407):

---

[98] Es handelt sich hier um den gleichen erbitterten Kampf, den Deutsch (1988) für das Mädchen im Hinblick auf eine zu starke Identifikation mit der Mutter beschreibt (siehe Abschnitt 5.1.1.).

[99] In Anlehnung an Erikson (1981) sind Cooper & Ekstein (1979) der Ansicht, daß die Identifikationen der Kindheit in der Adoleszenz gegen neue Identifikationen des Erwachsenseins ausgetauscht werden müssen (S. 397).

Sandi hatte zwei Schwestern. Der Vater stammte aus einer verarmten Familie. Er wurde beruflich sehr erfolgreich. Nach einer schweren Herzoperation machte er eine Psychoanalyse. Sandis Mutter war eine schöne, aber infantil gebliebene Frau, die den Wünschen ihres Mannes ergeben war.

Sandi war ein nachgiebiges, liebenswürdiges, schönes Kind gewesen. Sie war nicht sehr intelligent; die Eltern betrachteten sie als möglicherweise geistig etwas zurückgeblieben. Ihre Sorge diesbezüglich verwirrte Sandi, aber sie arbeitete fleißig für die Schule.

In der Pubertät kam es zu einer auffallenden Verhaltensänderung. Sandi geriet unter die Dominanz eines 20jährigen College-Studenten, den sie als ihren „tutor for life" (S. 405) ansah. Nachdem sie mit 14 Jahren einige Male von zu Hause weggelaufen war, um mit ihm zu leben, brachten ihre Eltern sie zur Therapie.

Ähnlich dem Vater kam der junge Mann aus einer verarmten Familie. Sandis Beziehung zu ihm verursachte beim Vater die Angst vor neuen Herzattacken. Es zeigte sich, daß Vater und Freund beständig im Kampf um die Kontrolle und Bevormundung Sandis lagen. Sandi „stahl" den Wagen des Vaters für nächtliche Fahrten mit dem Freund. Elterliche Einsprüche gegen ihr Verhalten führten zu Tränen, Streit und Weglaufen Sandis; der Vater drohte, den Freund zu töten, um Sandi zu retten.

Während der dreijährigen Therapie Sandis gestaltete sich das Zusammenleben in der Familie allmählich harmonischer. Sandi hatte das Gefühl, daß sie ihre Familie ebenso brauchte wie ihren Freund. Auch der Vater wich von seiner rigiden Position ab, akzeptierte den Freund in der Familie und wurde zu einem Ersatzvater für ihn.

Aus den Therapiegesprächen wurde deutlich, daß Sandis Rebellion gegen den Vater ihren Grund in ihrer tiefen Furcht hatte, daß er sterben könnte und sie vaterlos würde. Während der Vater noch lebte, wurde der Freund zum Ersatzvater. In ihren Vorstellungen erwartete sie von ihm, daß er sie als Studienberater begleite und als erfolgreiche Studentin ansähe, während er sie gleichzeitig lieben sollte, wie ihr Vater sie geliebt hatte, als „dumb baby" (S. 405). Nach Abschluß der Schule erfuhren die Eltern, daß Sandi ihren Freund heimlich geheiratet hatte; sie akzeptierten die Heirat. Nach eineinhalb Jahren ließ sich Sandi scheiden, weil ihr das Eheleben nun weniger sinnvoll erschien. Sie bezeichnete ihren geschiedenen Mann aber weiterhin als ihren besten Freund.

Inzwischen versuchte die Familie auf Wunsch des Vaters, in Israel zu leben, kehrte aber bald in die USA zurück. Sandi blieb noch einige Zeit in Israel, kam aber auf Drängen der Familie nach. Diese Rückkehr aus Israel bedeutete für Sandi, daß sie ein zweites Mal ihre Pseudo-Unabhängigkeit aufgab und sich unter die Vormundschaft der Familie begab. Einem jungen Mann, mit dem sie in Israel befreundet gewesen war, schrieb sie in einem Brief - in dem sie in Ansätzen zum Ausdruck bringen konnte, daß es nunmehr ihr Hauptanliegen sei, sich selbst kennenzulernen und sich bewußt mit der eigenen Realität wie mit der ihrer Mitmenschen auseinanderzusetzen, - u. a. folgendes:

'... Ich möchte Dich nicht verletzen; ich bin jetzt nur bemüht, die Realität zu sehen und ehrlich zu sein. Tatsache ist, daß ich noch nicht mit mir selbst einig bin, und wenn ich es nicht mit mir selbst bin, wie kann ich es dann mit einem anderen Menschen sein. Dich zu heiraten, könte mich ein wenig stabilisieren, aber würde das ausreichen ... Aber der wirkliche Punkt ist, daß ich Dich nicht liebe und daß ich Dich vielleicht nur für Deine guten Qualitäten geheiratet hätte ... Ich habe mir etwas vorgemacht ... Ich möchte jemanden finden, den ich langsam kennenlernen kann und mit dem ich sprechen und von dem ich etwas erfahren kann ... Ich möchte keine Beziehung, die zum größten Teil aus meinen Phantasien besteht ... Ich bin noch nicht reif genug, um mich zu verheiraten. Ich möchte als die Person geliebt werden, die ich bin, nicht als Objekt.'

Über Sandis weiteren Entwicklungsweg schreiben Cooper & Ekstein (1979), daß Sandi langsam begann, sich von ihrem Vater und einem Vaterersatz, der eigentlich nur die Aufgabe gehabt hatte, die Familie zusammenzuhalten, zu lösen. Sie konnte allmählich zwischen den verschiedenen Männerfiguren in ihrem Leben unterscheiden und realisierte ihre innere Unsicherheit. Sie fühlte, daß sie sich selbst erst allmählich stabilisieren mußte als reale Person, bevor sie in der Lage sein würde, ihre Beziehung zu anderen Personen wirklich beurteilen zu können (S. 407).

Abwehr des verführerischen Vaters

Häufig zeigt sich, daß die Abwehrhaltung des Mädchens gegenüber dem Vater in der Pubertät/Adoleszenz ganz speziell auf ödipale Konflikte zurückgeht. So berichtet Deutsch (1988), daß die Beziehung des Mädchens zum Vater, die in den früheren Entwicklungsphasen verhältnismäßig problemlos gewesen sein mag, in der Pubertät plötzlich umschlagen kann in Hemmung und Entfremdung - bis hin zur Entstehung eines Ekelgefühls in Situationen, die an die Körperlichkeit des Vaters erinnern, z. B. in der Benutzung des gemeinsamen Badezimmers. Es handelt sich hier nach Deutsch um die Abwehr einer Versuchung, die mit der Gefahr einer Bindung an das väterliche Liebesobjekt in Zusammenhang steht (S. 108).

Damit es dem Mädchen gelingen kann, die ödipalen Tendenzen in sich zu überwinden, ist die verständnisvolle Haltung der Eltern, vor allem die des Vaters, in diesen Konflikten außerordentlich wichtig. Auf Fehlhaltungen des Vaters in diesem Bereich verweisend, schreibt Erni (1971) unter Zugrundelegung ihrer empirischen Beobachtungen, daß ein Nichteinhalten der Grenze von seiten des Vaters im libidinös-sexuellen Bereich im Verhältnis zu seiner Tochter bei Mädchen im allgemeinen Ekel und Abscheu hervorruft mit der Gefahr, daß sie darauf mit Triebverachtung und Triebangst reagieren (S. 277; siehe auch Laufer, 1986, Abschnitt 3.4.1.).

Sachs (1966) geht der Frage nach, auf welche Weise Mädchen versuchen, mit der verführerischen Haltung des Vaters umzugehen. Sie berücksichtigt hierbei neben der

Beziehungsdialektik zwischen Vater und Tochter auch die Rolle der Mutter im Familienverband. Zur Illustration der Ablösungsschwierigkeiten, die für ihre jungen Patientinnen aus der ödipalen Verstrickung mit dem Vater entstanden, seien hier einige Ausschnitte aus ihren Fallberichten wiedergegeben, in denen die adoleszenten Mädchen mit Abwehr auf den Vater reagierten, während sie in der Therapie gleichzeitig eine kindlich ödipale Sehnsucht ihm gegenüber zum Ausdruck brachten:

1. Beispiel (S. 212-213):

Anne ist 15 Jahre, als sie zur Behandlung kommt, da sich die Mutter Sorgen macht um Annes extreme Abweisung des Vaters. Anne ist das einzige Kind; die elterliche Ehe ist schwierig. Über ihre Einstellung zu ihrem Vater berichtet Anne der Therapeutin u.a.:
„I fight with my mother, as any teenage daughter would, but really we get along well. She's Ok...
With father it's different. I just can't stand him. He makes me awfully nervous; his mannerisms are obnoxious; the way he crosses and uncrosses his legs, the way he strokes his chin or whistles and hammers a tune with his fingers on the wooden arm of the chair. For the last three years I have been treating him badly. I leave the room as soon as he enters. I despise him. I constantly tell him so; I yell at him to leave me alone, not to talk to me, not to bother me. In order to keep him at a reasonable distance I have to be nasty to him ...
I hate to see my father show emotions. I cannot stand it. The fact that he has any awareness of sex makes me very uncomfortable. Every time he shows awareness of sex, I hate him. Usually he is cut and dried; with me he is sentimental. I would never go to the movies with father, especially not when an exciting male actor is on the screen. I hate to see people kissing with father around. That he has any sexual potency makes me sick to my stomach. He has no right to know sex, I feel ." (S. 212)

Anne sagt, daß sie ihren Vater haßt, daß sie ihn nicht ausstehen kann in seiner Art, sich zu verhalten, und daß sie sich ihm gegenüber abweisend zeigen muß, um ihn sich vom Leibe zu halten. Im weiteren Gespräch mit ihr wird aber dann doch deutlich: Sie ist sich bewußt, daß sie innerpsychisch eine gute Beziehung zu ihrem Vater hat. Während ihrer Kindheit betreute er sie viel und war häufig ihr bester Spielkamerad, während die Mutter berufstätig war. Inzwischen ist der Vater beruflich sehr erfolgreich und sie ist stolz auf seine Karriere; sie meint, daß ihre Verachtung für ihn körperliche Ursachen habe (S. 213).

2. Beispiel (S. 213-215):

Bina ist 19 Jahre, als sie wegen Depression zur Behandlung kommt. Im Gespräch zeigt sich, daß ihre Vorstellungen von Männern und Frauen sehr extrem sind: Sie empfindet Männer eher als schwach, unentschieden und unzuverlässig, Frauen dagegen als sensibel, stark und fähig, das Beste aus den Dingen zu machen. Ihre Mutter beschreibt

Bina als eine solche starke und sensible Frau. Von ihrem Vater sagt sie zu Beginn der Therapie:

> „Father is around so little, he almost does not count. It's a women's house - my mother, my sisters and I" ... „I might just as well have no father at all. I am always angry at him. We hardly talk. We hardly consider him part of the family. We look down on him." (S. 213)

Bina erinnert sich, daß der Vater in der Kindheit sehr viel mit ihr gespielt hat. In gemeinsamen akrobatischen Übungen kamen sie sich für ihr Empfinden sehr nah; häufig sah sie ihren Vater nackt, z. B. beim Duschen. Über ihr Erleben des Vaters als Heranwachsende und ihr eigenes Verhalten berichtet sie u.a.:

> „Sometimes I am seductive, just like my father. I think I do it purposely. I walk around in the house in panties and brassiere. Sometimes I walk in the nude from my room to the bathroom. I know I should be fully dressed. I am embarrassed to tell you. My father does not talk to me enough ... My father is tall, has broad shoulders, small hips, and light blond hair. I only go for boys like him. I am mad that he is not home enough. I want him to be home more. The two nights a week that he is home, he sits alone in the living room, while mother does her work in her drawing room. I feel very sorry for him alone in the living room ... I look forward to having dinner only when father is home; not with my mother." (S. 214)

Indem Bina im Laufe der Therapie ihren verdrängten Wunsch nach dem Vater erkennt, wird sie sich auch ihrer Gefühle gegenüber der Mutter bewußt. Sie ist von der Mutter enttäuscht, sieht nun in ihr eine eher kalte, verbitterte Frau, die ihre Gefühle von Wärme und Herzlichkeit nicht zeigen kann, sich auf ihre Rationalität stützt und ihre Weiblichkeit entwerten muß; Bina fühlt sich von ihr allein gelassen (S. 215).

3. Beispiel (S. 218-220):

Dale ist 18 Jahre bei Beginn der Therapie. Ihr Vater ist ein sehr erfolgreicher Gelehrter. Die Eltern sind glücklich verheiratet. Dale kommt zur Behandlung wegen Depression und Magen-Darm-Beschwerden. Die Mutter berichtet, daß es zwischen ihr und Dale eine große Nähe gebe; sie seien wie Schwestern. Ihrem Vater stehe Dale hingegen sehr kritisch gegenüber. „Pop, that is disgusting" sei eine häufige Redewendung von ihr.

Dale selbst hat das Gefühl, wenig mit ihrem Vater gemein zu haben, während sie große Gemeinsamkeit mit der Mutter empfindet und feststellt: „We are both highly principled; we are intellectuals ...". (S. 219) Sie hält die Intelligenz bei Frauen für ausgeprägter als bei Männern:

> „Plain general intelligence exists more in women than in men. Look at any high school. Any teacher will tell you so. I have felt superior to men since age twelve. Before that it was different. I wanted to have short hair. I wore pants a lot." (S.219)

Dale wirft ihrem Vater vor, daß er zu frei über sexuelle Dinge spreche. Sie meint, die Mutter und sie hätten die vornehmere Haltung. Ihrem Vater gegenüber habe sie eine herablassende Art, beschimpfe ihn wegen seiner Tischmanieren und seiner Kleidung. Sie verachte ihren Vater, weil er nicht genug Einfühlung in ihre emotionalen Störungen aufbringe. Ihre gleichaltrigen Collegestudenten findet Dale im allgemeinen fürchterlich. Sie liebe ruhige und zurückhaltende Jungen, die nicht wie der Vater seien. Über die Haltung des Vaters berichtet sie der Therapeutin u. a.:

> „You know, sometimes I wish my father were a eunuch, and not so cute to me. He takes me for walks at night without mother. He tries to kiss me on the lips. He insists on walking hand in hand with me at night. He wants to go to neighborhood bars with me and says, 'Don't worry, everybody will think we are husband and wife.' Up to age thirteen I did not want to acknowledge that father could have sexuality or have intercourse with mother. Lots of times when we go out, Pop and I, and we meet old friends of his, he will make them believe I am his second wife." (S. 219)

Auch Dale erinnert sich, daß sie ihrem Vater in der Kindheit emotional näher war als ihrer Mutter, die sie als zu intellektuell empfand. Sie habe damals viel Spaß mit dem Vater gehabt, er habe viel mit ihr unternommen. Die sexuelle Verführung durch den Vater zeigte sich in der Art der Konfrontation des kleinen Mädchens mit seiner Sexualität:

> „My cousin used to take showers with her father, I never did. But I would see him in his underpants. Sometimes, at a brief glance, the fly seemed open. He bathed me when I was four or five, not because Mom was too busy, but because he liked to bathe me. I really could have bathed myself, but it was fun when he dried me real hard, rubbing my back. I used to watch Pop when he shaved in underpants. I just loved it. I used to look at his fly, then felt very, very guilty for it. When I was little, I only wanted to marry Pop; I mean someone like Pop. Now I have changed." (S. 219-220).

Sachs berichtet, daß sich Dale innerhalb weniger Monate nach der Therapie beachtlich veränderte. Das vormals scheue, zurückhaltende Mädchen, das Angst vor Jungen hatte, hatte nun Kontakt mit sehr wilden jungen Studenten, die ein sehr bewegtes Leben führten. Offensichtlich waren die Verdrängungen der sexuellen Strebungen aufgehoben und mit diesen konnte auch die verdrängte Aggressivität lebendig werden, die sich nun vornehmlich gegen die Mutter richtete. Diese beklagte sich, daß aus dem vornehmen, zurückhaltenden Mädchen durch die Therapie eine vulgäre Person geworden sei, die sich nicht mehr der Mutter, sondern nun plötzlich in langen Ferngesprächen dem Vater anvertraue (S. 220).

Diese Berichte von Sachs (1966) zeigen, wie kindlich Mädchen im jugendlichen Alter in ihrer emotionalen Entwicklung noch sein können. Sie mögen dann eine gewisse Differenzierung in den kognitiven Funktionen des Ich erlangt haben, aber aufgrund des Fehlverhaltens offenbar beider Eltern im emotionalen Bereich bleiben sie in der Differenzierung der Fühlfunktion gehemmt. Hier fehlt der Einbezug der Realität.

Sachs kommt in bezug auf diese Schwierigkeiten zu folgenden Überlegungen (S. 220-224):

> Alle Mädchen ihrer Studie stammten aus Familien der oberen Mittelschicht mit hohen moralischen Standards und einem entsprechend strengen Überich. Es schien daher ihrer psychischen Strukturierung eher zu entsprechen, daß die bewußt-unbewußt verführerische Haltung des Vaters bei ihnen neurotische Verdrängungen auslöste anstelle eines Ausagierens, wie es bei delinquenten Mädchen aus zerrütteten Familienverhältnissen häufig beobachtet wird[100]. Ihre gesündere, besser organisierte Persönlichkeit ermöglichte diesen jungen Patientinnen, sich gegen die verführerische Haltung des Vaters durch die Haltung der Verachtung zu schützen, statt mit dem primitiveren Mechanismus der Identifikation und Introjektion des Aggressors darauf zu reagieren, wie dies bei einer unentwickelten ich-schwachen Persönlichkeitsstruktur häufig der Fall ist.
>
> Weiter räumt Sachs ein, daß der Unterschied in der Art der Reaktion auf die verführerische Haltung des Vaters auch darin mitbegründet sein kann, daß in den von ihr vorgestellten Fällen die Verführung nicht tatsächlich vollzogen wurde und dem Vater seine Haltung zum größten Teil unbewußt war. Von der Seite der adoleszenten Patientinnen stellte die Haltung der Verachtung gegenüber dem Vater offensichtlich einen Versuch dar, eigene unerlaubte sexuelle Impulse zu verdrängen und die damit verbundenen triebmäßigen Gefahren abzuwehren. Es folgte daraus, daß die ursprünglichen libidinösen Gefühle gegenüber dem Vater im Unbewußten gehalten werden mußten. In der Therapie wurden sie dann reaktiviert.
>
> Zu der Frage, warum die Mädchen ihrer Studie, deren Väter in ihrem Beruf hoch angesehen waren, die Haltung der Verachtung als Abwehr gegen die väterliche Verführung wählten, schreibt die Autorin, daß sich diese Mädchen vielleicht einerseits sagten, daß ihre Väter sexuell nicht attraktiv sein könnten, wenn sie sich von ihren Töchtern lächerlich machen ließen, und daß andererseits ihre Verachtung für den angeblich schwachen, wenig schätzenswerten Vater auch ein Ausdruck eigener Stärke sein sollte, um auf diese Weise nicht nur die verführerischen Tendenzen in der Haltung des Vaters abzuwehren, sondern auch die eigenen ödipalen Schuldgefühle zu bekämpfen.
>
> Sachs meint daher, daß die Haltung der Verachtung auch als eine Reaktionsbildung angesehen werden kann, die mit der Verdrängung der positiven libidinösen Wünsche gegenüber dem Vater möglich wurde. Dabei schien die kritische Einstellung der Mütter in ihrer Beziehung zu ihren Ehemännern diese abweisende Haltung der Mädchen zu erleichtern. Mit der Aufhebung der Verdrängung der auf den Vater gerichteten libidinösen Strebungen in

---

100 Helene Deutsch (1988) schreibt zu dem gleichen Problem: „Die Proletarierin rationalisiert ihre Handlungen mit 'Verwahrlosung' oder ökonomischen Schwierigkeiten, das Mädchen aus guter Familie entwickelt eine 'Neurose'„. (S. 240; siehe auch Blos 1964, Abschnitt 5.1.2.)

der Therapie wurde dann andererseits die ödipale Wut gegen die Mutter erkennbar.

Abwehr des besitzergreifenden Vaters

Auch M. R. Leonard (1966) befaßt sich detailliert mit den Schwierigkeiten, die in der psychosexuellen Entwicklung des Mädchens während der Adoleszenz entstehen können. Sie berücksichtigt in ihrer Betrachtung der Identifikations- und Gegenidentifikations-Prozesse in der Vater-Tochter-Beziehung besonders das Verhalten des Vaters.

So berichtet sie von Fällen aus ihrer Praxis, in denen Väter ihre Tochter in der Entwicklung zu Eigenständigkeit dadurch hemmten, daß sie versuchten, die Tochter weiterhin emotional an sich zu binden und/oder sich in die Liebesbeziehungen ihrer Tochter zu gleichaltrigen Partnern einzumischen, weil sie nicht in der Lage waren, ihre Zuneigung zu ihrer Tochter zurückzunehmen, um ihr damit zu erlauben, ohne emotionale Belastung durch elterliche Ansprüche Beziehungen zu gleichaltrigen Männern aufzunehmen   (S. 329). Dabei beobachtete M. R. Leonard bei diesen Vätern häufig ein Verhalten gegenüber der Tochter, das zwischen Feindseligkeit und unvernünftigen Forderungen schwankte und bei dem Mädchen massive Abwehrreaktionen gegen den Kontroll- und Besitzanspruch des Vaters hervorrief. Zu dieser Problematik bringt die Autorin das Beispiel der 17jährigen Jill, über deren Beziehungskonflikt mit dem Vater sie u. a. folgendes berichtet (S. 329-330):

Obwohl Jill bewußt darum bemüht war, den Vorstellungen der Eltern zu entsprechen, und z. B. selbst den Wunsch hatte, in der Schule gute Leistungen vorzuweisen, verhielt sie sich in einer Art und Weise, die den Eltern Veranlassung zu Bestrafung gab: sie schwänzte die Schule, erfand Lügen und rebellierte gegen die Weisungen der Eltern. Sie war nicht in der Lage zu erklären, warum sie sich ihren Eltern gegenüber so provozierend verhielt. Sie hatte eine Freundschaft mit einem jungen Mann, den die Eltern als unerwünscht ansahen. Er war einige Jahre vorher wegen kleiner Delikte mit der Polizei in Konflikt geraten und hatte das College abgebrochen, schien sich aber inzwischen stabilisiert zu haben und hatte einen guten Job. Er schien Jill ehrlich gern zu haben.

M. R. Leonard vermutet, daß Jill als Liebesobjekt einen jungen Mann gewählt hatte, der vom Vater möglichst verschieden sein sollte. Der Vater, der Wissenschaftler war, empfand die Wahl seiner Tochter als Affront gegen sich und drückte entsprechende Wut und Kritik gegenüber seiner Tochter aus. Jill betonte, daß ihr Freund viele Interessen habe und sie in ihrem Bemühen um schulische Fortschritte unterstütze. Untergründig sieht Leonard in der Wahl des jungen Mannes auch eine Abwehr Jills gegen eine zu große Befriedigungsmöglichkeit ihrer wiedererwachten ödipalen Wünsche und einen Selbstschutz gegen das besitzergreifende Festhalten des Vaters. Der Vater war nicht bereit, seine Bindung an seine Tochter aufzugeben.

Slansky (1980) erwähnt im Hinblick auf diese Beziehungskämpfe die bei Eltern in Identifikation mit dem Heranwachsenden häufig entstehende Angst vor der Wiederkehr des Verdrängten im eigenen Selbst, das in Zusammenhang steht mit ungelösten Konflikten in der eigenen Entwicklung (S. 288; siehe Benedek, 1959, Abschnitt 3.6.); und E.H. Kaplan (1980) spricht von der elterlichen Depression oder Feindseligkeit, die so groß sein kann, daß sie bei ihnen zu Versuchen führt, den Entwicklungsprozeß des heranwachsenden Kindes zu blockieren oder es durch andere negierende Haltungen mehr oder weniger auszustoßen (S. 382)[101].

M.R Leonard (1966) befaßt sich im Hinblick auf die Gründe für die persönliche Betroffenheit von Vätern über die Ablösungsversuche der Tochter mit der Frage nach der Reife des Vaters in seiner eigenen ödipalen Entwicklung (siehe auch Abschnitt 3.6.). Sie ist der Ansicht, daß es für Väter wie Jills Vater offenbar nicht leicht ist, eine Haltung aufzugeben, die eine unbewußte Reaktion gegen inzestuöse Wünsche darstellt. Zu einer rechthaberischen, autoritären Haltung gegenüber der Tochter Zuflucht zu nehmen, mag ihren inneren Konflikt dämpfen und ihnen daher als angemessene Möglichkeit erscheinen, ihre Gefühle von Besitzanspruch und Verletztheit auszudrücken. Überdies mögen diese Väter der Vorstellung unterliegen, sie müßten ihre Tochter aktiv vor „übel-gesinnten männlichen Wesen" (S. 330) schützen, weil sie damit die Möglichkeit haben, ihre eigenen inzestuösen Gefühle zu verleugnen, die sie auf die anderen projizieren.

Weiterhin nimmt M. R. Leonard an, daß in einigen Fällen die autoritäre Haltung eines Vaters als Abwehr dient gegen den Wunsch nach Erfüllung eigener unbewußter weiblicher Strebungen. Wie der Junge für die Mutter einen Phallus repräsentieren kann, mag sich der Vater mit seiner Tochter identifizieren, um eigene passiv-rezeptive Bedürfnisse zu befriedigen. Auch könnte das Interesse des Mädchens an gleichaltrigen Jungen seinen latenten Konflikt mit homosexuellen Strebungen wieder erwecken; in dem Wunsch, diese homosexuellen Tendenzen in seinen Beziehungen zu anderen Männern zu beherrschen, könnte er daher die unbewußte Erwartung haben, auch seine Tochter müsse rein und jungfräulich bleiben[102].

Ob die rechthaberische, autoritäre Haltung des Vaters seine heterosexuellen Wünsche oder sein Bemühen um Kontrolle seiner unbewußten Homosexualität widerspiegelt, könnte nach M. R. Leonard (1966) nur durch eine Analyse des Vaters herausgefunden werden. Sie betont aber, daß der Vater in jedem Fall die Mißachtung seiner

---

[101] Jacobson (1978b) schreibt: „In nicht wenigen Fällen aber wird das langsame oder unregelmäßige Tempo der Ich- und Überichentwicklung nicht durch verzögerte Reifung, sondern durch elterliche Haltungen verursacht, die den Anstrengungen des Adoleszenten entgegenstehen, seine Bindungen an die Familie zu lockern und die Triebfreiheit und die Freiheit des Fühlens und Denkens und Handelns zu gewinnen". (S.212)

[102] Eine Vorstellung, die nach Adams-Tucker & Adams (1980) bei manchen Vätern nicht so ungewöhnlich zu sein scheint, wie man nach heutigen Ansichten über Sexualität annehmen möchte (S. 232).

Autorität durch die Tochter mit Kontrollverlust über seine eigenen Impulse gleichsetzt und daß seine Angst, die er vor einem solchen Kontrollverlust empfinden mag, sich häufig verrät in der irrationalen Sorge um die Sicherheit der Tochter und in seiner Aversion gegen den Liebespartner, den sie wählt (S. 330).

Beispiel einer sadomasochistischen Beziehungsstruktur zwischen Vater und Tochter

In einer weiteren ausführlichen Beschreibung eines außerordentlich komplizierten Vater-Tochter-Verhältnisses berichtet M.R. Leonard (1966) von einer jungen Studentin Nancy, die in ihrer Kindheit in eine tiefe ödipale Verstrickung mit dem Vater geraten war. Beim Versuch der Ablösung vom Elternhaus in der Adoleszenz und ihrer Verlobung mit einem gleichaltrigen Partner kam es zu erheblichen Spannungen zwischen Vater und Tochter, wobei beide versuchten, ihre inzestuös-libidinösen Gefühle im Mechanismus der gegenseitigen Verachtung abzuwehren. Diese Situation stellte für die junge Frau eine erhebliche Bedrohung in ihrem positiven weiblichen Identitätsgefühl dar. M.R. Leonard macht hierüber u.a. folgende Angaben (S. 330-331):

Nancy war die älteste von drei Geschwistern; ihr Bruder war fünf und ihre Schwester sechs Jahre jünger. Sie entwickelte während der ödipalen Phase, z. T. auch wegen der häufigen Krankheit der Mutter, eine enge Beziehung zum Vater. Wenn sie als Kind nachts Angst hatte, kam sie zum Vater ins Bett, und wenn der Vater Streit mit der Mutter hatte, kam er in ihres.

Mit 18 Jahren mußte Nancy ihr Collegestudium aufgrund eines physischen Handicaps aufgeben; hierdurch wurde ihre schwache Ich-Identität noch weiter erschüttert. Sie verdrängte alle mit ihrem Zustand zusammenhängende Angst, fühlte sich aber aufgrund des unabänderlichen Zwanges, zu Hause leben zu müssen ohne ihre früheren Collegefreunde, allein und isoliert. In dieser für sie schwierigen Situation regredierte sie auf kindliche Verhaltensweisen und geriet in eine feindselige Einstellung zur Familie; äußerlich ließ sie sich sehr gehen.

Hinsichtlich der widersprüchlichen Haltung des Vaters berichtete Nancy der Therapeutin, daß ihr der Vater einerseits widerwärtig sei in seiner Überschwenglichkeit ihr gegenüber und daß sie andererseits seine launischen Ausbrüche und seine physische Gewalttätigkeit fürchte. Sie reagierte auf den Vater in einer herausfordernden Haltung und provozierte damit seine Wutattacken, die ihr wiederum Anlaß gaben, ihrerseits nur Gefühle von Haß und Wut ihm gegenüber zum Ausdruck zu bringen.

Wegen ihrer Krankheit sah Nancy auch ihren Verlobten, der studierte, selten. Leonard schreibt, daß es ihr dieser Umstand fast unmöglich machte, ihre Identität einer jungen Frau, die sich geliebt weiß, zu bewahren. In ihrer inneren Unruhe setzte sie unbewußt diese Beziehung zu ihrem Partner aufs Spiel, indem sie ihrer Familie den intimen Charakter derselben offenbarte.

Die erste Reaktion des Vaters war, seine Tochter dazu zu zwingen, den Kontakt zu ihrem Verlobten abzubrechen. Als er aber merkte, daß er seine Tochter nicht aus der Beziehung zu ihrem Verlobten lösen konnte, bot er in einem totalen Frontwechsel dem jungen Paar Geld an, damit es heiraten und der Verlobte seine Studien beenden könne. Die jungen Leute hatten dagegen verabredet, noch ein Jahr mit der Heirat zu warten, bis der Verlobte graduiert und einen Job gefunden hätte.

Mit seinem finanziellen Angebot meinte der Vater, seine Tochter zu einer anständigen Frau zu machen, und sah nicht, daß er die Männlichkeit des jungen Verlobten bedrohte, indem er ihn durch sein Angebot in Abhängigkeit bringen würde. Seine Bindung an seine Tochter wurde auch daran deutlich, daß er nicht bereit war, die Kosten für ihre Therapie weiter zu übernehmen ab dem Moment der Heirat seiner Tochter und ihrem Zusammenleben mit einem anderen Mann, denn das war dann aus seiner Sicht eine andere Sache.

Zu Nancys Situation bemerkt M. R. Leonard (1966):

Die inzestuöse Bindung zwischen Vater und Tochter, die in der ödipalen Phase begann, hatte sich bis in die Adoleszenz fortgesetzt. Erstaunlich genug schaffte Nancy trotzdem eine Verlobung mit einem jungen Mann. Dies war offenbar zum einen auf die Haltung der Mutter zurückzuführen, die eigene Ansprüche an ihren Ehemann stellte, und schien sich zum anderen dem Umstand zu verdanken, daß der Verlobte in seiner äußeren Erscheinung dem Vater ähnlich war, ohne dessen negative Charakterzüge zu haben. Damit konnte Nancy ihre eigenen unbewußten ödipalen Wünsche indirekt dann doch befriedigen. Eine Zeit lang hatten beide, Vater wie Tochter, versucht, in Umkehr der Affekte ihre inzestuösen Gefühle im Ausdruck der Verachtung abzuwehren. Aber noch mit seinem finanziellen Angebot versuchte der Vater, die besitzergreifende Kontrolle über seine Tochter zu behalten (S. 331).

Zusammenfassung

Die vorstehenden Berichte über konkrete Vater-Tochter-Beziehungen zeigen, daß vieles darauf ankommt, ob der Vater fähig ist, seine Tochter in der Adoleszenz rechtzeitig loszulassen und ihr zu vermitteln, daß er in ihr nun eine junge Frau sieht, der er in ihrer Intimsphäre Selbstbestimmung zugesteht, wie dies von Adams-Tucker & Adams (1980) beschrieben wird (siehe Vorbemerkung zu diesem Kapitel).

Außerdem wird an diesen Beispielen deutlich, daß eine zu große körperliche und emotionale Nähe zwischen Vater und Tochter in der Kindheit dem Mädchen im Heranwachsen eher Schwierigkeiten bereitet mit der Gefahr einer Fixierung an den Vater. Sachs (1966) wie M. R. Leonard (1966) berichten bezeichnenderweise davon, daß der Vater ihrer jungen Patientinnen für seine kleine Tochter eigentlich die wichtigere emotionale Bezugsperson war und eine besondere körperliche Nähe zwischen beiden bestand in der täglichen Pflege und im Spiel. Offenbar ist aber für eine stabile Entwicklung in der weiblichen Identität eine ganz spezifische Ausgewogenheit im Grad von Nähe und Distanz in der Beziehung zwischen Vater und Tochter erforderlich; die Mutter als Dritte in der familialen Konstellation, die mit beiden in Beziehung steht, ist hierfür der ausgleichende Faktor.

5.1.2.2.　Zur Wahl heterosexueller Liebesobjekte

Erni (1971) bezieht sich bei ihrer Betonung der günstigen Auswirkungen auf das weibliche Identitätsgefühl und auf die Fähigkeit des Umgangs mit gleichaltrigen Partnern, die eine lebendige Beziehung zum Vater für das Mädchen in der Pubertät/Adoleszenz hat, auf die Studienergebnisse ihrer tiefenpsychologisch ausgerichteten Befragung heranwachsender Mädchen:

So zeigte sich, daß Mädchen sich nicht so schnell in erotisch-sexuelle Beziehungen mit gleichaltrigen Partnern drängen ließen, wenn sie in einem positiven Austausch mit dem Vater standen. Offenbar gab ihnen die Bestätigung, die sie vom Vater erhielten, ausreichende Sicherheit im narzißtischen Selbstgefühl in ihrem Austausch mit Gleichaltrigen (S. 123). Bestand ein Vertrauensverhältnis zwischen Vater und Tochter und gab der Vater seiner Tochter wichtige Hinweise in Fragen der Freundschaft mit gleichaltrigen Partnern, ohne sie bestimmen zu wollen, wurde dies von den adoleszenten Mädchen dankbar anerkannt. Dagegen schien eine fehlende oder nur oberflächliche Vaterbeziehung die Überkompensation in einer frühen Freundschaft mit heterosexuellen Partnern geradezu herauszufordern (S. 123; siehe auch Ekstein, 1980, Vorbemerkung zu diesem Kapitel). Erni ist hier der Ansicht, daß die Identifikation mit der Mutter für die Liebesfähigkeit des Mädchens in einer heterosexuellen Partnerschaft auch deshalb nicht genügt, da das Mädchen in unserer trotz weiblicher Emanzipation noch stark patriarchalisch ausgerichteten Kultur auch das Gefühl des Angenommenseins von der männlichen Gegenseite braucht. In ihren Studien reagierten Mädchen entsprechend positiv auf die Bestätigung durch den Vater (S. 123).

Zum Einfluß des Vaters auf die Partnerwahl

Dieser Einfluß wird von allen hier nachfolgend zu zitierenden Autoren/innen besonders hervorgehoben. Freud stellt fest, daß das Mädchen seinen späteren Ehepartner häufig nach dem Vorbild des Vaters wählt und die ödipalen Besetzungen nur langsam, wenn überhaupt, aufgibt. Er ist allerdings der Meinung, daß es

„für das Weib (...) geringen Schaden (bringt, d. Verf.), wenn es in seiner femininen Ödipus-Einstellung (...) verbleibt. Sie wird dann ihren Mann nach väterlichen Eigenschaften wählen und bereit sein, seine Autorität anzuerkennen. Ihre eigentliche unstillbare Sehnsucht nach dem Besitz des Penis kann zur Befriedigung kommen, wenn es ihr gelingt, die Liebe zum Organ zur Liebe für den Träger desselben zu vervollständigen ... „. (*Einige psychische Folgen des anatomischen Geschlechtsunterschieds,* 1925, S. 264)

Mit diesen Überlegungen deckt Freud das Problem der Entwicklung weiblicher Eigenständigkeit in der Beziehung zum Partner zu.

Deutsch (1988) differenziert die Frage nach der Wahl späterer Liebespartner. Sie ist der Ansicht, daß es hierbei darauf ankommt, an welchem Elternteil ein Mädchen sein Ichideal gebildet hat. War die Mutter die Repräsentantin des Ideals für das Mädchen, wird das eigene Ichideal nach ihrem Vorbild ausgerichtet und das Liebesobjekt danach gewählt. Nach ihren Beobachtungen trägt aber das Ichideal des Mädchens meist wesentliche Züge des Vaters und dementsprechend werden beim gleichaltrigen Partner offene und verdeckte Ähnlichkeiten mit dem Vater gesucht, so daß sich in der Regel die Beziehung der Frau zum Liebespartner nach dem Muster ihrer Beziehung zum Vater gestaltet, auch wenn ein Partner gewählt wird, der vom Vater völlig verschieden ist (S. 191).

Willi (1975) berücksichtigt bei der Frage nach der späteren Partnerwahl den Einfluß der frühen ödipalen Konstellation. Er schreibt, daß das Kind in der ödipalen Beziehung zum gegengeschlechtlichen Elternteil während der Kindheit eine erste Probeehe erfährt (S. 142) und daß die Liebe und der Haß, die ursprünglich dem gegengeschlechtlichen Elternteil galten, in wohl jede spätere heterosexuelle Beziehung mit einfließen, so daß im späteren Partner zumindest teilweise auch der ödipale Liebespartner erlebt wird (S. 156). Willi ist daher der Ansicht, daß eine Ehe durch die Erfahrungen im Ödipuskomplex positiv in der Wiederholung wichtiger Elemente der Elternehe oder negativ in dem Versuch, den Kindheitserlebnissen zu entkommen, geprägt wird und daß die Beziehungen des Kindes zu seinen Eltern einen bestimmenden Einfluß auf die Gestaltung der späteren Ehe haben (S. 142). Dabei zeigt sich die ödipale Komponente in der Wahl eines Ehepartners auch, wenn dieser dem gegengeschlechtlichen Elternteil gerade nicht gleicht (S. 159).

In einer tatsächlichen Ungleichheit des Partners mit dem gegengeschlechtlichen Elternteil, an den man ambivalent gebunden blieb, sieht Willi eine Vermeidungstendenz, die im längeren Zusammenleben keine Lösung bietet, da ein solcher Partner keine Faszination auf einen ausübt und der gemeinsamen Beziehung damit eine gewisse innere Spannung fehlt. Der Grund hierfür ist, daß die aus der unbewältigten ambivalenten Bindung an die Eltern resultierende Haßliebe dann keinen Resonanzboden in einer inneren Grundschwingung der Partner zueinander findet (S. 159). Willi (1975) schreibt hierzu:

> „Eine Frau, die ihren tyrannischen Vater haßt, aber auch von ihm fasziniert ist, wird für ihren korrekten, aber lahmen Ehemann bald nichts mehr empfinden können." (S. 159)

Positiv gewendet heißt dies, daß die Gefühle von Liebe und Zärtlichkeit gegenüber dem späteren Partner mit der ersten Begegnung mit einem Mann (dem Vater) in einem engen Zusammenhang stehen; Willi ist hier der Ansicht, daß ein Mädchen schwerlich in der Lage ist, im späteren Leben einen anderen Männertyp wirklich zu lieben.

Daß die negativen Momente in den ödipalen Kindheitserfahrungen die heterosexuelle Beziehungsfähigkeit des Mädchens beeinträchtigen, wird von Adatto (1980) bestätigt. Er schreibt, daß sich das Schicksal des ödipalen Konfliktes in der Wahl späterer Sexualpartner widerspiegelt, weil die Sehnsucht nach der Liebe des Vaters und seiner Bestätigung in der Regel auf den späteren Liebespartner übertragen wird. Dies führt zum Wiederholungszwang (S. 468). Willi (1975) meint, daß die Gefahr eines ungelösten Ödipuskomplexes auch darin besteht, daß eine ambivalente Bindung an den Vater auf den späteren Ehepartner übertragen wird (S. 159; siehe Horney, 1923, 1926, Abschnitt 3.5.2.). Ein typisches Beispiel hierfür sieht er in der Mitleidshaltung mancher

Frauen gegenüber dem Ehemann. Hierzu gehört exemplarisch das Eingehen von Frauen auf die Alkoholsucht ihres Mannes. Willi schreibt:

„Oder eine Trinkertochter möchte in ihrem trunksüchtigen Ehemann das wiedergutmachen, was sie ihrem Vater gegenüber versäumt zu haben glaubt, und ist deshalb zur Übernahme der oralen Mutterposition motiviert. Die Verhaltensweisen, die (in einer späteren Ehebeziehung, d. Verf.) angestrebt oder vermieden werden, sind meist bestimmt von Ängsten, Schuld- und Schamgefühlen, die sich auf thematisch entsprechende Erfahrungen und gefühlsbetonte Erinnerungen aus der Kindheit beziehen." (S. 163)

Auch Erni (1971) bringt die ambivalente Vaterbindung in Zusammenhang mit der Tendenz zu mitleidsvollem Verhalten bei Frauen mit schwacher Ichstruktur. Sie schreibt:

„Es ist die uralte Versuchung des Frauenherzens, aus Mitleid nicht mehr sachlich zu denken, dann doch gerade das zu tun, was man vorher bei ruhiger Überlegung abgelehnt hat. Die verzaubernde Kraft des Mitleids und der Schwärmerei läßt die eigenen und fremden Grenzen und Möglichkeiten verschwimmen. Ist die Faszination nicht deshalb so groß, weil das Bild des eigenen Vaters im Unbewußten mitschwingt?" (S. 289)

Vorstellungen heranwachsender Mädchen über ihre späteren Partnerbeziehungen

Die nachfolgend zitierten Aussagen der von Erni (1971) befragten heranwachsenden Mädchen sind anschauliche Beispiele für das Ausmaß des Einflusses, den der Vater auf die heterosexuelle Liebesfähigkeit des Mädchens haben kann. Dies zeigt sich besonders deutlich in Fällen negativer Gebundenheit an den Vater. Zur Wahl eines späteren Partners machten die Mädchen u. a. folgende Angaben:

- „Ich würde nur einen Mann heiraten, der meinem Vater gleicht. Er müßte so gut und so tapfer sein wie er."
- „Als Gatten kann ich mir nur einen ähnlichen Typ vorstellen wie meinen Vater: ritterlich, ideal gesinnt, stark, treu ... ."
- „Ich möchte einmal nicht einen Mann wie mein Vater einer ist, sondern einen, für den man Sympathie empfinden könnte ... ."
- „Nie im Leben würde ich einen Zyniker oder sonst einen unbeherrschten Schwächling heiraten ... ."
- „Auf jeden Fall keinen, der meinem Vater gleicht! Ich möchte meinen Kindern nicht das gleiche Elend bereiten, das wir seit Jahren durchgemacht haben ... ."
- Der Vater sollte „Vorbild sein als Mensch, aber auch als Mann im besonderen, sonst kommt die Tochter nur schwer in ein rechtes Verhältnis zum anderen Geschlecht. Wenn es einen vor dem Vater ekelt, hat man wenig Lust zum Heiraten ... ." (S. 288)

Erni (1971) betont, daß sich aus den Äußerungen der Mädchen im Hinblick auf ihre Neigungen in heterosexuellen Beziehungen bereits spätere mögliche Gefahren für die Partnerbeziehung herauslesen lassen, die die Mädchen in der Regel nicht als solche erkennen. Sie schreibt:

„Die wenigsten Töchter sind sich jedoch der tiefen Auswirkung des Vater-bildes auf das Gattenbild bewußt. Wenig wird geahnt von dem fast magi-schen Zwang, den ein negatives Vaterbild auszuüben vermag: Mit dem Be-wußtsein wird es vielleicht abgelehnt, in der Tiefe des Gemüts aber wartet doch der Wunsch nach Identifikation." (S. 289)

Die Aussage eines Mädchens, das sich (bei der Beantwortung eines anderen Fra-genkomplexes der Studie) über die Brutalität und Unbeherrschtheit des eigenen Vaters beklagte, ihn aber gleichzeitig entschuldigte, ist hierfür exemplarisch:

„Ich würde einen Mann ablehnen, der trinkt, der mit der Frau grob umgeht, den Lohn nicht abgibt, nicht für die Familie sorgt und die Kinder nicht liebt. Verdammen kann man aber einen solchen doch nicht. Wenn ich einmal einen solchen liebte, wüßte ich, daß er sich bessern würde. Ein solcher kann oft nichts dafür. Er kommt vielleicht aus zerrütteten Familienverhältnissen heraus und hat solches von seinem Vater gesehen. Ein solcher ist sehr zu bedauern ... ." (S. 289)

Erni schreibt hierzu: Solange die emotionale Bindung an den Vater nicht gelöst ist, gerät das Mädchen im Hinblick auf seine Partnerwahl in den Identifikationszwang (S. 290); dies gilt für eine positive Vater-Tochter-Bindung ebenso wie für eine negativ be-lastende. Zu letzterer bemerkt sie,

„daß sämtliche Probandinnen, die sich über einen tyrannischen Vater beklagt hatten, mit großer Heftigkeit dann andererseits den Typ des Schwächlings angriffen. In ihrem Bewußtsein wurde der Machtmensch als Identifikations-objekt abgelehnt, in der Tiefe des Gemüts aber wird er doch bejaht und kann später als Leitbild bei der Wahl des Ehepartners äußerst wirksam werden." (S. 290)

Weiter berichtet Erni über die ausgeprägte Haßliebe, die bei manchen Mädchen ih-rer Studie gegenüber dem Vater zu beobachten war. Sie zitiert die Aussage eines Mäd-chens, das sich trotz tiefer Enttäuschung dem magischen Zwang des Vaters nicht zu entziehen vermochte und dadurch in innerste Widersprüche geriet. Dieses Mädchen schrieb über seine Sicht des Vaters:

„Jetzt ist er nur noch ein steinernes, lebloses Standbild für mich. Ich bewun-dere seine Kraft, seine Schönheit und Widerstandsfähigkeit. ... Er hat keinen Sinn für Gefühlsäußerungen ... Mein Vater hat meinen Sinn für Schönheit, Weichheit und Anmut zerstört, darum bewundere ich ihn." (S. 290)

Zur Wahl eines späteren Ehemannes äußerte das gleiche Mädchen:

„Ich möchte nie einen Mann, der ein weiches, gutmütiges Herz hat, der seine Gefühle nicht beherrschen kann. Einen Mann, den ich einmal weinen sähe, lehne ich ab." (S. 291)

Hier zeigt sich nach Erni bereits eine verzerrte, destruktive Einstellung in der Beziehung zum heterosexuellen Liebesobjekt, die auf Erfahrungen mit dem Vater zurückgeht. Der von ihr beobachtete Zusammenhang zwischen den Phantasien über einen späteren Ehepartner und den tatsächlichen Erfahrungen mit dem ödipalen Vater wird von Deutsch (1988) bestätigt, die überdies herausfand, daß die Fehlentwicklungen in der heterosexuellen Beziehungsfähigkeit bei Mädchen unterschiedliche Reaktionen gegenüber dem Vater hervorrufen können. So zeigte sich in ihrer Praxis, daß Mädchen, die durch die Brutalität des Vaters in der Beziehung zur Mutter und seine Gewalttätigkeit gegen die Kinder in eine eher asketische Rolle gedrängt wurden, den Vater häufig bewußt vollständig ablehnten, während andere aufgrund des Schwankens des Vaters zwischen Brutalität und Zärtlichkeit in seinem Verhalten gegenüber seiner Tochter in einer ambivalenten Bindung an ihn fixiert blieben. Beide Male konnte keine Sicherheit in der weiblichen Beziehungsfähigkeit ausgebildet werden (S. 239-240).

Erni (1971) schreibt im Hinblick auf die von Deutsch angesprochene schwierige Konstellation eines positiven Mutter- und negativen Vaterbildes:

> „Das Lebensgrundgefühl (der Tochter, d. Verf.) läßt sich charakterisieren als innere Zerrissenheit. Durch die einseitige Identifikation mit der Mutter entsteht häufig eine überstarke Mutterbindung. Das negative Vaterbild wird vordergründig abgelehnt, im Unbewußten lauert aber, besonders aus der gegengeschlechtlichen Spannung heraus, auch die Gefahr der magischen Verfallenheit... .
> Ein tyrannischer Vater treibt zur Fluchtform der Aggression. Äußere Rebellion wird leicht als solche erkannt; doch braucht es vitale Naturen, um sie durchzuhalten. Manche Töchter verfallen unbewußt der verborgenen Aggression, die unter der Maske äußerer Unterwürfigkeit und Gehemmtheit weiterwuchert, bis sie eines Tages in offene Tyrannis explodiert; damit ist die traurige Kette zur nächsten Generation weitergeschmiedet." (S. 276)

Zu bedenken ist hier: Die Rebellion wie die Annahme einer masochistischen Haltung gegenüber dem Vater/dem Mann schließen letztlich in sich das Problem weiblicher Selbstentwertung und Selbstzerstörung.

Zum Problem narzißtischer Objektwahl

Die entwertende Einstellung gegenüber der eigenen Weiblichkeit findet aber nicht nur in der Abwehr sondern auch in der Idealisierung des Mannes Ausdruck, der die narzißtische Verletzung durch seine Fähigkeiten und Möglichkeiten kompensieren soll[103].

---

[103] In seinem Aufsatz *Zur Einführung des Narzißmus* (1914) unterscheidet Freud zwischen der Wahl des Liebesobjektes nach dem „Anlehnungstyp", bei dem das Objekt den Eltern-Imagines ähnlich sein soll, und nach dem „narzißtischen Typ", in der die Ähnlichkeit des Objektes mit dem eigenen idealisierten Selbst gesucht wird. Nach Freud treffen Frauen eher als

A. Reich (1973) hat sich ausführlich mit der narzißtischen Objektwahl bei Frauen beschäftigt. Sie sieht darin eine Ich-Schwäche, indem ein Objekt geliebt wird, das anders ist als das Ich, aber Qualitäten besitzt, die man selbst einmal für sich begehrt hat (S. 930). Der Grund hierfür liegt nach ihrer Ansicht in ungelösten primitiven Bindungen an die Mutter. Bei diesen Überlegungen berücksichtigt sie noch nicht die modernen Erkenntnisse über die Entwicklungsvorgänge der frühen Triangulierung mit der wichtigen Funktion des Vaters bei der Ausbildung der Unterscheidungsfähigkeit zwischen Selbst und Objekt, d.h. sie erwähnt den Vater als frühes wichtiges Identifikationsobjekt nicht, schreibt aber, daß es sich bei diesen Störungen um eine Fixierung an frühe Stufen der Objektbeziehung handelt, in denen sich die Grenzen zwischen Ich und Objekt noch verwischen (S. 933).

Hingegen berichtet sie von klinischen Beobachtungen narzißtischer Störungen bei Frauen, in denen der phallische Aspekt des Väterlich-Männlichen überbetont und der Phallus des Vaters letztlich zum Ichideal wurde (S. 933, 935). Bei diesen Störungen kam es - aufgrund mangelnder Fähigkeit zur Desexualisierung - zu einer primitiven Identifizierung mit dem Organ des Objektes (das libidinös-narzißtisch besetzt wurde) statt zu einer Identifizierung mit bestimmten Qualitäten dieses Objektes (S. 935). Als Folge dieser Fehlentwicklung entstanden bei ihren narzißtisch gestörten Patientinnen Behinderungen in der Aktivierung wichtiger Ich-Fähigkeiten, die im Überich verblieben und im Ichideal auf den Mann projiziert wurden. In einer narzißtischen Objektwahl bei Frauen sieht A. Reich daher eine Identifikation mit dem männlichen Partner, der das eigene Ichideal repräsentiert (S. 936, 933). Über die Liebe zu dem idealisierten Mann hoffen diese Frauen, narzißtische Bestätigung zu erhalten als Kompensation für Verletzungen in ihrem weiblichen Selbstgefühl, die bereits in prädipalen Entwicklungsstörungen ihre Ursache haben (S. 946).

Auch Benjamin (1986) beschreibt die Suche nach einer „idealen Liebe" als Ersatz für narzißtische Bestätigung (siehe Abschnitt 4.5.3.). Im Gegensatz zu A. Reich betont sie ausdrücklich den Einfluß des frühen Vaters auf die Ichentwicklung des Mädchens. Die weibliche Neigung zur Unterwerfung unter ein idealisiertes Objekt, das dem eigenen Ich Sicherheit und Bestätigung geben soll, resultiert nach ihrer Ansicht aus der ausschließlichen Pflege des Mädchens durch die Mutter während der Phase der frühen Triangulierung, in der gleichzeitig wichtige Entwicklungsprozesse in der Etablierung der Geschlechtsidentität ablaufen (S. 119; siehe Schwartz, 1986, Abschnitt 3.3.4.). D.h.: Die wirkliche Ursache für die Idealisierung des Liebesobjektes und das Problem von Frauen, ihre eigenen Wünsche aktiv zum Ausdruck zu bringen, sieht Benjamin (1986) in einer fehlgelenkten Beziehung des Mädchens zum Vater, der dem Mädchen während der frühen Ichentwicklung helfen muß, den prädipalen Konflikt der Trennung von der Mutter zu lösen. Sie schreibt:

„The unconscious conflicts from which the phallus derives its significance do not begin with oedipal difficulties and regression from the feminine stance, what Horney (1926) called 'the flight from womanhood'. The

---

Männer eine narzißtische Objektwahl, und es ist ihnen das wichtigste Sexualziel, geliebt zu werden.

development being emphasized is that of the ego (or self) and the conflict is the preoedipal one of separation." (S. 120)

D.h.: Die unbewußten Konflikte, aus denen der Phallus seine Bedeutung erlangt, beginnen nicht erst mit ödipalen Schwierigkeiten, sondern sie gehen bereits zurück auf Komplikationen in der frühen Ichbildung (S. 130), in der es zu Spannungen zwischen dem Streben nach Selbstbehauptung und Angst vor Trennungsverlust kommt (S. 121; siehe Modell, 1965, Abschnitt 4.1.3.). Dementsprechend resultieren die Störungen im Bereich narzißtischer Objektliebe in erster Linie aus einem ungünstigen Ausgang in der Separations-Individuations-Entwicklung - und hier im besonderen aus Schwierigkeiten in der Konsolidierung einer positiven Vater-Tochter-Identifikation (S. 129).

Mit anderen Worten: Benjamin geht in ihren Überlegungen davon aus, daß die Bewunderung für den Vater ihre Wurzeln im frühen Beziehungsaustausch während der Phase der Separation-Individuation hat (siehe Abschnitt 4.4.2.). Kommt es hier bei Mädchen zu Enttäuschungen, kann dies dazu führen, daß noch im Erwachsenenalter der Wunsch nach einer idealen Liebe in der Beziehung zum Vater in masochistischen Phantasien und in der Suche nach einem idealen Partner Ausdruck findet. Diese Suche gründet dann in dem Streben, in der Unterwerfung unter das geliebte Objekt die fehlenden Strukturen im eigenen Selbst zu kompensieren (S. 118-119). Eine masochistisch geprägte idealisierte Liebesbeziehung zu einem männlichen Partner kann daher als Folge einer fehlenden Möglichkeit zur Identifikation mit dem Vater in der präödipalen Entwicklung angesehen werden. Die Frau möchte auf diese Weise doch noch Erfüllung finden für den Wunsch nach „identifizierender Liebe" in der Beziehung zum Vater. Benjamin (1986) schreibt:

„Women are often drawn into relationships of submission because they seek a second chance for ideal love, a chance to reconstitute father-daughter identification in which their own desire and subjectivity can finally be recognized." (S. 129)

Die Suche nach der idealen Liebe ist zu verstehen als ein Versuch der Heilung einer narzißtischen Wunde. Dahinter steht die Absicht, einen wichtigen Schritt in der Individuationsentwicklung nachzuholen mit einem Liebesobjekt, das stellvertretend für den Vater hier helfen soll. Die verschiedenen Versionen idealisierter Liebesbeziehungen bei Frauen im Erwachsenenalter können daher nach Benjamin auch als eine Verzerrung des frühen Wunsches nach Bestätigung durch den Vater angesehen werden - für den in einer günstigen präödipalen Entwicklung die identifizierende Liebe des Mädchens zum Vater Ausdruck ist. Sie schreibt:

„Thus ideal love becomes a perversion of identification, an extension of early identificatory love into a substitute form of embodying one's own desire." (S. 135)

Zur Ersatzform identifizierender Liebe gehört die Fehlhaltung von Frauen, ihre Bewunderung für Männer (die sich ihre Omnipotenzgefühle bewahren) in Beziehungen offener oder unbewußter Unterwerfung auszudrücken und diese Männer als Liebespartner zu ihrem Ichideal zu machen, anstatt nach der Realisierung der eigenen Ideale zu streben auf der Basis früher narzißtischer Identifikation mit dem Vater (S. 125).

Zusammenfassung

Die vorstehenden Ausführungen zur heterosexuellen Beziehungsfähigkeit des Mädchens zeigen, daß für eine günstige Wahl des späteren Ehepartners entscheidend ist, ob das Mädchen auf der Grundlage einer identifizierenden Liebe zum Vater die Fähigkeit zu realistischer Selbstabgrenzung von anderen entwickeln und damit ein wichtiges Stück Freiheit und innere Sicherheit in seinen Partnerbeziehungen erlangen kann (siehe Erni, 1971). Wenn es hingegen nicht zur Etablierung einer ausreichend positiven Vater-Imago in der Psyche des Kindes kommt, erwächst eine spezifische Gefahr für das heranwachsende Mädchen daraus, daß es für den fehlenden positiven Vaterbezug Ersatz sucht in der Beziehung zu männlichen Partnern, die es aus seiner narzißtischen Bedürftigkeit heraus zum Träger des eigenen Ichideal macht und/oder zu denen es in eine masochistische Beziehungshaltung gerät. Diese Fehlentwicklung geht zurück auf eine unbewußte, negativ sich auswirkende Identifikation mit dem Väterlich- Männlichen.

Bereits A. Reich (1973) berichtet, daß ihre narzißtisch gestörten Patientinnen im Mechanismus einer primitiven Identifizierung mit dem Organ des Objektes, d.h. des idealisierten Vaters, unbewußt ihre frühen Defekte in ihrem Ich zu kompensieren suchten. Sie verweist damit auf dieselben Störungen im weiblichen Narzißmus, die Jacobson (1978b, Abschnitt 4.3.1.) als Abwehrreaktion in der Identifizierung mit dem männlichen Glied (des Vaters), Staewen-Haas (1970, Abschnitt 4.4.3.) als Verwechslung des väterlichen Phallus in seiner symbolischen Funktion mit dem männlichen Sexualorgan und Chasseguet-Smirgel (1981, Abschnitt 4.5.2.) als Ausdruck von Ich-Schwäche in Identifikation mit dem Penis des Vaters als Partialobjekt beschreiben.

Zu diesem Problem weiblicher Entwicklung in der Beziehung zum Vater gehört auch die von Slater (1961) beschriebene positionale Identifikation mit der Übernahme einer bestimmten Einstellung und Beziehungshaltung gegenüber späterer Liebespartnern, die mehr oder weniger getönt ist durch emotionale Distanz, Ablehnung und Ambivalenz. Willis (1975) Hinweis, daß eine ödipale Fixierung auch dann bestehen kann, wenn der spätere Partner bewußt ein Gegenbild zum Vater darstellt, verweist auf diesen Mechanismus der Abwehr in der positionalen Identifikation.

5.2. Ergebnisse der psychologisch-empirischen Forschung zur Etablierung weiblicher Identität, Eigenständigkeit und Beziehungsfähigkeit

Die Erfahrungen der psychoanalytischen Praxis zum Beitrag des Vaters an der Entwicklung des Mädchens während der Pubertät/Adoleszenz werden durch die Befunde der empirischen Forschung wiederum bestätigt und ergänzt.

Entwicklung weiblicher Identität und Eigenständigkeit

In dieser Arbeit wurde bereits mehrfach darauf hingewiesen, daß eine günstige Voraussetzung für eine positive Persönlichkeitsentwicklung des Mädchens dann besteht, wenn es in einer konstruktiven, harmonischen Beziehung zu beiden Eltern leben kann. Fthenakis (1985) referiert Studien (Hetherington, Cox & Cox, 1978, 1982), in denen der Faktor „mütterliche Wärme" von seiten der Mutter für die Ausprägung weiblicher Verhaltensweisen bei der Tochter ausschlaggebend war, während Eigenschaften, wie Warmherzigkeit, eine positive Haltung gegenüber Frauen und die Ermutigung zu Unabhängigkeits- und Selbstverwirklichungsbestrebungen von seiten des Vaters das Mädchen in seiner Ichentwicklung besonders positiv beeinflußten. Daneben zeigte sich, daß die Mütter femininer und gleichzeitig selbständiger Töchter meist berufstätig waren und die Unabhängigkeitsbestrebungen ihrer Töchter unterstützten (S. 317).

In diesen Kontext gehört auch eine Untersuchung von Lozoff (1974), der hinsichtlich der Fähigkeit zur Etablierung weiblicher Identität und Eigenständigkeit und den Einfluß des Vaters hierauf drei Gruppen von Frauen unterscheidet:

In der ersten Gruppe seiner Studie waren die Frauen intellektuell erfolgreich, besaßen gute zwischenmenschliche Fähigkeiten und unterhielten positive, sie befriedigende intime Beziehungen. Diese Frauen identifizierten sich in der Regel mit beiden Eltern. Die Mutter diente ihnen als klassisches weibliches Vorbild. Ihren Vater beschrieben sie als intelligent, energisch und talentiert; da er sie zur Eigenständigkeit ermutigt hatte, schienen sie nun auch ihm gegenüber ihre Unabhängigkeitsbestrebungen zu verfolgen.

In der zweiten Gruppe waren die Frauen zwar intellektuell-beruflich erfolgreich, sie berichteten aber von Schwierigkeiten in ihren zwischenmenschlichen Beziehungen. Ihre Väter beschrieben sie als perfektionistisch.

Die Frauen der dritten Gruppe waren wenig leistungsorientiert. Sie berichteten, daß sich ihre Väter von ihnen zurückgezogen und die Erziehung der Mutter überlassen hatten (zit. nach Fthenakis, 1985, S. 318).

Lozoffs (1974) Daten finden eine Ergänzung in den Ergebnissen einer Studie von Block et al. (1973), der aufgrund seiner Beobachtungen vermutet, daß neben der Fähigkeit der Mutter zu vernunftbezogenem Verhalten sowie zu Leistung und intellektuellen Fertigkeiten die väterliche Wärme und Akzeptanz für eine gute realitätsgerechte Anpassung und Identitätsbildung bei Mädchen außerordentlich bedeutsam ist (zit. nach Biller, 1976, S. 125). Biller resümiert diese Angaben, indem er feststellt, daß Frauen, die in der Lage sind, eine berufliche Karriere mit einer Heirat und der Erziehung von Kindern zu verbinden, in der Regel aus Elternhäusern stammen, in denen beide Eltern eine positive Rolle in der Kindheit für sie spielten (S. 125).

Sich auf Studien von Biller (1971a) und Biller & Weiss (1970) beziehend meint Biller (1976) im Hinblick auf die spezifische Qualität in der Vater-Tochter-Beziehung, daß eine gut angepaßte Identifikation mit dem Vater bei der Tochter Verstehen und Empathie für ihn einschließt mit der Folge, daß das Mädchen die eigene Weiblichkeit nicht ablehnen muß in dem Wunsch, ein Mann zu sein. Vielmehr scheint die positive Vater-Identifikation eine entwicklungsfördernde Übernahme väterlicher Werte und Verhaltensweisen insoweit zu begünstigen, wie sie nicht mit der Bildung eines weiblichen Selbstkonzeptes und der spezifisch weiblichen Art der Expressivität in den sozialen Interaktionen kollidiert (S. 132).

Diese Ansicht Billers findet Bestätigung in einer Untersuchung, in der Wright & Tuska (1966) beobachteten, daß Studentinnen, die sich selbst als ziemlich weiblich definierten, von ihrem Vater positivere Vorstellungen hatten als Studentinnen, die sich selbst als wenig weiblich oder als maskulin charakterisierten und die das maskuline Verhalten ihrer Väter zu imitieren schienen. Die Autoren nehmen an, daß die sich eher als männlich empfindenden Frauen mit Hilfe der Imitation des Vaters ihre enttäuschende Beziehung zur Mutter ausgleichen wollten, während die Studentinnen, die ihre Weiblichkeit positiv annehmen konnten, die Interaktionen der Mutter mit dem Vater zu imitieren schienen (zit. nach Biller, 1976, S. 132-133). Biller (1976) bemerkt hierzu unter Hinweis auf seine Studie von 1971a, daß bei ausreichender Zuwendung vom Vater die Gefahr, daß ein Mädchen das väterliche Verhalten zwanghaft imitiert und/oder seine Weiblichkeit ablehnt, nur dann groß ist, wenn die Mutter sehr kalt und ablehnend ist, oder wenn sie unfähig ist, Zuwendung, Wärme und Fürsorglichkeit gegenüber ihrer Tochter zum Ausdruck zu bringen (S. 133).

In einer Studie von Biller & Zung (1972) zeigte sich, daß es für das positive Selbstgefühl der interviewten Mädchen wichtig zu sein schien, den Vater als kompetent zu erleben und als jemanden, der sie in ihrem individuellen Verhalten bestätigte, selbst wenn er von ihnen nicht als der dominierende Elternteil wahrgenommen wurde (zit. nach Biller,1976,S. 124). Weitere Untersuchungen zu dieser Frage zitierend (Beier & Ratzeburg, 1953; Carpenter & Eisenberg, 1935; Gray, 1959; Mussen & Rutherford, 1963) meint Biller (1976), daß die aktive und kompetente männliche Rolle des Vaters in der Familie das Mädchen veranlaßt, neben der Ausbildung weiblichen Selbstgefühls auch die positiven geschlechtstypischen Eigenschaften des Vaters zu imitieren und auf diese Weise ein Verhaltensrepertoire zu entwickeln, in dem nicht nur seine Beziehungsfähigkeit, sondern auch seine kognitiven Fähigkeiten durch die Identifikation mit dem Vater eine Bereicherung erfahren. Verhält sich der Vater dagegen unangemessen, scheint dies für das Mädchen eher eine Einengung in seinen sozialen Bezügen und eine Behinderung in seinen intellektuellen wie zwischenmenschlichen Fähigkeiten zur Folge zu haben (S. 133).

Zudem wird aus den empirischen Studien deutlich, daß Mädchen in ihrer Persönlichkeitsentwicklung relativ stark auch durch den indirekten Einfluß ihrer Umgebung geprägt werden: zum einen durch die Art der Beziehung, die der Vater zu seiner Ehefrau unterhält, und zum anderen durch den Grad familialen Zusammenhalts und harmonischen Zusammenlebens. (Biller,1976, S. 131, zitiert zu dieser Aussage Studien von Hetherington, 1965; Hetherington & Frankie, 1967; Mussen & Parker, 1965; Mussen & Rutherford, 1963). Ernste Ehekonflikte, die sich auf das Verhalten der Mutter und des Vaters gegenüber den Kindern auswirken, scheinen besonders Mädchen in ihrer eigenständigen Entwicklung und in ihrer Fähigkeit zur Realitätsanpassung negativ zu beeinflussen. Biller (1976) nennt Studien (Kaufman, Peck & Tagiuri, 1954; Robey, Rosenwald, Snell & Lee, 1964), in denen ein Zusammenhang festgestellt wurde zwischen den sexuellen Schwierigkeiten der Eltern, bei gleichzeitig sehr einschränkendem elterlichem Verhalten gegenüber dem Kind, und dem inzestuösen und acting out-Verhalten adoleszenter Mädchen (S. 132). Er meint, daß Mädchen aufgrund ihrer Sensibilität in zwischenmenschlichen Beziehungen gewöhnlich besonders unter den elterlichen Auseinandersetzungen leiden. Auch Lynn (1969, 1974) stellt fest, daß die familialen Faktoren offenbar einen größeren Einfluß auf die Entwicklung des Mädchens als des Jungen haben (zit. nach Biller, 1976, S. 132; siehe auch Abschnitt 4.6.).

Weiter zeigt sich an den Studienergebnissen, daß es für Mädchen im allgemeinen schwierig zu sein scheint, die nötige familiale Unterstützung zu erhalten für die Entwicklung einer gut angepaßten, kompetenten, in sich selbst sicheren Persönlichkeit. Biller (1976) zitiert hierzu Studien von Block et al. (1973) und Biller & Meredith (1974). Er äußert seine Betroffenheit darüber, daß offensichtlich nur wenige Väter eine wirklich angemessene Beziehung zu ihrer Tochter unterhalten und bereit sind, ihre Tochter in der Entwicklung eines positiven weiblichen Selbstkonzeptes und instrumenteller Kompetenz zu ermutigen. Er führt diese Situation auf eine rigide Geschlechtsrollentypisierung und negative Bewertung weiblicher Verhaltensweisen in unserer Gesellschaft zurück und hofft, daß die allmählich sich abzeichnende Flexibilität in den Geschlechtsrollen immer mehr Frauen dazu verhilft, ein positives weibliches Selbstbild wie ebenso ein breites Spektrum von Fähigkeiten zu entwickeln für das Erreichen einer erfolgreichen, sie befriedigenden beruflichen Laufbahn (S. 126).

Zur heterosexuellen Beziehungsfähigkeit

Wie Studien von Fisher (1973) und Lozoff (1974) zeigen, hat die fürsorgliche Haltung des Vaters nicht nur Einfluß auf die Fähigkeit der Tochter zu persönlicher und sozialer Identitätsfindung, sie erleichtert ihr auch die Aufnahme geglückter heterosexueller Beziehungen im späteren Leben (zit. nach Biller, 1976, S. 21). Auch Fthenakis (1985) zitiert eine Reihe von Untersuchungen (Biller, 1974c; Biller & Weiss, 1970; Luckey, 1969; Meerloo, 1968; Robey, Rosenwald, Snell et al., 1964), in denen festgestellt wurde, daß eine emotionale positive Vater-Tochter-Beziehung in der Kindheit eine gute Basis bildet für befriedigende heterosexuelle Kontakte im späteren Leben. In der Studie von Luckey gaben Frauen, die in einer glücklichen Ehe lebten, häufig an, daß ihr Mann ihrem Vater ähnlich sei (Fthenakis, S. 318). Ebenso vermutet Biller (1976) aufgrund der Ergebnisse seiner Studie (1974), daß die Vater-Tochter-Beziehung Konsequenzen für die Heiratsaussichten des Mädchens hat. Es zeigte sich, daß die liebevolle, ermutigende Haltung des Vaters gegenüber seiner Tochter deren spätere Möglichkeiten erhöhte, eine glückliche Ehe einzugehen, während die Rate der Scheidungen, Trennungen und unglücklichen Ehebeziehungen bei den Frauen höher war, deren Vater während der Kindheit abwesend war und/oder mit dem sie nur wenig positive Austauschmöglichkeiten hatten (S. 126).

Biller (1976) bezieht sich in dieser Frage auch auf Studien von Levin (1966) und Rushing (1964), die unter Hinweis auf ihre Studienergebnisse die Meinung vertreten, daß in manchen Fällen die Wahl einer beruflichen Karriere einer Frau in wesentlichen Teilen auf eine unbewußte Abwehr zurückgeht, um auf diese Weise eine Heirat, der unterschwellig ein Geschlechtsrollenkonflikt zugrundeliegt, ängstlich zu vermeiden. Biller vermutet daher, daß Mädchen, die in den Interaktionen mit ihrem Vater ständig enttäuscht wurden, auch später gegenüber einer nahen Beziehung zu Männern und im Hinblick auf eine Heirat eher negativ eingestellt sind (S. 125).

Fisher (1973) bringt die Orgasmushäufigkeit von Frauen mit dem Einfluß des Vaters auf die sexuelle Entwicklung des Mädchens in Zusammenhang. Er untersuchte die sexuellen Gefühle und Phantasien von fast 300 verheirateten Frauen der Mittelschicht und stellte fest, daß das Fehlen einer bedeutungsvollen Beziehung zum Vater während der Kindheit - die ihnen die Entwicklung von Vertrauen und das Gefühl von Geborgenheit ihm gegenüber ermöglicht hätte - mit der Furcht von Frauen korrelierte, die Kontrolle zu verlieren. Da sie offenbar als Kind keine zuverlässige Beziehung zum Vater erfahren hatten, fehlte ihnen auch die Voraussetzung, von ihm klar definierte Erwartungen und Regeln aufzunehmen, die ihnen in späteren sexuellen Beziehungen Orientierung und Sicherheit hätten geben können, wie Fisher schreibt. In seinen Forschungsergebnissen sieht er einen Hinweis darauf, daß der Vater hinsichtlich der sexuellen Erfüllung der Frau eine wichtigere Rolle spielt als die Mutter (zit. nach Biller, 1976, S. 126-127). Biller meint zu der Studie von Fisher, daß darin zumindest ein Trend deutlich wird, demzufolge die Erfahrungen am Vater einen Einfluß haben auf die sexuelle Liebesfähigkeit einer Frau.

Biller (1976) versucht anhand mehrerer Studien zu belegen, daß die Entwicklung zur Homosexualität bei Frauen (wie bei Männern) zu einem großen Teil auf eine unangemessene Haltung des Vaters zurückgeht: So zitiert er eine Untersuchung von Bené (1965), in der homosexuelle Frauen ihre Väter als weich und inkompetent beschrieben; sie empfanden gegenüber ihrem Vater mehr Feindseligkeit und Angst als die Vergleichsgruppe der heterosexuellen Frauen. Kaye et al. (1967) berichten von homosexuellen Frauen, die ihren Vater eher als puritanisch und ausbeuterisch, Besitzansprüche stellend und infantilisierend darstellten; sie fürchteten sich häufiger als die heterosexuellen Frauen der Studie vor ihrem Vater, von dem sie sich in ihrer frühen Kindheit in ihrer Weiblichkeit abgelehnt fühlten. In einer Arbeit von Thompson et al. (1973) erlebten homosexuelle Frauen ihre Väter als jemanden, der wie ein Fremder mit ihnen umging; als jemanden, der sich ihnen gegenüber distanziert, schwach und feindselig verhielt.

Biller ist der Ansicht, daß die verfügbaren Studien über Homosexualität bei Frauen den Schluß nahelegen, daß unangemessenes Verhalten des Vaters gegenüber seiner Tochter eher zu weiblicher Homosexualität beiträgt als unangemessenes Verhalten der Mutter; nach seinen Beobachtungen gilt dies auch für die männliche Homosexualität. Der Mangel an väterlicher Zuwendung scheint Mädchen wie Jungen verletzbarer zu machen für Schwierigkeiten in der sexuellen Entwicklung, obwohl, wie Biller ausdrücklich betont, nicht vergessen werden darf, daß eine Entwicklung zur Homosexualität als multifaktoriell bestimmt anzusehen ist (S. 127).

Vaterabwesenheit und Vater-Deprivation

Unter Zugrundelegung entsprechender Daten aus der empirischen Forschung kommt Biller (1976) zu dem Ergebnis, daß die Distanz des Vaters zu seiner Familie das

Mädchen in Schwierigkeiten bringt hinsichtlich seiner Persönlichkeitsentwicklung, einschließlich einer angemessenen Übernahme der weiblichen Geschlechtsrolle (S. 123). Er zitiert hierzu zunächst Forschungsergebnisse von Lessing, Zagorin & Nelson (1970) und Santrock (1972), aus denen abzulesen ist, daß die Mädchen der jeweiligen Studie bei Vaterabwesenheit weniger stark in ihrer Entwicklung behindert wurden als die Jungen. Diesen Daten stellt er weitere Untersuchungen (Biller, 1971a, 1974c; Biller & Weiss, 1970; Hetherington, 1972) gegenüber, in denen die Mädchen in ihrer sozialen und heterosexuellen Entwicklung letztlich ebenso stark von Vaterabwesenheit betroffen waren wie die Jungen (S. 128). Biller hält es daher für wahrscheinlich, daß im Hinblick darauf, welche Bereiche der Persönlichkeitsentwicklung betrachtet werden, Ausmaß und Richtung der Auswirkungen von Vaterabwesenheit bei Jungen und Mädchen variieren (S. 128)[104]

Eindeutig läßt sich anhand entsprechender Studien belegen, daß es einen Zusammenhang gibt zwischen dem mangelnden Bezug zum Vater und den Komplikationen im Verhalten von Mädchen beim Umgang mit männlichen Partnern: Biller (1976) zitiert eine Untersuchung von Jacobson & Ryder (1969), aus der zu schließen ist, daß der Mangel an Gelegenheit, in der Kindheit bedeutungsvolle Beziehungen zwischen Mann und Frau zu beobachten, es dem Mädchen später sehr viel schwieriger macht, Fähigkeiten zu entwickeln, die für eine adäquate heterosexuelle Anpassung notwendig sind (S. 128). Auch Hetherington (1972, S. 313-314) vermutet anhand entsprechender Studien, daß die Entwicklungsstörungen delinquenter Mädchen, deren Delinquenz meist auf sexuelles Fehlverhalten (Cohen, 1955; Glaser, 1965) zurückzuführen ist, mit dem Fehlen des Vaters in Zusammenhang stehen; da es sich gezeigt hat, daß delinquente Mädchen häufig aus zerrütteten Familien kommen (Monahan, 1957; Toby, 1957). Biller (1976) interpretiert das von Monahan (1957) und Toby (1957) beobachtete acting-out-Verhalten als erfolglosen Versuch der Mädchen, eine bedeutungsvolle Beziehung zu einem männlichen Erwachsenen zu finden (S. 129; siehe auch Blos, 1964, im Abschnitt 5.1.2.).

Die Studie von Hetherington (1972) zur Frage nach den Auswirkungen von Vaterabwesenheit bei Mädchen bezeichnet Lamb (1976) als die umfassendste und am besten kontrollierte (S. 15). Hetherington bezieht sich darin zunächst auf ältere Forschungsarbeiten (Hetherington, 1967; Mussen & Rutherford, 1963), die besagen, daß der Erwerb von weiblichem Verhalten und spezifischen Fähigkeiten, die in der Interaktion mit Männern eine Rolle spielen, wenigstens teilweise auf Ermutigungen basiert, die Mädchen in der Kindheit im Kontakt mit dem Vater zuteil wurden, und daß sich die positi-

---

[104] Fthenakis (1985) zitiert eine lange Liste empirischer Studien, die sich mit den Auswirkungen von Vaterabwesenheit auf die Entwicklung der Tochter befassen. Er kommt zu dem Ergebnis, daß sich die Forschungsdaten in ihren Aussagen zum Teil widersprechen und daß es dringend notwendig ist, differenziertere und komplexere Aussagen über den Einfluß des Vaters auf die Tochter zu erarbeiten. Trotzdem geht auch er davon aus, daß die vorliegenden Ergebnisse belegen, daß Vaterabwesenheit und die mit ihr verbundenen Veränderungen in den Lebensbedingungen das Mädchen in seiner Entwicklung beeinträchtigen (S. 354).

ven Erfahrungen mit dem Vater in der Entwicklung von Sicherheit und angemessenem Reagieren in späteren heterosexuellen Beziehungen (Biller & Weiss, 1970) widerspiegeln (S. 313).

Ziel ihrer Studie ist, mögliche Differenzen herauszufinden in der Auswirkung, die die Abwesenheit des Vaters aufgrund von Tod oder aufgrund von Trennung und Scheidung der Eltern auf das Verhalten von Mädchen haben kann. Dabei geht sie davon aus, daß diese Auswirkungen erst in der Pubertät deutlich sichtbar werden, wenn die Interaktionen mit männlichen Partnern zunehmen (S. 313).

Grundlage für ihre Arbeit ist die vergleichende Beobachtung von Mädchen im Alter zwischen 13 und 17 Jahren der unteren Mittelschicht, die sie in drei Gruppen einteilt:
1. Mädchen, die seit der Scheidung der Eltern keinen Kontakt mehr mit dem Vater hatten; 2. Mädchen, deren Vater gestorben war; und 3. Mädchen, die mit beiden Eltern lebten. Alle Mädchen hatten keine Brüder, und es lebten keine anderen männlichen Bezugspersonen mit in der Familie. Über ihre Untersuchungsergebnisse von 1972 berichtet Hetherington u. a. folgendes:

Mädchen mit Vaterabwesenheit hatten die größten Schwierigkeiten im Umgang mit Männern; dies zeigte sich aber in unterschiedlichem Verhalten: Mädchen, deren Vater gestorben war, waren sehr scheu im Umgang mit Männern; während Mädchen, deren Mütter geschieden waren, auffallend stark die Aufmerksamkeit gleichaltriger Jungen wie der männlichen Interviewer suchten. Hetherington erklärt diese Haltungen mit dem Mangel an engem Kontakt zu einer ständigen männlichen Bezugsperson (S. 323). Trotz des äußerlich sehr unterschiedlichen Verhaltens berichteten beide Gruppen von vaterlosen Mädchen, daß sie sich im Umgang mit männlichen Personen unsicher fühlten (S. 324). Zur Mutter hatten alle drei Gruppen der Mädchen gute Beziehungen; die vaterlosen Mädchen schienen aber in einer stärkeren Abhängigkeit zur Mutter zu leben (S. 323).

Eine spezielle Differenz zwischen den drei Gruppen zeigte sich im Ausdruck von Selbstwertgefühl: Mädchen, die durch Scheidung der Eltern vom Vater getrennt waren, hatten ein niedriges Selbstwertgefühl. Der Grad an Selbstwertgefühl bei Mädchen, die ihren Vater durch Tod verloren hatten, unterschied sich dagegen nicht signifikant von den Ergebnissen, die Mädchen in einer intakten Familie aufwiesen (S. 321). Beide Gruppen von Mädchen mit Vaterabwesenheit zeigten aber mehr Ängstlichkeit und weniger Gefühle von Selbstsicherheit als Mädchen, deren Vater in der Familie anwesend war (S. 324).

Parallel dazu entdeckte Hetherington auch bei den geschiedenen Müttern Selbstunsicherheit, ein niedriges Selbstwertgefühl und negative Gefühle gegenüber dem geschiedenen Ehemann; sie hatten nicht wieder geheiratet (S. 324). Die Schwierigkeiten der geschiedenen Mütter schienen sich in ihren Töchtern zu wiederholen; auch sie berichteten von eher negativen Gefühlen gegenüber dem Vater, zeigten ihm gegenüber mehr Konflikthaftigkeit und betrachteten ihn als weniger kompetent als dies von den Mädchen, die mit ihrem Vater lebten, und denen, deren Vater gestorben war, zum Ausdruck gebracht wurde (S. 321).

Unterschiede im Grad der Kontakt-Schwierigkeiten bei den Mädchen entdeckte Hetherington auch im Hinblick auf den Zeitpunkt des Verlustes des Vaters. Sie stellte fest, daß sich Vaterabwesenheit vor dem 5. Lebensjahr auf die späteren heterosexuellen Interaktionen des Mädchens ungünstiger auswirkte als die Trennung von ihm oder sein Verlust danach (S. 324).

Fthenakis (1985; S. 353-354) ergänzt diese Daten von Hetherington (1972) durch weitere Angaben aus einer Studie von Hetherington & Parke (1979), in der beobachtet wurde, daß die Auswirkungen von Vaterabwesenheit bei Frauen bis ins Erwachsenenalter zu erkennen waren. So zeigte sich, daß Töchter geschiedener Mütter besonders in ihren heterosexuellen Beziehungen Schwierigkeiten hatten. Sie heirateten früher als Mädchen intakter Familien und ließen sich auch häufiger scheiden. Zudem wurde deutlich, daß sie häufiger eine ungeeignete Partnerwahl trafen und Männer heirateten, die ein niedrigeres Erziehungsniveau hatten als sie selber. Mädchen, die ihren Vater durch Tod verloren hatten, heirateten dagegen eher erfolgreiche Männer, die aber überkontrolliert und zurückhaltend in ihren sozialen Interaktionen schienen. Mädchen aus vollständigen Familien zeigten sich in einer Follow-up-Studie in der Wahl ihres Ehemannes am realistischsten[105].

Auch Fleck et al. (1980) nehmen Bezug auf die Studie von Hetherington (1972). In ihrer Untersuchung, an der 160 College-Studentinnen teilnahmen, fanden sie heraus, daß die „psychologische Abwesenheit" des Vaters oder seine sich auf die Tochter negativ auswirkende Anwesenheit zu ähnlichen Schwierigkeiten im heterosexuellen Verhalten führte, wie es von Hetherington bei den Mädchen mit Vaterabwesenheit aufgrund von Scheidung beobachtet wurde. Die Autoren weisen hier darauf hin, daß es in beiden Fällen um den Mangel an positiven Interaktionen zwischen Vater und Tochter geht, der sich in schwierigen Familienverhältnissen trotz körperlicher Anwesenheit des Vaters meist ebenso ergibt wie in einer geschiedenen Familie.

So beobachteten sie in ihrer Studie, daß das distanzierte und vernachlässigende Verhalten des Vaters aufgrund von Spannungen zwischen den Familienmitgliedern ähnlich schädliche Auswirkungen im Erleben von Mädchen hatte wie sein Verlust aufgrund von Scheidung der Eltern (S. 856). Dies zeigte sich vor allem in dem Ausdruck von Ängstlichkeit in heterosexuellen Beziehungen bei den Probandinnen, denen ein liebevoller Bezug zum Vater gefehlt hatte, gleichgültig ob durch Scheidung oder unangemessenes Verhalten des Vaters verursacht; während die jungen Frauen, die sich von ihrem Vater akzeptiert fühlten, bedeutend weniger Ängstlichkeit in ihrer Persönlichkeitsstruktur aufwiesen (S. 857).

---

[105]   Fthenakis zitiert außerdem Studien von Hainline & Feig (1972) und Young & Parish (1977), die keine Unterschiede im Verhalten von Studentinnen aus vollständigen Familien und aus Familien, in denen der Vater aufgrund von Tod oder Scheidung ausgefallen war, feststellten. Fthenakis meint hierzu, daß aus den Differenzen in den Aussagen verschiedener Untersuchungen deutlich wird, wie notwendig differenziertere und komplexere Studien sind, durch die sich der tatsächliche Einfluß des Vaters auf die Entwicklung des Mädchens angemessen einschätzen läßt (S. 354).

Die Autoren kommen daher zu dem Schluß, daß nicht die Abwesenheit des Ver-
lusttraumas (wie es eine Trennung vom Vater darstellt) maßgeblich ist für eine spätere
angemessene Beziehungsfähigkeit des Mädchens gegenüber heterosexuellen Partnern,
sondern die Qualität des väterlichen Austausches mit seiner Tochter während ihrer
Kindheit.

Umfassende Aussagen über die Einstellungen von Töchtern alleinerziehender
Mütter zu Familie, Beruf und Partnerbeziehung machen Seidenspinner & Burger anhand ihrer Studie von 1982 über die Lebenssituation und das Lebensgefühl adoleszenter
Mädchen in der ehemaligen BRD. Sie berichten über ihre Ergebnisse u.a. folgendes (S.
59-63):

> Die Töchter alleinstehender Mütter standen weniger in einer betrieblichen
> Ausbildung, sondern waren häufiger Schülerinnen; bei den Schülerinnen des
> Gymnasiums waren sie überrepräsentiert; zwei Drittel ihrer Mütter waren be-
> rufstätig. Da sie an der Lebenssituation ihrer Mutter sahen, wie wichtig ein
> guter Beruf für die Existenzsicherung und Lebensgestaltung ist, hatten sie
> ein ausgeprägtes Streben nach beruflicher Eigenständigkeit und finanzieller
> Unabhängigkeit. Im Vergleich zu Mädchen aus vollständigen Familien war
> Heiraten und Kinderkriegen weniger Bestandteil ihrer Lebensplanung (31 %
> zu 50 %) oder erst für eine spätere Lebensphase vorgesehen. Sie zeigten ein
> größeres gesellschaftliches Engagement (45 % zu 38 % im Durchschnitt)
> und waren hellhörig für die Situation von Frauen generell, was sich nach
> Ansicht der Autorinnen aus den Erfahrungen der elterlichen Scheidung und
> dem Fehlen des Vaters erklären läßt.
> Die Wünsche von Töchtern alleinerziehender Mütter nach mehr Liebe
> (39 % zu 25 % im Durchschnitt) und weniger Streit (32 % zu 20 % im
> Durchschnitt) in einer eigenen Ehe, als sie in der Ehe der Eltern erfahren
> hatten, waren vergleichsweise hoch. Es zeigte sich darin der Schmerz und
> die Trauer, die ihnen als Kind die Trennung der Eltern verursacht hatte. Nur
> knapp jede 5. Jugendliche, die bei der alleinerziehenden Mutter lebte, berich-
> tete von ausreichend häufigen Kontakten mit dem Vater.
> Ein besonderes Problem war diesen Mädchen das häufige Alleinsein der
> Mutter; sie selbst hatten mehr Angst davor als Mädchen intakter Familien
> (31 % zu 17 % im Durchschnitt). Zudem stellte sich heraus, daß Mädchen
> mit Vaterabwesenheit häufiger als andere Mädchen Angst zeigten, den rich-
> tigen Freund zu finden; und sie brachten zum Ausdruck, daß sie einmal
> keine so schlechten Erfahrungen mit Männern machen wollten (39 % zu 10
> % im Durchschnitt). Die Autorinnen vermuten hier, daß Ablösungsprobleme
> von der Mutter und die Angst, daß sie einmal ebenso enttäuscht werden
> könnten wie die Mutter, bei der Unsicherheit dieser Mädchen in der
> Partnerwahl eine wesentliche Rolle spielten.
> Die stärkere Identifikation mit der Mutter bei den Töchtern alleinerzie-
> hender Mütter zeigte sich auch daran, daß diese Mädchen sich wünschten, so
> lebendig und interessiert zu bleiben wie ihre Mütter (41 % zu 30 % im

Durchschnitt), und daß sie die Aufgeschlossenheit und das Engagement ihrer Mütter positiver beurteilten als die übrigen Mädchen der Studie. Da sie für alles, was um sie geschah, sehr sensibel waren, waren sie auch verletzbarer. Sie hatten sich nach den Worten von Seidenspinner & Burger mit mehr Ängsten, Problemen und Schwierigkeiten auseinanderzusetzen als andere Mädchen, denen die Anwesenheit und das Beschütztsein in einer intakten Familie vielleicht eher Vertrauen in das Leben erlaubte.

Deutliche Unterschiede im Verhalten zwischen Mädchen alleinerziehender Mütter und den anderen Mädchen der Studie gab es im realen Beziehungsaustausch mit männlichen Partnern. Nach Ansicht der Autorinnen machte sich hier der fehlende Kontakt mit dem Vater bemerkbar als Mangel in der Fähigkeit des angemessenen Umgangs mit dem anderen Geschlecht. Im Kontakt mit dem Freund zeigten die Töchter alleinerziehender Mütter große Unsicherheiten, die eigenen Bedürfnisse und Wünsche in die Beziehung einzubringen. Zudem konnten sie sich sehr viel weniger als andere Mädchen vorstellen, ihren derzeitigen Partner zu heiraten, und klagten in höherem Maße darüber, daß sie sich auf ihren Freund nicht verlassen könnten. Es fiel ihnen schwer, gegenüber ihrem Partner eine selbstbewußte Position zu beziehen und hinsichtlich ihrer Sexualität einen eigenen Standpunkt zu vertreten. Bei einer Kontaktaufnahme warteten sie viel mehr ab als andere Mädchen und überließen dem Jungen die Initiative. Hatten sie einen festen Freund, bestanden sie darauf, sich ein Stück Unabhängigkeit zu bewahren.

Zu ihren Beobachtungen bemerken Seidenspinner & Burger (1982) abschließend, daß das weibliche Selbstverständnis der Töchter alleinerziehender Mütter merkwürdig gespalten war:

Einerseits strebten sie sehr stark nach Autonomie und Eigenständigkeit und drückten in ihrem Bewußtsein Vertrauen in ihre persönlichen Qualitäten aus; andererseits verhielten sie sich vorsichtig und skeptisch im Umgang mit jungen Männern und zeigten sich im Kontakt mit ihren Liebespartnern eher hilflos, unsicher, fast unselbständig. Ihre Angst, nicht den richtigen Freund/Mann zu finden, ihr Abwarten, bis der Mann auf sie zukam, und ihr größeres Nachgeben gegenüber den sexuellen Wünschen des Partners, als dies bei Mädchen vollständiger Familien zu beobachten war, lassen nach Seidenspinner & Burger darauf schließen, daß sie in ihrem weiblichen Identitätsgefühl unsicher waren. Die Autorinnen sehen in dieser Unfähigkeit bei Töchtern alleinerziehender Mütter, sich angemessen mit männlichen Konfliktpartnern auseinanderzusetzen, eine Widerspiegelung der Lebenssituation der Mutter und eine Folge des Ausfalls des Vaters.

Zusammenfassung

Die vorstehend zitierten empirischen Daten belegen, daß ein positiver Austausch mit dem Vater einen entscheidenden Entwicklungsfaktor in der Bildung weiblicher Identität und Eigenständigkeit darstellt und einen wesentlichen Einfluß auf die heterosexuelle Beziehungsfähigkeit des Mädchens hat. Lamb (1976) kommt zu dem Schluß, daß eine herzliche, fürsorgliche Haltung des Vaters dem Mädchen die Anpassung an die Realität und das Glück in Liebesbeziehungen erleichtert. Er bestätigt damit Benjamins (1986) psychoanalytischen Hinweis, daß die Entwicklung des Gefühls von Sicherheit in der weiblichen Sexualität als einer aktiv-kreativen Kraft nicht nur von der Persönlichkeit der Mutter sondern ebenso von der Einstellung des Vaters abhängt (S. 134).

Weiter wird aus diesen Forschungsergebnissen deutlich, daß die Folgen von Vater-abwesenheit oder Vater-Deprivation bei Mädchen häufig erst in der Pubertät und Adoleszenz erkennbar werden, wenn es um die Ablösung von den elterlichen Objekten geht und die Entwicklung von Selbständigkeit im beruflichen Bereich und in den Liebesbeziehungen im Vordergrund steht. Hier verweisen die empirischen Studien auf Störungen in der weiblichen Persönlichkeitsentwicklung, wenn der Vater als Modell für die Verinnerlichung eines positiven Bildes vom Mann fehlt.

Besonders die Beobachtungen von Seidenspinner & Burger (1982) lassen sich dahingehend interpretieren, daß das Mädchen ohne Vaterbezug zwar intellektuelle Wachheit und rationale Eigenständigkeit im praktischen Leben entwickeln kann mit Hilfe der Mutter als entsprechendem Vorbild, daß es aber im emotionalen Bereich, vor allem in den heterosexuellen Beziehungen, ohne die Möglichkeit zu positiver vertrauensvoller Auseinandersetzung mit dem Vater als männlichem Gegenpol nur schwer ausreichende Sicherheit im weiblichen Selbstgefühl erlangt.

Damit wird die psychoanalytische Erkenntnis bestätigt, daß Mädchen mit günstigem Bezug zum Vater im allgemeinen eine gesunde Fähigkeit entwickeln, sich vor Übergriffen und unangemessenen Ansprüchen anderer, auch ihrer männlichen Partner, zu schutzen (siehe Ekstein, 1980; Erni, 1971), weil sie durch die positive Aufnahme der männlichen Sichtweise des Vaters gelernt haben, ihre weibliche Emotionalität zu differenzieren und gleichzeitig positiv zu werten in Anpassung an die Realität, die eigene wie die anderer (siehe Abschnitt 4.7.).

Eine Gefahr für die Entwicklung einer reifen heterosexuellen Beziehungsfähigkeit scheint vornehmlich bei Mädchen gegeben, die aufgrund der Scheidung der Eltern sich bewußt mit der anwesenden Mutter identifizieren, unbewußt aber an den abwesenden Vater in einer ambivalenten Beziehungshaltung gebunden bleiben (siehe zu diesen Mechanismen Abschnitt 3.1.4.)

5.3. Schlußbetrachtungen: Zur Auflösung der inzestuös-libidinösen Bindung

Für die Ablösung von den elterlichen Liebesobjekten braucht das Mädchen nicht nur von der Mutter sondern auch vom Vater die anerkennende Zustimmung, daß es nun eine autonome Person wird, die ihr Leben selbstverantwortlich zu führen hat. Kast (1984) meint, daß der Vater seiner Tochter das Gefühl geben muß, daß er ihr ein eigenes Leben gönnt (S. 185).

Voraussetzungen für die Lösung aus der Vaterbindung

In der Adoleszenz muß es mit der endgültigen Umwandlung der inzestuös-libidinösen Strebungen zu einer Auseinandersetzung mit dem inneren Bild vom Vater kommen. Erst über diese Entwicklung kann das Mädchen eine reale Beziehung zum Vater aufnehmen und der Vater seine Macht als inneres Objekt verlieren. Grundlage für diese Entwicklungsaufgabe ist, daß das Mädchen im Heranwachsen ausreichend lernen konnte, seine Ich-Funktionen zu differenzieren[106], mit deren Hilfe es nun zu seiner emotionalen Gebundenheit an den Vater die nötige innere Distanz gewinnen kann, ohne sein weibliches Gefühl außer Acht zu lassen.

Loewald (1979) hat auf diese Ablösungsprozesse, in denen Aggression, Trauer, Schuldgefühle und Versöhnung eine wichtige Funktion haben, besonders hingewiesen. Er sieht in der Trennung von den Eltern als innere Objekte in der Adoleszenz eine entwicklungsmäßige Notwendigkeit, die als eine „Tötung" elterlicher Autorität zu verstehen ist; er benutzt hierfür das Wort *parricide*, da in der patriarchalen Gesellschaft die Autorität durch den Vater vertreten wird (S. 755). Zu den durch die Trennung von den Eltern verursachten Schuldgefühlen schreibt Loewald (1979), daß erst die Übernahme dieser Schuldgefühle Selbstverantwortung möglich macht:

„Guilt then is not a troublesome affect that we might hope to eliminate in some fashion but one of the driving forces in the organization of the self." (S. 762)

D.h.: Ängste und Schuldgefühle den entmachteten Eltern gegenüber dürfen nicht verdrängt, sie müssen vielmehr in Trauer angenommen und in einer Haltung der Versöhnung überwunden werden (S. 758)[107]. Loewald betont, daß es in diesem Ringen um Selbstbefreiung und dem daraus resultierenden inneren Kampf zwischen Gefühlen der Schuld und der Liebe gegenüber den elterlichen Liebesobjekten letztlich um den Ausgleich widerstreitender Strebungen geht: derjenigen nach Unabhängigkeit und Selbst-

---

[106] Blos (1967), der die Adoleszenz als eine zweite Periode der Individuation-Separation betrachtet, geht davon aus, daß die Stärke der Individuationsvorgänge während der Adoleszenz ihre Wurzeln in der frühen Ichentwicklung hat (S. 176). Er betont, daß ein übermäßiger Einfluß der objektlibidinösen Strebungen auf das Ich für die Herausbildung von Autonomie in der Adoleszenz überwunden werden muß mit Hilfe der aus der Latenzperiode stammenden Ich-Differenzierungen (S. 171).

[107] Auch Jacobson (1978*b*) hebt die wichtige Rolle der Trauer hervor, die in einer normalen Entwicklung während der Adoleszenz die Auflösung der inzestuös-sexuellen und feindseligen Wünsche gegenüber den Eltern und die Suche nach neuen Liebesobjekten begleitet (S. 172). Sie schreibt: „Was diese emotionale Aufgabe für ihn (den Adoleszenten, d.Verf.) noch schwieriger macht, ist der Umstand, daß sie außerdem eine definitive und endgültige Aufgabe seiner realen und emotionalen Abhängigkeit von den Eltern beinhaltet. Freud (1905) betrachtet diese Ablösung von der elterlichen Autorität als eine der bedeutsamsten aber auch als eine der schmerzhaftesten seelischen Leistungen." (S. 182)

verantwortung im Ausdruck der „Tötung" elterlicher Autorität - und derjenigen nach Identifikation und Einssein mit dem elterlichen Liebesobjekt (S. 759-760). Er schreibt:

> „I wish to emphasize, it is no exaggeration to say that the assumption of responsibility for one's own life and its conduct is in psychic reality tantamount to the murder of the parents, to the crime of parricide, and involves dealing with the guilt incurred thereby. Not only parental authority is destroyed by wresting authority from the parents and taking it over, but the parents, if the process were thoroughly carried out, are being destroyed as libidinal objects as well ... ." (S. 757)

Mit der Lösung aus der libidinösen Bindung an die Eltern und der Übernahme ihrer Macht, ihrer Kompetenz und ihrer bisherigen Verantwortung für das Kind kommt es zu reifer Überichbildung und der Fähigkeit zu nicht-inzestuösen Objektbeziehungen. Loewald (1979) wiederholt hier seinen Hinweis auf die innere Erfahrung des heranwachsenden Jugendlichen, seine Eltern als libidinöse Objekte zu töten, wenn er beginnt, eigene Maßstäbe für sein Leben zu entwickeln und sich in außerfamiliale Liebesbeziehungen einzulassen:

> „In an important sense, by evolving our own autonomy, our own superego, and by engaging in nonincestuous object relations, we are killing our parents. We are usurping their power, their competence, their responsibility for us, and we are abnegating, rejecting them as libidinal objects." (S. 758)

In diesen Ablösungsprozessen geht es nicht darum, wie Loewald ausdrücklich betont, daß die ödipale Bindung an die Eltern vollständig verdrängt wird, sondern daß auf der Grundlage der „Zerstörung" des inzestuösen inneren Liebesobjektes die Fähigkeit zur Selbstverantwortung erworben werden kann mit Hilfe der Ausrichtung eines autonomen Überich (S. 758).

Jacobson (1978b) bestätigt diese Überlegungen, indem sie schreibt, daß eine gewisse libidinöse Besetzung der Beziehung zu den Eltern bestehen bleiben muß, da der Jugendliche aus ihr die Fähigkeit entwickelt, neue Beziehungen und selektive Identifikationen mit für ihn bedeutsamen, außerfamilialen Personen herzustellen (S. 185). Die Identifikationen mit den Eltern müssen in der Adoleszenz nicht aufgegeben, sondern transformiert in das bewußte Ich integriert werden. D.h.: Die Identitätsbildung ist in dieser Entwicklungsphase weiterhin bestimmt durch die Modifizierung, Stabilisierung und Integrierung der Beziehungen und Identifikationen mit den elterlichen Objekten der Vergangenheit. Jacobson warnt daher, daß ein aus Ambivalenzkonflikten mit den Eltern resultierender „innerer Verlust" der infantilen Liebesobjekte in der Adoleszenz ernste Folgen für die Identitätsbildung hat (S. 186).

Aus seiner Sicht hebt Loewald (1979) hervor, daß das Selbst im Streben nach Autonomie und im Kontakt mit nicht-inzestuösen Objekten in seiner Organisation eine Bereicherung erfährt, die wiederum zu neuen Wegen in der Beziehungsaufnahme und im Umgang mit den Eltern wie mit gleichaltrigen Liebesobjekten führt. Auf diese Weise werden die alten ödipalen Beziehungen zerstört und wieder errichtet (S. 763). Für diese Umwandlung der libidinösen Strebungen und ihre Integration in das Ich ist die Haltung der Versöhnung unerläßlich. Loewald schreibt:

„Atonement for these crimes (parricide and incest, d. Verf.) - which I defined as reconciliation, being again at one - consists in a reconstitution of child-parent relations on the internal scene of action (internalization). As mentioned before, this transposition or transmutation, at once destruction and restitution, in metapsychological language is a transformation of object cathexis into narcissistic cathexis." (S. 762)

D.h.: Auf der Grundlage einer versöhnten Einstellung kann der Vater für das Mädchen als ödipales Liebesobjekt in neuen Objektbeziehungen in Teilaspekten wieder erstehen. In dieser Entwicklung zur Reife geht es nicht um Verdrängung, sondern um Umwandlung der ursprünglichen ödipalen Liebeswünsche, und zwar durch ihre Internalisierung bei gleichzeitiger Verschiebung der libidinösen Besetzung vom elterlichen Objekt auf das eigene Selbst, das dadurch narzißtisch gestärkt wird. Hierzu muß die Tochter erkennen, daß sie selbst es ist, die diese libidinös-erotischen Phantasien hat, die sie bisher auf den Vater projizierte.

Eine definitive Zerstörung des Ödipuskomplexes gibt es nach Loewald nicht; im Laufe des Lebens wiederholt er sich auf verschiedenen Entwicklungsebenen (S. 753, 763)[108]. Zur gleichen Aussage kommt Layard (1945), wenn er mit seinen Worten zu diesen Umwandlungsprozessen in der Adoleszenz bemerkt, daß der Ödipuskomplex eine wichtige Brücke darstellt in der Ausbildung der Fähigkeit zur Intimität mit nichtinzestuösen Partnern und Voraussetzung ist für den Realitätsbezug wie für die Entwicklung echter Sublimierungsfähigkeit, die darauf beruht, daß es zu einer allmählichen Transformation der sexuell-inzestuösen Wünsche des Mädchens kommt durch ihre bewußte Integration in das Ich (S. 285-292).

Überwindung der Ambivalenzkonflikte

Wie bereits mehrfach in dieser Arbeit ausgeführt, ist die Auseinandersetzung mit dem inneren Vaterbild für das Mädchen besonders wichtig in einem ambivalenten Vater-TochterVerhältnis. Denn häufig steht hinter dem Vaterbild, das Idealisierung oder Abwehr hervorrufen mag, die Angst vor dem eigenen Gefühl für den Vater, da die Beziehung zu ihm als schwierig oder enttäuschend erlebt wird und das Vertrauen zu ihm fehlt. Hier ist zu verweisen auf die Berichte von Sachs (1966) über die Reaktionen heranwachsender Mädchen, die sich in Betonung ihrer intellektuellen Fähigkeiten und in

---

[108] Auch Ticho (1976) geht davon aus, daß die ödipale Konstellation auf einer unbewußt sinnlich-emotionalen Ebene während des ganzen Lebens erhalten bleibt und eine Überwindung des Ödipuskomplexes nur durch geistig-emotionale Bewußtwerdung möglich ist (S. 142). An anderer Stelle schreibt sie, daß es eine endgültige Lösung des Ödipuskomplexes für beide Geschlechter nicht zu geben scheint, daß vielmehr im Laufe des Lebens wiederholt veränderte innere Einstellungen dazu gefunden werden müssen. Hierzu sind ausreichende Ich-Stärke und ein integriertes Selbst nötig, um eine regressive Wiederbelebung des Ödipuskomplexes zu erlauben als Voraussetzung für neuere Revisionen und Transformationen früherer Lösungen; - wodurch weitere Reife möglich wird (in: Galenson, Panel report, 1978, S. 165).

Verdrängung ihrer libidinös-narzißtischen Strebungen vor den emotionalen Übergriffen des Vaters zu schützen suchten (Abschnitt 5.1.2.1.).

Eine Lösung des inneren Konfliktes, der aus der Verdrängung der weiblichen Wünsche entsteht, ist aber nur möglich, wenn sich das Mädchen die in den Berichten von Erni (1971; Abschnitt 5.1.2.2.) aufgezeigte Gespaltenheit in seinem Bild vom Vater/vom Mann bewußt macht und seine Vorstellungen von dem idealisierten Mann, nach dem es sich in irrealen Träumen sehnt, sowie von dem destruktiven Mann, den es ablehnt und dessen Überwältigung es fürchtet, überwindet. Zeul (1988) hat in ihrer Fallbeschreibung dargelegt, daß die Integrierung der sadomasochistischen Aspekte in der Beziehung zum Vater ein ausschlaggebender Faktor ist für die Befreiung des Mädchens aus einer negativen Vaterbindung (Abschnitt 4.5.2.)[109].

Häufig ist dafür nötig, daß sich das Mädchen zunächst mit dem Anspruch des Vaters bewußt identifiziert, um sich dann von ihm lösen zu können. McDougall (1981) spricht hier von der narzißtischen Identifikation, um dem Elternteil seine Macht zu rauben und sie für sich zu erlangen (siehe Abschnitt 3.5.3.). Die außerordentlich schwierige Situation adoleszenter Mädchen im Bericht von Cooper & Ekstein (1979), die aufgrund ihrer Ich-Schwäche nicht in der Lage sind, sich den destruktiven Tendenzen des Vaters ihnen gegenüber bewußt zu entziehen, resultiert aus dem Fehlen einer positiven narzißtischen Identifikation mit ihm als Grundlage für ihre Selbstbehauptung und Selbstentfaltung (siehe Abschnitt 5.1.2.1.).

Eine positive Lösung aus der Vaterbindung würde bedeuten, daß das Mädchen in der von Loewald (1979) betonten Haltung der Versöhnung die positiven Eigenschaften des Vaters realistisch erkennt und die mit ihm gemachten positiven Erfahrungen bewußt in sein Ich aufnimmt, sich hingegen von ablehnenden und belastenden Erfahrungen in der Beziehung zu ihm innerlich distanziert. Auf diese Weise kommt es zur Wandlung des Vaterbildes.

Das Festgehaltenwerden in magischer Identifikation

Kast (1984) spricht von der wichtigen Einsicht des Mädchens in die unbewußte erotische Anziehung, die vom Vater ausgeht und das Mädchen gleichzeitig fasziniert und abstößt (S. 185). Diese ödipal-libidinöse Bindung an den Vater muß die Tochter in der Adoleszenz erkennen, um sie in der Folge zurücknehmen zu können. Nur auf diese Weise kann sie sich aus der imaginären Bindung an den Vater lösen und zu ihren eigenen weiblichen Gefühlen kommen (siehe oben Loewald, 1979). Solange sie hingegen

---

[109] Hier sei nochmals auf Greenson (1954) verwiesen, der schreibt, daß Enttäuschungen und Deprivationen die Bereitschaft zu Introjektion und nachfolgender Identifikation erhöhen und daß erst mit der Bewußtmachung der Identifikation mit dem enttäuschenden Elternteil die störenden Inhalte in das Ich integriert werden können - als Voraussetzung für die Aufhebung der Selbstentwertung und Selbstzerstörung, die damit häufig einhergeht (Abschnitt 3.1.4.).

noch mit dem Vater und seinen Ansichten über sie identifiziert ist, behält er Einfluß auf ihre Psyche.

M.R. Leonard (1966) hat eindrücklich dargestellt, daß daraus entstehende Entwicklungsprobleme häufig auf Fehlhaltungen des Vaters zurückgehen, der in seinem narzißtischen Anspruch seine Wünsche nach Besitz und Kontrolle über die Tochter nicht aufgeben kann oder will und die Vorstellung hat, durch die Tochter würde seine Jugend wiederhergestellt (Hirsch, 1987, S. 110, 147). Auch Bitter (1958) erwähnt das verletzende Verhalten von Vätern gegenüber ihrer Tochter in ihrem Machtstreben, hinter dem in unbewußter Gegenübertragung eigene erotische Impulse des Vaters zu erkennen sind (S. 116). Zum gleichen Problem stellt Freud Loewenstein (1984) die Frage:
„Was ist denn los mit den Vätern, daß sie ihre Töchter um jeden Preis und mit eisernem Willen kontrollieren müssen?".(S. 212)

Hirsch (1987) bezeichnet die emotionale Verstrickung zwichen Vater und Tochter in der ödipalen Konstellation als unbewußten Inzest. Aus seiner Praxiserfahrung berichtet er, daß Inzestwünsche als ubiquitär zu betrachten sind (S. 133). Auch Geist schreibt:
„Wir wissen aus Analysen Gesunder (...), daß bewußte Inzestgedanken und - Versuchungen des Vaters gegenüber seiner Tochter ihrem Häufigkeitsgrad nach wohl geradezu in die Kategorie des sogenannten Normalen gehören. Sie haben nicht überhört, daß ich von - allerdings bewußten - Gedanken und Versuchungen sprach. Vom Gedanken bis zur Konkretisierung der Tendenz ist noch ein weiter Weg. Nach eigenen Erfahrungen und denen konsultierter Kollegen glaube ich allerdings sagen zu müssen, daß der Prozentsatz der realisierten Inzestversuche nicht nur bei den zur Psychotherapie erscheinenden Kranken, sondern durchaus auch im sogenannten Normalfall ein erschreckend hoher ist." (S. 36)

Layard (1945) spricht im Falle einer emotionalen Gebundenheit an den gegengeschlechtlichen Elternteil vom psychologischen Inzest (S. 297-307). Im Hinblick auf das Mädchen ist damit gemeint: eine Preisgabe des eigenen Selbst an die Phantasien und Forderungen des Vaters aufgrund eines unbewußten Identifiziertseins mit ihm. Meist steht dahinter narzißtische Bedürftigkeit. Für die Entwicklung des Mädchens bedeutet dies: Da es den Vorstellungen und Erwartungen des Vaters - der seine Tochter als Projektionsfigur für seine eigenen weiblichen Wesensanteile benutzen mag (siehe Abschnitt 5.1.2.) - zuviel Raum in sich gibt, ist es nicht in der Lage, seine Integrität in seinem weiblichen Selbst vor dem narzißtischen Zugriff des Vaters zu schützen und seine weibliche Geschlechtsrolle im Gefühl innerer Sicherheit zu übernehmen.

Vorstehendes impliziert, daß der Vater für eine günstige Entwicklung im Ablöungsprozeß der Adoleszenz die Grenzen der Privatsphäre seiner Tochter respektieren muß und diese nicht in verführerischer Haltung oder Abwertung ihrer Person bedenkenlos übergehen darf. Wenn er seine Tochter emotional nicht freigibt, kann sie die Fähigkeit zu bewußter Abgrenzung und Unterscheidung von anderen - die Voraussetzung ist auch für die Lösung aus dem Ödipuskomplex - nicht entwickeln.

Zusammenfassung

Ziel der Ablösung von den Eltern ist die Entwicklung von Eigenverantwortung im Einstehen des Heranwachsenden für seine Bedürfnisse, Fähigkeiten und Schwächen. In diesem Sinne beschreibt Loewald (1979) die Auseinandersetzungen im Ödipuskomplex während der Adoleszenz als Anstrengungen zur Befreiung des Selbst aus elterlicher Bevormundung.

In einer normalen Entwicklung ist eine vorübergehende ambivalente Einstellung dem Vater gegenüber, die sich aus den Ablösungskämpfen des Mädchens ergibt, zu verstehen als Ausdruck widersprüchlicher Gefühle von Liebe (aus dem Wunsch nach Bestätigung) und Wut (aus Enttäuschungen und dem unbestimmten Gefühl von Abhängigkeit). Diesen Konflikt muß das Mädchen lösen, um aus der unbewußten Bindung an den Vater herauszukommen. Dabei bildet neben dem eigenen Bemühen um Gewinnung innerer Eigenständigkeit die Haltung beider Eltern den zweiten wichtigen Faktor. So wie der Vater seiner Tochter helfen kann, die kindliche Abhängigkeit in der Beziehung zur Mutter zu überwinden, um zu ihr auf eine gewisse Distanz gehen zu können in Entdeckung der eigenen Weiblichkeit, kann die Mutter das Mädchen vor einer zu starken Bindung an den Vater und Beeinflussung durch das Väterlich-Männliche schützen. Aus ihrer Erfahrung schreibt Gisela von Krogh (1984):

„Damals begann ich zu ahnen: Von der Bindung an den Vater muß man sich wieder lösen dürfen, und das geht nur, wenn beide Eltern, Mutter und Vater, sich dafür zur Verfügung stellen. Sie sollten etwas Gemeinsames haben, das sie stark genug macht, die Ablösung der Kinder zu ertragen, damit diese nicht Angst haben müssen, ihnen wehzutun. Heute weiß ich: Wem das nicht zur rechten Zeit gelingt, der bleibt sein Leben lang am Zügel." (S. 137)

Hier ist zu ergänzen: Indem diese Bindung bewußt angenommen wird, kann sie auch zu einem entscheidenden Anreiz werden für die positive, sinnstiftende Auseinandersetzung und Gestaltung in verwandten Konstellationen im späteren Leben. Darin besteht wohl auch ein Stück Selbstverantwortung, wie sie Loewald (1979) versteht.

6. Resümee und abschließende Bemerkungen

6.1. Die Entwicklung des Mädchens zur Individuation

Die psychoanalytischen Erkenntnisse vermitteln ein relativ klares Bild von der Rolle des Vaters. Sie geben vor allem Aufschluß über die unbewußten psychischen Abläufe in der Entwicklung des Mädchens, die (wie die Ausführungen in dieser Arbeit zeigen) mit seinem Einfluß eng verbunden sind. Der Vater ist für die Tochter gleichzeitig Identifikationsfigur und Objekt libidinöser Beziehungen. Er repräsentiert den männlichen Gegenpol zur Weiblichkeit der Mutter, und zwar in seiner Funktion der Einführung des Realitätsprinzips wie als bedeutsames heterosexuelles Liebesobjekt. Damit erlangt er nicht nur Einfluß auf die rationalen Fähigkeiten im kindlichen Ich sondern auch auf die Entwicklung weiblicher Emotionalität.

D.h.: In der Entwicklung des Mädchens haben die Funktionen des Vaters Auswirkung auf zwei sich wechselseitig bedingende Entwicklungslinien: zum einen auf wichtige Vorgänge der Strukturierung und Differenzierung in Ich und Überich als Grundlage der Herausbildung weiblicher Eigenständigkeit; zum anderen auf die psychosexuelle Entwicklung mit der Entfaltung heterosexueller Beziehungsfähigkeit auf der Grundlage positiver Annahme der weiblichen Geschlechtsrolle. Im Hinblick auf diese Vorgänge zeigen die neueren psychoanalytischen Erkenntnisse, daß die stärkste Motivation für die Hinwendung des Mädchens zum Vater begründet ist in dem Wunsch nach Ermutigung im Streben nach Autonomie (siehe Benjamin, 1986) und nach narzißtisch-libidinöser Bestätigung im weiblichen Selbst (siehe Chasseguet-Smirgel, 1981). Diese zweigleisige Erwartung an den Vater macht die Komplexität in der Vater-Tochter-Beziehung aus.

Verfolgt man unter Berücksichtigung der doppelten Funktion des Vaters das sich im Heranwachsen des Mädchens ergebende Beziehungsmuster zwischen ihm und seiner Tochter von der präödipalen Phase bis zur Entwicklung im jugendlichen Erwachsenenalter, so zeigt sich, daß sein positiver Einfluß durch alle Phasen der Entwicklung von Ich und Überich zu einer immer komplexeren Strukturierung in der Persönlichkeit des Mädchens beiträgt. Dabei unterstützt der Vater - dessen männliches Prinzip in erster Linie auf der Betonung von Unterscheidung und Realitätsbezug beruht - das Mädchen insbesondere in den sich wie auf einer Spirale in den aufeinanderfolgenden Entwicklungsstufen auf jeweils höherem Niveau wiederholenden Entwicklungsaufgaben einer fortschreitenden Ablösung von den elterlichen Liebesobjekten und einer Differenzierung in der Fähigkeit zur Realitätsanpassung. Hierdurch wird die allmähliche Herausbildung der Ich-Identität möglich - unter Einbezug eines sich parallel dazu entwickelnden weiblichen Ichideal, für das wiederum die Mutter Vorbild ist.

Vorstehendes impliziert, daß sich die Entwicklung weiblicher Eigenständigkeit und Beziehungsfähigkeit in wesentlichen Teilen auf der Grundlage wichtiger Identifizierungen mit beiden Eltern , dem Vater ebenso wie der Mutter, vollzieht. Slater (1961) spricht hier von persönlichen Identifikationen, in die er für die Entwicklung des Mädchens Teilidentifikationen mit Persönlichkeitsanteilen des Vaters als heterosexuellem Objekt einbezieht; während Jacobson (1978*b*) die selektiven Identifikationen mit dem Väterlich-Männlichen für die narzißtischen Eigenständigkeitsbestrebungen des Mädchens besonders hervorhebt (siehe Abschnitt 3.1.2. und 3.1.3.). Entscheidend ist, daß diese Identifikationen mit dem Vater auf einer Ebene der Realität und nicht auf einer Ebene des Wunschdenkens und der Phantasie erfolgen (siehe Abschnitt 4.7.).

Förderung weiblicher Eigenständigkeit

Wenn Grunberger (1981) und Benjamin (1986) die günstige Entwicklung zu weiblicher Eigenständigkeit als Verinnerlichung des Phallus in seinem symbolischen Aspekt narzißtischer Vollständigkeit verstehen (siehe Abschnitt 4.4.3.), so lassen sich ihre Überlegungen dahingehend interpretieren, daß gerade der Vater als erster Mann, als Repräsentant des Männlichen, die Entwickung seiner Tochter zu Eigenständigkeit fördern kann, indem er ihr hilft, dieses Männliche in sich zu integrieren. Hierzu muß er sie ermutigen, sich mit ihm zu identifizieren in wichtigen Eigenschaften, die als männlich angesehen werden.

Psychoanalytisch gesehen beruht die Entwicklung zur Eigenständigkeit auf wesentlichen Differenzierungen in den libidinösen und aggressiven Strebungen unter Einführung des Realitätsprinzips im Ich. Für die weibliche Entwicklung bedeutet dies, daß das Mädchen vor allem lernen muß, seine primitiven aggressiven Impulse zu sublimieren und bewußt in sein Ich zu integrieren als Voraussetzung für die Fähigkeit zu Aktivität und Durchsetzung in den eigenen Ich-Interessen sowie für die Ausbildung eines von der Umgebung weitgehend unabhängigen Überich. Hartmann, Kris & Löwenstein (1974) sprechen hier von neutralisierter Aggression, die dem Ich ausreichende Energie für seine Aktivitäten liefert (S.202); und A. Mitscherlich (1956/57-58) definiert gekonnte Aggression als ziel- und sachgerechte Aktivität (S. 181; siehe Abschnitt 4.2.).

Für diese Entwicklung gekonnter Aggression kann das Mädchen im allgemeinen eher vom Vater Ermutigung erfahren und weniger von der Mutter, die aufgrund ihrer traditionellen Rolle meist selbst nicht in der Lage ist, im Einsatz gekonnter Aggression ein Gefühl für Kompetenz zu erwerben (siehe Bernay, 1986, S. 56, 60). Freud Loewenstein (1984) meint daher, daß das Mädchen die Identifizierung mit dem Vater braucht, um sich in dieser Welt durchzusetzen (siehe auch Bernstein, 1983, Abschnitt 4.3.3). Mit anderen Worten: Ein Vater kann den Emanzipationsprozeß seiner Tochter wesentlich unterstützen, wenn er ihre Weiblichkeit nicht entwerten muß, und wenn er ihr erlauben kann, unabhängig und erfolgreich im Leben zu sein. Dabei kann er ihr helfen, auf Gebieten, für die er prädestiniert ist, eine „adäquate Aggressivität" zu erwerben (Horney 1935, zit. nach Bernay, S. 64)[110].

---

110   In einer Studie „Frauen und Karriere" , veröffentlich im Rowohlt-Verlag 1987, berichten erfolgreiche Frauen häufig, daß sie eine sehr enge Bindung an den Vater hatten und schon sehr früh teilnahmen an traditionellen männlichen Aktivitäten. Ihre Väter legten großen

Auf diese Weise wird er zu einem wichtigen Austauschpartner für die Tochter, der ihr Mut macht, im Vertrauen auf die eigene Kraft Individualität zu gewinnen im späteren beruflich-intellektuellen Austausch mit Männern sowie im Einsatz ihrer weiblichen Gefühlsseite, denn die positive Auseinandersetzung mit dem Vater fördert gleichfalls die Ausbildung echter Selbständigkeit und Entscheidungsfähigkeit im emotionalen Umgang mit anderen (siehe Abschnitt 4.7.). Fleck et al. (1980) entdeckten in ihren psychologisch-empirischen Studien, daß die gegengeschlechtlichen Persönlichkeitszüge von Mädchen durch den positiven Einfluß des Vaters wesentlich gestärkt wurden und es auf diese Weise zu gelungener persönlicher und sozialer Anpassung kam (siehe die Abschnitte 4.6. und 5.2.).

Differenzierungen in der weiblichen Beziehungsfähigkeit

Im Hinblick auf die psychosexuelle Entwicklung des Mädchens beruht der besondere Einfluß des Vaters auf seiner geschlechtlichen Andersartigkeit. Er kann seiner Tochter aufgrund dieser Tatsache relativ eindrucksvoll vermitteln, daß sie als Person und in ihrer Weiblichkeit einen Wert hat, und ihr auf diese Weise spezifische Ermutigung geben in ihren Ich-Interessen wie im Ausdruck ihrer weiblich-libidinösen Wünsche (siehe Adams-Tucker & Adams, 1980, Vorbemerkung 5. Kapitel). D.h.: Die Anerkennung des Mädchens durch den Vater als heterosexuelles Liebesobjekt hat gleichermaßen Auswirkungen auf eine günstige Entwicklung in den rationalen Funktionen des Ich wie auf eine gesunde Entwicklung im weiblichen Narzißmus als wesentliche Voraussetzungen für die Entfaltung echter Beziehungsfähigkeit.

Weiter ist darauf hinzuweisen, daß der Vater als Gegenpol zur Mutter insofern eine primäre Bedeutung erhält, als die Beziehung zu ihm für das Mädchen eine andere Qualität hat als die Beziehung zur Mutter. Die Weiblichkeit der Mutter und ihre Beziehungshaltung kommt zu einem wesentlichen Teil zum Ausdruck in der Wärme und Sensibilität für die Bedürfnisse anderer und in der Fähigkeit zu zwischenmenschlichen Kontakten. Diese weibliche Form der Beziehung schließt in sich die Gefahr zu weitgehender Identifikation und damit der Abhängigkeit von anderen (siehe Deutsch, 1988, Abschnitt 5.1.1.).

Demgegenüber erhält das Mädchen im positiven Beziehungsaustausch mit dem Vater die Möglichkeit zur Überwindung betonter Identifikation mit nahestehenden anderen, denn seine männliche Beziehungshaltung ist vornehmlich durch das Moment der Unterscheidung, der Bezogenheit als Gegenüber bestimmt, wie Boszormenyi-Nagy schreibt (1975, S. 60). D.h.: Die spezifische Dynamik in der Vater-Tochter-Beziehung beruht nicht auf Identifikation, sondern auf Unterscheidung und Differenzierung im Bewußtsein der Andersartigkeit der Partner. Über die eher partnerschaftlich abgegrenzte Beziehungshaltung, die der Vater seiner Tochter anbietet, erfährt das Mädchen, daß es anders ist als er, bei aller Ähnlichkeit in bestimmten Wesenszügen.

Wert auf eine gute Berufsausbildung der Tochter nach dem Motto 'Du mußt auch als Frau im Leben deinen Mann stehen'.

Damit ermöglicht der Vater in seiner männlichen Wesensart und Beziehungshaltung der Tochter die Differenzierung in ihrer weiblichen Identität in der Bezogenheit auf das Männliche, das der Vater repräsentiert (siehe Fast, 1979, Abschnitt 4.4.1.). Diese Bedeutung des Vaters als dialogisches Gegenüber, das für die Tochter in seiner Andersartigkeit eine besondere Möglichkeit der Selbstentdeckung und Selbstabgrenzung darstellt, wurde in der Einführung zu dieser Arbeit hervorgehoben (siehe Abschnitt 1.1.).

Diese spezifischen Beziehungsvorgänge zwischen Vater und Tochter entwickeln sich bereits in der präödipalen Phase. Durch seine Anwesenheit hilft der Vater dem Mädchen bei der Herausbildung von Unterscheidungsfähigkeit zwischen Selbst und Objekt mit der notwendigen Auflösung der symbiotischen Beziehungshaltung, die auf die primäre Identifikation mit der Mutter zurückgeht. Hierbei zeigt sich, daß das Mädchen schon zu diesem frühen Zeitpunkt um eine erste Selbstabgrenzung in seiner Weiblichkeit von der Männlichkeit des Vaters bemüht ist. Wie Abelin (1980) berichtet, vermeidet es in der frühen Triangulierung die vollständige Identifikation mit dem Vater als dem andersgeschlechtlichen Elternteil (S. 159); es versucht vielmehr in seiner Identifikation mit ihm eine Balance zu finden, um zum einen der Symbiose mit der Mutter zu entgehen und zum anderen nicht in eine Überidentifizierung mit dem Männlichen des Vaters zu geraten (siehe Abschnitt 3.3.3).

In der ödipalen Konstellation, in der der Vater zum bevorzugten Liebesobjekt für das Mädchen wird, fördert der positive Beziehungsaustausch mit ihm die heterosexuelle Liebesfähigkeit des Mädchens. Hier muß der Vater eine gewisse Nähe zu seiner kleinen Tochter zulassen können in der Haltung kontrollierter Erotik (Stoller, 1978), welche das Mädchen ermutigt, seine weiblichen Hingabewünsche ihm gegenüber zum Ausdruck zu bringen und auf diese Weise die weibliche Rolle an ihm auszuprobieren in Identifikation mit der Mutter. In dieser erotisch getönten Beziehung zwischen Vater und Tochter geht es um Phantasie, nicht um Realität. Hier muß der reale Bezug zum Vater dem Mädchen helfen, zwischen den mit dem Vater in der Realität gemachten Erfahrungen und den ödipalen Phantasien und Träumen unterscheiden zu lernen, um letztere in der weiteren Entwicklung aufgeben zu können (siehe Abschnitt 4.7.). Trotz dieser notwendigen gegenseitigen Anpassung an die Realität, die von Vater und Tochter zu leisten ist, behält die Beziehung zwischen ihnen etwas von der erotischen Anziehung zwischen den Geschlechtern und die Bewunderung des Vaters für seine kleine Tochter in einer männlichen Haltung trägt entscheidend bei zur Entwicklung weiblichen Selbstwertgefühls (siehe Grunberger, 1981, Abschnitt 4.4.3.).

Zur Beziehungsgestaltung zwischen Vater und Tochter

Der Vater muß bereit sein, sich auf seine kleine Tochter einzulassen, sie in sein Leben einzubeziehen, um mit ihr in einen Beziehungsaustausch zu gelangen, der für das Mädchen, wie ausgeführt, eine Ergänzung darstellt zur Beziehung mit der Mutter.

Die Erfahrung der andersgearteten Beziehungshaltung des Vaters im Vergleich zur Mutter macht das Mädchen bereits in der frühen Ichentwicklung. Lamb (1976) berichtet, daß für das kleine Kind die Erwartungen an den Vater verbunden sind mit Vorstellungen stimulierender und vergnüglicher Interaktionen (siehe Abschnitt 2.3.). Dabei erkennt das Kind im Spiel mit dem Vater seinen eigenen Wunsch und gleichzeitig erkennt der Vater in diesem Spiel das Kind als Person und gibt ihm auf diese Weise die ersehnte Anerkennung, indem er sich im Spiel mit dem Kind gleichsetzt (Lamb, S. 26).

In diesem Umgang miteinander können Spiel und Ernst ineinander übergehen. Wichtig ist die Vertrauen erweckende Beziehungshaltung des Vaters, mit der er dem Kind vermittelt, daß ihm Raum gewährt wird für sein Lernen und Ausprobieren der eigenen Fähigkeiten. Gleichzeitig wird in diesem Spiel für das Kind etwas davon spürbar, daß es hier wesentlich um eine Beziehungshaltung der Wechselseitigkeit geht, in der etwas zwischen den beiden Partnern entsteht, das für beide diese Beziehung sinnvoll macht im Hinblick auf das eigene Selbstverständnis. Im Hinblick auf die Entwicklung der Beziehungsfähigkeit ist dieser auf Parität basierende Austausch mit dem Vater für das Kind von großer Bedeutung und hat für das Mädchen aufgrund der Andersgeschlechtlichkeit des Vaters spezifischen Einfluß auf die Entwicklung im weiblichen Narzißmus.

Auf diesen Aspekt weist Herzog (1991) besonders hin (siehe Abschnitt 2.2.6.). Er ergänzt Abelins Beobachtung, daß sich der Narzißmus des kleinen Mädchens in dem Wunsch ausdrückt, in seiner Weiblichkeit als etwas Besonderes, als einzigartig angesehen zu werden (siehe Abschnitt 4.4.l.), indem er aufzeigt, daß in der Verfolgung dieses Wunsches das Lehren emotionaler Inhalte, die das Mädchen dem Vater vermitteln möchte, um seine Anerkennung zu gewinnen, eine besondere Rolle spielt. Bezeichnenderweise geht es hier nicht um eine passive Haltung des Abwartens, sondern um ein aktives Sich-zum-Ausdruck-bringen in Sprache und Gebärde. Auf diese Weise will die Tochter dem Vater mitteilen, von dem, was ihr wichtig ist, was Wert für sie hat - und worauf sich ihre Einzigartigkeit gründet in ihrem weiblichen Gefühl und in ihrer Vorstellung von sich selbst. Tatsächlich ist der Vater in seiner männlichen Gegengeschlechtlichkeit, der darüberhinaus Eigenständigkeit vorlebt und durch sein Vorbild zur Eigenständigkeit ermutigt, das geeignetste Objekt für diese Darstellung weiblicher Besonderheit. Das macht ihn für das kleine Mädchen so anziehend. Christiane Olivier (1987) schreibt daher:

„Er (der Vater, d. Verf.) könnte bei seiner Tochter das finden, was er nicht hat: die Weiblichkeit, deren Beginn er unter dem flachen Erscheinungsbild seines Töchterchens erahnt. Das Mädchen hat den Wunsch, als 'anders' aufgefaßt zu werden, als unterschiedlich vom männlichen Geschlecht. Nur der Vater könnte diese Funktion bei ihm erfüllen." (S. 121)

Entwicklung zur bezogenen Individuation

Wie die Ergebnisse dieser Arbeit zeigen, fordert die Auseinandersetzung mit dem Vater - auf der Grundlage einer positiven Beziehung zu beiden Eltern - die Tochter in spezifischer Weise zu bewußter Selbstabgrenzung und Selbstdifferenzierung heraus. Hierdurch wird ihre Fähigkeit zu realitätsangemessener Bezogenheit im Austausch mit anderen wesentlich gefördert. Stierlin et al. (1980) prägen dafür den Begriff der „bezogenen Individuation"[111].

In der Haltung bezogener Individuation kann der Gefahr der Isolierung von anderen wie vor Verschmelzung mit ihnen begegnet werden. Erikson (1981) sieht hierin eine besondere Entwicklungsaufgabe der Adoleszenz , indem er die Fähigkeit zur Intimität mit gleichaltrigen heterosexuellen Partnern der Gefahr der Isolierung in den Beziehungen zu anderen gegenüberstellt (siehe Abschnitt 1.3.3.). Wenn der Vater zu einem echten Austausch mit seiner Tochter in der Lage ist, kann er ihr eine erstaunliche Sicherheit in ihrem weiblichen Selbstgefühl und im Umgang mit anderen vermitteln.

Letztlich meint bezogene Individuation emotionale Reife und Differenzierung in den Denkprozessen. Sie basiert auf der positiven Identifikation mit beiden Eltern. D.h.: Grundlage für diese Entwicklung des Mädchens ist die Identifikation mit der Mutter in ihren weiblichen Anteilen. Aber bereits in der präödipalen und in der ödipalen Entwicklung kommt es darauf an, ob der Vater seine Tochter in ihrem Streben nach Eigenständigkeit annehmen kann und ihr entwicklungsfördernde Identifikationen mit ihm ermöglicht. Auf dieser Grundlage kann es in der inzestuös-libidinösen Beziehung zwischen beiden zu einem günstigen Ausgang des Ödipuskomplexes kommen, der deshalb so wichtig ist, weil das Mädchen im Heranwachsen die männliche Komponente nur dann positiv in sein Ich integrieren kann, wenn es vorher gelernt hat, sich davon zu unterscheiden in der Annahme seiner Weiblichkeit. Eine überbetonte Identifikation mit dem Väterlich-Männlichen wird dadurch vermieden; vielmehr trägt die bewußte Integrierung männlicher Eigenschaften, die eine Differenzierung im Ich bewirkt, wesentlich zur Entwicklung weiblichen Selbstwertgefühls bei (siehe Abschnitt 4.4.4.).

Betrachtet man die Herausbildung weiblicher Eigenständigkeit und weiblicher Beziehungsfähigkeit als Grundvoraussetzungen für die Fähigkeit zu bezogener Individuation, so läßt sich zusammenfassend feststellen, daß in diesen Entwicklungen der Beziehung des Mädchens zum Vater eine ganz spezifische Bedeutung zukommt. Denn erst durch die Verinnerlichung des Prinzips des Vaters kann sich das Selbst auf der Grundlage der Errichtung von Selbst- und Objekt-Grenzen in den zwischenmenschlichen Beziehungen als abgegrenzt und eigenständig erfahren und gleichzeitig in eine neue Art der Beziehung zu sich und seiner Umwelt eintreten, d.h. es kann sich eine höhere Form der Beziehungsaufnahme entwickeln, in der die narzißtische Haltung aus der frühen Beziehung zur Mutter durch die Fähigkeit zur Unterscheidung und zum Einbezug objektiver Realität überwunden wird (siehe Loewald, 1982, Abschnitt 4.7.).

Deutlich zeigen die Ergebnisse dieser Arbeit, daß Störungen in der Vater-Tochter-Beziehung das Mädchen in seiner Entwicklung zur Individuation nachhaltiger hemmen,

---

111 Gemeint ist mit dem Begriff „bezogene Individuation" - neben der Ausbildung individueller Eigenschaften und psychischer Grenzen - die Entwicklung von Beziehungsstrukturen, die Gemeinsamkeit, Solidarität und Interdependenz erlauben, ohne daß der Kontakt mit anderen Angst vor Ich-Verlust entstehen läßt. Bezogene Individuation erlaubt, sich getrennt und gleichzeitig bezogen zu erleben. In der Bezogenheit bleibt die Integrität beider Partner gewahrt (Stierlin et al. 1980, S. 24).

als dies für den Einfluß der Mutter gilt, denn in der Beziehung zu ihr geht es auch im Heranwachsen zunächst weniger um Vorgänge der Unterscheidung und Differenzierung im Ich als um das Erlernen wichtiger Grundfähigkeiten in der Lebensbewältigung und im persönlich-emotionalen Bezug zu anderen - zumindest solange die Asymmetrie der Arbeitsteilung in der Betreuung der Kinder bestehen bleibt.

6.2. Zur überbetonten Identifikation mit dem Väterlich-Männlichen

Wie mehrfach in dieser Arbeit ausgeführt, ist die Beziehung zum Vater und die Orientierung an ihm von großer Bedeutung, wenn es darum geht, sich aus der Abhängigkeit von der Mutter zu lösen und mit Hilfe bewußter Integration männlicher Eigenschaften in das Ich, Sicherheit in der weiblichen Identität und in der Verfolgung weiblicher Eigenständigkeit zu erlangen. Aber eine zu weitgehende Anpassung an das Väterlich-Männliche darf es nicht geben; hier bildet die Beziehung zur Mutter ein wichtiges positives Gegengewicht.

Die Gefahr in der Beziehung zum Vater liegt daher für das Mädchen in der überbetonten Idealisierung und/oder Identifizierung mit dem Männlichen und dessen Eigenschaften (siehe die Abschnitte 4.5.). Häufig bleibt diese Identifikation mit dem Vater dem Mädchen eher unbewußt, während es sich der Identifikation mit der Mutter als Vorbild sehr viel bewußter ist. Dies kann bedeuten, daß das Mädchen umso nachhaltiger aus dem Unbewußten von den Ge- und Verboten des Vaters beherrscht wird. Überbetonte Identifikation mit dem Vater meint: a) die zu starke unbewußte Ausrichtung auf die vom Vater repräsentierten   männlichen Normen und Werthaltungen in der weiblichen Ich- und Überichbildung; und b) die unbewußte Bindung an den Vater im weiblichen Gefühl. In beiden Fällen kann sich kein weibliches Selbstwertgefühl und keine weibliche Eigenständigkeit entwickeln.

Die Ursachen für eine überbetonte Identifikation mit dem Väterlich-Männlichen sind vielfältig. Die Ergebnisse dieser Arbeit zeigen den Anteil, den der Mangel an entwicklungsförderndem Einfluß von seiten des Vaters an einer solchen Fehlentwicklung hat. Oft stellt sich in der Realität heraus, daß dann auch die Mutter nicht in der Lage ist, dem Mädchen ausreichende Geborgenheit und Führung für seine Entwicklung zu geben, so daß das Mädchen in seiner inneren Ausrichtung auf das männliche Prinzip ausweicht, weil es glaubt, sich auf diese Weise in seinen emotionalen Wesensanteilen schützen und sein Ich stabilisieren zu können (siehe die Abschnitte 3.5.2. und 3.4.2.).

Rolle der Mutter

Wie vorstehende Überlegungen bereits andeuten, ist bei der Frage nach der Idealisierung des Vaters und der betonten Identifizierung mit ihm zu berücksichtigen, daß die Mutter in ihrer Individualität den fehlenden fördernden Einfluß von seiten des Vaters wesentlich ausgleichen kann; andererseits kann sie durch den Mangel an Persönlichkeit zur Fixierung des Mädchens an den Vater noch beitragen. In der einschlägigen Literatur wird darauf hingewiesen, daß viele Frauen das Leben ihrer Mutter und deren wenig ansprechende Rolle im Familienverband nicht mehr für sich akzeptieren können (siehe Ashway, 1981, Abschnitt 5.1.1.).

Schwartz (1986) meint, daß die betonte Identifikation mit dem Väterlich-Männlichen zu einem wesentlichen Teil ihren Grund in der Distanz des Mädchens zur Mutter hat, die häufig dann abgelehnt wird, wenn das Mädchen mit den Erfahrungen einer quasi sadomasochistischen Beziehungsdynamik in der Familie konfrontiert wird, in der der Vater aktiv und effektiv erscheint und die Mutter den Eindruck von Schwäche und Einschränkung vermittelt (S. 71). Zu dem Versuch des Mädchens, sich den männlichen Interessen und Vorstellungen anzupassen, um die Anerkennung und das Interesse des Vaters zu erringen, schreibt sie:

„She will become the 'apple of Daddy's eye' not by accepting her feminity but by distancing from it." (S. 72)

Nach Schwartz begünstigt die wenig anziehende Rolle der Mutter die Faszination, die vom Vater ausgeht, wodurch für das Mädchen der Drang, von ihm - als dem Ideal - geliebt und angenommen zu werden, übermäßiges Gewicht bekommt und die Identifikation mit ihm magischen Charakter erhält (S. 69). Benjamin (1986) bemerkt hierzu, daß das Mädchen auf diese Weise in Widerspruch zu seinen weiblichen Tendenzen gerät, zumindest solange es mit der Mutter, die kein ausreichendes Vorbild darstellt, verbunden bleibt (S. 128).

Ebenso wie Benjamin sieht Spieler (1986) die Gründe für die Überbewertung des Männlichen, die sich bei Frauen beobachten läßt, in der gesellschaftlichen Unterbewertung der Rolle der Frau, die die Idealisierung der Mutter verhindert. Weiter betont sie auf der persönlichen Ebene den häufigen Mangel an realer Beziehung des Mädchens zum Vater (siehe Abschnitt 4.5.3.). Den Drang nach Selbstbestätigung mancher Frauen in beruflichen Tätigkeiten bezeichnet sie als Ausdruck eines weiblichen Minderwertigkeitsgefühls, da das eigene Ichideal zu sehr nach dem väterlich-männlichen ausgerichtet wird mit der Hintansetzung der weiblichen Werte. Sie verwendet hierfür den Begriff des *androcentrism:*

„When the pursuit of her work is motivated by an unconscious belief (...) that having a career provides a way of renouncing association with mother, her behaviour is androcentric (S. 50).

Androcentrism unconsciously aims to restore the self that is disappointed in mother and the self that lacks adequate contact with father. It reveals a compromised attempt to provide two missing ingredients necessary for the progression of psychological development; an adequately idealized maternal imago and the kind of prior relationship with father that would have provided sufficient real experiences, and not primarily fantasies, for the shaping of the paternal imago." (S. 51-52)

Enttäuschungen am Vater

Bei Störungen im Vater-Tochter-Verhältnis identifiziert sich das Mädchen häufig mit dem Vater, um auf diese Weise den Konflikt mit ihm zu überwinden, d. h. die ungünstigen Erfahrungen mit ihm durch den Mechanismus der Identifikation zu kompensieren und/oder in Überidealisierung des Väterlich-Männlichen die böse Vater-Imago zu verdecken. Da es auf diese Weise im Unbewußten zu einer Fixierung der auf den Vater gerichteten ungelösten Wünsche nach Individuation und libidinöser Bestätigung im weiblichen Selbst kommt, entsteht daraus eine zu starke innere Bindung an ihn (siehe u. a. Abschnitt 5.3.).

Vornehmlich zeigt sich diese unbewußte Fixierung an den Vater in spezifischen Hemmungen in der Entwicklung und Differenzierung der libidinösen und aggressiven Triebkomponenten, die sich gleichermaßen auf die Ich- wie Überichbildung auswirken, denn damit können wichtige Teile des Ich nicht ausreichend entwickelt werden. Sie bleiben vielmehr unbewußt an das Bild des Vaters gebunden, der im Sinne Fairbairns (1952) als autonomes inneres Objekt Einfluß gewinnt, meist gegen die bewußten Interessen und Absichten des Mädchens. Erikson (1981) zeigt am Beispiel einer Tänzerin, wie sehr das weibliche Selbstwertgefühl in den Liebesbeziehungen wie in der Realisierung beruflicher Fähigkeiten durch diese negative Gebundenheit an den Vater untergraben werden kann (siehe Abschnitt 3.1.4.).

Zu diesen Störungen im weiblichen Narzißmus, die meist auf präödipale und ödipale Defizite in der Vater-Tochter-Beziehung zurückgehen, wurden in dieser Arbeit in unterschiedlichen Zusammenhängen entsprechende Ausführungen gemacht (siehe insbesondere die Abschnitte 3.5. und 4.5.). Schwartz (1986) hebt hervor, daß die Ursache für die männliche Identifikation des Mädchens meist in einem wenig günstigen Ausgang der frühen Separation-Individuation liegt mit der Folge, daß der Vater in der ödipalen Konstellation nicht als Liebesobjekt akzeptiert werden kann (siehe Abschnitt 3.3.4.). Chasseguet-Smirgel (1981) schreibt zum gleichen Problem, daß in einer überbetonten Identifikation mit dem Väterlich-Männlichen zwei miteinander verknüpfte Abwehrmechanismen wirksam werden, die sich zum einen beziehen auf die mütterliche Macht gegenüber einem als schwach erlebten Vater, von dem sich das Mädchen ebenso wenig lösen kann wie von der Mutter; und zum anderen auf den abgewehrten Wunsch des Mädchens, den Penis des Vaters zu verinnerlichen; - weil die aggressiven Triebimpulse in der Verdrängung gehalten werden müssen (siehe die Abschnitte 4.5.2. und 4.5.3.).

Diese Abhängigkeit des Mädchens im Verhältnis zu beiden Eltern wird in der einschlägigen Literatur häufig beschrieben mit dem Hinweis, daß die Identifkation mit dem Vater die symbiotische Bindung an die Mutter verdeckt. Hilft der Vater nicht aus der Umklammerung mit der Mutter, wird die Mutter als zu festhaltend erlebt. Willi (1972) macht ausdrücklich darauf aufmerksam, daß ein Mädchen sich nur schwer von der Mutter lösen kann, wenn es sich vom Vater abgewiesen und unterdrückt fühlt; wie ebenso die Lösung aus der Vaterbindung schwierig wird, wenn die Mutter nicht als positives weibliches Identifikationsobjekt erlebt wird (S. 332).

Die von Sachs (1966) beschriebenen Abwehrhaltungen gegenüber dem Vater bei ihren jungen Patientinnen gehen zu einem wesentlichen Teil auf diese Schwierigkeiten im emotionalen Bezug zu beiden Eltern zurück. Besonders deutlich zeigt sich an diesen Fallbeispielen, wie stark der Mangel an gesundem weiblichem Narzißmus und ausreichender Unabhängigkeit im Ich aus einer gefährlichen imaginären Bindung an den Vater im unbewußten weiblichen Gefühl resultiert (siehe Abschnitt 5.1.2.1.). Aufgrund einer solchen innerpsychischen Fixierung im Emotionalen können die bewunderten und /oder abgewehrten väterlichen Eigenschaften keine Transformation im Ich des Mädchens bewirken und nicht zur Aufrichtung eines von den elterlichen Objekten unabhängigen Ich und Überich beitragen (siehe Staewen-Haas, 1970, S. 31, Abschnitt 4.4.3.) - solange nicht die von Loewald (1979) beschriebene Trennungs- und Trauerarbeit geleistet ist (siehe Abschnitt 5.3.) und die väterlichen Eigenschaften sowie die in der Beziehung zu ihm zum Tragen kommenden eigenen libidinös-narzißtischen Wünsche und Ängste auf dem Wege innerer Auseinandersetzung mit dem Vaterbild bewußt in das weibliche Ich intergriert werden. Erst dadurch kann es zur Aufhebung der Störungen im weiblichen Selbstgefühl kommen.

Identifikation mit dem Aggressor

Eine unbewußte, die Entwicklung des Mädchens hemmende Identifikation mit dem Vater entsteht häufig aus einer ambivalenten Einstellung ihm gegenüber als Folge gravierender Enttäuschungen. Dabei kommt es zu Reaktionen, in denen die Aggression und Wut in Form einer Idealisierung des Vaters abgewehrt wird und/oder die abgespaltenen Gefühle für den Vater in einer Mischung aus bewußtem Haß und unbewußter Faszination Ausdruck finden (siehe Erni, 1971, und Sachs, 1966; Abschnitt 5.1.2.1.). Die von Schmidt-Hellerau (1988, Abschnitt 4.5.3.) und Luquet-Parat (1981, Abschnitt 3.4.2.) beschriebene ödipale Umwandlung der frühen phallisch betonten Hinwendung des Mädchens zum Vater in eine weiblich-libidinöse Beziehungshaltung ihm gegenüber, in der neben rezeptiven Elementen auch aktiv-aggressive Anteile zum Tragen kommen müssen, kann aufgrund der ungelösten Ambivalenzkonflikte nicht erlangt werden.

Diese Ablehnung wie Idealisierung des Vaters bedeuten letztlich seine Entwertung. Dabei wird in der Identifikation des Mädchens mit ihm der offene oder verdeckte Haß auf ihn zum Selbsthaß (siehe M. Mitscherlich, 1985, Abschnitt 4.3.2.). D.h.: Das gestörte Verhältnis zum Vater verursacht ein gestörtes Verhältnis zum eigenen Selbst in den psychischen Bereichen, die durch die unbewußte Identifikation mit ihm eine mehr oder weniger starke Blockierung erfahren. Aufgrund dieses Mangels an narzißtischer Stärke im Ich fehlt dann die für eine weibliche Selbstentfaltung wichtige Fähigkeit des richtigen Umgangs mit Aggression, ohne die sich das Mädchen in einer ambivalenten Bindung an den Vater aber nicht bewußt von ihm lösen kann (siehe Zeul, 1988, Abschnitt 4.5.2.). Die nicht in das Ich integrierte anale Aggressivität bleibt vielmehr unentwickelt; und da sie dem Mädchen Angst macht und nicht konstruktiv eingesetzt werden kann zur Abgrenzung und Unterscheidung von anderen, wird sie häufig in masochistischer Haltung auf das eigene Selbst gelenkt (siehe Herzog, 1979, Abschnitt 2.4.; Chasseguet-Smirgel, 1981, Abschnitt 4.5.2.).

In einer solchen Fehlentwicklung werden die Erfahrungen am Vater destruktiv. Stork (1974) verweist auf das Zerstörerische, den bedrohlichen Charakter, den die Vaterimago erhält - ganz gleich, ob der Vater seiner Tochter die Realität vorenthält oder sie zurückweist - , wenn dem Mädchen ein positiver Beziehungsaustausch mit ihm fehlt (siehe Abschnitt 4.1.2.). Wie bereits mehrfach erwähnt, hat Slater (1961) für die unbewußte Identifikation mit einem Elternteil, der als abweisend oder entwertend erlebt wird, den Begriff der positionalen Identifikation eingeführt (Abschnitt 1.3.1.). Anstelle einer Objektbesetzung kommt es hier zu einer Identifizierung als Reaktion auf Enttäuschungen, die primitiv-aggressive Impulse verursachen, welche in der Verdrängung gehalten werden müssen.

In der Beziehung des Mädchens zum Vater bedeutet dies: Das Mädchen übernimmt unbewußt die Gebote und Ansprüche des Vaters, denen es sich unterwirft mit dem Ergebnis, daß der Vater innerpsychisch als Aggressor erlebt wird[112]. Häufig kommt es aufgrunddessen zu einer neurotisch-konflikthaften Unsicherheit in der Bildung der weiblichen Geschlechtsidentität (siehe Abschnitt 4.5.3). In diesem Zusammenhang gehört auch Bitters (1958) Hinweis, daß die Unterwerfung unter die väterliche Autorität die Selbstwerdung verhindert (S. 108). D.h.: Die unbewußte Unterwerfung unter den Vater und seine Erwartungen macht die Selbstfindung der Tochter unmöglich, denn damit kommt sie nicht zu dem, was sie will, sondern nur zu dem, von dem sie glaubt, daß sie es muß (siehe Layard, 1945, Abschnitt 5.3.).

Erni (1971) hat in ihrer Befragung an den Vater gebundener Mädchen auf die schwer zu durchschauenden gefährlichen Tendenzen aufmerksam gemacht, die ihre Ursache in einer Vaterfixierung haben. Der Wunsch, den Vater retten zu wollen, und die erstaunliche Bereitschaft mancher Mädchen, sich mit dem Vater zu identifizieren in seinem persönlichen Schicksal wie in seinen Ideen und seiner Lebenseinstellung - obwohl sie den eigenen weiblichen Wünschen zuwiderlaufen - ist vom rationalen Standpunkt aus nicht zu verstehen. Diese Haltung läßt sich nur damit erklären, daß dem Mädchen offenbar ein ausreichend positiver Bezug zur Mutter als Ausgleich für Enttäuschungen

---

[112] Jacobson (1978*b*) schreibt zu diesen ungünstigen Identifikationsvorgängen, daß in einer normalen Entwicklung das Kind mit zunehmender Reifung von Ich- und Überich fähig wird, seine inzestuös-aggressiven Wünsche mit Hilfe stabiler Abwehrmechanismen abzuwehren, wodurch einer Überschwemmung ungemilderter aggressiver und sexueller Impulse in das Ich und Überich Einhalt geboten wird und es zur „Triebneutralisierung" kommt (siehe Abschnitt 2.2.2.).
Hingegen kann ein ungünstiger Verlauf dieser Entwicklung dazu führen, daß das Überich auf Personen der Außenwelt projiziert bleibt mit der Folge einer Fixierung der Ich-Überich-Beziehung an eine personalisierte, sadomasochistische Ebene. Dies bedeutet, daß mit der Verinnerlichung der ungünstigen Objektbeziehung die negativen Anteile dieser Beziehung im Abwehrmechanismus der Identifikation mit dem Aggressor untergebracht werden, wodurch die echten Strebungen des Ich von innen her sabotiert werden (S. 132).

in der Beziehung zum Vater fehlte und die Identifikation mit ihm eine Ersatzfunktion hat für den Mangel an liebevoller Anerkennung von seiner Seite.

Damit können auch die ödipalen Phantasien und Wünsche nicht aufgegeben werden. Statt einer realistischen Einstellung gegenüber dem Vater werden die idealisierten wie die abgewehrten Anteile des eigenen Selbst, die sich aus den Erfahrungen am Vater gebildet haben, unbewußt auf den Vater und andere Männer projiziert mit der Folge, daß sich die sadomasochistische Beziehungshaltung gegenüber dem Männlichen in späteren Partnerbeziehungen fortsetzt (siehe die Abschnitte 5.1.2.2. und 5.3.).

Erscheinungsformen überbetonter Identifikation mit dem Väterlich-Männlichen

Um die Gefahren für die weibliche Entwicklung, die nach den Ergebnissen dieser Arbeit in einer überbetonten Identifikation mit dem Männlichen[113] liegen, möglichst bildhaft deutlich zu machen, wird im folgenden in grober Vereinfachung von zwei Formen des Verhaltens und der Einstellung gegenüber der weiblich-sozialen Rolle ausgegangen, in denen Frauen in diesem Abwehrmechanismus eine konflikthafte Lösung für ihre weiblichen Selbstzweifel suchen. Beide Formen können sich in unterschiedlichen Konstellationen alternierend ergänzen; sie lassen sich als angepaßte und abgewehrte Weiblichkeit beschreiben. Gemeinsam ist ihnen die Höherbewertung des Männlichen und/oder das Fehlen ausreichender Sensibilität für die eigenen weiblichen Möglichkeiten. Vornehmlich im Bereich der Objektbeziehungen, der Sexualität und der Entfaltung eigener Kreativität zeigt sich daher häufig eine innere sadomasochistische Beziehungskonstellation. Eine echte Überwindung des Ödipuskomplexes wird nicht erreicht.

Angepaßte Weiblichkeit

Schwartz (1986) sieht eine häufig zu beobachtende ungünstige Entwicklung für das Mädchen darin, daß es auf dem Boden einer schwierigen Familienkonstellation - in der die Geschlechtlichkeit der Mitglieder unterschiedlich bewertet wird - die Identifikation mit der Mutter aufrecht erhält und die stereotypen Erwartungen von Weiblichkeit für sich inhaltlich akzeptiert (S. 72). Diese Übernahme einer einengenden Festlegung auf eine weibliche Rolle bedeutet Verletzung im weiblichen Selbstverständnis, denn hier handelt es sich in Wirklichkeit um eine Entwertung des Weiblichen und um eine Identifikation mit dem Väterlich-Männlichen als Partialobjekt im Sinne Chasseguet-Smirgels (1981). In Anpassung an die väterlich-männlichen Vorstellungen von Weiblichkeit wird eine Identität gelebt, die nicht wirklich die eigene ist. Spieler (1986) vermutet, daß hinter der Übernahme der traditionellen weiblichen Rolle die Motivation steht, auf diese

---

[113] Auf den Unterschied in der Bedeutung der Identifikation mit dem Vater in der ödipal-libidinösen Entwicklung des Mädchens (die häufig eine gefährliche unbewußte Bindung an ihn im Emotionalen zur Folge hat) im Gegensatz zur narzißtischen Identifikation mit ihm (durch die die rationalen Ich-Funktionen gestärkt werden) wurde in dieser Arbeit mehrfach hingewiesen.

Weise die ersehnte Bestätigung und Zuwendung doch noch zu erhalten, die das Mädchen in seiner kindlichen Entwicklung vermissen mußte; d.h. daß es sich hier letztlich um den Ausdruck einer Sehnsucht nach Schutz und Fürsorge handelt. Sie schreibt:
„On the other hand, the primary unconscious motivation in assuming this role (weiblicher Angepaßtheit, d. Verf.) may be to experience her self as subordinated to and thus protected by an overidealized man or maleness. When this is the case, it is likely to be a sign that something was missing in her psychological development (e.g., a close relationship with a present and participating father or an idealizable mother) something that is now missing in her representational world and her self-organization." (S. 50)

und weiter führt sie aus:
„Often, women perpetuate androcentrism because it provides an illusion of closeness with an elusive father whom they unconsciously imagine protects them. In subordinating themselves, however, they cannot enjoy their share of adult responsibility." (S. 41)

Auf diese Weise kommt es zu der von Cooper & Ekstein (1979) beschriebenen Verwechslung des Partners mit dem fürsorglichen Vater (siehe Abschnitt 5.1.2.1.), während sich das Mädchen gleichzeitig mit seinen Phantasien einer idealisierten Männlichkeit unbewußt identifiziert. Mit anderen Worten: Die Unfähigkeit, eine innere Repräsentation des eigenen Wunsches nach Autonomie, Stärke und Potenz zu bilden, veranlaßt das Mädchen, die Liebe zu einem Mann zu idealisieren, der für diesen Wunsch steht (siehe Abschnitt 5.1.2.2.). Chasseguet-Smirgel (1981) definiert diesen Mangel an Selbstvertrauen als passive Weiblichkeit, da aufgrund der fehlenden Integration der analsadistischen Komponente kein unabhängiges Ich und Überich ausgebildet wird. Ein Signal für diese Fehlentwicklung sind die spezifischen weiblichen Schuldgefühle, die Ausdruck sind für den ungelösten Konflikt zwischen dem Streben nach Individuation und dem Wunsch nach Hingabe in libidinösen Objektbeziehungen (siehe Abschnitt 4.5.3.).

Abgewehrte Weiblichkeit

In einer Zeit des Übergangs, in der Frauen eine neue Rolle für sich in der Gesellschaft finden müssen, lassen sich Komplikationen in der weiblichen Entwicklung vielleicht nicht immer vermeiden. So meint Schwartz (1986), daß die überbetonte Identifikation mit dem Männlichen bei Frauen ihren Grund in dem aktiven Widerstand gegen männliche Privilegien in unserer Gesellschaft haben kann. Diese Reaktion, die häufig als ungelöster Penisneid pathologisiert wird, mag zwar in ihren Wurzeln auf persönliche psychische Konflikte zurückgehen, sie zeigt nach Ansicht der Autorin dennoch, daß dem Mädchen offenbar eine stabile frühe Ichbildung möglich war, die ein außerordentlich positives Moment in der weiblichen Entwicklung darstellt. Schwartz (1986) hierzu:

„Such angry active resistance that does appear symptomatically as an over-concern with issues of power and excessive vulnerability to narcissistic injury develops when gender privilege is reflected within the nuclear constellation but the earlier phases of separation-individuation have been more successfully negotiated. Here, the young girl has a more positive, firmer sense of an autonomous gendered self, which recoils in hurt, anger and dismay at her exclusion as independent subject from the instrumental world of male power." (S. 72)

Auch L. Leonard (1982) ist der Meinung, daß die kämpferische Reaktion gegen verantwortungslose und unverbindliche Väter, ob sie sich nun auf gesellschaftlicher oder persönlicher Ebene manifestiert, eine wichtige Phase in der persönlichen Entwicklung des Mädchens wie in der gesellschaftlichen Entwicklung des Umgangs der Geschlechter miteinander ist. Sie warnt aber vor der Tendenz bei Frauen, sich mit dem Männlichen zu identifizieren und es nachzuahmen, denn dies würde eine Verleugnung der Unterschiede zwischen Mann und Frau bedeuten und letztlich eine Herabsetzung der Weiblichkeit implizieren (S. 90).

Auf der persönlichen Ebene weiblicher Entwicklung läßt sich beobachten, daß Mädchen - wenn sie in ihrer narzißtischen und libidinös-ödipalen Entwicklung vom Vater keine ausreichende Beachtung erfahren - sich im Heranwachsen innerlich gegen den Vater stellen und ihn bewußt ablehnen, um sich auf diese Weise gegen die empfundene Vernachlässigung und Entwertung zu wehren. Äußerlich trägt dies zu einer Entfremdung zwischen Vater und Tochter bei. In seinem bewußten Ich sucht sich das Mädchen dann selbst zu verschaffen, was es für seine Entwicklung vom Vater gebraucht hätte. Auf diese Weise positive Gegenpole zu setzen in bewußter Stärkung des Ich, ist eine gesunde Möglichkeit, um belastende Erfahrungen mit dem Vater auszugleichen. Eine Gefahr entsteht aber, wenn sich das Mädchen in diesen Bemühungen mit dem männlichen Prinzip identifiziert, da dann die Macht der männlich-patriarchalen Normen in seinem weiblichen Überich unbewußt wirksam wird. Siassi & Wesner (1975) warnen vor dem beherrschenden Einfluß eines männlich geprägten Überich, das den Verzicht auf die weiblichen Wünsche fordert und eine Reaktion des Mädchens ist auf die Enttäuschung, vom Vater unterdrückt oder abgewiesen worden zu sein in seinem Streben nach Individuation (siehe Winter, 1967, Abschnitt 3.5.1.).

Eine weitere, häufig zu beobachtende Reaktion junger Frauen auf die ambivalente Einstellung des Vaters ihnen gegenüber ist, daß sie versuchen, durch intellektuelle Leistungen und/oder die Übernahme männlicher Verhaltensmuster die ersehnte Anerkennung vom Vater doch noch zu bekommen. Laessig (1958) führt hierzu aus, daß eine Identifikation mit dem Vater als Ersatz für realen entwicklungsfördernden Austausch mit ihm die eigenständige intellektuelle Entwicklung des Mädchens behindert und das Mädchen eher dazu veranlaßt, die männlichen Ideen und intellektuellen Vorstellungen des Vaters als eigene zu übernehmen (S. 231). Aus der Unsicherheit in der weiblichen Geschlechtsidentität kommt es dabei häufig zu einer Haltung der Rivalität Männern, auch dem Vater gegenüber, dem das Mädchen zeigen möchte, daß es sich von ihm unabhängig macht.

Blanck de Cereijido (1983) beschreibt in ihrer Fallstudie den vergeblichen Versuch einer Patientin, mit Hilfe intellektueller Anstrengungen den Mangel an weiblichem Selbstgefühl auszugleichen. In der Phantasie der Patientin wurde der Umgang mit dem eigenen Intellekt zum Ersatz für den libidinös-sexuellen Austausch mit dem Ehepartner, mit dem sie sich auf der Ebene phallisch-narzißtischer Strebungen identifizierte. Verletzungen in der Beziehung zu beiden Eltern waren der Grund für ihre Fehlentwicklung. Blanck de Cereijido (1983) schreibt hierzu:

„She entertains the fantasy of possessing a penis-head by establishing a phallic-narcissistic identification with her husband, manifested in an intense rivalry with him. This rivalry prevents her from enjoying her activity as something creative and of her own." (S. 102)

Auf dieselbe Problematik verweisend spricht Winter (1967) von „Penisprothetik", die nach seinen Beobachtungen vor allem das ohnmächtige Abhängigwerden von einem Liebesobjekt abwehren soll (S. 224). Winter umschreibt mit dem Begriff der Penisprothetik die Phantasien seiner Patientinnen über einen Penisbesitz wie auch die tatsächlichen mehr oder weniger sublimierten Ich-Leistungen dieser Frauen als Ersatz für weibliches Selbstgefühl (S. 217). Ebenso wie Chasseguet-Smirgel (1981, Abschnitt 4.5.2.) ist Spieler (1986) daher der Meinung, daß der Peniswunsch des Mädchens eine narzißtische Funktion hat; sie schreibt:

„Although it is often assumed, in a more classical framework, that what she feels she is missing is a penis (and indeed this is sometimes how she experiences it), often her choice is motivated primarily by her attempt to provide herself with the father she has missed (not specifically his sexual organ) or to compensate for her lost maternal idealization." (S. 50)

Hervorzuheben ist hier: In der überbetonten Identifikation mit dem Männlichen können zwar die eigenen männlichen Wesensanteile entwickelt werden; da sie aber nicht in die eigene Weiblichkeit integriert sind, können sie das Mädchen nicht in seinem weiblichen Selbstgefühl stärken. (Grundlage für diese Stärkung im weiblichen Narzißmus müßte nach Grunberger, 1981, die Introjektion des väterlichen Penis in das weibliche Ich sein; siehe Abschnitt 4.4.3.) Häufig macht es bei diesen Störungen von Frauen daher den Eindruck, als handle eine männliche Instanz in ihnen, die aus dem männlichen Intellekt reagiert, ohne an den weiblichen Kern der Persönlichkeit angeschlossen zu sein. Eine wirkliche Lösung für die Entfaltung des weiblichen Ich in seinen echten Möglichkeiten und Fähigkeiten ist damit nicht gegeben. Vielmehr entsteht daraus eine schwierige innerpsychische Situation, denn in der überbetonten Identifikation mit dem Väterlich-Männlichen bleiben die gleichfalls vorhandenen weiblich-libidinösen Strebungen verdeckt.

Dies bedeutet: Da die Anstrengung im Bereich narzißtisch-intellektueller Selbstentfaltung die libidinösen Triebwünsche kompensieren soll, können letztere nicht in einer weiblichen Haltung realitätsangemessen zum Ausdruck gebracht werden. Auf diese Weise führt die betonte Übernahme des väterlich-männlichen Prinzips der Trennung und Unterscheidung zu Isolation im Emotionalen (siehe Loewald, 1982, Abschnitt 4.1.1.). Mit anderen Worten: Wenn das Mädchen in Identifikation mit dem Vater

männliche Haltungen und Einstellungen übernimmt und seine weiblichen Wünsche
verdrängt, kann es für letztere keine Erfüllung erlangen, denn die aus Entwicklungsde-
fiziten resultierenden Konflikte des Mädchens lassen sich nicht in einer Haltung intellektueller Distanziertheit lösen (siehe Eschenbach, 1985, Abschnitt 4.7.). Staewen-Haas
(1970) schreibt hierzu:

> „Verdeckt beispielsweise eine triebfernere Ichaktivität nur eine Störung im
> Triebbereich, so wird sie ebensowenig narzißtisch befriedigen wie umge-
> kehrt eine direkte Triebentladung, die an die Stelle einer nicht gelungenen
> Ichaktivität tritt." (S. 34)

Zu den Störungen in der weiblichen Beziehungsfähigkeit bei männlich identifizierten Frauen macht Deutsch (1988) wertvolle Angaben. Sie meint, daß eine zu weitgehende Identifizierung mit dem Vater, auch in sublimierter Form, immer Verzicht auf ein
wesentliches Stück erotischer Weiblichkeit bedeutet und leicht in eine masochistische
Haltung gegenüber Männern umschlagen kann (S. 262). Auch Laessig (1958) erwähnt
dieses Problem; sie schreibt:

> „Immer öfter begegnen uns Frauen, die etwa auf beruflichem Gebiet unge-
> mein tüchtig sind, ihre private Sphäre aber nicht zu schützen wissen, also
> dem Mann gegenüber in erschreckendem Maße gefügig sind auch da, wo sie
> nicht lieben. Sie können einfach nicht nein sagen, haben Angst, spießig zu
> erscheinen oder etwas zu versäumen, die in schroffem Widerspruch steht zu
> ihrem Mut im Lebenskampf." (S. 232)

Hier fehlt die Sicherheit in der weiblichen Rolle, von der auch Seidenspinner &
Burgner (1982) berichten bei den Probandinnen ihrer Studie, die ohne Bezug zum Vater
allein mit der Mutter lebten (siehe Abschnitt 5.2.).

Chasseguet-Smirgel (1981, 1988) definiert die betonte Übernahme männlicher Verhaltensweisen bei manchen Frauen als Abwehrreaktion tiefer Ängste vor Zerstörung in
ihrer Weiblichkeit (siehe auch Luquet-Parat, 1981, Abschnitt 3.4.2.). Ebenso wie
Lachmann (1982) sieht sie die Gründe für die Unfähigkeit ihrer narzißtisch gestörten
Patientinnen, sich gegen männliche Übergriffe zu wehren, in der fehlenden positiven
Erfahrung mit dem Vater als Ausgleich für die Übermacht der Mutter. Die häufig damit
verbundene allgemeine Überaktivität, der Einsatz für andere, die sie bei ihren Patientinnen beobachtete, könnte deren passiv-masochistische Beziehungshaltung nicht auflösen
(siehe Abschnitt 4.5.1.). Denn nicht äußere Aktivitäten, sondern nur eine ausreichende
Differenzierung in den Denk- und Fühlfunktionen eines an der Realität orientierten Ich
könnte die Regression in den weiblichen Masochismus verhindern. Dies meint auch
Benjamin (1986), wenn sie schreibt:

> „But this does not necessarily mean that the opportunity to exercise agency -
> as some feminists imply - will reverse the tendency toward submission once
> it is firmly in place as an internal object relationship that compensates and
> eroticizes the loss of self." (S. 135)

Zusammenfassung

Im Hinblick auf die hier beschriebenen Tendenzen einer überbetonten männlichen Identifikation bei Frauen läßt sich feststellen, daß hinter der weiblichen Anpassung wie hinter der zu einseitigen männlichen Ausrichtung eine Unsicherheit im weiblichen Selbstgefühl steht aufgrund des Fehlens eines harmonischen Ausgleichs zwischen den männlichen und weiblichen Wesensanteilen (siehe Abschnitt 4.5.3.). Diese Unsicherheit ist so gefährlich, weil sie meist dazu führt, daß sich das Mädchen vom Gefühl her als minderwertig empfindet und es dann schwer hat, seinen Einsatz in der Gestaltung seiner libidinösen Objektbeziehungen wie in seinen intellektuell-kreativen Tätigkeiten wirklich als sinnvoll zu erleben. Es fehlt dazu die Entwicklung echter Eigenständigkeit im weiblichen Ich auf der Grundlage einer realitätsangemessenen Haltung gegenüber dem eigenen Selbst, den anderen und der Welt. D.h.: Es ist in erster Linie der Bereich der Beziehungfähigkeit im Ich, der durch die Erfahrungen am Vater beeinflußt wird. Hier trägt das integrierte positive Vaterbild zur Entwicklung weiblicher Individuation entscheidend bei; denn es impliziert gerade nicht unbewußte Identifikation, sondern eine Beziehungshaltung bewußter Unterscheidung und Anpassung an die äußere (vornehmlich männlich betonte), aber auch an die innere (grundlegend durch die weiblichen Antriebe bestimmte) Realität.

6.3. Abschließende Bemerkungen

Ziel dieser Arbeit war es herauszufinden, wie wichtig der Vater für die Ichentwicklung und Identitätsbildung des Mädchens ist. Beeindruckend zeigt sich an der Fülle des Materials die große Bedeutung des Väterlich-Männlichen für die weibliche Entwicklung. Die zitierten Beiträge aus der psychoanalytischen Praxis wie aus der empirischen Psychologie lassen keinen Zweifel daran, daß der Vater eine notwendige Ergänzung zur Mutter darstellt, daß sein Einfluß ebenso nachhaltig auf die Entwicklung des Mädchens einwirkt wie der Einfluß der Mutter und daß auch der abwesende Vater seine Bedeutung in der Phantasie des Kindes behält.

Als besonders bedeutsames Resultat dieser Arbeit ist zu werten, daß stabile Identifikationsmöglichkeiten mit dem Vater als Gegenpol zur Mutter die Grundlage bilden für wichtige Differenzierungen in Ich und Überich, die positive Auswirkungen auf die weibliche Identitätsbildung haben. Zur Förderung dieser Erkenntnis und zur Sensibilisierung von Eltern und Erziehern für die besonderen Entwicklungsbedürfnisse und -gefahren des Mädchens möchte diese Arbeit einen Beitrag leisten. Vielleicht kann sie in der Erziehungsverantwortung stehende Erwachsene zu ganz konkreten Überlegungen anregen im Hinblick auf die Frage: Welche Einstellungen werden Mädchen in ihrer Weiblichkeit im eigenen sozialen Umfeld entgegengebracht und welche Unterstützung oder Hemmung erfahren sie jeweils von seiten ihrer Eltern wie von seiten ihrer sozialen Gemeinschaft in bezug auf ihre Entwicklung zu weiblicher Eigenständigkeit und Selbstsicherheit in unserer männlich geprägten Welt? In den nachfolgenden abschliessenden Überlegungen hierzu werden soziokulturelle Einflüsse, die in der Vater-Tochter-Beziehung eine nicht unwesentliche Rolle spielen mit berücksichtigt.

Kritische Anmerkungen zu den psychoanalytischen Beiträgen

Das Hauptinteresse der Psychoanalyse liegt in der Entdeckung psychischer Störungen, die die Entwicklung des einzelnen hemmen. Sie ist daher ein wertvolles Instrument für das Verständnis innerpsychischer Gegebenheiten und Abläufe (einschließlich daraus entstehender Konflikte), die sie genauer beschrieben hat, als andere Wissenschaften dies bisher vermochten. Im allgemeinen berücksichtigt die Psychoanalyse jedoch nicht ausreichend die Einwirkungen der sozialen Umwelt und der gesellschaftlichen Verhältnisse (siehe Erikson, 1981, Abschnitt 1.3.3.) auf das Ich, das vor allem durch die konkreten Erfahrungen in den realen Lebensumständen spezifische Förderungen und Hemmungen erfährt.. Letztlich bleiben die psychoanalytischen Beiträge stets auf die Frage nach der inneren Einstellung des einzelnen gegenüber seinen äußeren Lebensbedingungen gerichtet.

So nimmt die Psychoanalyse nicht Stellung zu den stereotypen gesellschaftlichen Rollenvorschriften für Jungen und Mädchen, die noch heute wirksam sind und durch die die Ichentwicklung des Mädchens weiterhin eine entscheidende Einengung erfährt. Zwar wird in den psychoanalytischen Beiträgen festgestellt, daß der 'Penisneid' als eine Störung im weiblichen Identitätsgefühl anzusehen ist; die realen Entwicklungsbedingungen für Mädchen, die an dieser Fehlentwicklung wesentlichen Anteil haben, werden aber nur von einzelnen Psychoanalytikerinnen hinterfragt.

Zudem fällt auf, daß die neueren psychoanalytischen Beiträge die Fragen zur weiblichen Geschlechtsidentitätsbildung außerordentlich betonen, während über die weibliche Ichentwicklung nur indirekte Aussagen gemacht werden im Zusammenhang mit Störungen in der weiblichen Aggressions- und Überichentwicklung und im weiblichen Narzißmus. Solange aber der Aspekt der Geschlechtsidentität, unter Betonung der weiblichen Körperlichkeit, das Hauptinteresse psychoanalytischer Überlegungen bildet, ohne daß gleichzeitig auf die soziokulturellen Bedingungen für die weibliche Ich- und Überichentwicklung (mit den spezifischen Hemmungen in dieser Entwicklung) ausdrücklich hingewiesen wird, erhält das Gespenst weiblicher Abhängigkeit und Idealisierung des Mannes ungewollt ständig Nahrung - da unter dieser Perspektive die weibliche Identitätsbildung zu einseitig aus der weiblichen Geschlechtlichkeit interpretiert wird (mit ihren Vorzügen und möglichen Störungen gerade im Bereich sexueller Beziehungen).

Eine kritische Anmerkung ist in diesem Zusammenhang auch zu machen zu der auffallend häufigen Hervorhebung weiblicher Beziehungsfähigkeit in den psychoanalytischen Texten. Auch für sie gilt: Wenn dabei nicht gleichzeitig Fragen weiblicher Ichentwicklung diskutiert werden, kann gerade die Hervorhebung dieser wertvollen weiblichen Eigenschaft es dem Mädchen schwermachen, sich von den Vorstellungen weiblicher Anpassungshaltung in der Beziehung zu anderen zu lösen. Denn die Überbetonung des libidinösen Beziehungsaspektes in der weiblichen Sozialisation hemmt das Mädchen in der Entwicklung von Unterscheidungsfähigkeit im Ich und verhindert damit echte Beziehungsfähigkeit. D.h.: In der psychoanalytischen Diskussion über die weibliche Geschlechtsidentität und weibliche Körperlichkeit liegt auch eine Gefahr,

wenn dadurch das Mädchen indirekt wieder nur auf die weibliche Rolle, mit der Betonung emotionaler Fähigkeiten und körperlicher Attraktivität, verwiesen ist.

Demgegenüber gerät in den modernen Beiträgen zu Fragen gesellschaftlicher Wertschätzung der Weiblichkeit in Beruf und Familie die vordringliche Frage nach einer
gezielten Förderung des Ich heranwachsender Mädchen und junger Frauen meist aus
dem Blick. Zwar betonen Psychoanalytikerinnen in jüngster Zeit die Parallelität und
wechselseitige Bedingtheit in der präödipalen Ich- und Geschlechtsidentitätsbildung
(siehe Schwartz, 1986; Benjamin, 1986, 1992); jedoch bleibt immer noch unerwähnt,
daß der maßgebliche Einfluß des Vaters (in seiner männlichen Andersartigkeit) auf
diese Entwicklung in ihrer Doppelgleisigkeit in den darauffolgenden Entwicklungsphasen eher noch an Bedeutung gewinnt, wenn für die Ausbildung einer reifen Realitätsanpassung wichtige Differenzierungen in den Ich- und Überich-Funktionen erworben
werden müssen (siehe Loewald, 1982).

Indem die Psychoanalyse die Frau vornehmlich aus der weiblichen Geschlechtsrolle und weiblicher Beziehungsfähigkeit erklärt, entspricht sie der gängigen gesellschaftlichen Auffassung von Weiblichkeit, die im Unterschied hierzu den Mann in seiner Männlichkeit im wesentlichen durch Persönlichkeitszüge aus dem Ich definiert. Die
psychoanalytische Hervorhebung des Phallus als Symbol männlicher Eigenständigkeit
und Vollkommenheit bestätigt diese Überlegungen. Zwar werden, wie oben erwähnt, in
den neueren Arbeiten zur weiblichen Geschlechtsidentität diesem männlichen Prinzip
die vielfältigen Möglichkeiten weiblicher Körperlichkeit und Geschlechtlichkeit entgegengehalten, aber das Symbol des Phallus in seiner Bedeutung narzißtischer Integrität,
die in der männlichen wie weiblichen Entwicklung aus einer günstigen Ich- und Überichbildung hervorgeht, erfährt hierdurch in der psychoanalytischen Theorie keine Rela-
tivierung; es sei denn, man möchte in Benjamins (1986) Beitrag eine indirekte Erweiterung im Bedeutungsgehalt des Phallus-Symbols sehen, das nun auch spezifisch weibliche Eigenschaften und Kompetenzen einschließen soll (siehe Abschnitt 4.4.3.). Für ein
Mädchen macht dieses betont männliche Symbol eine besondere Schwierigkeit aus,
sich in den psychoanalytischen Aussagen hierzu in seinem weiblichen Wert erkannt
und bestätigt zu fühlen.

Im Gegensatz zur psychoanalytischen Hervorhebung weiblicher Geschlechtlichkeit
und libidinöser Beziehungsfähigkeit als bestimmende Faktoren weiblichen Selbstverständnisses zeigen die Ergebnisse dieser Arbeit, daß für die Entwicklung einer stabilen
weiblichen Identität und eines positiven weiblichen Selbstwertgefühls die Ausbildung
eines starken Ich Voraussetzung ist. Es muß daher davon ausgegangen werden, daß eine
der Hauptursachen für weibliche Minderwertigkeitsgefühle in einer nicht ausreichenden
Differenzierung in den Ich-Funktionen des Fühlens und Denkens zu sehen ist[114]. D.h.:

---

[114] Diese Aussage stimmt auch überein mit Jacobsons (1978b) allgemein gehaltenen Ausführungen: Danach entstehen Minderwertigkeitskonflikte aufgrund früher narzißtischer
Kränkungen und Fehlschläge im Bereich libidinöser Bindungen. Sie werden zum Ausdruck
von Niederlagen in den Ich-Fähigkeiten, einschließlich der Objektbeziehungen, und spiegeln
sich wieder in Konflikten zwischen Ich und Überich. Ein zu strenges Überich verhindert eine
positive Besetzung der Selbstrepräsentanzen (S. 157).

Die weiblichen Selbstzweifel und Störungen in der Identitätsbildung resultieren zu einem wesentlichen Teil aus einer Schwäche im Ich, die ihren Grund nicht in sogenannter weiblicher Inferiorität oder Unangepaßtheit hat, sondern in einer mangelnden Förderung in der Ichentwicklung. Aus ihr entstehen die innerpsychischen Konflikte in der weiblichen Selbstentfaltung (siehe Abschnitt 4.5.3.).

Abschließend ist festzustellen: Die Psychoanalyse konzentriert ihre Überlegungen zur weiblichen Entwicklung vornehmlich auf den Einfluß der Mutter und betont im Verhältnis des Mädchens zum Vater den heterosexuellen Aspekt, während sie seine wichtige Funktion bei der weiblichen Ichentwicklung bisher außerordentlich vernachlässigt hat. Sie registriert zwar die Enttäuschungen von Mädchen aufgrund des Defizits an lebendigem Austausch mit dem Vater und die damit für Mädchen häufig verbundenen Schwierigkeiten in der Entwicklung von Eigenständigkeit und Selbstbewußtheit. Da sie aber auf der anderen Seite die bewußten Interessen und die dahinter liegenden Motivationen von Vätern in der Beziehung zu ihrer Tochter bisher nicht hinterfragt (siehe Ross, 1979, Abschnitt 3.6.), kann sie keinen wirklich konstruktiven Beitrag leisten zu einer allgemeinen Änderung in der Einstellung von Vätern, die aufgrund eigener Unsicherheit die Komplexität in der Beziehung (besonders in deren affektiven Anteilen) zu ihrer Tochter fürchten.

Welches Bild von Weiblichkeit der Psychoanalyse heute letztlich zugrundeliegt, bleibt undeutlich. Die weibliche Entwicklung als eine primäre zu betrachten, kann nur als ein erster wichtiger Schritt gewertet werden, mit dem die verzerrten Vorstellungen von Weiblichkeit aus den Anfängen der Psychoanalyse überwunden sind (siehe Abschnitt 1.2.). Einzelne Psychoanalytiker/innen liefern aber bereits weitergehende wertvolle Erkenntnisse, die zum Verständnis der Bedingungen für eine stabile weibliche Entwicklung grundlegend beitragen. Sie wurden in dieser Arbeit herangezogen, um daran deutlich zu machen, daß der Umgang mit der eigenen Geschlechtlichkeit und Beziehungsfähigkeit ebenso wie der Einsatz der kognitiven Fähigkeiten allein durch das Ich vermittelt wird.

Es muß daher darum gehen, dieses Ich in seinen Funktionen zu stärken durch die Möglichkeit zur Entfaltung und durch die Anerkennung weiblicher Eigenart. Diese Aufgabe gehört in den Bereich der Pädagogik. Dabei sollte die pädagogische Arbeit, in der es wie in der Psychoanalyse um Beziehungsverhältnisse geht, dem psychoanalytischen Wissen um die Einwirkungen der konkreten Objektbeziehungen auf die innerpsychische Strukturierung der kindlichen Psyche in ihrem erzieherischen Bemühen Rechnung tragen.

Zur spezifischen Funktion des Vaters

Im Hinblick auf die Frage nach dem väterlichen Einfluß auf die kindliche Entwicklung zeigt sich anhand der Ausführungen in dieser Arbeit, daß sich die psychologische und gesellschaftlich-soziale Komponente dieses Einflusses nicht immer voneinander trennen lassen. Widlöcher (1965) ist allerdings der Meinung, daß beide Aspekte nicht vermischt werden sollten; er macht daher die Unterscheidung zwischen der psychologischen und sozialen Rolle des Vaters (S. 778):

Aus psychologsicher Sicht beinhaltet die väterliche Funktion, daß der Vater

1. zum Symbolträger der männlichen Position wird, die bestimmt ist durch die Anatomie (Aufgrund dieses entscheidenden Elementes dient er dem Mädchen als Gegenbild für die bewußte Annahme der weiblichen Geschlechtsidentität.); und daß er

2. Repräsentant des ödipalen Verbotes ist. (Denn die Gebote und Normen, die zur Überichbildung führen, werden zunächst durch ihn repräsentiert.)

Die soziale Komponente der väterlichen Funktion muß hingegen vornehmlich unter dem Beziehungsaspekt gesehen werden, da die Autorität des Vaters nicht allein von ihm als Person abhängt sondern von den Beziehungen, in denen er in der Ehe, in der Familie und darüberhinaus in der Gesellschaft steht. Dies bedeutet, daß die väterliche Funktion - abgesehen vom Inzesttabu, das universal durch den Vater repräsentiert wird, - den kulturellen Faktoren einer Gesellschaft und/oder eines bestimmten sozialen Milieus unterliegt. Nach Ansicht von Widlöcher sollte die väterliche Funktion daher nicht als ein Gesamt dem Vater inhärenter Haltungen betrachtet werden, sondern als eine symbolische Instanz, die psychologische und soziale Aspekte einschließt (S. 780). Mit anderen Worten: Die väterliche Funktion wirkt in dem Maße psychologisch, in dem sie Spuren in der Persönlichkeit des Kindes hinterläßt; und sie ist in dem Maße als eine soziale anzusehen, in dem sie von den Beziehungen innerhalb der Familie abhängt und durch die Gesellschaft definiert wird (S. 781).

Diese Überlegungen Widlöchers (1965) sind dahingehend zu ergänzen, daß (wie in der Einführung zu dieser Arbeit angedeutet; siehe Abschnitt 1.3.4.) die psychologisch-ödipale Funktion des Vaters bereits mit Beginn des Lebens wirksam wird. In der Psychoanalyse wie in dem Bereich der Philosophie, der sich mit der mentalen Entwicklung des Kindes befaßt, wird der Ödipuskomplex als ein Strukturelement in der menschlichen Entwicklung angesehen und gilt als Voraussetzung für die Fähigkeit zu abstraktem Denken (siehe u.a. Mendel, in: Stork, 1974). Die Grundstrukturen der geistigen Tätigkeit des Menschen sind durch die Organisation des Ödipuskomplexes bestimmt.

Stork (1974) schreibt hierzu, daß die ödipale Konstellation schon sehr früh in der Entwicklung des Kindes Bedeutung gewinnt und daß Elemente des Vaters bereits in der frühen Beziehung des Kindes zur Mutter enthalten sind, d.h. daß der Vater in seiner spezifischen Funktion im Unbewußten des Kindes wie im Unbewußten der Mutter nachzuweisen ist, bevor er in der Realität mit dem Kinde in Beziehung tritt. In diesen Überlegungen beruft sich Stork auf M. Klein (1932), die darauf aufmerksam gemacht hat, daß in den frühen Spaltungsprozessen zwischen dem „guten und bösen" Objekt die Imago des Vaters eine wichtige Rolle spielt (S. 262-265).

Als Vertreter des Realitätsprinzips bewirkt der Vater die Fähigkeit zur Symbolbildung, indem er mit seinem „Nein" die Trennung und Distanz zwischen Mutter und Kind fordert (Freud: *Die Verneinung*, 1925) und das Kind zur Zurücknahme seines

Wunsches nach Allmacht in der Verbindung mit ihr veranlaßt. Der zurückgenommene Wunsch erscheint zunächst in einem inneren Phantasiebild, das in der weiteren psychischen Entwicklung durch die Verinnerlichung des Gebotes des Vaters zum Symbol wird. Aus diesem Vorgang der Symbolisierung entsteht psychische Struktur, die in Gestalt psychisch-mentaler Fähigkeiten dem Kind die Anpassung an die Realität und die Sublimierung ermöglicht[115]. Mit der Überwindung des Ödipuskomplexes wird der Vater in diesen Entwicklungsvorgängen selbst zum inneren Leitbild, zum Symbol, das auf die Überich- und Ichidealbildung insofern Einfluß behält, als die vom Vater erfahrenen Inhalte in eigene Werte umgewandelt werden (siehe Chasseguet-Smirgel, 1981, Abschnitt 4.5.2.).

Die hier skizzierten psychoanalytischen Erkennntnisse über die spezifische Funktion des Vaters tragen zum Verständnis der Vorgänge im realen Beziehungsaustausch zwischen Vater und Kind wesentlich bei. Indem sie darauf hinweisen, wie grundlegend der Austausch mit dem Vater für die Strukturierung der kindlichen Psyche ist, kann aus ihnen u.a. abgeleitet werden:

Die Stärke des Vaters in seiner väterlichen Aufgabe liegt in seiner Anwesenheit und in seiner Ansprechbarkeit, seinem Schutz und seiner Führung, seiner Liebe und Zärtlichkeit, und in seiner Bereitschaft, die Verantwortung für seine Erziehungsaufgabe zu übernehmen. Er braucht hierzu die Fähigkeit, dem Kind gegenüber auch Grenzen zu setzen und sich im Austausch mit ihm in seinem persönlichen Ich zu zeigen. In seiner Funktion als Vorbild in der Vermittlung sozialer Fähigkeiten und als Partner im intellektuellen und emotionalen Austausch erhält das Kind vom Vater die notwendige Unterstützung und Orientierungshilfe, die es für seine Lebensbewältigung von ihm benötigt - und die im Eigentlichen die väterliche Identität ausmacht.

Wenn sich der Vater aus dieser Erziehungsverantwortung heraushält, besteht die Gefahr, daß er vom Kind eher als eine destruktive anonyme Macht erlebt wird (siehe Stork, 1974, Abschnitt 4.1.2.), die es mit den undurchschaubaren und unpersönlichen Mächten der Gesellschaft in Zusammenhang bringt. D.h.: Um sich der anonymen übermächtigen Umwelt gewachsen zu fühlen, braucht es den persönlichen Kontakt mit einem erwachsenen Partner, in dessen Fähigkeiten es Vertrauen hat. Wenn A. Mitscherlich (1963) schreibt, daß die Gesellschaft das Fehlen väterlicher Autorität nur überleben kann, wenn sie den Individuen eine ausreichende Entwicklung der Aktivitäten des autonomen Ich anbietet (zit. nach Lebovici & Cremieux, in: Stork, 1974, S. 195), so bedeutet gerade dies, daß das Kind für die Ausbildung eines ausreichend gefestigten Ich, das sich gegen die gesellschaftlichen Mächte behaupten kann, die Liebe und konsequente Führung eines persönlichen Vaters braucht. Nur die persönliche Ansprache, die dem

---

[115] Explizit verweist Abelin (1980) auf die frühe Funktion des Vaters bei der Entstehung der Fähigkeit zur Symbolbildung (siehe Abschnitt 2.2.3.); und Loewald (1979) betont in seinen Ausführungen zur „Tötung" der elterlichen Liebesobjekte in der Ablösung von ihnen, daß es erst mit der Zurücknahme und Verinnerlichung der libidinös-ödipalen Wünsche und Phantasien zu deren Transformation in psychische Struktur kommen kann (siehe Abschnitt 5.3.).

Bedürfnis des Kindes nach Identifikation mit einer realen Person entspricht, ermöglicht ihm die Entwicklung von Eigenständigkeit im Ich. Diese Unterstützung und Ermutigung durch den Vater ist ebenso wichtig für das Mädchen wie für den Jungen.

Auswirkungen des Vaterverlustes

Wie wichtig die Rolle des Vaters ist, läßt sich insbesondere an den Schädigungen in der kindlichen Entwicklung ablesen, die bei seiner Abwesenheit häufig zu beobachten sind. Sein Rückzug aus der Familie kann Störungen verursachen, die erst in der Adoleszenz sichtbar werden. Dabei gilt: Je früher der Verlust des Vaters eintritt, desto gravierender ist der Bruch, den das Kind in seiner Entwicklung erleidet. Aufgrund trauriger Erfahrungen in seiner Arbeit mit Familien in Scheidung fordert Fthenakis (1985) den Einbezug des Vaters in die Erziehungsverantwortung des Kindes auch nach der Scheidung. Er schreibt:

> „Der physische und psychische Rückzug des nicht sorgeberechtigten Vaters aus dem Leben seiner Kinder geht, wie Wallerstein & Kelly (1980) eindrucksvoll berichten, einher mit einem verringerten Selbstwertgefühl der Kinder, mit Trauer und Sehnsucht, mit der Idealisierung des abwesenden Vaters und irrealen Wiedervereinigungsphantasien, oder mit der Entwicklung eines negativen Vaterbildes. All diese Reaktionen auf den Rückzug des Vaters können die Entwicklung des Kindes nachhaltiger und langfristiger beeinträchtigen als die Scheidung per se." (S. 183)

Aus der psychoanalytischen Praxis weiß man, daß frühes Verlassenwerden immer eine besonders traumatische Erfahrung ist, die sich auf das Selbstwertgefühl auswirkt, wenn mit dem Verlust des Liebesobjektes ein Stück Urvertrauen verlorengeht. Aber auch im Heranwachsen stellen die Trauer und Wut über den verlorenen oder abwesenden Vater, über seine Interesselosigkeit oder seine Unfähigkeit zu helfen und die Sehnsucht, von ihm geliebt, wahrgenommen und anerkannt zu werden, eine schwierige Entwicklungssituation dar, aus der sich leicht eine gewisse Selbstunsicherheit ergibt (siehe die Abschnitte 3.5.1. und 5.2.).

Gewiß mag einem Mädchen bei Abwesenheit des Vaters manches erspart bleiben, wenn es eine überwiegend belastende Beziehung wäre; aber es fehlen ihm doch wichtige Erfahrungen im konkreten Kontakt mit einem männlichen Partner, die es sich im Heranwachsen dann nur mit Hilfe seines intellektuellen Erfassens auf eine eher abstrakte Weise erfahrbar machen kann. Die Mutter kann bei Ausfall des Vaters in dieser Hinsicht wenig helfen. Da das Mädchen das Männliche dann nur über die männliche Seite der Mutter erfährt, entsteht ein Bild von ihm, das eher dem Bild der Mutter vom Mann entspricht. Es kann dabei leicht zu Idealisierungen oder Entwertungen des Vaters/des Mannes kommen, die dem Mädchen den Kontakt zum anderen Geschlecht mit Beginn der Pubertät/Adoleszenz erschweren, weil die fehlenden Erfahrungen mit dem Vater durch Phantasien ersetzt werden, die zu einem unrealistischen, von Wünschen, Erwartungen und unbestimmten Ängsten bestimmten Bild vom Mann beitragen. Hieraus ergeben sich für das Mädchen narzißtische Komplikationen, wie sie u.a. von Hetherington (1972) und Seidenspinner & Burger (1982) beschrieben werden (siehe Abschnitt 5.2.).

Bei fehlendem Bezug zum Vater muß das Mädchen auf eine andere Weise das Männliche positiv erleben können im realen Austausch mit einer männlichen Bezugsperson, der es ausreichend Vertrauen entgegenbringen kann für den Ausdruck seiner weiblich-ödipalen Wünsche wie für sein Streben nach Individuation. Denn erst dieser positive reale Bezug ermöglicht dem Mädchen, das Bild vom Männlichen in seinem idealisierten wie in seinem erschreckenden Aspekt zu integrieren zu einem Bild der Realität, das ihm Orientierung gibt für den Umgang mit dem Mann und dem Männlichen. Winter (1967) und Lachmann (1982) berichten von Patientinnen, die diesen gefühlsmäßigen Austausch im jungen Erwachsenenalter nachholen konnten in der Beziehung zu einem väterlichen Kollegen und in der Auseinandersetzung mit ihrem väterlichen Therapeuten; auf diese Weise kam es bei ihnen zu einer Nachreifung in ihrem weiblichen Identitätsgefühl und in der Entfaltung ihres Ich.

Aus dem Gedanken heraus, daß Kinder fähig sind, bedeutsame Bindungen zu mehreren Personen einzugehen, werden in der psychoanalytischen Diskussion Überlegungen angestellt über mögliche Vater-Ersatzfiguren in Gestalt von Geschwistern und anderen männlichen Erwachsenen, die dem kleinen Kind die essentielle Erfahrung mit einem männlichen Partner vermitteln können. Schwartz (1986) fordert im Hinblick auf diese Fragen ein psychoanalytisches Konzept, das der wachsenden Zahl von Kindern, die bei einer alleinstehenden Mutter aufwachsen, Rechnung trägt (S. 69).

Vielleicht entwickeln sich im Zuge des gesellschaftlichen Umbruchs ganz allmählich neue Formen des Zusammenlebens in den zwischenmenschlichen Beziehungen, die Kinder in anderen Beziehungsstrukturen mit männlichen und weiblichen Bezugspersonen aufwachsen lassen. Es ist allerdings nicht zu übersehen, daß in der Übergangszeit, in der wir augenblicklich leben, Kinder, die den Bezug zum Vater entbehren müssen, oftmals schwierigen Entwicklungshemmungen ausgesetzt sind. Hier müßten vor allem die alleinerziehenden Mütter sehr viel mehr Unterstützung für ihre Erziehungsaufgabe erhalten durch eine Änderung in der gesellschaftlichen Einstellung gegenüber den Aufgaben von Elternschaft überhaupt. Lamb (1976) weist auf den Mangel an konstruktiven Alternativen beim Fehlen eines Elternteils hin. Er sieht nach wie vor in der Familie die geeignetste Sozialisationsinstanz für das Kind, vor allem in seinen ersten Lebensjahren, und schreibt u.a.:

„It is extremely important to remember that one of the most influential characteristics of the father-child relationship appears to be its warm affectionate nature. There is also a presumption that the relationship should be enduring, rather than transitory. This implies that the provision of a succession of male models to father-absent boys (Lynn 1974) is unlikely to fulfill the child's psychological need. It is difficult to escape the implication that the enduring relationships within the family system are ideal and that, if this system is to be replaced, the alternatives are unlikely to be as simple as often implied." (S. 29)

Diese Bemerkung von Lamb gilt ebenso für das heranwachsende Mädchen.

Auseinandersetzung mit dem inneren Vaterbild

Eine Voraussetzung für die Integration der männlichen Wesensanteile in das weibliche Ich ist die bewußte Auseinandersetzung mit dem inneren Bild vom Vater/vom Mann (siehe auch Abschnitt 5.3.). Hierbei muß es, wie oben beschrieben, mit Hilfe der Fähigkeit zur Symbolisierung zu einer Transformation des Phantasiebildes vom Vater in psychische Struktur kommen. Nur auf diese Weise kann die kindliche innere Gebundenheit an ihn überwunden werden und eine neue Beziehungshaltung ihm gegenüber entstehen, wie sie von Ekstein (1980) beschrieben wird (siehe Vorbemerkung 5. Kapitel).

Vordringlich ergibt sich diese Aufgabe für das Mädchen bei Verlust des Vaters oder seiner Abwesenheit. Denn der fehlende oder enttäuschende Austausch mit ihm kann nur kompensiert werden durch die Bewußtmachung der eigenen inneren Situation, wie sie sich aufgrund des Mangels an positiver Erfahrung mit dem Vater konstelliert. D.h.: In Auseinandersetzung mit dem inneren Vaterbild, das häufig verzerrte Züge trägt (siehe Abschnitt 5.1.2.), muß es das Mädchen wagen, die Angst vor der eigenen Aggression zu überwinden, um sie für die Gewinnung von Eigenständigkeit in seinem Ich einzusetzen und sich realistisch zu den positiven und negativen Aspekten des Väterlich-Männlichen in Beziehung setzen zu können (siehe u.a. die Abschnitte 4.5.2. und 6.2.).

Hier zeigt sich auch, daß Enttäuschungen am Vater oder sein schmerzlicher Verlust nicht notwendig defizitäre Auswirkungen auf die Entwicklung des Mädchens haben müssen oder nur als ein Mangel zu begreifen sind. Vielmehr liegt in diesen leidvollen Erfahrungen auch eine Chance. Denn der fehlende positive Bezug zum Vater zwingt das Mädchen geradezu, sich früher oder später mit seinen Vorstellungen von einem Vater wie mit den eigenen männlichen Wesensanteilen auseinanderzusetzen. Gleichzeitig wird es auf den realen Austausch mit männlichen Bezugspersonen sehr sensibel reagieren in dem Wunsch, geistige Väter zu finden, die ihm Orientierungshilfe bieten und ihm ermutigende Anerkennung schenken. Vor allem Lehrer und andere männliche Bezugspersonen in der erzieherischen und sozialen Arbeit, wie u.a. in der beruflichen Ausbildung, in der Jugendpflege, in Erziehungsheimen und im weiblichen Strafvollzug, sollten sich der wichtigen Ersatzfunktion bewußt sein, die sie hier für heranwachsende Mädchen ohne positiven Vaterbezug haben.

Zur Beziehungsdynamik zwischen Vater und Tochter

Die Ergebnisse dieser Arbeit geben einen Eindruck davon, wie außerordentlich vielschichtig die Vater-Tochter-Beziehung ist. Sie ist zudem durch die unterschiedlichsten Einflüsse bestimmt.

Auf der persönlichen Ebene gehören zu diesen Einflüssen die bewußten und unbewußten Vorstellungen und Erwartungen des Vaters wie der Tochter an diese Beziehung. Dieser Aspekt ist im Hinblick auf die Haltung des Vaters zu betonen. Denn es kommt hier wesentlich auf seine Absichten und Wertmaßstäbe im Bezug zu seiner Tochter an, ob er in der Lage ist, sich auf sie einzustellen und sich den jeweils veränderten Bedingungen der Beziehungsgestaltung im Heranwachsen des Mädchens zu öffnen. Erst dadurch wird es ihm aber möglich, seine Erziehungsverantwortung zu erkennen und zu übernehmen.

Es geht hier um einen Beziehungsaustausch, der nicht auf stereotype Vorstellungen von der Rolle des Vaters und der Rolle der Tochter festgelegt werden darf. Wenn diese Flexibilität gegeben ist, werden für beide Partner Reifungsschritte möglich. Denn der Einfluß des Vaters auf seine Tochter wirkt auf ihn zurück und seine Teilnahme an der Entwicklung des Mädchens erlaubt auch ihm Entwicklung. Insbesondere erhält der Vater im Austausch mit seiner Tochter die Chance zu weiterer Integration eigener weiblicher Wesensanteile: Ihre Zuneigung kann ihm helfen, etwas über seine Zärtlichkeitsgefühle zu erfahren; und ihre kindliche Offenheit und Emotionalität im Ausdruck ihrer eigenen Ansichten vom Leben und der Welt könnten ihn sicherlich manchmal etwas lehren über Sachverhalte, von denen er sich in seinem rationalen Denken entfremdet hat (siehe Adams-Tucker & Adams, 1980, Abschnitt 2.4.).

Wenn dies möglich ist, bildet sich in beiden eine innere Repräsentanz ihrer gemeinsamen Beziehungserfahrungen ab, die ihnen hilft, den Gegenpol in sich zu differenzieren und sich gleichzeitig in der eigenen Geschlechtlichkeit davon zu unterscheiden. Mit anderen Worten: In Wirklichkeit geht es in der Vater-Tochter-Beziehung um ein Miteinanderlernen im gegenseitigen Wahrnehmen und in der zeitweiligen gegenseitigen Identifikation, wie dies von Ekstein (1980) beschrieben wird. Ein aufgeschlossener Vater will seine Tochter erkennen, und er möchte von ihr erkannt und verstanden werden. Er weiß, daß ein echtes Verhältnis immer ein dialogisches ist im Austausch von Geben und Nehmen und daß dies auch für die Beziehung zu seiner Tochter gilt (siehe Abschnitt 1.1.) - unter der Voraussetzung, daß er seine primäre emotionale Beziehung zu seiner Frau hat.

Soziale Faktoren, die das Vater-Tochter-Verhältnis belasten

Auf der sozialen Ebene ist zu berücksichtigen, daß die Vater-Tochter-Beziehung eingebettet ist in die Einflüsse, die von der Familie als Ganze, dem sozialen Umfeld und der Gesellschaft ausgehen. D.h.: Die Vater-Tochter-Beziehung baut auf einer bestimmten soziokulturellen Struktur auf, die Einfluß hat auf das Verhalten des Vaters gegenüber seiner Tochter in ihrer Weiblichkeit. Weiter ist hervorzuheben, daß die moralischen Werte und Normen der männlich geprägten Gesellschaft in der Familie im wesentlichen durch den Vater vermittelt werden (siehe die Abschnitte 3.7. und 4.6.) und daß Mädchen im allgemeinen versuchen , sich bewußt oder unbewußt an diesen männlichen Wertmaßstäben auszurichten, um die Bestätigung des sozial anerkannten Vaters zu erlangen.

Jane Gallop (1982) befaßt sich ausführlich mit einer möglichen daraus entstehenden problematischen Beziehung des Mädchens zum Vater, die sie das „Festgehaltenwerden im Gesetz des Vaters" (wörtlich sogar: „to submit to the father's law", S. 71) nennt. Sie ist der Ansicht, daß für das Mädchen bei der Verinnerlichung der Gebote und Verbote des Vaters eine besondere Gefahr besteht, da Väter häufig die weibliche Beziehungsfähigkeit ihrer Tochter für sich zu vereinnahmen und gleichzeitig zu unterdrücken suchen, womit sie die Selbstentfaltung des Mädchens hemmen[116]. Gallop weist hier daraufhin, daß Väter, die ihre weiblichen Wesensanteile entwertet und nicht entwickelt haben, ihre Tochter in der Annahme und Wertung ihrer Weiblichkeit belasten; und sie beklagt, daß Töchter häufig die gestörte Beziehung vieler heutiger Männer gegenüber der Weiblichkeit übernehmen, da sie damit zu ihrer eigenen Selbstentfremdung beitragen: zum einen in ihrer Weiblichkeit und zum anderen in ihren eigenen männlichen psychischen Möglichkeiten. (Denn die Verinnerlichung des Bildes von destruktiver Männlichkeit blockiert die eigenen männlichen Potentiale in der Psyche des Mädchens.)

Williams (1986) kommt im Hinblick auf den sozialen Faktor in der Vater-Tochter-Beziehung zu der Überlegung, daß jeder Mann, der in einer Gesellschaft aufwächst, in welcher Sexismus eine soziale Realität ist, von diesen sexistischen Ideen beeinflußt wird und daß infolgedessen auch seine Meinung gegenüber seiner Tochter hiervon bestimmt wird (S. 189-190). Im gleichen Sinne sieht M. Mitscherlich (1985) in der ambivalenten Einstellung von Eltern, die den gesellschaftlich-patriarchalen Wertvorstellungen mit der Überbewertung des Männlichen verhaftet geblieben sind, die primäre Ursache für Selbstwertdefizite bei Mädchen (S. 60). Menaker (1982) hebt diesen Einfluß, den das gesellschaftliche Wertsystem auf das weibliche Selbstbild und Selbstwertgefühl hat, besonders hervor. Sie schreibt:

„What society thinks of women and the role it assigns to them has a tremendous effect not only on the nature and content of the female self-conception but more importantly on the affective aspect of the self-image, namely self-esteem." (S. 80)

Schwartz (1986) verweist auf die gesellschaftlichen Verzerrungen im weiblichen Rollenbild, die die Etablierung eines weiblichen Ichideal und eines gefestigten, realitätsbezogenen Ich erschweren. Sie betont:

„The sociocultural tendency to mystify the female gender can undermine the young girl's attempts to solidify her gender role identity in an appropriately self-affirming fashion. Waites (1982) has determined 'that there are systematic, culturally produced distortions in female ego development which often manifest themselves in specific uncertainties about reality' (p. 30)." (S. 61)

Diese vorstehenden Aussagen verweisen auf eine allgemeine Unterbewertung der Weiblichkeit in der Gesellschaft, die für gewöhnlich auch die persönliche Einstellung von Vätern gegenüber der Tochter zu beeinflussen scheint. Es ist daher zu fragen: Sind sich Väter in ihrer Erziehungsverantwortung dessen bewußt, daß sie in der Haltung of-

---

[116] Auch Deutsch (1988) führt aus, daß Väter im allgemeinen von ihrer Tochter den Verzicht auf das Streben nach Autonomie und auf den Ausdruck von Aggression fordern und sie damit in einem patriarchalen Wert- und Normensystem festhalten möchten. Chodorow (1985) definiert die Haltung des Vaters, seine Tochter den gesellschaftlichen Wünschen von der Rolle der Frau anzupassen, als patriarchale Ideologie (S. 233-234; siehe auch Abschnitt 4.2.3.).

fener oder verdeckter Herabsetzung der Weiblichkeit das Selbstwertgefühl des Mädchens empfindlich treffen und sein Selbstvertrauen in seine Fähigkeit zu eigenständiger Aktivität außerordentlich behindern können? Inwieweit sind sie in der Lage und bereit, ihrer Tochter eine Haltung entgegenzubringen, die ausdrückt, daß sie Frauen und Männer gleichstellen und Frauen eine eigenständige Entwicklung zugestehen gemäß deren weiblicher Eigenart? (Eine Frage, wie sie für die weibliche Aggressionsentwicklung bereits gestellt wurde, Abschnitt 4.2.3.).

In den psychologisch-empirischen Studien wird davon berichtet, daß Väter - aus eigener Unsicherheit im heutigen gesellschaftlichen Umbruch der Werte (siehe Abschnitt 4.6.) - ihren heranwachsenden Töchtern für deren weibliche Identitätsfindung eine sehr unklare Rolle anbieten. Die weiterführende Frage, die die Frage nach der persönlichen Einstellung des Vaters gegenüber seiner Tochter ergänzt und die soziokulturelle Komponente in dieser Beziehung im Sinne Widlöchers (1965) mit einschließt, muß daher lauten: Welche Bedeutung mißt unsere patriarchale Gesellschaft der Vater-Tochter-Beziehung bei?

Zunächst fällt auf, daß Vätern in unserer Kultur beträchtlich mehr Rollenflexibilität zugestanden wird als Müttern. Für die Mutterrolle gibt es klar umrissene Vorstellungen darüber, welche Aufgaben eine Mutter zu erfüllen hat. Die Rolle und Funktion des Vaters, die Eigenart und Qualität seiner Beteiligung an der Erziehung der Kinder, sind hingegen in der heutigen Wissenschaft wenig eindeutig definiert (siehe Fthenakis, 1985, Abschnitt l.); da sie auch im allgemeinen Verständnis undeutlich bleiben, macht es den Eindruck, als würde der Vaterrolle keine besondere Verpflichtung anhaften.

In der allgemeinen Auffassung ist die Vater-Tochter-Beziehung in erster Linie durch ihren libidinös-inzestuösen Charakter bestimmt. Dies bedeutet, daß die Funktionen des Vaters gegenüber seiner Tochter häufig auf die heterosexuelle Ausrichtung des Mädchens verkürzt werden. In dieser Sichtweise liegt eine gewisse Entwertung der Weiblichkeit, durch die indirekt die Tendenz in unserer Gesellschaft gestützt wird, in der Frau ein Sexualobjekt zu sehen. Es handelt sich hier um ein soziokulturelles Problem, das sich nicht allein psychologisch erklären läßt, das aber zum Teil gravierende Auswirkungen auf die Entwicklung von Kindern hat. Die Tatsache, daß unsere patriarchale Gesellschaft Kinderprostitution duldet und daß der sexuelle Mißbrauch von Mädchen durch ihre Väter und nahestehende männliche Bezugspersonen offenbar verbreiteter ist als allgemein angenommen wird, gehört in diesen Zusammenhang.

Aus psychologischer Sicht ist die Übertretung des Inzesttabus ein Kennzeichen für Störungen in der Charakterstruktur von Vätern, die offenbar keine ausreichend stabilen inneren Strukturen in ihrer ödipalen Entwicklung ausbilden konnten und denen daher Orientierung und innerer Halt fehlen für den respektvollen und schützenden Umgang mit ihrer Tochter (siehe hierzu Abschnitt 3.6.). Daneben müßte aber auch das gesellschaftliche System diskutiert werden, das diese sexuellen Übergriffe, sei es Kinderprostitution oder sexueller Mißbrauch, in so erschreckendem Ausmaße hervorbringt.

Die Aufmerksamkeit der Allgemeinheit auf diese Probleme zu lenken ist wichtig. Es besteht aber gleichzeitig die Gefahr, daß diese öffentlichen Diskussionen von der grundlegenden Frage nach den allgemeinen Entwicklungsbedingungen für Mädchen in unserer Gesellschaft ablenken. Hierauf aufmerksam zu machen, ist von großer Relevanz, da Mädchen, die kein stabiles eigenständiges Ich ausbilden können, umso leichter in die weibliche Opferrolle geraten. Als Gegengewicht zum sexuellen Mißbrauch müßte daher gleichfalls öffentlich diskutiert werden, daß die Vorstellungen von Vätern und Töchtern über ihre gemeinsame Beziehung durchaus nicht kompatibel sind in Fällen, in denen Väter bei ihrer Tochter Befriedigung für ihre libidinösen Bedürfnisse suchen und/oder sie in eine stereotype weibliche Geschlechtsrolle drängen möchten; während das Mädchen hofft, von ihm Unterstützung zu erhalten in seiner Entwicklung zur Individuation.

Zur weiblichen Identitätsbildung

Junge Frauen haben es heute schwer, ihre weibliche Identität zu finden, da ihnen - trotz aller Liberalität nach außen - moralische Ansichten entgegengehalten werden, die ihre Beziehungs- und Durchsetzungsfähigkeit eher behindern und in denen sie sich alleingelassen fühlen in ihrem Streben nach Selbstentfaltung im beruflichen und persönlichen Bereich (siehe Abschnitt 5.1.). Dieser Widerspruch in der weiblichen Rolle in unserer Gesellschaft macht die Feststellung von Staples & Smarr (1980) verständlich, daß die hauptsächlichen Probleme in der psychosexuellen Entwicklung von Mädchen nach heutiger Erkenntnis in den weiblichen Aspekten ihres Selbst- und Körperbildes liegen. Die Autoren schreiben:

„The principal problems of sexual development for the girl are now seen to be in the feminine aspects of her self- and body-image." (S. 482)

Isay (1980) erweitert diesen Gedanken, wenn er ausführt, daß die Möglichkeit der Wahl zwischen beruflicher Karriere und Rolle der Mutter für das adoleszente Mädchen und die junge Frau die Jahre der Selbst-Objekt-Entwicklung mit der Konsolidierung eines weiblichen Selbst- und Körpergefühls in der Beziehung zu gleichaltrigen Liebespartnern kompliziert (S. 495).

Auf der persönlichen Ebene sieht Menaker (1982) den Hauptgrund für diese Störungen im weiblichen Selbst- und Körperbild in einer zu starken Abwendung von der weiblichen Rolle und einer vollständigen Unterdrückung der Identifkation mit der Mutter, da hierdurch die Entwicklung einer integrierten weiblichen Identität verhindert wird (S. 82). Auch Kast ist der Ansicht, daß die weibliche Identitätsbildung für junge Frauen heute durch die gesellschaftliche Betonung und Überbewertung männlicher Leistung erschwert wird. Sie sieht eine Gefahr in einer allzu raschen Anpassung des adoleszenten Mädchens an die „Welt des Vaters", solange es in sich noch keine ausreichend gefestigte Etablierung seiner Weiblichkeit erreichen konnte (aus einem Rundfunk-Gespräch, Sender S 2 Kultur, 1992).

Diese Hinweise implizieren, daß es für junge Frauen heute außerordentlich wichtig ist, innere Distanz zu gewinnen zu den kollektiven Vorstellungen von Männlichkeit und Weiblichkeit, indem sie sich ihre individuellen weiblichen wie männlichen Fähigkeiten bewußt machen und beide Komponenten ihres Wesens zu entwickeln suchen. Die Gesellschaft verhält sich gegenüber diesen Zielen von Frauen noch immer äußerst ambivalent, und Freuds berühmte Frage „Was will das Weib?" hat sie für sich noch nicht beantwortet. Ticho (1976) als Psychoanalytikerin gibt diese Antwort: Sie meint, daß Freud den echten Wunsch von Frauen gar nicht verstand, da er sich nicht mit dem Bemühen des Mädchens befaßte, eine vollständige Frau zu werden in ihrem eigenen Recht und mit ihren eigenen weiblichen Zielen und Werten. Dieser Wunsch konnte übersehen werden, solange das Mädchen in einer paternalistischen Umgebung heranwuchs und niemals für sich alleine lebte mit der Möglichkeit, Autonomie und innere Sicherheit zu gewinnen; aber inzwischen gibt es keinen Zweifel, daß auch Mädchen sich zu unabhängigen Frauen entwickeln möchten (S. 141).

Die Ermutigung in der Ichentwicklung ist daher ein vordringliches Anliegen in der Erziehung von Mädchen, denn die bei Mädchen zu beobachtenden Identitätsdefizite sind in erster Linie Krisen des Ich in seiner Entwicklung. Da das Identitätsgefühl durch das Aktivsein und Gestalten im Ich entsteht, heißt dies, daß Mädchen ihre weibliche Identität entwickeln können über das, was sie in ihrem Ich zu entfalten vermögen. In Verbindung mit der Möglichkeit zu positiver Auseinandersetzung mit beiden Eltern, d.h. insbesondere auch mit dem Vater in seinen spezifischen Funktionen, kann daraus weibliches Selbstwertgefühl entstehen.

Mit anderen Worten: Auch für Mädchen muß das pädagogische Ziel gelten, daß sie unter Berücksichtigung ihrer spezifischen weiblichen Fähigkeiten Ich-Stärke und relative Unabhängigkeit im Ich ausbilden. Wenn ihnen zugestanden wird, ausreichende Ich-Aktivitäten zu entfalten und Entscheidungsfreiheit zu erproben als selbstverständliches Potential ihrer weiblichen Eigenart, brauchen sie keinen „Penisneid" und keine weiblichen Minderwertigkeitsgefühle zu entwickeln oder vergeblich zu versuchen, ihre narzißtische Selbstunsicherheit durch eine zu starke Anpassung an ihre Umwelt lösen zu wollen.

Auf diese Weise kann auch die Überidentifikation mit dem Männlichen überwunden werden, die für Mädchen deshalb so naheliegend ist, weil sie schon sehr früh in der Kindheit auf die männlichen Normen und Gesetze ausgerichtet werden. Die Entwicklung eines positiven weiblichen Selbstbildes und eines eigenständigen Überich wird dadurch zunächst erschwert. Bereits am Anfang der Psychoanalyse schreibt Horney (1926), daß weibliche Wertvorstellungen, weibliches Tun und Denken von den allgemein anerkannten männlichen Normen durchsetzt ist; und Neumann (1975) verweist auf die Doppelgleisigkeit in der Erziehung von Mädchen, in der er auch eine Chance sieht. Er schreibt:

„Die Frau wird von der patriarchalen Kultur in der Moderne, in der sie nicht mehr unterdrückt und an der Kulturbeteiligung verhindert wird, zur Entwicklung ihrer Gegensatzpsyche schon von Kindheit an veranlaßt. Das heißt, das Weibliche wird zugunsten seiner Bewußtseinsentwicklung zu einer gewissen Selbstentfremdung gedrängt. Damit wird von ihr zunächst mehr gefordert als vom Mann. Während von diesem nur Männlichkeit, werden von ihr Weiblichkeit und Männlichkeit zugleich verlangt. Fraglich ist das eine der Komplikationen, aber auch eine der Chancen der weiblichen Situation für die Kultur ...". (S. 50)

Hier wird auf etwas hingewiesen, das für die weibliche Entwicklung wesentlich ist, wie auch aus den Ergebnissen dieser Arbeit deutlich wird: Eine echte Identitätsbildung ist für das Mädchen nur dann gegeben, wenn es ihm mit zunehmender Reife im Heranwachsen gelingen kann, beide Pole, das Männliche und das Weibliche, in sich zu entwickeln. Es muß daher in der weiblichen Erziehung immer mitbedacht werden, daß der Beziehungsaspekt wesentlich das Selbstverständnis von Weiblichkeit ausmacht und daß echte Bindungen die weibliche Identität festigen[117]; d.h. daß sich heranwachsende Mädchen im Gegensatz zu Jungen in erster Linie über ihre Beziehungen zu anderen definieren.

Dieser Doppelgleisigkeit in der Erziehungsaufgabe (die bezeichnenderweise den Erwartungen des Mädchens an den Vater in seiner Doppelfunktion entspricht; siehe Abschnitt 6.1.) müßte die Gesellschaft in ihren öffentlichen pädagogischen Einrichtungen, z. B. in der Schule, aber auch im privaten Bereich der Familie und der außerfamilialen Kontakte des Mädchens sehr viel mehr Rechnung tragen. Zudem muß endlich erkannt werden, daß Defizite in der weiblichen Entwicklung zu einem wesentlichen Teil auf den Mangel an Möglichkeit zu einem ausreichend liebevoll anerkennenden und differenzierten Umgang zwischen Vater und Tochter zurückgehen. Hier liegt bei Frauen der Hauptgrund für ihre Schwäche in der Individuationsentwicklung und in der Fähigkeit, zwischen den eigenen Bedürfnissen und der von der Umwelt geförderten Anpassungshaltung zu unterscheiden.

---

[117] Silverman et al. (1982) schreiben, daß letzteres in besonderer Weise für die Beziehung der Frau zu heterosexuellen Partnern gilt (siehe Abschnitt 1.1., Anmerkung 3).

LITERATUR

ABELIN, E. J. (1971): Role of the Father in the Separation-Individuation Process,
in: McDevitt, J. B. & C.F. Settlage (ed.): Separation -Individuation, Essays in Honor of
Margret S. Mahler, New York, 229-252
- (1975): Some further Observations and Comments on the earliest Role of the Father,
in: Int. J. Psycho-Anal., 56, 293-302
- (1980) Triangulation, The Role of the Father and the Origins of Core Gender Identity
during the Rapprochement Subphase, in: Ruth F. Lax et al.(ed.), New York , 151-169

ADAMS-TUCKER, Christine & Paul L. ADAMS (1980): Role of the Father,
in: Martha Kirkpatrick (ed.), a.a.O., 223-237

ADATTO, Carl P. (1980): Late Adolescence to Early Adulthood,
in: Stanley J. Greenspan & George H. Pollock (ed.), a.a.O., 463-476

ALPERT, Judith L. (ed.) (1986) : Psychoanalysis and Women, New Jersey

ANDRESEN, Jeffry J. (1980): Conflict and the Origins of Identification,
in: Psychoanal. Review, 67:1, 25-44

ASHWAY, Judith A. (1981): The Changing Needs of Female Adolescents,
in: Sherman C. Feinstein et al. (ed.): Adolescent Psychiatry, Vol. 8, Chicago, 482-498

ASPER, Kathrin (1987): Verlassenheit und Selbstentfremdung, Olten, 2. Aufl.

ATKINS, Richard N. (1981): Finding one's Father : The Mother's Contribution to early Father
Representations, in: J. Amer. Academy Psycho-Anal., 9 : 4, 539-559

BALINT, Alice (1939/1966): Liebe zur Mutter und Mutterliebe, in: Peter Kutter (Hrsg):
Psychologie der zwischenmenschlichen Beziehungen, a.a.O., 43-64

BASSIN RUDERMANN, Ellen (1986): Creative and Reparative Uses of Countertransference
by Women Psychotherapists Treating Women Patients: A Clinical Research Study,
in: Toni Bernay & Dorothy W. Cantor (ed.), a.a.O., 339-363

BENEDEK, Therese (1959): Parenthood as a Developmental Phase. A Contribution to the
Libido Theory, in: J. Amer. Psycho-Anal. Ass., 7:3, 389-417

BENJAMIN, Jessica (1986): The Alienation of Desire. Women's Masochism and Ideal Love,
in: Judith L. Alpert (ed.), a.a.O., 113-137
- (1992): Vater und Tochter: Identifizierung mit Differenz. Ein Beitrag zur Geschlechter-
Heterodoxie, in: Psyche, 46:9, 821-846

BERLIN, Irving N. (1979): Vicissitudes of Father and Daughter Relations in Single-Parent
    Families, in: Psychiatric Opinion, 16: 9, 9-11

BERNAY, Toni & CANTOR, Dorothy W. (ed.) (1986): The Psychology of Today's Women,
    New Jersey

BERNAY, Toni (1986): Reconciling Nurturance and Aggression: A New Feminine Identity,
    in: Toni Bernay & Dorothy Cantor (ed.), a.a.O., 51-79

BERNSTEIN, Doris (1983): The Female Superego. A Different Perspective,
    in: Int. J. Psycho-Anal., 64: 198-201
-    (1993): Weibliche genitale Ängste und Konflikte und die typischen Formen ihrer
    Bewältigung, in: Psyche, 47:6, 530-559

BESDINE, Matthew (1971): The Jocaste Complex, Mothering and Women Geniuses,
    in: Psychoanal. Review, 58:1, 51-74

BETTELHEIM, Bruno (1975,1976): Kinder brauchen Märchen, Stuttgart, 1977

BILLER, Henry B. (1976): The Father and Personality Development: Paternal Deprivation and
    Sex-Role Development, in: Michael E. Lamb (ed.), a.a.O., 89-155

BITTER, Wilhelm (Hrsg) (1958): Vorträge über das „Vaterproblem" in Psychotherapie,
    Religion und Gesellschaft, Stuttgart, 1969, 2. Aufl.
-    (1958): Die Vaterübertragung in der Psychotherapie,
    in: Wilhelm Bitter (Hrsg), a.a.O., 98-120

BLANCK DE CEREIJIDO, Fanny (1983): A Study on Feminine Sexuality,
    in: Int. J. Psycho-Anal., 64:1, 93-104

BLANK GREIF, Esther (1976): Fathers, Children, and Moral Development,
    in: Michael E. Lamb (ed.), a.a.O., 219-236

BLOCK LEWIS, Helen (1986): Is Freud an Enemy of Women's Liberation? Some Historical
    Considerations, in: Toni Bernay & Dorothy W. Cantor (ed.), a.a.O., 8-35

BLOS, Peter (1964): Drei typische Konstellationen in der Delinquenz des Mädchens,
    in: Psyche, 17: 11, 649-663
-    (1967): The Second Individuation Process of Adolescence,
    in: Psa. Study Child, 22: 162-186

BLUM, Harold P. (1976): Masochism, the Ego-Ideal and the Psychology of Women,
    in: J. Amer. Psycho-Anal. Ass., supple, 24:5, 157-191
-    (1978): The Psychology of Women, in: J. Amer. Psycho-Anal. Ass., 26:1, 163-177

BOSZORMENYI-NAGY, Ivan (1965): Eine Theorie der Beziehungen: Erfahrung und Trans-
    aktion, in: I. Boszormenyi-Nagy & James L. Framo (Hrsg.): Familientherapie, Theorie
    und Praxis 1, Reinbek bei Hamburg, 1975, 51-109

BRAUN, Martin (1982): Die 'weinende Braut' oder die Vollendung des weiblichen Ödipus, in: Kindheit, 4 : 96-108

BREMNER KAPLAN, Elizabeth (1976): Manifestations of Aggression in Latency and Preadolescent Girls, in: Psa. Study Child, 31 : 63-78

BRENNER, Charles (1973): Grundzüge der Psychoanalyse, Frankfurt/M, 7. korr. Aufl.

BREUER, J. und S. FREUD (1895): Studien über Hysterie, in: S. Freud, GW I

BURGNER, Marion (1985): The Oedipal Experience. Effects on Development of an Absent Father, in: Int. J. Psycho-Anal., 66: 311-320

BURLINGHAM, Dorothy (1973): The Preoedipal Infant-Father Relationship, in: Psa. Study Child, 28: 23-47

CANFIELD, Elizabeth K. (1980): Young Women and the Sexual Revolution, in: Martha Kirkpatrick (ed.), a.a.O., 281-289

CHASSEGUET-SMIRGEL, Janine (Hrsg) (1964): Psychoanalyse der weiblichen Sexualität, Frankfurt/M, 1981, 5. Aufl.
- (1964): Die weiblichen Schuldgefühle, in: Janine Chasseguet-Smirgel (Hrsg), a.a.O., 134-191
- (1975): Das Ichideal, Frankfurt/M, 1987, 1. Aufl.
- (1988): Zwei Bäume im Garten. Zur psychischen Bedeutung des Vater- und Mutterbildes, München

CHEHRAZI, Shahla (1988): Zur Psychologie der Weiblichkeit. Ein kritischer Überblick, in: Psyche, 42 : 4, 307-327

CHODOROW, Nancy (1978): Das Erbe der Mütter. Psychoanalyse und Soziologie der Geschlechter, München, 1985

COOPER, Beatrice M. & Rudolf EKSTEIN (1979): Borderline Adolescent Girls in Rebellion against the Father, in: Sherman C. Feinstein & Peter L. Giovacchini (ed.): Adolescent Psychiatry, Vol. 6 , Chicago, 396-408

DEUTSCH, Helene (1948): Psychologie der Frau, Eschborn bei Frankfurt/M, 1988, 2. Aufl.

DRÄGER, Käthe (1968): Übersicht über psychoanalytische Auffassungen von der Entwicklung der weiblichen Sexualität, in: Psyche, 22: 6, 410-422

EDGCUMBE, Rose (1976): Some Comments on the Concept of the Negative Oedipal Phase in Girls, in: Psa. Study Child, 31: 35-61

EISENBUD, Ruth-Jean (1982): Early and Later Determinants of Lesbian Choice, in: Psychoanal. Review, 69:1, 85-109

-        (1986): Women Feminist Patients and a Feminist Woman Analyst,
         in: Toni Bernay & Dorothy W. Cantor (ed.), a.a.O., 273-290

EKSTEIN, Rudolf (1980): Daughters and Lovers. Reflections on the Life Cycle of Daughter-
         Father Relationships, in: Martha Kirkpatrick (ed.), a.a.O., 207-221

EPPEL, Hedda (1965): Über Identifizierung, in: Psyche, 19: 9, 516-536

ERIKSON, Erik H. (1959): Identität und Lebenszyklus, Frankfurt/M, 1981, 7. Aufl.

ERNI, Margrit (1965): Das Vaterbild der Tochter, Einsiedeln, Zürich, Köln, 1971, 3. Aufl.

ESCHENBACH, Ursula (1985): Vom Mythos zum Narzißmus, Fellbach-Oeffingen

ESMAN, Aaron H. (1980): Mid-Adolescence - Foundations for Later Psychopathology,
         in: Stanley J. Greenspan & George H. Pollock (ed.), a.a.O., 419-430

ETCHEGOYEN, R. Horacio (1985): Identification and its Vicissitudes,
         in: Int. J. Psycho-Anal., 66: 3-18

FAST, Irene (1979): Development in Gender Identity: Gender Differentiation in Girls,
         in: Int. J. Psycho. Anal., 60:4, 443-453

FETSCHER, Rolf (1983): Selbst und Identität, in: Psyche, 37:5, 385-411

FLECK, J. Roland (et al.) (1980): Father Psychological Absence and Heterosexual Behavior,
         Personal Adjustment and Sex-typing in Adolescent Girls,
         in: Adolescence, 15: 60, 847-880

FLIEGEL, Zenia Odes (1986): Women's Development in Analytic Theory: Six Decades of
         Controversy, in: Judith L. Alpert (éd.), a.a.O., 3-32

FREUD, Anna (1936): Das Ich und die Abwehrmechanismen, München, 1973

FREUD, Sigmund (1905): Drei Abhandlungen zur Sexualtheorie, GW V
-        (1914): Zur Einführung des Narzißmus, GW X
-        (1921): Massenpsychologie und Ich-Analyse, GW XIII
-        (1923): Die infantile Genitalorganisation, GW XIII
-        (1923): Das Ich und Das Es, GW XIII
-        (1924): Der Untergang des Ödipus-Komplexes, GW XIII
-        (1925): Einige psychische Folgen des anatomischen Geschlechtsunterschieds, GW XIV
-        (1931): Über die weibliche Sexualität, GW XIV
-        (1932): Die Weiblichkeit (Neue Folge der Vorlesungen zur Einführung der
                 Psychoanalyse), GW XV
-        (1938): Abriß der Psychoanalyse, GW XVII

FREUD LOEWENSTEIN, Sophie (1984): Über Töchter und Väter,
         in: Hans Jürgen Schultz (Hrsg), a.a.O., 207-219

FTHENAKIS, Wassilios E. (1985): Väter. Zur Psychologie der Vater-Kind-Beziehung,
  München, Wien, Baltimore
-    (1988): Die Bedeutung des Vaters in geschiedenen und wiederverheirateten Familien,
  in: Heilpädagogische Forschung, 14:3, 180-190

GALENSON, Eleanor (Panel report) (1976a): Psychology of Women: (1) Infancy and Early
  Childhood, (2) Latency and Early Adolescence,
  in : J. Amer. Psycho-Anal. Ass., 24, 141-160
-    (Panel report) (1976b): Psychology of Women: Late Adolescence and Early Adulthood,
  in: J. Amer. Psycho-Anal. Ass., 24, 631-645
-    (Panel report) (1978): The Psychology of Women,
  in: J. Amer. Psycho-Anal. Ass., 26:1, 163-177

GALENSON, Eleanor & Herman ROIPHE (1976): Some Suggested Revisions Concerning
  Early Female Development, in: J. Amer. Psycho-Anal. Ass., supple, 24:5, 29-58
-    (1980): Some Suggested Revisions Concerning Early Female Development,
  in: Martha Kirkpatrick (ed.), a.a.O., 83-105

GALLOP, Jane (1982): The Daughter's Seduction, New York

GARAUDY, Roger (1976): Menschenwort. Ein autobiographischer Bericht,
  Wien, München, Zürich

GEIST, W. (1958): Das Vaterproblem in der psychotherapeutischen Praxis,
  in: Wilhelm Bitter, a.a.O., 26-43

GILLESPIE, W.H. (1975): Freuds Ansichten über die weibliche Sexualität,
  in: Psyche, 29:9, 798-803

GILLIGAN, Carol (1982): Die andere Stimme. Lebenskonflikte und Moral der Frau,
  München, 1984

GREENACRE, Phyllis (1969): Probleme der Überidealisierung des Analytikers und
  der Analyse, in: Psyche, 23:8, 611-628

GREENBERG, Jay R. & Stephen A. MITCHELL (1983): Object Relations in
  Psychoanalytic Theory, Cambridge, Mass., and London, England

GREENSON, Ralph, R. (1954): The Struggle against Identification,
  in: J. Amer. Psycho-Anal. Ass., 2: 200-217

GREENSPAN, Stanley J. & George H. POLLOCK (ed.) (1980): The Course of Life, Vol. II,
  Washington

GRUNBERGER, Béla (1964): Beitrag zur Untersuchung des Narzißmus in der
  weiblichen Sexualität, in: Janine Chasseguet-Smirgel (Hrsg), a.a.O., 97-119

HARTMANN, Heinz (1949): Bemerkungen zur psychoanalytischen Theorie des Ichs,
in: Peter Kutter & Hermann Roskamp (Hrsg), a.a.O., S. 185-214
- (1964): Bemerkungen zum Realitätsproblem, in: Psyche, 18:6-7, 397-419

HARTMANN, Heinz, KRIS, E. & LOEWENSTEIN, R. M. (1949): Notes on the Theory
of Aggression, in: Psa. Study Child, 3/4: 9-36

HENDRICK, Ives (1936): Ego Development and Certain Character Problems,
in: Psychoanal. Quart., 5: 320-346
- (1951): Early Development of the Ego: Identification in Infancy,
in: Psychoanal. Quart., 20: 44-61
- (1964): Narcissism and the Prepuberty Ego Ideal,
in: J. Amer. Psycho-Anal. Ass., 12: 522-528

HERZOG, James M. (1991): Die Muttersprache lehren: Aspekte des Entwicklungsdialogs
zwischen Vater und Tochter,
in: Jahrbuch der Psychoanalyse, Bd. 27, Stuttgart-Bad Canstatt, 29-41

HETHERINGTON, E. Mavis (1972): Effects of Father Absence on Personality Development
in Adolescent Daughters, in: Developmental Psychology, 7:3, 313-326
- (1973): Girls without Fathers, in: Psychology Today, 6: 46-52

HEYER, G.R. (1951): Menschen in Not, Bd. II, Stuttgart

HIRSCH, Mathias (1987): Realer Inzest. Psychodynamik des sexuellen Mißbrauchs in der
Familie, Berlin-Heidelberg

HORNEY, Karen (1923): Zur Genese des weiblichen Kastrationskomplexes,
in: Internationale Zeitschrift für Psychoanalyse, 9: 12-26
- ((1926): Flucht aus der Weiblichkeit. Der Männlichkeitskomplex der Frau im Spiegel
männlicher und weiblicher Betrachtung,
in: Internationale Zeitschrift für Psychoanalyse, 12: 360-374

HUG-HELLMUTH, H. von (1917): Mutter-Sohn, Vater-Tochter, in: Imago, 5: 129-130

ISAY, Richard A. (1980): Late Adolescence: The Second Separation Stage of Adolescence,
in: Stanley J. Greenspan & George H. Pollock (éd.), a.a.O., 511-517

JACOBSON, Edith (1937): Wege der weiblichen Überich-Bildung,
in: Psyche, 32:8, 764-775, 1978a
- (1964): Das Selbst und die Welt der Objekte, Frankfurt/M, 1978b, 1. Aufl.

JOFFE, W.G. & Joseph SANDLER (1967): Kommentare zur psychoanalytischen
Anpassungspsychologie, mit besonderem Bezug zur Rolle der Affekte und der
Repräsentanzenwelt, in: Peter Kutter & Hermann Roskamp (Hrsg), a.a.O., S. 394-414

JUNG, C.G. (1971): Psychologische Typen, GW VI, Olten und Freiburg i. Br., 1976, 12. Aufl.

KANZER, Mark (1985): Identification and its Vicissitudes, in: Int. J. Psycho-Anal., 6: 19-30

KAPLAN, Eugene H. (1980): Adolescents, Age Fifteen to Eighteen: A Psychoanalytic
Developmental View,
in: Stanley J. Greenspan & George H. Pollock (ed.), a.a.O., 381-396

KAST, Verena (1982): Wege aus Angst und Symbiose. Märchen psychologisch gedeutet,
Olten
- (1984): Vater-Träume, in: Hans-Jürgen Schultz (Hrsg), a.a.O., 183-192

KERNBERG, Otto F. (1980): Innere Welt und äußere Realität. Anwendungen der
Objektbeziehungstheorie, München-Wien 1988

KESTENBERG, Judith S. (1980): The Three Faces of Feminity,
in: Psychoanal. Review, 67:3, 313-336
- (1988): Der komplexe Charakter weiblicher Identität. Betrachtungen zum
Entwicklungsverlauf, in: Psyche, 42:4, 349-363

KIRKPATRICK, Martha (ed.) (1980): Woman's Sexual Development, New York and London

KLEEMAN, James A. (1976): Freud's Views on Early Female Sexuality in the Light of Direct
Child Observation, in: J. Amer. Psycho-Anal. Ass., supple, 24:5, 3-28

KLEIN, Melanie (1946): Bemerkungen über einige schizoide Mechanismen,
in: Peter Kutter & Hermann Roskamp (Hrsg), a.a.O., 141-174

KOHUT, Heinz (1971): Narzißmus, Frankfurt/M, 1981, 3. Aufl.

KRAMER, Selma & Joseph RUDOLPH (1980): The Latency Stage,
in: Stanley J. Greenspan & George H. Pollock (ed.), a.a.O., 109-119

von KROGH, Gisela (1984): Was eine Frau vom Vater ihrer Kinder erwartet,
in: Hans Jürgen Schultz (Hrsg), a.a.O., 136-150

KUTTER, Peter (Hrsg) (1982): Psychologie der zwischenmenschlichen Beziehungen.
Psychoanalytische Beiträge zu einer Objektbeziehungs-Psychologie, Darmstadt
- (1986): Vater und Sohn, eine konfliktreiche Beziehung,
in: Jochen Stork (Hrsg), a.a.O., 31-44

KUTTER, Peter & Hermann ROSKAMP (Hrsg) (1974): Psychologie des Ich.
Psychoanalytische Ich-Psychologie und ihre Anwendungen, Darmstadt

LACHMANN, Frank M. (1982): Narcissism and Female Gender Identity: A Reformulation,
in: Psychoanal. Review, 69:1, 43-61

LAESSIG, Ursula (1958): Das Vaterbild im Leben der Frau,
in: Wilhelm Bitter (Hrsg), a.a.O., 223-238

LAMB, Michael E. (1975): Fathers: Forgotten Contributors to Child Development,
in: Human Development, 18:4, 245-266
- (ed.) (1976 + 1986, 2nd edition): The Role of the Father in Child Development,
New York
- (1976 + 1986): The Role of the Father: An Overview,
in: Michael E. Lamb (ed.), a.a.O., 1976, 1-63 + 1986, 1-70

LANG, Margot (Hrsg) (1979): Mein Vater. Frauen erzählen vom ersten Mann ihres Lebens,
Reinbek bei Hamburg

LAPLANCHE, J. & PONTALIS, J.-B. (1972): Das Vokabular der Psychoanalyse, I + II,
Frankfurt/M, 1973, 1. Aufl.

LAUFER, M. Eglé (1986): The Female Oedipus-Complex and the Relationship to the Body,
in: Psa. Study Child, 41: 259-276

LAYARD, John (1945): The Incest Taboo and the Virgin Archetype,
in: Eranos-Jahrbuch XII, 253-307

LEONARD, Linda (1982): Töchter und Väter, München 1985

LEONARD, Marjorie R. (1966): Fathers and Daughters: The Significance of 'Fathering' in the
Psychosexual Development of the Girl, in: Int. J. Psycho-Anal., 47: 2-3, 325-334

LITWIN, Dorothy (1986): Autonomy. A Conflict for Women,
in: Judith L. Alpert (ed.), a.a.O., 183-213

LLOYD MAYER, Elizabeth (1985): 'Everybody Must Be Just Like Me': Observations on
Female Anxiety, in: Int. J. Psycho-Anal., 66, 331-347

LOEWALD, Hans W. (1973): Instinct Theory, Object Relations and Psychic-Structure
Formation, in: J. Amer. Psycho-Anal. Ass., 26: 493-506
- (1979): The Waning of the Oedipus Complex,
in: J. Amer. Psycho-Anal. Ass., 27: 751-775
- (1982): Das Ich und die Realität, in: Psyche, 36:9, 769-787

LUQUET-PARAT, Catherine J. (1964): Der Objektwechsel,
in: Janine Chasseguet-Smirgel (Hrsg), a.a.O., 120-133

MÄCHTLINGER, Veronika J. (1976): Psychoanalytic Theory: Pre-oedipal and Oedipal
Phases, with Special Reference to the Father, in: Michael E. Lamb (ed.), a.a.O., 277-305
- (1986): The Father in Psychoanalytic Theory, in: Michael E. Lamb (ed.), a.a.O., 113-
153

MAHLER, Margret, (1981): Aggression in the Service of Separation-Individuation.
Case Study of a Mother-Daughter Relationship, in: Psychoanal. Quart. , 625-637

MAHLER, Margret & M. FURER (1968): Symbiose und Individuation, Stuttgart 1972

MAHLER, Margret & F. PINE & A. BERGMAN (1975): Die psychische Geburt des Menschen. Symbiose und Individuation, Frankfurt 1980

MANDEL, Karl Herbert & KEßLER, Rose (1979): Vater und Tochter im Prozeß der Ablösung. Aus der Behandlung einer Arbeiter-Familie, in: Zeitschrift für Ehe, Familien- und Sexualtherapie, 16:3, 125-141 und 16:4, 171-189

MCDOUGALL, Joyce (1964): Über die weibliche Homosexualität, in: Janine Chasseguet-Smirgel (Hrsg), a.a.O., 233-292

MENAKER, E. (1982): Female Identity in Psychosocial Perspective, in: Psychoanal. Review, 69:1, 75-83

MEYER ZUR CAPELLEN, Renate (1980): Das schöne Mädchen. Psychoanalytische Betrachtungen zur „Formwerdung der Seele" des Mädchens, in: Helmut Brackert (Hrsg): Und wenn sie nicht gestorben sind ... Perspektiven auf das Märchen, Frankfurt/M, 1982, 2. Aufl., 89-119

MITCHELL, Julliet (1976): Psychoanalyse und Feminismus, Frankfurt/M

MITSCHERLICH, Alexander (1973): Auf dem Weg zur vaterlosen Gesellschaft, München
-       (1956/57): Aggression und Anpassung I , in: Psyche, 10/11: 1-3, 177-193
-       (1958): Aggression und Anpassung II, in: Psyche, 12:9, 523-537

MITSCHERLICH, Margarete (1985): Die friedfertige Frau. Eine psychoanalytische Untersuchung zur Aggression der Geschlechter, Frankfurt/M

MITSCHERLICH-NIELSEN, Margarete (1971): Entwicklungsbedingte und gesellschaftsspezifische Verhaltensweisen der Frau. Zum Problem der Frauenemanzipation, in: Psyche, 25:12, 911-931
-       (1975): Psychoanalyse und weibliche Sexualität, in: Psyche, 29:9, 769-788
-       (1978): Zur Psychoanalyse der Weiblichkeit, in: Psyche, 32:8, 669-693

MODELL, Arnold H. (1965): On Having the Right to a Life. An Aspect of the Superego's Development, in: Int. J. Psycho-Anal., 46: 323-331
-       (1968): Objektliebe und Strukturierung der Realität, in: Peter Kutter (Hrsg), a.a.O., 293-312

MÜLLER-BRAUNSCHWEIG, Carl (1926): Zur Genese des weiblichen Über-Ichs, in: Internationale Zeitschrift für Psychoanalyse, 12: 375-378

MURRAY, John M. (1964): Narcissism and the Ego Ideal, in: J. Amer. Psycho-Anal. Ass., 12: 477-511

NATTERSON, Joseph M. (1986): Women's Dreams: A Nocturnal Odyssey, in: Toni Bernay & Dorothy W. Cantor (ed.), a.a.O., 319-338

NEUMANN, Erich (1975): Zur Psychologie des Weiblichen, München, 2. Aufl.

OGDEN, Thomas H. (1983): The Concept of Internal Object Relations,
in: Int. J. Psycho-Anal., 64: 227-241

OLIVIER, Christiane (1980): Jokastes Kinder, Düsseldorf, 1987, 2. Aufl.

OWEN, Ursula (Hrsg) (1986): 'Väter' - Schriftstellerinnen schreiben über ihren Vater,
München

PARENS, Henri (et al.) (1976): On the Girl's Entry into the Oedipus Complex,
in: J. Amer. Psycho-Anal. Ass., supple, 24:5, 79-106

PARKIN, Alan (1985): Narcissism: Its Structures, Systems and Affects,
in: Int. J. Psycho-Anal., 66, 143-156

PERSON, Ethel S. & Lionel OVESEY (1993): Psychoanalytische Theorien zur
Geschlechtsidentität, in: Psyche, 47:6, 505-529

PRALL, Robert C. (Panel report) (1978): The Role of the Father in the Preoedipal Years,
in: J. Amer. Psycho-Anal. Ass., 26:1, 143-162

RADIN, Norma (1976): The Role of the Father in Cognitive, Academic, and Intellectual
Development, in: Michael E. Lamb (ed.), a.a.O., 237-276

REICH, Annie (1960): Pathologic Forms of Self-Esteem Regulation,
in: Psa. Study Child, 15: 215-232
-        (1973): Narzißtische Objektwahl bei Frauen, in: Psyche, 27: 928-948

REINKE-KÖBERER, Ellen K. (1978): Zur heutigen Diskussion der weiblichen Sexualität in
der psychoanalytischen Bewegung, in: Psyche, 32:8, 695-731

RIEMANN, Fritz (1981): Grundformen der Angst, München/Basel

ROSS, John Munder (1979): Fathering: A Review of Some Psychoanalytic Contributions on
Paternity, in: Int. J. Psycho-Anal., 60: 317-327

ROTMANN, Michael (1978): Über die Bedeutung des Vaters in der Wiederannäherungs-
Phase, in: Psyche, 32: 12, 1105-1147
-        (1984): Die Rolle des Vaters im Leben des kleinen Kindes,
in: Hans Jürgen Schultz (Hrsg), a.a.O., 150-159

SACHS, Lisbeth J. (1966): Disdain as Defense against Paternal Seduction,
in: J. Amer. Academy of Child Psychiatry, 5:2, 211-225

SANDLER, Joseph (1982): Unbewußte Wünsche und menschliche Beziehungen,
in: Psyche, 36:1, 59-74

SCHMIDT-HELLERAU, Cordelia (1988): Über das Rätsel der Weiblichkeit. Neue Thesen zur weiblichen Entwicklung, herausgearbeitet aus dem Werk Sigmund Freuds, in: Psyche, 42:4, 289-306

SCHULTZ, Hans Jürgen (Hrsg) (1984): Vatersein, München

SCHWARTZ, Adria E. (1986): Some Notes on the Development of Female Gender Role Identity, in: Judith L. Alpert (ed.), a.a.O., 57-79

SEIDENSPINNER, Gerlinde & BURGER, Angelika (1982): 'Mädchen '82', Brigitte-Studie. Eine repräsentative Untersuchung über die Lebenssituation und das Lebensgefühl 15-19jähriger Mädchen in der BRD (DJI-Forschungsbericht)

SIMENAUER, Erich (1985): Identification in the Theory and Technique of Psychoanalysis. Some Thoughts on its Further Reaches and Functions, in: Int. J. Psycho-Anal., 66: 171-184

SLANSKY, Morris A. (1980): The Pubescent Years: Eleven to Fourteen, in: Stanley J. Greenspan & George H. Pollock (ed.), a.a.O., 265-292

SLATER, Philip E. (1961): Toward a Dualistic Theory of Identification, in: Merill Palmer Quarterly of Behavior and Development, 7:2, 113-126

SPIELER, Susan (1984): Preoedipal Girls need Fathers, in: Psychoanal. Review, 71:1, 63-80
-      (1986): The Gendered Self: A Lost Maternal Legacy, in: Judith L. Alpert (ed.), a.a.O., 33-56

STAEWEN-HAAS, Renate (1970): Identifizierung und weibliche Kastrationsangst in: Psyche, 24:1, 23-39

STAPLES, Herman D. & Erwin R. SMARR (1980): Bridge to Adulthood: Years from Eighteen to Twenty-three, in: Stanley J. Greeenspan & George H. Pollock (ed.), a.a.O., 477-496

STIERLIN, Helm (1971): Das Tun des Einen ist das Tun des Anderen. Eine Dynamik menschlicher Beziehungen, Frankfurt/M, 1981, 3. Aufl.
-      (1975): Von der Psychoanalyse zur Familientherapie, Stuttgart, 1980, 2. Aufl.

STIERLIN, Helm & Ingeborg RÜCKER-EMBDEN, Norbert WETZEL, Michael WIRSCHING (1980): Das erste Familiengespräch, Stuttgart

STOLLER, Robert J. (1978): Primary Feminity, in: J. Amer. Psycho-Anal. Ass., 26:1, 59 - 78 (Supplement Blum: Pschychology of Women)
-      (1980): Feminity, in: Martha Kirkpatrick (ed.), a.a.O., 127-145

STORK, Jochen (Hrsg) (1974): Fragen nach dem Vater, Freiburg/München
-      (Hrsg) (1986): Das Vaterbild in Kontinuität und Wandlung, Stuttgart-Bad Canstatt

-   (1974): Die Bedeutung des Vaterbildes in der frühkindlichen Entwicklung,
    in: J. Stork (Hrsg.), a.a.O., 259-299
-   (1986): Der Vater - Störenfried oder Befreier? in: J. Stork (Hrsg.), a.a.O., 9-30

TICHO, Gertrude, R. (1976): Female Autonomy and Young Adult Women,
    in: J. Amer. Psycho-Anal. Ass., 24:5, supple, 139-156

TOROK, Maria (1964): Die Bedeutung des 'Penisneides' bei der Frau,
    in: Janine Chasseguet-Smirgel (Hrsg), a.a.O., 192-232

WIDLÖCHER, Daniel (1965): Fonction Paternelle, Complex d'Oedipe et Formation de la
    Personalité, in: Revue de Neuropsychiatrie infantile et d'hygiene mentale de l'enfance,
    13:10-11, 777-782

WILLI, Jörg (1972): Die hysterische Ehe, in: Psyche, 26:5, 326-356
-   (1975): Die Zweierbeziehung, Reinbek bei Hamburg

WILLIAMS, Susan L. (1986): Reproductive Motivations and Contemporary Feminine
    Development, in: Toni Bernay & Dorothy W. Cantor (ed.), a.a.O., 167-193

WINNICOTT, Donald W. (1965): Reifungsprozesse und fördernde Umwelt, München, 1974
-   (1971): Vom Spiel zur Kreativität, Stuttgart, 1985, 3. Aufl.

WINTER, Harold (1967): Über ödipale und präödipale Faktoren bei der Etablierung der
    weiblichen Identität. Eine Studie an drei Fällen,
    in: Jahrbuch der Psychoanalyse, 4: 217-237

ZEUL, Mechthild (1988): Die Bedeutung des Vaters für die psychosexuelle Entwicklung der
    Frau. Ein klinischer Beitrag, in: Psyche, 42:4, 328-348

Karen Horney

jetzt wieder lieferbar

Karen Horney
Die Psychologie der Frau
1. Auflage 2007, 250 Seiten, 14,80 €
978-3-88074-488-2

Mit dem Band „Die Psychologie der Frau"
bringt Karen Horney ihre fundierten
Kenntnisse zum Thema Weiblichkeit aus
ihren Erfahrungen als Psychotherapeutin zur
Sprache. Frigidität, Monogamie,
Mutterschaftsprobleme, weiblicher
Masochismus und neurotisches
Liebesbedürfnis werden diskutiert. Dabei
denkt sie an „Frauen, die sich unglücklich,
haltlos und deprimiert fühlen, wenn sie nicht
einen Menschen haben, der ihnen ergeben
ist, der sie liebt oder der irgendwie für sie
sorgt" und an Frauen, bei denen der Wunsch
zu heiraten einen zwanghaften Charakter
angenommen hat, Frauen, die wie geblendet
darauf starren, zu heiraten, obwohl sie selbst
ganz liebesunfähig, ihre Beziehungen zu
Männern denkbar schlecht und sie überdies
außerstande sind, schöpferische Fähigkeiten
und Anlagen zu entwickeln. Und im gleichen
Beitrag begegnen wir Karen Horneys
Würdigung des Menschen: nicht mehr als
Mann oder Frau. „In unserer Kultur ist der
wichtigste der neurotischen Konflikte der
zwischen einem zwanghaften und
rücksichtslosen Streben, unter allen
Umständen der erste zu sein, und dem
gleichzeitig bestehenden Bedürfnis, von allen
Menschen geliebt zu werden."

Karen Horney
Unsere inneren Konflikte
Neurosen in unserer Zeit –
Entstehung, Entwicklung und
Lösung
1. Auflage 2007, 214 Seiten, 12,80€
ISBN 978-3-88074-487-5

Auch im vorliegenden Buch gelingt es
der Autorin, ihre Neurosenlehre höchst
einleuchtend und gemeinverständlich dar zu
stellen. Sie zeigt, wie der Therapeut schwere
Störungen angeht und wie sich leichte
Konflikte weitgehend selbst lösen lassen.
Karen Horney ist der festen Überzeugung,
dass jeder Mensch sich Zeit seines Lebens
ändern und an seiner Fortentwicklung
weiterarbeiten kann. In so fern ist für sie die
Therapie psychischer Störungen nicht bloß
Symptombehandlung, sondern
Persönlichkeitsbildung.

Karen Horney
Neue Wege in der Psychoanalyse
1. Auflage 2007, 254 Seiten, 14,80€
ISBN 978-3-88074-489-9

Karen Horney (1885-1952), aus Hamburg
stammende Ärztin und Psychotherapeutin,
lebte seit 1932 in den Vereinigten Staaten
und leitete dort das American Institute of
Psychoanalysis. In dem vorliegenden Buch,
durch das sie weltberühmt wurde, setzt sich
die Autorin als einer der Hauptvertreter der
Neopsychoanalyse mit den Erkenntnissen
Freuds auseinander. Ihre dabei gewonnenen
Einsichten führten zu neuen therapeutischen
Möglichkeiten, die in der psychoanalytischen
Entwicklung nicht nur von historischer
Bedeutung sind, sondern als faszinierende
Denkanstöße weiter wirken.

Karen Horney
Neurose und menschliches
Wachstum.Das Ringen um
Selbstverwirklichung
1. Auflage 2007, 432 Seiten, 18,80 €
ISBN 978-3-88074-485-1

Die führende Vertreterin der
Neopsychoanalyse interpretiert den
neurotischen Prozess als Sonderform der
menschlichen Entwicklung, als eine Art
Antithese zum gesunden Wachstum, und
zeigt Wege, wie die im Menschen liegenden
Möglichkeiten des Wachstums und der
Selbstverwirklichung sich ungehindert
entfalten können.

Karen Horney
Selbstanalyse
1. Auflage 2007,235Seiten,13,80€
ISBN 978-3-88074-486-8

Karen Horney (1885-1952), Ärztin und
Psychoanalytikerin, war Schülerin von Karl
Abraham. Als Hauptvertreterin der
Neopsychoanalyse hat sie sich auch
kritische mit den Kenntnissen Sigmund
Freuds auseinandergesetzt. – Selbstanalyse
– als Weg zur Erforschung des eigenen
Unbewussten, zur Selbstheilung bei
psychischen Störungen, zur freieren
Entfaltung der Persönlichkeit und damit zur
Selbstverwirklichung – wie weit sie möglich
und erfolgreich ist, wie sie durchgeführt
werden kann und wie dabei auftretende
Schwierigkeiten zu meistern sind, zeigt
Karen Horney in dieser Arbeit verständlich
und überzeugend auf.

PSYCHOANALYSE

Nagera, Humberto (Hg.)
Psychoanalytische Grundbegriffe
Eine Einführung in Sigmund Freuds
Terminologie und Theoriebildung
2. Auflage 2007, 576 S., 24,80 EUR
ISBN 978-3-88074-526-1
„ Eine Untersuchung der Geschichte
psychoanalytischer Grundbegriffe von
ihrem ersten auftauchen in den frühen
Schriften Freuds bis zum letzten Band
seiner gesammelten Werke" – mit dieser
kurzen, aber treffenden Formel
kennzeichnet Anna Freud, die Tochter
Sigmund Freuds, den Inhalt des in
mehrjähriger Forschungsarbeit
entstandenen Bandes. Ausgehend von
der Tatsache, dass Freuds Theorien
häufig nicht als ein kohärentes System
von Annahmen begriffen wird und dass
Freud im Verlauf der Entwicklung seiner
Theorien viele anfängliche Äußerungen
später zurückgenommen und modifiziert
hat, haben Humberto Nagera und seine
Mitarbeiter - in Verbindung mit der von
Anna Freud geleiteten Hampstead Clinic
– den Versuch unternommen, eine große
Zahl ausgewählter Grundkonzepte wie sie
Freud in seinen Schriften entwickelt hat,
in ihren historischen Zusammenhang zu
stellen, um auf diese Weise zur
Vermeidung von Missverständnissen und
Falschdarstellungen beizutragen.

Theodor Reik
Hören mit dem dritten Ohr
Die innere Erfahrung eines
Psychoanalytikers
3. Auflage 2007, 526 Seiten, 24,80 EUR
ISBN 978-3-88074-483-7
Dieses klassische Werk der
Psychoanalyse ist eine mutige
analytische Autobiographie, die dem
Leser überraschende Einblicke in die
Tiefenschichten eines Psychoanalytikers
gewährt und eine Vorstellung von dem
komplexen Wirken des analytischen
Prozesses vermittelt.
Darüber hinaus schildert der Autor
Fallbeispiele aus seiner Praxis.
Geschichten voller Dramatik und voll der
bizarren Wirkungen des Unbewussten.

Léon Wurmser
Die Maske der Scham.
Die Psychoanalyse von Schamaffekten
und Schamkonflikten.
5. Aufl. 2008, 563 Seiten, 29,80 EUR
ISBN 978-3-88074-493-6

Bei der psychodynamisch geleiteten
Behandlung schwerer Neurosen und
Psychosen erweisen sich die
Schamkonflikte und Schamaffekte als
besonders bedeutungsvoll. Dies gilt
ebenso auch für das Verständnis
mancher politischer und kultureller
Probleme.
Wie André Haynal in seinem Geleitwort
schreibt, "ist es dem Autor gelungen, die
Bedeutung eines archaischen Affekts -
der Scham - im Alltagsleben, in der
Pathologie, in der Politik, in der Literatur
und in anderen Bereichen umfassend
darzulegen. Trotz straffer Argumentation
tut er dies in einem poetischen Stil".

J.-B. Pontalis
Die Macht der Anziehung
Psychoanalyse des Traums, der
Übertragung und der Wörter
2. Auflage 2007, 93 Seiten, 11,80 EUR
ISBN 978-3-88074-484-4

„Darin sind, so scheint mir, das Sprechen
in der Analyse und das Schreiben
verwandt: sie machen beide aus dem
Verlust eine Abwesenheit." J.-B. Pontalis
Pontalis erörtert nicht nur den
„psychischen Mechanismus", der Träume
erzeugt; er sucht auch zu klären, was
geschieht wenn wir träumen, was dabei
aus der erlebten Realität „übersetzt" wird
in eine imaginäre Welt, deren
Anziehungskraft den Traum selbst
überdauert.
Das Buch von Pontalis ist ein
überzeugender Vorgriff auf eine
Philosophie der menschlichen
Ausdrucksformen.